国家出版基金项目
NATIONAL PUBLICATION FOUNDATION

南岭走廊契约文书汇编（1683—1949年）

主　编　杨文炯　骆桂花　唐学情
副主编　李　双　沈世明

桂林、柳州、来宾、贵港卷

高志超　刘嘉峰　黎开然　蔡鑫炜　编校

中山大學出版社
SUN YAT-SEN UNIVERSITY PRESS
·广州·

图书在版编目（CIP）数据

南岭走廊契约文书汇编：1683—1949年．桂林、柳州、来宾、贵港卷／高志超等编校；杨文炯，骆桂花，唐学情主编；李双，沈世明副主编．—广州：中山大学出版社，2023.12

ISBN 978-7-306-07931-2

Ⅰ．①南…　Ⅱ．①高…　②杨…　③骆…　④唐…　⑤李…　⑥沈…　Ⅲ．①契约—文书—汇编—中国—1683—1949　Ⅳ．①D923.69

中国国家版本馆CIP数据核字（2023）第208027号

NANLING ZOULANG QIYUE WENSHU HUIBIAN：1683—1949 NIAN · GUILIN LIUZHOU LAIBIN GUIGANG JUAN

出版人：王天琪
策划编辑：王天琪　嵇春霞
责任编辑：罗雪梅
封面设计：曾　斌
责任校对：林梅清
责任技编：靳晓虹
出版发行：中山大学出版社
电　　话：编辑部（〇二〇）八四一一一九〇一
　　　　　发行部（〇二〇）八四一一一一九八
地　　址：广州市新港西路一三五号
邮　　编：五一〇二七五
印 刷 者：广州市友盛彩印有限公司
开　　本：十六　印　张：二九点一二五
字　　数：五七一千字
版次印次：二〇二三年十二月第一版　二〇二三年十二月第一次印刷
定　　价：一二八元

南岭走廊契约文书汇编（1683—1949年）

凡例

一、本汇编所收契约文书之时间，上限为一六八三年，下限为一九四九年十月中华人民共和国成立前；按地域分为五卷，分别是粤北卷，郴州卷，贺州卷，桂林、柳州、来宾、贵港卷，衡阳、永州、浏阳、玉林、赣州卷。

二、本汇编所收原件为收藏在广东瑶族博物馆和连山壮族瑶族自治县统战部的契约文书。

三、本汇编所录契约文书皆无名称，均由编者自拟，文书名称包括时间、责任者（立契人或发布人）、事由、文书类别。

四、本汇编每一卷中的契约文书先按地域排列，再以时序编次。若一契写有两个年份者，以初立契约日为序编排；若干支纪年与历史纪年不对应者，按照历史纪年排序；若只知年号不知年份者，排在该年号的最后。

五、本汇编之录文，无版本依据不作按断。简体字以二〇一三年六月国务院公布之《通用规范汉字表》为准。通假字、生僻字，不改。繁体字、异体字（人名与地名除外）、避讳字，径改。舛误，用（　）标注正确的内容。衍字，用［　］标示。疑讹字，用〔　〕号补上拟正的字。根据上下文或者前后文的意思，需补充的字用〈　〉标示。画押符号均写成『【押】』，印章均写成『【印】』。

六、本汇编凡原文献因年代久远、手写或印刷等因素导致字迹漫漶不清、缺字、纸页残缺者，按照以下方式处理：无法辨认的用『?』标示；据所缺字数用『□』逐一标示，字数难以确定者用『☒』标示，可以补齐的用〈　〉标示。

七、本汇编中出现的对少数民族的蔑称均根据国家相关民族政策一律改为规范称呼，如『猺』改为『瑶』。其余未规定事项，为保存历史文献原貌，一般从原。

南岭走廊契约文书汇编（1683—1949年）

总序

杨文炯

民间契约文书的发掘、整理、出版和跨学科研究是改革开放四十余年以来中国学术文化苑中最亮丽的风景之一，形成了『东有石仓文书，西有敦煌文献、黑水城文献，南有徽州文书、清水江文书，北有太行山文书的研究格局』[一]。自近代民间契约文书发现以来，作为历史文化现象的民间契约文书遍布西北、华南、华北、华中、西南等广大地区，不仅存在于汉族地区，而且存在于少数民族分布地区。这种文化现象的普遍性及其『大同小异』的丰富内容无疑呈现了『多元一体的中国社会』——一个沉淀在底层社会且呼应着经史子集之大传统的『小传统』的中国社会。如果说作为正史的二十四史是大一统历史的『上层建筑』——王朝国家的话语表达，那么这些浩如烟海的民间契约文书作为『元史料』就是它的『下层建筑』——乡土中国的乡土话语。正如赵世瑜先生所说的清水江文书的研究具有『重建西南乃至中国的历史叙述』[二]之价值，亦如郑振满先生指出的『系统收集和整理、利用民间历史文献，深入揭示民间文化的传承机制，开展多学科结合的综合研究，对于推动中国人文社会科学的发展具有战略性意义。通过深入发掘和研究民间文献，有助于深化对中国基本国情的认识，建构具有中国特色的人文社会科学理论模式与概念体系』[三]。因此，这些民间历史文献的全面发掘、整理和研究，有助于对中国社会历史文化深层结构的探究，有助于深化对中华文明之突出特性的理解与揭示，有助于提升中国式现代化的文化自信，有助于构建中国人文社会科学的话语体系。

每一份民间契约文书都是沉默的全息的历史文本。它们作为乡土中国的乡土话语是老百姓曾经的日常生活实践和生活样态的真实写照，作为今天学术研究的史料又是我们寻找中国文化乡土之根的历史记忆。传统的中国文化是土地里长出来的，正如费孝通先生所言的：『中国基本的社会结构和生活方式都植根于农村这个乡土社会，这

〔一〕鲁书月、顾海燕：邯郸学院藏太行山文书学术研讨会综述，中国史研究动态二〇一五年第三期。

〔二〕赵世瑜：清水江文书在重建中国历史叙述上的意义，原生态民族文化学刊二〇一五年第四期。

〔三〕郑振满：民间历史文献与文化传承研究，东南学术二〇〇四年增刊。

是中国的国情。因此，我认为认识中国社会，认识中国人，首先要认识中国农村社会，认识农村经济，认识农民生活及其社会心态。』[一]差序格局是乡土熟人社会的基本结构，礼制又是生于斯、长于斯的乡土人不言自明的规矩，信用是教化、内化于『礼』中的『规』，又是敬畏、服膺于心的『矩』。所以，『乡土社会的信用并不是对契约的重视，而是发生于对一种行为的规矩熟悉到不假思索时的可靠性』[二]。因此，民间契约文书作为文化记忆是连结过去与未来的生生不息的文脉，对它的学术研究正是对历史的追问与对未来承前启后的理性思考，更是理解『何为中国』的一种全新的学术视角。从学术史的角度看，此类研究也是傅衣凌、梁方仲二位先生所开创的华南学派的学术传统，近些年学术界关于清水江文书的发现和整理研究而形成的『清水江学』就是典型个案。正如张应强先生指出的：『从宏观上看，如果把清水江文书反映的具体社会生活，与大的历史背景、区域的历史建构联系起来，那么，从非常具体而微的个案入手，围绕清水江文书的解读，就不仅可以助益我们对区域社会文化过程的认识和理解，而且还提供了理解和解释明清西南开发历史进程的新途径，乃至通过西南理解和解释中国历史的一把钥匙。』[三]

同样，朱荫贵先生从构建中国特色哲学社会科学体系的角度指出：『长期以来，学术界对明清以来中国社会经济各个领域的研究，受史料和文化传承等影响，基本集中在东部、中部和汉族文化地区，这种状况使得已有的研究成果很难说完整地代表了整个中华文明，也成为现有研究成果难以避免的弱点之一。清水江文书的发现和整理研究……也为今后更长期的历史研究和从更广泛的角度研究中国奠定了坚实基础，有可能使中国的社会科学研究在某些领域和课题上具有更加鲜明的中国特色，并大大增强站在世界学术研究前沿的可能性。』[四]同时，作为方法的清水江文书的中国研究又有着『小中见大』的重要意义，即透过地方性『小问题』『小历史』而发现中国性的『大意义』『大历史』。如张新民先生指出的：『我们既要透过中华文明的整体架构来准确地分析复杂多元的地域文明形态，也要以复杂多元的地域形态来客观完整地反映中华文明的整体架构。研究清水江流域乡民生存、生活、交往与劳作的社会性实践模式，当然应该将其置于中华文明变迁发展的整体历史背景中，以「多元一体」即大一统复合型文明共同体的视域来展开多方面的分析，在强调其地方性（个别性）的同时也注意其国家性（共同性），而注意国家性（共同性）则决不意味着可以忽视地方性（个别性）……复线式的叙事学研究方法之所以显得重要，

〔一〕费孝通：中国乡村考察报告·总序，社会二〇〇五年第一期。
〔二〕费孝通：乡土中国，人民出版社二〇一五年版，第七页。
〔三〕张应强：方法与路径：清水江文书整理研究的实践与反思，贵州大学学报二〇一八年第一期。
〔四〕朱荫贵：从贵州清水江文书看近代中国的地权转移，杨军昌主编清水江学研究，中央民族大学出版社二〇一六年版，第五十四页。

即在于它能够帮助我们更好地认知多重地理文化空间组合而成的完整意义上的中国。』[一]由此可见，因为民间历史文献学的『下层建筑』视角呈现了被长期遮蔽的中国历史文化之根深叶茂的乡土性，从而与正史的『上层建筑』视角构成了深度理解中国社会多元一体结构的全新视阈，使得以往的中国研究的宏大叙事因为落地生根的乡土性而使『中国故事』更为生动、真实、丰满，使得『何为中国』的自主性知识体系的本土话语更有中国特色、风格、气派。

我们步学界后尘，与广东瑶族博物馆合作出版五卷本南岭走廊契约文书汇编（1683—1949年）。这套民间历史文献具有三大特点：一是时间跨度大，从清朝康熙二十二年（一六八三）到一九四九年，其间虽经『三千年未有之大变局』与改朝换代之巨变，但这些民间契约文书作为一种文化现象却保持了相当的历史连续性与书写风格的一致性。二是这些文献主要分布在南岭走廊，它是历史上多元族群的共生之地，又是不同族群南来北往、东进西出的必经之道。大量契约文书的存在，既反映了这一地区的社会流动性，又说明了契约文书是地方社会之共识性契约与社会制度的设置。三是这些契约文书最大的特点是绝对多数是『白契』，即民契。如果说『红契』作为官契是地方社会正式制度，那么，『白契』就是非正式制度，是传统乡土社会自在的契约文化的载体与物证。如仲伟民、王正华先生指出的：『契约文书揭示了中国历史最真实的样态，从中我们可以看到传统中国尤其是乡土社会所表现出的务实精神、契约精神和法治精神。就契约文书的内容与格式而言，呈现出丰富多彩的面貌，同时又具有极大的相似性，从此出发可以让我们对于中国文化的多样性与统一性有更为深层的理解。』[二]但笔者依然需要追问的是，什么样的意义使得这些作为非正式制度的『白契』在地方社会起着让人信守契约的重要作用？这些『一纸值千金』的『白契』的神圣性何在，即是什么样的神圣性让人们敬畏契约、尊重契约？这就需要我们的研究回归它所在的没有『祛魅』的地方社会中，因为它是这些契约文本被生产的语境，这一语境不仅有显性的归户性、宗族性、地方性的社会结构，更有其隐性的、内嵌于宇宙观之中的神圣价值结构。人是意义的社会存在，亦如马克斯·韦伯所言，人是悬挂在自己编织的意义之网上的动物。这些契约文书是无声的历史话语，我们只有通过分析文本话语，即对意义的追问才能回归对『人』的主体性研究，因为历史研究不是研究『史料』本身，而是通过『史料』认识、理解具体的『人』。笔者在阅读这些契约文书时，发现大量的契约文书在契尾处的『中见人』『经场人』『代笔人』『保人』『中证人』『族老某某正』等上方明确写有『天理良心』『存乎天理』『存乎天良』

[一] 张新民：寻找中国文化的乡土社会之根，广西民族研究二〇一六年第三期。

[二] 仲伟民、王正华：契约文书对中国历史研究的重要意义，史学月刊二〇一八年第五期。

「仁心天理」「永年千秋」「天长地久」「长发祺祥」「添丁进业」「永远善业」「风调雨顺」等字样。显而易见，这些字样不是装饰的，它恰似契约文书的「天眼」，是契约文本话语的关键词。透过这些源自文化主体之宇宙观的「心灵话语」，笔者看到了乡土社会无处不在的香火袅袅的土地庙、佛道与民间信仰杂糅的寺院、宗祠乃至家屋墙上的「天地君亲师」，更见到了作为大传统的宋明理学在乡土社会的根植与功能。这些「白契」文书不只是一张张立字为据的契约，更是一张无形的意义之网。在乡土社会，它们不仅是可见的「礼」——工具性的乡规民约，更是人们心灵的「理」——乡土人安身立命的价值之基，正是这种内在的「理」与外在的「礼」构筑了乡土社会「白契」之有效性契约规范的双重价值维度。因此，对这些契约文书的研究让我们找到了中国乡土社会生生不息的文脉，看到了中国社会悠久的契约文化传统和精神，揭橥了源远流长的中华文明之连续性、统一性、稳定性的文化基因。

在本套丛书付梓之际，我们非常感谢中山大学出版社王天琪社长、嵇春霞副总编辑的大力支持和各位编辑付出的艰辛劳动！同时，谨以本套丛书的出版纪念骆桂花教授！

目录

第一部分　桂林全州县（一）

嘉庆三年十二月十一日唐俊革学校科义众族捺换路地契约　三
同治十二年闰六月二十四日唐大庆兄弟叔侄四人分关合同　四
同治十二年十二月二十七日刘茂弓茂长兄弟卖茶山沙树地土契约　五
光绪三年五月十四日邬坤禄父子退茶荒土山契约　六
光绪四年十月十六日蒋昌蔚断卖瑶田契约　七
光绪十一年十二月十八日邬季龙退禾田契约　八
光绪十六年十二月二十四日刘兴才卖垦田契约　一〇
光绪二十三年十一月二十一日何首太退山场契约　一一
光绪二十五年二月十六日张丙燃典卖并退耕禾田契约　一二
光绪二十七年二月十三日怡泰退茶山杉树土契约　一三
光绪二十七年十一月十六日袁兴仁父子退耕禾田约　一四
光绪二十九年十月初一日张家祥典租谷禾田契约　一五

一六 光绪三十年十二月二十一日丁福等典当老积谷禾田契约
一七 光绪三十年十二月二十六日张丙燃等典卖禾田租谷契约
一八 光绪三十一年二月二十四日张家祥转典租谷禾田约
一九 光绪三十二年十二月十六日刘俊秀退耕禾田契约
二〇 宣统二年二月二十八日胡怡太退祭业契约
二一 民国元年二月初八日张家祥退耕禾田约
二二 民国三年十二月二十二日刘家恩卖屋图契约
二三 民国十年七月二十四日袁国桢典禾田租谷契约
二四 民国十三年五月二十六日胡荣苟退荒山岭土杉树老苗竹山契约
二五 民国十五年十月初九日胡元良发批契约
二六 民国十八年六月初八日周矮子典当茶山松杉地土契约
二七 民国二十四年五月十二日谭福星父子当荒土契约
二八 民国二十九年十二月初十日胡兴汉卖禁长梓苗老苗杉树契约
二九 民国三十三年十一月二十三日钟富才典当禾田契约
三〇 民国三十四年十月十五日钟富财离耕典当禾田契约

第二部分　桂林全州县（二）

咸丰四年十二月十八日何日养等卖田契约　三三
同治五年十一月二十六日李癸开兄弟卖山场熟土契约　三四
同治六年二月三十日李胡改兄弟卖山场契约　三五
同治十年十二月二十七日朱德仟卖田契约　三六
同治十年十二月三十日李秀啟等卖地契约　三七
同治十一年十二月二十七日朱德仟父子卖田契约　三八
光绪二年九月十六日黄金钟卖田契约　三九
光绪三年十二月二十日朱桂啟卖屋宇余晒坪契约　四〇
光绪十年十一月十六日何吉彩父子卖田地契约　四一
光绪十六年十月十五日刘一太卖地契约　四二
光绪十六年十一月二十五日谭聚古兄弟卖禾田契约　四三
光绪十八年正月二十八日李青云父子卖粪坑契约　四四
光绪十八年十二月初四日刘阿朱氏等卖禾田契约　四五
光绪十九年二月二十六日何圆珍兄弟卖田契约　四六
光绪十九年六月二十八日刘太兴卖退耕青苗垦禾田契约　四七

光绪十九年十二月二十九日何富吉卖田契约 四八
光绪二十年十二月三十日何细祥典卖屋宇契约 四九
光绪二十四年十二月二十六日何富吉兄弟卖田契约 五〇
光绪二十七年九月初八日李佳猷兄弟卖田契约 五一
光绪三十年二月初八日张家祥发批契约 五二
光绪三十年四月十六日何良珍卖禾田契约 五三
光绪三十二年十月十二日黄琴堂卖禾田契约 五四
光绪年刘太兴父子卖租谷垦田契约 五五
民国元年七月初六日黄田太卖菜园契约 五六
民国二年七月初一日何阿黎氏等借钱契约 五七
民国二年十一月初十日何阿黎氏当田契约 五八
民国四年九月十八日张家祥等承租山场地土松杉竹木百物树株契约 五九
民国五年十月二十九日胡啟开退荒土松杉茶桐百物树木契约 六〇
民国十二年二月二十七日黄又啟转地契约 六一
民国十四年三月十三日段均临祖裔买地契约 六二
民国二十年十月二十二日胡兴仁出借荒山契约 六三
民国二十年十二月二十六日胡普恩退卖林地契约 六四
民国二十年十二月二十八日如林当退耕禾田契约 六五

民国二十六年五月十四日李外同等卖菜园契约 六六
民国二十六年七月初四日何毛花卖田契约 六七
民国二十八年五月十九日夏国球借阴地契约 六八
民国三十二年二月十六日何荣泰卖屋图契约 六九
民国三十二年十二月二十六日黄义怀卖油榨屋宇契约 七〇
民国三十四年十月三十一日何国兴卖屋宇契约 七一
民国三十五年十一月初一日朱振南兄弟卖地契约 七二
民国三十六年五月初一日何细科卖屋宇地基契约 七三

第三部分 桂林全州县（小契）

道光二十八年二月十日温宗倍等退茶山土契约 七七
咸丰元年十一月初十日曾惟几包田契约 七八
咸丰二年二月十二日李朝俊等收钱字据 七九
咸丰七年十二月初二日温仁玖兄弟等收田钱字据 八〇
光绪七年十二月二十五日温德财夫妇承老租契约 八一
光绪十三年三月二十日廖金声父子收钱字据 八二

八三 光绪十九年二月十二日温仁纲等包领挂红字据
八四 光绪十九年二月二十五日温仁心父子包领上首挂红字据
八五 光绪二十三年二月初六日温仁纲父子全领谷字契
八六 光绪二十四年十二月初六日温仁义等卖田山契约
八七 光绪二十六年四月十六日温仁厚借谷字据
八八 光绪二十七年十月初八日李泰临等收转批帮顶字据
八九 宣统二年二月初十日李福鸿比换熟土契约
九〇 宣统三年十二月初八日李华藩等转批字据
九一 民国元年十月二十六日季龀夫妇重补收服禾田契约
九二 民国二年六月初五日李泰畴等拨三房租谷字据
九三 民国四年四月二十六日李华藩等拨三房谷租字据
九四 民国七年五月初三日石仁方借洋银字据
九五 民国八年五月十六日石仁芳兄弟借洋银字据
九六 民国十年十二月初六日李华藩等转批契约
九七 民国二十年十二月初八日李仲球等转田产批契约
九八 民国三十年二月初二日袁佳才借光洋字据
九九 民国三十二年三月初七日李福恩等卖会脚字据
一〇〇 民国三十六年十二月十二日钟廖氏等满盘全收字据

第四部分　桂林恭城瑶族自治县

嘉庆八年十二月十四日唐君惠卖粘禾田契约　一〇三
嘉庆九年十二月二十七日唐九凤卖地契约　一〇四
嘉庆二十二年二月初十日王玑等卖阴基地穴契约　一〇五
嘉庆三十四年五月易万云等让地皮契约　一〇六
道光元年十二月十七日唐戍明等卖阴基契约　一〇七
道光十年八月十三日黄卖古兄弟卖禾坪契约　一〇八
道光十五年四月二十三日唐土训子卖地契约　一〇九
同治六年六月十七日邹华元母子兄弟退山场茶山荒山熟土百物地契约　一一〇
光绪六年正月十六日李超公子孙发批契约　一一二
光绪七年十一月中李黑苟丙顺兄弟出当禾田契约　一一三
光绪七年十一月十九日黄寄开卖茶树荒熟土地契约　一一四
光绪十年十二月二十六日刘茄连典卖田契约　一一五
光绪十二年八月二十六日黄呈才等卖田契约　一一六
光绪十三年十二月十二日黄比海兄弟李丙考兄弟收钱字据　一一七

光绪十五年四月十六日李昭达典卖禾田契约 一一八
光绪十六年十一月初十日李一二五八甲发批契约 一一九
光绪十七年冬至日李姓一二五八甲森茂发批字据（一） 一二〇
光绪十七年冬至日李姓一二五八甲森茂发批字据（二） 一二一
光绪二十三年十一月冬至日李令言等发批山场字据 一二二
光绪二十四年十二月二十二日李冈陵父子出当山税契约 一二三
光绪二十七年二月十九日李丙斋卖地契约 一二四
光绪二十七年十二月初八日李焕新退耕禾田契约 一二六
光绪二十九年三月初四日李超公子孙发批禾田契 一二七
光绪三十四年五月二十八日李富基卖垦田茶山荒土菜园土契约 一二八
宣统元年十月十九日李壬发等出借坟山地契约 一三〇
宣统二年十二月初一日何洪福父子出当禾田契约 一三一
宣统三年十月李秀芳等卖屋宇契约 一三二

第五部分　桂林兴安县塘纲乡第四片村

光绪三年十二月初九日陆锡名等卖田契约 一三五
光绪十八年二月二十二日陆兴塘顶田契约 一三六

光绪三十一年二月二十八日中间江土天送卖断田契约 一三七
光绪三十二年三月十三日陆天圣卖园地契约 一三八
民国三年九月二十六日陆圣等分关合同（一） 一四〇
民国三年九月二十六日陆圣等分关合同（二） 一四二
民国六年二月初一日陆道琮尽卖粪屋地契约 一四四
民国六年闰二月十三日陆月生卖断田契约 一四五
民国十年十二月初六日陆树柄兄弟分占屋田合同 一四六
民国十一年八月十八日陆兴德卖断田契约 一四七
民国十二年十二月初六日陆树权兄弟等卖山场契约 一四八
民国十二年十二月初九日陆树住尽卖山场契约 一四九
民国十五年八月二十一日陆植甫退耕田契约 一五〇
民国十六年十二月十三日陆首卿退耕契约 一五一
民国十七年十月十七日陆土连卖田契约 一五二
民国十九年九月二十八日唐传垲卖田契约 一五三
民国二十一年六月十四日陆苏盛卖断茅地契约 一五四
民国二十一年六月十八日秀峰尽卖屋后余地契约 一五五
民国二十二年正月十九日秀峰尽卖山场契约 一五六

民国二十三年四月二十七日陆七四卖茅地契约 一五七
民国二十四年正月二十八日陆德全出顶田契约 一五八
民国二十五年周徵堂等卖田契约 一五九
民国二十八年三月十一日杨祖光卖茶山等阴阳地基契约 一六〇
民国二十八年八月二十三日陆神发卖茅地契约 一六二
民国二十九年四月初三日莫水连卖断茅地契约 一六三
民国三十年十二月十六日陆树梁等卖山场契约 一六四
民国三十一年二月二十四日陆树柱退耕契约 一六五
民国三十一年十月初十日张诗松兄弟注明添置业产契约 一六六
民国三十六年五月十二日陆氏分关书 一六八
民国三十六年八月十一日敦善绝卖田契约 一七〇
民国三十七年三月初十日蒋龙文等发批田契约 一七二

第六部分　桂林西岔河灯草塘契约

乾隆三十四年十一月初六日何维交卖田契约 一七五
道光二十二年九月十八日赵山容等卖田契约 一七六
道光二十六年九月二十七日赵山德等卖山场契约 一七七

一七八 道光二十七年二月二十五日赵德官等卖山土契约
一七九 道光三十年二月十九日赵山德等卖田契约
一八〇 咸丰六年三月初八日赵山万等卖山场契约
一八一 咸丰六年三月初八日赵山万等收卖地足收字据
一八二 同治元年十一月十二日赵山燕等卖地契约
一八三 同治二年二月十七日赵山德等卖地契约
一八四 同治二年三月二十八日邓容兴卖田契约
一八五 同治三年二月二十六日李文会等卖屋宅居田土契约
一八六 同治四年四月十七日黎啟昌等卖屋契约
一八七 同治九年四月初七日黎氏分关合同
一八八 同治九年四月十二日黎正福卖田契约
一八九 同治十二年二月初七日李开证卖熟地契约
一九〇 光绪二年正月二十五日黎之选卖横屋契约
一九一 光绪三年二月二十五日黎开环当斜间屋契约
一九二 光绪三年十一月二十日黎相宁卖田契约
一九三 光绪四年二月二十二日赵进福卖地土契约
一九四 光绪四年六月初八日黎开还卖居住堂屋契约

光绪四年六月初八日黎相宁等绝卖居住房屋契约 一九五
光绪五年二月二十二日黎开环等卖屋上房契约 一九六
光绪十二年五月初二日黎秉选卖横屋地契约 一九七
光绪十三年四月二十八日黎开环卖屋契约 一九八
光绪二十一年四月十八日黎胜秀卖熟地契约 一九九
光绪二十八年十月十六日赵成和卖荒山熟土契约 二〇〇
光绪三十二年二月初四日罗化茂卖田契约 二〇一
光绪三十三年二月三十日赵山泰卖荒山地契约 二〇二
民国四年七月十二日黄代宽卖田契约 二〇四
民国四年八月十四日罗金凤等卖田契约 二〇五
民国八年正月二十一日赵进意等分居分关合同 二〇六
民国九年正月二十日李氏罗氏卖田契约 二〇八
民国十三年七月初十日黄善恩卖地契约 二〇九
民国十六年正月二十四日罗新柏卖田契约 二一〇
民国二十年三月二十五日罗门李氏卖田契约 二一一
民国二十二年五月二十八日罗世文等卖地契约 二一二
民国二十三年三月十八日赵进安等分关合同 二一三

民国二十三年四月初九日黎星焕等卖田契约 二一五
民国二十六年二月二十三日黎照临卖田契约 二一六
民国二十六年三月二十五日黎照经卖田契约 二一七
民国二十七年九月二十二日黎民丰卖税田契约 二一八
民国二十七年十二月十三日黎照临等卖田契约 二一九
民国二十八年三月二十八日黎照廷等卖正屋契约 二二〇
民国二十八年十月二十四日赵文寿卖地契约 二二一
民国二十九年三月初八日黎照见等卖田契约 二二三
民国三十一年六月十一日邓进逾卖地契约 二二四
民国三十三年十二月二十八日赵文有等分关合同 二二五
民国三十四年四月初四日莫星贵卖田契约 二二七
民国三十四年十月二十六日邓福财借钱当田契约 二二八
民国三十六年十一月二十二日赵文和卖地土契约 二二九
民国三十六年十一月二十五日赵文和断卖地契约 二三〇
民国三十七年二月初四日赵文保分关合同 二三一
民国三十七年十月二十五日赵文先卖地契约 二三三
民国三十七年十二月初六日赵文树卖地契约 二三四

第七部分　柳州（一）

乾隆四十二年十二月十二日李任炳限字据　二三七
乾隆五十年十二月初六日熊桓武等收钱粮字据　二三八
乾隆五十四年三月十六日僧静修领钱字据　二三九
嘉庆十年三月二十六日刘荣芬兄弟领钱字据　二四〇
嘉庆二十年李堂高卖屋宇地基契约　二四一
嘉庆二十四年二月二十四日何氏兄弟退耕字据　二四二
道光十年五月初五日何癸开兄弟领上首挂红字据　二四三
道光十五年五月初三日熊克念等领钱字据　二四四
道光十六年四月二十八日何纯芝领钱字据　二四五
道光十六年九月初六日何纯芝父子领钱字据　二四六
道光十六年十一月十六日杨门王氏收钱粮字据　二四七
道光十六年十二月初六日廖定榜兄弟借钱字据　二四八
道光二十年四月二十九日曹玉清父子领钱字据　二四九
道光二十二年九月十八日赵德官父子收钱字据　二五〇
道光二十三年正月初二日赵山英等分关合同　二五一
道光二十五年十一月初六日张昌盈收钱粮字据　二五二

二五三　道光二十七年二月初三日赵山院等分关合同
二五四　道光二十七年三月初三日赵德官等收钱字据
二五五　道光二十八年十一月十六日赖声章收钱粮字据
二五六　道光二十九年七月十五日赵山德兄弟等收钱字据
二五七　道光二十九年十二月初四日张昌盈收钱粮字据
二五八　道光二十九年十二月初十日陈观芹承耕契约
二五九　道光三十年十二月初六日刘启伦收钱粮字据
二六〇　咸丰元年二月二十七日邱章发借钱字据
二六一　咸丰元年三月初八日何东玉等收钱字据
二六二　咸丰元年十二月初二日邱章发借钱字据
二六三　咸丰三年四月十七日何望林父子领钱字据
二六四　咸丰五年正月二十五日李泌亮承耕契约
二六五　咸丰七年五月十八日李锡芳父子领钱字据
二六六　咸丰七年十二月二十日温仁玫等领钱字据
二六七　咸丰十二年十一月初八日卖地契约
二六八　光绪十三年十月二十日李求敔兄弟收钱字据
二六九　光绪十五年十二月十六日何宗文借花银字据

二七〇 光绪十六年六月十三日何正竖收钱字据
二七一 光绪十七年四月初七日李仁祥母子收钱字据
二七二 光绪二十三年十一月二十三日刘秀洋领钱字据
二七三 光绪二十四年十一月十四日沈奉廷兄弟收钱字据
二七四 光绪二十六年七月初四日匡阿黄氏等领钱字据（一）
二七五 光绪二十六年七月初四日匡阿黄氏等领钱字据（二）
二七六 光绪二十八年三月十八日李玉祥借求耕字据
二七七 光绪二十八年十一月二十八日匡家智等卖户纲契约
二七八 光绪三十三年三月初三日刘厚权到字据
二七九 民国二年三月初五日夏戊求借屋宇契约
二八〇 民国九年二月初九日家仁领钱字据
二八一 民国十一年三月二十八日夏细求借洋银字据
二八二 民国十五年二月初八日黄以祧借钱字据
二八三 民国十八年六月初七日匡广廷借钱字据
二八四 民国三十三年十月十六日贤名后裔发批字据
二八五 民国三十四年十二月二十日何成心供茶油字据
二八六 民国三十六年三月十二日何寄茂典当屋宇字据

民国三十八年三月十一日李俊槐承批塘字据　二八七
温仁纲父子卖田契约　二八八
任炳亲立合同　二八九
龙自远卖水田塘契约　二九〇
寅壬年十二月三十日契约　二九一

第八部分　柳州（二）

乾隆四十五年十二月十六日熊静安收钱契约　二九五
乾隆四十九年十一月十六日熊桓武等领钱契约　二九六
乾隆四十九年十一月十六日李任炳领钱契约　二九七
乾隆五十年十一月二十日何冠南领挂红上首钱契约　二九八
嘉庆八年三月初六日熊以忠辉等收钱契约　二九九
嘉庆十年正月二十六日朱良才兄弟卖屋契约　三〇〇
嘉庆十一年三月二十六日朱新甫等收钱字据　三〇一
嘉庆十五年三月初十日黄宴平收粮字据　三〇二
嘉庆二十四年三月初四日何调宣领钱粮字据　三〇三

道光元年二月十四日黄阿袁卖屋契约　三〇四
道光二年四月二十九日熊运宏等领钱契约　三〇五
道光六年五月初九日朱云魁等收钱字据　三〇六
道光十年袁明代收粮字据　三〇七
道光十五年十一月二十六日曾德配借钱契约　三〇八
道光十六年六月初四日何惟香领挂红约契约　三〇九
道光十八年二月二十日曾化连领钱字据　三一〇
道光十八年十一月初八日张昌盈收钱粮字据　三一一
道光十九年十一月十六日杨昌判收钱粮契约　三一二
道光二十年二月十六日黄仕庆卖土契约　三一三
道光二十年二月二十六日何亳都领粮约契约　三一四
道光二十年四月十八日曹玉清父子领钱字据　三一五
道光二十年六月十八日曹玉清父子领钱字据　三一六
道光二十年六月二十三日曹玉清父子领钱字据　三一七
道光二十一年十二月十二日何亳都领钱字据　三一八
道光二十四年八月初六日黄甲相卖生熟土契约　三一九
道光二十五年十二月初六日赖声章收钱粮契约　三二〇
道光二十七年三月十二日刘南廷退耕田约契约　三二一

道光二十七年五月初十日何亳都借钱字据 三二二
道光二十七年九月初一日何观生父子退木梓山契约 三二三
道光二十九年十二月初三日赖声章收钱粮契约 三二四
道光二十九年十二月二十六日陈兰芳父子领钱字据 三二五
道光三十年四月二十八日何亳都领钱契约 三二六
咸丰二年七月二十三日做会用数契 三二七
咸丰六年四月初八日刘沛然退耕田契约 三二八
咸丰九年二月二十五日何纯芝侄攀领钱契约 三二九
同治二年三月初六日胡超群等转卖祭产并屋宇园土契约 三三〇
同治九年五月初十日黄丁古卖粪坑屋图地基契约 三三二
同治十年六月初一日刘氏兄弟退重补耕田约契约 三三四
同治十一年十一月二十五日黄石古兄弟退耕垦田契约 三三六
光绪四年三月十六日黄存先退耕田约契约 三三八
光绪十二年十一月初八日胡和芳典卖禾田契约 三三九
光绪十五年十二月二十四日黄昌华卖茶山土契约 三四〇
光绪十八年十二月初二日黄先茂卖退耕垦田契约 三四一
光绪十九年十二月十三日谭摇林出当禾田契约 三四二

光绪二十三年六月十六日何洪明兄弟承批约契　三四三
光绪二十六年十二月二十二日李庚寅卖禾田租谷契约　三四四
光绪二十七年二月二十四日谭文珍卖梓苗杉树契约　三四六
光绪三十二年五月十八日胡桂昌典当耕禾田租谷契约　三四八
民国四年十一月十二日傅同恩叔侄承耕约契　三五〇
民国九年十二月二十八日骆广志卖竹山荒土契约　三五一
民国十二年十二月六日何多文兄弟退耕禾田契约　三五二
民国二十年李细红等卖退耕沙土契约　三五四
民国二十一年十二月二十日黄永亨母子兄弟卖梓苗杉木契约　三五六
民国二十三年正月二十二日石树仁兄弟出借土字契　三五八
民国二十四年五月十二日谭明福父子卖树契约　三六〇
民国三十一年九月二十四日袁战改兄弟卖丁份租谷契约　三六一
民国三十三年三月初一日何德仕卖蓄养梓苗杉树契约　三六二
民国三十五年十一月二十日陈文正卖地契约　三六四
民国三十五年十二月十六日黄存纲兄弟立退耕水禾田契　三六五

第九部分　来宾金秀瑶族自治县、贵港桥头冲

嘉庆二十二年十二月十五日萧禹清卖地契约　三六九
嘉庆二十五年十二月初十日萧汤任卖地契约　三七〇
道光四年正月初十日肖汤任卖园地契约　三七一
道光五年十月十一日萧禹汉分关合同　三七二
道光十五年七月十六日萧武轩卖屋契约　三七四
同治元年十一月二十七日杨春盛认租松沙契约　三七五
同治十一年五月十九日萧武陛分关合同　三七六
光绪元年十二月十五日蒋熙瑠认租地契约　三七七
光绪三年十二月二十三日萧武陛卖田契约　三七八
光绪四年二月十三日肖运贵等租田契约　三七九
光绪七年十二月二十三日萧武陛借钱契约　三八〇
光绪十一年十一月十九日肖德宏顶熟地契约　三八一
光绪十七年七月二十四日李隆标等卖阴地契约　三八二
民国三十三年十二月二十五日萧化高净卖熟地契约　三八三
民国三十五年元月二十八日蒋秋生等出批田契约　三八四

民国三十五年五月二十六日肖化高净卖小屋契约　三八五
萧化星等承当合约　三八六
兄弟分关合同　三八七
林应章等净卖房屋地基契约　三八八
萧化高净卖小屋契约　三八九

第十部分　贵港桂平县

道光十六年六月十二日何尚攻兄弟卖地契约　三九三
同治十三年十二月二十四日郭代芳卖地契约　三九四
光绪二年四月十三日罗大曙等分关合同　三九六
光绪九年八月初三日罗储柳卖地契约　三九八
光绪十四年九月初九日罗大环卖油榨屋宇地基契约　四〇〇
光绪二十一年十一月十三日陈善宝卖水地契约　四〇二
光绪二十四年六月十七日罗方铎卖地契约　四〇三
光绪二十五年十一月二十日罗大琏卖地契约　四〇四
光绪二十九年八月十一日罗储通卖地契约　四〇六
光绪二十九年九月卖田契约　四〇八

光绪三十年五月二十七日郭德聚等卖禾契约 四一〇
光绪三十年八月二十八日周阿崔氏卖屋宇地基契约 四一一
光绪三十四年三月二十九日崔大盛卖茶山杉树地基契约 四一二
光绪三十四年十二月三十日罗大德卖园土契约 四一三
宣统元年闰二月二十三日罗方铎卖屋宇地基契约 四一四
宣统元年十一月初十日罗方铎卖屋宇地基契约 四一六
民国元年九月二十八日罗方铎卖屋宇契约 四一八
民国三年五月初八日李啟生等让地契约 四二〇
民国三年五月二十九日周余书卖地契约 四二一
民国三年十二月二十九日何献廷卖地契约 四二二
民国五年十二月二十六日郭代林卖地契 四二三
民国六年十二月十六日郭代明卖地契约 四二四
民国十年九月初九日郭代晋卖茶山地契约 四二五
民国二十一年八月初九日宋丙啟等卖地契约 四二六
民国三十三年三月二十六日罗甫日卖水田契约 四二七
民国三十三年十月十七日罗阿曹氏等卖地契约 四二八
民国三十三年十一月二十一日何壬壬卖园土契约 四三〇

民国三十六年八月二十七日陈丹桂收银契约　四三一
民国三十七年四月三十日李月福卖田契约　四三二
罗方铎领足找补屋宇地基契约　四三四

第一部分　桂林全州县（一）

嘉庆三年十二月十一日唐俊苹学枝科义众族掾换路地契约

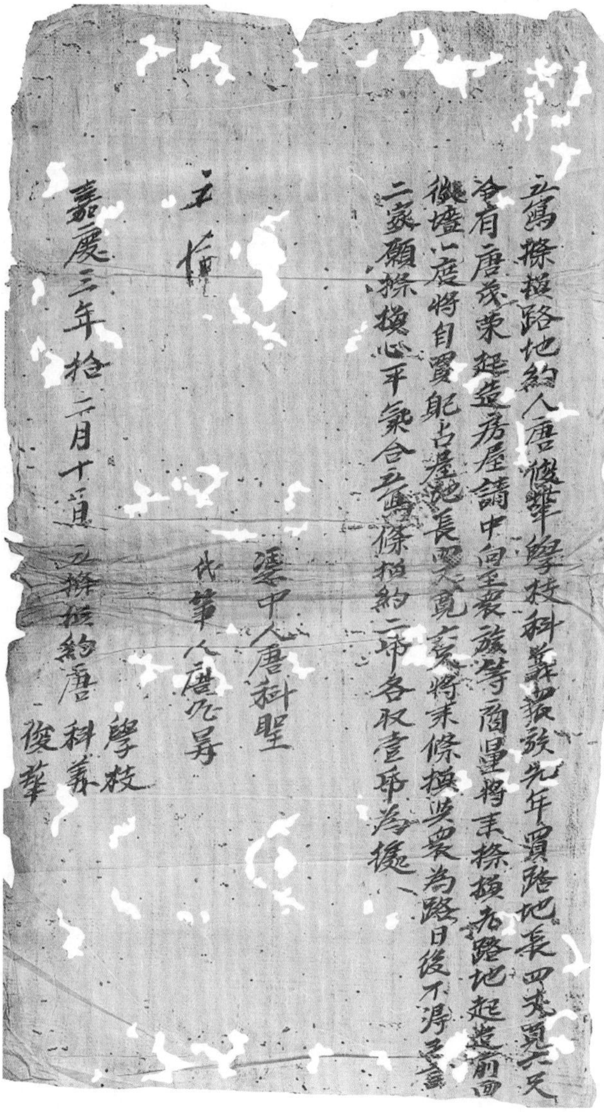

立写掾（调）换路地约人唐俊苹学枝科义众族先年买路地长四丈宽六尺今有唐茂荣起造房屋请中向（问）至众族等商量将来掾（调）换老路地起造前面砌墙一度将自买已占屋地长四丈宽六尺将来條（调）换总与众为路日后不得异言二家愿掾（调）换心平气合立写條（调）换约二纸各收壹纸为据

□□

凭中人唐科圣

代笔人唐飞昇

嘉庆三年拾二月十一日立掾（调）换约唐学枝唐科义唐俊苹

同治十二年闰六月二十四日唐大庆兄弟叔侄四人分关合同

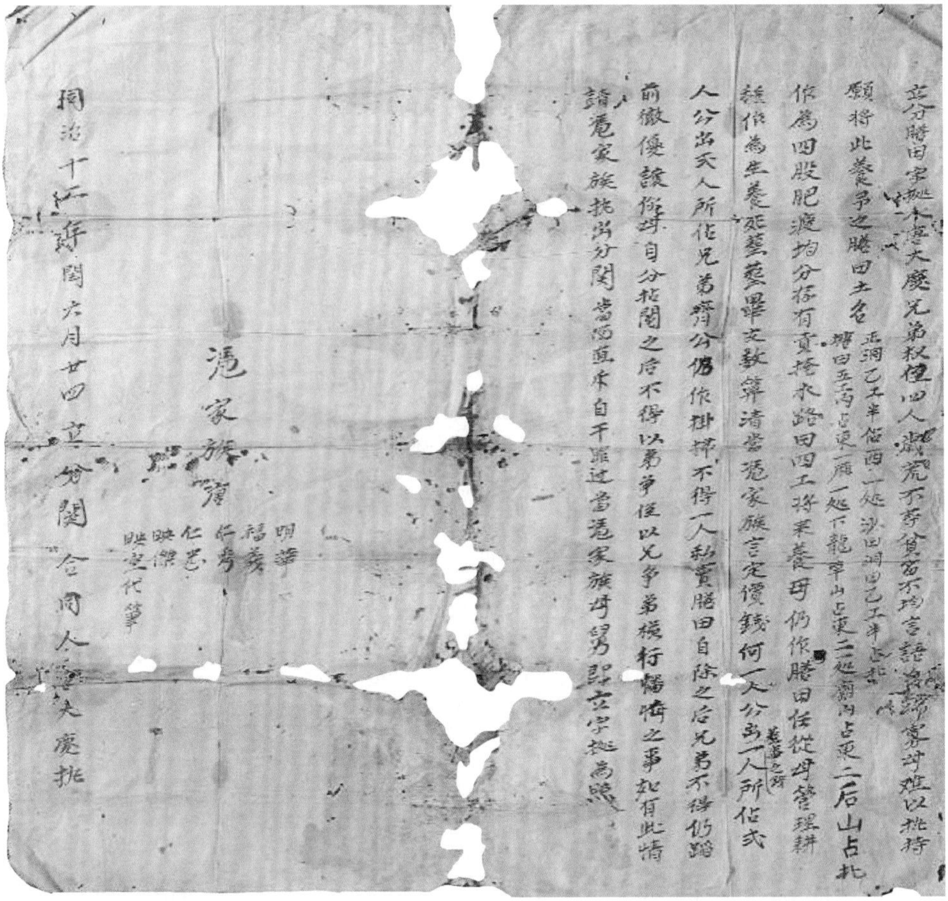

立分膳田字据人唐大庆兄弟叔侄四人岁荒不等贫富不均言语多端寡母难以执持愿将此养予之膳田土名正洞一工半占西一处沙田洞田一工半占北塘田五工丙占东一厢一处下龙草山占东二一处庙山占东二后山占北作为四股肥瘦均分存有贡掩水路田四工将来养母仍作膳田任从母管理耕种作为生养死葬葬毕支数算清当凭家族言定价钱何一人公出葬事之钱一人所占贰人公出贰人所占兄弟齐公仍作挂扫不得一人私卖膳田自除之后兄弟不得仍蹈前徹优让你母自分拈阄之后不得以弟争侄以兄争弟横行憣悔之事如有此情请凭家族执出分关当面直斥自干（甘）罪过当凭家族母舅即立字据为照

凭家族唐明华唐福义唐仁秀唐仁忠唐映杰唐映宣代笔

同治十二年闰六月廿四立分关合同人唐大庆执

同治十二年十二月二十七日刘茂弓茂长兄弟卖茶山沙树地土契约

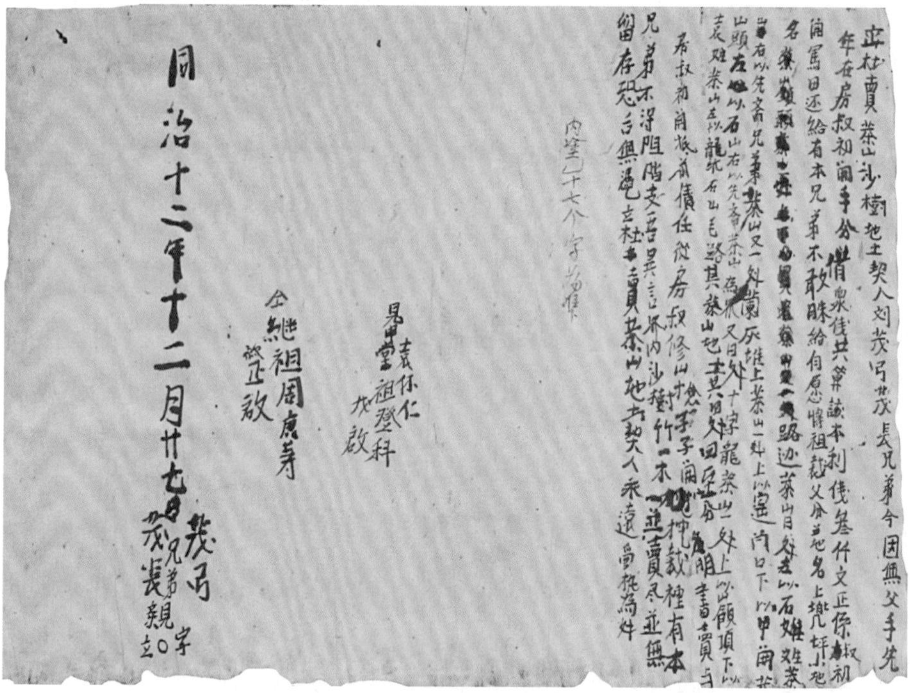

立杜卖茶山沙树地土契人刘茂弓茂长兄弟今因无父手先年在房叔初开手分借众钱共算该本利钱叁仟文正系叔初开写田还给有本兄弟不敢昧给自愿将祖裁父分⿰地名上兆坪小地名路边茶山日处左以石姓茶山右以先斋兄弟茶北山又一处兰灰堆上茶山一处上以窑门口下以甲开茶山头左以石山右以先斋茶山为界又日处十字龙茶山一处上以山领（岭）顶下以袁姓茶山左以龙坑右（以）山毛路其茶山地土共四处四至分明书卖与房叔初开抵前债任从房叔修山⿰子子开挖栽种有本兄弟不得阻㨂（挡）支吾异言界内沙树竹一木一并卖尽并无留存恐口无凭立杜卖茶山地土契人永远管执为据

内涂一十七个字为准

见中堂袁怀仁祖登科祖戊啟

仝继祖周庚寿叔正啟

同治十二年十二月廿七日茂弓茂长兄弟亲字【押】立

光绪三年五月十四日邬坤禄父子退茶荒土山契约

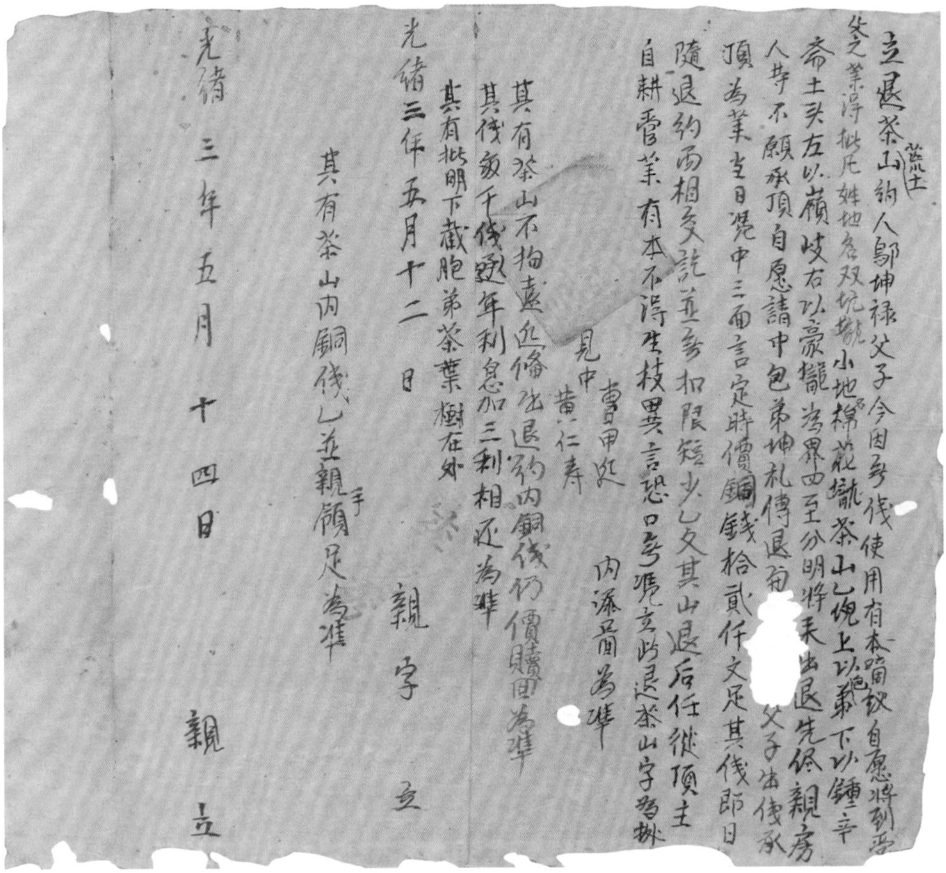

立退茶荒土山约人邬坤禄父子今因无钱使用有本嘀（商）议自愿将到受父之业得批⍰姓地名双坑垅小地名棉花垅茶山一块上以包（胞）弟下以钟辛斋土头左以岭岐右以豪垅为界四至分明将来出退先尽亲房人等不愿承顶自愿请中包（胞）弟坤礼传退与□□□□父子出钱承顶为业当日凭中三面言定时价铜钱拾贰仟文足其钱即日随退约两相交讫并无扣限短少一文其山退后任从顶主自耕管业有本不得生枝异言恐口无凭立此退茶山字为据

见中曹甲⍰黄仁寿

内添图为准

其有茶山不拘远近备出退约内铜钱仍价赎回为准

其钱每千钱逐年利息加三利相还为准

其有批明下截胞弟茶叶树在外

光绪三年五月十二李口秀日亲字立

其有茶山内铜钱一并亲手领足为准

光绪三年五月十四日亲立

光绪四年十月十六日蒋昌蔚断卖瑶田契约

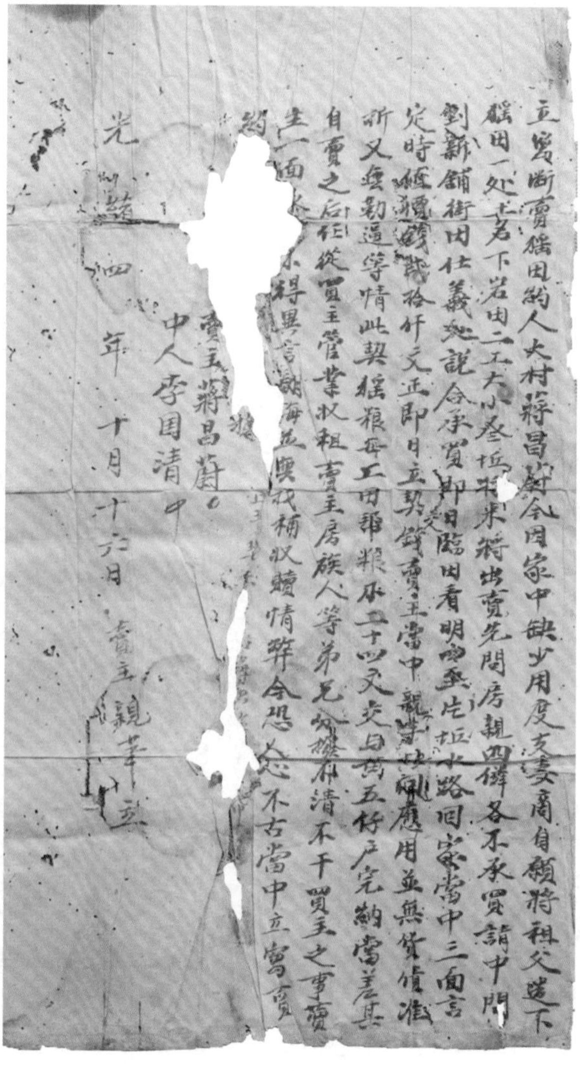

立写断卖瑶田约人大村蒋昌蔚今因家中缺少用度支妻商（商）自愿将祖父遗下瑶田一处土名下岩田二工大小三丘将来将出卖先问房亲四僯（邻）各不承买请中问到新铺街田仕义处说合承买即日临田看明四至片垢水路回家当中三面言定时值价钱贰拾仟文正即日立契交钱卖主当中亲手接回应用并无货债准折又无勒逼等情此契瑶粮每工田帮粮钱二十四文交与黄五仔户完纳当差其自卖之后任从买主管业收租卖主房族人等弟兄分拨不清不干买主之事卖主一面□□不得异言翻悔并无找补收赎情弊今恐人心不古当中立写卖约□据

卖主蒋昌蔚【押】

中人李国清【押】

光绪四年十月十六日卖主亲笔立

光绪十一年十二月十八日邬季龙退禾田契约

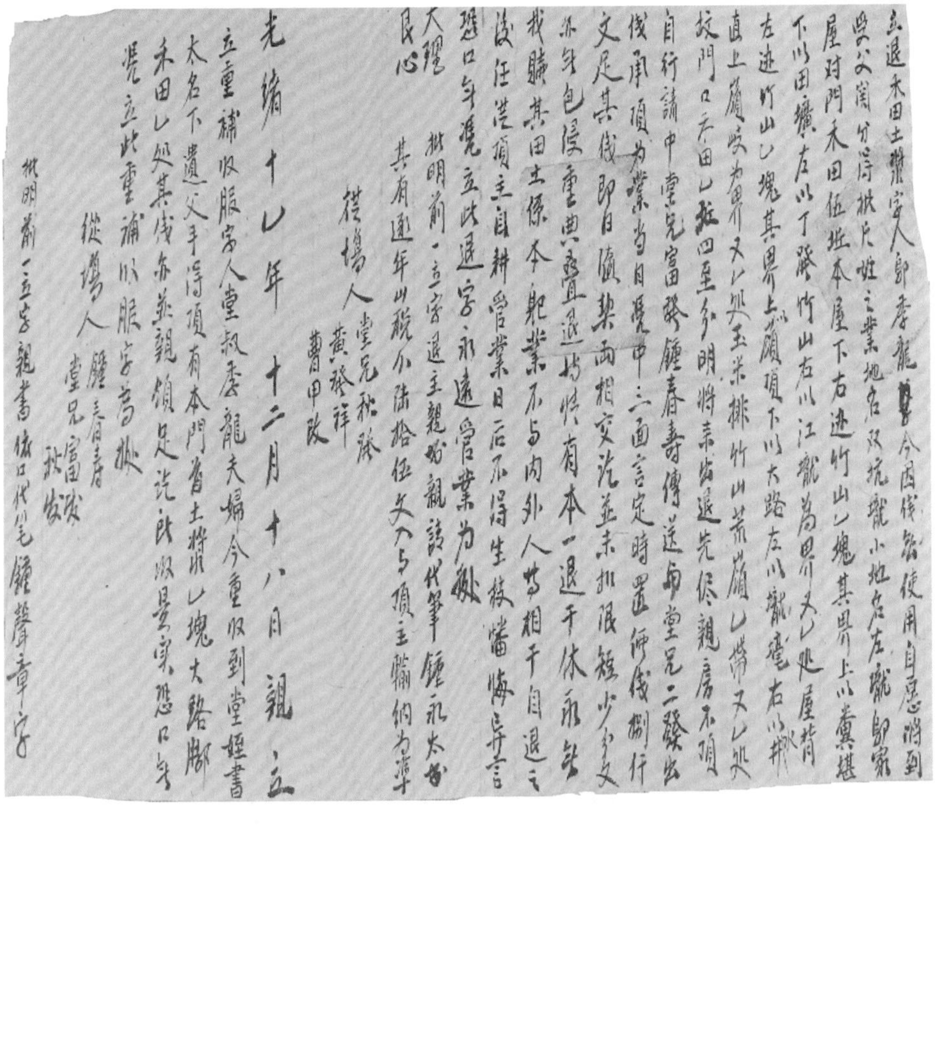
立退禾田土山字人邬季龍，今因錢糧使用，自愿將到受父當分得批片坐之業，地名双坑壠，小地名左壠邬家屋對門禾田伍坵，本屋下右边竹山乙塊，其界上以黄堪，下以田獭，左以丁[illegible]竹山，右以江壠為界；又乙处屋背左边竹山乙塊，其界上以嶺頂，下以大路，左以壠，右以[illegible]直上嶺背为界；又乙处五米排竹山荒嶺乙塊；又乙处校門口禾田乙坵，四至分明。將來出退，先僅親房，不願，自行請中堂兄富發、鍾春壽傳送與堂兄二發出錢承頂為業。當日憑中三面言定時值價錢捌仟文足，其錢即日領楽，兩相交訖，並未扣很短少分文，亦無包[illegible]重典[illegible]退等情。有本乙退千休，永無找贖。其田土係本耙業，不与內外人等相干。自退之後，任從頂主自耕管業，日后不得生枝端悔异言。恐口無凭，立此退字，永遠管業为據。

天理良心

批明：前乙立字退主親筆親請代筆鍾永太[illegible]

其有遞年山稅小陆拾伍文，入与頂主輸納为準。

從場人：堂兄秋[illegible]　黄[illegible]祥　曹甲[illegible]

光绪十乙年十二月十八日親立

立重補收服字人堂叔季龍夫婦，今重收到堂姪書太名下，遺父手得頂有本門首土[illegible]乙塊、大路腳禾田乙处，其錢亦並親領足訖。所收是實，恐口無凭，立此重補收服字為據。

從場人：鍾春壽　堂兄富[illegible]　秋[illegible]

批明：前乙立字親書，依口代笔鍾聲章字

立退禾田土浆字人邬季龙今因无钱使用自愿将到受父关分得批⍰姓之业地名双坑垅小地名左垅邬家屋对门禾田伍丘本屋下右边竹山一块其界上以粪堪下以田圹左以丁发竹山右以江垅为界又一处屋背左边竹山一块其界上以岭顶下以大路左以㙓垅右以水井直上岭岐为界又一处玉米排竹山荒岭一带又一处坟门口禾田一丘四至分明将来出退先尽亲房不顶自行请中堂兄富发钟春寿传送与堂兄二发出钱承顶为业当日凭中三面言定时置（值）价钱捌仟文足其钱即日随契两相交讫并未扣限短少分文亦无包侵重典叠退等情有本一退千休永无找赎其田土系本己业不与内外人等相干自退之后任从顶主自耕管业日后不得生枝播悔异言恐口无凭立此退字永远管业为据

天理良心

批明前一立字退主亲书亲请代笔钟永太书其有逐年山税钱陆拾伍文入与顶主输纳为准

从场人堂兄秋发黄发祥曹甲改

光绪十一年十二月十八日亲立

立重补收服字人堂叔季龙夫妇今重收到堂姪书太名下遗父手得顶有本门首土浆一块大路脚禾田一处其钱亦并亲领足讫所收是实恐口无凭立此重补收服字为据

从场人钟春寿堂兄富发秋发

批明前一立字亲书依口代笔钟声章字

光绪十六年十二月二十四日刘兴才卖垦田契约

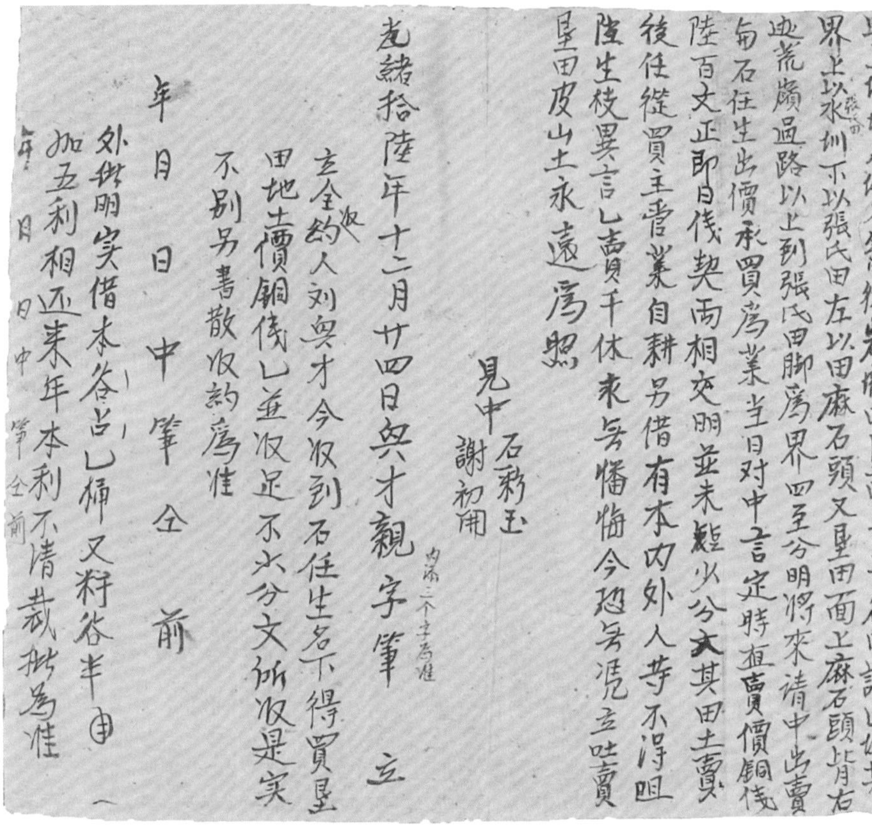

立吐（杜）卖垦田契人刘兴才今因无钱用度自愿将到以上兆坪小地名箭猪岩垅内垦田壹斗谷田计一丘其界上以张氏田水圳下以张氏田左以田麻石头又垦田面上麻石头背右边荒岭过路以上到张氏田脚为界四至分明将来请中出卖与石任生出价承买为业当日对中言定时值卖价铜钱陆百文正即日钱契两相交明并未短少分文其田土卖后任从买主管业自耕另借有本内外人等不得阻陷（挡）生枝异言一卖千休永无憣悔今恐无凭立吐（杜）卖垦田皮山土永远为照

见中石彩玉谢初开

内添三个字为准

光绪拾陆年十二月廿四日兴才亲字笔立

立全收约人刘兴才今收到石任生名下得买垦田地土价铜钱一并收足不少分文所收是实不别另书散收约为准

年月日中笔仝前

外批明实借本占谷一桶又籽谷半甬加五利相还来年本利不清裁批为准

年月日中笔仝前

光绪二十三年十一月二十一日何首太退山场契约

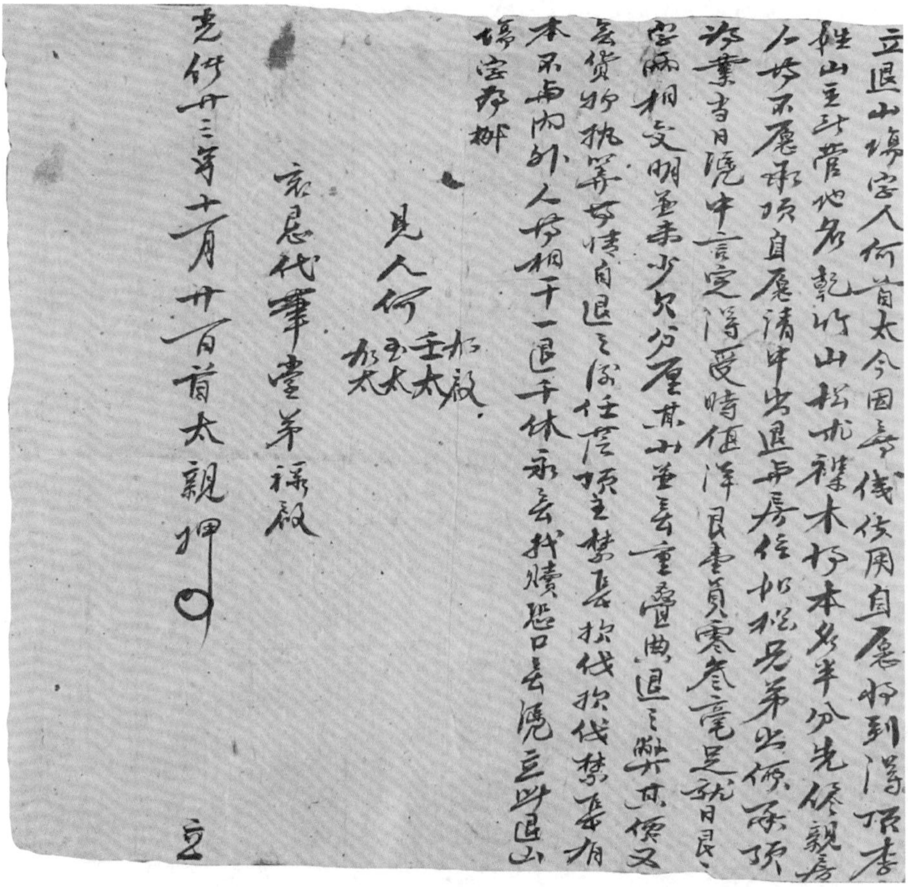

立退山场字人何首太今因无钱使用自愿将到得顶李姓山主者管地名乾竹山松术（树）杂木将本多半分先尽亲房人等不愿承顶自愿请中出退与房侄如松兄弟出价承顶为业当日凭中言定得受时值洋银壹员（元）零叁毫足就日银字两相交明并未少欠分厘其山并无重叠典退之弊其价又无货物执算等情自退之后任从顶主禁长扻伐扻伐禁长有本不与内外人等相干一退千休永无找赎恐口无凭立此退山场字为据

见人何加啟何壬太何玉太何加太

哀恳代笔堂弟禄啟

光绪廿三年十一月廿一日首太亲押【押】立

光绪二十五年二月十六日张丙燃典卖并退耕禾田契约

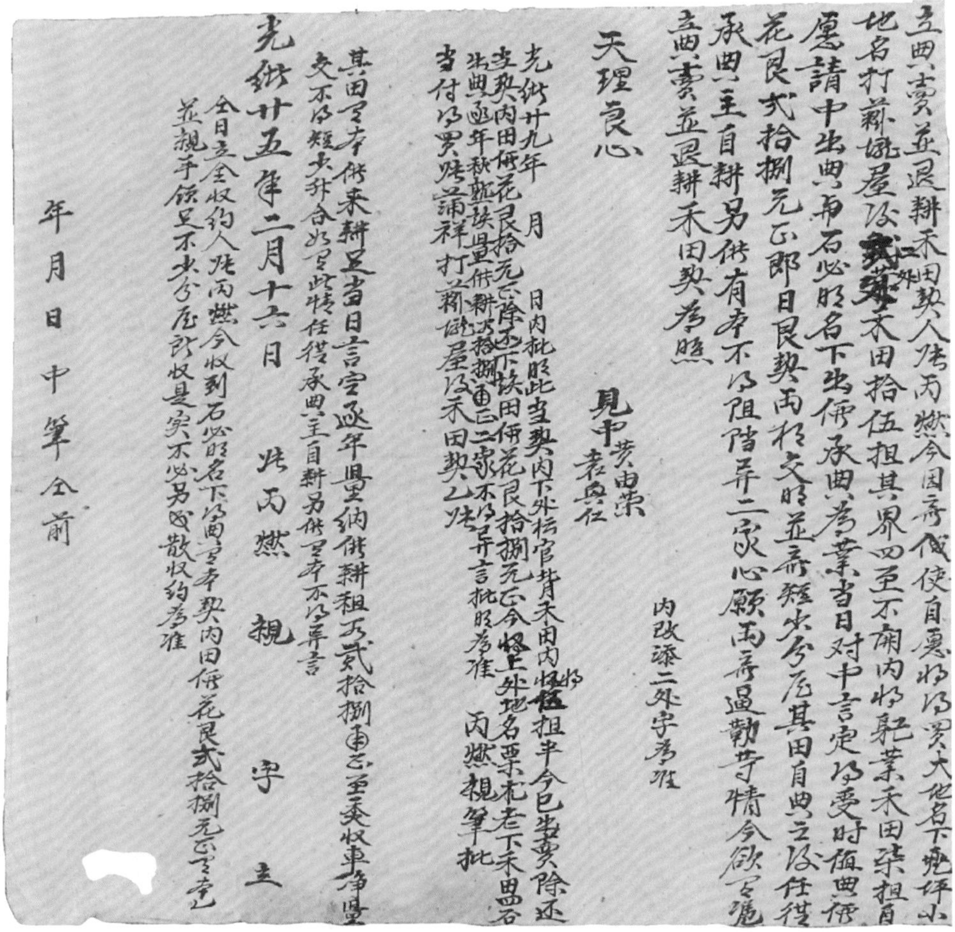

立典卖并退耕禾田契人张丙燃今因无钱使自愿将
得买大地名下兆坪小地名打⍰垅屋后二处禾田拾
伍担其界四至不开内将已业禾田柒担自愿请中出
典与石必明名下出价承典为业当日对中言定得受
时值典价花银贰拾捌元正即日银契两相交明并无
短少分厘其田自典之后任从承典主自耕另借有本
不得阻陷（挡）异〈言〉二家心愿两无逼勒等情
今欲有凭立典卖并退耕禾田契为照

内改添二处字为准

天理良心

见中黄由荣袁兴仁

光绪廿九年月日内批明此当契内下处枟官背禾田
内将伍担半今已出卖除还当契内田价花银拾元正
除还下族田价花银拾捌元正今将上处地名栗术老
下禾田四石出典逐年秋熟⍰量借耕谷拾捌甬正二
家不得异言批明为准丙燃亲笔批

当付得买张蒲祥打⍰垅屋后禾田契一张

其田有本借来耕足当日言定逐年量纳借耕租谷贰
拾捌甬正至秋收车净量交不得短少升合如有此情
任从承典主自耕另借有本不得异言

光绪廿五年二月十六日张丙燃亲字立

仝日立仝收约人张丙燃今收到石必明名下得典有
本契内田价花银贰拾捌元正有本一并亲手领足不
少分厘所收是实不必另书散收约为准

年月日中笔仝前

光绪二十七年二月十三日怡泰退茶山杉树土契约

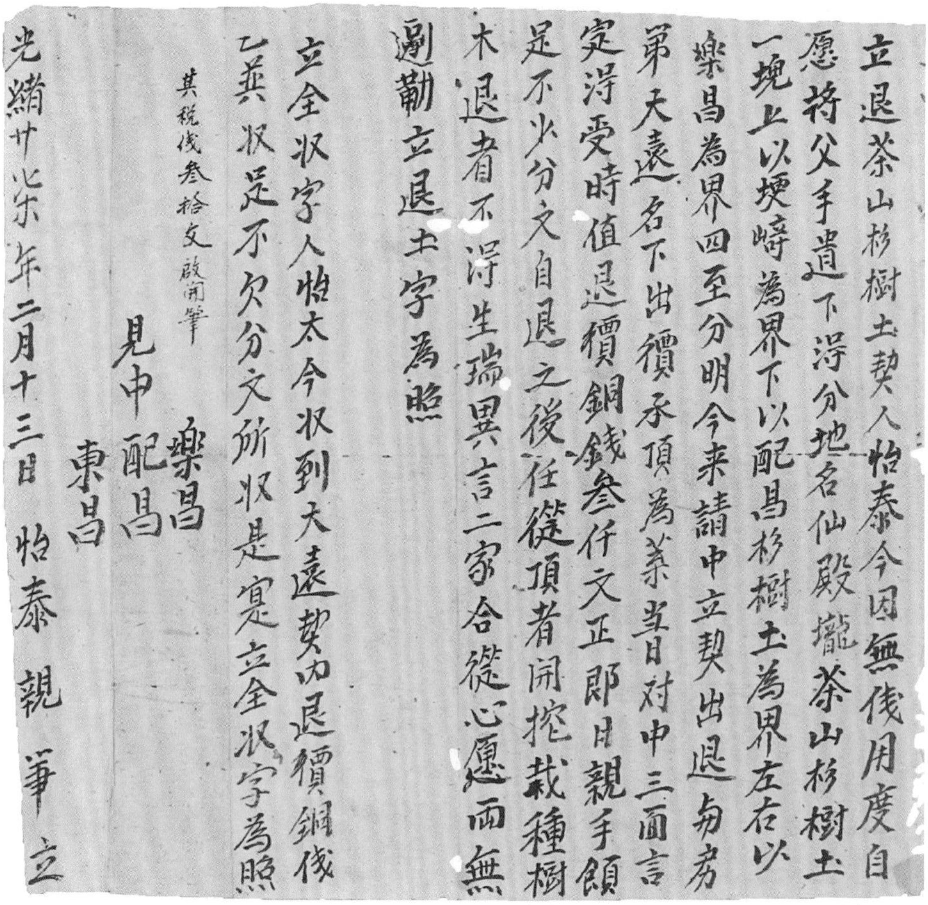

立退茶山杉树土契人怡泰今因无钱用度自愿将父手遗下得分地名仙殿垅茶山杉树土一块上以埂崎嵜为界下以配昌杉树土为界左右以乐昌为界四至分明今来请中立契出退与房弟大远名下出价承顶为业当日对中三面言实得受时值退价铜钱叁仟文正即日亲手领足不少分文自退之后任从顶者开挖栽种树木退者不得生瑞（端）异言二家合从心愿两无逼勒立退土字为照

立全收字人怡太今收到大远契内退价铜钱一并收足不欠分文所收是实立全收字为照

其税钱叁拾文啟开笔

见中乐昌配昌东昌

光绪廿柒年二月十三日怡泰亲笔立

光绪二十七年十一月十六日袁兴仁父子退耕禾田约

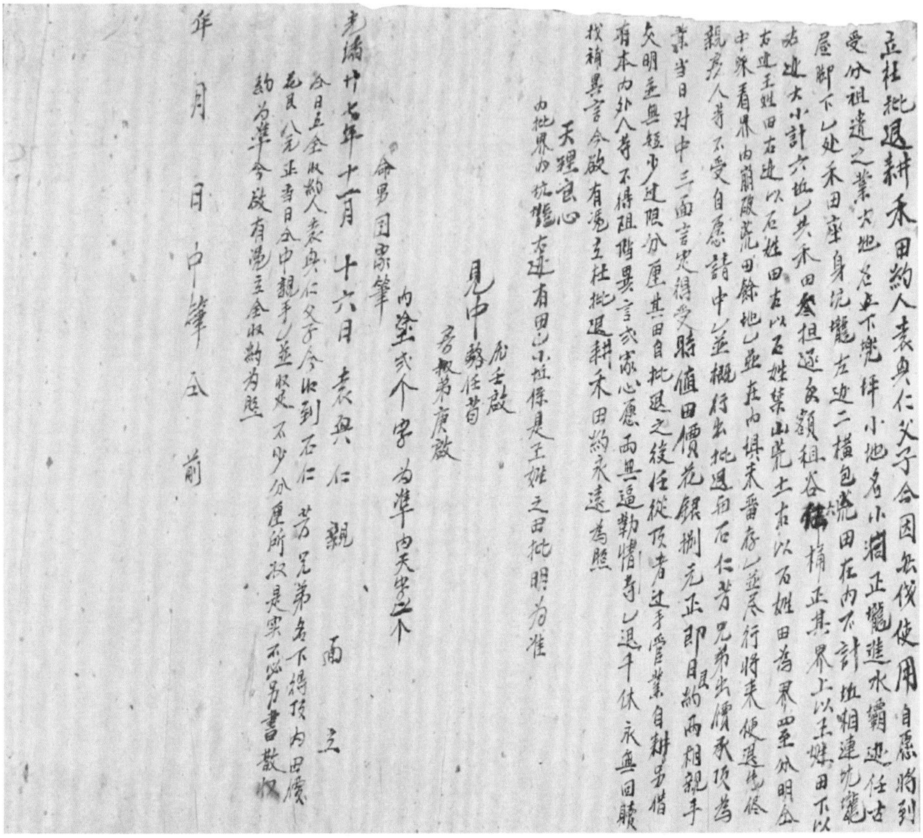

立杜批退耕禾田约人袁兴仁父子今因无钱使用自愿将到受分祖遗之业大地名下挑坪小地名小洞正垅进水坝边任古屋脚下一处禾田座身坑垅左边二横包荒田在内不计丘相连坑垅右边大小计六丘一共禾田叁担逐年额租谷六桶正其界上以王姓田下以右边王姓田右边以石姓田左以石姓禁山荒土右以石姓田为界四至分明仝中踩看界内崩破荒田余地一并在内俱未留存一并尽行将来便退先尽亲房人等不受自愿请中一并概行出批退与石仁芳兄弟出价承顶为业当日对中三面言定得受时值田价花银捌元正即日银约两相亲手交明并无短少过限分厘其田自批退之后任从顶者过手管业自耕另借有本内外人等不得阻挡（挡）异言贰家心愿两无逼勒等情一退千休永无回赎找补异言今欲有凭立杜批退耕禾田约永远为照

天理良心

内批界内坑垅右边有田一小丘系是王姓之田批明为准

见中庞壬啟骆任苟房叔弟庚啟

内涂贰个字为准内天（添）字一个

命男国众笔

光绪廿七年十一月十六日袁兴仁亲面立

仝日立全收约人袁兴仁父子今收到石仁芳兄弟名下得顶内田价花银八元正当日仝中亲手一并收足不少分厘所收是实不必另书散收约为准今欲有凭立全收约为照

年月日中笔仝前

光绪二十九年十月初一日张家祥典租谷禾田契约

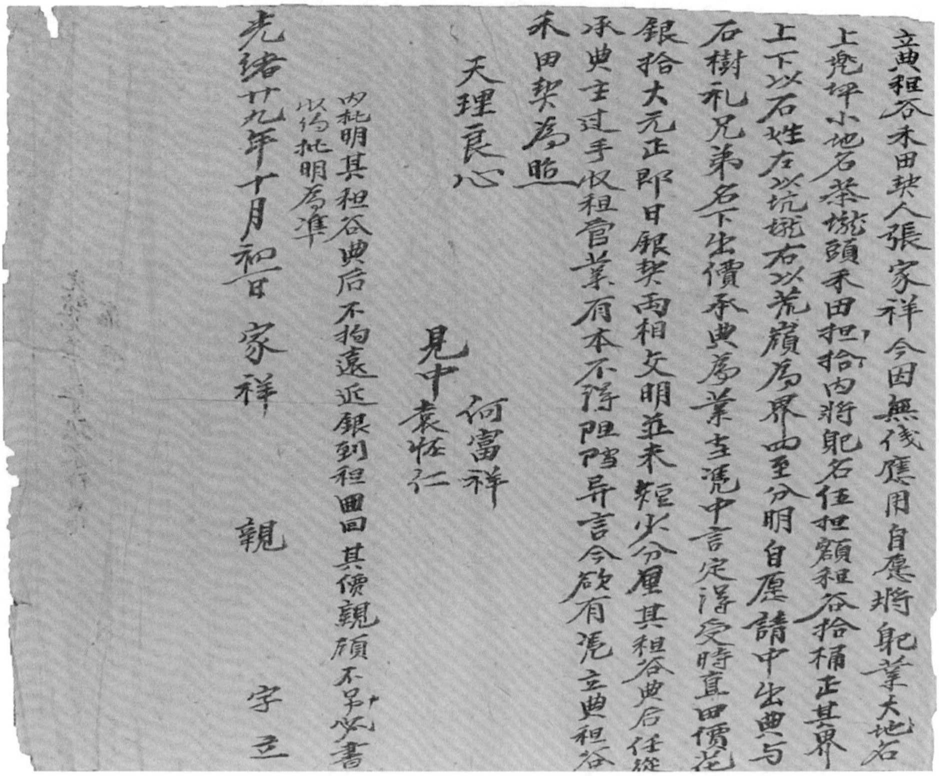

立典租谷禾田契人张家祥今因无钱应用自愿
将己业大地石上垗坪小地名茶垅头禾田拾担
内将己名伍担额租谷拾桶正其界上下以石姓
左以坑垅右以荒岭为界四至分明自愿请中出
典与石树礼兄弟名下出价承典为业当凭中言
定得受时直值田价花银拾大元正即日银契两
相交明并未短少分厘其租谷典后任从承典主
过手收租管业有本不得阻陷（挡）异言今
欲有凭立典租谷禾田契为照
天理良心
见中何富祥袁怌仁
内批明其租谷典后不拘远近银到租回其价
亲领不必另书收约批明为准
光绪廿九年十月初一日家祥亲字立

光绪三十年十二月二十一日丁福等典当老积谷禾田契约

立典当老积谷禾田捌人先年得典租谷禾田大地名上兆坪小地名一处朱家垅禾田拾担计四丘其界上以袁姓田下以丙畝顶耕田左以石姓田右以垅坑又一处地名唐垅上禾田柒担上以芳平（坪）下以坑垅左以芳领（岭）右以茶山小田四至分明一共贰处禾田一拾柒担额租谷叁拾四桶并骆三?丁福满啟姪玉祥叁拾四甬正内将己名租谷贰分捌甬半正自愿请中出典与石仁芳兄弟出价承典为业当日对中言定得受时直当价花银捌元半正即日银契两相交明并未短少分厘其田自当之后任从承当者过手管业自耕另借有本出当者不得阻啗（挡）生枝异言今欲有凭立此当租禾田契为照

内添六个字为准

见中刘作堂袁怌仁

天理良心

内批明朱家垅禾田一处拾担原额租贰拾桶正出当者备回原价赎回出卖与石基富出价承买过手收租管业批明为准

石树义笔批

满啟亲笔

光绪卅年十二月廿一日三?丁福满啟侄玉祥亲面【押】

仝立

仝日立全收约人骆三?丁福满啟姪玉祥今收到石仁芳兄弟名下得当本契内田价花银仝中亲手领足不少分厘所收是实不必另书散收约为准

年月日中笔仝前

光绪三十年十二月二十六日张丙燃等典卖禾田租谷契约

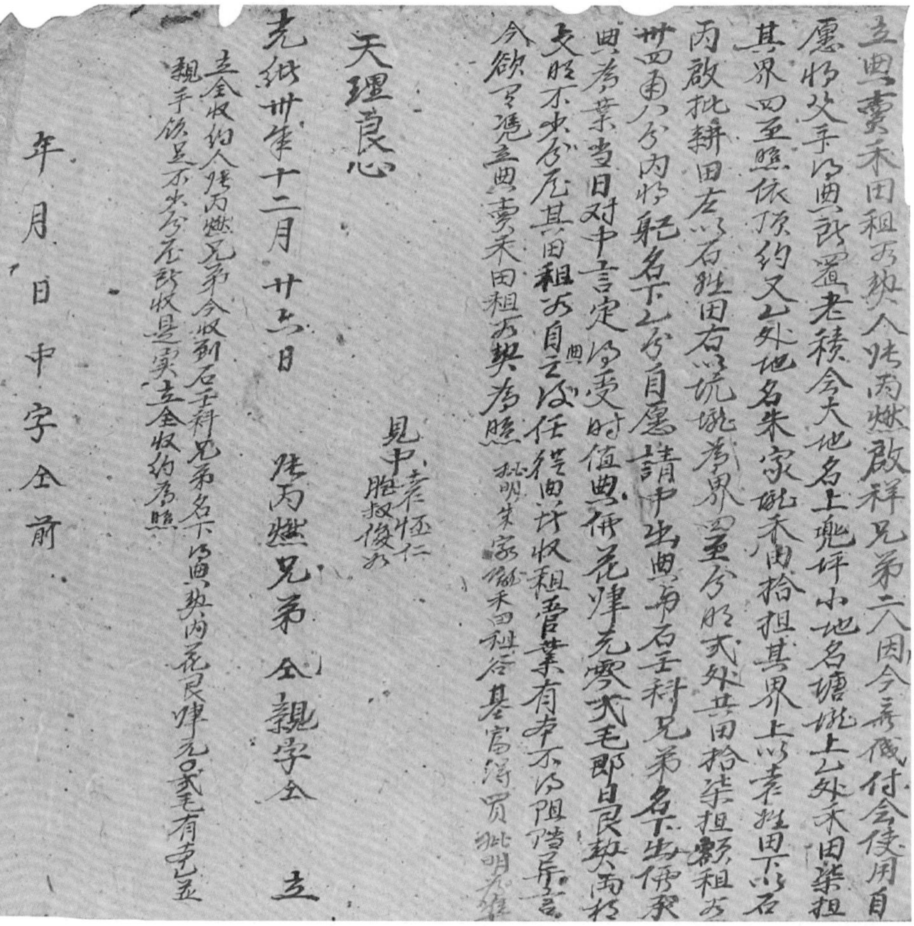

立典卖禾田租谷契人张丙燃啟祥兄弟二人今因无钱付会使用自愿将父手得典所置老积会大地名上兆坪小地名塘垅上一处禾田柒担其界四至照依顶约又一处地名朱家垅禾田拾担其界上以袁姓田下以石丙啟批耕田左以石姓田右以坑垅为界四至分明贰处共田拾柒担额租谷卅四甬八分内将己名下一分自愿请中出典与石壬科兄弟名下出价承典为业当日对中言定得受时值典价花〈银〉肆元零贰毛即日银契两相交明不少分厘其田租谷自典之后任从典者收租管业有本不得阻凶（挡）异言今欲有凭立典卖禾田租谷契为照批明朱家垅禾田租谷基富得买批明为准

天理良心

见中袁怌仁胞叔俊如

光绪卅年十二月廿六日张丙燃兄弟仝亲字立

立全收约人张丙燃兄弟今收到石壬科兄弟名下得典契内花银肆元〇贰毛有本一并亲手领足不少分厘所收是实立全收约为照

年月日中字仝前

光绪三十一年二月二十四日张家祥转典租谷禾田约

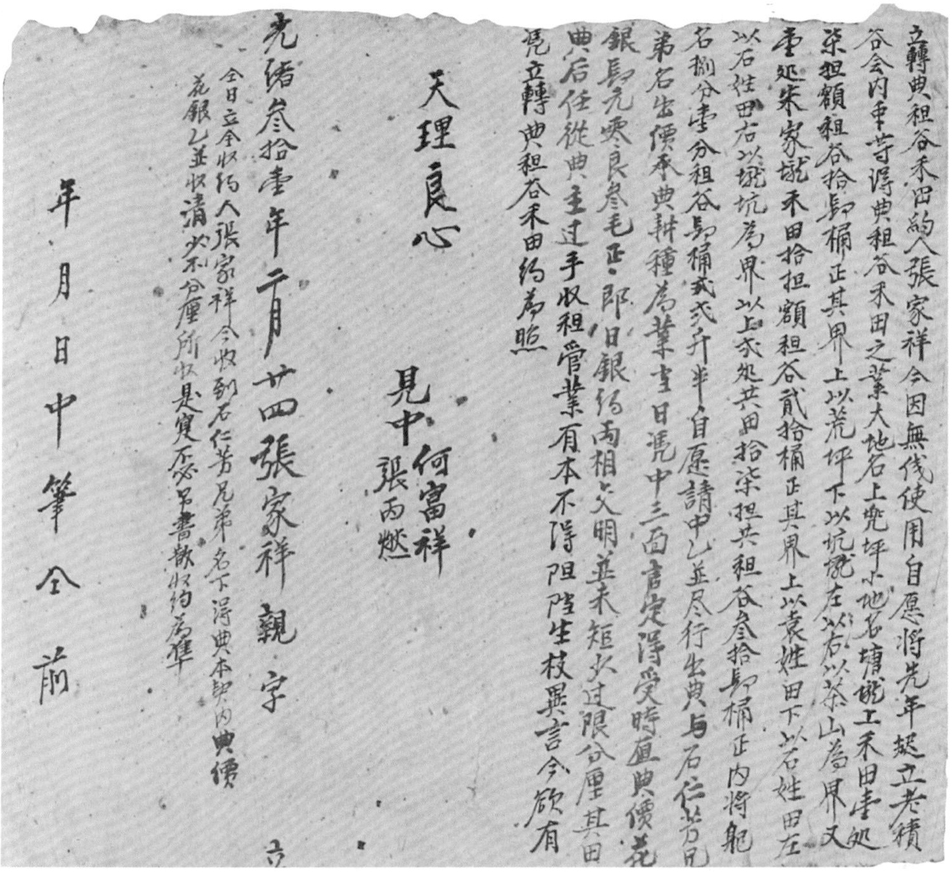

立转典租谷禾田约人张家祥今因无钱使用自愿将先年起立老积谷会内众等得典租谷禾田之业大地名上兆坪小地名塘垅上禾田壹处柒担额租谷拾肆桶正其界上以荒坪下以坑垅左右以以茶山为界又壹处朱家垅禾田拾担额租谷贰拾桶正其界上以袁姓田下以石姓田左以石姓田右以垅坑为界以上贰处共田拾柒担共租谷叁拾肆桶正内将己名捌分壹分租谷肆桶贰升半自愿请中一并尽行出典与石仁芳兄弟名〈下〉出价承典耕种为业当日凭中三面言定得受时值典价花银肆元零银叁毛正即日银约两相交明并未短少过限分厘其田典后任从典主过手收租管业有本不得阻陷（挡）生枝异言今欲有凭立转典租谷禾田约为照

天理良心

见中何富祥张丙燃

光绪叁拾壹年二月廿四张家祥亲字立

仝日立全收约人张家祥今收到石仁芳兄弟名下得典本契内典价花银一并收清不少分厘所收是实不必另书散收约为准

年月日中笔仝前

光绪三十二年十二月十六日刘俊秀退耕禾田契约

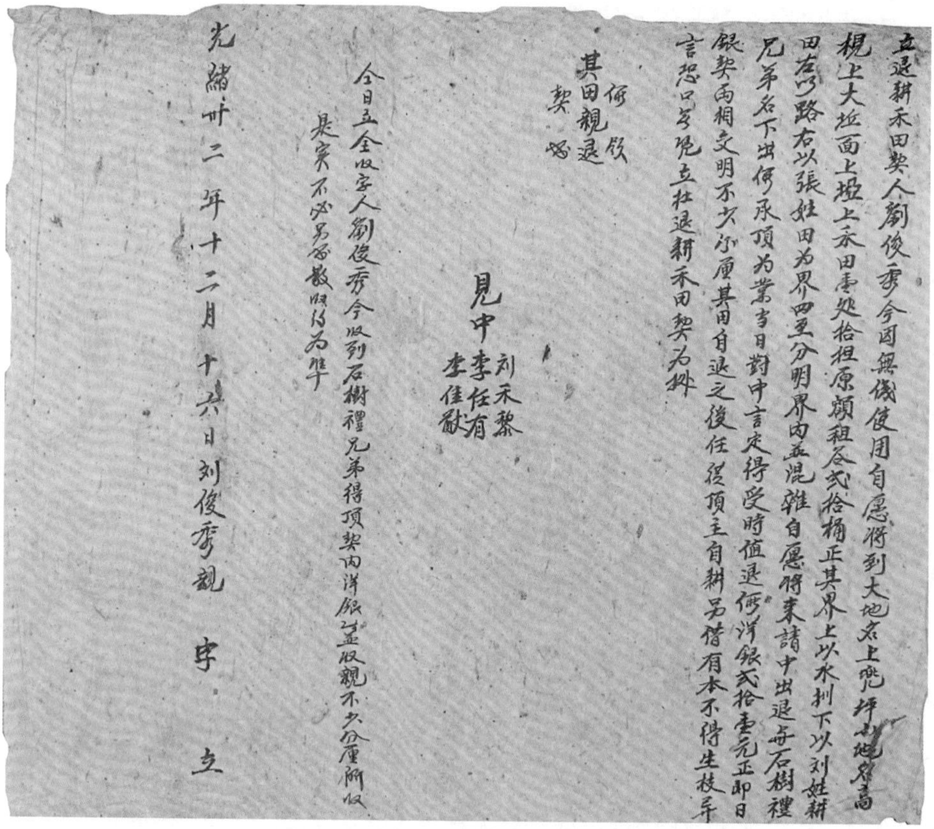

立退耕禾田契人刘俊秀今因无钱使用自愿将到大地名上兆坪小地名高枧上大丘面上垭上禾田壹处拾担原额租谷贰拾桶正其界上以水圳下以刘姓耕田左以路右以张姓田为界四至分明界内并〈无〉混杂自愿将来请中出退与石树礼兄弟名下出价承顶为业当日对中言定得受时值退价洋银贰拾壹元正即日银契两相交明不少分厘其田自退之后任从顶主自耕另借有本不得生枝异言恐口无凭立杜退耕禾田契为据

其价亲领其田亲退其契亲书

见中刘禾黎李任有李佳猷

仝日立全收字人刘俊秀今收到石树礼兄弟得顶契内洋银一并收亲不少分厘所收是实不必另书散收约为准

光绪卅二年十二月十六日刘俊秀亲字立

宣统二年二月二十八日胡怡太退祭业契约

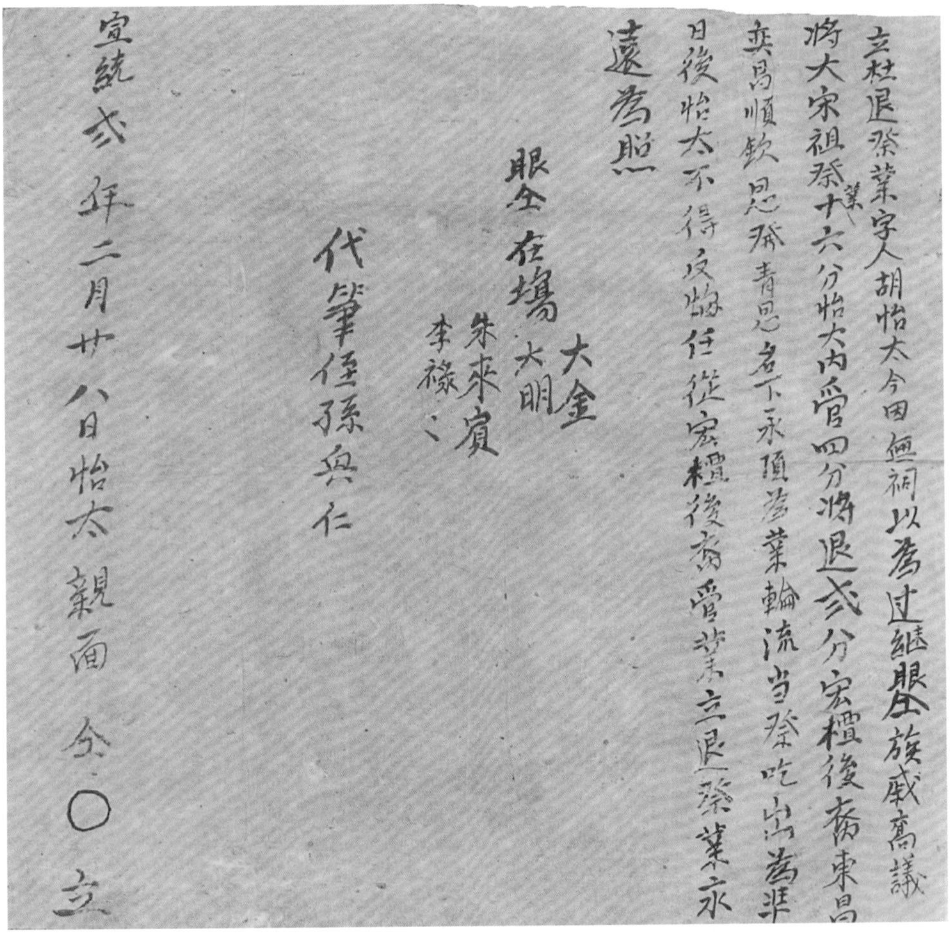

立杜退祭业字人胡怡太今因无祠（嗣）以为过继眼仝族戚商议将大宋祖祭业十六分怡大内管四分将退贰分宏檀后裔东昌奕昌顺钦恩发青恩名下承顶为业轮流当祭吃出为准日后怡太不得反悔任从宏檀后裔管业立退祭业永远为照

眼仝在场大金大明朱来宾李禄禄

代笔侄孙兴仁

宣统贰年二月廿八日怡太亲面仝【押】立

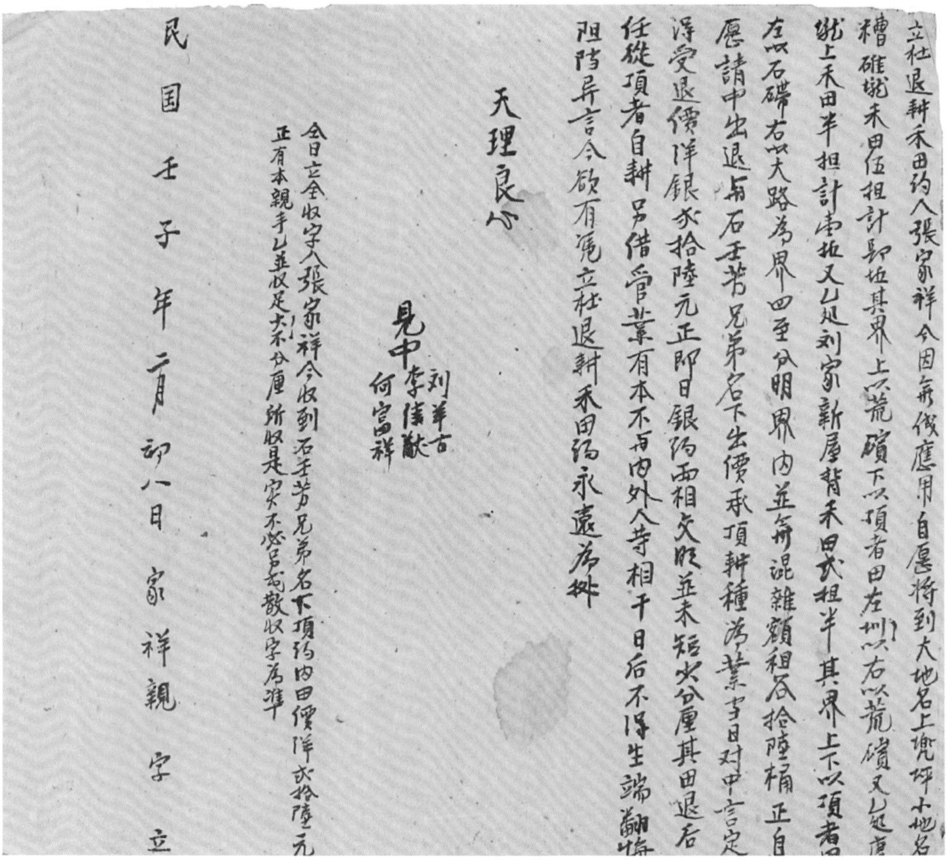

民国元年二月初八日张家祥退耕禾田约

立杜退耕禾田约人张家祥今因无钱应用自愿将到大地名上垗坪小地名糟碓垅禾田伍担计肆丘其界上以荒岭下以顶者田左以圳右以荒岭又一处唐垅上禾田半担计壹丘又一处刘家新屋背禾田贰担半其界上下以顶者田左以石礴右以大路为界四至分明界内并无混杂额租谷拾陆桶正自愿请中出退与石壬芳兄弟名下出价承顶耕种为业当日对中言定得受退价洋银贰拾陆元正即日银约两相交明并未短少分厘其田退后任从顶者自耕另借管业有本不与内外人等相干日后不得生端翻悔阻陷（挡）异言今欲有凭立杜退耕禾田约永远为据

天理良心

见中刘羊古李佳猷何富祥

仝日立全收字人张家祥今收到石壬芳兄弟名下〈得〉顶约内田价洋贰拾陆元正有本亲手一并收足不少分厘所收是实不必另书散收字为准

民国壬子年二月初八日家祥亲字立

民国三年十二月二十二日刘家恩卖屋图契约

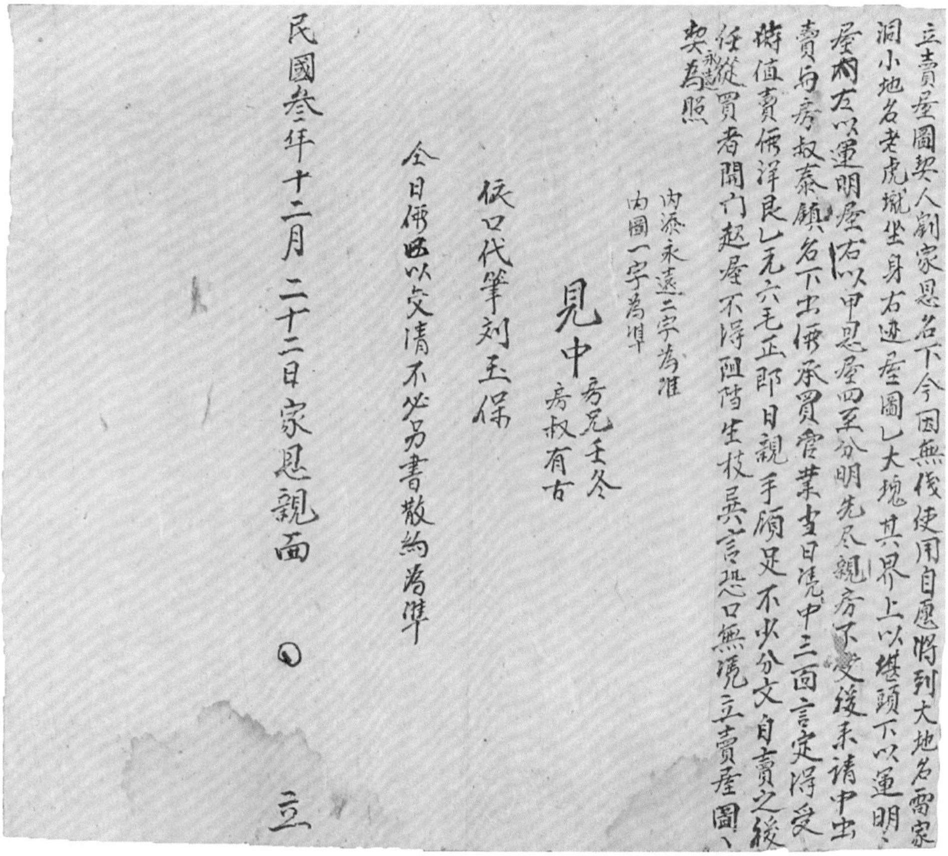

立卖屋图契人刘家恩名下今因无钱使用自愿将到大地名雷家洞小地名老虎垅坐身右边屋图一大块其界上以堪头下以运明屋内左以运明屋右以甲恩屋四至分明先尽亲房不受后来请中出卖与房叔泰镇名下出价承买管业当日凭中三面言定得受时值卖价洋银一元六毛正即日亲手领足不少分文自卖之后任从买者开门起屋不得阻挡（挡）生枝异言恐口无凭立卖屋图契永远为照

内添永远二字为准

内图一字为准

见中房兄壬冬房叔有古

依口代笔刘玉保

仝日价以交清不必另书散约为准

民国叁年十二月二十二日家恩亲面【押】立

民国十年七月二十四日袁国桢典禾田租谷契约

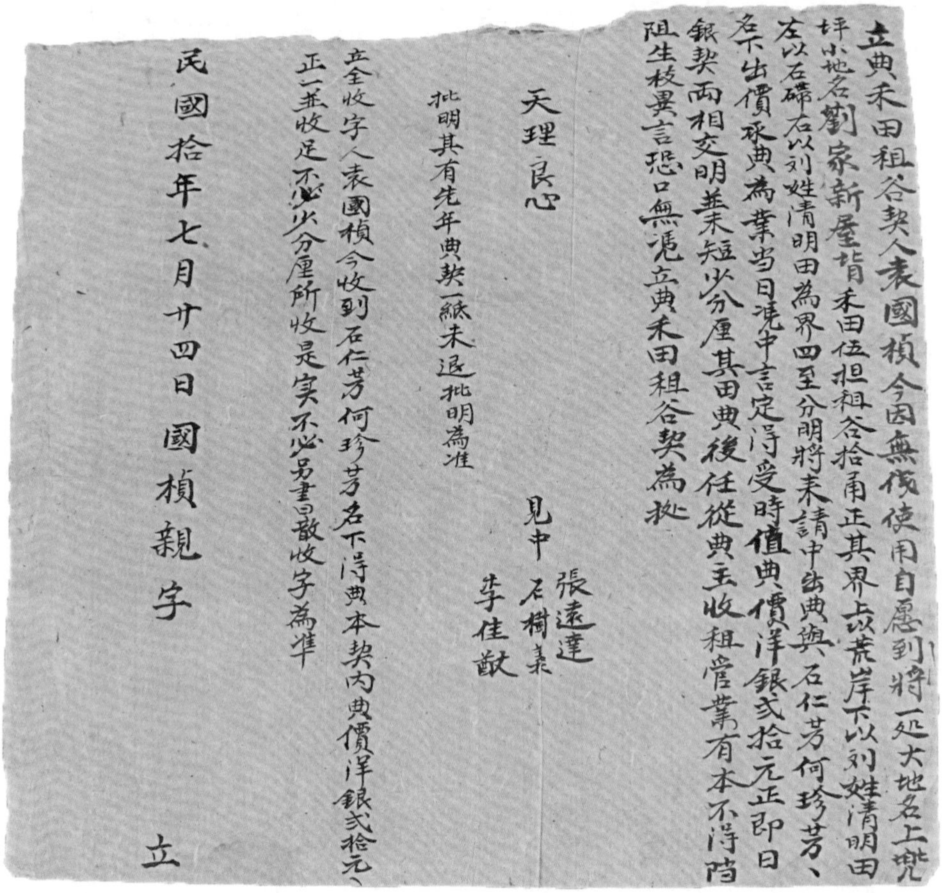

立典禾田租谷契人袁国桢今因无钱使用自愿将到一处大地名上兆坪小地名刘家新屋背禾田伍担租谷拾甬正其界上以荒岸下以刘姓清明田左以石礴右以刘姓清明田为界四至分明将来请中出典与石仁芳何珍芳名下出价承典为业当日凭中言定得受时值典价洋银贰拾元正即日银契两相交明并未短少分厘其田典后任从典主收租管业有本不得啱（挡）阻生枝异言恐口无凭立典禾田租谷契为据

天理良心

见中张远达石树[?]李佳猷

批明其有先年典契一纸未退批明为准

立全收字人袁国桢今收到石仁芳何珍芳名下得典本契内典价洋银贰拾元正一并收足不少分厘所收是实不必另书散收字为准

民国拾年七日廿四日国桢亲字立

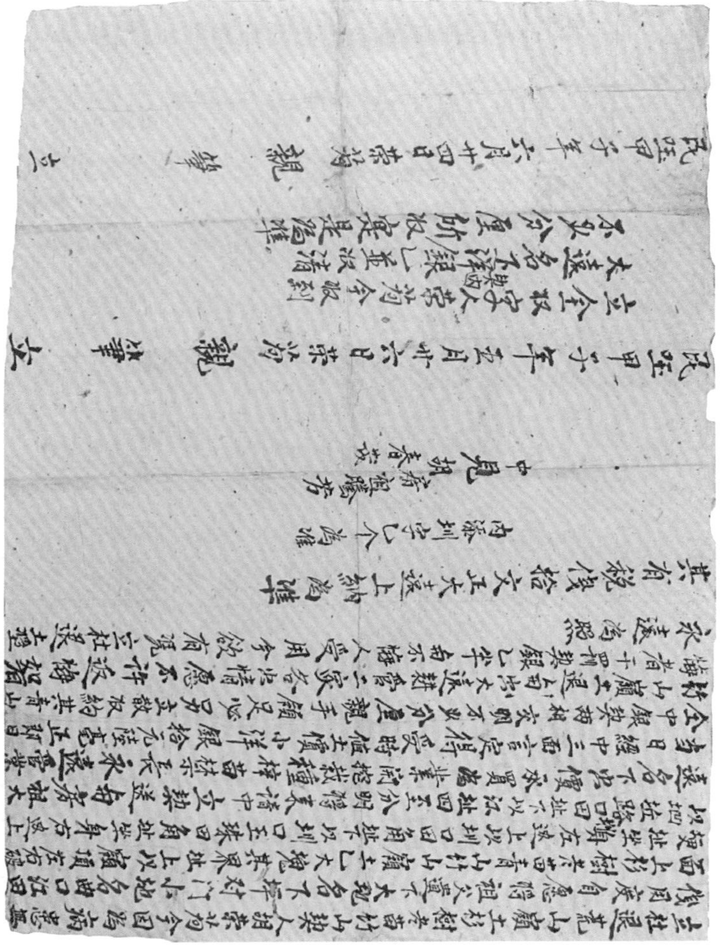

民国十三年五月二十六日胡荣苟退荒山岭土杉树老苗竹山契约

立杜退荒山岭土杉树老苗竹山契人胡荣苟今因为病患无钱用度
自愿将祖父遗下大地名下坪竹山小地名曲口江田面上杉树老苗
青山竹山岭土一大块其界对门小地名破顶左右坐边上以田
圳口田角址下以圳口玉珠田角址上以坳岭址坐身右边上以
下以江田角址四至分明将来请中立契送与房祖大边名下出价承买为
业开挖栽种梓苗禁长永远管业当日经中三面言定得受时值土价
小洋银拾元陆毫正即日仝中银契两相交明不少分厘亲手领足
〈不〉必另立收约其青山竹山岭土退出与大近耕管二家
情愿不许返悔如有悔者干（甘）罚契银一半与不悔人受用今欲
有凭立杜退土契永远为照
其有税钱拾文正大近上纳为准
内添圳字一个为准
中见胡房祖腾芳胡春茂
民国甲子年五月廿六日荣苟亲笔立

立全收字人荣苟今收到大近名下契内洋银一并收清不少分厘所
收实是为准
民国甲子年六月廿四日荣苟亲笔立

民国十五年十月初九日胡元良发批契约

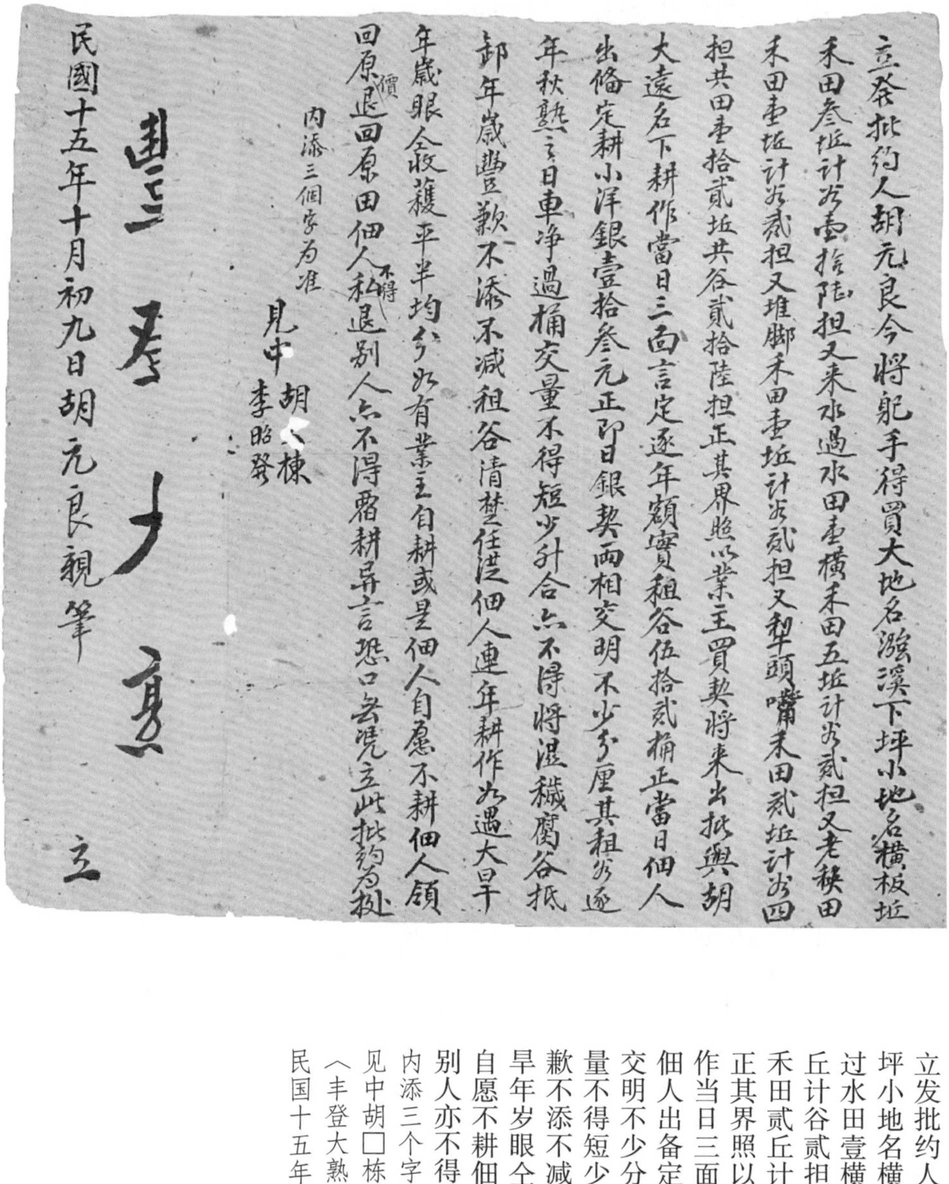

立发批约人胡元良今将己手得买大地名溉溪下坪小地名横板坵禾田叁丘计谷壹拾陆担又来水过水田壹横禾田五丘计谷贰担又老秧田禾田壹丘计谷贰担又堆脚禾田壹丘计谷贰担又犁头嘴禾田贰丘计谷四担共田壹拾贰丘共谷贰拾陆担正其界照以业主买契将来出批与胡大远名下耕作当日三面言定逐年额实租谷伍拾贰桶正当日佃人出备定耕小洋银壹拾叁元正即日银契两相交明不少分厘其租谷逐年秋熟之日车净过桶交量不得短少升合亦不得将湿秽腐谷抵卸年岁丰歉不添不减租谷清楚任从佃人连年耕作如遇大旱年岁眼仝收获平半均如有业主自耕或是佃人自愿不耕佃人领回原价退回原田佃人不得私退别人亦不得霸耕异言恐口无凭立此批约为据

内添三个字为准

见中胡□栋李昭发

〈丰登大熟〉

民国十五年十月初九日胡元良亲笔立

民国十八年六月初八日周矮子典当茶山松杉地土契约

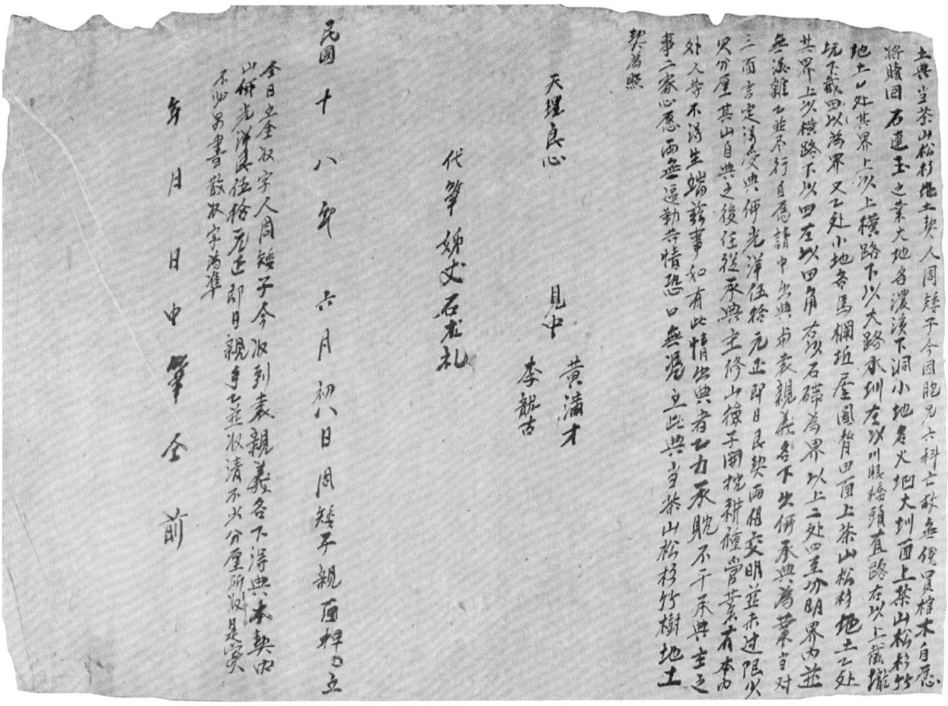

立典当茶山松杉地土契人周矮子今因胞兄六科亡故无钱买棺木自愿将赎回石连玉之业大地名浓溪下洞小地名火垌大圳面上茶山松杉竹地土一处其界上以上横路下以大路水圳左以川眼桥头直路右以上截垅坑下截以田为界又一处小地名马栏坵屋圈背田面上茶山松杉地土一处其界上以横路下以田左以田角右以石磜为界以上二处四至分明界内并无⍰杂一并尽行自愿请中出典与袁亲义名下出价承典为业当对三面言定得受典价光洋伍拾元正即日银契两相交明并未过限少欠分厘其山自典之后任从承典主修山捡子开挖耕种管业有本内外人等不得生端兹事如有此情出典者一力承躭（担）不干承典主之事二家心愿两无逼勒等情恐口无凭立此典当茶山松杉竹树地土契为照

天理良心

见中黄满才李龊古

代笔姊丈石求礼

民国十八年六月初八日周矮子亲面押【押】立

仝日立全收字人周矮子今收到袁亲义名下得典本契内山价光洋银伍拾元正即日亲手一并收清不少分厘所收是实不必另书散收字为准

年月日中笔仝前

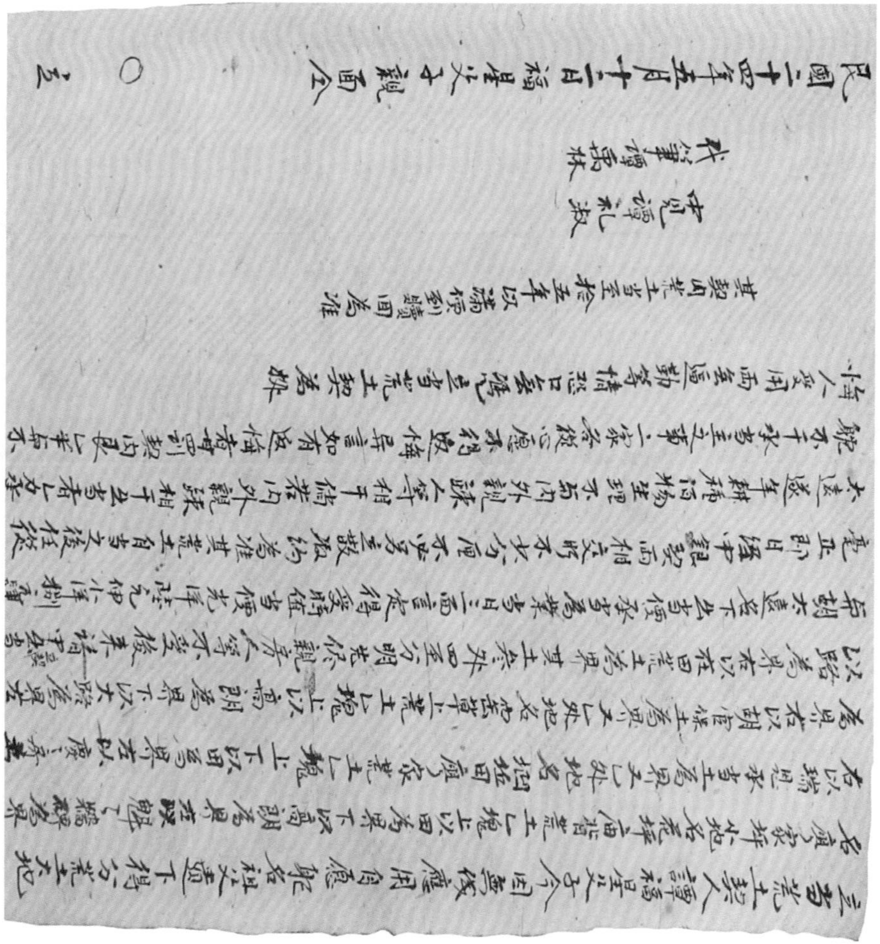

民国二十四年五月十二日谭福星父子当荒土契约

立当荒土契人谭福星父子今因无钱应用自愿己名祖父
遗下得分荒土大地名廖家坪小地名花坪庙背荒土一块
上以田为界下以高朗为界左以魁之墙磦为界右以瑞恩
承当土为界又一处地名坳坵田廖家荒土一块上下以田
为界左以廖之房土为界右以胡官堡为界又一处地名窑
草上荒土一块上以高朗为界下以大路为界左以路为界
右以在田荒土为界其土叁处四至分明先尽亲房人等不
爱后来请中立契出当与胡太远名下出当价承当为业当
日三面言定得受时值当价光洋陆元仲小洋捌元肆毫正
即日经中银契两相交明不少分厘不必另立散收约为准
其荒土自当之后任从太远遂年耕种佰物生理不与内外
亲疏人等相干倘若内外亲疏相干出当者一力承躭(担)
不干承当主之事二家各从心愿不得返悔异言如有返悔
者甘罚契内银一半与不悔人爱用两无逼勒等情恐口无
凭立当荒土契为据

其契内荒土当至拾五年以满价到赎回为准

中见谭礼淑

代笔谭禹林

民国二十四年五月十二日福星父子亲面仝【押】立

民国二十九年十二月初十日胡兴汉卖禁长梓苗老苗杉树契约

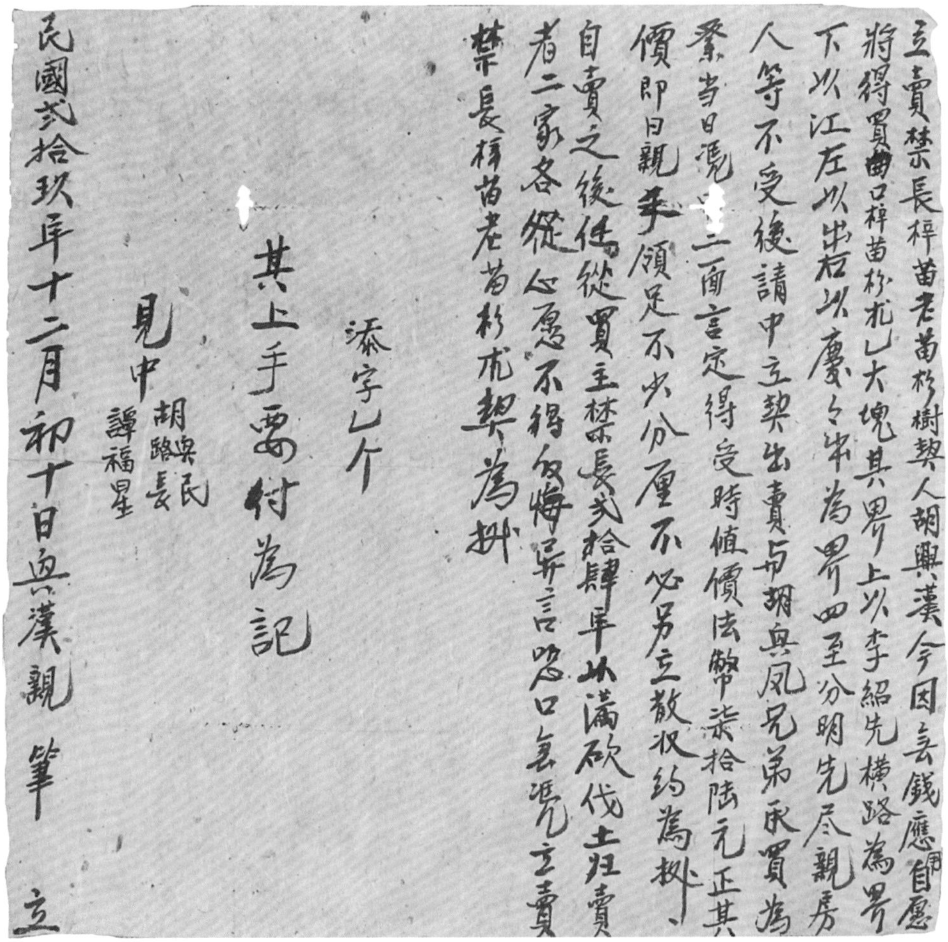

立卖禁长梓苗老苗杉树契人胡兴汉今因无钱应用自愿将得买曲口梓苗杉术（树）一大块其界上以李绍先横路为界下以江左以出右以庆庆出为界四至分明先尽亲房人等不受后请中立契出卖与胡兴凤兄弟承买为业当日凭□三面言定得受时值价法币柒拾陆元正其价即日亲手领足不少分厘不必另立散收约为据自卖之后任从买主禁长贰拾肆⍰以满砍伐土归卖者二家各从心愿不得反悔异言恐口无凭立卖禁长梓苗老苗杉术（树）契为据

添字一个

其上手要付为记

见中胡兴民胡路长谭福星

民国贰拾玖年十二月初十日兴汉亲笔立

民国三十三年十一月二十三日钟富才典当禾田契约

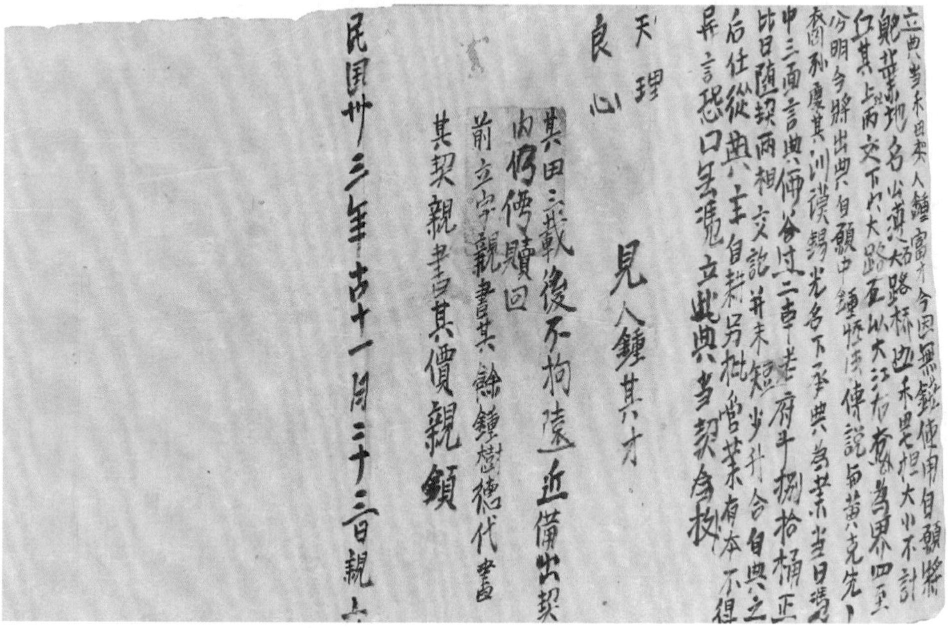

立典当禾田契人钟富才今因无钱使用自愿将己业地名公[?]石大路桥边禾田七担大小不计丘其上以丙交下以大路左以大江右□□为界四至分明今将出典自愿中钟□□传说与黄克先裔孙庆其训谟锡光名下承典为业当日凭中三面言典价谷过二车老府斗捌拾桶正比日随契两相交讫并未短少升合自典之后任从典主自耕另批管业有本不得异言恐口无凭立此典当契为据

天理良心

见人钟其才

其田三载后不拘远近备出契内[?]价赎回

前立字亲书其余钟树德代书

其契亲书其价亲领

民国卅三年古十一月二十三日亲立

民国三十四年十月十五日钟富财离耕典当禾田契约

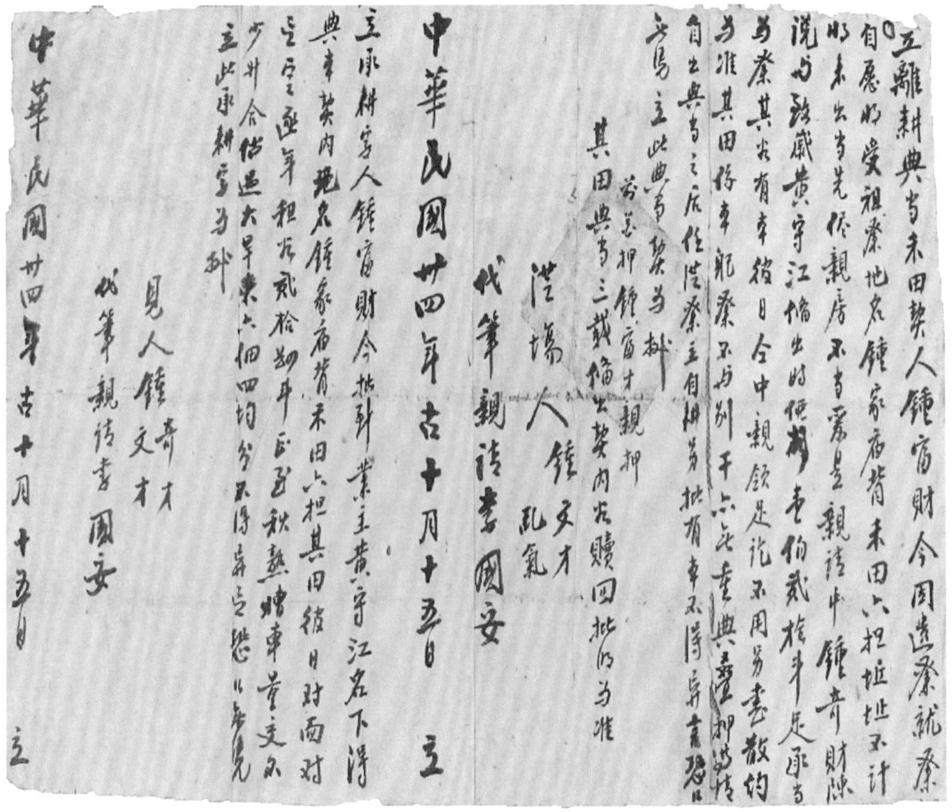

立离耕典当禾田契人钟富财今因遗业就业自愿将受
祖业地名钟家庙背禾田六担丘址不计将来出当先尽
亲房不当爰是亲请中钟奇财陈说与致戚黄守江备出
时价谷壹伯（佰）贰拾斗足承当为业其谷有本彼日
仝中亲领足讫不用另书散约为准其田系本己业不与
别干亦无重典叠押等情自出典当之后任从业主自耕
另批有本不得异言恐口无凭立此典当契为据
⍰总押钟富才亲押
其田典当三载备出契内谷赎回批约为准
从场人钟文才钟⍰气
代笔亲请李国安
中华民国卅四年古十月十五日立

立承耕字人钟富财今批到业主黄守江名下得典本契
内地名钟家庙背禾田六担其田彼日对面对言定逐
年租谷贰拾肆斗正至秋熟嘈车量交不少升合⍰遇大
旱⍰六佃四均分不得异言恐口无凭立此承耕字为据
见人钟奇才钟文才
代笔亲请李国安
中华民国卅四年古十月十五日立

第二部分　桂林全州县（二）

咸丰四年十二月十八日何日养等卖田契约

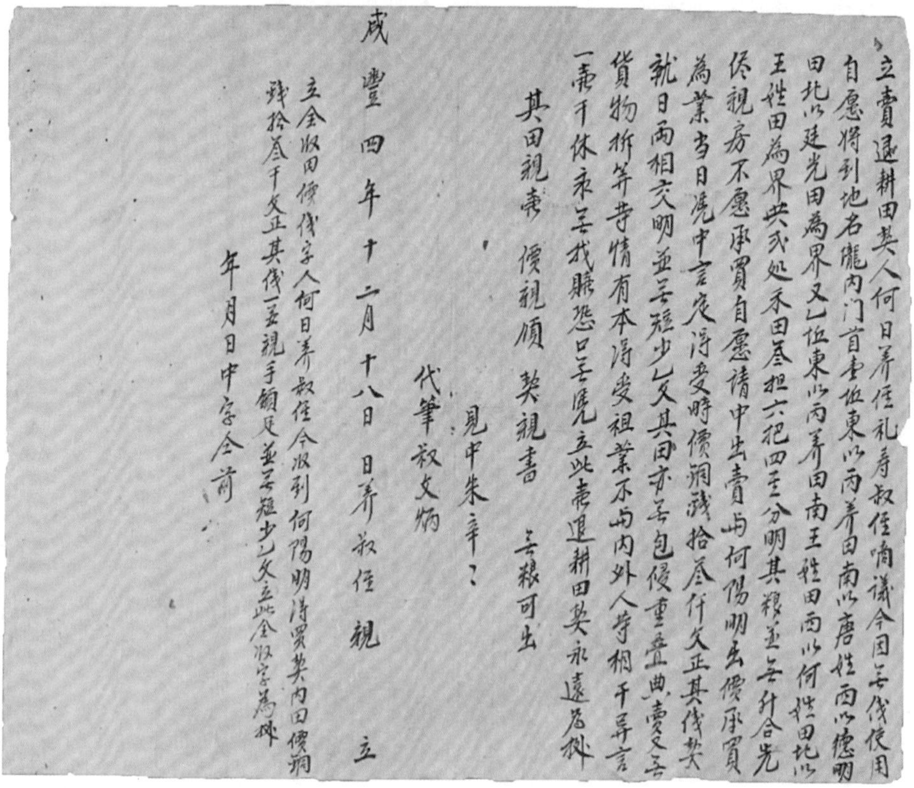

立卖退耕田契人何日养住礼寿叔侄嘀（商）议今因无钱使用自愿将到地名垅内门首壹丘东以丙养田南以唐姓西以德明田北以廷光田为界又一丘东以丙养田南〈以〉王姓田西以何姓田北以王姓田为界共贰处禾田叁担六把四至分明其粮并无升合先尽亲房不愿承买自愿请中出卖与何阳明出价承买为业当日凭中言定得受时价铜钱拾叁仟文正其钱契就日两相交明并无短少一文其田亦无包侵重叠典卖又无货物拆（折）算等情有本得受祖业不与内外人等相干异言一卖千休永无找赎恐口无凭立此卖退耕田契永远为据

其田亲卖价亲领契亲书无粮可出

见中朱辛辛

代笔叔文炳

咸丰四年十二月十八日日养叔侄亲立

立全收田价钱字人何日养叔侄今收到何阳明得买契内田价铜钱拾叁千文正其钱一并亲手领足并无短少一文立此全收字为据

年月日中字仝前

同治五年十一月二十六日李癸开兄弟卖山场熟土契约

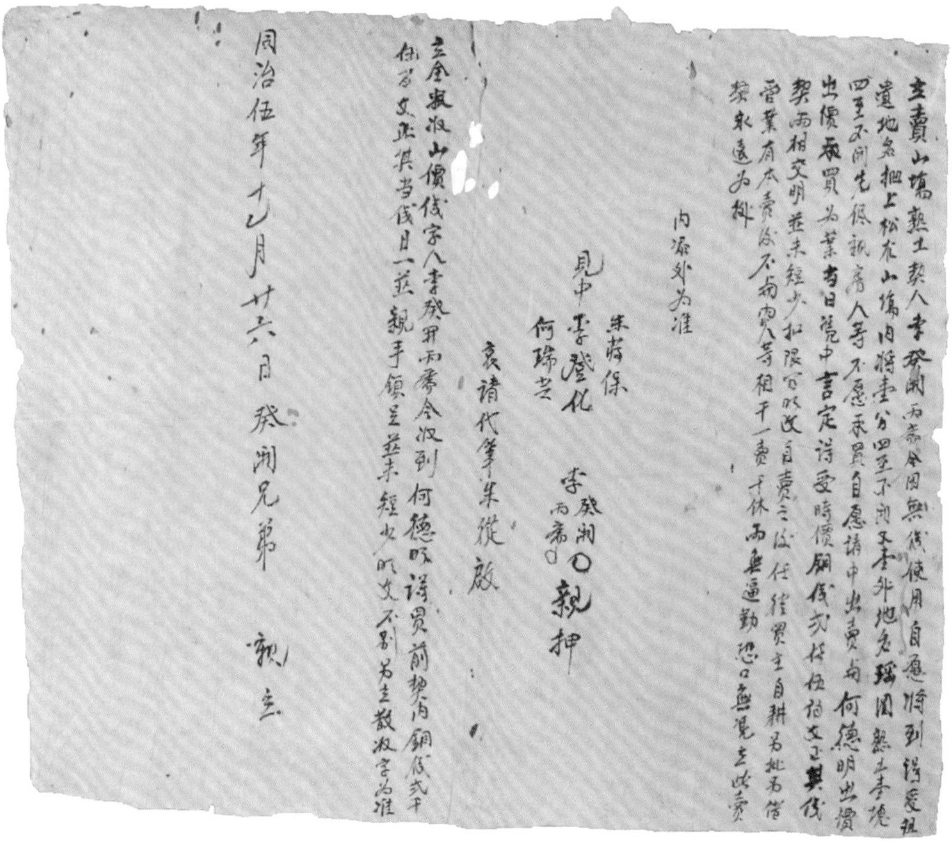

立卖山场熟土契人李癸开丙斋今因无钱使用自愿将到得受祖遗地名坰上松术（树）山场内将壹分四至不开又壹处地名瑶圆熟土壹块四至不开先尽亲房人等不愿承买自愿请中出卖与何德明出价［出价］承买为业当日凭中言定得受时价铜钱贰仟伍伯（佰）文正其钱契两相交明并未短少扣限□□□自卖之后任从买主自耕另批另借管业有本卖后不与内外人等相干一卖千休两无逼勒恐口无凭立此卖契永远为据

内添外为准

见中朱蒋保李登化何瑞芸

李癸开【押】李丙斋【押】亲押

哀请代笔朱从啟

立全收山价钱字人李癸开丙斋今收到何德明得买前契内铜钱贰千伍百文正其当钱日一并亲手领足并未短少明文不别另立散收字为准

同治伍年十一月廿六日癸开兄弟亲立

同治六年二月三十日李胡改兄弟卖山场契约

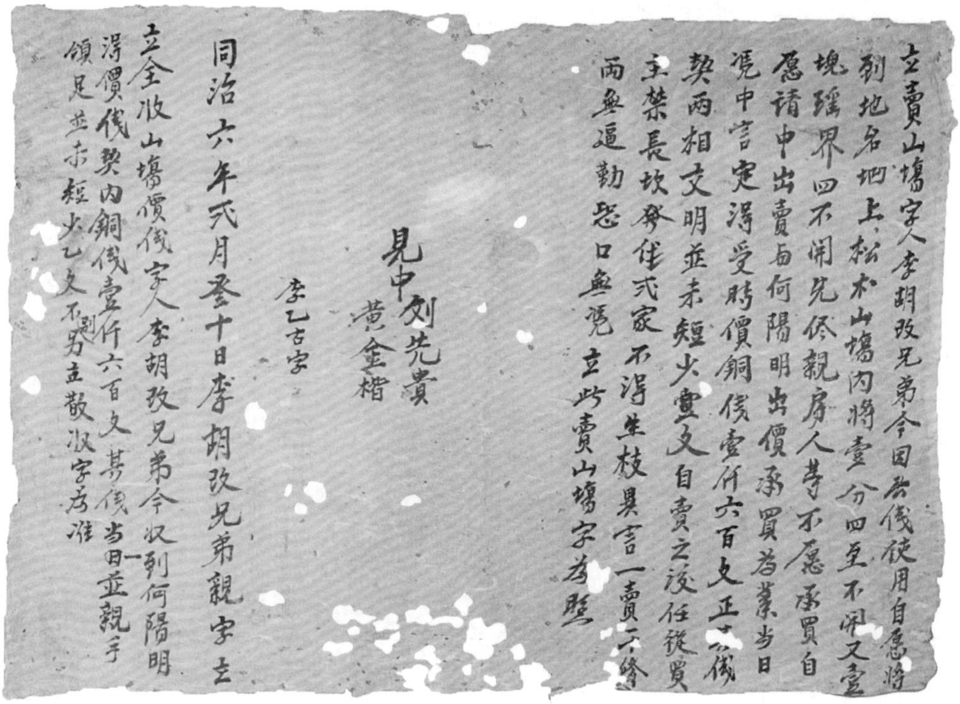

立卖山场字人李胡改兄弟今因无钱使用自愿将到地名垇上松术（树）山场内将壹分四至不开又壹块瑶界四不开先尽亲房人等不愿承买自愿请中出卖与何阳明出价承买为业当日凭中言定得受时价铜钱壹仟六百文正□钱契两相交明并未短少壹文自卖之后任从买主禁长坎（砍）发伐贰家不得生枝异言一卖千修（休）两无逼勒恐口无凭立此卖山场字为照

见中刘先贵黄金楷

李乙古字

同治六年贰月叁十日李胡改兄弟亲字立

立全收山场价钱字人李胡改兄弟今收到何阳明得价钱契内铜钱壹仟六百文其钱当日一并亲手领足并未短少一文不别另立散收字为准

同治十年十二月二十七日朱德仟卖田契约

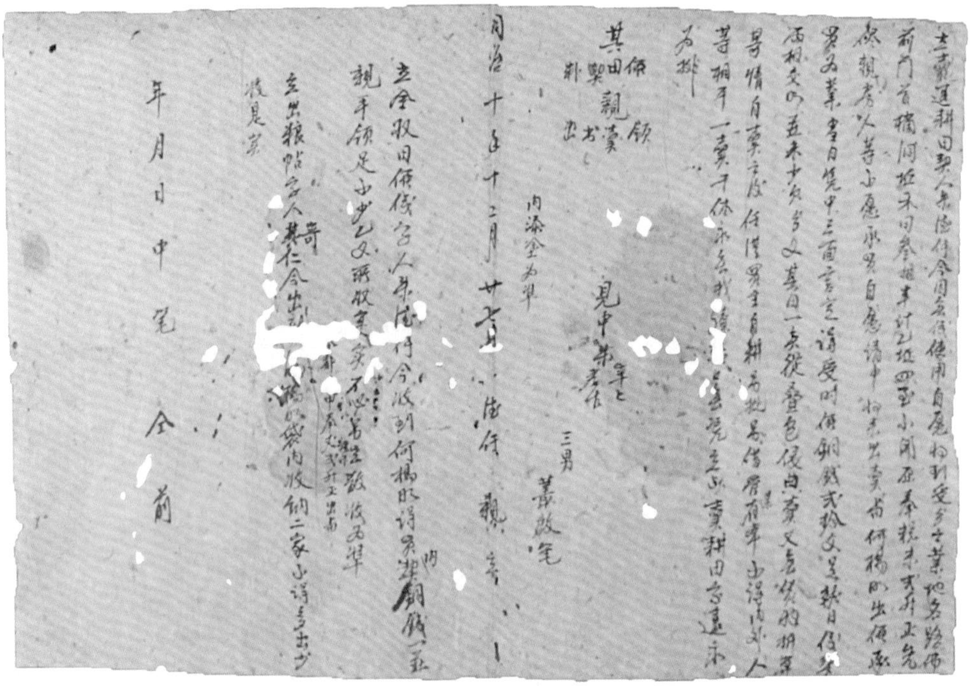

立卖退耕田契人朱德仟今因无钱使用自愿将到受分之业地名路佛前门首?洞坵禾田叁担半计一丘四至不开原奉税米贰升正先尽亲房人等不愿承买自愿请中将来出卖与何杨明出价承买为业当日凭中三面言定得受时价铜钱贰拾文足就日钱契两相交明并未少欠分文其田一无从叠包侵典卖又无货物拆（折）算等情自卖之后任从买主自耕另批另借管业有本不得内外人等相干一卖千休永无找赎〈恐〉口无凭立此卖耕田永〈远〉为据

其价亲领

其田亲卖

其契亲书

其粮亲出

见中朱?七朱孝左

三男丛启笔

内添涂为准

同治十年十二月廿七日德仟亲立

立全收田价钱字人朱德仟今收到何杨明得买内契铜钱一并亲手领足不少一文所收是实不必另立散收为准

□都□甲奉丈□□贰升正出与

立出粮帖字人奇仁今出□□杨明袋内收纳二家不得多出少收是实

年月日中笔仝前

同治十年十二月三十日李秀啟等卖地契约

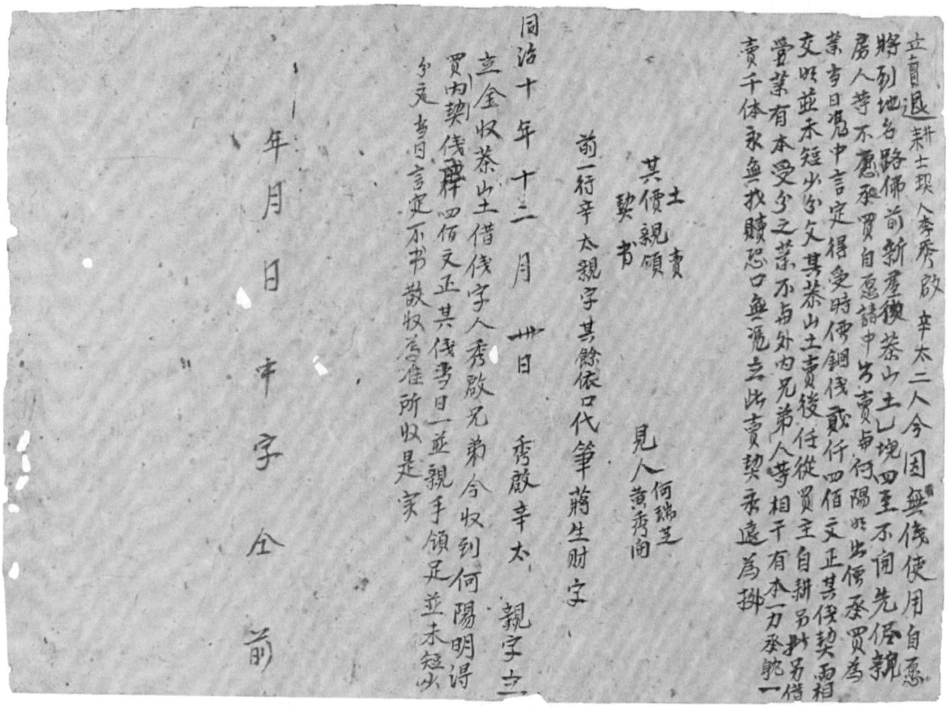

立卖退耕士（土）契人李秀啟辛太二人今因无钱使用自愿将
到地名路佛前新屋后茶山土一块四至不开先尽亲房人等不愿
承买自愿请中出卖与何阳明出价承买为业当日凭中言定得受
时价铜钱贰仟四佰文正其钱契两相交明并未短少分文其茶山
土卖后任从买主自耕另批另借管业有本受分之业不与外内兄
弟人等相干有本一力承躭（担）一卖千休永无找赎恐口无凭
立此卖契永远为据

其土亲卖
其价亲领
其契亲书
见人何瑞芝黄秀开
前一行辛太亲字其余依口代笔蒋生财字
同治十年十二月卅日秀啟辛太亲字立

立全收茶山土借钱字人秀啟兄弟今收到何阳明得买契内钱贰
仟四佰文正其钱当日一并亲手领足并未短少分文当日言定不
书散收为准所收是实
年月日中字仝前

同治十一年十二月二十七日朱德仟父子卖田契约

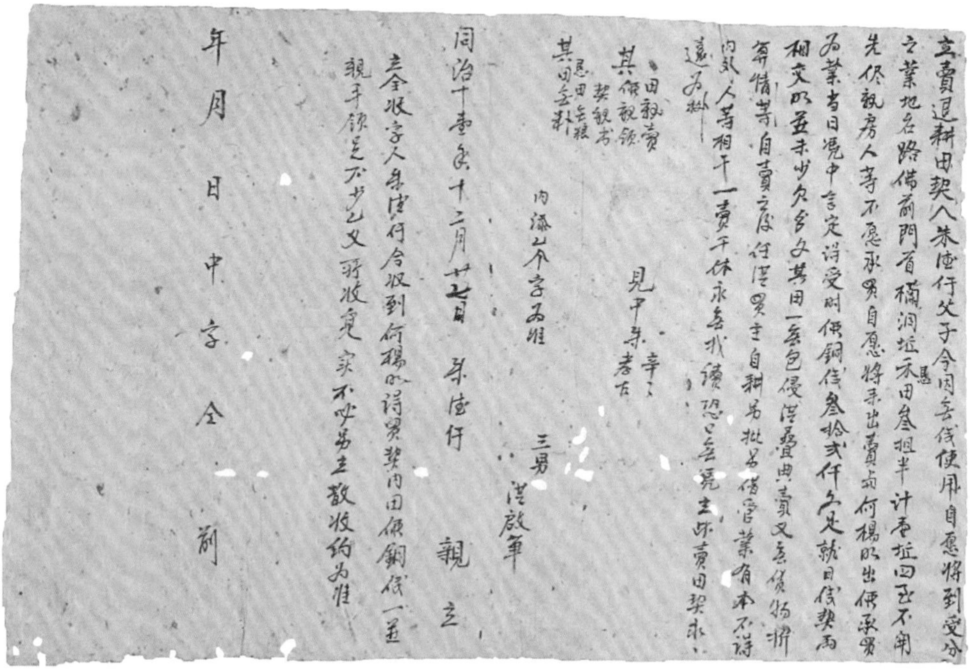

立卖退耕田契人朱德仟父子今因无钱使用自愿将到受分立业地名路佛前门首栏洞坵禾恳田叁担半计壹丘四至不开先尽亲房人等不愿承买自愿将来出卖与何杨明出价承买为业当日凭中言定得受时价铜钱叁拾贰仟文足就日钱契两相交明并未少欠分文其田一无包侵从叠典卖又无货物折算等情自卖之后任从买主自耕另批另借管业有本不得内外人等相干一卖千休永无找赎恐口无凭立此卖田契永远为据

其田亲卖

其价亲领

其契亲书

其恳田无粮

其田无粮

见中朱辛辛朱孝左

内添一个字为准

三男从啟笔

同治十壹年十二月廿七日朱德仟亲立

立全收字人朱德仟今收到何杨明得买契内田价铜钱一并亲手领足不少一文所收是实不必另立散收约为准

年月日中字仝前

光绪二年九月十六日黄金钟卖田契约

立典卖退耕田契人黄金钟今因遗远就近自愿收到地名黄树田王排丘禾田壹拾担计二丘四至不开原奉丈税米捌升正自愿请中出典卖与致（至）亲何南寿出价承典为业当日凭中言定得受时价铜钱柒拾仟文正就日钱契两相交明并未少欠分文其田并无包侵典卖又无货物枡（折）算等情自典之后任从典主收粮过税自耕另批另借管业有本典后不得内外伯叔兄弟人等相干不得主倘生枝异言恐口无凭立此典卖契为据

其田亲卖（其）价亲领

其契亲书（其）粮亲出

见中何瑞芝何德明

光绪贰年九月十六日金钟亲字立

立全收田价铜钱字人黄金钟今收到何南寿田价铜钱一并亲手领足并未少欠一文二家不得异言恐口无凭立此全收字为据　外批明实借铜钱叁拾仟文正利各叁拾甬正其有花银照旧市盐行作算对抨（称）为准

又七月初二日借铜钱捌仟贰百文

光绪三年十二月二十日朱桂啟卖屋宇余晒坪契约

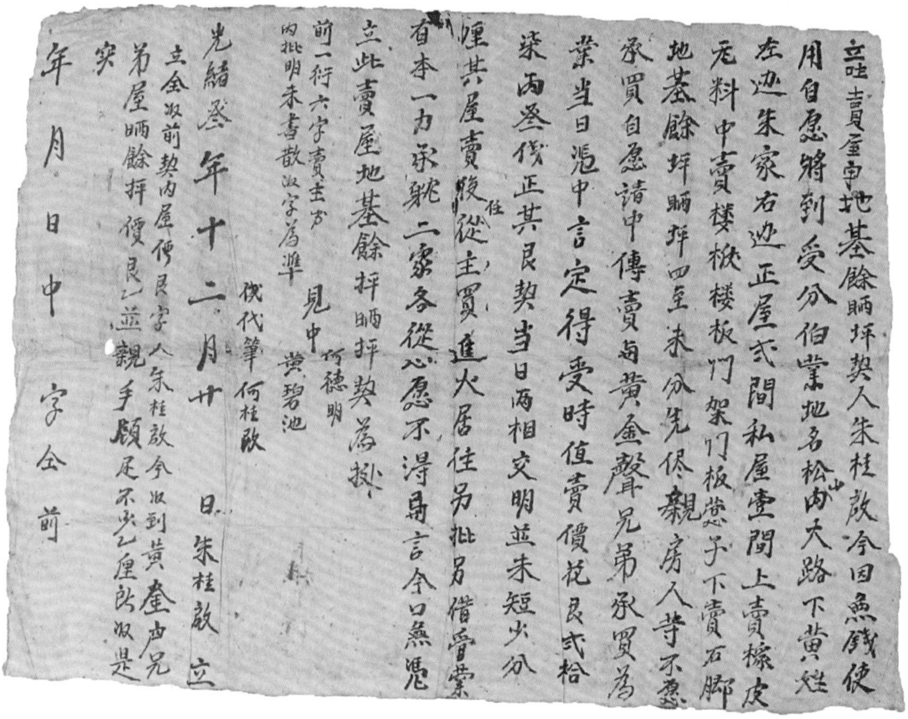

立吐（杜）卖屋宇地基余晒坪契人朱桂啟今因无钱使用自愿将到受分伯业地名松山内大路下黄姓左边朱家右边正屋贰间私屋壹间上卖椽皮无料中卖楼栿楼板门架门板窗子下卖石脚地基余坪晒坪四至未分先尽亲房人等不愿承买自愿请中传卖与黄金声兄弟承买为业当日凭中言定得受时值卖价花银贰桧（拾）柒两叁钱正其银契当日两相交明并未短少分厘其屋卖后任从买主进火居住另批另借管业有本一力承躭（担）二家各从心愿不得异言今口无凭立此卖屋地基余坪晒坪契为据

前一行六字卖主书

内批明未书散收字为准

见中何德明黄碧池

钱代笔何桂啟

光绪叁年十二月廿日朱桂啟立

立全收前契内屋价银字人朱桂啟今收到黄金?兄弟屋晒余坪价银一并亲手领足不少一厘所收是实

年月日中字仝前

光绪十年十一月十六日何吉彩父子卖田地契约

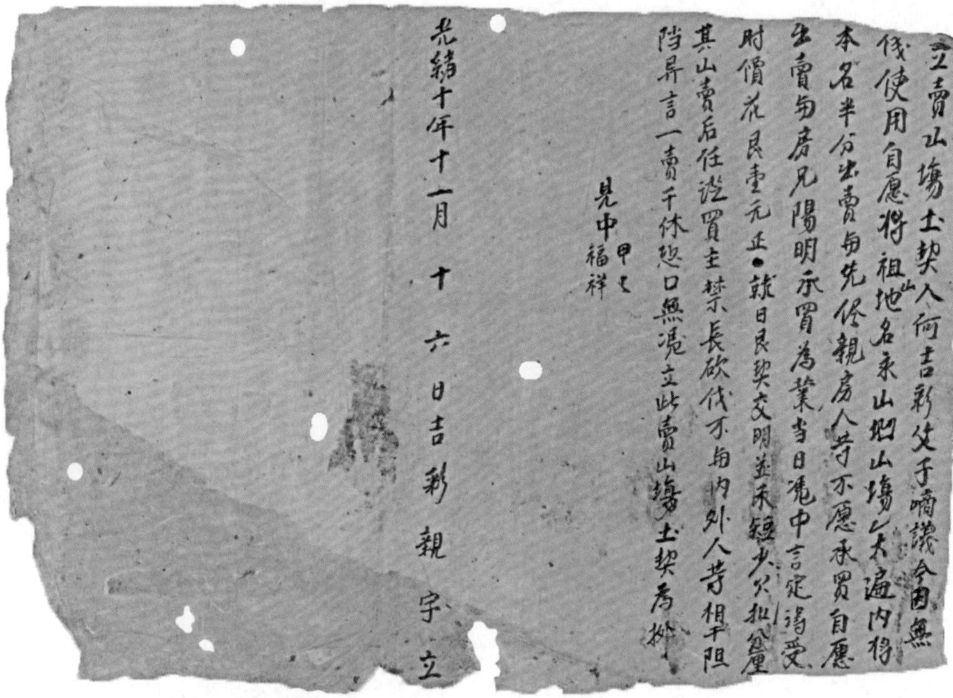

立卖山场土契人何吉彩父子嘀（商）议今因无钱使用自愿将祖山地名永山岊山场一大遍内将本名半分出卖与先尽亲房人等不愿承买自愿出卖与房兄阳明承买为业当日凭中言定得受时价花银壹元正就日银契交明并未短少欠扣分厘其山卖后任从买主禁长砍伐不与内外人等相干阻陷（挡）异言一卖千休恐口无凭立此卖山场土契为据

见中甲?福祥

光绪十年十一月十六日吉彩亲字立

光绪十六年十月十五日刘一太卖地契约

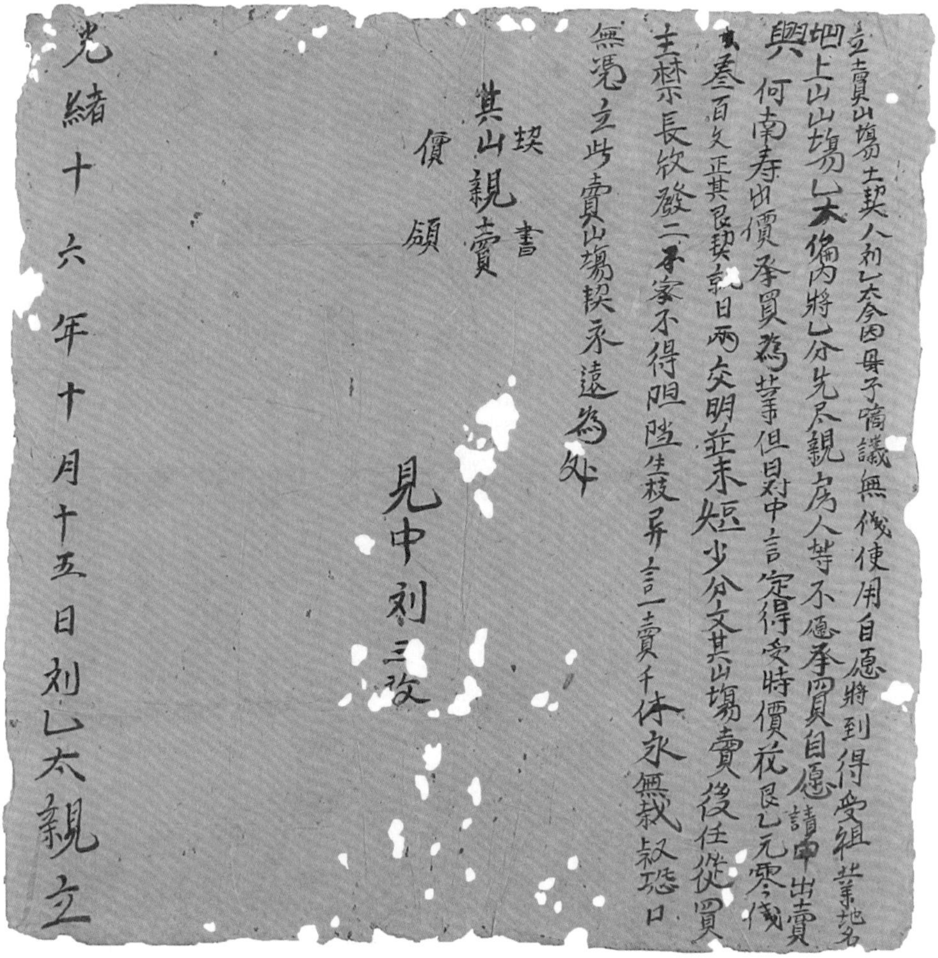

立卖山场土契人刘一太今因母子嘀(商)议无钱使用自愿将到得受祖业地名垇上山山场一大偏内将一分先尽亲房人等不愿承买自愿请中出卖与何南寿出价承买为业但(当)日对中言定得受时价花银一元零钱叁百文正其银契就日两交明并未短少分文其山场卖后任从买主禁长⊡发二家不得阻陷(挡)生枝异言一卖千休永无栽(找)叔(赎)恐口无凭立此卖山场契永远为处(据)

其契亲书

其山亲卖

其价亲领

见中刘三⊡

光绪十六年十月十五日刘一太亲立

光绪十六年十一月二十五日谭聚古兄弟卖禾田契约

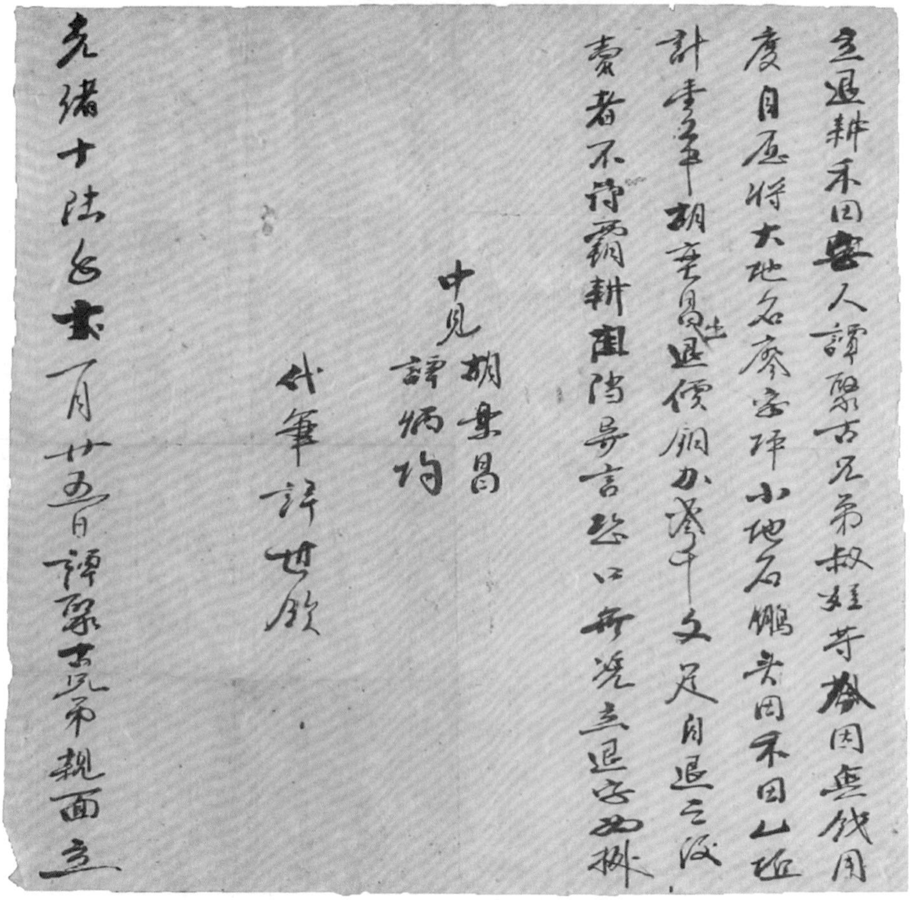

立退耕禾田字人谭聚古兄弟叔姪等今因无钱用度
自愿将大地名廖家坪小地名鹏头田禾田一丘计壹
半胡蛮昌出退价铜钱叁千文足自退之后卖者不得
霸耕阻陗（挡）异言恐口无凭立退字为据
中见胡景昌谭炳均
代笔谭世钦
光绪十陆年十一月廿五日谭聚古兄弟亲面立

光绪十八年正月二十八日李青云父子卖粪坑契约

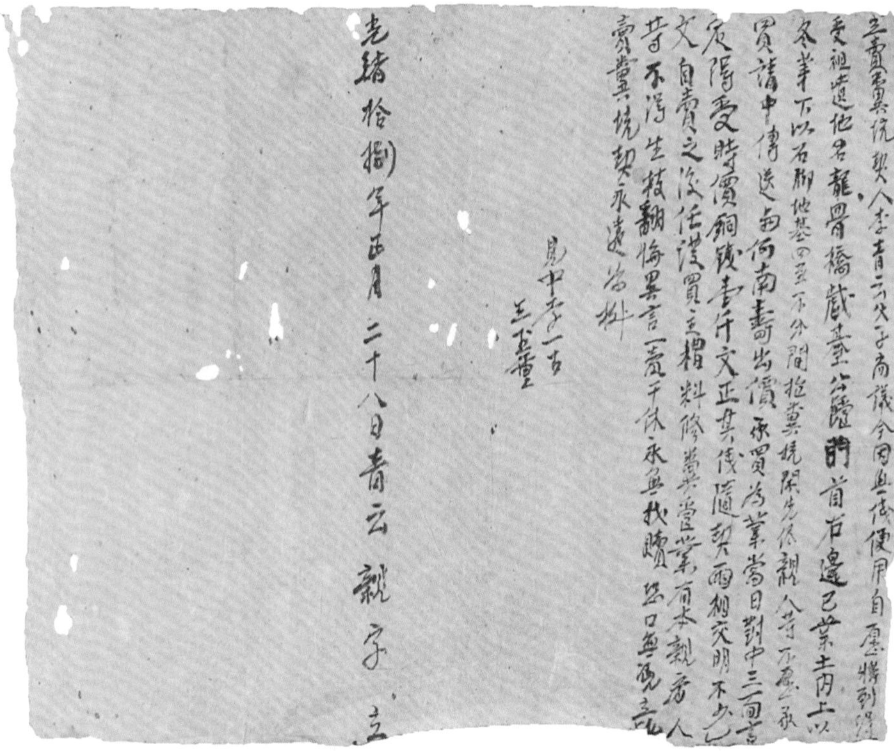

立卖粪坑契人李青云父子商议今因无钱使用自愿将到得受祖遗地名龙骨桥戏台公馆门首右边已（已）业土内上以冬茅下以石脚地基四至不分间抢粪坑闲先尽亲人等不愿承买请中传送与何南寿出价承买为业当日对中三面言定得受时价铜钱壹仟文正其钱随契两相交明不少一文自卖之后任从买主槽料修粪管业有本亲房人等不得生枝翻悔异言一卖千休永无找赎恐口无凭立此卖粪坑契永远为据

见中李一古王玉重

光绪拾捌年正月二十八日青云亲字立

光绪十八年十二月初四日刘阿朱氏等卖禾田契约

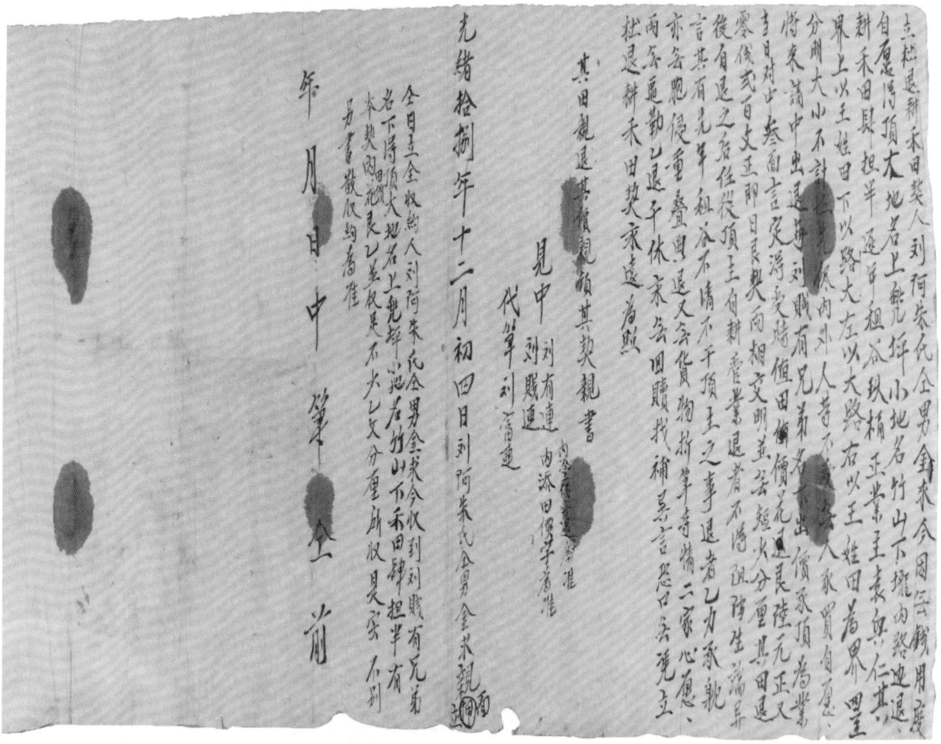

立杜退耕禾田契人刘阿朱氏仝男金求今因无钱用度自愿得顶大地名上兆坪小地名竹山下垅内路边退耕禾田肆担半逐年租谷玖桶正业主袁兴仁其界上以王姓田下以大路左以大路右以王姓田为界四至分明大小不计丘先尽内外人等不受无人承买自愿将来请中出退与刘贱有兄弟名下出价承顶为业当日对中叁面言定得受时值田价花银陆元正又零钱贰百文正即日银契两相交明并无短少分厘其田退后自退之后任从顶主自耕管业退者不得阻陷（挡）生端异言其有先年租谷不清不干顶主之事退者一力承躭（担）亦无胞（包）侵重叠典退又无货物折算等情二家心愿两无逼勒一退千休永无回赎找补异言恐口无凭立杜退耕禾田契永远为照

其田亲退其价亲领其契亲书

内涂价字退字为准

内涂田价字退为准

见中刘有连刘贱连

代笔刘富连

光绪拾捌年十二月初四日刘阿朱氏仝男金求亲面【押】立

仝日立全收约人刘阿朱氏仝男金求今收到刘贱有兄弟名下得顶大地名上兆坪小地名竹山下禾田肆担半有本契内田价花银一并收足不少一文分厘所收是实不别另书散收约为准

年月日中笔仝前

光绪十九年二月二十六日何圆珍兄弟卖田契约

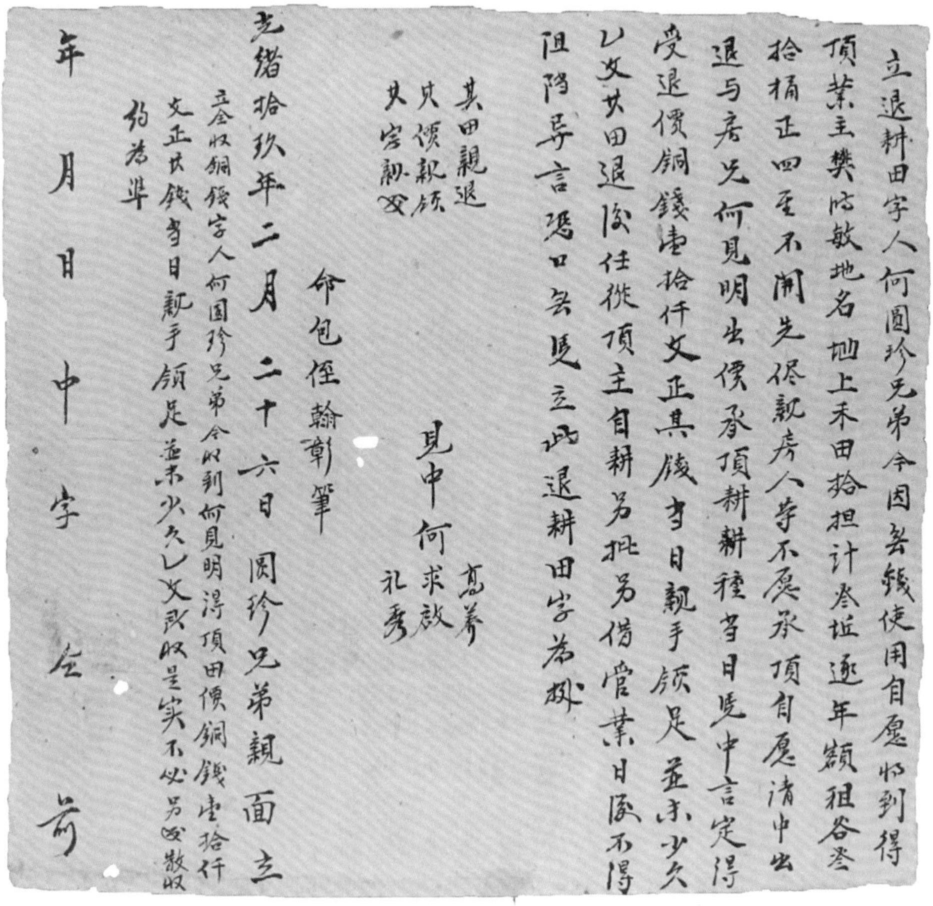

立退耕田字人何圆珍兄弟今因无钱使用自愿将到得顶业主樊时敏地名坳上禾田拾担计叁丘逐年额租谷叁拾桶正四至不开先尽亲房人等不愿承顶自愿请中出退与房兄何见明出价承顶耕［耕］种当日凭中言定得受退价铜钱壹拾仟文正其钱当日亲手领足并未少欠一文其田退后任从顶主自耕另批另借管业日后不得阻陷（挡）异言恐口无凭立此退耕字为据

其田亲退

其价亲领

其字亲书

见中何高养何求啟何礼秀

命包（胞）侄翰彰笔

光绪拾玖年二月二十六日圆珍兄弟亲面立

立全收铜钱字人何圆珍兄弟今收到何见明得顶田价铜钱壹拾仟文正其钱当日亲手领足并未少欠一文所收是实不必另书散收约为准

年月日中字仝前

光绪十九年六月二十八日刘太兴卖退耕青苗垦禾田契约

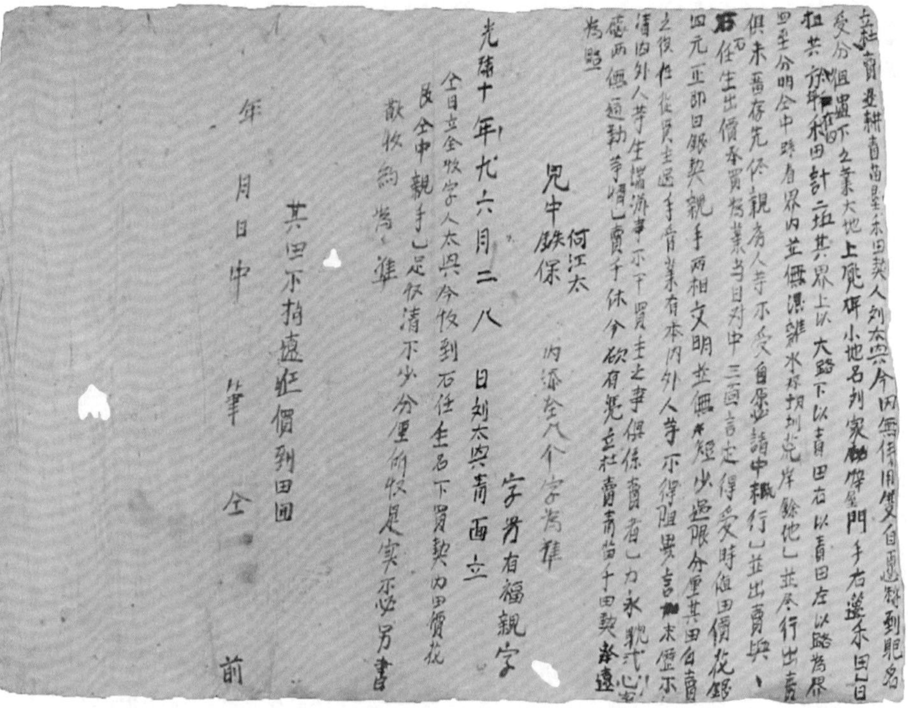

立杜卖退耕青苗垦禾田契人刘太兴今因无钱用度自愿将到己名受分祖遗下之业大地上兆坪小地名刘家梓屋门手右边禾田一日担共八方坪在内禾田计二丘其界上以大路下以青田右以青田左以路为界四至分明仝中踩看界内并无混杂水原坝圳荒岸余地一并尽行出卖俱未留存先尽亲房人等不受自愿请中⿰行一并出卖与石石任生出价承买为业当日对中三面言定得受时值田价花银四元正即日银契亲手两相交明并无短少过限分厘其田自卖之后任从买主过手管业有本内外人等不得阻〈挡〉异言来历不清内外人等生端滋事不干买主之事俱系卖者一力永（承）躭（担）贰家心愿两无逼勒等情一卖千休今欲有凭立杜卖青苗千（禾）田契永远为照

见中何江太铁保

内添全（涂）八个字为准

字男有福亲字

光绪十九年六月二八日刘太兴青（亲）面立

仝日立仝收字人太兴今收到石任生名下买契内田价花银仝中亲手一足收清不少分厘所收是实不必另书散收约为准

其田不拘远近价到田间

年月日中笔仝前

光绪十九年十二月二十九日何富吉卖田契约

立卖退耕田契人何富吉今因无钱使用自愿将到得受祖业地名黄树田禾田一担计一丘四至不开自愿请中出卖与房弟如松出价承买为业当日凭中言定得受时价花银六元正就日钱契两相交明并无短少分厘其田卖后任从买主自耕另批另借管业有本卖后不与内外人等相干二家不得阻挡（挡）生枝异言今口无凭立此卖退耕田契永远为照

其契亲书

其田亲卖

其价亲〈领〉

见中何壬太

光绪十九年十二月二十九日富吉亲字立

立全收田价花字人富吉今收到如桧得买契内田价花银六元正一并亲手领足不少分厘所收是实不用散〈书〉为准

年月日中字仝前

光绪二十年十二月三十日何细祥典卖屋宇契约

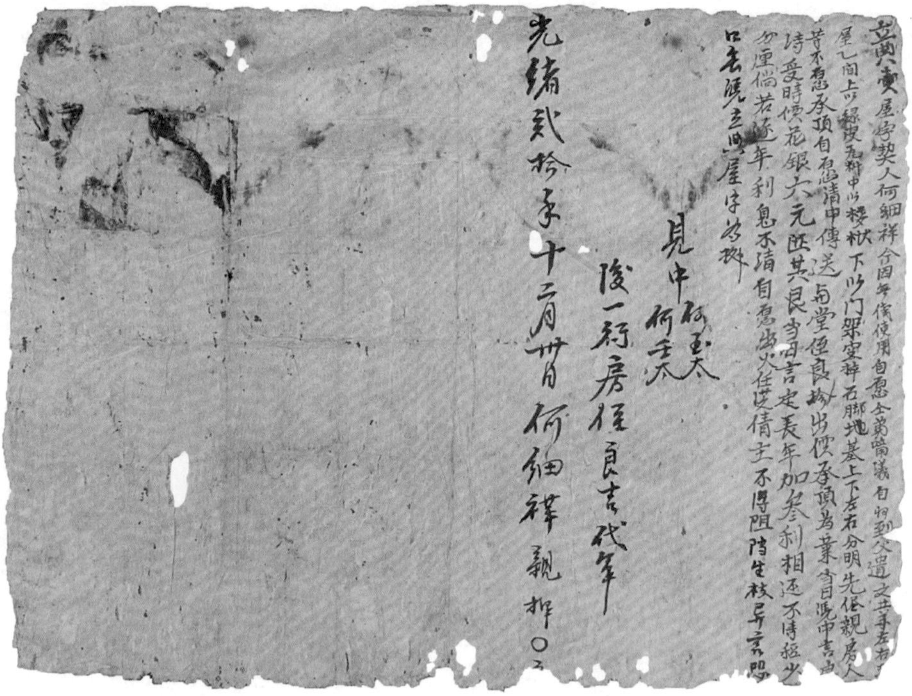

立典卖屋宇契人何细祥今因无钱使用自愿仝弟嘀（商）议自将到父遗之业左右□屋一间上以绿皮瓦料中以楼栿下以门架窗梓石脚地基上下左右分明先尽亲房人等不愿承顶自愿请中传送与堂侄良珍出价承顶为业当日凭中言定得受时价花银六元正其银当日言定长年加叁利相还不得短少分厘倘若逐年利息不清自愿出火任从倩（债）主不得阻陷（挡）生枝异言恐口无凭立典屋字为据

见中何玉太何壬太

后一行房侄良吉代笔

光绪贰拾年十二月卅日何细祥亲押【押】□

光绪二十四年十二月二十六日何富吉兄弟卖田契约

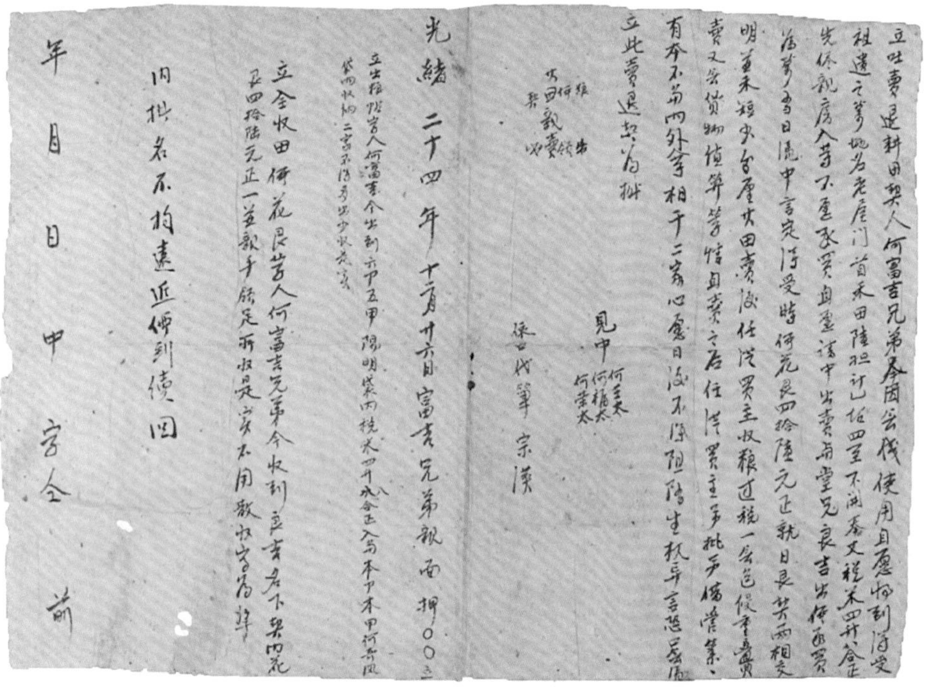

立吐（杜）卖退耕田契人何富吉兄弟今因无钱使用自愿将到得受祖遗之业地名老屋门首禾田陆担计一丘四至不开奉丈税米四升八合正先尽亲房人等不愿承买自愿请中出卖与堂兄良吉出价承买为业当日凭中言定得受时价花银四拾陆元正就日银契两相交明并未短少分厘其田卖后任从买主收粮过税一无包侵重叠典卖又无货物值算等情自卖之后任从买主另批另借管业有本不与内外人等相干二家心愿日后不得阻凼（挡）生枝异言恐口无凭立此卖退契为据

其粮亲出

其价亲领

其田亲卖

其契亲书

见中何壬太何福太何荣太

依口代笔宗汉

光绪二十四年十二月廿六日富吉兄弟亲面押【押】【押】立

立出粮帖字人何富吉今出到六都五甲阳明袋内税米四升八合正入与本都本甲何奇风袋内收纳二家不得多出少收是实

立全收田价花银字人何富吉兄弟今收到良吉名下契内花银四拾陆元正一并亲手领足所收是实不用散收字为准

内批名（明）不拘远近价到续回

年月日中字仝前

光绪二十七年九月初八日李佳猷兄弟卖田契约

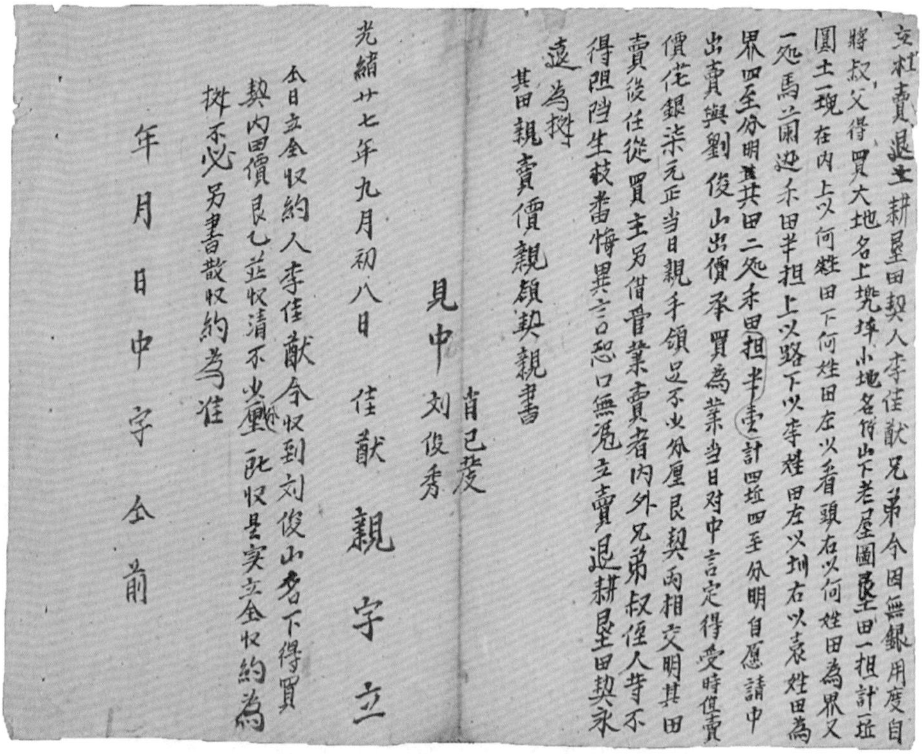

立杜卖退耕垦田契人李佳猷兄弟今因无银用度自将叔父得买大地名上兆坪小地名竹山下老屋图垦田一担计一丘圆土一块在内上以何姓田下〈以〉何姓田左以看头右以何姓田为界又一处马兰边禾田半担上以路下以李姓田左以圳右以袁姓田为界四至分明共田二处禾田壹担半计四丘四至分明自愿请中出卖与刘俊山出价承买为业当日对中言定得受时值卖价花银柒元正当日亲手领足不少分厘银契两相交明其田卖后任从买主另借管业卖者内外兄弟叔侄人等不得阻陷（挡）生枝番悔异言恐口无凭立卖退耕垦田契永远为据

其田亲卖价亲领契亲书

见中肖已发刘俊秀

光绪廿七年九月初八日佳猷亲字立

仝日立全收约人李佳猷今收到刘俊山名下得买契内田价银一并收清不少分厘所收是实立全收约为据不必另书散收约为准

年月日中字仝前

光绪三十年二月初八日张家祥发批契约

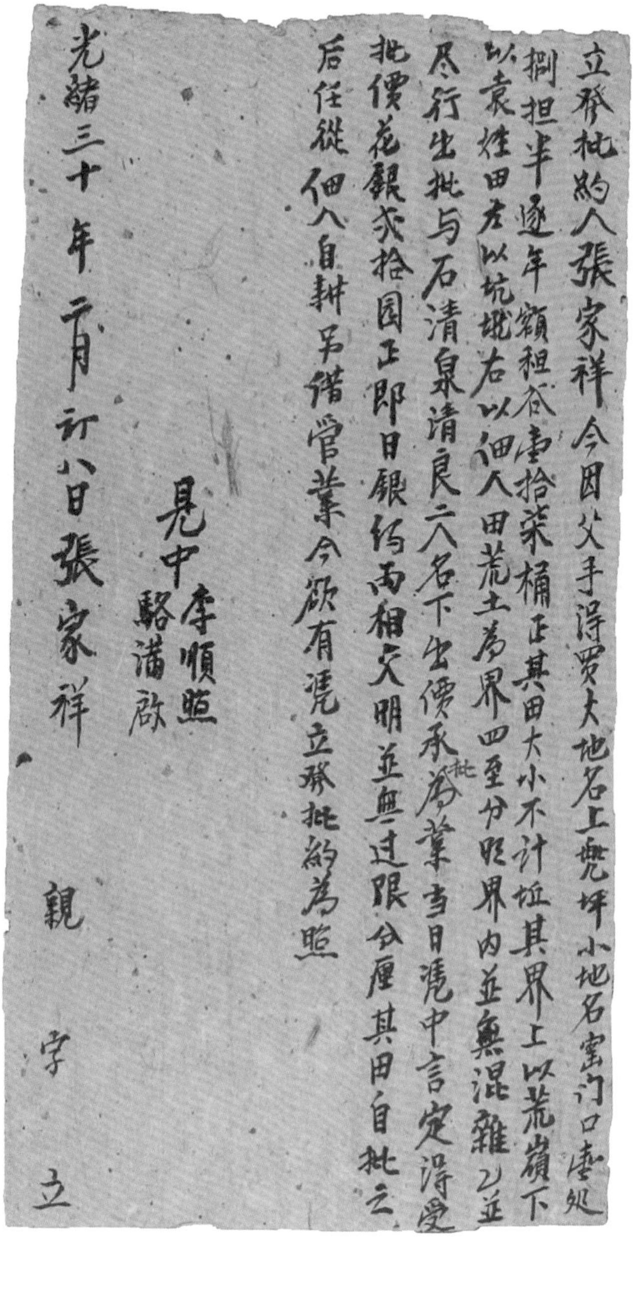

立发批约人张家祥今因父手得买大地名上兜坪小地名窑门口壹处捌担半逐年额租谷壹拾柒桶正其田大小不计丘其界上以荒岭下以袁姓田左以坑垅右以佃人田荒土为界四至分明界内并无混杂一并尽行出批与石清泉清良二人名下出价承批为业当日凭中言定得受批价花银贰拾园（元）正即日银约两相交明并无过限分厘其田自批之后任从佃人自耕另借管业今欲有凭立发批约为照

见中李顺照骆满啟

光绪三十年二月初八日张家祥亲字立

光绪三十年四月十六日何良珍卖禾田契约

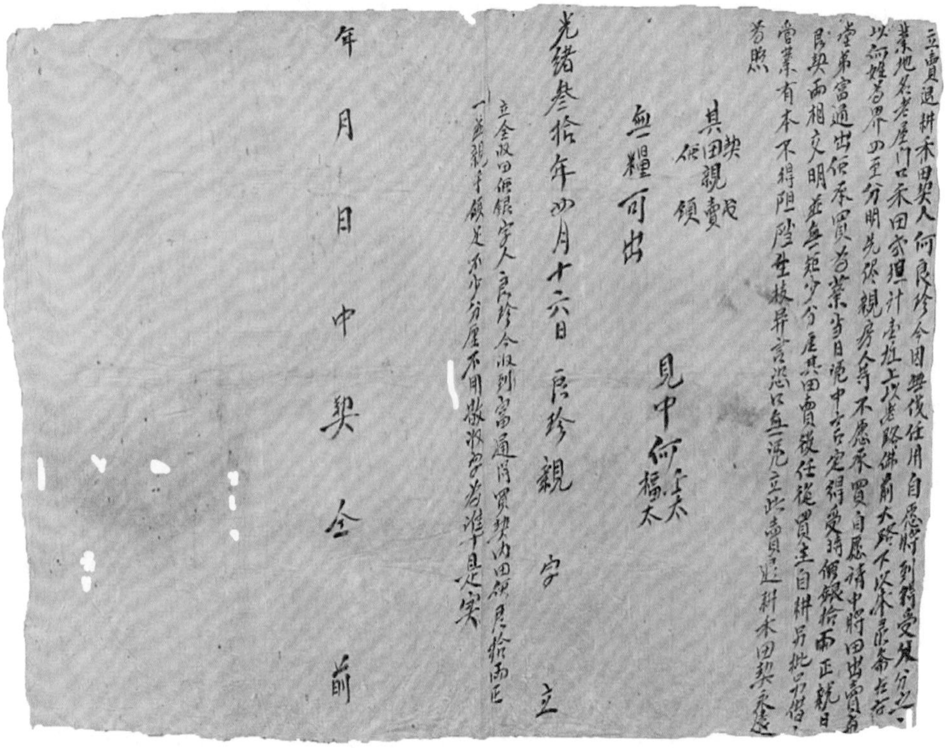

立卖退耕禾田契人何良珍今因无钱任用自愿将到得受父分之业地名老屋门口禾田贰担计壹丘上以老路佛前大路下以朱录斋左右以何姓为界四至分明先尽亲房人等不愿承买自愿请中将田出卖与堂弟富通出价承买为业当日凭中言定得受时价银拾两正就日银契两相交明并无短少分厘其田卖后任从买主自耕另批另借管业有本不得阻陷（挡）生枝异言恐口无凭立此卖退耕禾田契永远为照

其契亲书

其田亲卖

其价亲领

见中何壬太何福太

无粮可出

光绪叁拾年四月十六日良珍亲字立

立全收田价银字人良珍今收到富通得买契内田价银拾两正一并亲手领足不少分厘不用散收字为准是实

年月日中契仝前

光绪三十二年十月十二日黄琴堂卖禾田契约

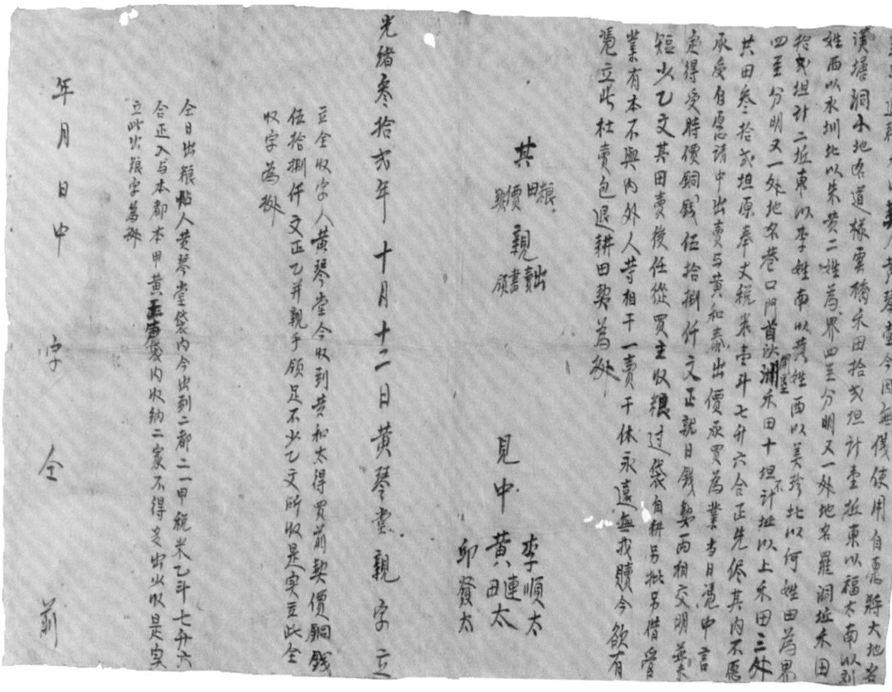

立卖退耕禾田契人黄琴堂今因无钱使用自愿将大地名汉塘洞小地名道椽云桥禾田拾贰坦（担）计壹丘东以福太南以刘姓西以水圳北以朱黄二姓为界四至分明又一处地名罗洞丘禾田拾贰坦（担）计二丘东以李姓南以黄姓西以美珍北以何姓田为界四至分明又一处地名巷口门首沙洲开垦禾田十坦（担）不计丘以上禾田三处共田叁拾贰坦（担）原奉丈税米壹斗七升六合正先尽其内不愿承受自愿请中出卖与黄和泰出价承买为业当日凭中言定得受时价铜钱伍拾捌仟文正就日钱契两相交明并未短少一文其田卖后任从买主收粮过袋自耕另批另借管业有本不与内外人等相干一卖千休永远无找赎今欲有凭立此杜卖包退耕田契为据

其粮亲出

其田亲卖

其价亲书

其契亲领

见中李顺太黄连太黄田太邱发太

光绪叁拾贰年十月十二日黄琴堂亲字立

立全收字人黄琴堂今收到黄和太得买前契价铜钱伍拾捌仟文正一并亲手领足不少一文所收是实立此全收字为据

仝日出粮帖人黄琴堂袋内今出到二都二一甲税米一斗七升六合正入与本都本甲黄玉声袋内收纳二家不得多出少收是实立此出粮字为据

年月日中字仝前

光绪年刘太兴父子卖租谷垦田契约

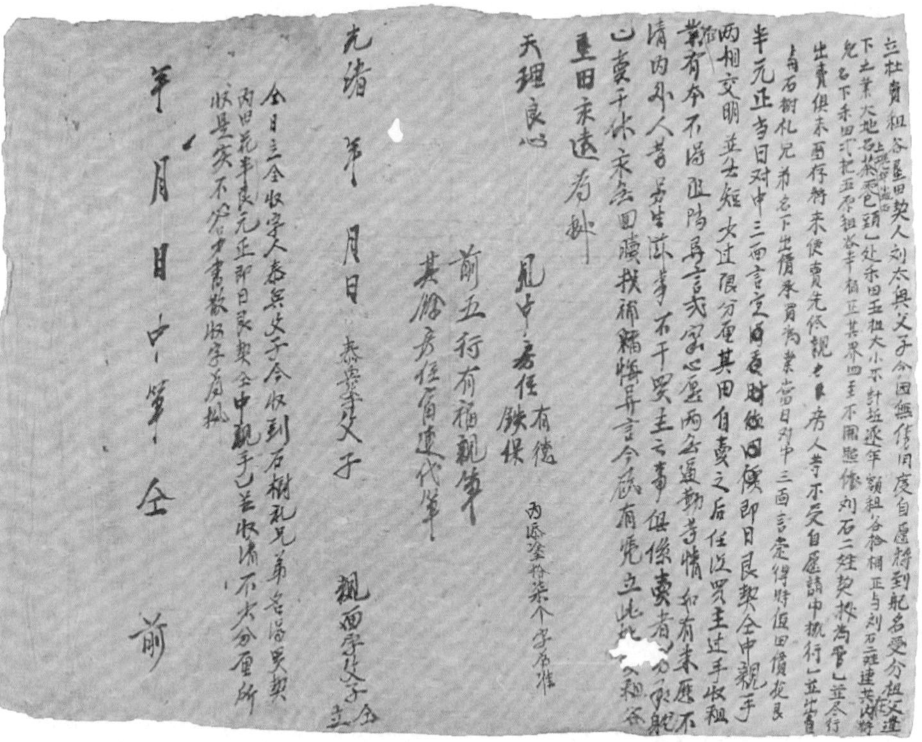

立杜卖租谷垦田契人刘太兴父子今因无钱用度自愿将到己名受分祖父遗下之业大地名上兆坪小地名茶⍰头一处禾田五担大小不计丘逐年额租谷拾桶正与刘石二姓连共在内将己名下禾田贰把五原租谷半桶正其界四至不开照依刘石二姓契据为管一并尽行出卖俱未留存将来便卖先尽亲房人等不受自愿请中概行一并出卖与石树礼兄弟名下出价承买为业当日对中三面言定得时值田价花银半元正当日对中三面言定即日银契仝中亲手两相交明并无短少过限分厘其田自卖之后任从买主过手收租为业有本不得阻陷（挡）异言贰家心愿两无逼勒等情如有来历不清内外人等另生滋事不干买主之事俱系卖者⍰⍰承躭（担）一卖千休永无回赎找补翻（反）悔异言今欲有凭立此□□租谷垦田永远为据

天理良心

见中房侄有德铁保

内添涂拾柒个字为准

前五行有福亲笔

其余房侄富连代笔

光绪年月日泰兴父子亲面字父子仝立

仝日立全收字人泰兴父子今收到石树礼兄弟名〈下〉得买契内田花银半元正即日银契仝中亲手一并收清不少分厘所收是实不必另书散收字为据

年月日中笔仝前

民国元年七月初六日黄田太卖菜园契约

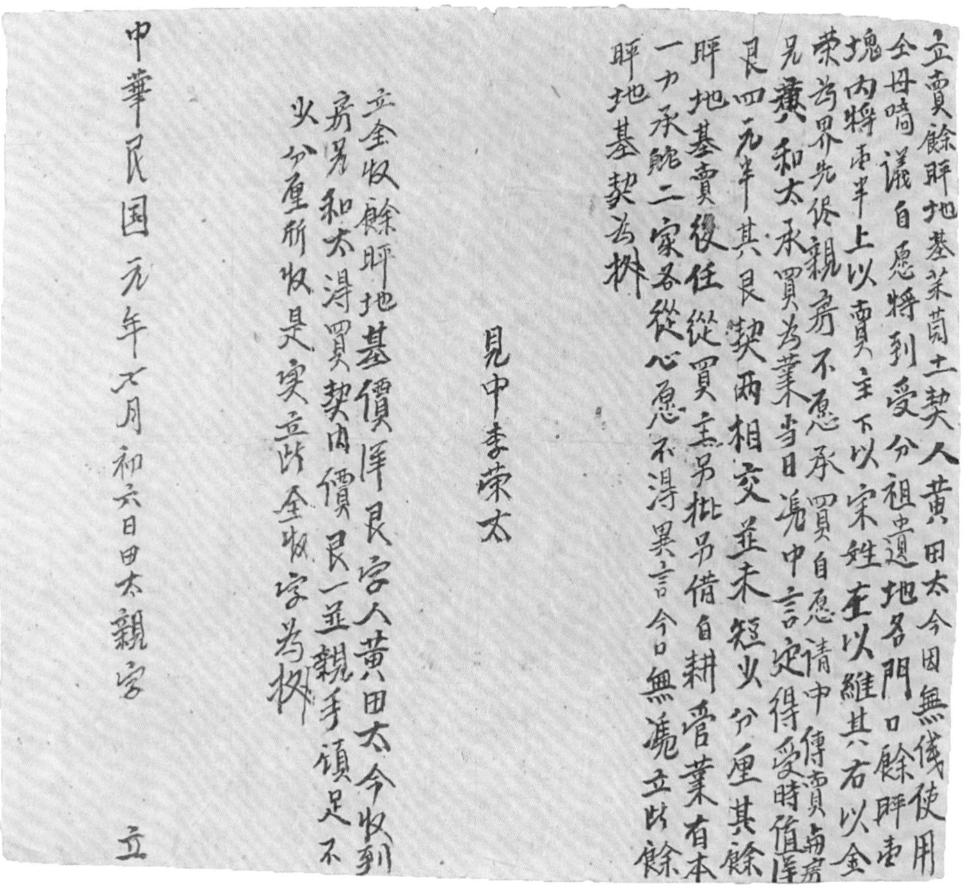

立卖余畔（坪）地基菜园土契人黄田太今因无钱使用仝母嘀（商）议自愿将到受分祖遗地名门口余畔（坪）壹块内将壹半上以卖主下以宋姓左以维其右以金荣为界先尽亲房不愿承买自愿请中传卖与房兄黄和太承买为业当日凭中言定得受时值洋银四元半其银契两相交并未短少分厘其余畔（坪）地基卖后任从买主另批另借自耕管业有本一力承躭（担）二家各从心愿不得异言今口无凭立此余坪地基契为据

见中李荣太

立全收余畔（坪）地基价洋银字人黄田太今收到房兄和太得买契内价银一并亲手领足不少分厘所收是实立此全收字为据

中华民国元年七月初六日田太亲字立

民国二年七月初一日何阿黎氏等借钱契约

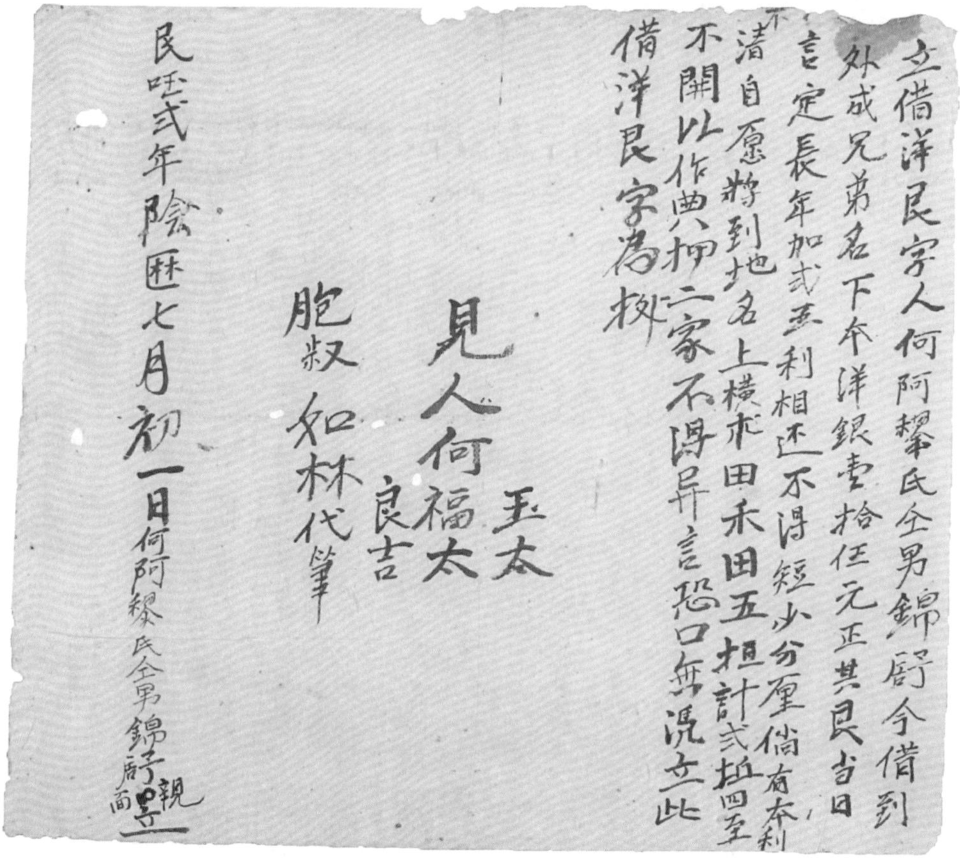

立借洋银字人何阿黎氏仝男锦舒今借到外成兄弟名下本洋银壹拾伍元正其银当日言定长年加贰五利相还不得短少分厘倘有本利不清自愿将到地名上横术（树）田禾田五担计贰丘四至不开以作典押二家不得异言恐口无凭立此借洋银字为据

见人何玉太何福太何良吉

胞叔如林代笔

民国贰年阴历七月初一日何阿黎氏仝男锦舒亲面【押】立

民国二年十一月初十日何阿黎氏当田契约

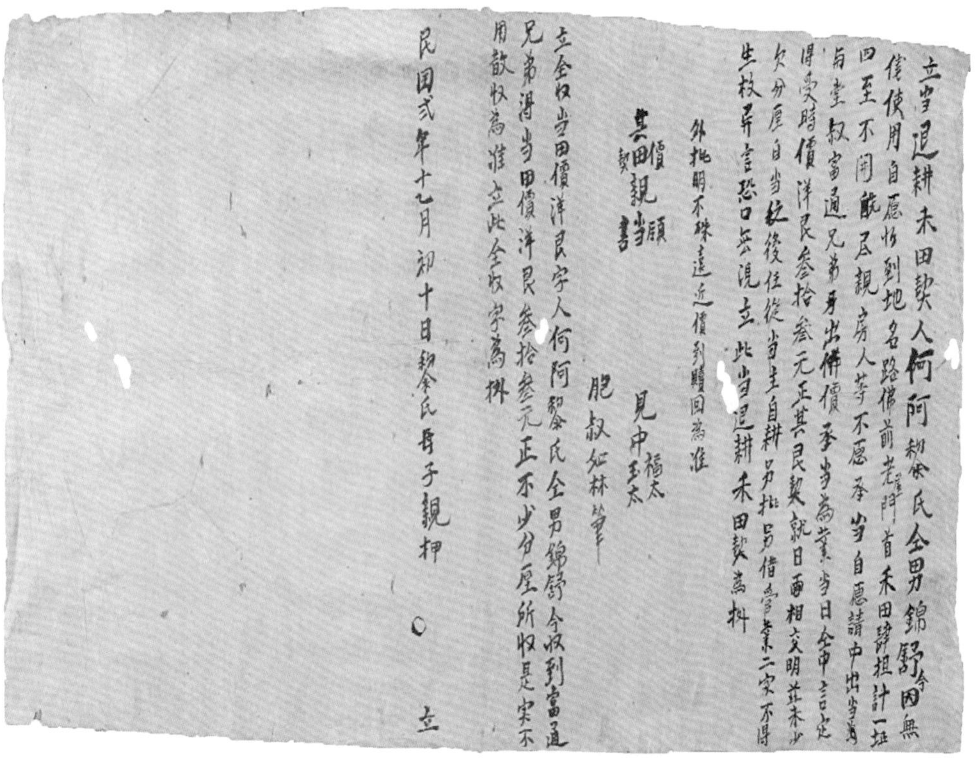

立当退耕禾田契人何阿黎氏仝男锦舒今因无钱使用自愿将到地名路佛前老屋门首禾田肆担计一丘四至不开先尽亲房人等不愿承当自愿请中出当与堂叔富通兄弟出价承当为业当日仝中言定得受时价洋银叁拾叁元正其银契就日两相交明并未少欠分厘自当之后任从当主自耕另批另借管业二家不得生枝异言恐口无凭立此当退耕禾田契为据

外批明不殊远近价到赎回为准

其价亲领

其田亲当

其契亲书

见中福太玉太

胞叔如林笔

立全收当田价洋银字人何阿黎氏仝男锦舒今收到富通兄弟得当田价洋银叁拾叁元正不少分厘所收是实不用散收为准立此全收字为据

民国贰年十一月初十日黎氏母子亲押【押】立

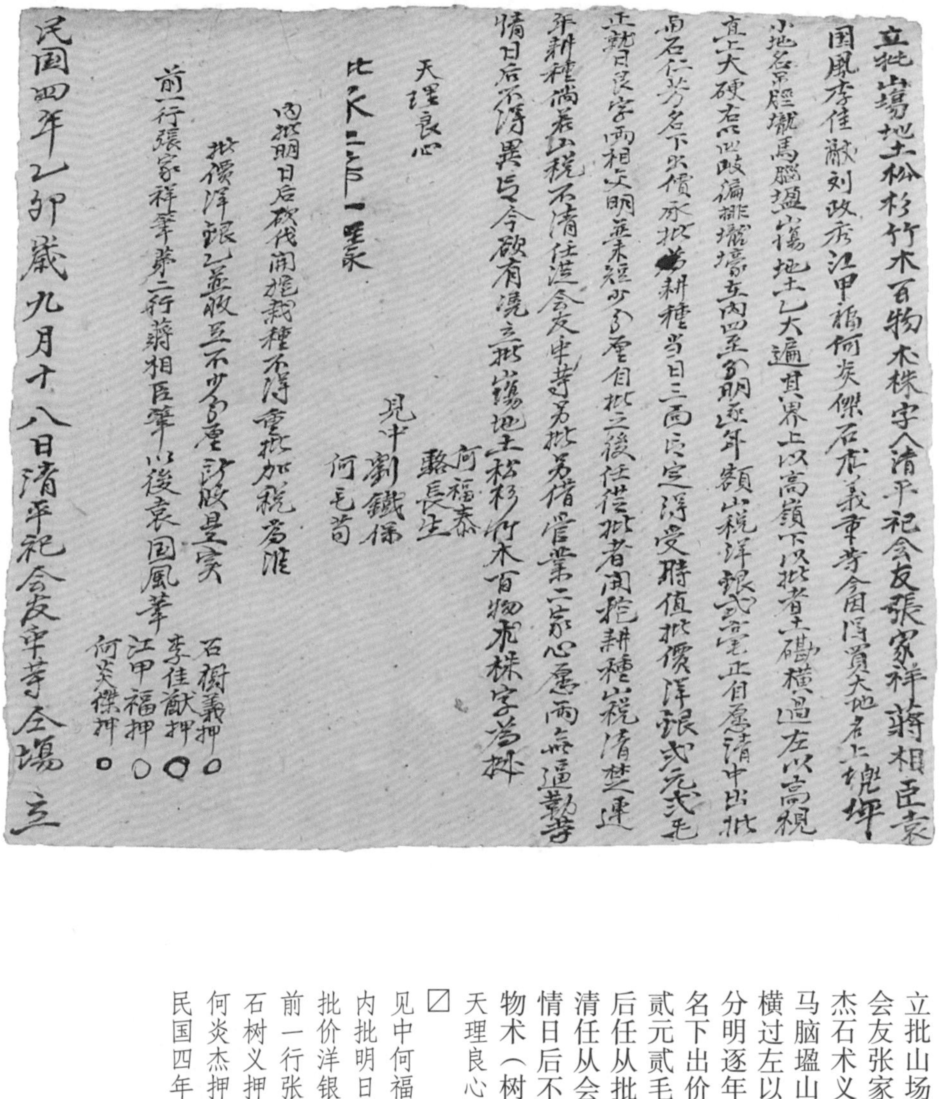

民国四年九月十八日张家祥等承租山场地土松杉竹木百物树株契约

立批山场地土松杉竹木百物术（树）株字人清平祀会友张家祥蒋相臣袁国风李佳猷刘政秀江甲福何炎杰石术义众等今因得买大地名上兆坪小地名吊胫垅马脑塭山场地土一大遍其界上以高岭下以批者土墈横过左以高枧直上大硬右以四岐编排垅壕在内四至分明逐年额山税洋银贰毫正自愿请中出批与石仁芳名下出价承批耕种当日三面言定得受时值批价洋银贰元贰毛正就日银字两相交明并未短少分厘自批之后任从批者开挖耕种山税清楚连年耕种倘若山税不清任从会友众等另批另借管业二家心愿两无逼勒等情日后不得异言今欲有凭立批山场地土松杉竹木百物术（树）株字为据

天理良心

⧄

见中何福泰骆长生刘铁保何毛苟

内批明日后砍伐开挖栽种不得重批加税为准

批价洋银一并收足不少分厘所收是实

前一行张家祥笔第二行蒋相臣笔以后袁国风笔

石树义押【押】李佳猷押【押】江甲福押【押】

何炎杰押【押】

民国四年乙卯岁九月十八日清平祀会友众等仝场立

民国五年十月二十九日胡啟开退荒土松杉茶桐百物树木契约

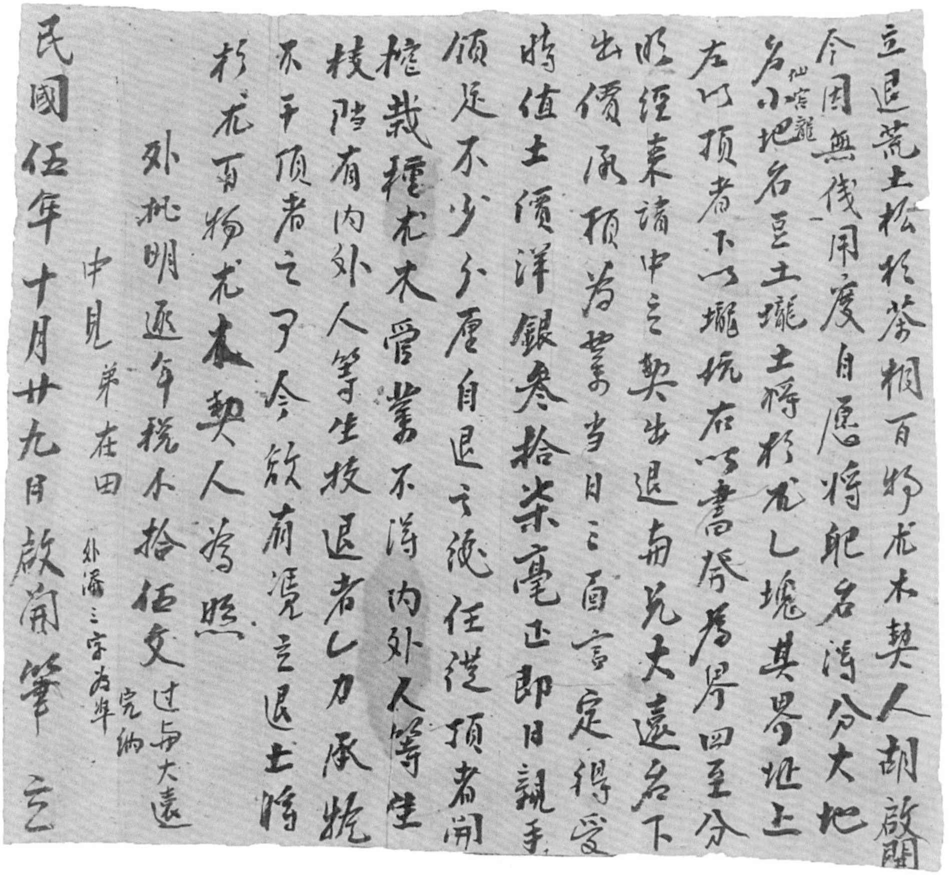

立退荒土松杉茶桐百物术（树）木契人胡啟开今因无钱用度自愿将己名得分大地名仙宫龙小地名豆土垅土将杉术（树）一块其界址上左以顶者下以垅坑右以书发为界四至分明经来请中立契出退与兄大远名下出价承顶为业当日三面言定得受时值土价洋银叁拾柒毫正即日亲手领足不少分厘自退之后任从顶者开挖栽种术（树）木管业不得内外人等生枝〈阻〉挡（挡）有内外人等生枝退者一力承躭（担）不干顶者之事今欲有凭立退土将杉术（树）百物术（树）木契［人］为照

外批明逐年税钱拾伍文过与大远完纳

中见弟在田

外添三字为准

民国伍年十月廿九月啟开笔立

民国十二年二月二十七日黄又啟转地契约

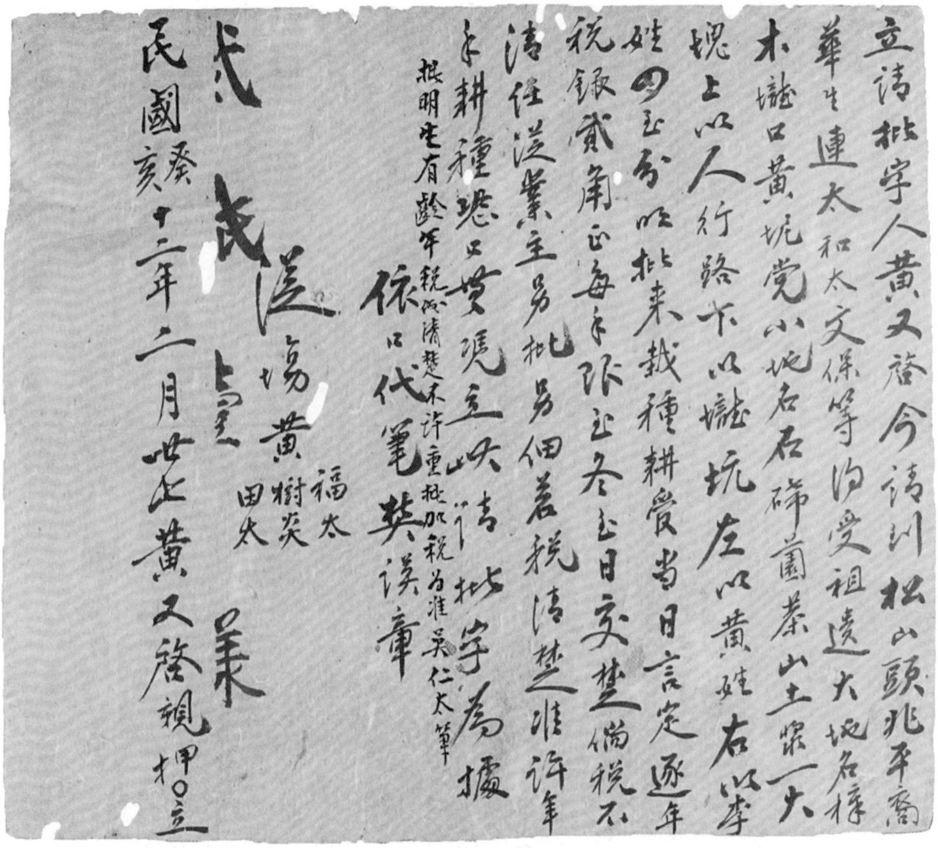

立请（转）批字人黄又啟今请（转）到松山头兆平裔华生连太和太文保等得受祖遗大地名梓木垅口黄垅党小地名石碲园茶山土浆一大块上以人行路下以垅坑左以黄姓右以李姓四至分明批来栽种耕管当日言定逐年税银贰角正每年限至冬至日交楚倘税不清任从业主另批另佃若税清楚准许年年耕种恐口无凭立此请（转）批字为据

批明生有龄年税钱清楚不许重批加税为准吴仁太笔

依口代笔契误章

从场黄福太黄树炎黄田太

□□□□

民国癸亥十二年二月廿七黄又啟亲押【押】立

民国十四年三月十三日段均临祖裔买地契约

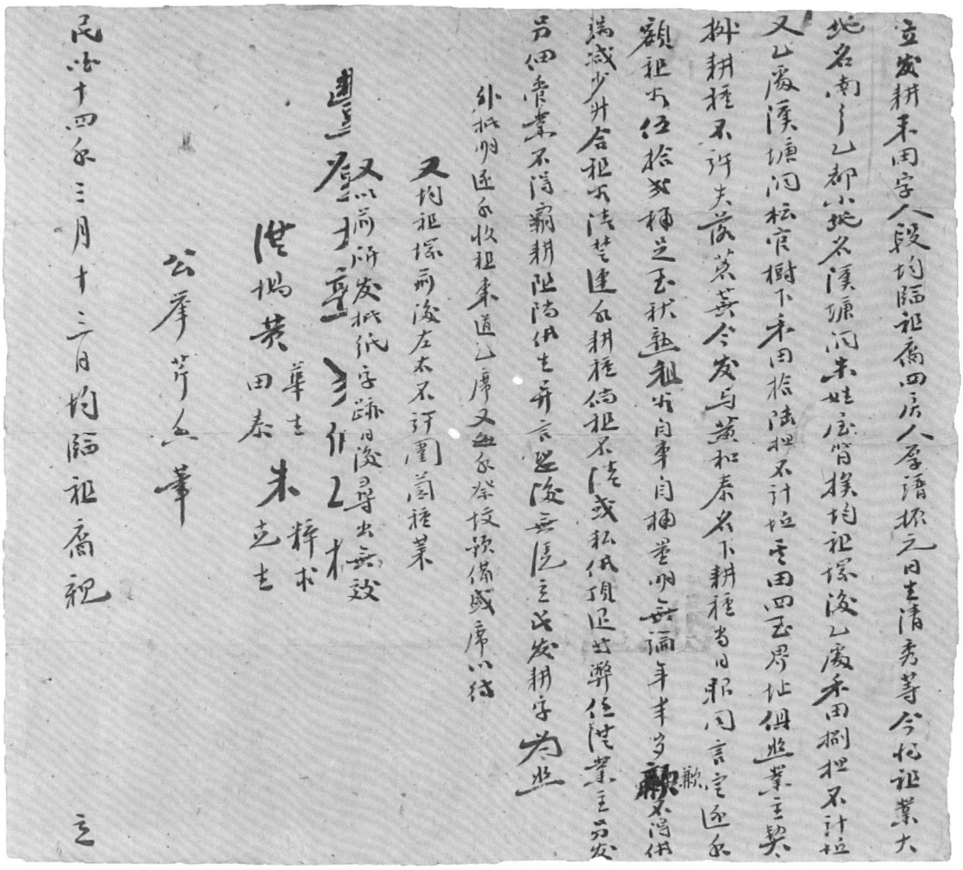

立发耕禾田字人段均临祖裔四房人厚谱振之日生清秀等今将祖业大地名南南一都小地名溪塘洞朱姓德背挨均祖冢后一处禾田捌担不计丘又一处溪塘洞柡官树下禾田拾陆担不计丘☐田四至界址俱照业主契据耕种不许夫落荒芜今发与黄和泰名下耕种当日眼同言定逐年额租谷伍拾贰桶足至秋熟租谷自车自桶量明无论年丰岁歉不得借端减少升合租谷清楚连年耕种倘租不清或私借顶退等弊任从业主另发另佃管业不得霸耕阻凼（挡）借生异言恐后无凭立此发耕字为照

外批明逐年收租东道一席又无年祭坟预备盛席以待

又均祖冢前后左右不许围园种菜

又以前所发批纸字迹日后寻出无效

☑

从场黄华生黄田泰朱梓求朱克生

公举芹香笔

民国十四年三月十三日均临祖裔亲立

民国二十年十月二十二日胡兴仁出借荒山契约

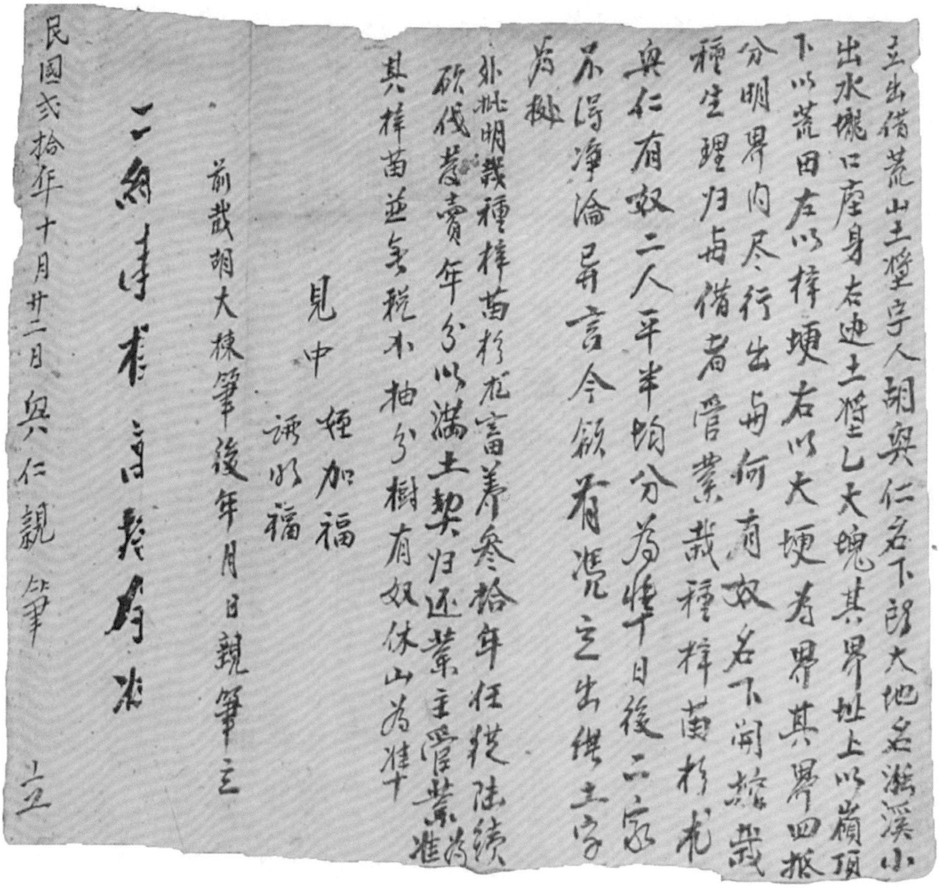

立出借荒山土塑字人胡兴仁名下所大地名灦溪小出水坾口座身右边土塑一大块其界址上以岭顶下以荒田左以梓埂右以大埂为界其界四抵分明界内尽行出与何有奴名下开挖栽种生理归与借者管业栽种梓苗杉术（树）兴仁有奴二人平半均分为准日后二家不得净（争）论异言今欲有凭立出借土字为据

外批明栽种梓苗杉术（树）畜养叁拾年任从陆续砍伐发卖年分以满土契归还业主管业为准

其梓苗并无税钱抽分树有奴休山为准

见中侄加福谭明福

前截胡大栋笔后年月日亲笔立

☐

民国贰拾年十月廿二日兴仁亲笔立

民国二十年十二月二十六日胡普恩退卖林地契约

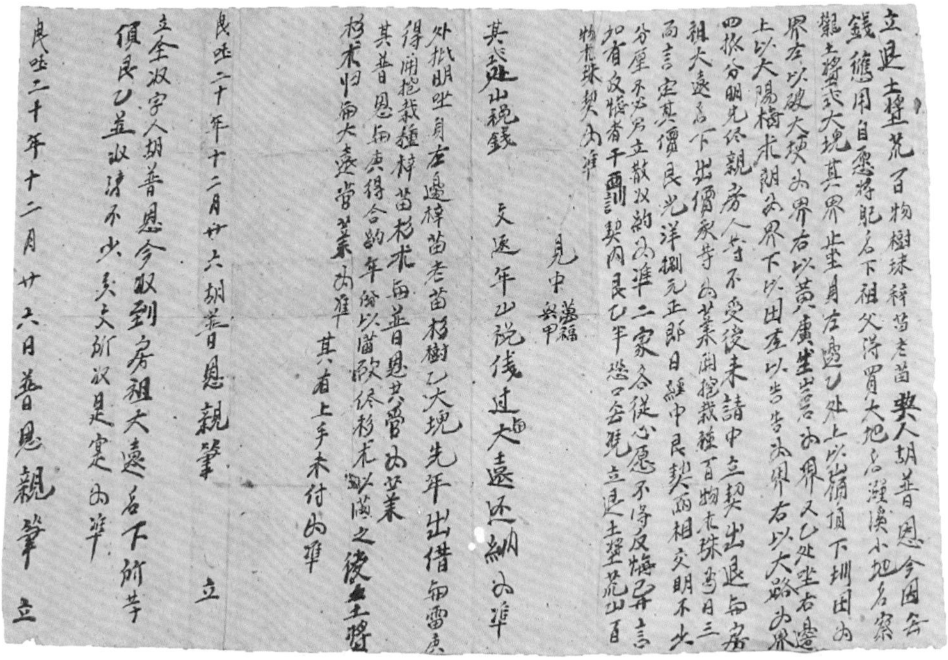

立退土壁荒百物树珠稡苗老苗契人胡普恩今因无钱应用自愿将己名下祖父得买大地名㶚溪小地名察垅土壁贰大块其界止坐身左边一处上以山岭顶下圳田为界左以破大埂为界右以黄广生岩石为界又一处坐右边上以大阳梅术（树）朗为界下以田左以告告为界右以大路为界四抵分明先尽亲房人等不受后来请中立契出退与房祖大远名下出价承等（买）为业开挖栽种百物术（树）珠（株）当日三面言定其价银光洋捌元正即日经中银契两相交明不少分厘不必另立散收约为准二家各从心愿不得反悔异言如有反悔者干罚契内银一半恐口无凭立退土壁荒山百物术（树）珠（株）契为准

见中万福兴甲

其贰处山税钱　　文逐年山税钱过与大远还纳为准

外批明坐身左边梓苗老苗杉树一大块先年出借与雷庚得开挖栽种梓苗杉术（树）与普恩共管为业

其普恩与庚得合约年份以满砍尽杉术（树）以满之后土壁杉术（树）归与大远管业为准

其有上手未付为准

民国二十年十二月廿六胡普恩亲笔立

立全收字人胡普恩今收到房祖大远名下所等价银一并收清不少分文所收是实为准

民国二十年十二月廿六日普恩亲笔立

民国二十年十二月二十八日如林当退耕禾田契约

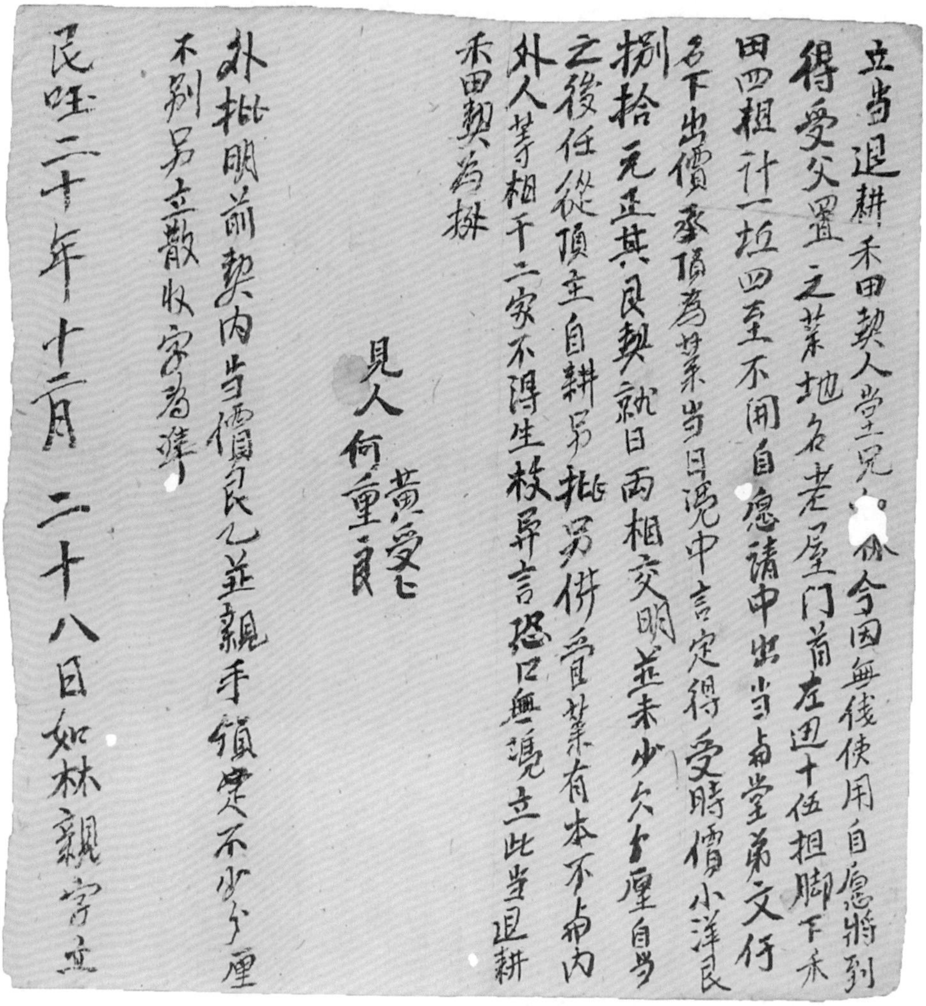

立当退耕禾田契人堂兄〈如林〉今因无钱使用自愿将到得受父置之〈菜地〉名老屋门首左边十伍担脚下禾田四担计一丘四至不开自愿请中出当与堂弟文仟名下出价承顶为业当日凭中言定得受时价小洋银捌拾元正其银契就日两相交明并未少欠分厘自当之后任从顶主自耕另批另借管业有本不与内外人等相干二家不得生枝异言恐口无凭立此当退耕禾田契为据

见人黄受⍰何重良

外批明前契内当价银一并亲手领足不少分厘不别另立散收字为准

民国二十年十二月二十八日如林亲字立

民国二十六年五月十四日李外同等卖菜园契约

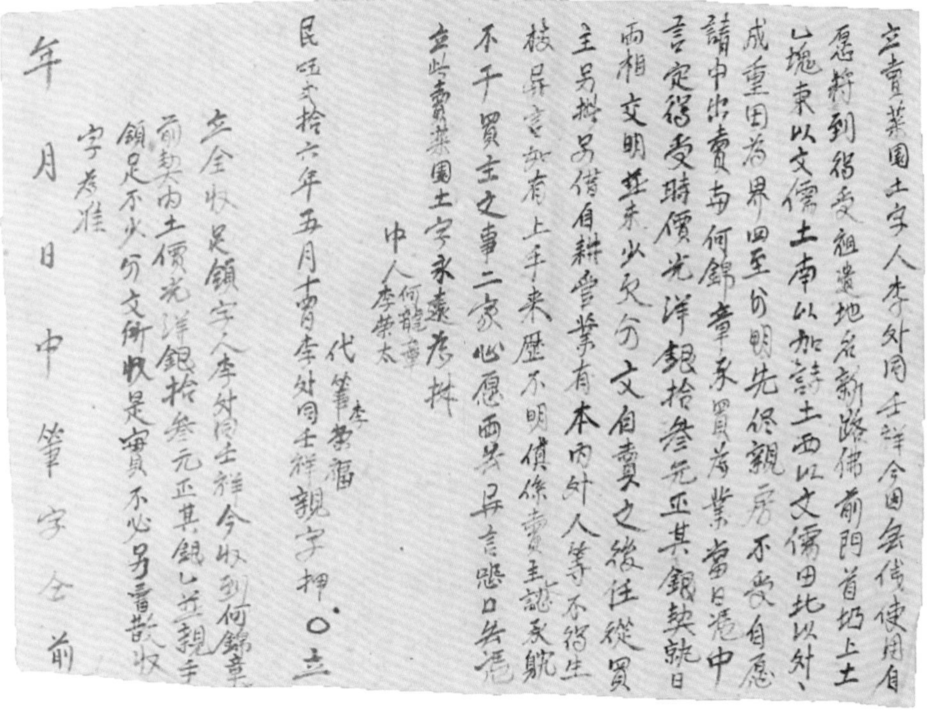

立卖菜园土字人李外同壬祥今因无钱使用自愿将到得受祖遗地名新路佛前门首圳上土一块东以文儒土南以加诗土西以文儒田北以外成重田为界四至分明先尽亲房不受自愿请中出卖与何锦章承买为业当日凭中言定得受时价光洋银拾叁元正其银契就日两相交明并未少欠分文自卖之后任从买主另批另借自耕管业有本内外人等不得生枝异言如有上手来历不明俱系卖主一认（力）承躭（担）不干买主之事二家心愿两无异言恐口无凭立此卖菜园土字永远为据

中人何龙章李荣太

代笔李荣福

民国贰拾六年五月十四日李处同壬祥亲字押【押】立

立全收足领字人李处同壬祥今收到何锦章前契内土价光洋银拾叁元正其银一并亲手领足不少分文所收是实不必另书散收字为准

年月日笔字仝前

民国二十六年七月初四日何毛花卖田契约

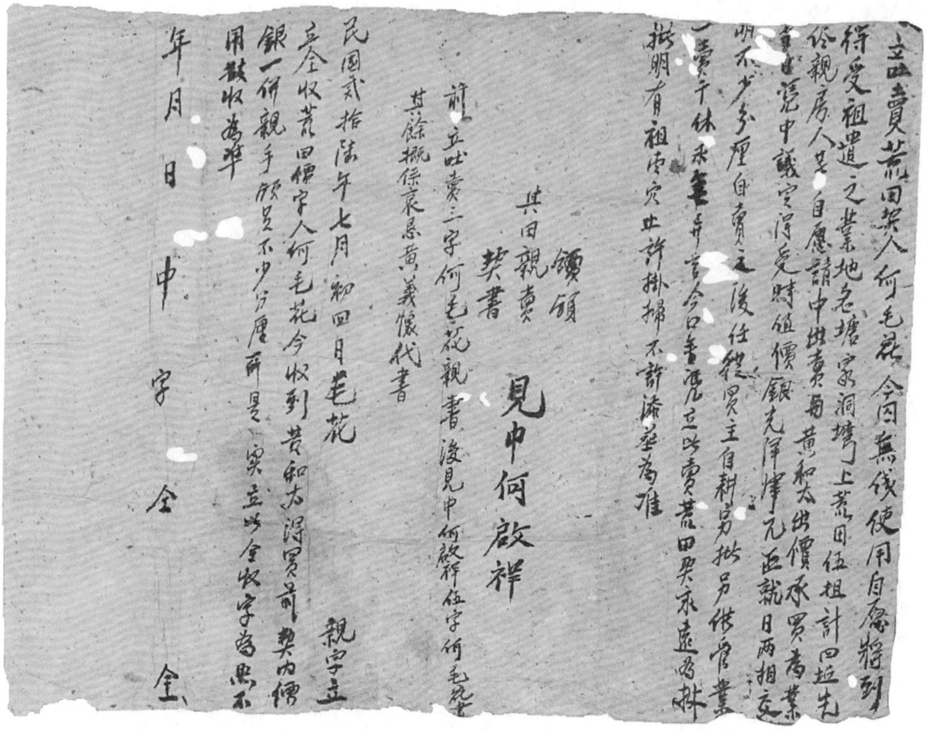

立吐（杜）卖荒田契人何毛花今因无钱使用自愿将到得受祖遗之业地名塘家洞塝上荒田伍担计四丘先尽亲房人等自愿请中出卖与黄和太出价承买为业当日凭中议定得受时值价银光洋肆元正就日两相交明不少分厘自卖之后任从买主自耕另批另借管业一卖千休永无异言今口无凭立此卖荒田契永远为据批明有祖壹穴止许挂扫不许添葬为准

其钱领

其田亲卖

其契亲书

见中何啟祥

前立吐（杜）卖三字何毛花亲书后见中何啟祥伍字何毛花书其余概系哀恳黄义怀代书

民国贰拾陆年七月初四日毛花亲字立

立全收荒田价字人何毛花今收到黄和太得买前契内价银一并亲手领足不少分厘所是实立此全收字为照不用散收为准

年月日中字仝全（前）

民国二十八年五月十九日夏国球借阴地契约

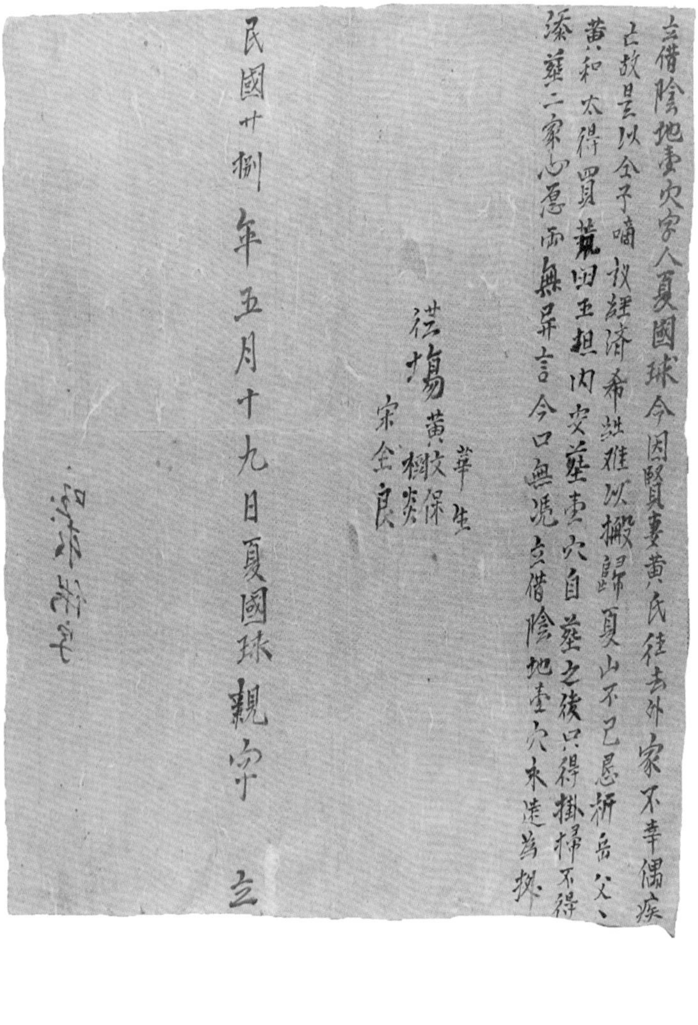

立借阴地壹穴字人夏国球今因贤妻黄氏往去外家不幸偶疾亡故是以仝子嘀（商）议经济希▢难以搬归夏山不已恳祈岳父黄和太得买荒田五担内安葬壹穴自葬之后只得挂扫不得添葬二家心愿两无异言今口无凭立借阴地壹穴永远为据

从场黄华生黄文保黄树炎宋全良

民国廿捌年五月十九日夏国球亲字立

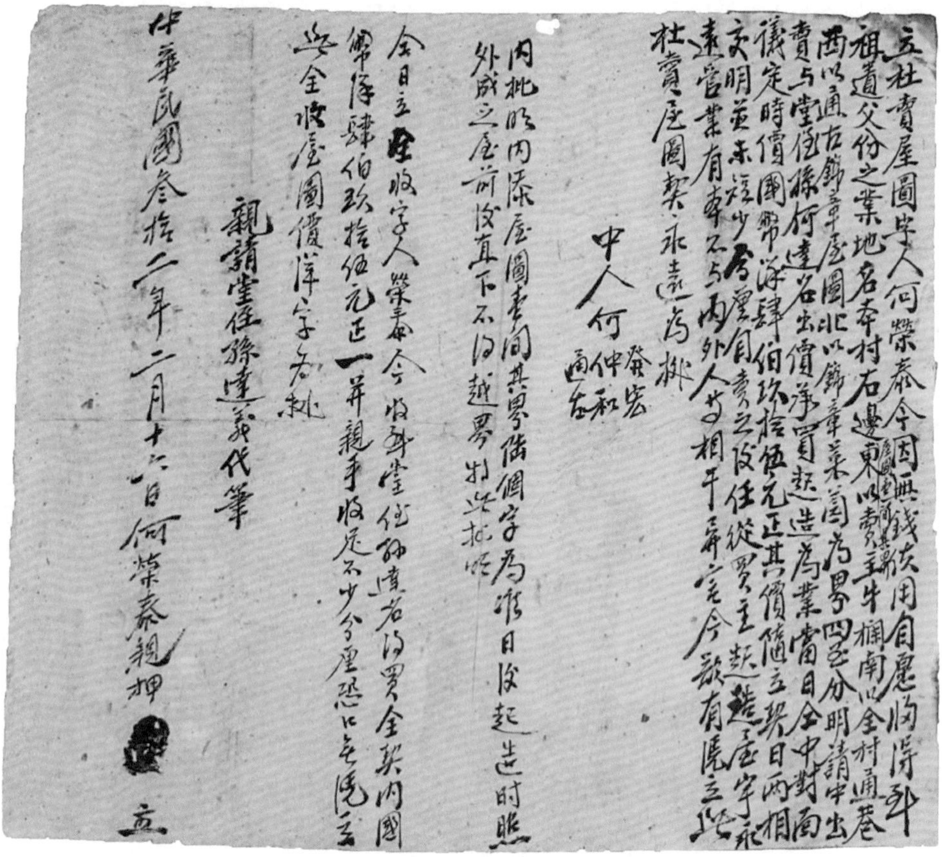

民国三十二年二月十六日何荣泰卖屋图契约

立杜卖屋图字人何荣泰今因无钱使用自愿将得到祖遗父份之业地名本村右边屋图壹间其界东以卖主牛栏南以全村通巷西以通左锦章屋图北以锦章菜园为界四至分明请中出卖与堂侄孙何达名出价承买起造为业当日仝中对面议定时价国币洋肆伯（佰）玖拾伍元正其价随立契日两相交明并未短少分厘自卖之后任从买主起造屋宇永远管业有本不与内外人等相干异言今欲有凭立此杜卖屋图契永远为据

中人何发宏何仲和何通左

内批明内添屋图壹间其界陆个字为准日后起造时照外成之屋前后直下不得越界特此批明

仝日立全收字人荣泰今收?堂侄孙达名得买全契内国币洋肆伯（佰）玖拾伍元正一并亲手收足不少分厘恐口无凭立此全收屋图价洋字为据

亲请堂侄孙达义代笔

中华民国叁拾二年二月十六日何荣泰亲押【押】立

民国三十二年十二月二十六日黄义怀卖油榨屋宇契约

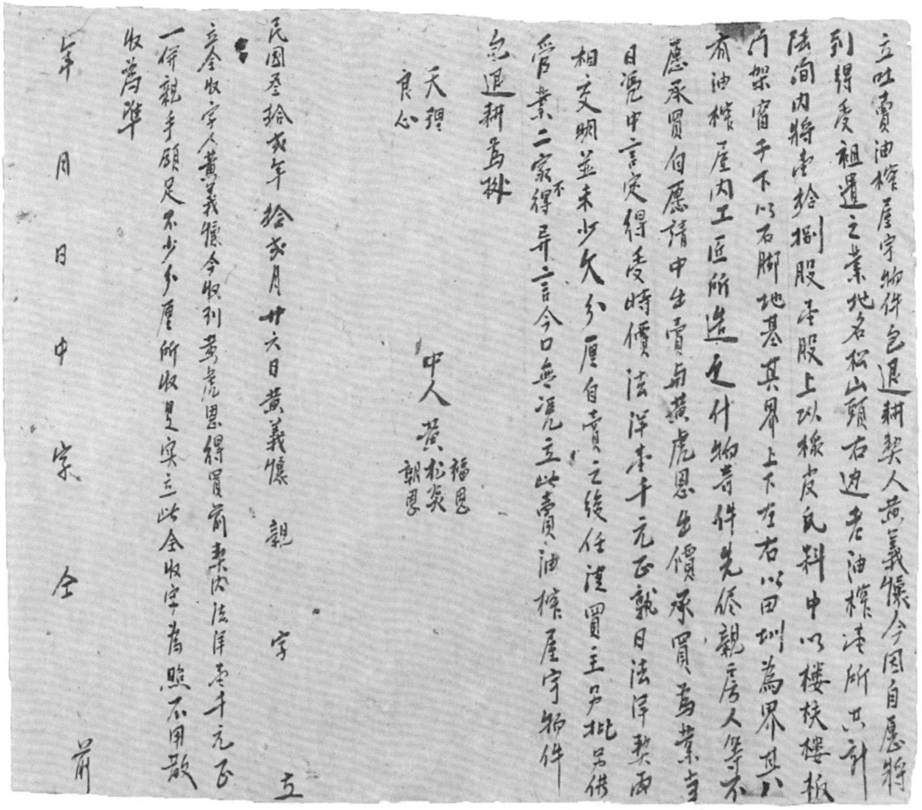

立吐（杜）卖油榨屋宇物件包退耕契人黄义怀今因自愿将到得受祖遗之业地名松山头右边老油榨壹所共计陆间内将壹拾捌股壹股上以椽皮瓦料中以楼枎楼板门架窗子下以石脚地基其界上下左右以田圳为界其有油榨屋内工匠所造之什物等件先尽亲房人等不愿承买自愿请中出卖与黄虎恩出价承买为业当日凭中言定得受时价法洋壹千元正孰（就）日法洋契两相交明并未少欠分厘自卖之后任从买主另批另借管业二家不得异言今口无凭立此卖油榨屋宇物件包退耕为据

天理良心

中人黄福恩黄松炎黄朝恩

民国叁拾贰年拾贰月二十六日黄义怀亲字立

立全收字人黄义怀今收到黄虎恩得买前契内法洋壹千元正一并亲手领足不少分厘所收是实立此全收字为照

不用散收为准

年月日中字仝前

民国三十四年十月三十一日何国兴卖屋宇契约

立杜卖屋宇契人何国兴今因祖父亡故无款安葬不已将得祖遗之屋在本村右边横栋屋壹间其界东以买主及细科叔屋西以细科及外成禾坪南以公巷北以公巷上以椽皮瓦料中以楼栿楼板门架窗子下至石脚地基为界四至分明亲自请中传说与堂兄锦章出价承买管业当日仝中三面言定时价国币洋贰万伍仟元正其价随仝立契日两相交明并未短少分厘屋自卖后愿从买主修整居住管业有本不与内外人等相干异言一卖千休永无找赎恐口无凭立此杜卖屋宇契永远为据

中人仲和丙和与民

再批明其有巷楼一间归锦章管业

批明为准

批明前十字国兴亲写其余亲请达⍰代笔

中华民国三十四年十月三十一日国兴亲押【押】立

立全收屋价洋契人何国兴今收到何锦章名下得买前契内屋伝（价）国币洋贰万伍仟元正所收是实不少分厘恐口无凭立此全收屋伝（价）字为据

年月日中字仝前

民国三十五年十一月初一日朱振南兄弟卖地契约

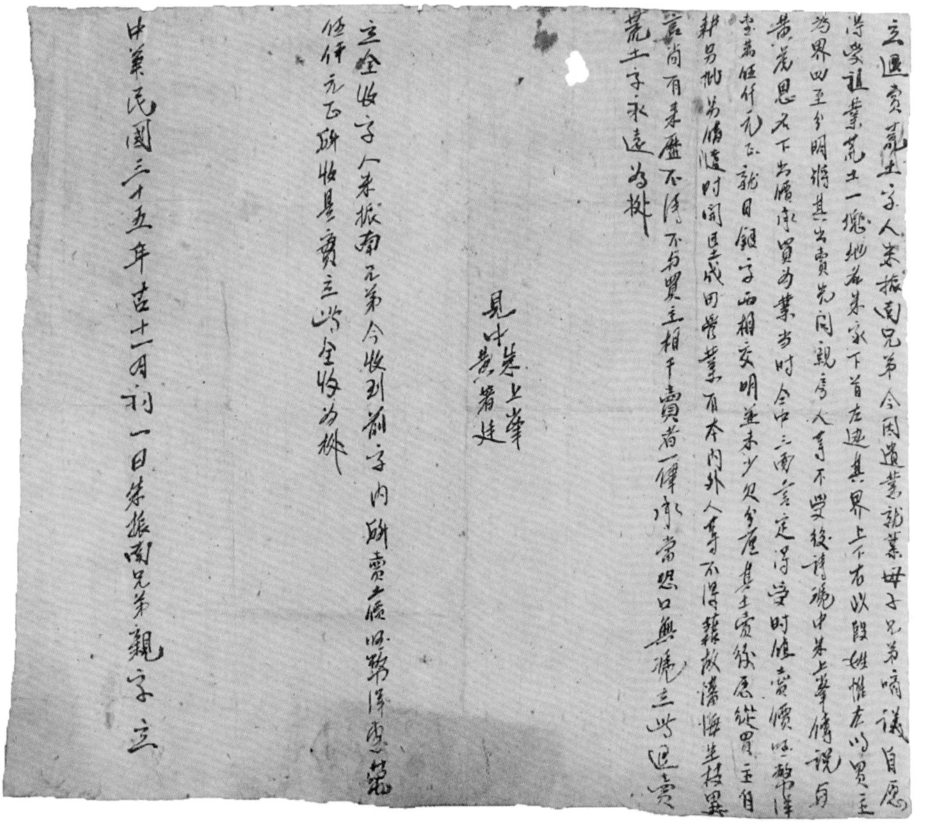

立退卖荒土字人朱振南兄弟今因遗业就业母子兄弟嘀（商）议自愿得受祖业荒土一块地名朱家下首左边其界上下右以段姓惟左以买主为界四至分明将其出卖先问亲房人等不受后请凭中朱上峰传说与黄虎恩名下出价承买为业当时仝中三面言定得受时值卖价国币洋壹万伍仟元正就日银字两相交明并未少欠分厘其土卖后愿从买主自耕另批另借随时开垦成田管业有本内外人等不得借故幡悔生枝异言尚有来历不清不与买主相干卖者一律承当恐口无凭立此退卖荒土字永远为据

见中朱上峰黄著廷

立全收字人朱振南兄弟今收到前字内所卖土价国币洋壹万伍仟元正所收是实立此全收为据

中华民国三十五年古十一月初一日朱振南兄弟亲字立

民国三十六年五月初一日何细科卖屋宇地基契约

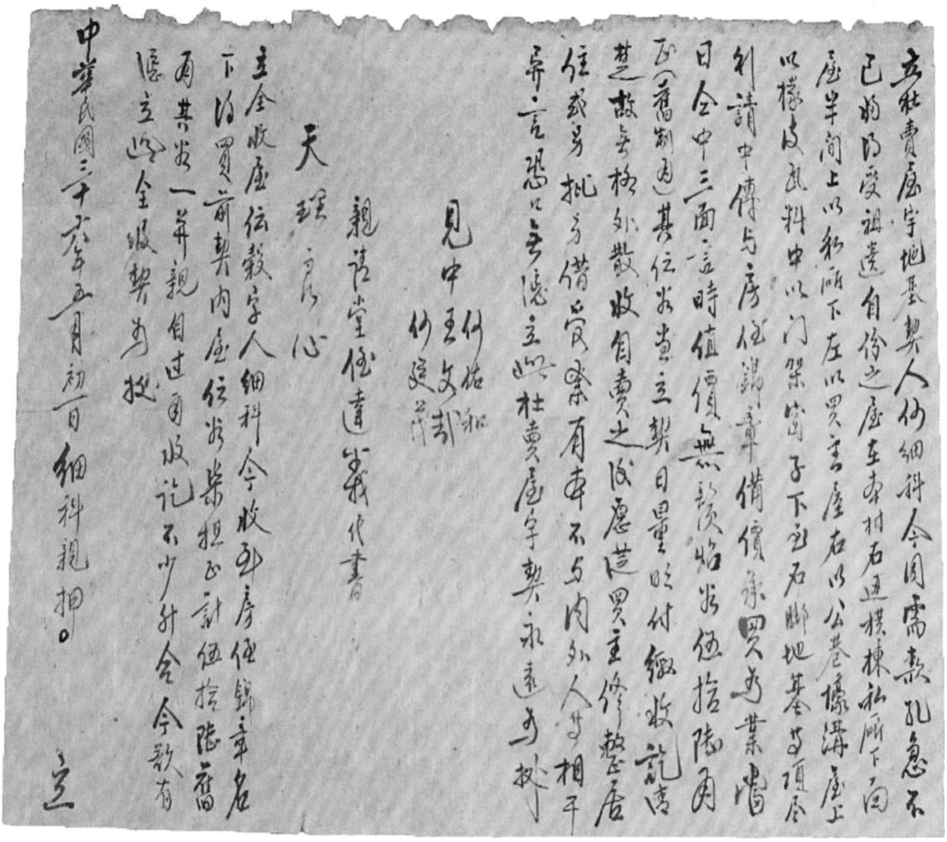

立杜卖屋宇地基契人何细科今因需款就（救）急不已将得受祖遗自份之屋在本村右边横栋私所下面屋半间上以私所下左以买主屋右以公巷壕沟屋上以椽皮瓦料中以门架窗子下至石脚地等项尽利请中传与房侄锦章备价承买为业当日仝中三面言〈定〉时值价无☐炤谷伍拾陆甬正（旧制甬）其伝（价）谷当立契日量明付缴收讫清楚故无格外散收自卖之后愿从买主修整居住或另批另借管业有本不与内外人等相干异言恐口无凭立此杜卖屋宇契永远为据

见中何佑和王文☐何廷茂

亲请堂侄达义代书

天理良心

立全收屋伝（价）谷字人细科今收到房侄锦章名下得买前契内屋伝（价）谷柒担正计伍拾陆旧币甬其谷一并亲自过甬收讫不少升合今欲有凭立此全收契为据

中华民国三十六年五月初一日细科亲押【押】立

第三部分　桂林全州县（小契）

道光二十八年二月十日温宗倍等退茶山土契约

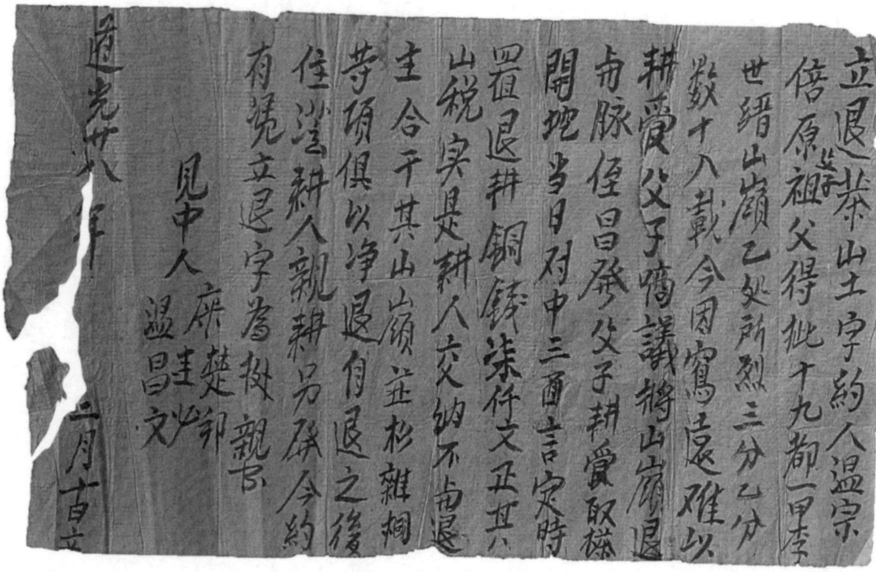

立退茶山土字约人温宗倍原父子祖父得批十九都一甲李世缙山岭一处所烈三分一分数十八载今因窎远难以耕管父子嘀（商）议将山岭退与脉侄昌发父子耕管取㮋开挖当日对中三面言定时置（值）退耕铜钱柒仟文正其山税实是耕人交纳不与退主合干其山岭并杉杂㭎等项俱以净退自退之后住（任）从耕人亲耕另发今约有凭立退字为据亲书

见中人庥楚邦　庥圭必　温昌文

道光廿八年二月十日立

咸丰元年十一月初十日曾惟几包田契约

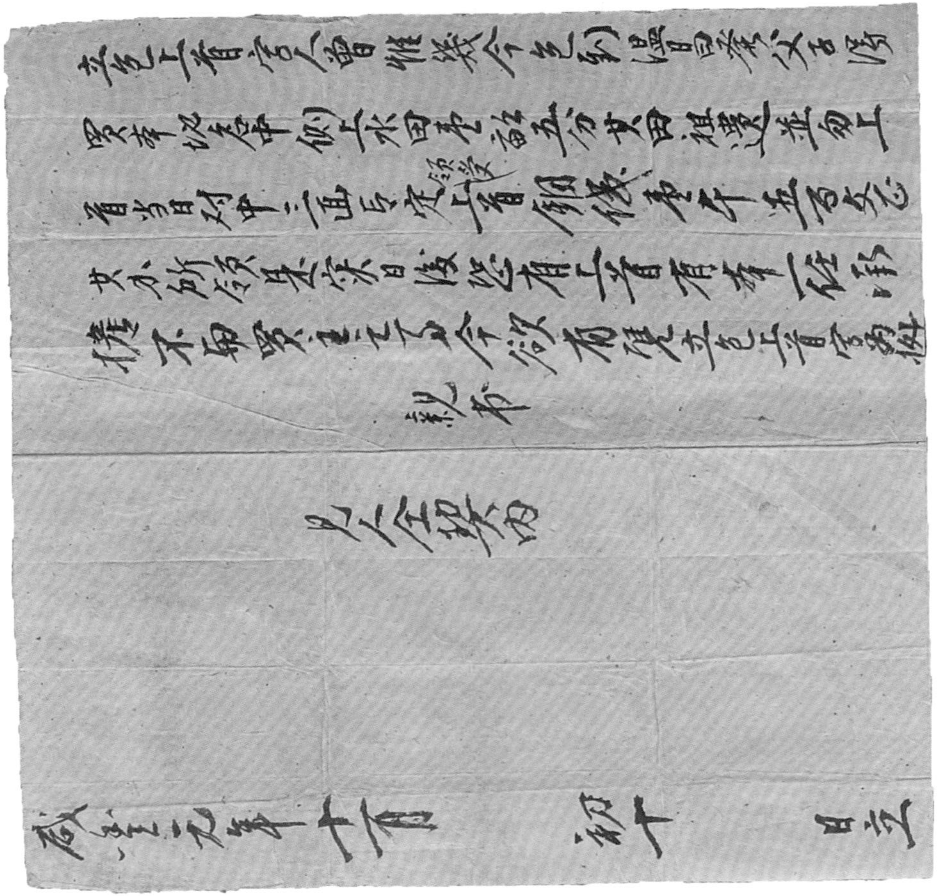

立包上首字人曾惟几今包到温昌发父子得买本地名中侧上水田壹亩五分其田祖遗并勿上首当日对中三面言定领受上首铜钱壹千五百文正其钱所领是实日后恐有上首有本一任承担不与买主之事今欲有凭立包上首字为据

亲书

见人仝契内

咸丰元年十一月初十日立

咸丰二年二月十二日李朝俊等收钱字据

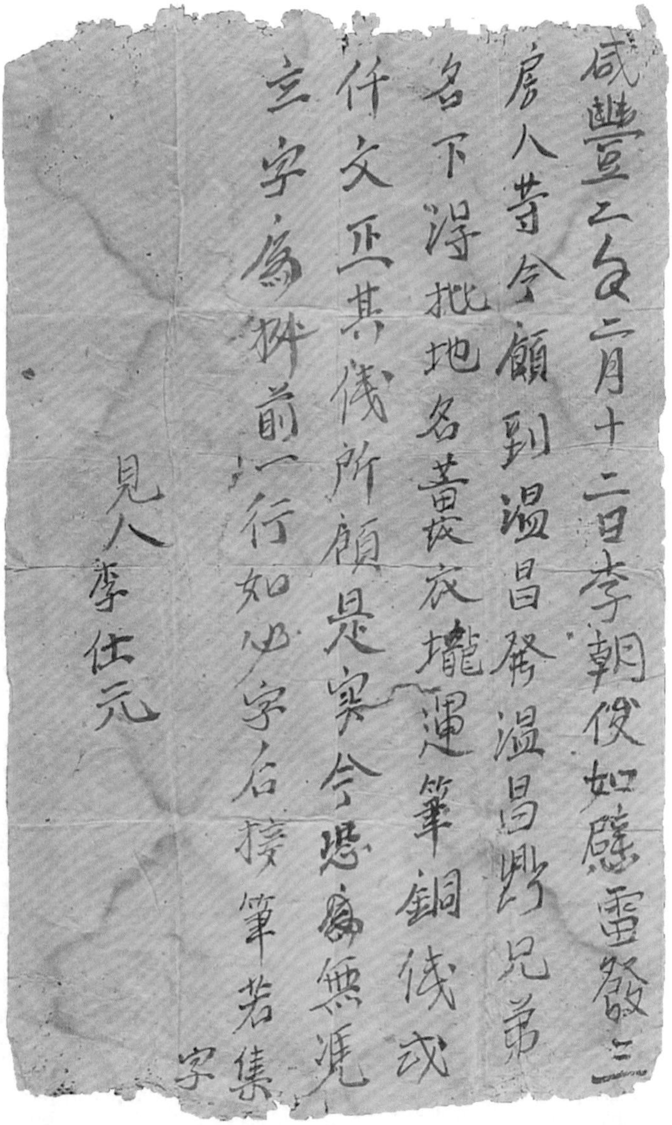

咸丰二年二月十二日李朝俊如懋雷发三房人等今领到温昌发温昌鼎兄弟名下得批地名蓑衣垅运笔铜钱贰仟文正其钱所领是实今恐无凭立字为据前一行如必字后接笔若集字
见人李仕元

咸丰七年十二月初二日温仁玖兄弟等收田钱字据

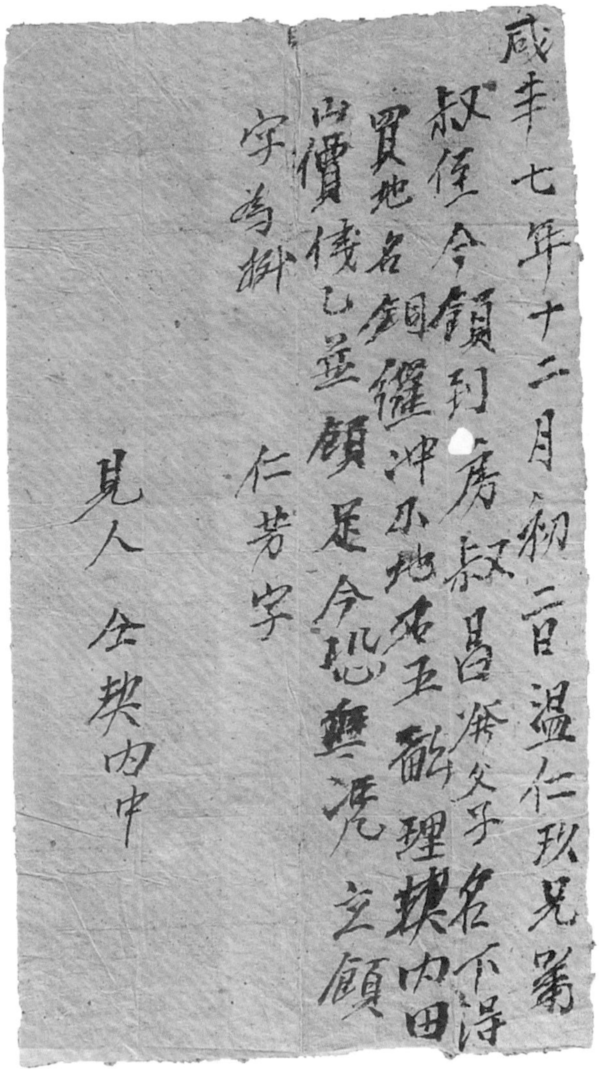
咸丰七年十二月初二日温仁玖兄弟
叔侄今领到房叔昌发父子名下得
买地名铜锣冲小地名五亩理契内田
山價钱一並领足今恐無凭立领
字為据
仁芳字
見人 仝契内中

咸丰七年十二月初二日温仁玖兄弟叔侄今领到房叔昌发父子名下得买地名铜锣冲小地名五亩理契内田山价钱一并领足今恐无凭立领字为据

仁芳字

见人仝契内中

光绪七年十二月二十五日温德财夫妇承老租契约

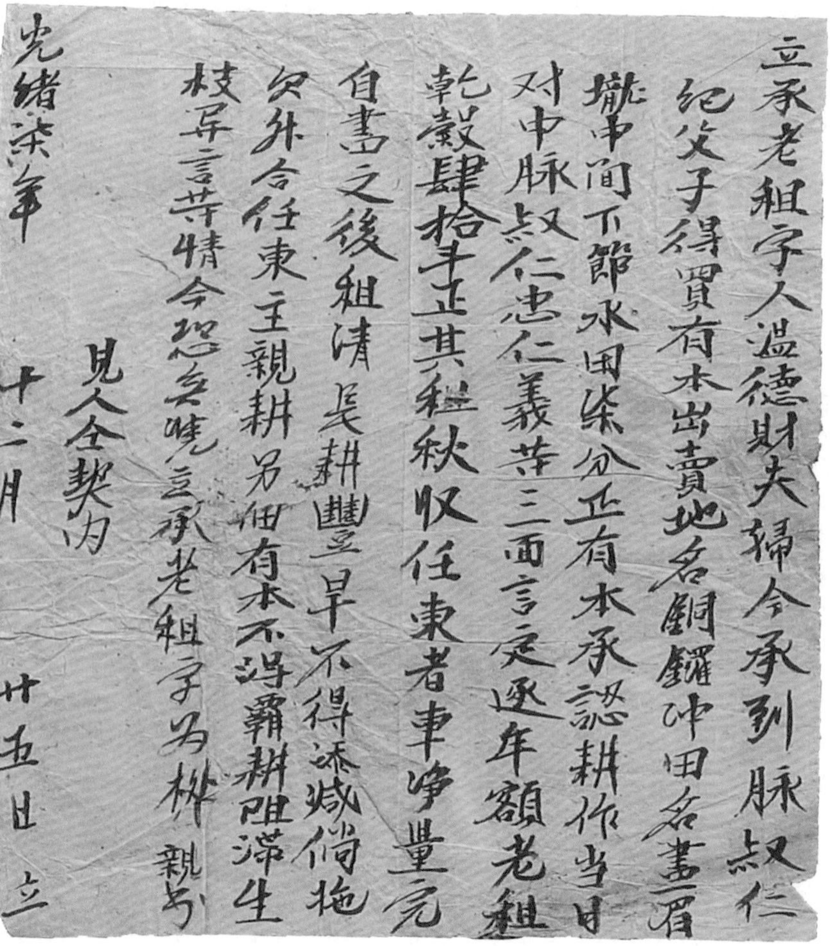

立承老租字人温德财夫妇今承到脉叔仁纪父子得买有本出卖地名铜锣冲田名画眉垅中间下节水田柒分正有本承认耕作当日对中脉叔仁忠仁义等三面言定逐年额老租干谷肆拾斗正其租秋收任东者车净量完自书之后租清长耕丰旱不得添减倘拖欠升合任东主亲耕另佃有本不得霸耕阻滞生枝异言等情今恐无凭立承老租字为据亲书

见人仝契内

光绪柒年十二月廿五日立

光绪十三年三月二十日廖金声父子收钱字据

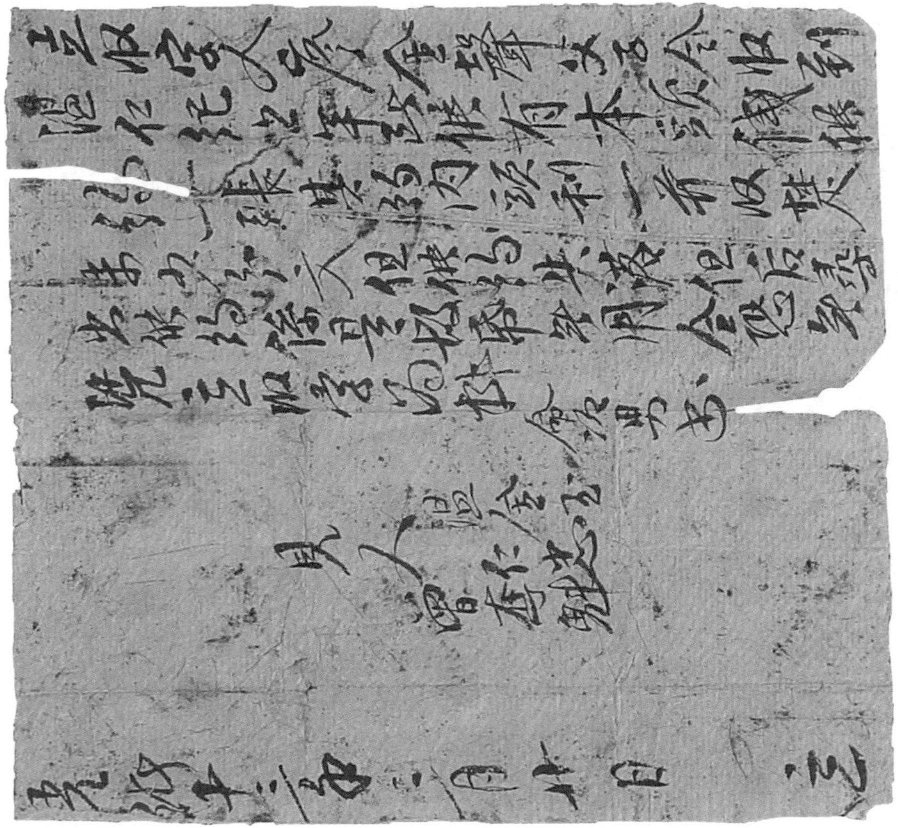

立收字人廖金声父子今收到温仁纪上年所
借有本头钱借约一张其约内头利一并收楚故
未少分文但借约失落但后寻出借约系是故
纸无用合恐无凭立收字为据
命次男书
见人温金王温仁忠曾令魁
光绪十三年三月廿日立

光绪十九年二月十二日温仁纲等包领挂红字据

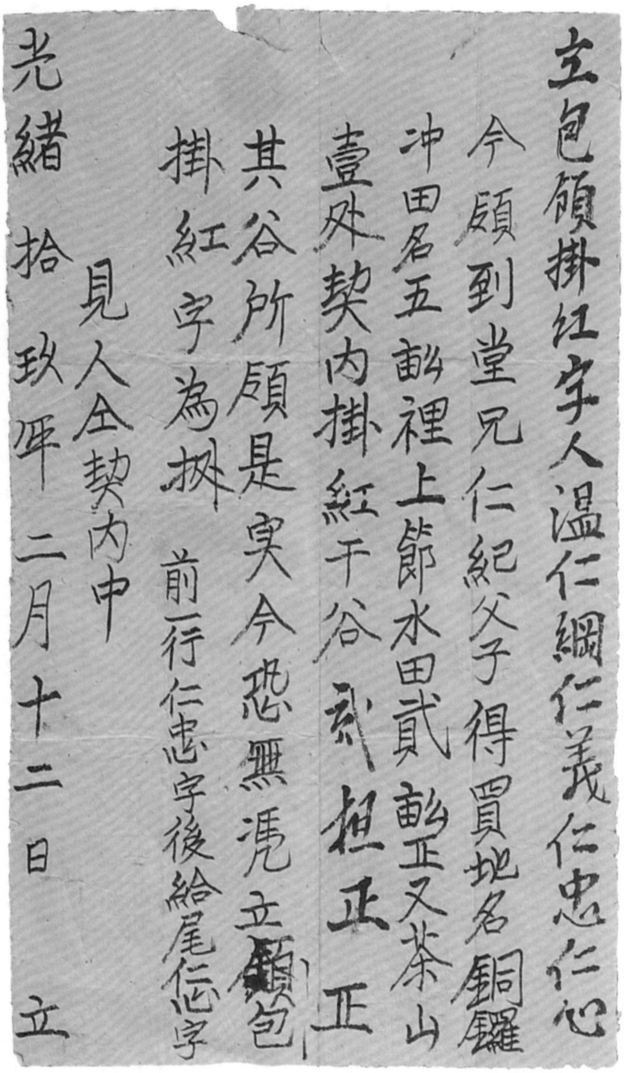

立包领挂红字人温仁纲仁义仁忠仁心今领到堂兄仁纪父子得买地名铜锣冲田名五亩里上节水田贰亩正又茶山壹处契内挂红干谷贰担正［正］其谷所领是实今恐无凭立包领挂红字为据

前一行仁忠字后给尾仁心字

见人仝契内中

光绪拾玖年二月十二日立

光绪十九年二月二十五日温仁心父子包领上首挂红字据

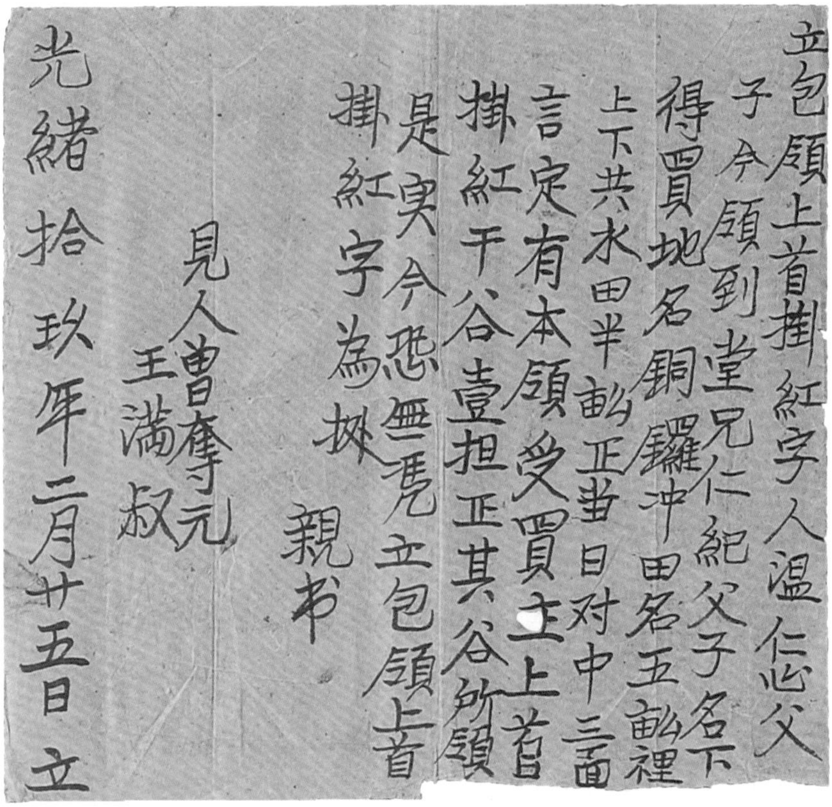

立包领上首挂红字人温仁心父子今领到堂兄仁纪父子名下得买地名铜锣冲田名五亩里上下共水田半亩正当日对中三面言定有本领受买主上首挂红干谷壹担正其谷所领是实今恐无凭立包领上首挂红字为据

亲书

见人曾夺元王满叔

光绪拾玖年二月廿五日立

光绪二十三年二月初六日温仁纲父子全领谷字契

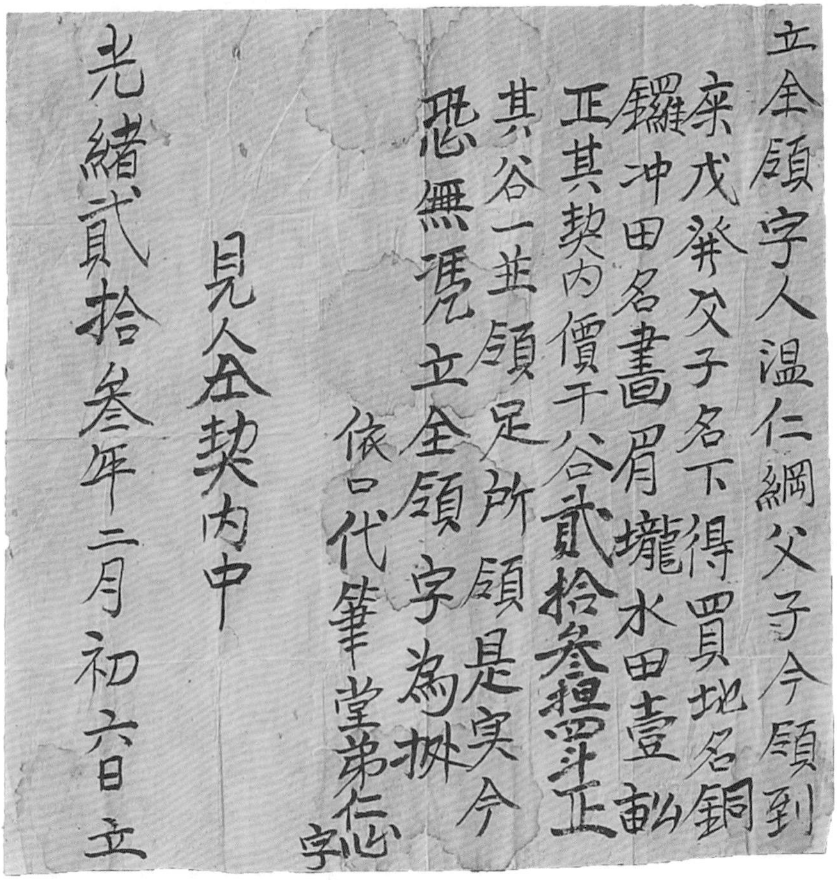

立全领字人温仁纲父子今领到庲戊发父子
名下得买地名铜锣冲田名画眉垅水田壹亩正
其契内价干谷贰拾叁担四斗正其谷一并领足
所领是实今恐无凭立全领字为据
依口代笔堂弟仁心字
见人仝契内中
光绪贰拾叁年二月初六日立

光绪二十四年十二月初六日温仁义等卖田山契约

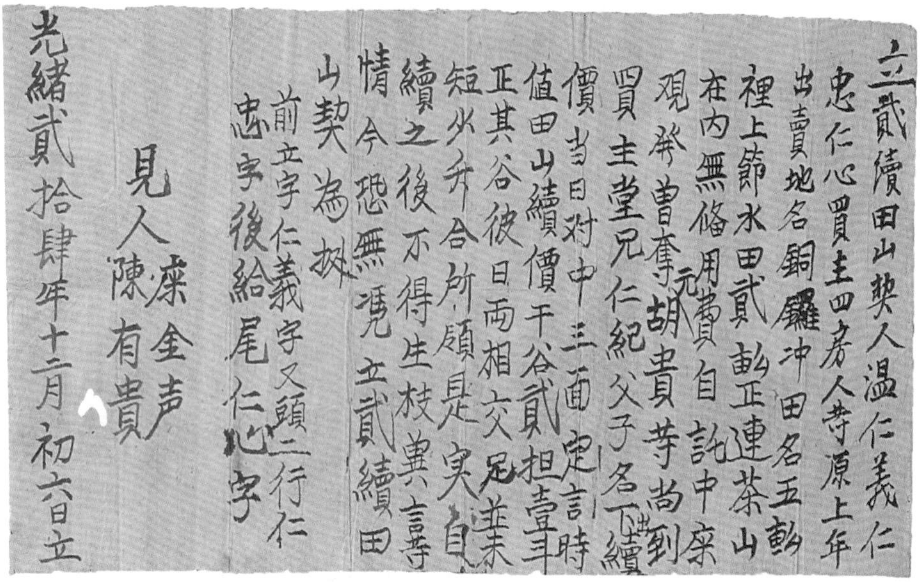

立贰续田山契人温仁义仁忠仁心买主四房人等原上年出卖地名铜锣冲田名五亩里上节水田贰亩正连茶山在内无备用费自托中庲观发曾夺元胡贵等尚（问）到买主堂兄仁纪父子名下出续价当日对中三面言定时值田山续价干谷贰担壹斗正其谷彼日两相交足并未短少升合所领是实自续之后不得生枝异言等情今恐无凭立贰续田山契为据

前立字仁义字又头二行仁忠字后给尾仁心字

见人庲金声陈有贵

光绪贰拾肆年十二月初六日立

光绪二十六年四月十六日温仁厚借谷字据

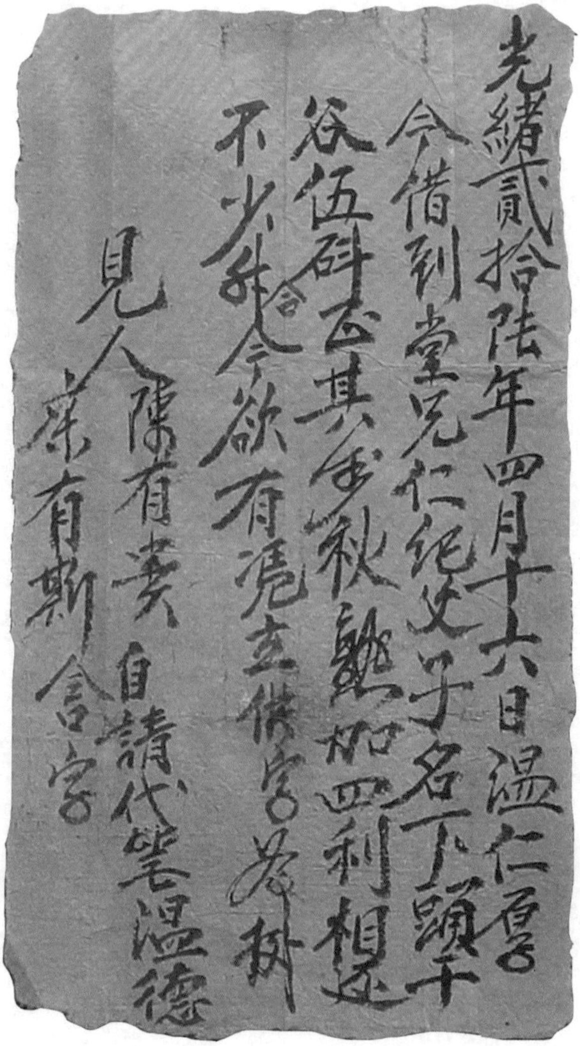

光绪贰拾陆年四月十六日温仁厚今借到堂兄仁纪父子名下头干谷伍科（斛）正其至秋熟加四利相还不少升合今欲有凭立借字为据

见人陈有贵 庥有斯

自请代笔温德⊡字

光绪二十七年十月初八日李泰临等收转批帮顶字据

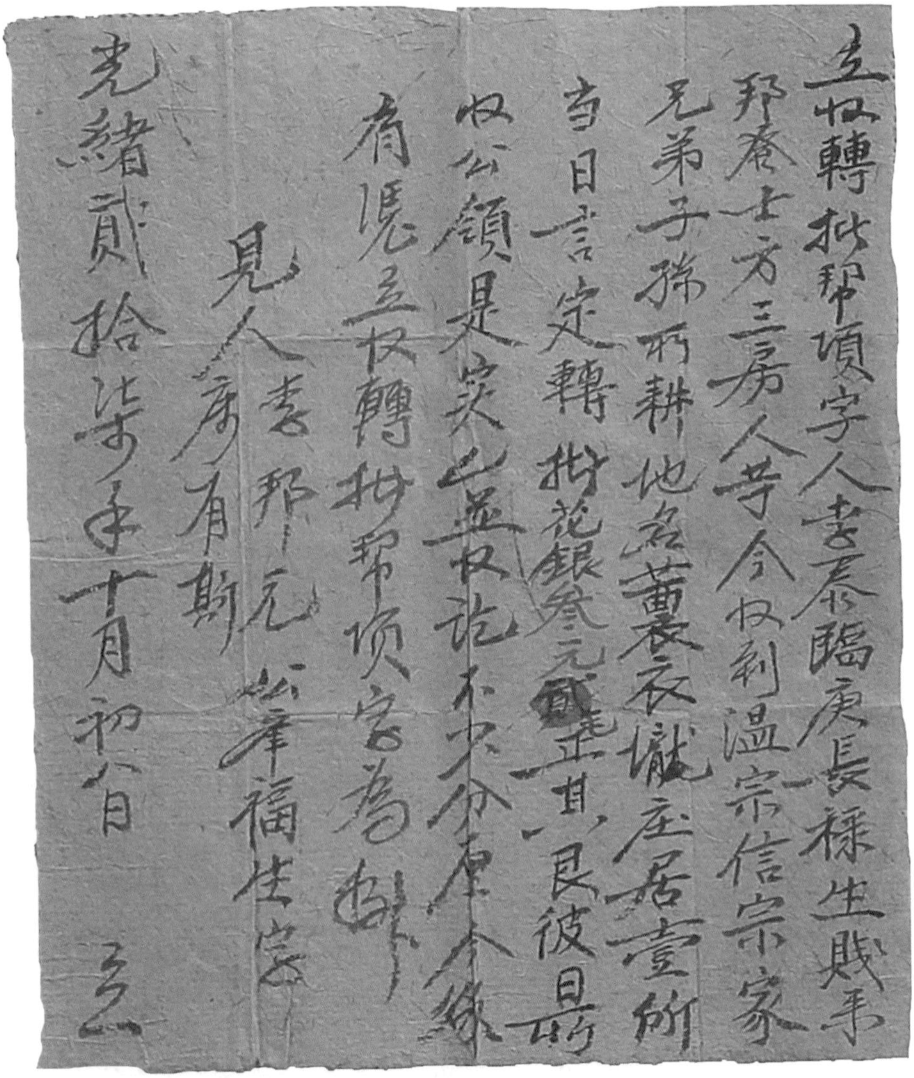

立收转批帮顶字人李泰临、庚长、禄生、
贱来、邦发、士方三房人等，今收到温宗
信、宗家兄弟子孙所耕地名蓑衣垅庄
居壹所，当日言定转批花银叁元贰毛
正。其银彼日所收，公领是实，一并收讫，
不少分厘。今缘有凭，立收转批帮顶字
为据。

见人李邦元、庥有斯

公笔福生字

光绪贰拾柒年十月初八日立

宣统二年二月初十日李福鸿比换熟土契约

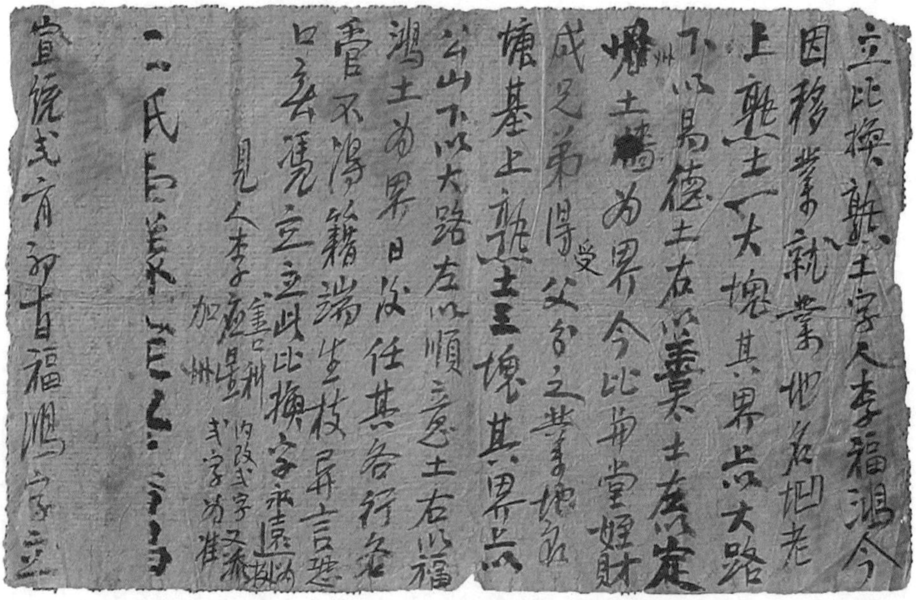

立比换熟土字人李福鸿今因移业就业地名垇老上熟土一大块其界上以大路下以易德土右以善太土左以定州土墙为界今比与堂姪财成兄弟得受父分之业地名塘基上熟土三块其界上以公山下以大路左以顺意土右以福鸿土为界日后任其各行各管不得借端生枝异言恐口无凭立［立］此比换字永远为据

见人李善科李应星李加州

内改字贰字又添贰字为准

☐

宣统贰〈年〉二月初十日福鸿字立

宣统三年十二月初八日李华藩等转批字据

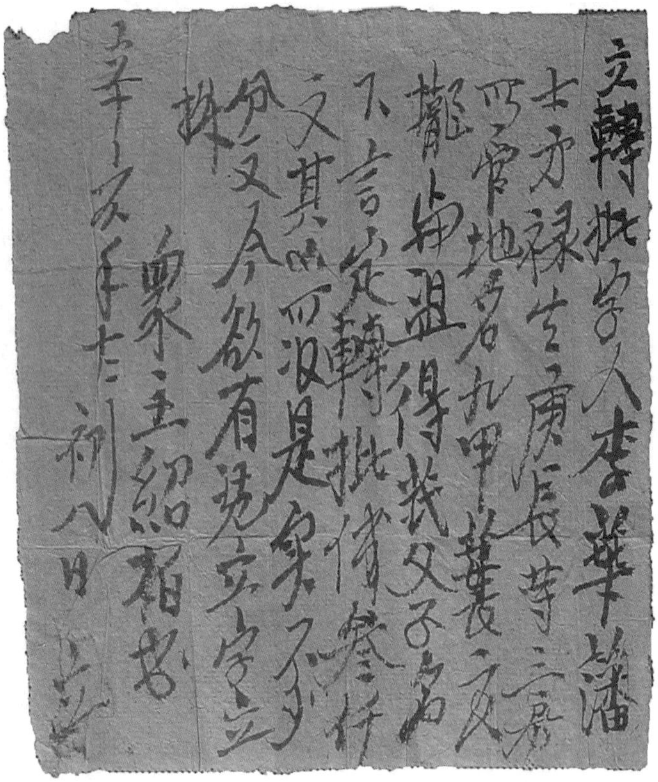

立转批字人李华藩士方禄生庚长等三房所管地名九甲蓑衣垅与温得茂父子名下言定转批钱叁仟文其钱所收是实不少分文今欲有凭立字立据

众主绍柏书

辛亥年十二月初八日立

民国元年十月二十六日季誋夫妇重补收服禾田契约

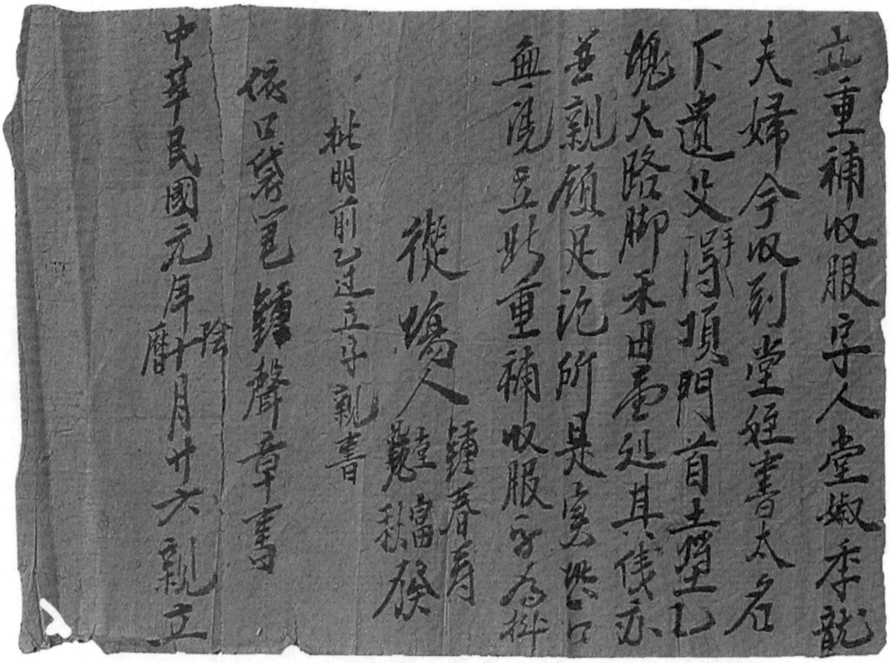

立重补收服字人堂叔季誋夫妇今收到堂姪书太名下遗父手得顶门首土壆一块大路脚禾田壹处其钱亦并亲领足讫所〈收〉是实恐口无凭立此重补收服字为据

从场人钟春寿堂兄富发秋发

批明前一过立字亲书

依口袋（代）笔钟声章书

中华民国元年阴历十月廿六亲立

民国二年六月初五日李泰晞等拨三房租谷字据

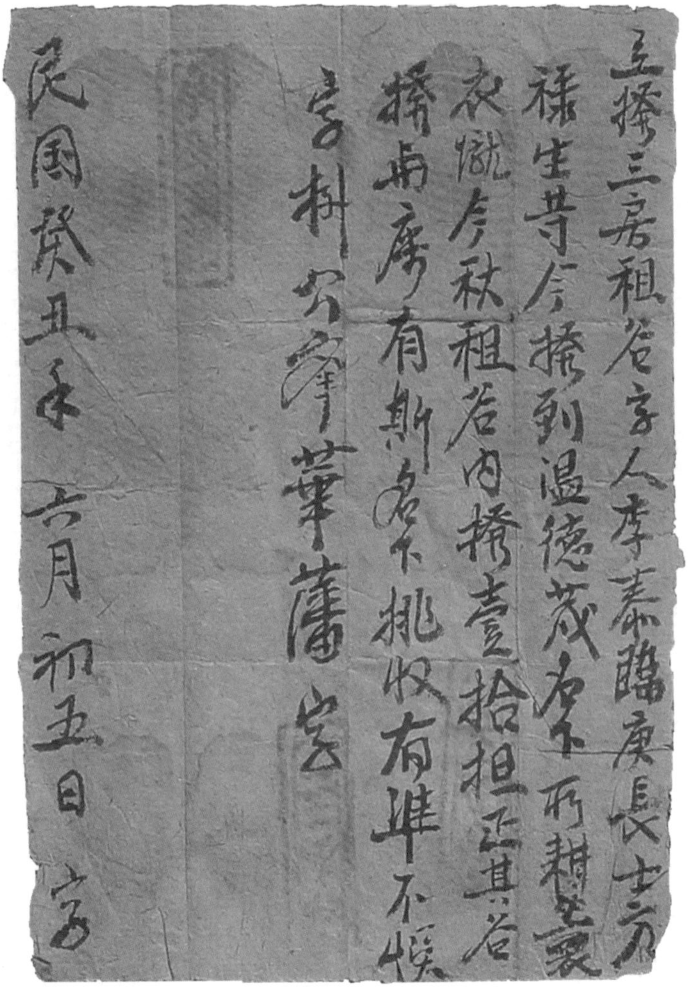

立拨三房租谷字人李泰晞庚长士方禄生等今拨到温德茂名下所耕簑衣垅今秋租谷内拨壹拾担正其谷拨与庲有斯名下挑收有准不误字据公举华藩字

民国癸丑年六月初五日字

民国四年四月二十六日李华藩等拨三房谷租字据

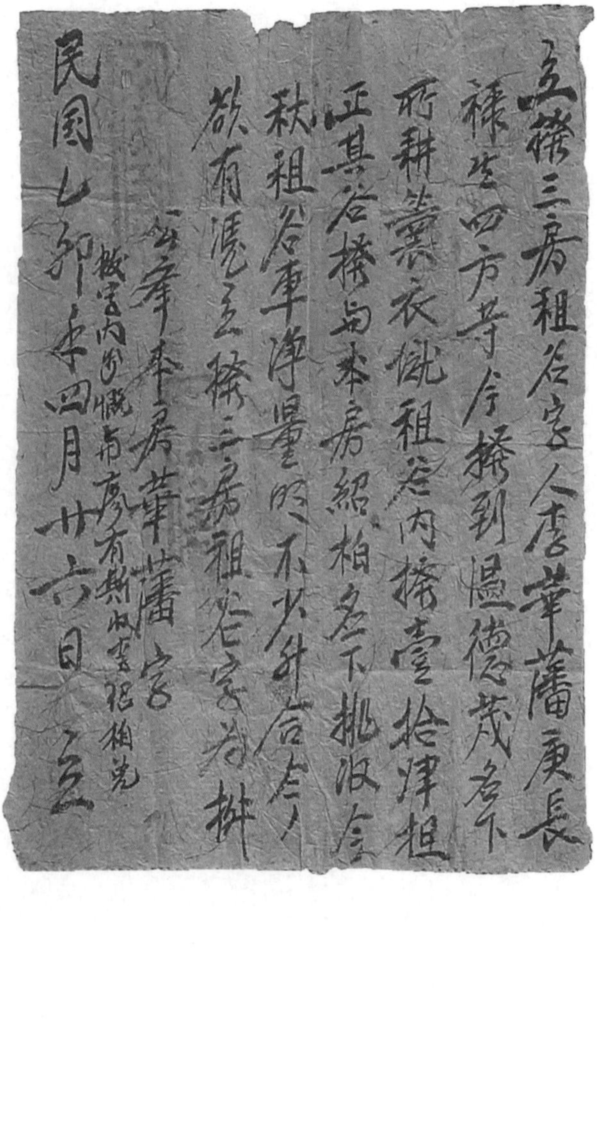

立拨三房租谷字人李华藩庚长禄生四方等今拨到温德茂名下所耕簑衣垅租谷内拨壹拾肆担正其谷拨与本房绍柏名下挑收今秋租谷车净量明不少升合今欲有凭立拨三房租谷字为据

公举本房华藩字

拨字内出慨与廖有斯收李绍柏免

民国乙卯年四月廿六日立

民国七年五月初三日石仁方借洋银字据

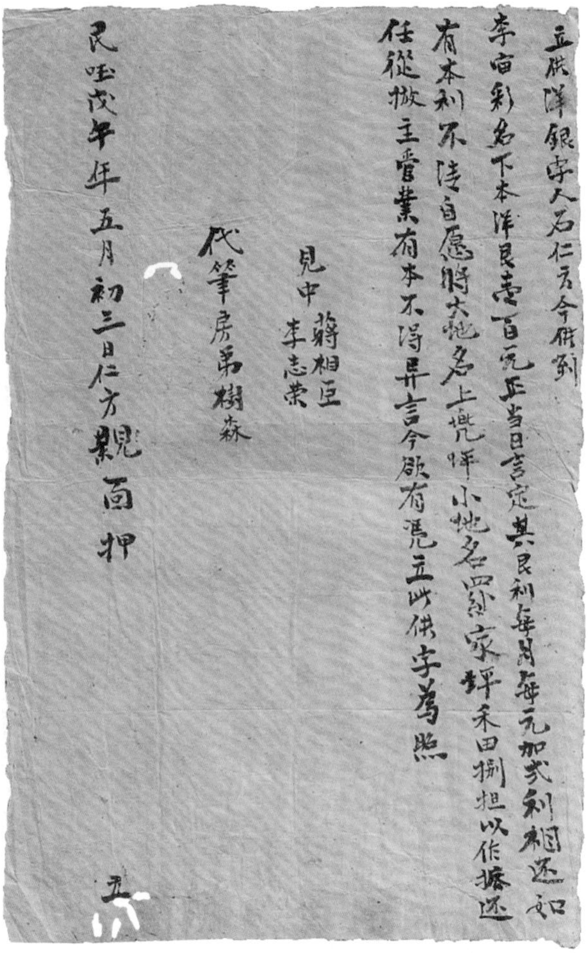

立借洋银字人石仁方今借到李宙彩名下本洋银壹百元正当日言定其银利每月每元加贰利相还如有本利不清自愿将大地名上兆坪小地名罗家坪禾田捌担以作抵还任从揿主管业有本不得异言今欲有凭立此借字为照

见中蒋相臣李志荣

代笔房弟树森

民国戊午年五月初三日仁方亲面押立

民国八年五月十六日石仁芳兄弟借洋银字据

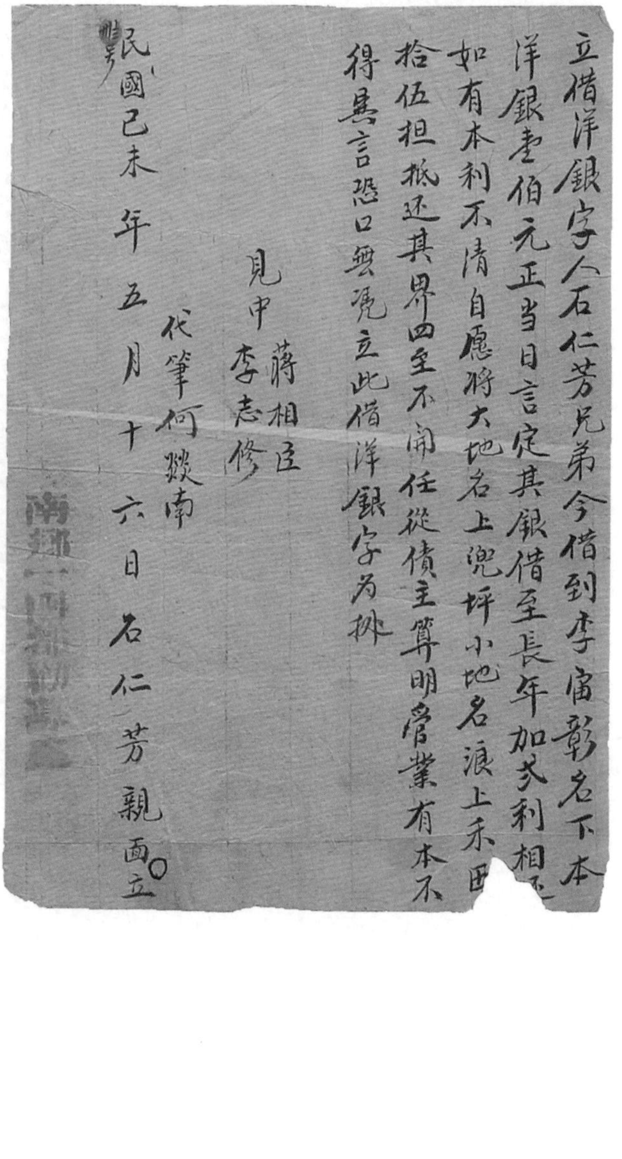

立借洋银字人石仁芳兄弟今借到李宙彰名下本洋银壹佰（佰）元正当日言定其银借至长年加贰利相还如有本利不清自愿将大地名上兆坪小地名浪上禾田拾伍担抵还其界四至不开任从债主算明管业有本不得异言恐口无凭立此借洋银字为据

见中蒋相臣李志修

代笔何燚南

民国己未年五月十六日石仁芳亲面【押】立

三十八号

民国十年十二月初六日李华藩等转批契约

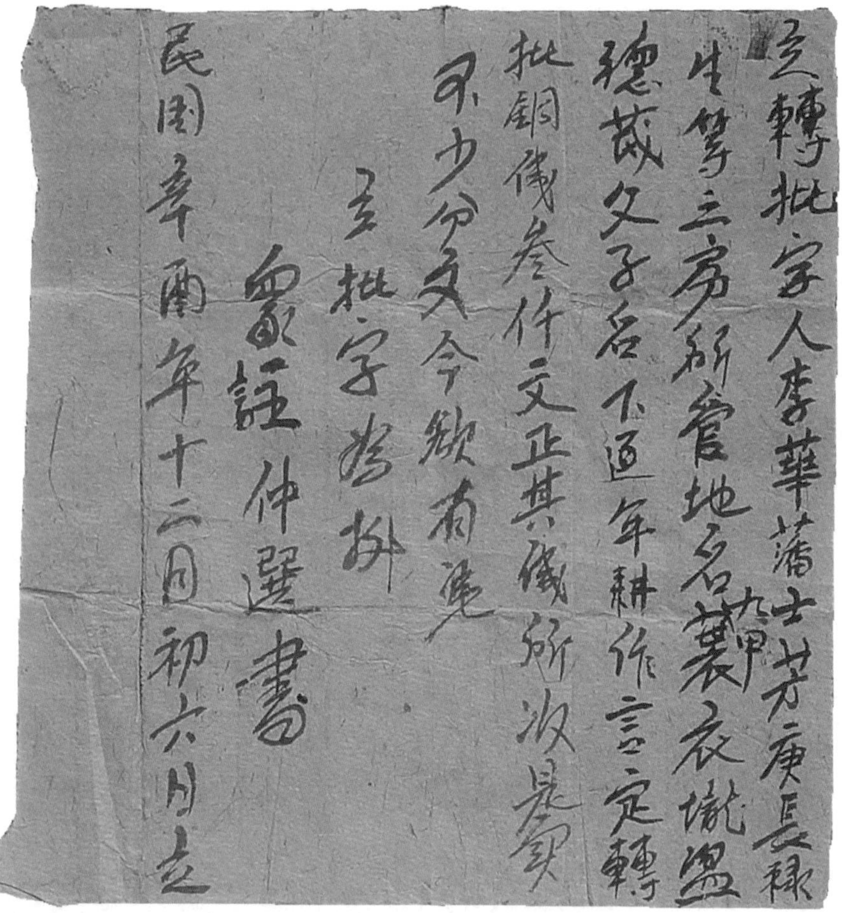

立转批字人李华藩士芳庚长禄生等三房所
管地名九甲蓑衣垅温德茂父子名下逐年耕
作言定转批铜钱叁仟文正其钱所收是实
不少分文今欲有凭
立批字为据
众注（请）仲选书
民国辛酉年十二月初六日立

民国二十年十二月初八日李仲球等转田产批契约

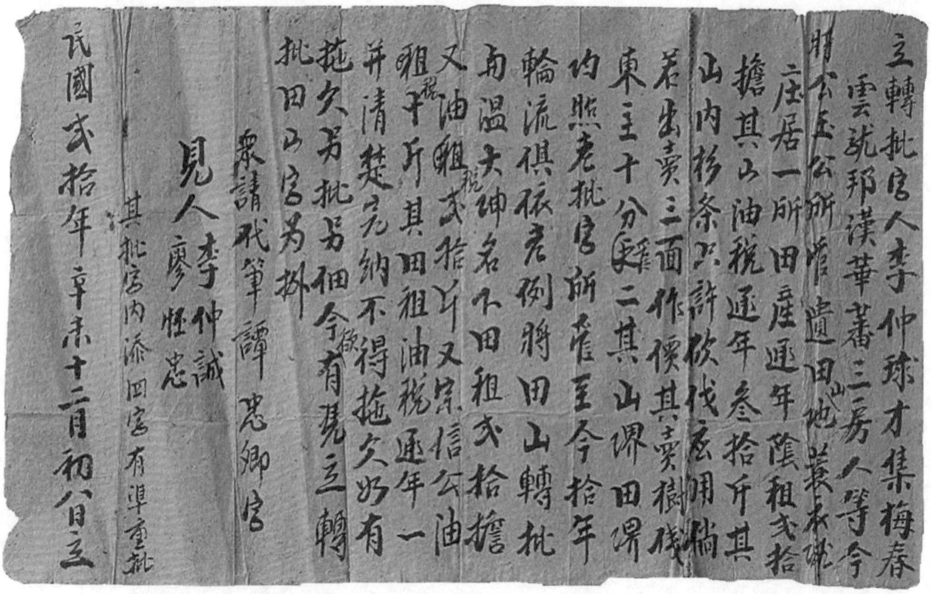

立转批字人李仲球才集梅春云龙邦汉华蕃三房人等今将公玉公所管遗田山地蓑衣垅庄居一所田产逐年阴租贰拾担其山油税逐年叁拾斤其山内杉条只许砍伐应用倘若出卖三面作价其卖树钱东主十分⍰二其山界田界均照老批字所管至今拾年轮流俱依老例将田山转批与温大坤名下田租贰拾担又油租税贰拾斤又宗信公油租税十斤其田租油税逐年一并清楚完纳不得拖欠如有拖欠另批另佃今欲有凭立转批田山字为据

众请代笔谭忠卿字

见人李仲诚廖怄忠

其批字内添四字有准重批

民国贰拾年辛未十二月初八日立

民国三十年二月初二日袁佳才借光洋字据

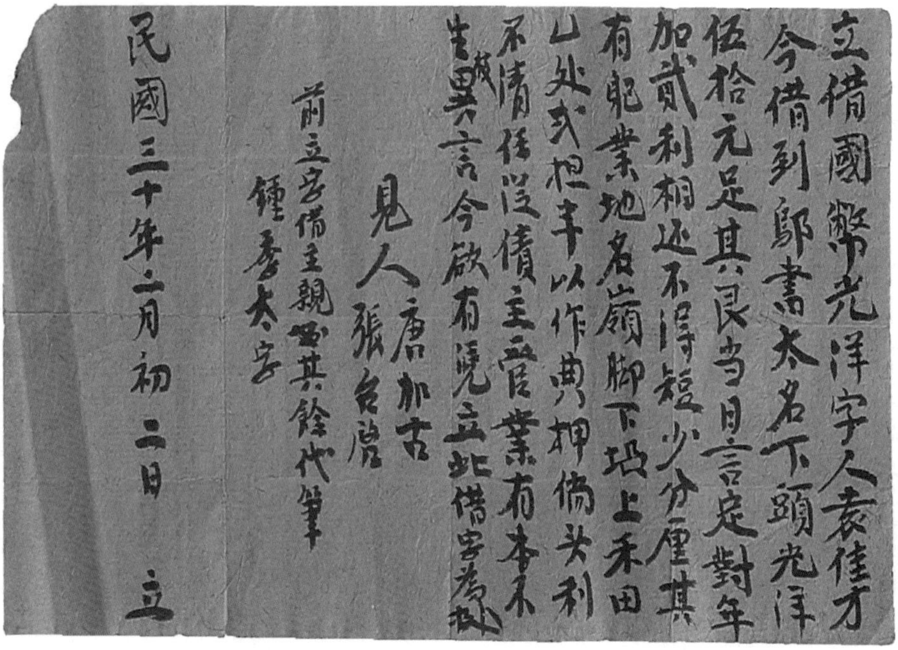

立借国币光洋字人袁佳才今借到邬书太名下头光洋伍拾元足其银当日言定对年加贰利相还不得短少分厘其有已业地名岭脚下岇上禾田一处贰担半以作典押倘头利不清任从债主管业有本不生枝异言今欲有凭立此借字为据

见人唐加古张台啟

前立字借主亲书其余代笔

钟秀太字

民国三十年二月初二日立

民国三十二年三月初七日李福恩等卖会脚字据

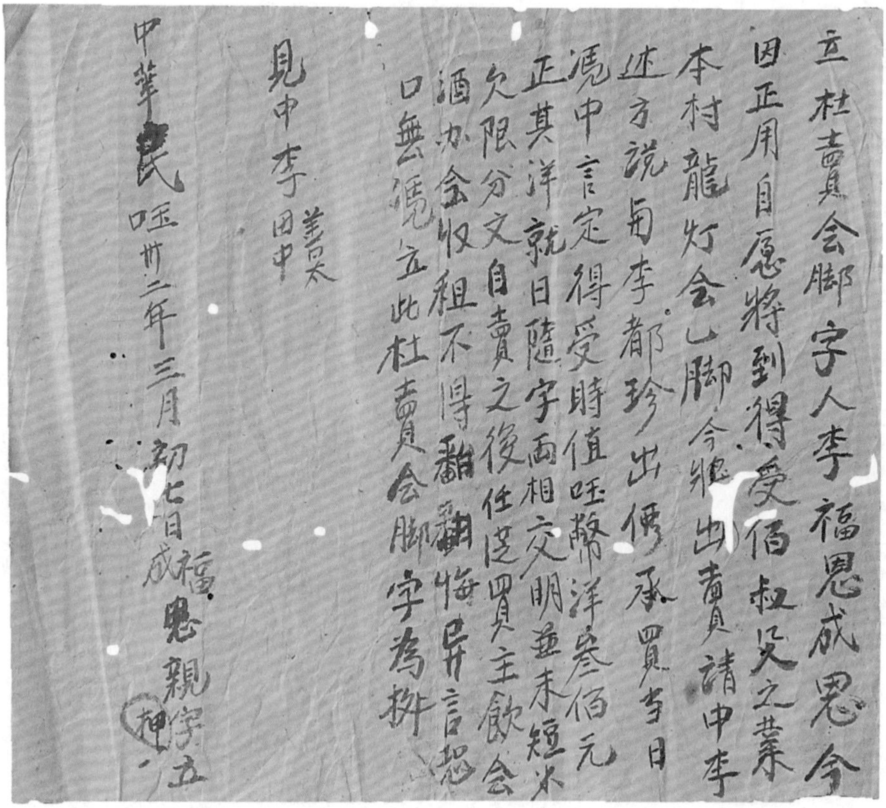

立杜卖会脚字人李福恩成恩今因正用自愿将到得受佰（伯）叔父之业本村龙灯会一脚今将出卖请中李述方说与李都珍出价承买当日凭中言定得受时值国币洋叁佰元正其洋就日随字两相交明并未短少欠限分文自卖之后任从买主饮会酒办会收租不得翻［翻］悔异言恐口无凭立此杜卖会脚字为据

见中李善太李田中

中华民国卅二年三月初七日福恩成恩亲字【押】立

民国三十六年十二月十二日钟廖氏等满盘全收字据

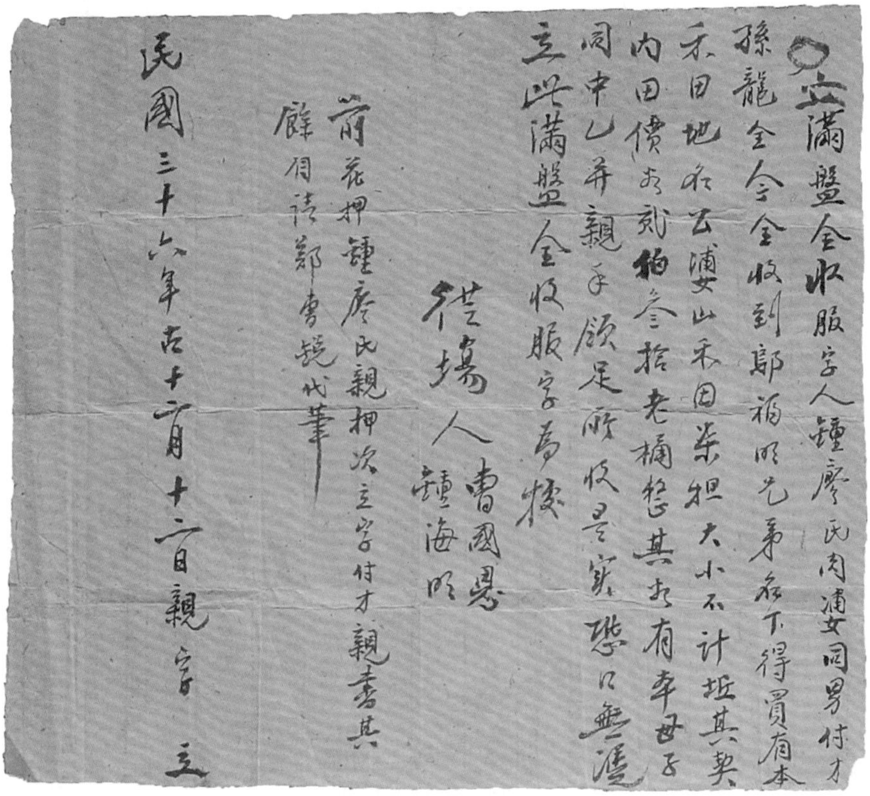

【押】立满盘全收服字人钟廖氏肉溇同男付才孙龙全今全收到邬福明兄弟名下得买有本禾田地名公溇山禾田柒担大小不计丘其契内田价谷贰伯（佰）叁拾老桶整其谷有本母子同中一并亲手领足所收是实恐口无凭立此满盘全收服字为据

从场人曹国恩钟海明

前花押钟廖氏亲押次立字付才亲书其余自请郑曹锐代笔

民国三十六年古十二月十二日亲字立

第四部分　桂林恭城瑶族自治县

嘉庆八年十二月十四日唐君惠卖粘禾田契约

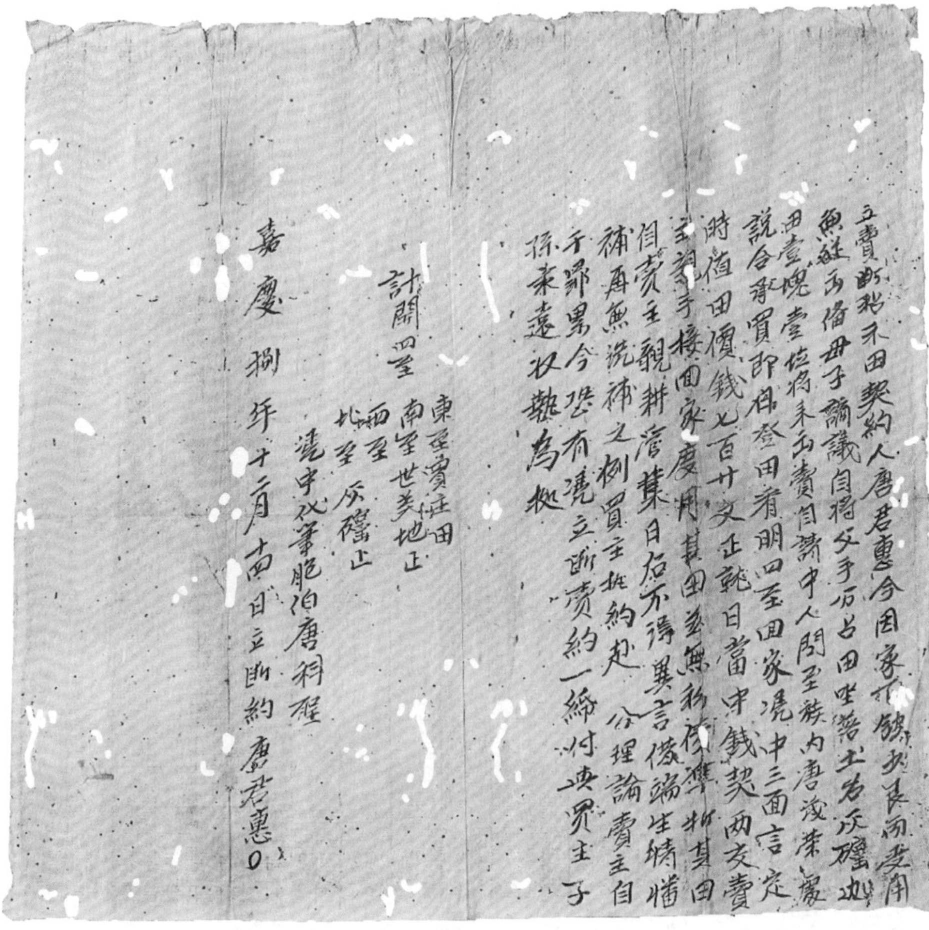

立卖断粘禾田契约人唐君惠今因家下缺少银两受用无从出备母子謪（商）议自将父手分占田坐落土名灰磜边田壹块壹丘将来出卖自请中人问至族内唐茂荣处说合承买即日登田看明四至回家凭中三面言定时值田价钱七百廿文正就日当中钱契两交卖主亲手接回家度用其田并无私债准折其田自卖（买）主亲耕管业日后不得异言借端生情憣补再无☐补之例买主执约起公理论卖主自于罪累今恐有（无）凭立断卖约一纸付与买主子孙永远收执为据

计开四至

东至买主田

南至世美地正（止）

西至灰磜正（止）

北至灰磜正（止）

凭中代笔胞伯唐科圣

嘉庆捌年十二月十四日立断约唐君惠【押】

嘉庆九年十二月二十七日唐九凤卖地契约

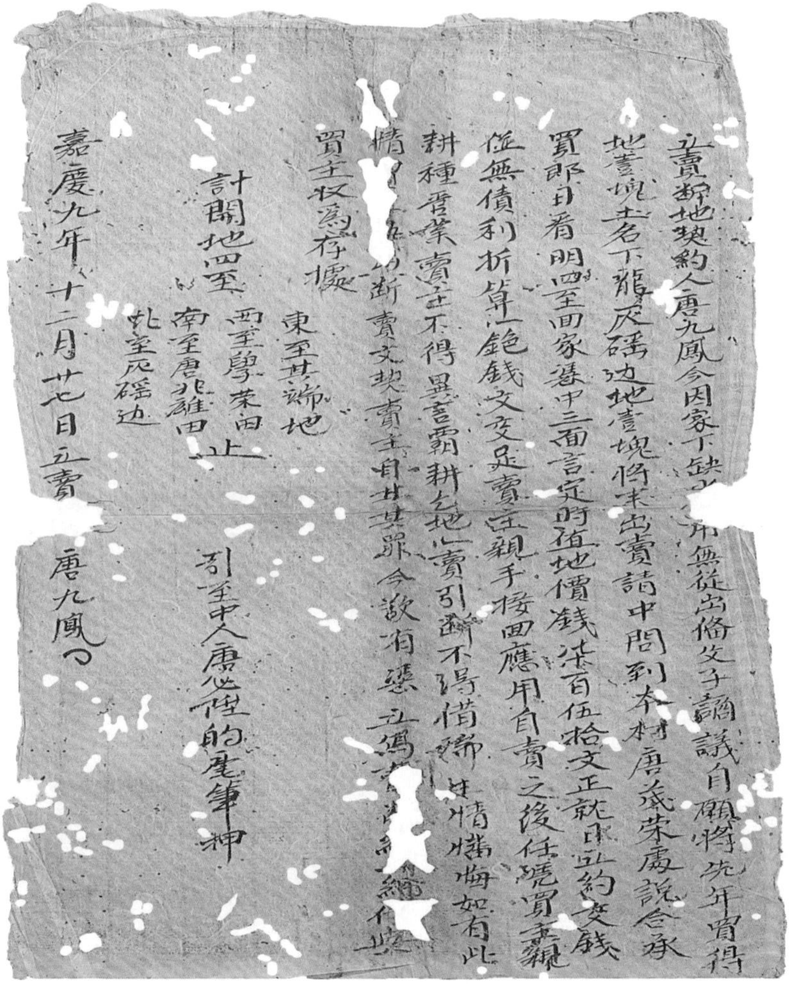

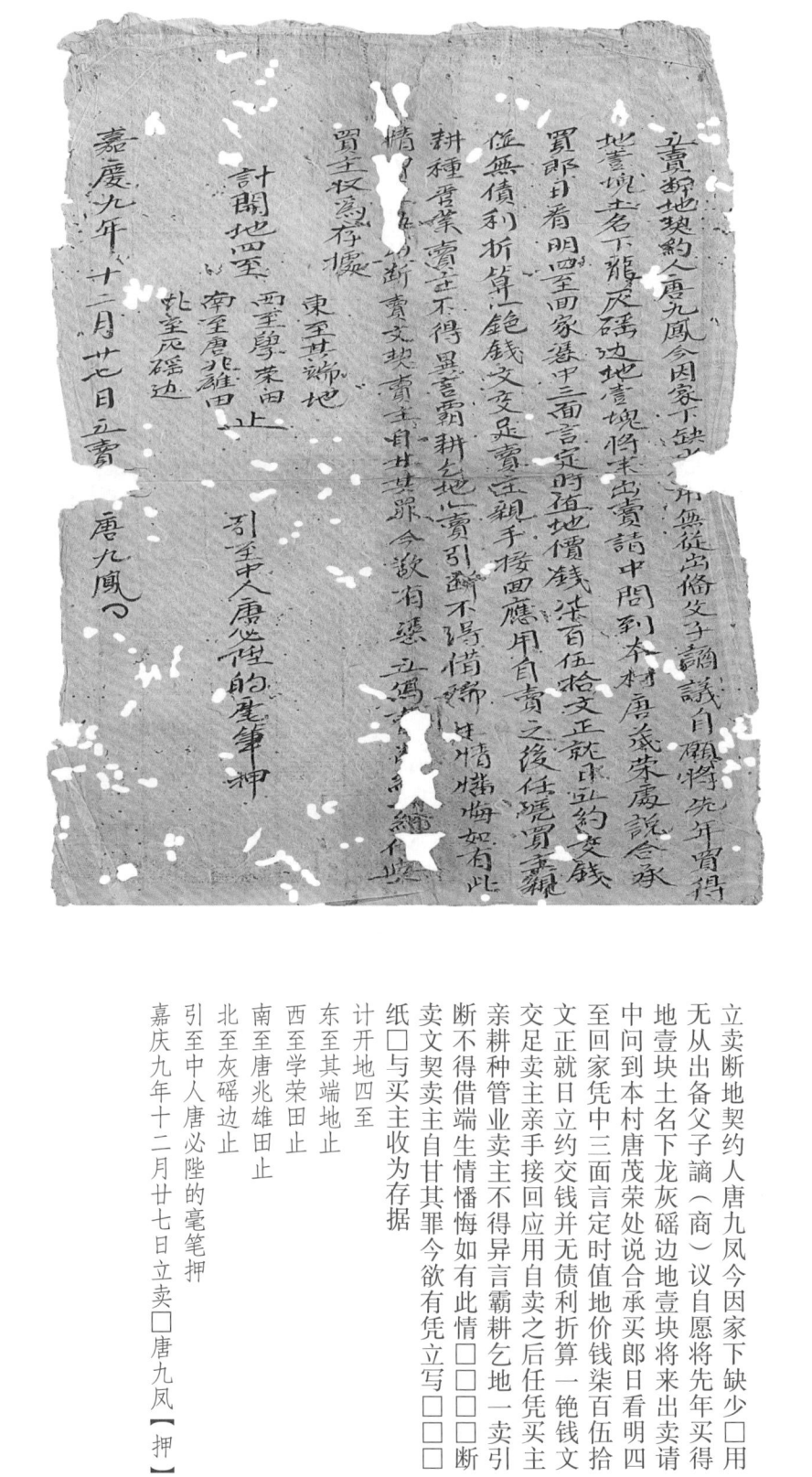

立卖断地契约人唐九凤今因家下缺少□用无从出备父子謪（商）议自愿将先年买得地壹块土名下龙灰磘边地壹块将来出卖请中问到本村唐茂荣处说合承买郎日看明四至回家凭中三面言定时值地价钱柒百伍拾文正就日立约交钱并无债利折算一铯钱文交足卖主亲手接回应用自卖之后任凭买主亲耕种管业卖主不得异言霸耕乞地一卖引断不得借端生情慉悔如有此情□□□□断卖文契卖主自甘其罪今欲有凭立写□□□纸□与买主收为存据

计开地四至

东至其端地止

西至学荣田止

南至唐兆雄田止

北至灰磘边止

引至中人唐必陛的毫笔押

嘉庆九年十二月廿七日立卖□唐九凤【押】

嘉庆二十二年二月初十日王玑等卖阴基地穴契约

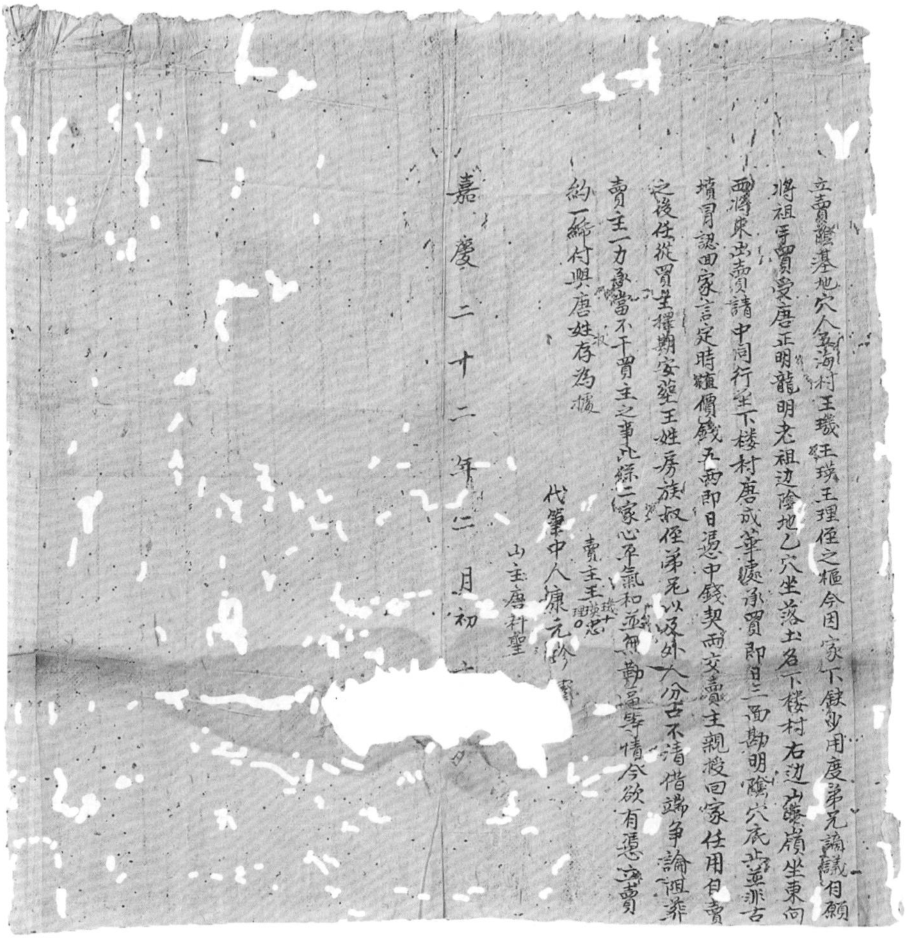

立卖阴基地穴人五海村王玑王瑛王理侄之枢今因家下缺少用度弟兄謪（商）议自愿将祖手买受唐正明龙明老祖边阴地一穴坐落土名下楼村右边山[?]岭坐东向西将来出卖请中同行至下楼村唐成华处承买即日三面勘明阴穴底止并非古坟冒认回家言定时值价钱五两即日凭中钱契两交卖主亲授（受）回家任用自卖之后任从买主择期安葬王姓房族叔侄弟兄以及外人分占不清借端争论阻葬卖主一力承当不干买主之事此系二家心平气和并无勒逼等情今欲有凭立卖约一纸付与唐姓存为据

卖主王玑【押】王瑛【押】王理【押】

代笔中人康元珍【押】

山主唐科圣

嘉庆二十二年二月初十☐

嘉庆三十四年五月易万云等让地皮契约

立让地皮约人易万云易猷远易光远易尚耀常运康今因唐□下楼村唐成华踏得阴基一穴在祖手遗字土名南江岭照内之地请中问到地主即日三面踏看阴基前后左右并无干碍众议让地穿心四丈言定地交钱九百六十文自让之后任凭唐姓择期安葬修筑坟墓不得倚祖再葬但丈尺之内唐姓所管丈尺之外地主所管恐后无凭立让地皮一纸付与唐姓永远收执为据

中人陈京?【押】

地主易万云易光远易猷远【押】常运康【押】易尚耀【押】

代笔易尚全?

嘉庆卅四年五月初□立约

道光元年十二月十七日唐戍明等卖阴基契约

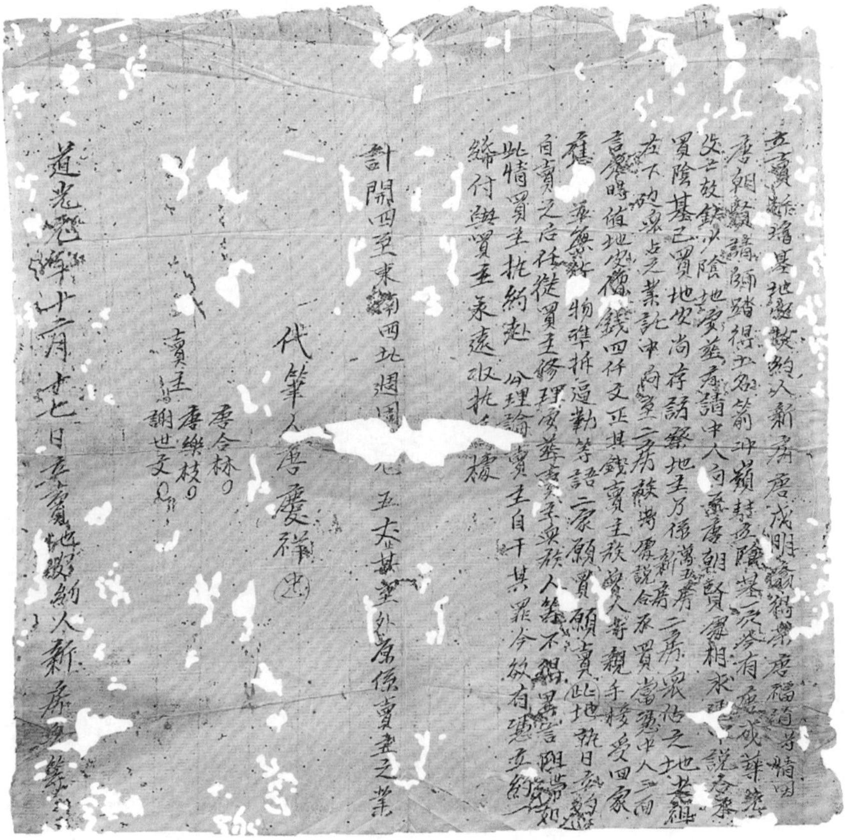

立卖断⍰基地皮契约人新房唐戍明⍰得荣唐福清等情因唐朝贤请师踏得土名箭冲岭封立阴基一穴今有唐成华先父亡故缺少阴地安葬方请中人向（问）至唐朝贤处相求凭中说合承买阴基己（已）买地皮尚存访察地主乃系万五房新房二房众占之地老祖左下边众占之业托中向（问）至二房族等处说合承买当凭中人三面言定时值地皮价钱四仟文正其钱卖主族众人等亲手接受回家应□并无货物准拆（折）逼勸（勒）等语二家愿买愿卖就日立约自卖之后任从买主修理安葬卖主众族人等不得异言阻滞如此情买主执约赴　公理论卖主自干（甘）其罪今欲有凭立约一纸付与买主永远收执〈为〉据

计开四至东南西北周围□□五丈止其至外原系卖主之业

代笔人唐庆祥【押】

卖主唐合林【押】唐乐枝【押】谢世文【押】

道光元年十二月十七日立卖地皮约人新房□等

道光十年八月十三日黄卖古兄弟卖禾坪契约

立卖禾坪契人黄卖古兄弟今因无钱使用自愿将到三甲门首来坪又老宗祠门首石照墙脚共贰块俱以三分一分父分自愿请中出卖与袁贵古侄袁喜发任从晒谷兄弟不得阻当（挡）异言眼仝二家言定时价钱贰佰文亲手领足并无短少一文其禾坪后任从经管不得异言今欲有凭立此卖契永远为照

内添三字为准

见中叔尧庆

仝母李氏

弟黑牌

钱到退回重批为准

依口代笔房兄志高

道光十年八月十三日兄弟亲立

道光十五年四月二十三日唐土训子卖地契约

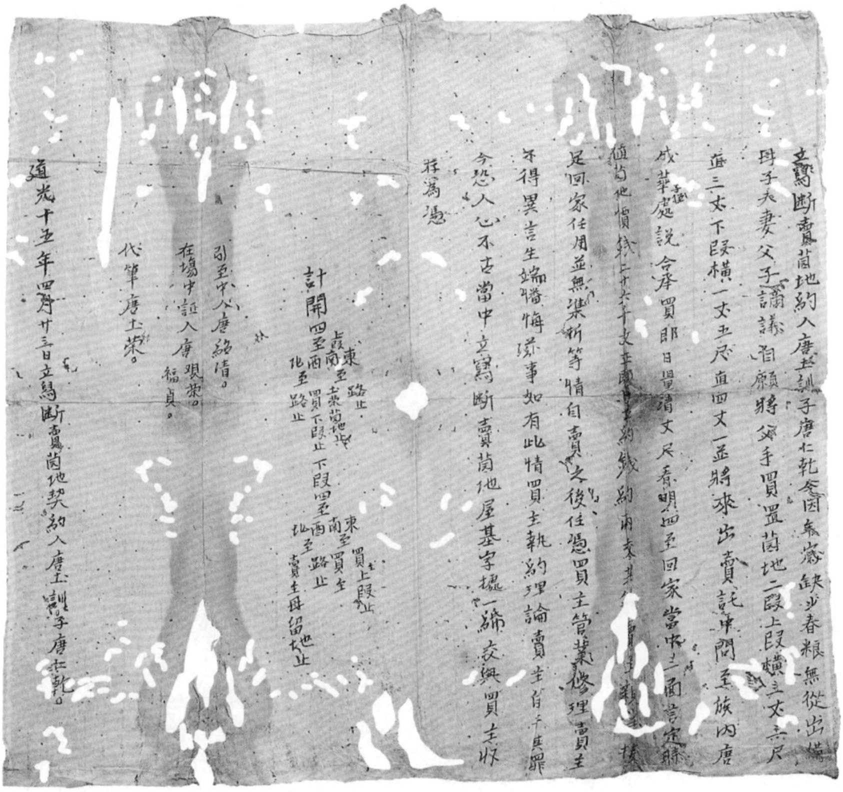

立写断卖园地约人唐土训子唐仁乾今因年岁缺少春粮无从出备母子夫妻父子谪（商）议自愿将父手买置园地二段上段横三丈三尺直三丈下段横一丈五尺直四丈一并将来出卖托中问至族内唐成华子侄处说合承买即日量清丈尺看明四至回家当中三面言定时值园地价钱二十六千文正即日立约钱约两交其□卖主亲□接足回家任用并无准折等情自卖之后任凭买主管业修理卖主不得异言生端憣悔滋事如有此情买主执约理论卖主自干（甘）其罪今恐人心不古当中立写断卖园地屋基字据一纸交与买主收存为凭

计开上段四至
东至路止
南至土荣园地止
西至买下段止
北至路止
下段四至
东至买主上段止
南至买主
西至路止
北至卖主母留地止

引至中人唐绍清【押】
在场中证人唐观荣唐福贞【押】
代笔唐土荣【押】
道光十五年四月廿三日立写断卖园地契约人唐土训子唐仁乾
【押】

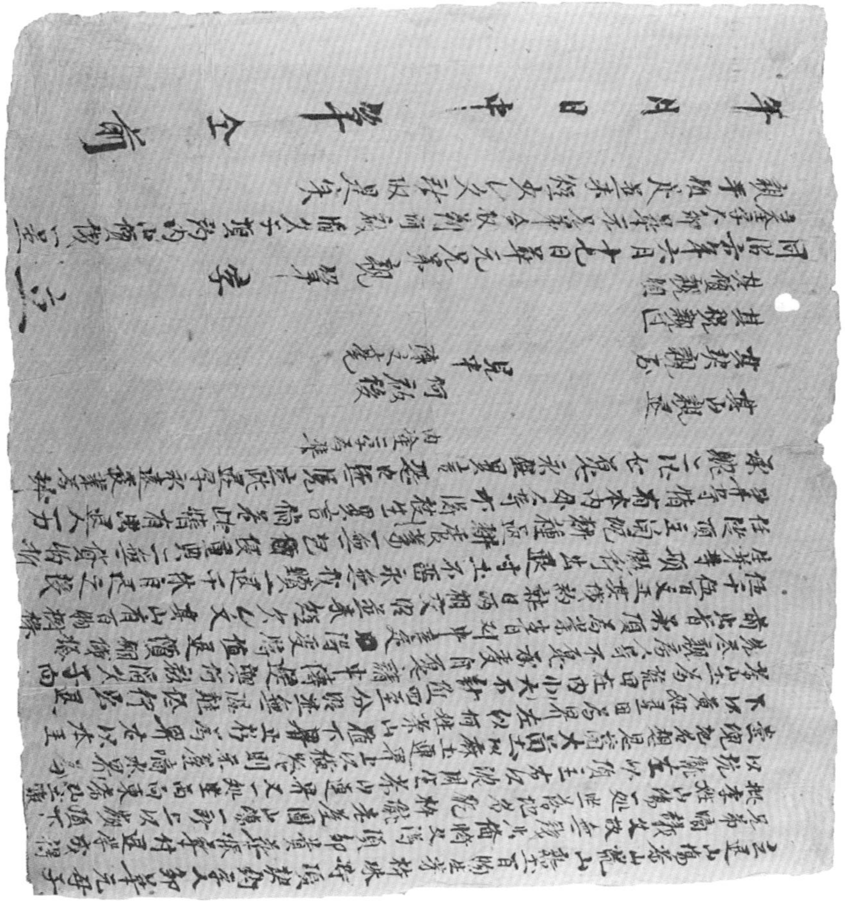

同治六年六月十七日邹华元母子兄弟退山场茶山荒山熟土百物地契约

立退山场茶山荒山熟土百物生芽杵珠等项契约字人邹华元母子兄弟嘀（商）议父故无钱出备将父得顶邹贵华振华付退学成得批李姓山场一处坐落地名⍰杵垅老屋图山场一所上以岭顶下以坑垅左以顶主右以沈周生茶山连界又一处坐西向东茶山土浆壹块地名想思园大园土以麻土连界上以横路则永屋嘀（滴）水为界下以黄姓垦田为界左以何姓茶山值下界止杉为界右以本主茶山土为荒田在内大小不计丘四至分明并无混杂尽行出退先尽亲房人等不愿承受自愿请中传送与何啟滔父子向前出⍰承顶为业当日对中言定得受时值退价铜钱拾伍千伍百文正其钱约就日两相交明并未短欠一文其山有百物树株生芽等项概行出退寸土不留永无找赎一退千休自退之后任从顶主开挖耕种过耕管业一无包侵重典二无货物折算等情有本内外人等不得生枝异言倘若此情有出退人一力承躭（担）二比心愿永无异言恐口无凭立此退字永远管业为据

内涂二字为准

其山亲退

其契亲书

其税亲过

其价亲领

见中何啟后陈文毫

同治六年六月十七日华元兄弟亲笔字立

主全字人邹华元兄弟今收到何啟情父子顶约内山价钱一并亲手领足并未短少一文所收是实

年月日中笔仝前

光绪六年正月十六日李超公子孙发批契约

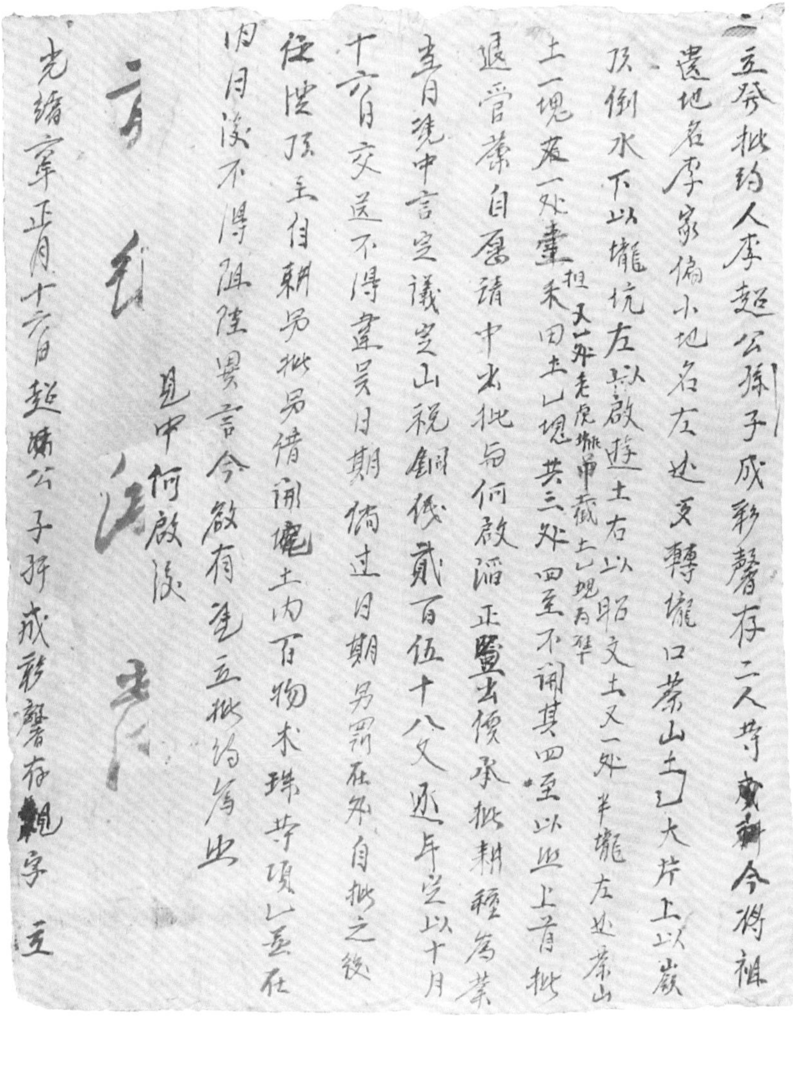

立发批约人李超公子孙成彩馨存二
人等今将祖遗地名李家偏小地名
左边⍰转垅口茶山土一大片上以岭
顶倒水下以垅坑左以啟遊土右以昭文
土又一处半垅左边茶山土一块又一处
壹担禾田土一块又一处老虎垅吊截土
一块为准共三处四至不开其四至以照
上首批退管业自愿请中出批与何啟滔
正⍰出价承批耕种为业当日凭中言定
议定山税铜钱贰百伍十八文逐年定
以十月十六日交送不得违吴（误）日
期倘过日期另罚在外自批之后任从顶
主自耕另批另借开挖土内百物术（树）
珠（株）等项一并在内日后不得阻陷
（挡）异言今欲有凭立批约为照
见中何啟后
□□□□
光绪六年正月十六日超公子孙成彩馨
存亲字立

光绪七年十一月中李黑苟丙顺兄弟出当禾田契约

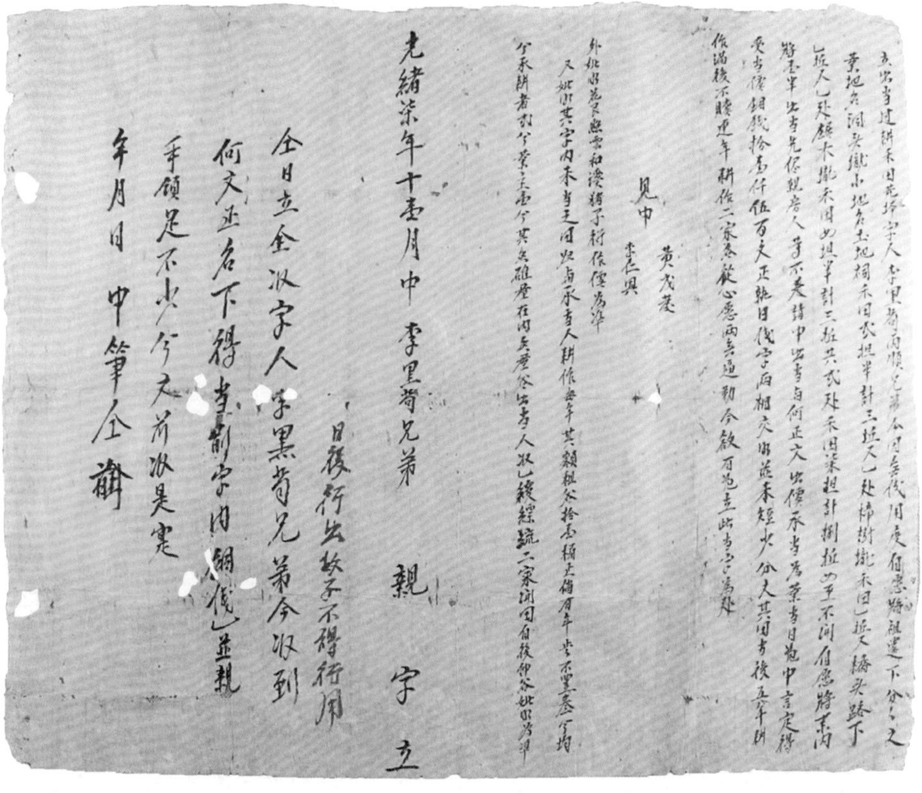

立出当过耕禾田荒⍰字人李里〔黑〕苟丙顺兄弟今
因无钱用度自愿将祖遗下分□之业地名洞头垅小地
名土地祠禾田贰担半计三丘又一处樟树垅禾田一丘
又桥头路下一丘人（又）一处锯木垅禾田四担（担）
半计三丘共贰处禾田柒担计捌丘四至不开自愿将业
内将壹半出当先尽亲房人等不⍰请中出当与何正文
出价承当为业当日凭中言定得受当价铜钱拾壹仟伍
百文正就日钱字两相交明并未短少分文其田当后五
年耕作满后不赎连年耕作二家各从心愿两无逼勒今
欲有凭立此当字为据
见中黄戊发李仁兴
外姚（批）明花银照云和溪猪子⍰作价为准
又姚（批）明其字内未当之田归与承当人耕作每年
其额租谷拾壹桶正倘有年岁不丰叁分均分承耕者贰
分业主壹分其无碓屋在内⍰屋谷出当人收一后缥流
二家开田自后伸谷姚（批）明为准
光绪柒年十壹月中李里〔黑〕苟兄弟亲字立
日后行出故子兄弟不得行用
仝日立全收字人李黑苟兄弟今收到何正文名下得当
前字内铜钱一并亲手领足不少分文前收是实
年月日中笔仝前

光绪七年十一月十九日黄寄开卖茶树荒熟土地契约

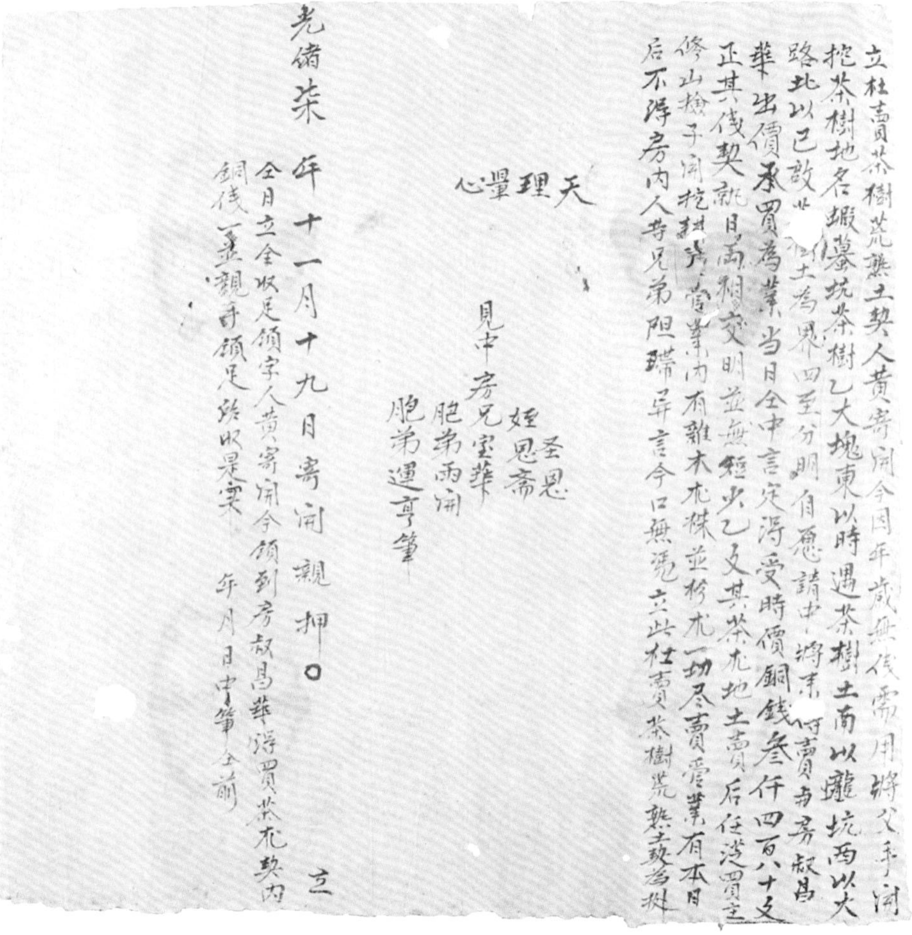

立杜卖茶树荒熟土契人黄寄开今因年岁无钱需用将父手开挖茶树地名虾蟇坑茶树一大块东以时遇茶树土南以垅坑西以大路北以己敢□□土为界四至分明自愿请中将来得卖与房叔昌华出价承买为业当日仝中言定得受时价铜钱叁仟四百八十文正其钱契就日两相交明并无短少一文其茶术（树）地土卖后任从买主修山捡子开挖耕▣管业内有杂木术（树）株并杉术（树）一切尽卖管业有本日后不得房内人等兄弟阻滞异言今口无凭立此杜卖茶树荒熟土契为据

天理量（良）心

见中侄圣恩恩斋房兄宝华胞弟雨开胞弟运亨笔

光绪柒年十一月十九日寄开亲押【押】立

仝日立全收足领字人黄寄开今领到房叔昌华得买茶术（树）契内铜钱一并亲手领足所收是实　　年月日中笔仝前

光绪十年十二月二十六日刘茄连典卖田契约

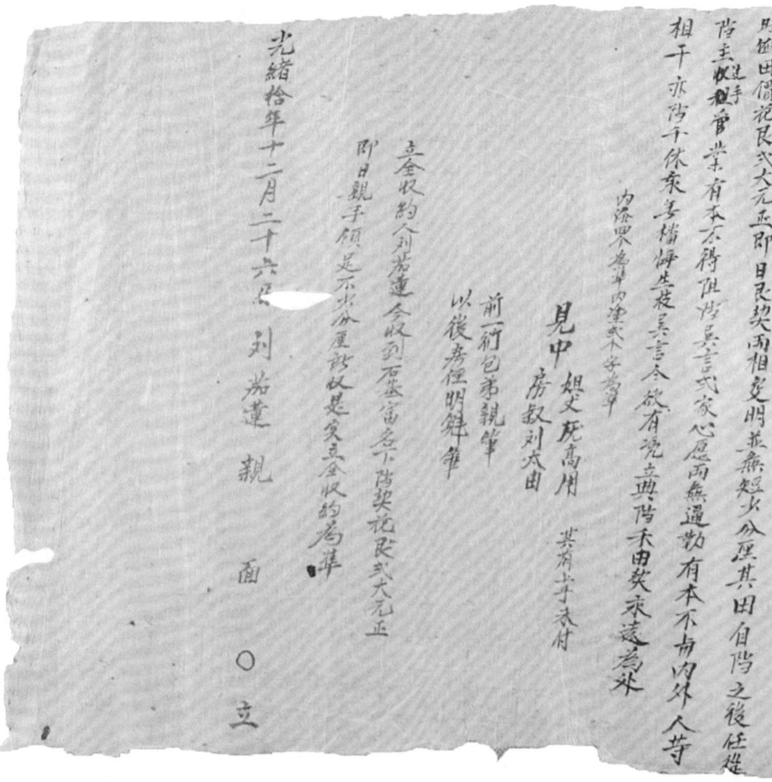

立典⿰阝当（当）禾田契人刘茄连〈今因〉无钱用度自愿将〈到大〉地名上挑坪小地名牛对垅禾田半坦（担）上以何姓田下以坑垅左以坑垅右以坑垅为界四至分明自愿请中出典⿰阝当（当）与石基富出价承⿰阝当（当）为业当日对中三面言定得受时值田价花银贰大元正即日银契两相交明并无短少分厘其田自⿰阝当（当）之后任从⿰阝当（当）主过手管业有本不得阻⿰阝当（挡）异言贰家心愿两无逼勒有本不与内外人等相干亦（一）⿰阝当（当）千休永无播（反）悔生枝异言今欲有凭立典⿰阝当（当）禾田契永远为处（据）

内添四个为准内涂贰个字为准

其有上手未付

见中姐丈庞高用房叔刘太由

前一衍（行）包（胞）弟亲笔

以后房侄明魁笔

立全收约人刘茄连今收到石基富名下⿰阝当（当）契花银贰大元正即日亲手领足不少分厘所收是实立全收约为准

光绪拾年十二月二十六日刘茄连亲面【押】立

光绪十二年八月二十六日黄呈才等卖田契约

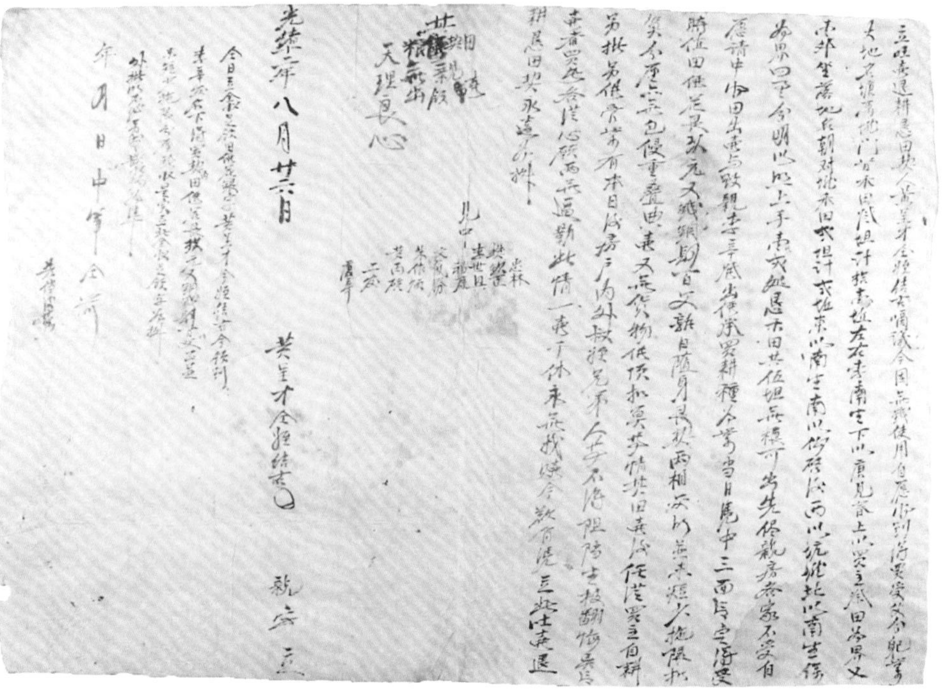

立吐（杜）卖退耕恳（垦）田契人黄呈才仝姪佶古嘀（商）议今因无钱使用自愿将到得买受父分己业大地名塘原垅门首禾田叁坦（担）计拾壹丘左右李南生下以唐见春上以买主祭田为界又壹处坐落地名朝对垅禾田贰坦（担）计贰丘东以南生南以☐启后西以坑垅北以南生☐为界四至分明以照上手壹贰处恳（垦）禾田共伍坦（担）无粮可出先尽亲房各家不受自愿请中将田出卖与改亲李辛发出价承买耕种为业当日凭中三面言定得受时值田价花银玖元又钱铜肆百文孰（就）日随身银契两相交明并未短少拖限扣算分厘亦无包侵重叠典卖又无货物借顶扣算等情其田卖没后任从买主自耕另批另借管业有本日后房户内外叔姪兄弟人等不得阻挡（挡）生枝翻悔异言卖者买者各从心愿两无逼勒此情一卖千休永无找赎今欲有凭立此吐（杜）卖退耕恳（垦）田契永远为据

其田亲卖

其契亲领

其价亲领

其粮无出

天理良心

见中樊忠林樊钦臣李世兴李福原文气胜朱作领黄丙石黄二发黄唐辛

光绪十二年八月廿六日黄呈才仝姪佶古【押】亲字立

仝日立全收足领田价足银字黄呈才今姪佶古今领到李辛发名下得买契内田价花银玖元又铜钱肆百文正并未短少拖限分厘所收是实立此全收足领字为据

外批不必另书散收约为准

年月日中笔仝前

先凷后☐

光绪十三年十二月十二日黄比海兄弟李丙考兄弟收钱字据

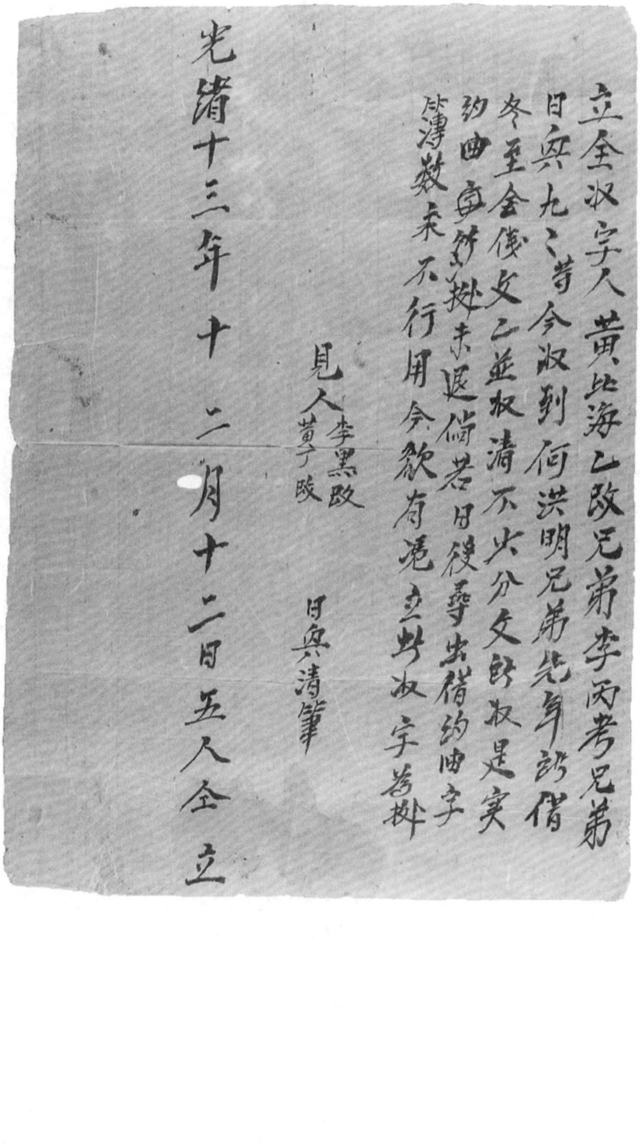

立全收字人黄比海乙改兄弟李丙考兄弟日兴九九等今收到何洪明兄弟先年所借冬至会钱文一并收清不少分文所收是实约旧⍰据未退倘若日后寻出借约旧字簿数永不行用今欲有凭立此收字为据

见人李黑改黄丁改

日兴清（亲）笔

光绪十三年十二月十二日五人仝立

光绪十五年四月十六日李昭达典卖禾田契约

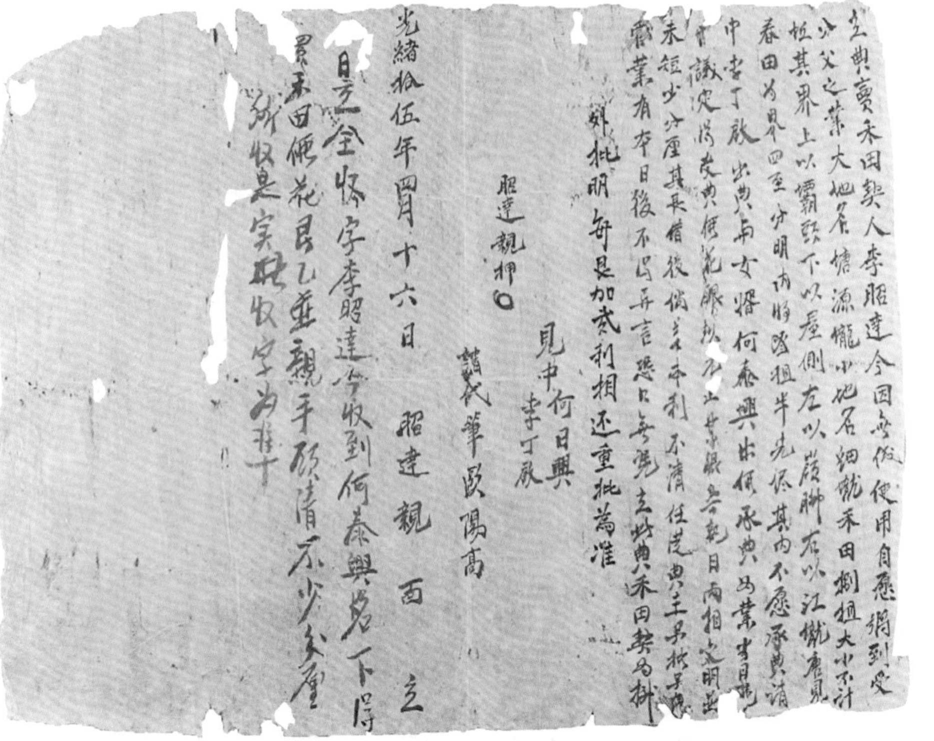

立典卖禾田契人李昭达今因无钱使用自愿将到受分父之业大地名塘源垅小地名细垅禾田捌担大小不计丘其界上以坝头下以屋侧左以岭脚右以江垅唐见春田为界四至分明内将叁担半先尽其内不愿承典请中李丁啟出典与女婿何泰兴出价承典为业当日□□议定得受典价花银玖元正其银契就（就）日两相交明并未短少分厘其银借后倘若本利不清任从典主另批另借管业有本日后不得异言恐口无凭立此典禾田契为据

外批明每银加贰利相还重批为准

见中何日兴李丁啟

昭达亲押【押】

请代笔欧阳高

光绪拾伍年四月十六日昭达亲面立

全日立全收字李昭达今收到何泰兴名下得买禾田价花银一并亲手顾清不少分厘所收是实此收字为准

光绪十六年十一月初十日李一二五八甲发批契约

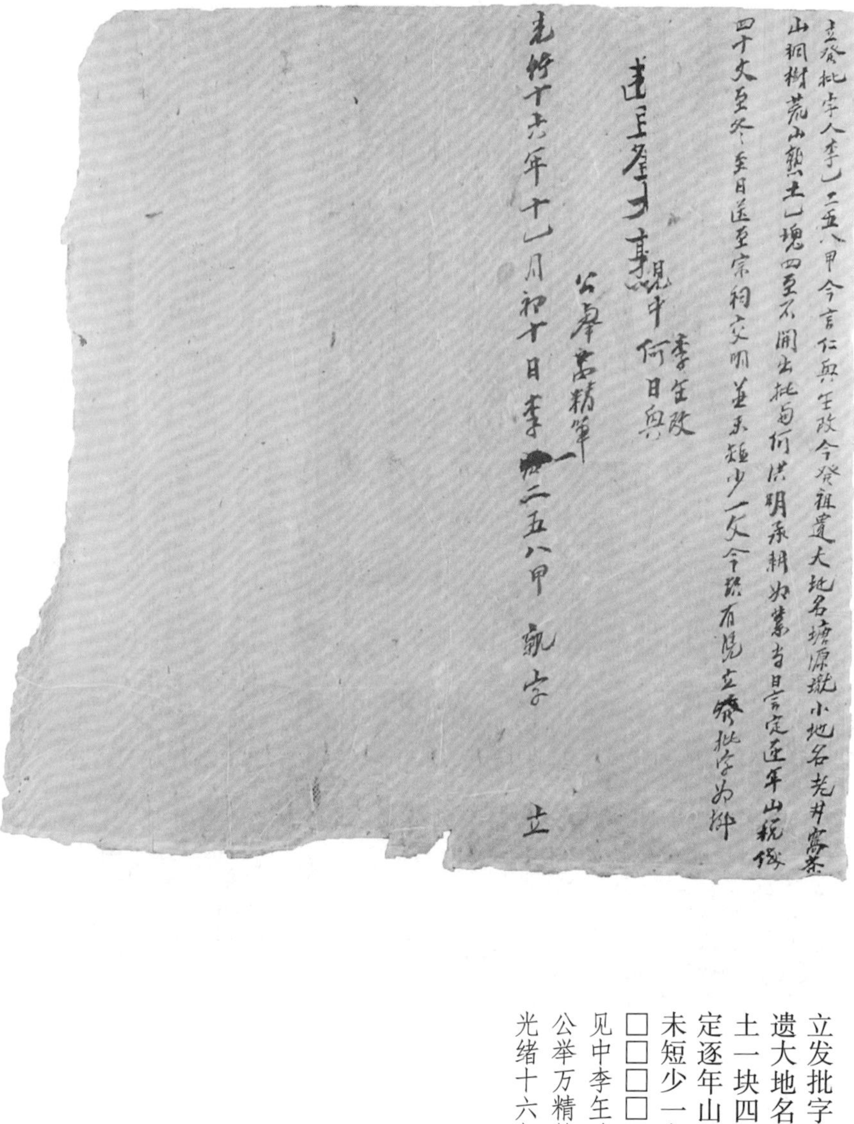

立发批字人李一二五八甲今言仁兴生改今发祖遗大地名塘源垅小地名老井窝茶山桐树荒山熟土一块四至不开出批与何洪明承耕为业当日言定逐年山税钱四十文至冬至日送至宗祠交明并未短少一文今欲有凭立发批字为据

□□□□

见中李生改何日兴

公举万精笔

光绪十六年十一月初十日李一二五八甲亲字立

光绪十七年冬至日李姓一二五八甲森茂发批字据（一）

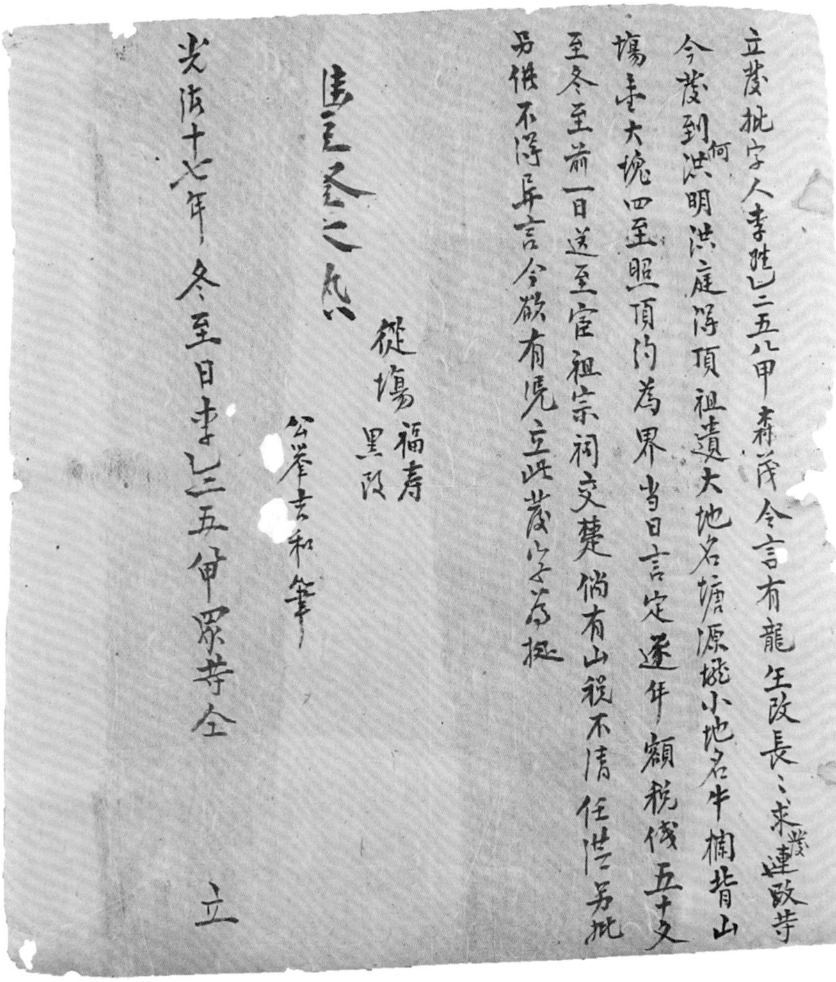

立发批字人李姓一二五八甲森茂
令（今）言有龙生改长长求发等今
发到何洪明洪庭得顶祖遗大地名
塘源垅小地名牛栏背山场壹大块
四至照顶约为界当日言定逐年额
税钱五十文至冬至前一日送至宦
祖宗祠交楚倘有山税不清任从另
批另借不得异言今欲有凭立此发
字为据
从场福寿黑改
公举吉和笔
□□□□
光绪十七年冬至日李一二五八甲
众等仝立

光绪十七年冬至日李姓一二五八甲森茂发批字据（二）

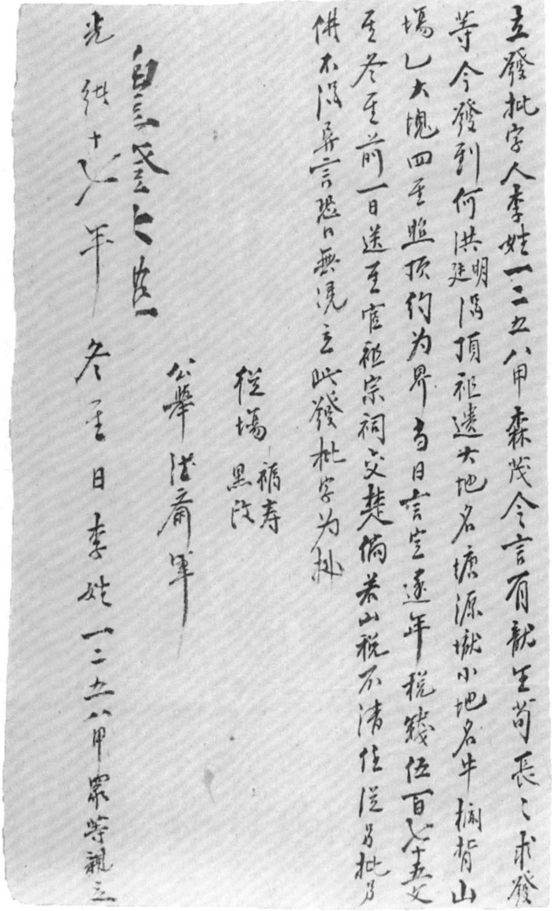

立发批字人李姓一二五八甲森茂令（今）言有龙生苟长长求发等今发到何洪明何洪廷得顶祖遗大地名塘源垅小地名牛栏背山场一大块四至照顶约为界当日言定逐年税钱伍百七十五文至冬至前一日送至宧祖宗祠交楚倘若山税不清任从另批另借不得异言恐口无凭立此发批字为据

从场福寿黑改

公举德斋笔

□□□□

光绪十七年冬至日李姓一二五八甲众等亲立

光绪二十三年十一月冬至日李令言等发批山场字据

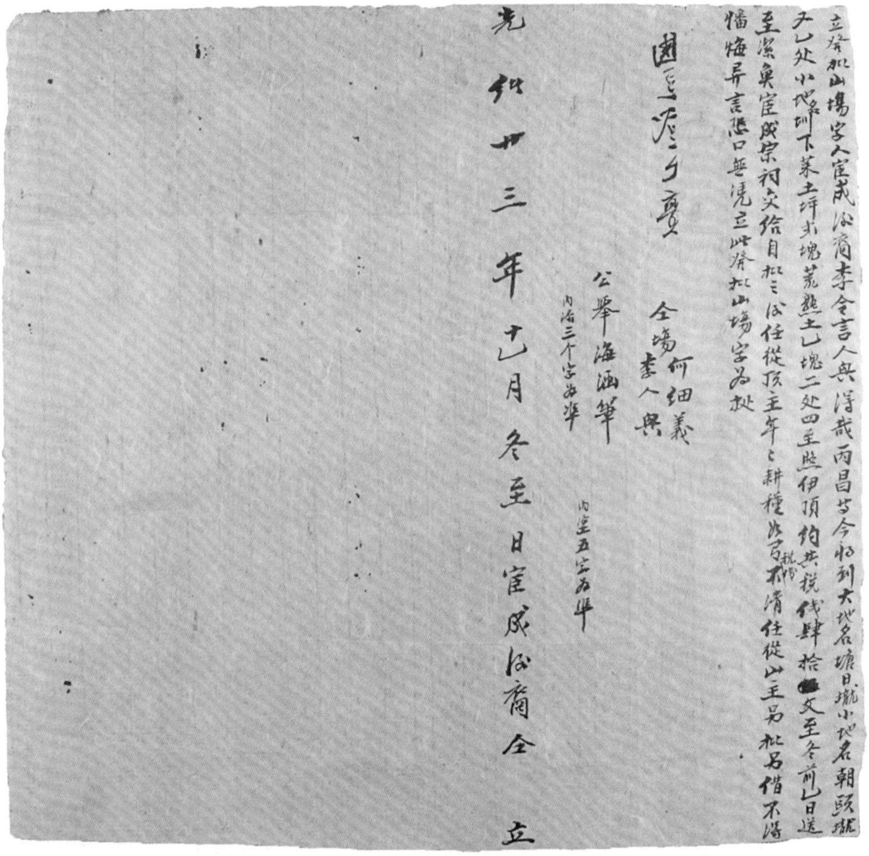

立发批山场字人宦成后裔李令言人兴得哉丙昌等今将到大地名塘日垅小地名朝头垅又一处小地名圳下菜土坪贰块荒熟土一块二处四至照伊顶约共税钱肆拾文至冬前一日送至洁奂宦成宗祠交给自批之后任从顶主年年耕种谷弓税钱不清任从山主另批另借不得憣悔异言恐口无凭立此发批山场字为据

□□□□

仝场何细义李人兴

公举海涵笔

内涂五（一）字为准

内添三个字为准

光绪廿三年十一月冬至日宦成后裔仝立

光绪二十四年十二月二十二日李冈陵父子出当山税契约

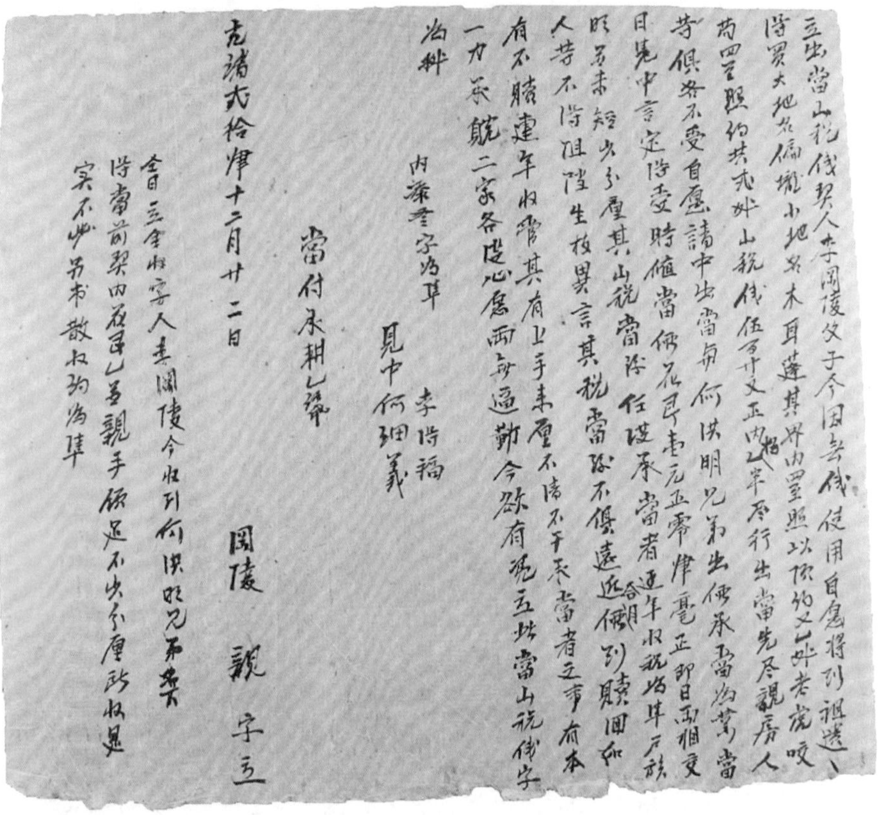

立出当山税钱契人李冈陵父子今因无钱使用自愿将到祖遗得买大地名偏垅小地名木耳蓬其界内四至照以顶约又一处老虎咬苟四至照约共贰处山税钱伍百廿文正内□一档半尽行出当先尽亲房人等俱各不受自愿请中出当与何洪明兄弟出价承当为业当日凭中言定得受时值当价花银壹元正零肆毫正即日两相交明并未短少分厘其山税当后任从承当者逐年收税为准户族人等不得阻陷（挡）生枝异言其税当后不俱远近合月价到赎回如有不赎连年收管其有上手来厘（历）不清不干承当者之事有本一力承躭（担）二家各从心愿两无逼勒今欲有凭立此当山税钱字为据

内添叁字为准

见中李得福何细义

当付承耕一纸

光绪贰拾肆〈年〉十二月廿二日冈陵亲字立

仝日立全收字人李冈陵今收到何洪旺兄弟名下得当前契内花银一并亲手领足不少分厘所收是实不必另书散收约为准

光绪二十七年二月十九日李丙斋卖地契约

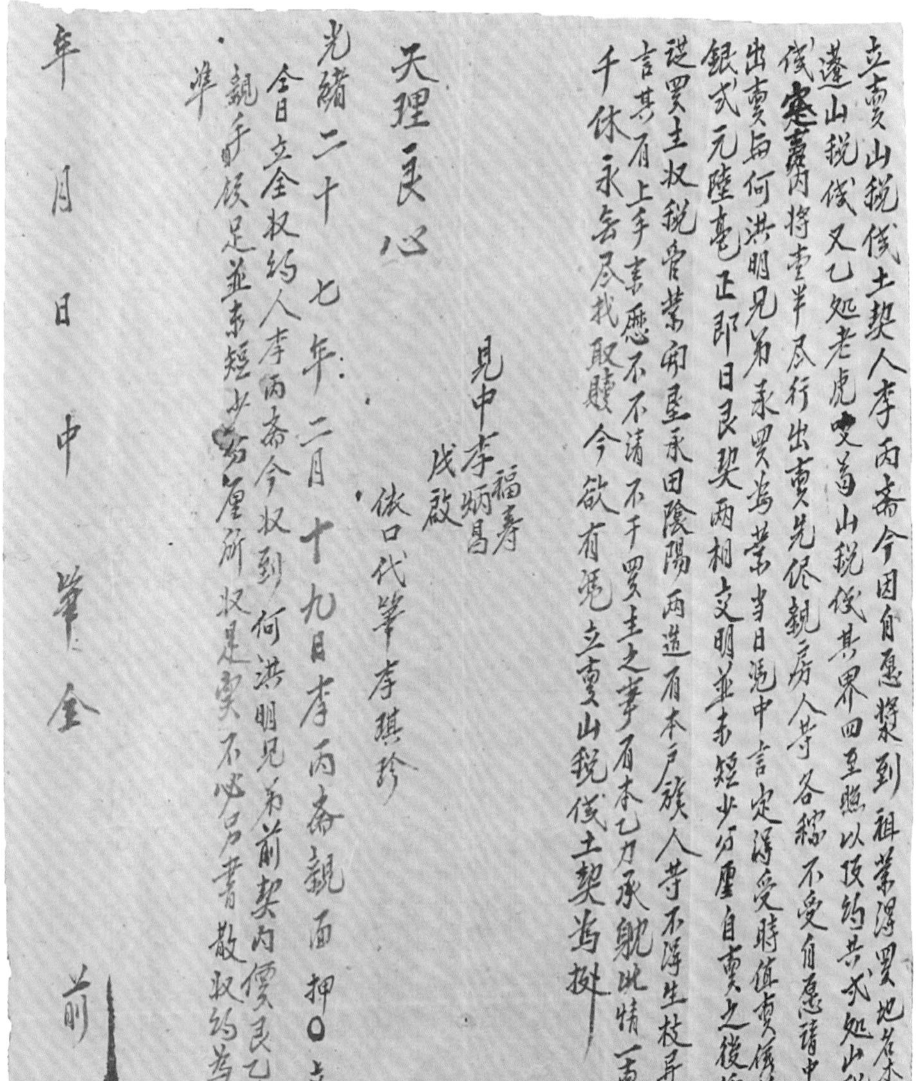

立賣山税伐土契人李丙斋今因自愿將到祖業得買地名木莊(?)
蓬山税伐又乙処老虎𡵓嶺山税伐其界四至照以該約共弍処山税
伐塞(?)内將壹半盡行出賣先侭親房人等各称不受自愿請中
出賣與何洪明兄弟承買為業当日憑中言定得受時值賣價花
銀弍元陸毫正即日良契兩相交明並未短少分厘自賣之後任
從買主收税管業開墾承田陰陽兩造有本戶族人等不得生枝异
言其有上手来歷不不清不干買主之事有本乙力承耽此情一賣
千休永無尽找取贖今欲有憑立賣山税伐土契為據

見中 李福壽 炳昌 戊啟

依口代筆李琪珍

天理良心

光緒二十七年二月十九日李丙斋親面押〇立

全日立全收約人李丙斋今收到何洪明兄弟前契內價艮乙並
親手收足並未短少分厘所收是實不必另書散收約為
準

年月日中筆全前

立卖山税钱土契人李丙斋今因自愿浆（将）到祖业得买地名木耳蓬山税钱又一处老虎咬苟山税钱其界四至照以顶约共贰处山税钱实卖内将壹半尽行出卖先尽亲房人等各稼（家）不受自愿请中出卖与何洪明兄弟承买为业当日凭中言定得受时值卖价花银贰元陆毫正即日银契两相交明并未短少分厘自卖之后任从买主收税管业开垦承田阴阳两造有本户族人等不得生枝异言其有上手来历不［不］清不干买主之事有本一力承躭（担）此情一卖千休永无尽找取赎今欲有凭立卖山税钱土契为据

见中李福寿李炳昌李戊啟

天理良心

依口代笔李琪珍

光绪二十七年二月十九日李丙斋亲面押【押】立

仝日立全收约人李丙斋今收到何洪明兄弟前契内价银一并亲手领足并未短少分厘所收是实不必另书散收约为准

年月日中笔仝前

光绪二十七年十二月初八日李焕新退耕禾田契约

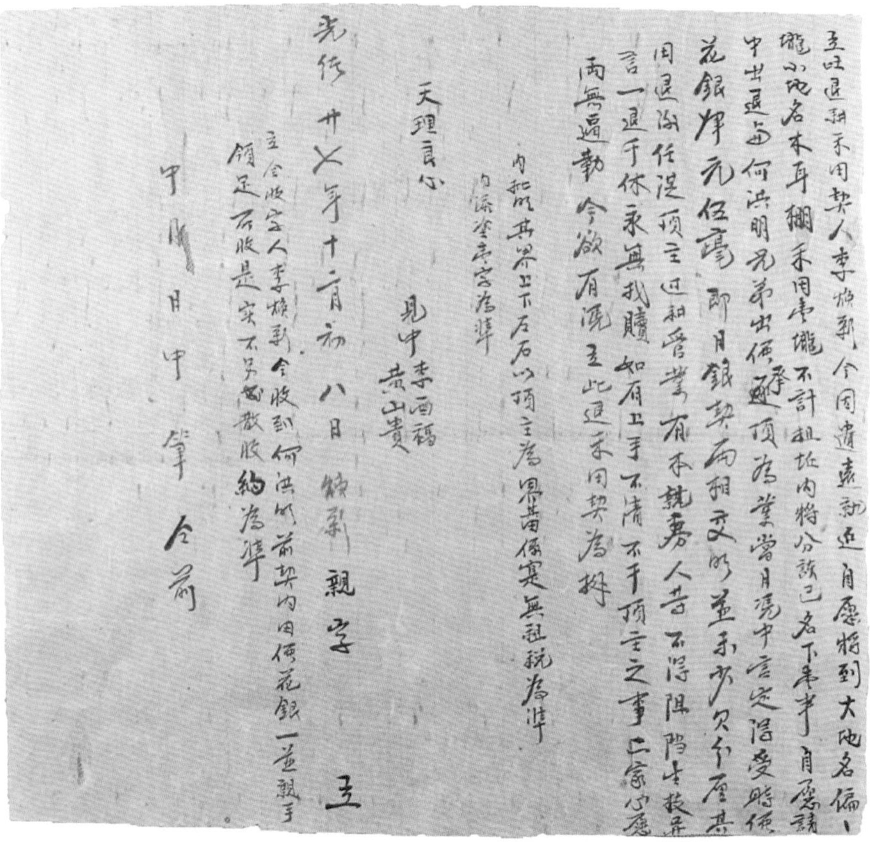

立吐（杜）退耕禾田契人李焕新今因遗远就近自愿将到大地名偏垅小地名木耳棚禾田壹垅不计担丘内将分该已名下壹半自愿请中出退与何洪明兄弟出价承顶为业当日凭中言定得受时价花银肆元伍毫即日银契两相交明并未少欠分厘其田退后任从顶主过耕管业有本亲房人等不得阻挡（挡）生枝异言一退千休永无找赎如有上手不清不干顶主之事二家心愿两无逼勒今欲有凭立此退禾田契为据

内批明其界上下左右以顶主为界其田系实无租税为准

内添涂壹字为准

天理良心

见中李酉福黄山贵

光绪廿七年十二月初八日焕新亲字立

立全收字人李焕新今收到何洪明前契内田价花银一并亲手领足所收是实不另书散收约为准

中（年）月日中笔仝前

光绪二十九年三月初四日李超公子孙发批禾田契

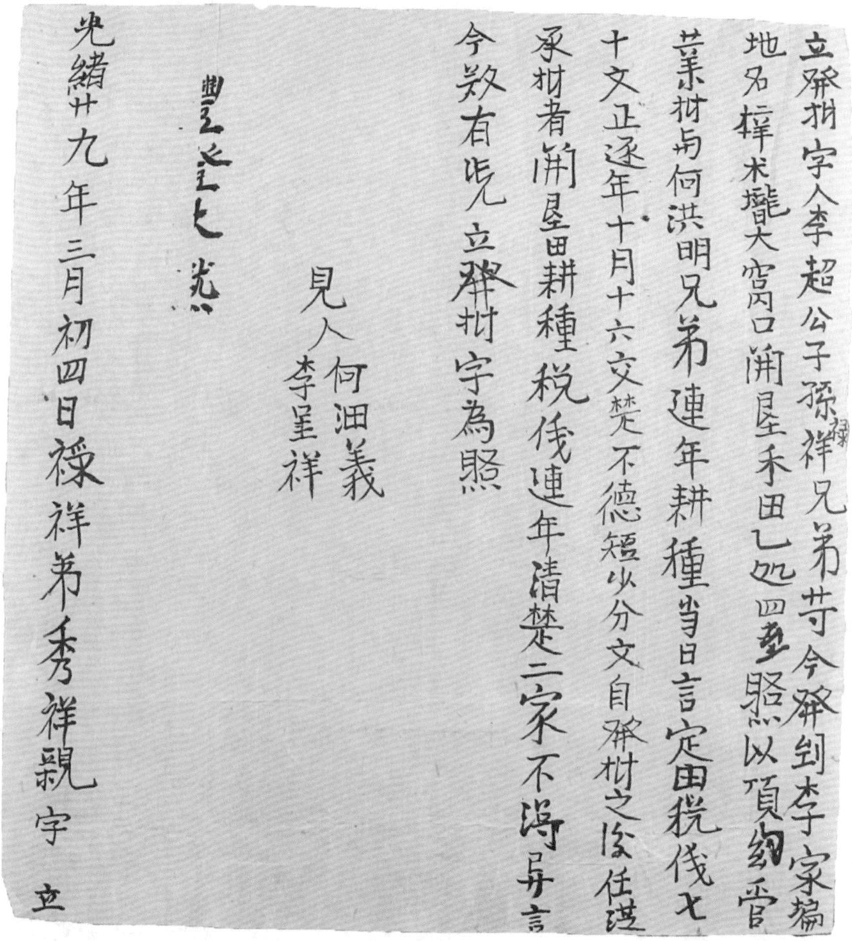

立发批字人李超公子孙禄祥兄弟等
今发到李家塆地名梓术垅大窝口
开垦禾田一处四至照以顶约管业批
与何洪明兄弟连年耕种当日言定田
税钱七十文正逐年十月十六交楚不
德（得）短少分文自发批之后任从
承批者开垦田耕种税钱连年清楚二
家不得异言今欲有凭立发批字为照
见人何洇义李呈祥
□□□□
光绪廿九年三月初四日禄祥弟秀祥
亲字立

光绪三十四年五月二十八日李富基卖垦田茶山荒土菜园土契约

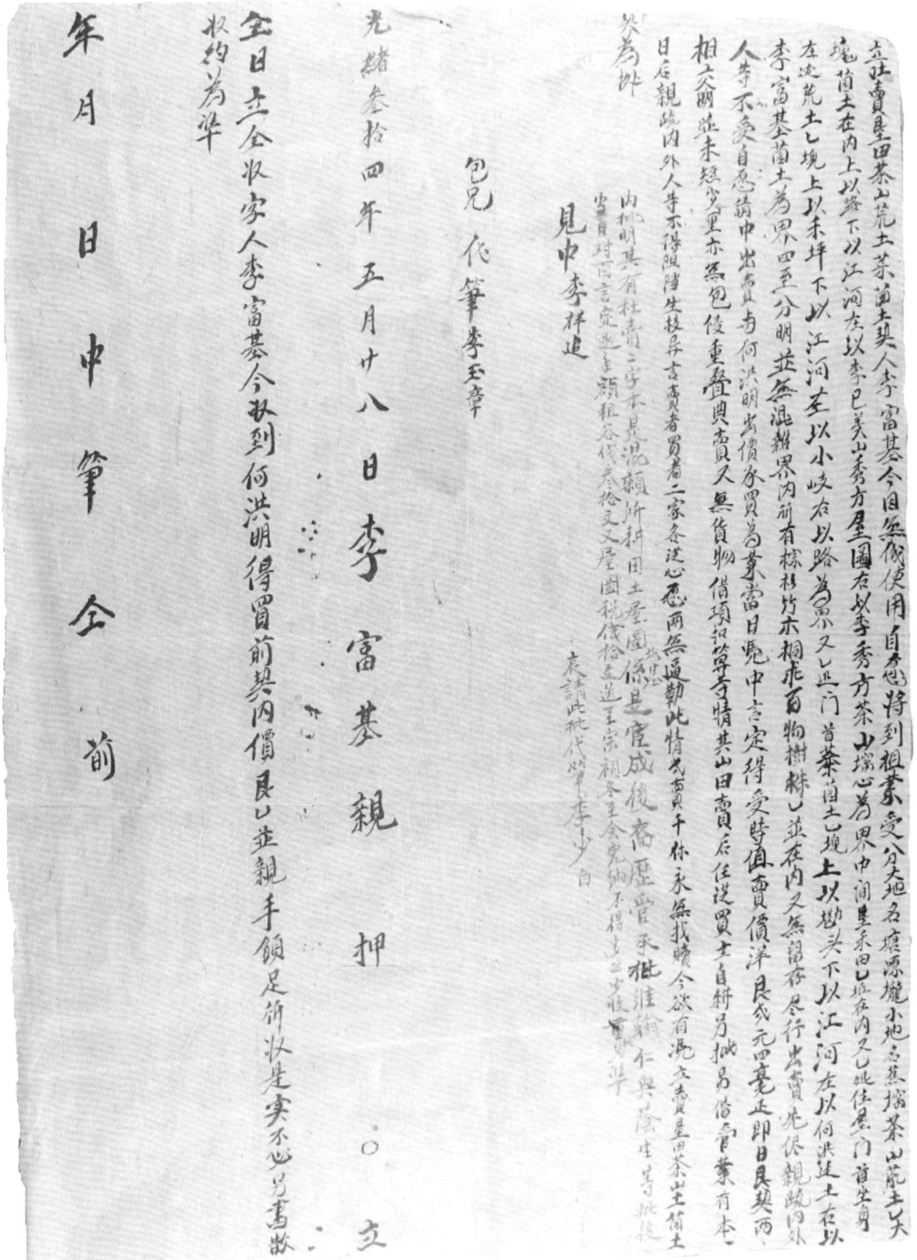

立杜賣墾田茶山荒土菜園土契人李富基，今因無錢使用，自愿將到祖業受分大地名塘源壠小地名燕㙮茶山荒土乙大塊，菜園土在內，上以路，下以江河，左以李巳美山，右以李秀方茶山㙮心為界，中間墾禾田乙坵在內，又乙坵住屋門首坐身左邊荒土乙塊，上以禾坪，下以江河，左以小岐，右以路為界，又乙近門首菜園土乙塊，上以坳头，下以江河，左以何洪廷土，右以李富基菜園土為界，四至分明，並無混雜，界內所有棕杉竹木桐茶百物樹株乙並在內，又無留存，尽行出賣。先儘親疏內外人等，不受，自愿請中出賣與何洪明出價承買為業。當日憑中言定，得受時值賣價洋銀叁元四毫正，即日銀契兩相交明，並未短少分厘，亦無包債重疊與賣人，又無貨物借項折算等情。其山田賣后任從買主自耕另批另借，管業有本。日后親疏內外人等不得阻攔生枝异言，賣者買者二家各從心愿，兩無逼勒，此情賣千休，永無找贖。今欲有憑，立杜賣墾田茶山土菜土契為照。

內批明其有杜賣二字本是混顏所耕田土屋園（批廿字）係是宦成後裔歷管承批，雖翰仁與蔭生等批後，當日對面言定逐年額租谷錢叁拾文又屋園稅錢拾文送王宗祠冬至會完納，不得短少，收實為準。

衷請此批代筆李少白

見中李祥追

包兄　代筆李玉章

光緒叁拾四年五月廿八日　李富基親押　立

仝日立仝收字人李富基，今收到何洪明得買前契內價銀乙並親手領足，所收是實，不必另書收約為準。

年　月　日　中　筆　仝　前

立吐（杜）卖垦田茶山荒土菜园土契人李富基今因无钱使用自愿将到祖业受分大地名塘源垅小地名蕉塆茶山荒土一大块园土在内上以路下以江河左以李已美山秀方屋图右以李秀方茶山塆心为界中间垦禾田一丘在内又一处住屋门首坐身左边荒土一块上以禾坪下以江河左以小岐右以路为界又一处门首茶园土一块上以坳头下以江河左以何洪廷土右以李富基园土为界四至分明并无混杂界内所有棕杉竹木桐术（树）百物树株一并在内又无留存尽行出卖先尽亲疏内外人等不受自愿请中出卖与何洪明出价承买为业当日凭中言定得受时值卖价洋银贰元四毫正即日银契两相交明并未短少分厘亦无包侵重叠典卖又无货物借项扣算等情其山田卖后任从买主自耕另批另借管业有本日后亲疏内外人等不得阻陷（挡）生枝异言卖者买者二家各从心愿两无逼勒此情贰［一］卖千休永无找赎今欲有凭立卖垦田茶山土园土契为据

内批明其有杜卖二字本是混杂所耕田土屋图地基系是宦成后裔历管承批维（准）翰仁兴荫生等批后当日对面言定逐年额租谷钱叁拾文又屋图税钱拾文送至宗祠冬至会完纳不得多出少收批为准

见中李祥追

哀请此批代笔李少白

包（胞）兄代笔李玉章

光绪叁拾四年五月廿八日李富基亲押【押】立

仝日立全收字人李富基今收到何洪明得买前契内价银一并亲手领足所收是实不必另书散收约为准

年月日中笔仝前

宣统元年十月十九日李壬发等出借坟山地契约

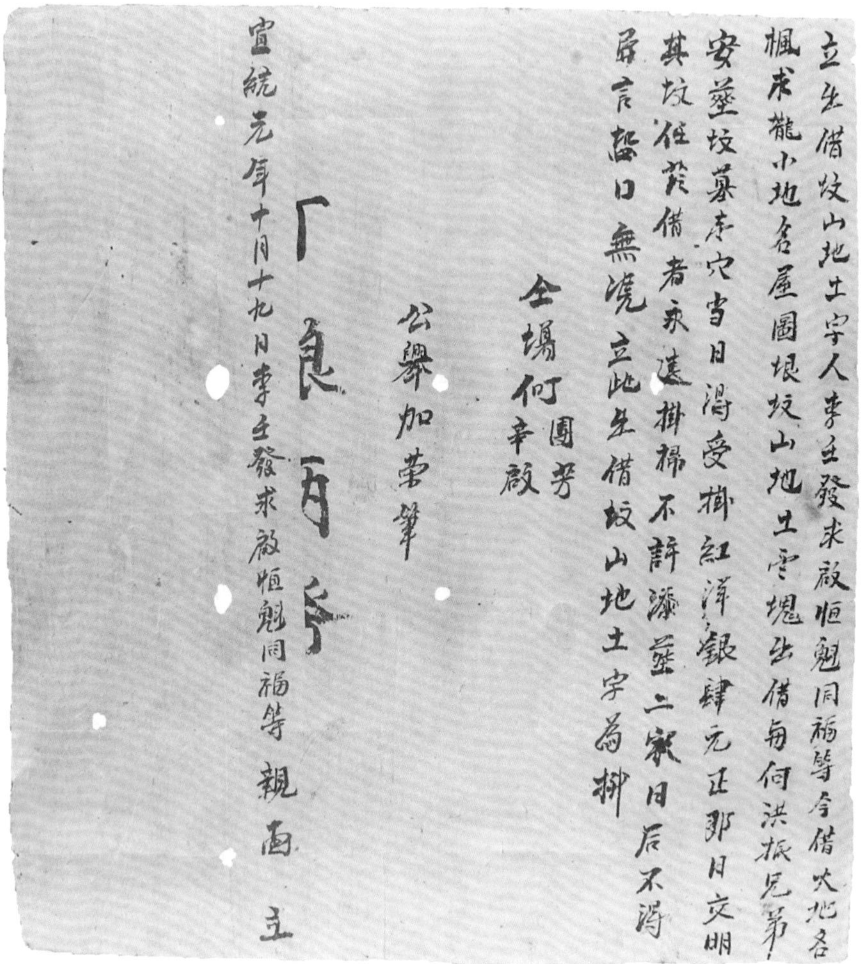

立出借坟山地土字人李壬发求啟恒魁同福等今借大地名枫术垅小地名屋图垠坟山地土壹块出借与何洪振兄弟安葬坟墓壹穴当日得受挂红洋银肆元正即日交明其坟任从借者永远挂扫不许添葬二家日后不得异言恐口无凭立此出借坟山地土字为据

仝场何团芳何辛啟

公举加荣笔

□□□□

宣统元年十月十九日李壬发求啟恒魁同福等亲面立

宣统二年十二月初一日何洪福父子出当禾田契约

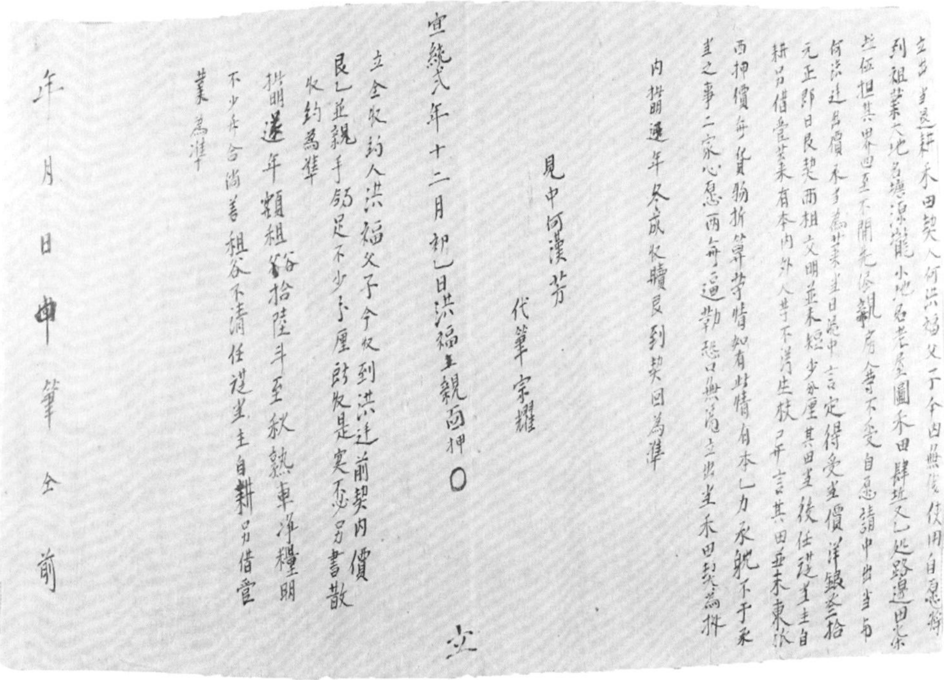

立出当退耕禾田契人何洪福父子今因无钱使用自愿将到祖业大地名塘源垅小地名老屋图禾田肆丘又一处路边田柒丘伍担其界四至不开先尽亲房人等不受自愿请中出当与何洪廷出价承当为业当日凭中言定得受当价洋银叁拾元正即日银契两相交明并未短少分厘其田当后任从当主自耕另借管业有本内外人等不得生枝异言其田并未东抵西押价无货物折算等情如有此情有本一力承耽（担）不干承当之事二家心愿两无逼勒恐口无凭立出当禾田契为据

内批明逐年冬成收赎银到契回为准

见中何汉芳

代笔宗耀

宣统贰年十二月初一日洪福亲面押【押】立

立全收约人洪福父子今收到洪廷前契内价银一并亲手领足不少分厘所收是实不必另书散收约为准

批明遂（逐）年额租谷拾陆斗至秋熟车净粮明不少升合倘若租谷不清任从当主自耕另借管业为准

年月日中笔仝前

宣统三年十月李秀芳等卖屋宇契约

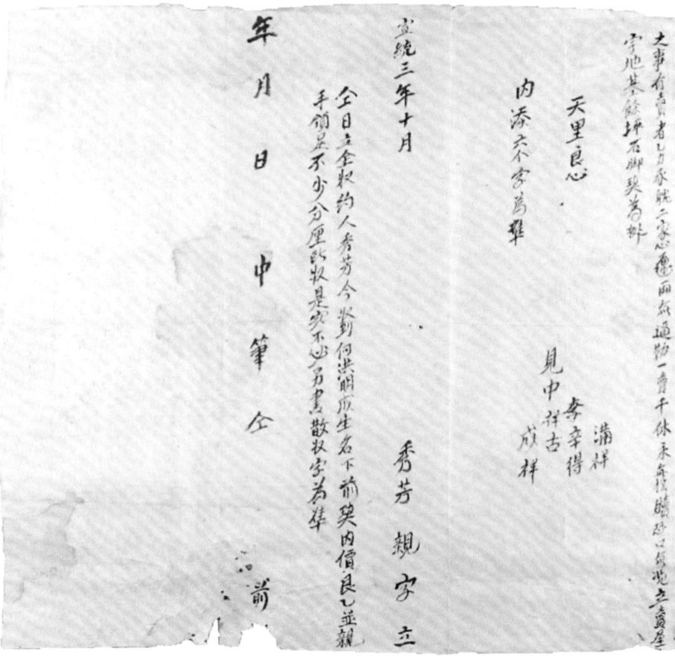

立卖屋宇地基余坪石脚契人李秀芳仝侄母子讁（商）曦（议）今因无钱使用自愿将到地名塘源垅坐身左边正屋叁间上栋梁瓦?中以楼栌板门架窗子下地基石脚屋内杂?金木水火土五行一并在内概行出卖其界上以勘头下以塘左以买主右听（厅）屋石脚为界内?并无留存四至分明先尽亲房人等各家不受自愿请中出卖与何洪明姪成生出价承买为业当日凭中言定得时值洋银玖两六钱正即日银契两相交明并未拖欠短少分厘其屋卖后任从买主修整起造入宅居住管业有本亲疏内外人等不得阻陷（挡）异言山无包侵重叠典当价无货物折算等情如有上手来历不清不干买者之事有卖者一力承耽（担）二家心愿两无逼勒一卖千休永无找赎恐口无凭立卖屋宇地基余坪石脚契为据

天里（理）良心

见中李满祥李辛得李祥古李成祥

内添六个字为准

宣统三年十月秀芳亲字立

仝日立全收约人秀芳今收到何洪明成生名下前契内价银一并亲手领足不少分厘所收是实不必另书散收字为准

年月日中笔仝前

第五部分　桂林兴安县塘绸乡第四片村

光绪三年十二月初九日陆锡名等卖田契约

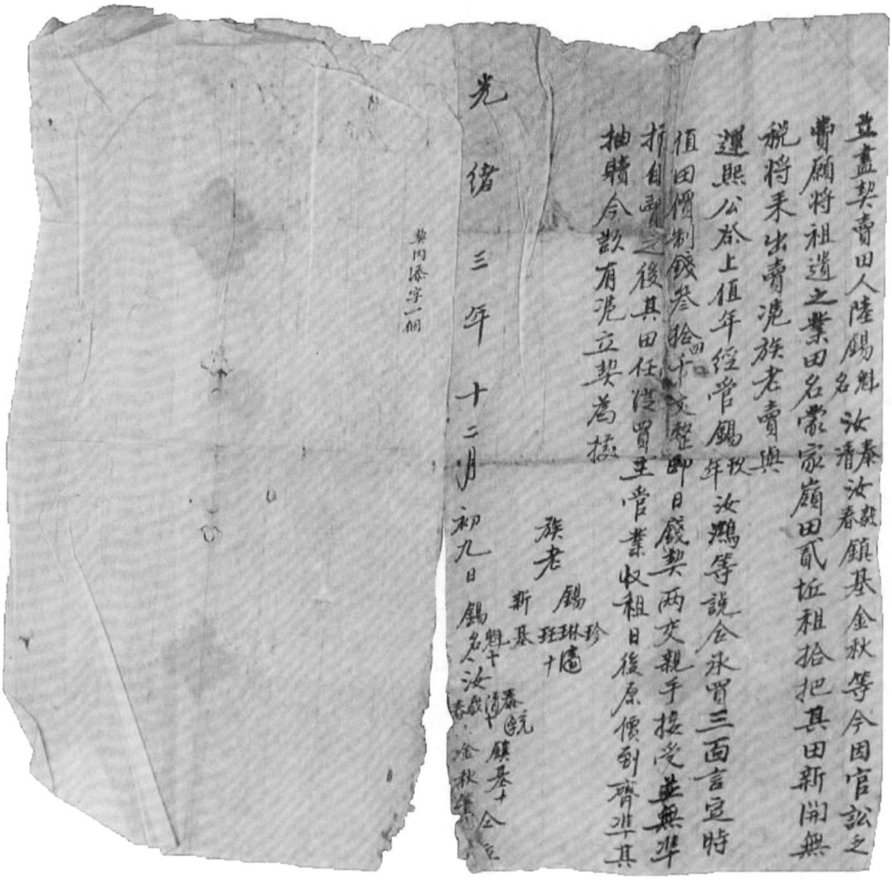

立尽契卖田人陆锡魁陆锡名陆汝泰陆汝清陆汝毅陆汝春陆镇基陆金秋等今因官讼之费愿将祖遗之业田名蒙家岭田贰丘租拾把其田新开无税将来出卖凭族老卖与运熙公祭上值年经管锡玖锡年汝鸿等说合承买三面言定时值田价制钱叁拾四千文整即日钱契两交亲手接受并无准折自卖之后其田任从买主管业收租日后原价到齐准其抽赎今欲有凭立契为据

族老锡珍锡琳【押】锡珏【押】新基

光绪三年十二月初九日锡魁【押】锡名汝泰【押】汝清【押】汝毅汝春镇基【押】金秋笔仝立

契内添字一个

光绪十八年二月二十二日陆兴塘顶田契约

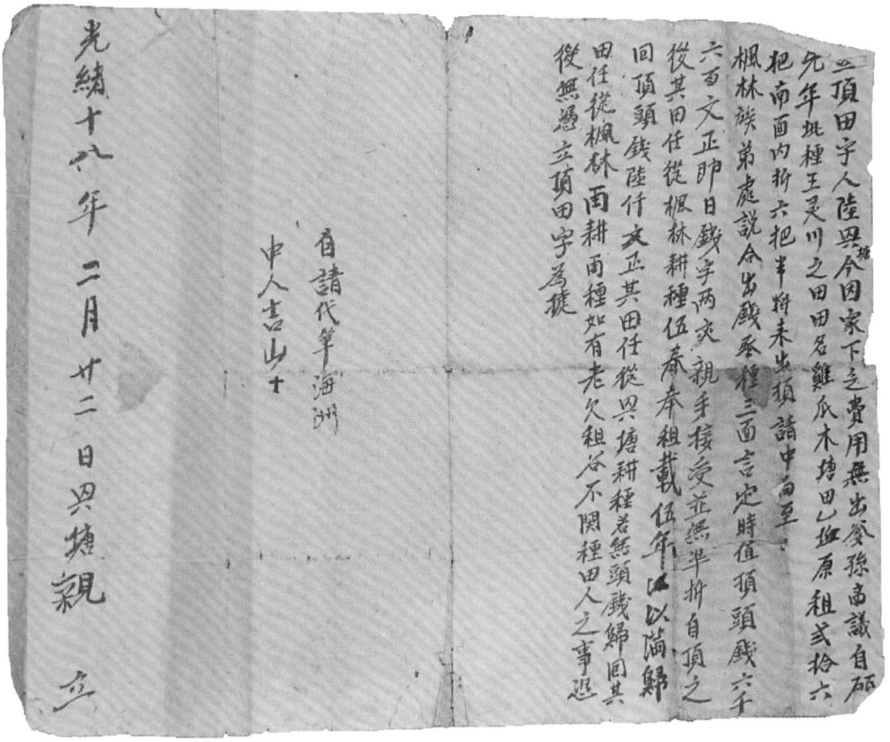

立顶田字人陆兴塘今因家下乏费用无出爹孙商议自愿先年批种王灵川之田田名鸡爪木塘田一丘原租贰拾六把南面内折六把半将来出顶请中向（问）至枫林族弟处说合出钱承种三面言定时值顶头钱六千六百文正即日钱字两交亲手接受并无准折自顶之后其田任从枫林耕种伍春奉租载伍年以满归回顶头钱陆仟文正其田任从兴塘耕种若无头钱归回其田任从枫林再耕再种如有老欠租谷不关种田人之事恐后无凭立顶田字为据

自请代笔海洲

中人吉山【押】

光绪十八年二月廿二日兴塘亲立

光绪三十一年二月二十八日中间江土天送卖断田契约

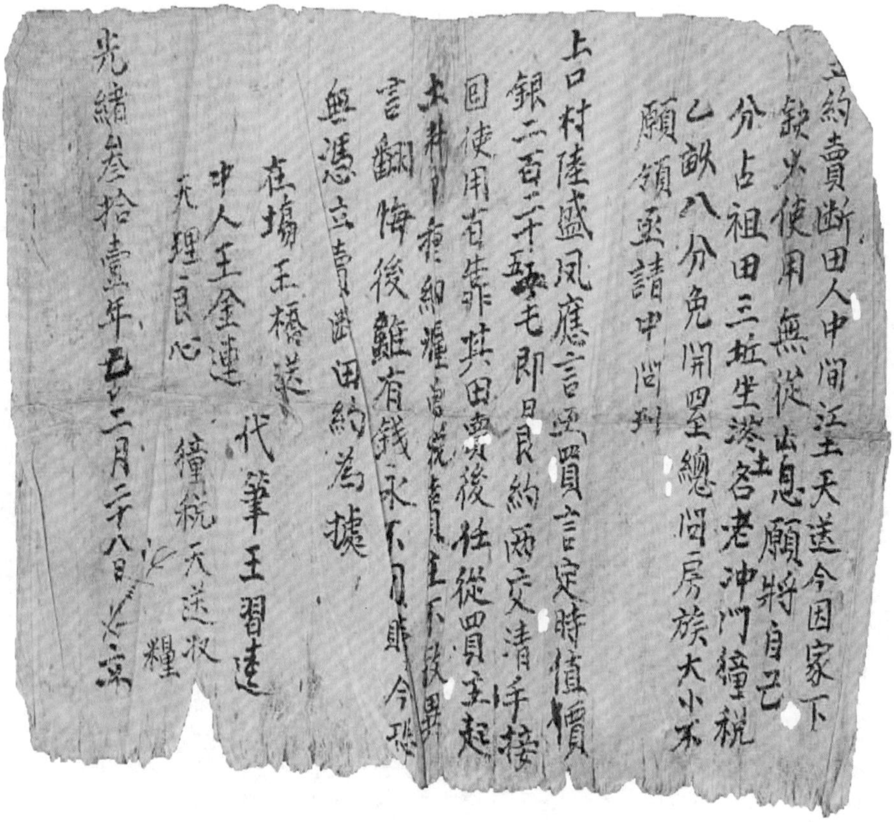

立约卖断田人中间江土天送今因家下缺少使用无从出息愿将自己分占祖田三丘坐落土名老冲门僮税一亩八分免开四至总问房族大小不愿领承请中问到上口村陆盛凤应言承买言定时值价银二百二十五毛即日银约两交清（亲）手接回使用有靠其田卖后任从买主起土耕□□纳粮?? 卖主不敢异言翻悔后虽有钱永不回赎今恐无凭立卖断田约为据

在场王桥送

中人王金连

代笔王习逵

天理良心

僮税天送收粮

光绪叁拾壹年己二月二十八日立

光绪三十二年三月十三日陆天圣卖园地契约

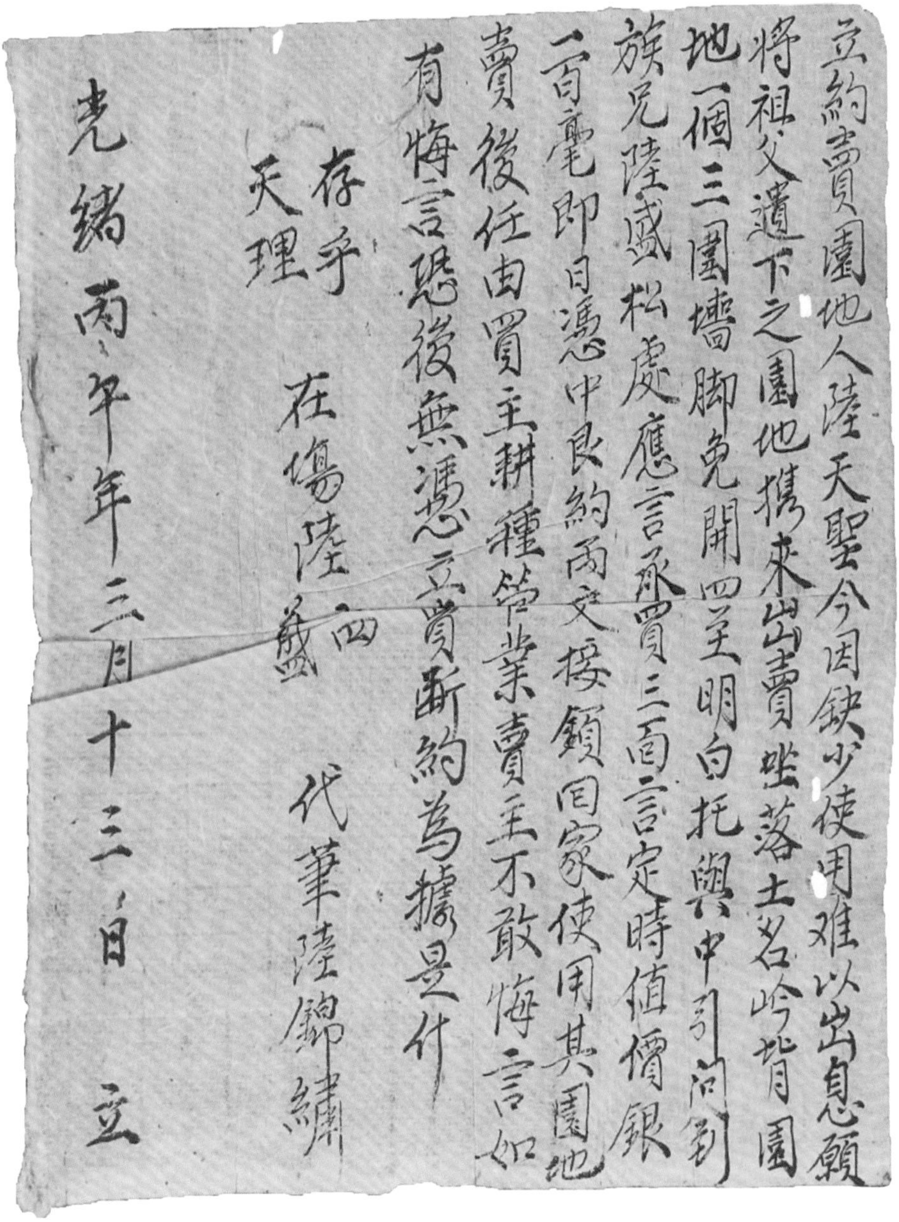

立約賣園地人陸天聖今因缺少使用难以出息願
將祖父遺下之園地携來出賣坐落土名岭背園
地一個三園墻脚兒開四至明白托與中引問到
族兄陸盛松處應言承買三面言定時值價銀
一百毫即日憑中良約兩交接領回家使用其園地
賣後任由買主耕種管業賣主不敢悔言如
有悔言恐後無憑立賣斷約為據是什

存乎
天理
在場陸四盛
代筆陸錦繡

光緒丙午年三月十三日立

立约卖园地人陆天圣今因缺少使用难以出息愿将祖父遗下之园地携来出卖坐落土名岭背园地一个三围墙脚免开四至明白托与中引问到族兄陆盛松处应言承买三面言定时值价银一百毫即日凭中银约两交接领回家使用其园地卖后任由买主耕种管业卖主不敢悔言如有悔言恐后无凭立买断约为据是什（实）

存乎天理

在场陆四陆盛

代笔陆锦绣

光绪丙午年三月十三日立

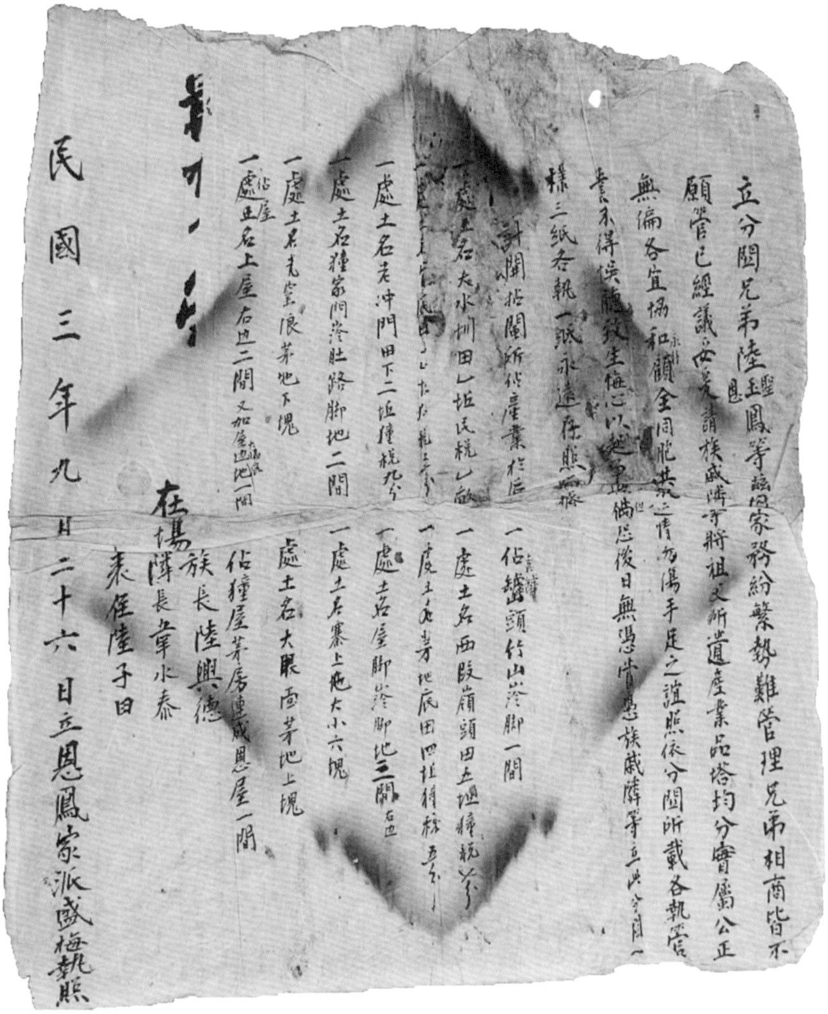

民国三年九月二十六日陆圣等分关合同（一）

立分关兄弟陆圣凤陆玉凤陆恩凤等兹因家务纷繁势难管理兄弟相商皆不愿管已经议妥爰请族戚邻等将祖父所遗产业品塔均分实属公正无偏各宜协和永好顾全同胞共⍰之情勿伤手足之谊照依分关所载各执管业不得误听致生悔心以起争⍰但恐日后无凭当凭族戚邻等立此分关一样三纸各执一纸永远存照为据

计开拈阄所占产业于后　　一占⍰罅山头竹山涔脚一间

一处土名大小圳田一丘民税一亩　　一处土名西段涔头田五丘僮税七分

一处土名□底田□□□税□分　　一处土名茅地底田四丘僮税五分

一处土名老冲门田下二丘僮税九分　　一处土名屋脚涔脚地三间右边

一处土名僮家门涔肚路脚地二间　　一处土名寨上地大小六块

一处土名光窑浪茅地下块　　一处土名大眼面茅地上块

一处占屋名上屋右边二间又加屋大⍰边底地一间　　占僮屋茅房连成恩屋一间

□□□□

在场族长陆兴德邻长韦水泰表侄陆子田

民国三年九月二十六日立恩凤家派盛梅执照

民国三年九月二十六日陆圣等分关合同（二）

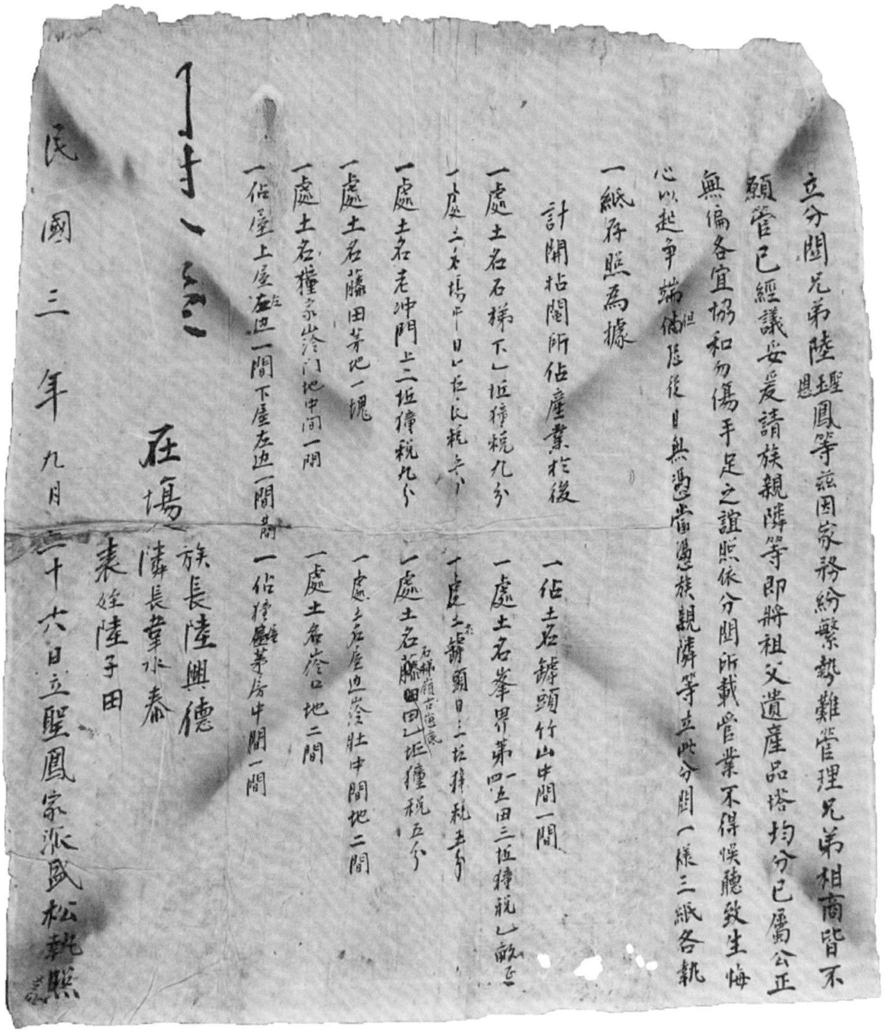
立分關兄弟陸聖恩、鳳等，兹因家務紛繁，勢難管理，兄弟相商，皆不願管，已經議妥，爰請族親隣等，即將祖父遺產品搭均分，已屬公正無偏，各宜協和，勿傷手足之誼，照依分關所載管業，不得悞聽，致生悔心，以起爭端。但後日無憑，當憑族親隣等立此分關一樣三紙，各執一紙存照為據。

計開拈閹所佔產業於後：

一處土名石梯下乚坵，種税九分；
一處土名塲中日乚坵，乚税六分；
一處土名老沖門上二坵，種税九分；
一處土名藤田茅地一塊；
一處土名穫家山塗門地中間一間；
一佔屋上屋左邊一間，下屋左邊一間半；
一佔土名鋪頭竹山中間一間；
一處土名峯界第一四五田三坵，種税乚畝正；
一處土名鋪頭日二坵，種税五分；
一處土名藤田乚坵，種税五分；
一處土名屋邊塗壯中間地二間；
一處土名塗口地二間；
一佔穫塘茅房中間一間。

在塲：族長陸興德
隣長韋水春
表侄陸子田

民國三年九月二十六日立。聖鳳（家派）執照

立分关兄弟陆圣凤陆玉凤陆恩凤等兹因家务纷繁势难管理兄弟相商皆不愿管已经议妥爰请族亲邻等即将祖父遗产品塔均分已属公正无偏各宜协和勿伤手足之谊照依分关所载管业不得误听致生悔心以起争端但恐后日无凭当凭族亲邻等立此分关一样三纸各执一纸存照为据

计开拈阄所占产业于后

一处土名石梯下一丘僮税九分

一处土名□□□一丘□税五分

一处土名老冲门上二丘僮税九分

一处土名藤田茅地一块

一处土名僮家岺门地中间一间

一占屋上屋左边一间下屋左边一间共□间

一占土名鏄头竹山中间一间

一处土名峰界第一五第四五田三丘僮税一亩正

一处土名鏄头田三丘僮税五分

一处土名石梯岭古崽底藤田一丘僮税五分

一处土名屋边岺肚中间地二间

一处土名岺口地二间

一占僮屋茅房中间一间

□□□□

在场族长陆兴德邻长韦水泰表侄陆子田

民国三年九月二十六日立圣凤家派盛松执照

民国六年二月初一日陆道踪尽卖粪屋地契约

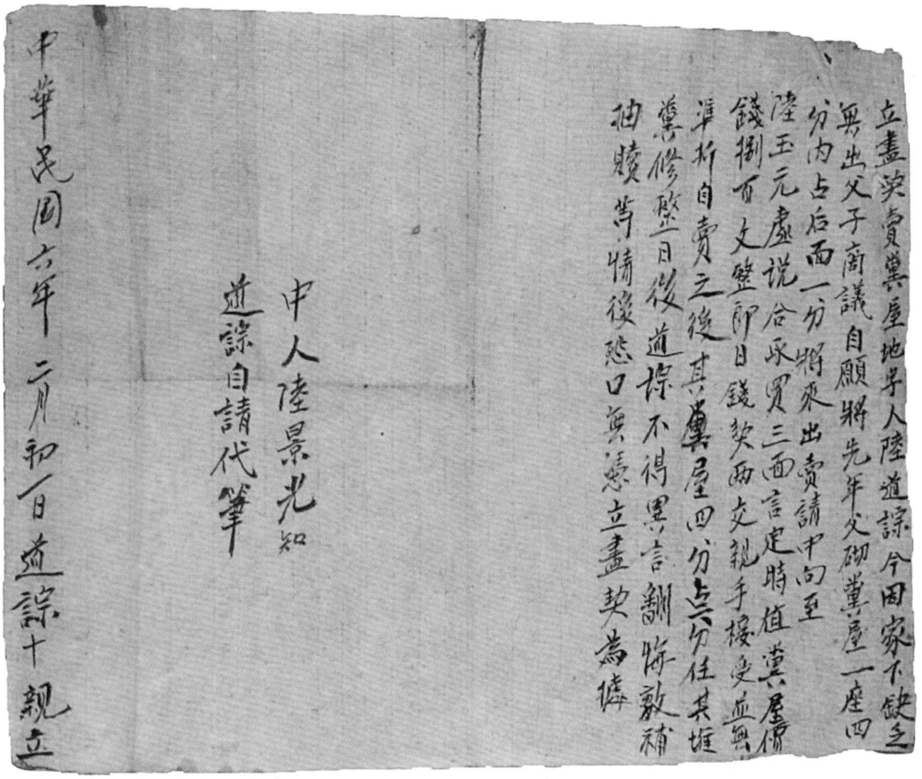

立尽契卖粪屋地字人陆道踪今因家下缺乏无出父子商议自愿将先年父砌粪屋一座四分内占后面一分将来出卖请中向（问）至陆玉元处说合承买三面言定时值粪屋价钱捌百文整即日钱契两交亲手接受并无准折自卖之后其粪屋四分占一分任其堆粪修整日后道踪不得异言翻悔敷补抽赎等情后恐口无凭立尽契为据

中人陆景光知

道踪自请代笔

中华民国六年二月初一日道踪【押】亲立

民国六年闰二月十三日陆月生卖断田契约

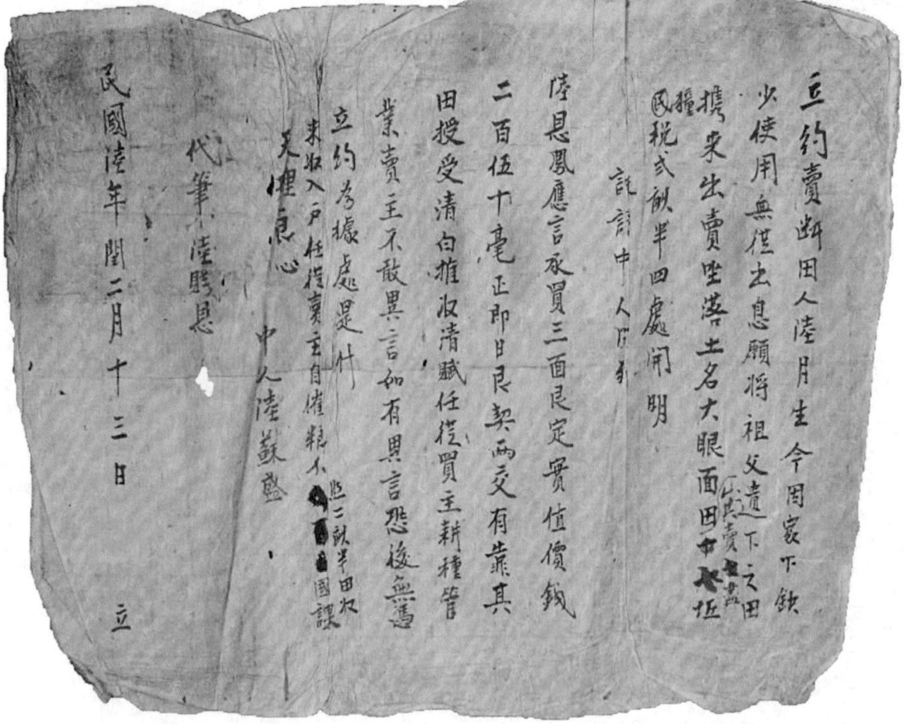

立约卖断田人陆月生今因家下缺少使用无从出息愿将祖父遗下之田携来出卖坐落土名大眼面田山?卖尽十七丘僮税贰亩半四处开明托请中人问到陆恩凤应言承买三面银定实值价钱二百伍十毫正即日银契两交有靠其田授受清白推收清赋任从买主耕种管业卖主不敢异言如有异言恐后无凭立约为据［处］是什（实）

未收入户任从卖主自催粮钱照二亩半田收国课

天理良心

中人陆苏盛

代笔陆贱恩

民国陆年闰二月十三日立

民国十年十二月初六日陆树柄兄弟分占屋田合同

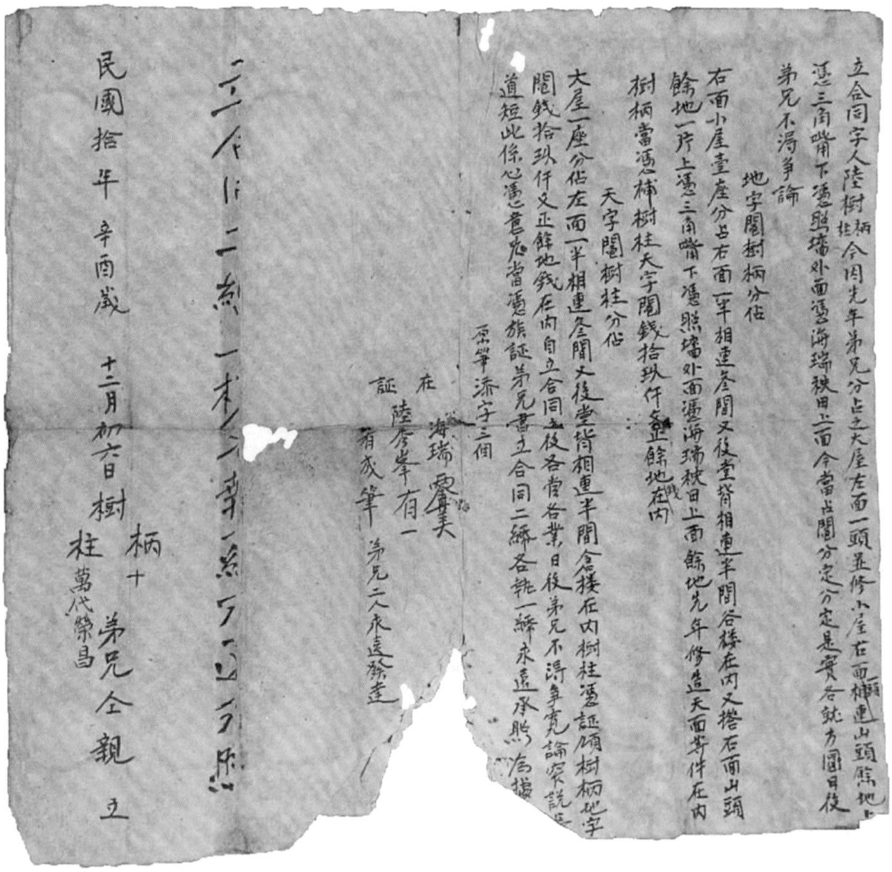

立合同字人陆树柄陆树柱今因先年弟兄分占之大屋左面一头并修小屋右面一头相连山头余地上凭三角嘴下凭照墙外面凭海瑞秧田上面今当占阄分定分定是实各就方圆日后弟兄不得争论

地字阄树柄分占右面小屋壹座分占右面一半相连叁间又后堂背相连半间谷楼在内又搭右面山头余地一片上凭三角嘴下凭照墙外面凭海瑞秧田上面余地先年修造天面等件在内树柄当凭补树柱天字阄钱拾玖仟文正余地钱在内

天字阄树柱分占大屋一座分占左面一半相连叁间又后堂背相连半间仓楼在内树柱凭证领树柄地字阄钱拾玖仟文正余地钱在内自立合同之后各管各业日后弟兄不得争宽论窄说长道短此系心凭意⍰当凭族证弟兄书立合同二纸各执一纸永远承照为据

原笔添字三个

两全其美

在证陆海瑞陆秀峰有一

陆有成笔

弟兄二人永远发达

▨

民国拾年辛酉岁十二月初六日树柄【押】树柱万代荣昌弟兄仝亲立

民国十一年八月十八日陆兴德卖断田契约

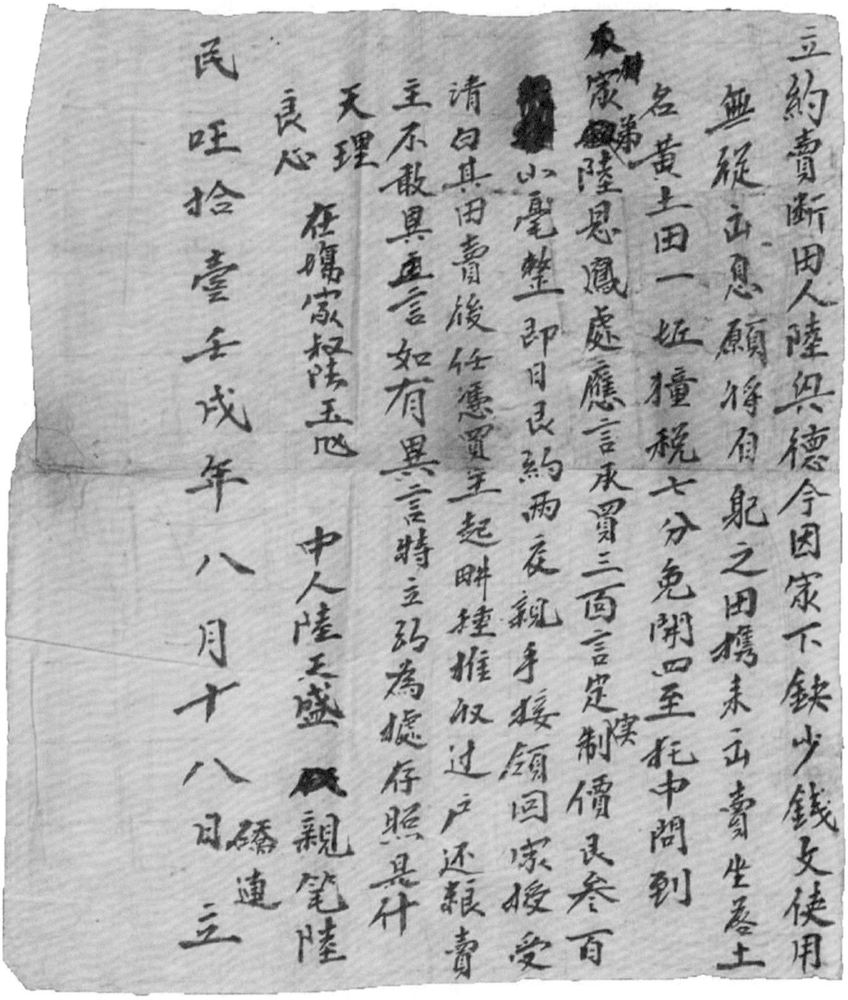

立约卖断田人陆兴德今因家下缺少钱文使用无从出息愿将自己之田携来出卖坐落土名黄土田一丘僮税七分免开四至托中问到家弟陆恩凤处应言承买三面言定实制价银叁百小毫整即日银约两交亲手接领回家授受清白其田卖后任凭买主起耕种推收过户还粮卖主不敢异言如有异言特立约为据存照是什（实）

天理良心

在场家叔陆玉?

中人陆天盛

亲笔陆硚连

民国拾壹壬戌年八月十八日立

民国十二年十二月初六日陆树权兄弟等卖山场契约

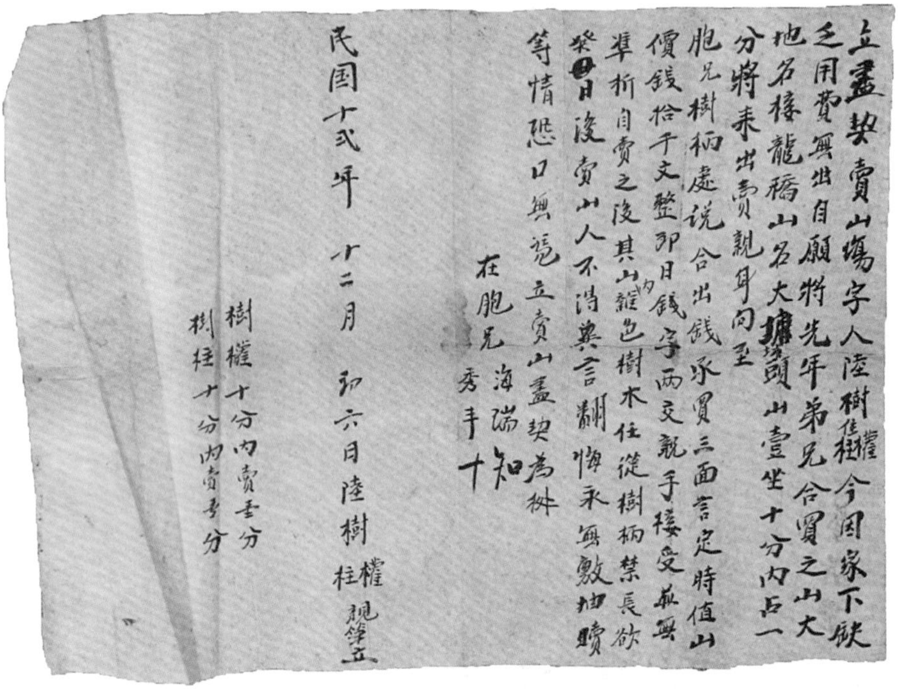

立尽契卖山场字人陆树权陆树柱今因家下缺乏用费无出自愿将先年弟兄合买之山大地名棱龙桥山名大塘头山壹坐十分内占一分将来出卖亲身向（问）至胞兄树柄处说合出钱承买三面言定时值山价钱拾千文整即日钱字两交亲手楼（接）受并无准折自卖之后其山内杂色树木任从树柄禁长欲发日后卖山人不得异言翻悔永无敷抽赎等情恐口无凭立卖山尽契为据

在胞兄海瑞【押】秀丰【押】

民国十贰年十二月初六日陆树权陆树柱亲笔立

树权十分内卖壹分

树柱十分内卖壹分

民国十二年十二月初九日陆树住尽卖山场契约

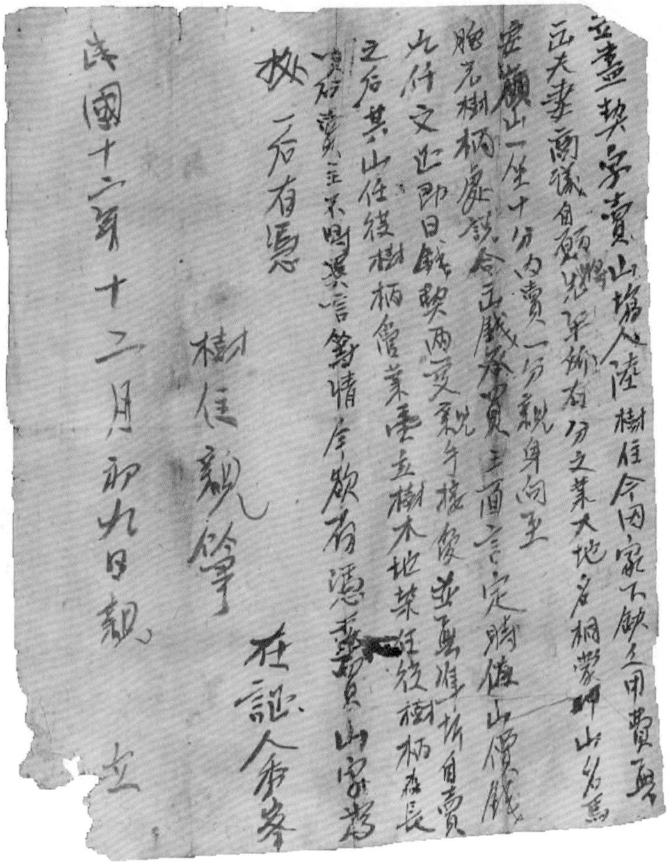

立尽契字卖山场人陆树住今因家下缺乏用费无出夫妻商议自愿将先年所有分之业大地名桐蒙⍰山名马安岭山一坐十分内卖一分亲身向（问）至胞兄树柄处说合出钱承买三面言定时值山价钱九仟文正即日钱契两交亲手接受并无准折自卖之后其山任从树柄管业壹立树木地⍰任从树柄⍰长后卖主不得异言等情今欲有凭立卖山字为据一（以）后有凭

在证人秀峰

树住亲笔

民国十二年十二月初九日亲立

民国十五年八月二十一日陆植甫退耕田契约

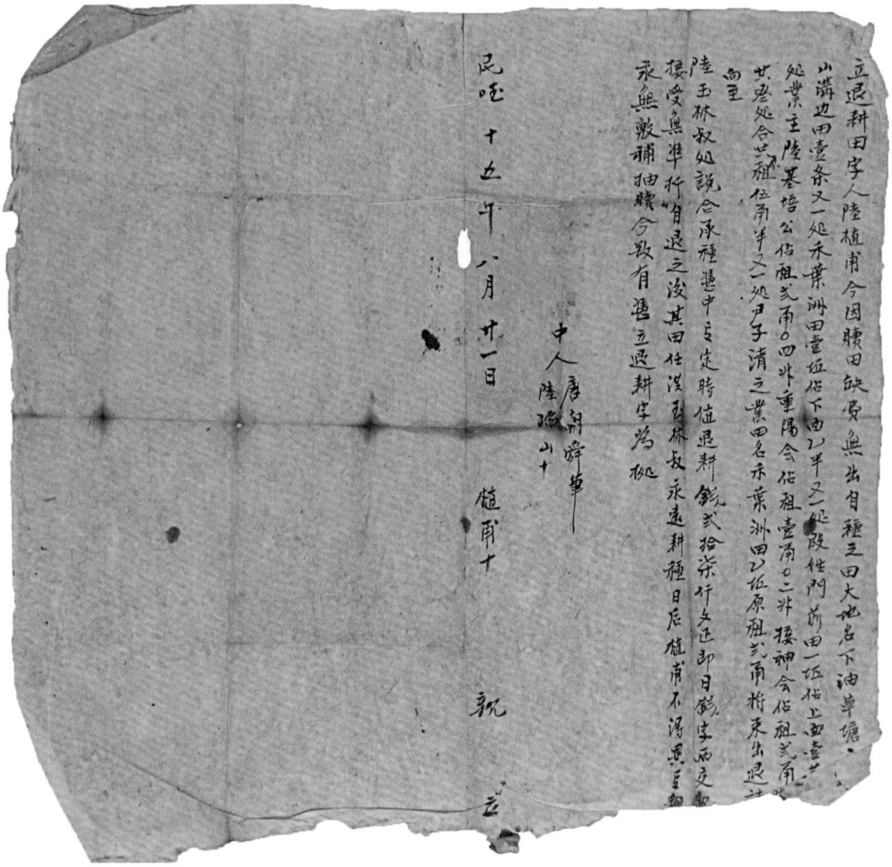

立退耕田字人陆植甫今因赎田缺费无出自种之田大地名下油草塘☐山沟边田壹条又一处禾叶洲田壹丘占下面一半又一处段姓门前田一丘占上面壹☐处业主陆基培公占租二甬〇四升重阳会占租壹甬二升接神会占租贰甬共叁处合共钱租伍甬半又一处尹子清之业田名禾叶洲田一丘原租贰甬将来出退☐向（问）至陆玉林叔处说合承种凭中言定时值退耕钱贰拾仟文正即日钱字两交亲〈手〉接受无准折自退之后其田任从玉林叔永远耕种日后植甫不得异言翻〈悔〉永无敷补抽赎今欲有凭立退耕字为据

中人唐朝舜笔陆瑞山【押】

民国十五年八月廿一日植甫亲立

民国十六年十二月十三日陆首卿退耕契约

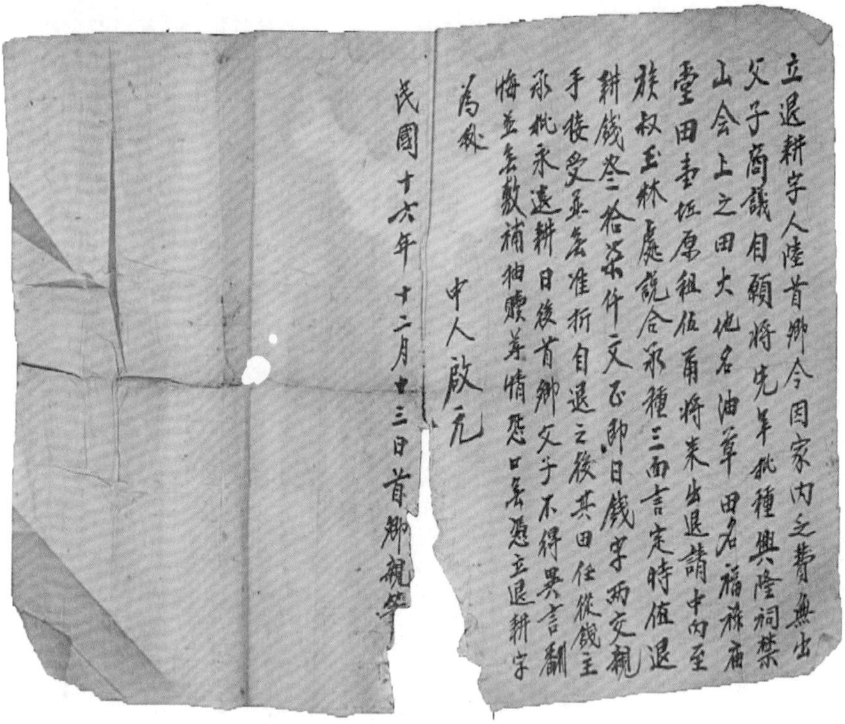

立退耕字人陆首卿今因家内乏费无出父子商议自愿将先年批种兴隆祠禁山会上之田大地名油草田名福禄庙堂田壹丘原租伍甬将来出退请中向（问）至族叔玉林处说合承种三面言定时值退耕钱叁拾柒仟文正即日钱字两交亲手接受并无准折自退之后其田任从钱主承批永远耕日后首卿父子不得异言翻悔并无敷补抽赎等情恐口无凭立退耕字为据

中人啟元

民国十六年十二月十三日首卿亲笔

民国十七年十月十七日陆土连卖田契约

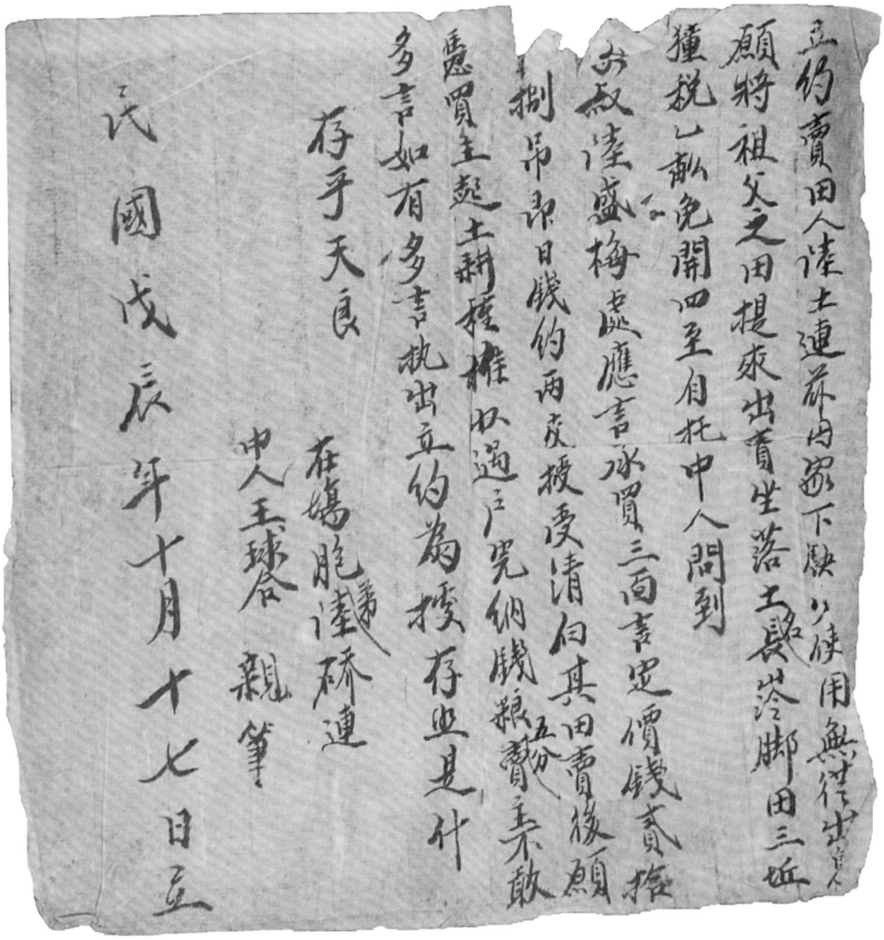

立约卖田人陆土连兹因家下缺少使用无从出息愿将祖父之田提来出卖坐落土名长岺脚田三丘僮税一亩免开四至自托中人问到

□叔陆盛梅处应言承买三面言定价钱贰拾□捌吊即日钱约两交授受清白其田卖后愿凭买主起土耕种推收过户完纳钱粮五分卖主不敢多言如有多言执出立约为据存业是什（实）

存乎天良

在场胞弟陆硚连

中人王球合亲笔

民国戊辰年十月十七日立

民国十九年九月二十八日唐传垲卖田契约

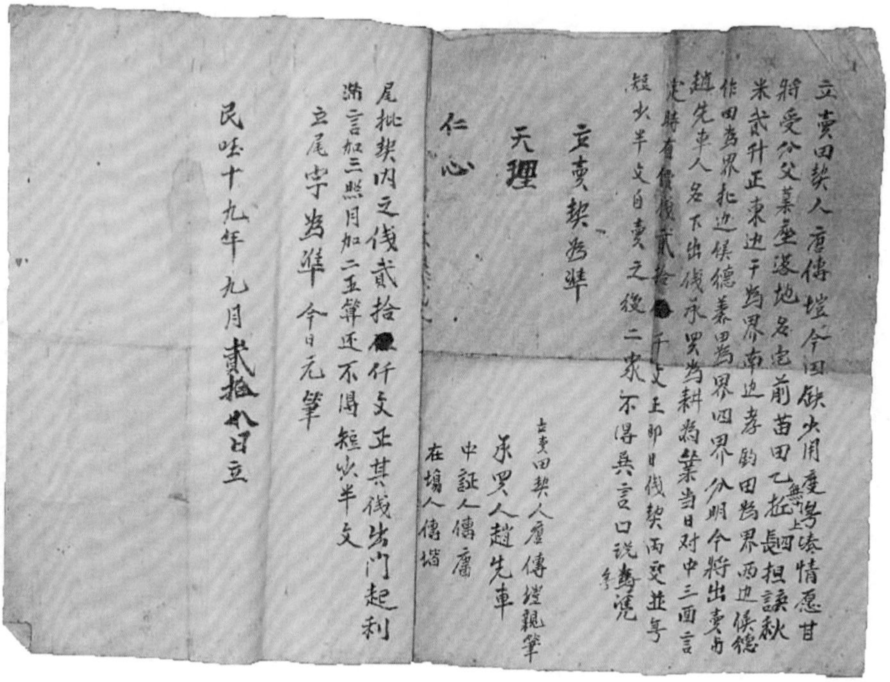

立卖田契人唐传垲今因缺少用度无凑情愿甘将受分父业座落地名宅前苗田一丘无门上四担该秋米贰升正东边干为界南边孝钧田为界西边侯德作田为界北边侯德养田为界四界分明今将出卖与赵先车人名下出钱承买为耕为业当日对中三面言定时直价钱贰拾千文正即日钱契两交并无短少半文自卖之后二家不得异言口说无凭立卖契为准

天理仁心

立卖田契人唐传垲亲笔

承买人赵先车

中证人传庸

在场人传堦

尾批契内之钱贰拾仟文正其钱出门起利满言加三照月加二五算还不得短少半文

立尾字为准今日无笔

民国十九年九月贰拾八日立

民国二十一年六月十四日陆苏盛卖断茅地契约

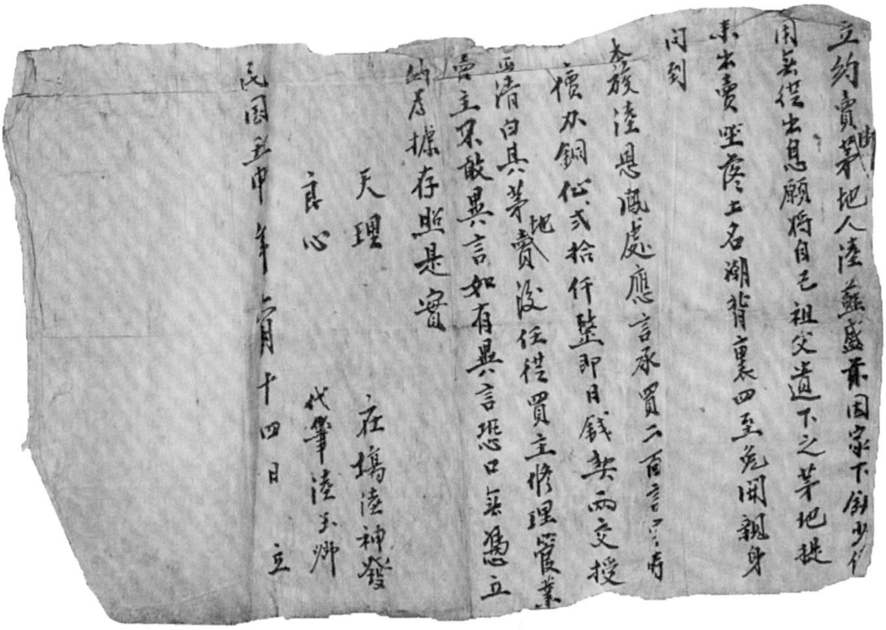

立约卖断茅地人陆苏盛兹因家下缺少使用无从出息愿将自己祖父遗下之茅地提来出卖坐落土名潮背里四至免开亲身问到本族陆恩凤处应言承买二面言定时价钱铜仙贰拾仟整即日钱契两交授受清白其茅地卖后任从买主修理管业卖主不敢异言如有异言恐口无凭立约为据存照是实

天理良心

在场陆神发

代笔陆玉卿

民国壬申年六月十四日立

民国二十一年六月十八日秀峰尽卖屋后余地契约

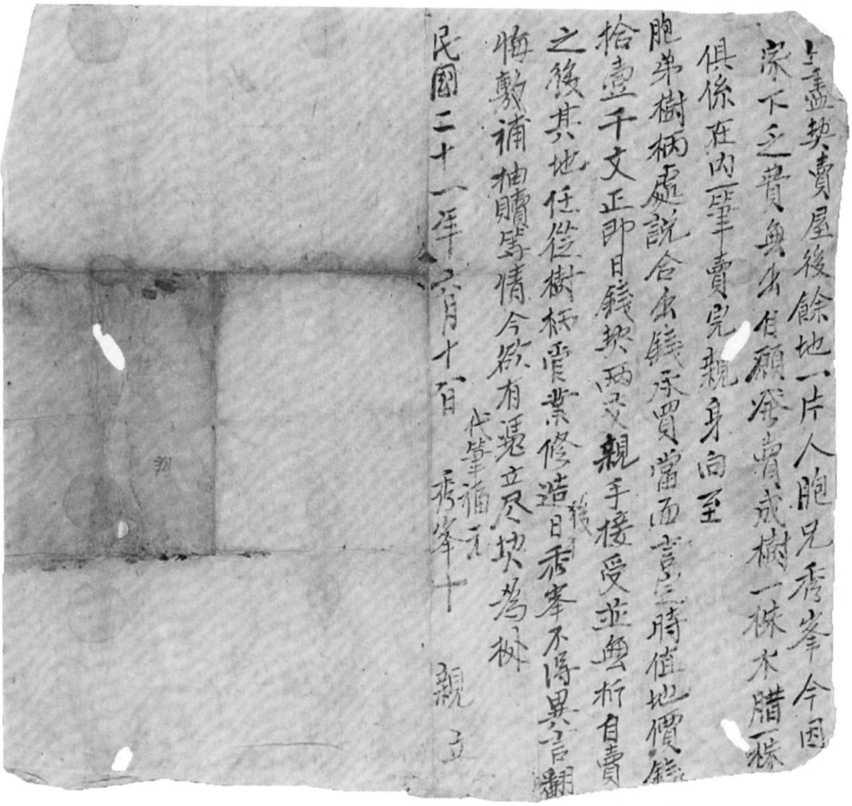

□尽契卖屋后余地一片人胞兄秀峰今因家下乏费无出自愿发卖成树一株木腊一株俱系在内一笔卖完亲身向（问）至

胞弟树柄处说合出钱承买当面言定时值地价钱拾壹千文正即日钱契两交亲手接受并无折自卖之后其地任从树柄管业修造日后秀峰不得异言翻悔敷补抽赎等情今欲有凭立尽契为据

代笔福元

民国二十一年六月十八日秀峰【押】亲立

民国二十二年正月十九日秀峰尽卖山场契约

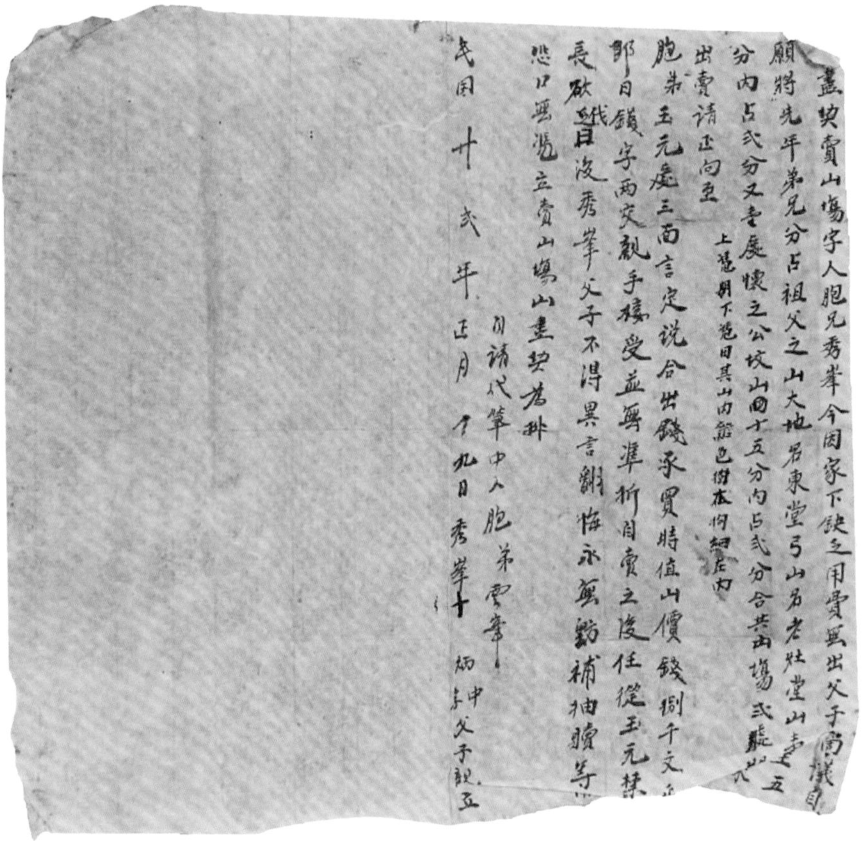

□尽契卖山场字人胞兄秀峰今因家下缺乏用费无出父子商议自愿将先年弟兄分占祖父之山大地名东堂弓山名老灶堂山□五分内占贰分又壹处怀之公坟山十五分内占贰分合共山场贰处□上凭阴下凭田其山内杂色树木拘细在内出卖请正（中）向（问）至

胞弟玉元处三面言定说合出钱承买时值山价钱捌千文正即日钱字两交亲手接受并无准折自卖之后任从玉元禁长砍伐日后秀峰父子不得异言翻悔永无敷补抽赎等□恐口无凭立卖山场山尽契为据

自请代笔中人胞弟云峰

民国廿贰年正月十九日秀峰【押】炳中炳?父子亲立

民国二十三年四月二十七日陆七四卖茅地契约

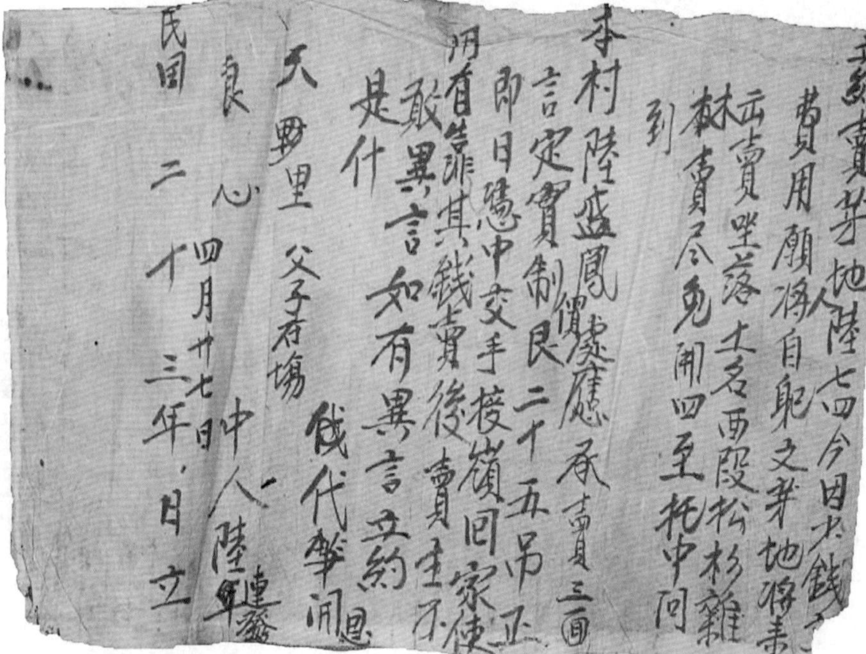

立约卖芽（茅）地人陆七四今因少钱□费用愿将自己文芽（茅）地将来出卖坐落土名西段松杉杂林卖尽免开四至托中问到本村陆盛凤处应承卖（买）三面言定实制价银二十五吊正即日凭中交手接岭（领）回家使用⍰靠其钱卖后卖主不敢异言如有异言立约是什（实）

天里（理）良心

代笔开恩

父子在场

中人陆连发

民国二十三年四月廿七日立

民国二十四年正月二十八日陆德全出顶田契约

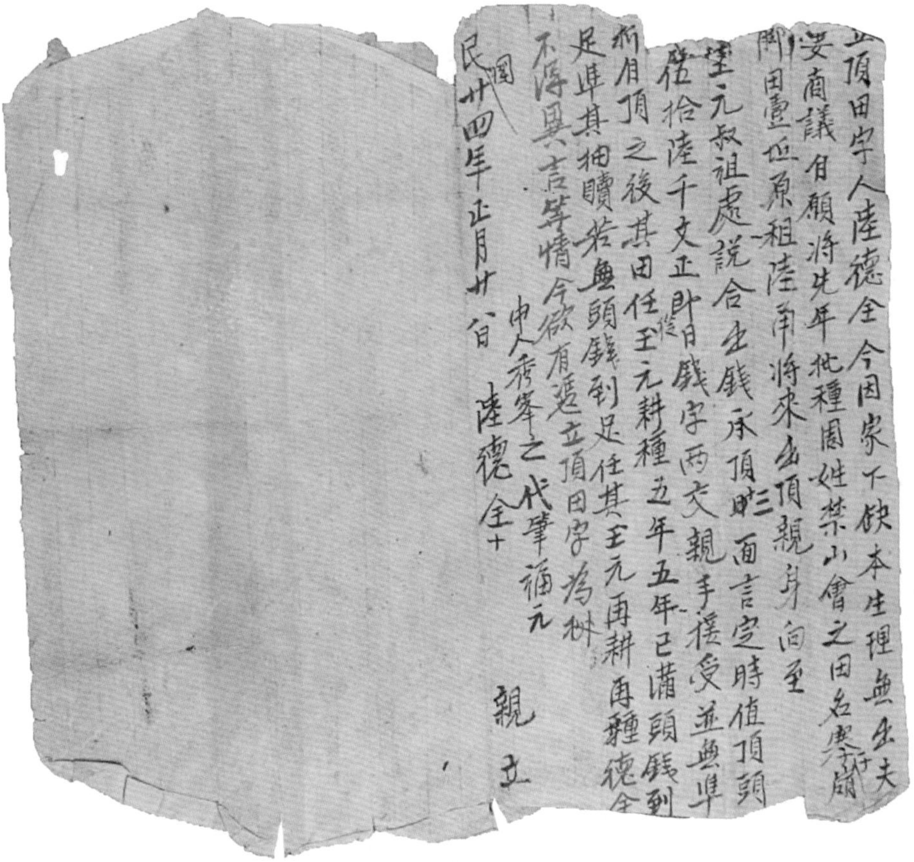

立顶田字人陆德全今因家下缺本生理无出夫妻商议自愿将先年批种周姓禁山会之田名孝仔岭脚田壹丘原租陆甬将来出顶亲身向（问）至　　玉元叔祖处说合出钱承顶三面言定时值顶头伍拾陆千文正即日钱字两交亲手接受并无准折自顶之后其田任从玉元耕种五年五年已满头钱到足准其抽赎若无头钱到足任其玉元再耕再种德全不得异言等情今欲有凭立顶田字为据

中人秀峰之代笔福元

民国廿四年正月廿八日陆德全【押】亲立

民国二十五年周徵堂等卖田契约

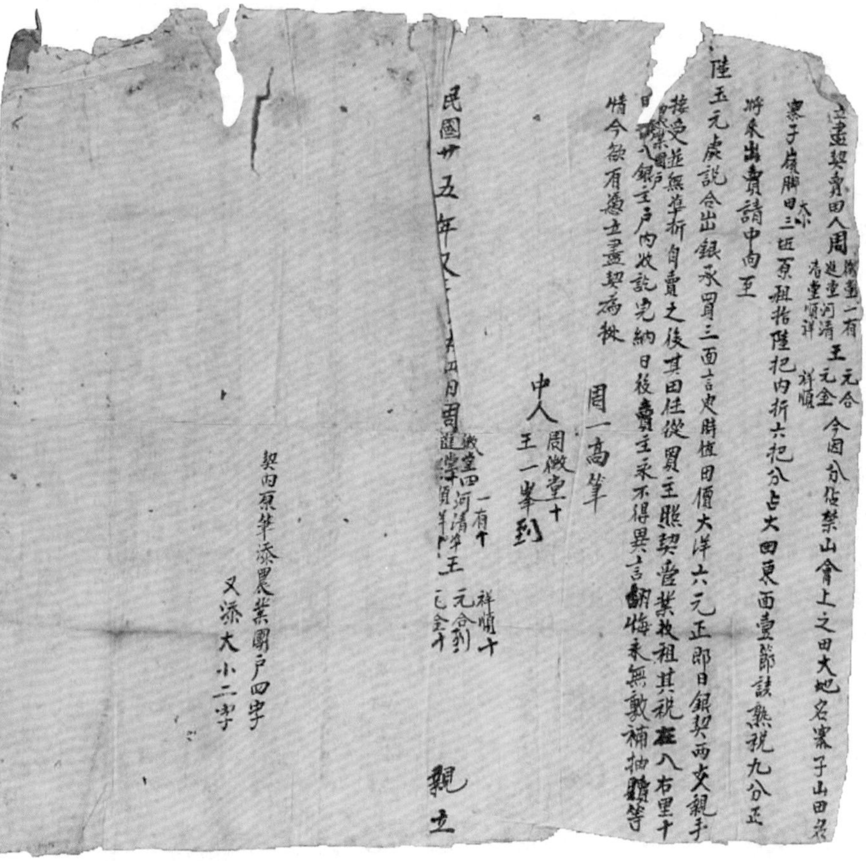

立尽契卖田人周徵堂周进堂周清堂周一有周河清周顺祥王元合王元金王祥顺今因分占禁山会上之田大地名寨子山田名寨子岭脚田大小三丘原租拾陆把内折六把分占大田东面壹节该熟税九分正将来出卖请中向（问）至陆玉元处说合出银承买三面言定时值田价大洋六元正即日银契两交亲手接受并无准折自卖之后其田任从买主照契管业收租其税在入右里十⊠农业团户入银主户内收讫完纳日后卖主永不得异言翻悔永无敷补抽赎等情今欲有凭立尽契为据

周一高笔

中人周徵堂【押】王一峰【押】

民国廿五年⊠周徵堂【押】周进堂【押】周一有【押】周河清【押】周顺祥【押】王祥顺【押】王元合【押】王元金【押】亲立

契内原笔添农业团户四字

又添大小二字

民国二十八年三月十一日杨祖光卖茶山等阴阳地基契约

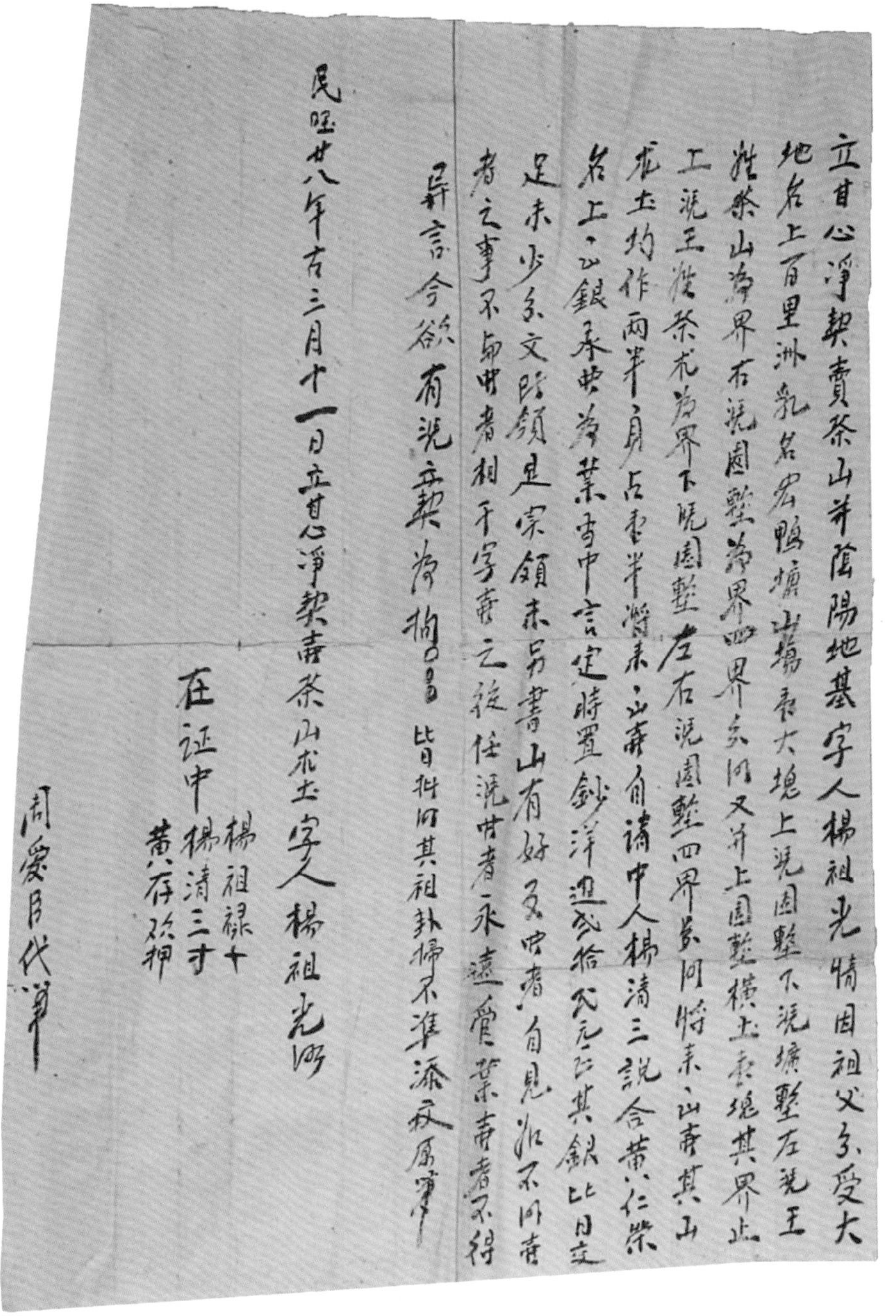

立甘心淨契賣茶山并陰陽地基字人楊祖光情因祖父受大地名上百里洲乳名宏鴨塘山塲壹大塊上抵園塹下抵塘塹左抵王姓茶山為界右抵園塹為界四界分明又并上園塹橫土壹塊其界止工抵王姓茶山為界下抵園塹左右抵園塹四界分明將來山并其山地土均作兩半身占壹半將來山并自請中人楊清三說合黃仁崇名上以銀承買為業當中言定時置鈔洋壹拾貳元正其銀比日交足未少分文賣主親領足訖領未另書山有好歹買者自見非不明賣者之事不與買者相干賣之後任抵買者永遠管業賣者不得異言今欲有憑立契為據 比日批明其祖墳掃不準添葬原葬

民國廿八年古三月十一日立甘心淨契賣茶山地土字人楊祖光押

在証中 楊祖禄十
楊清三寸
黃存欣押

周愛日代筆

立甘心净契卖茶山并阴阳地基字人杨祖光情因祖父分受大地名上百里洲乳名宏鸭塘山场壹大块上凭园堑下凭圹堑左凭王姓茶山为界右凭园堑为界四界分明又并上园堑横土壹块其界止上凭王姓茶术（树）为界下凭园堑左右凭园堑四界分明将来山（出）卖其山术（树）土均作两半身占壹半将来山卖自请中人杨清三说合黄仁荣名上⿰银承买为业当中言定时置（值）钞洋边贰拾贰元正其银比日交足未少分文所领是实领未另书山有好歹买者自见如不明卖者之事不与买者相干字（自）卖之后任凭买者永远管业卖者不得异言今欲有凭立契为拘（据）皆批明其祖卦（挂）扫不准添坟原笔

民国廿八年古三月十一日立甘心净契卖茶山术（树）土字人杨祖光

在证中杨祖禄【押】杨清三【押】黄存欢【押】

周爱臣代笔

民国二十八年八月二十三日陆神发卖茅地契约

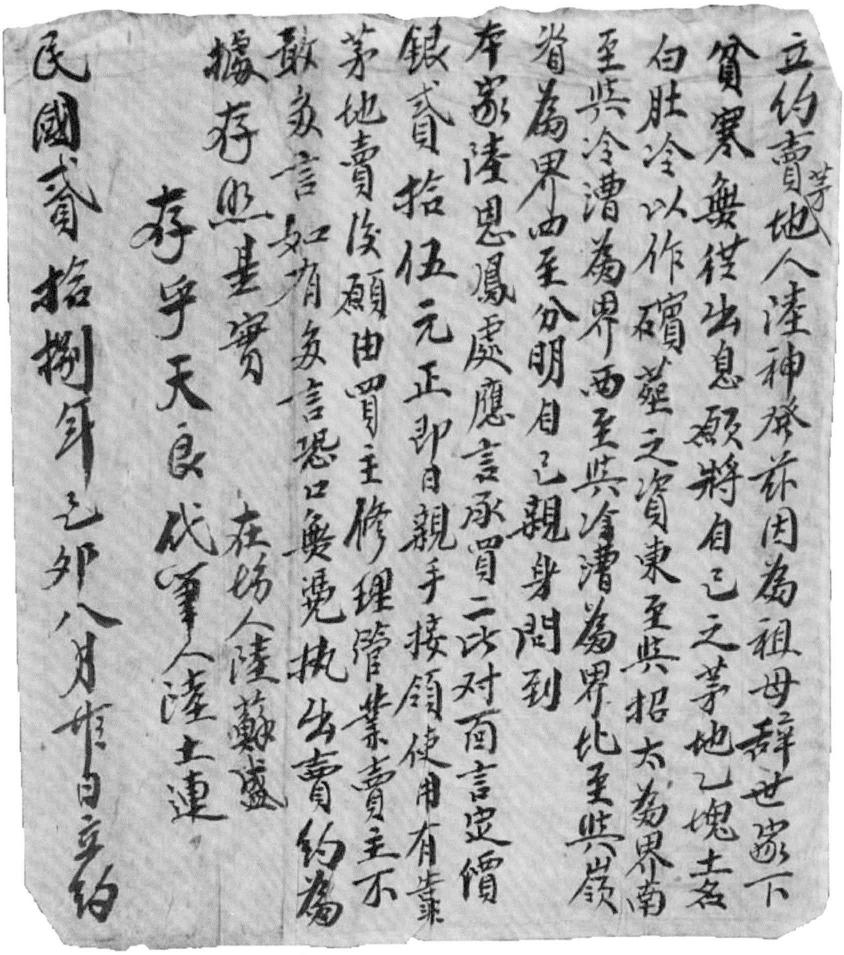

立约卖茅地人陆神发兹因为祖母辞世家下贫寒无从出息愿将自己之茅地一块土名白肚冷以作殡葬之资东至兴招太为界南至兴冷漕为界西至兴冷漕为界北至兴岭脊为界四至分明自己亲身问到本家陆恩凤处应言承买二者对面言定价银贰拾伍元正即日亲手接领使用有靠茅地卖后愿由买主修理管业卖主不敢多言如有多言恐口无凭执出卖约为据存照是实

存乎天良

在场人陆苏盛

代笔人陆土连

民国贰拾捌年己卯八月廿三日立约

民国二十九年四月初三日莫水连卖断茅地契约

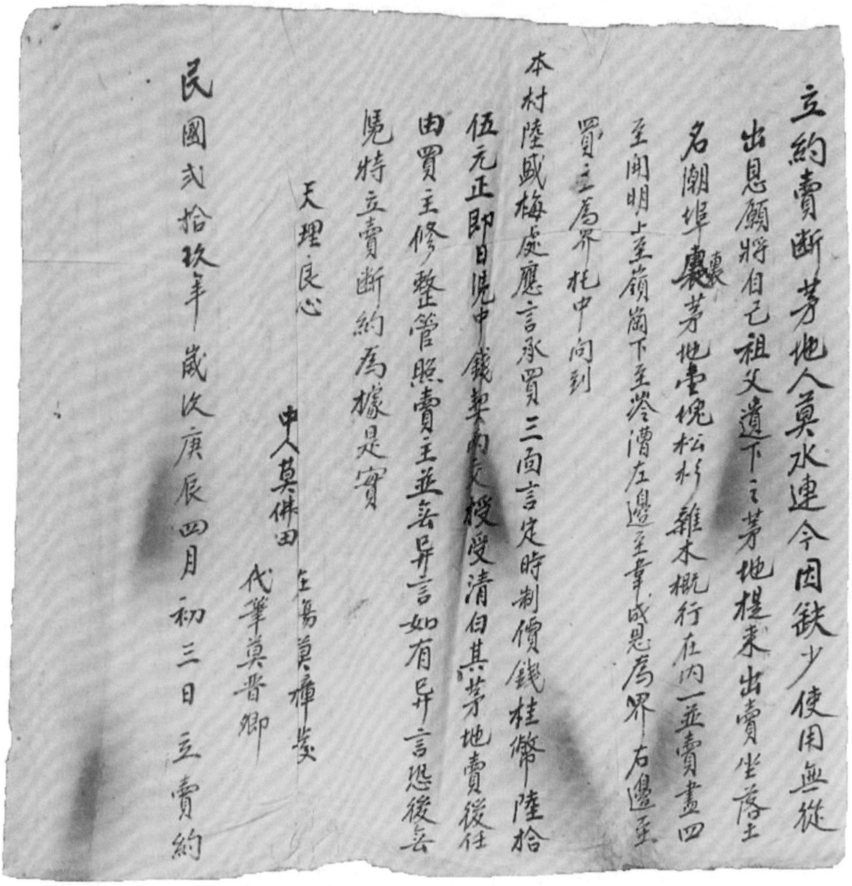

立约卖断茅地人莫水连今因缺少使用无从出息愿将自已祖父遗下之茅地提来出卖坐落土名潮埠里茅地壹块松杉杂木概行在内一并卖尽四至开明上至岭岗下至涔漕左边至韦成恩为界右边至买主为界托中问到本村陆盛梅处应言承买三面言定时制（值）价钱桂币陆拾伍元正即日凭中钱契两交授受清白其茅地卖后任由买主修整管照卖主并无异言如有异言恐后无凭特立卖断约为据是实

天理良心

中人莫佛田

在场莫樟发

代笔莫晋卿

民国贰拾玖年岁次庚辰四月初三日立卖约

民国三十年十二月十六日陆树梁等卖山场契约

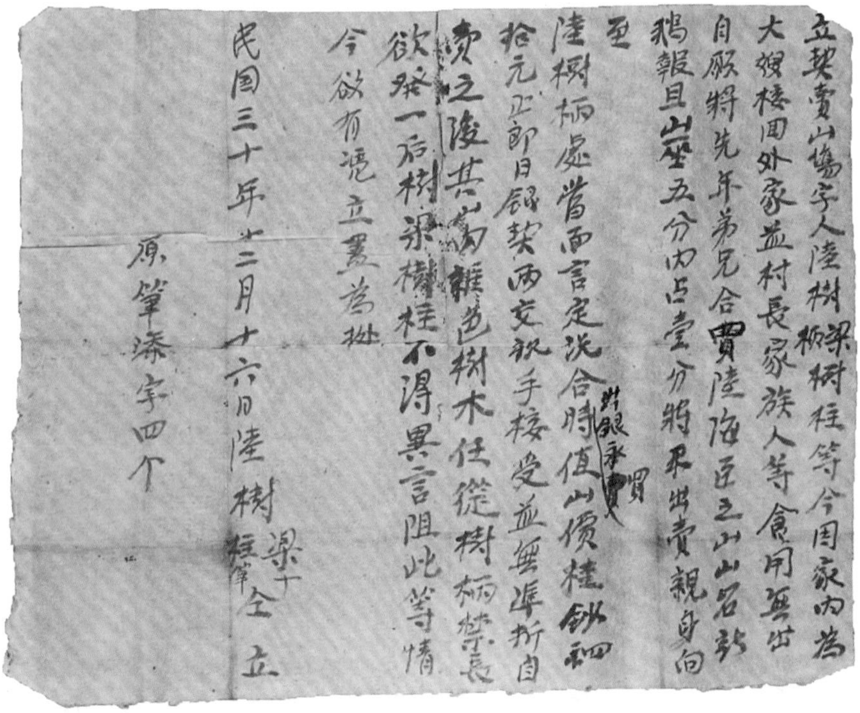

立契卖山场字人陆树梁陆树柄陆树柱等今因家内为大嫂棱（接）回外家并村长家族人等食用无出自愿将先年弟兄合买陆海臣之山山名新鹅报且山一坐（亩）五分内占壹分将来出卖亲身向（问）至陆树柄处当面言定说合出银承买时值山价桂钞四拾元正即日银契两交亲手（棱）接受并无准折自卖之后其山内杂色树木任从树柄禁长欲发一后树梁树柱不得异言阻此（滞）等情今欲有凭立书为据

民国三十年十二月十六日陆树梁【押】陆树柱笔仝立

原笔添字四个

民国三十一年二月二十四日陆树柱退耕契约

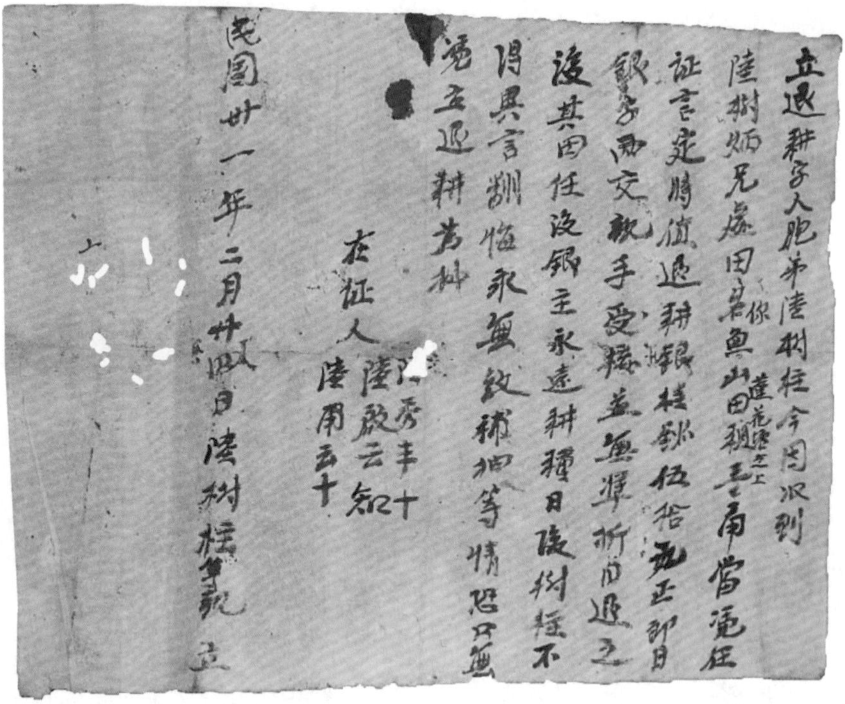

立退耕字人胞弟陆树柱今因收到
陆树柄兄处田名你鱼山莲花塘之上田租壹甬当凭在证言定
时值退耕银桂钞伍拾元正即日银字两交亲手受接并无准折
自退之后其田任从银主永远耕种日后树柱不得异言翻悔永
无敷补抽等情恐口无凭立退耕为据
在证人陆秀丰【押】陆啟云【押】陆甫云【押】
民国卅一年二月廿四日陆树柱笔亲立

民国三十一年十月初十日张诗松兄弟注明添置业产契约

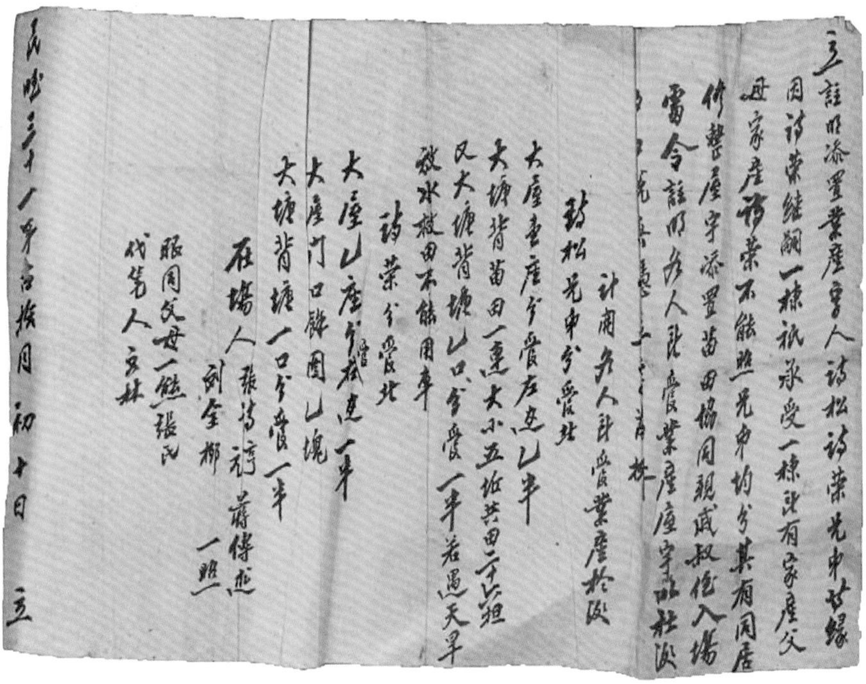

立注明添置业产字人诗松诗荣兄弟等缘因诗荣继嗣一栋只承受一栋所有家产父母家产诗荣不能照兄弟均分其有园
居修整屋宇添置苗田协同亲戚叔侄入场处今注明各人所管业产屋宇以杜后□□□□凭立字为据
计开各人所管业产于后
张松兄弟分管此
大屋壹座分管左边一半
大塘背苗田一连大小五丘共田二十六担
又大塘背塘一口分管一半若遇天旱放水救田不能用车
诗荣分管此
大屋一座分管左边一半
大屋门口余图一块
大塘背塘一口分管一半
在场人张诗亨张诗元刘全柳蒋传述蒋一照
眼同父母一熊张氏
代笔人文林
民国三十一年古拾月初十日立

民国三十六年五月十二日陆氏分关书

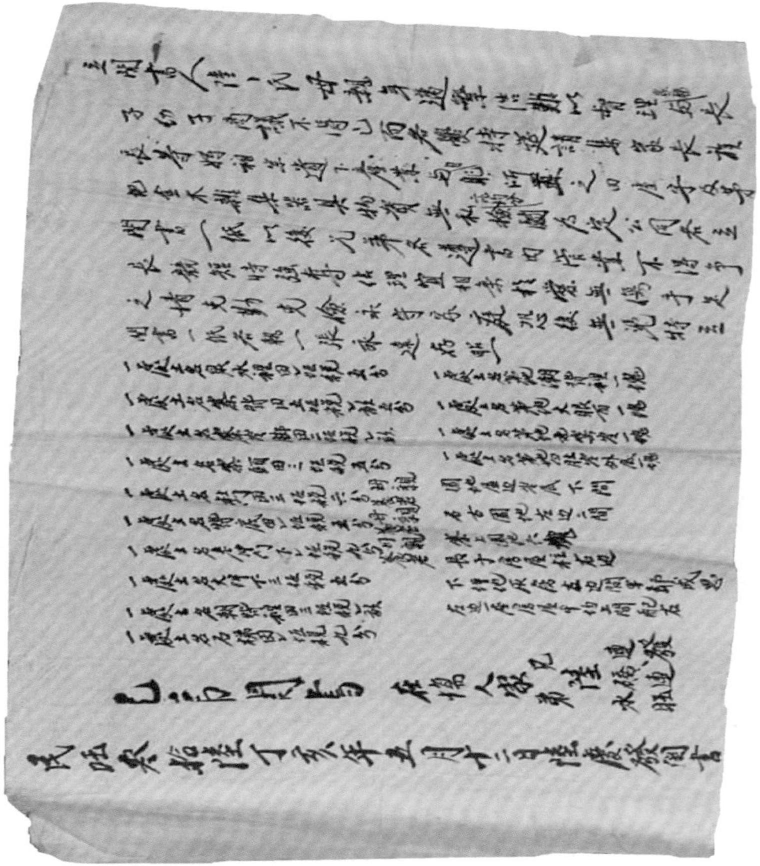

立关书人陆?氏母亲年迈繁浩难以督理家务与长子幼子商议不得已而各爨特延请集家长族长等将祖宗遗下产业
与自己所置之田屋宇及茅地金木杂集器具物资无私二比均分检为定公同各立关书一纸以后兄弟各遵书内管业不得
争长竞短恃强夺占理宜相??无伤手足之情克勤克俭永守家庭恐后无凭特立关书一纸各执一张永远存照

一处土名泉水里田一丘税五分　　一处土名茅地潮背裡一块
一处土名寨背田五丘税一亩五分　　一处土名茅地大眼面一块
一处土名寨岭脚田二丘税一亩　　一处土名茅地元窑岭一块
一处土名寨头田三丘税五分　　一处土名茅地白肚岭外底一块
一处土名杜门田三丘税六分母亲养老　　园地屋边岭?下间
一处土名背底田一丘税五分母亲养老　　石古园地左边二间
一处土名老冲门下一丘税九分母亲养老　　寨上园地六块
一处土名大门下三丘税五分　　长子房屋柱右边
一处土名朝背裡田三丘税一亩　　下增地灰房左边间??成恩
一处土名石梯田一丘税九分　　左边一座房屋平均上间配右

□□□□
在场人家兄家弟陆连发陆砯连陆水旺
民国叁拾陆丁亥年五月十二日陆庆发关书

民国三十六年八月十一日敦善绝卖田契约

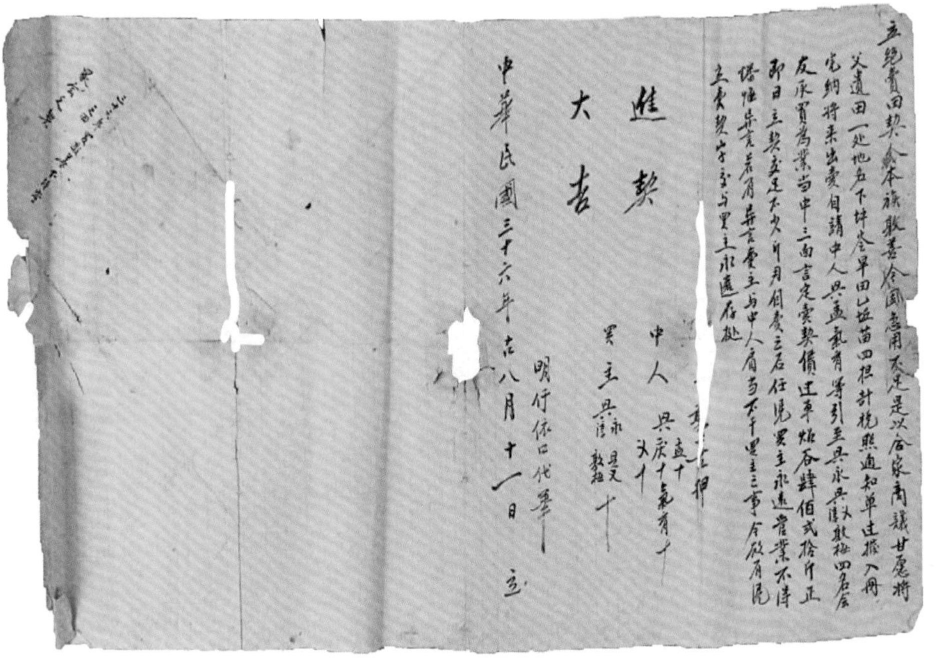

立绝卖田契人本族敦善今因急用不足是以合家商议甘愿将父遗田一处地名下坪岭旱田一丘苗四担计税照通知单过拨入册完纳将来出卖自请中人兴孟气育等引至兴永兴义兴淳敦梅四名会友承买为业当中三面言定卖契债过车焗谷肆佰贰拾斤正即日立契交足不少斤两自卖之后任凭买主永远管业不得憣悔异言若有异言卖主与中人肩当不干买主之事今欲有凭立卖契字交与买主永远存据

进契大吉

中人敦善兴孟【押】兴庆【押】兴义【押】气育【押】

买主兴永兴淳☐义【押】敦梅【押】

明行依口代笔

中华民国三十六年古八月十一日立

三十六年买敦善下坪岭之田众会之契

民国三十七年三月初十日蒋龙文等发批田契约

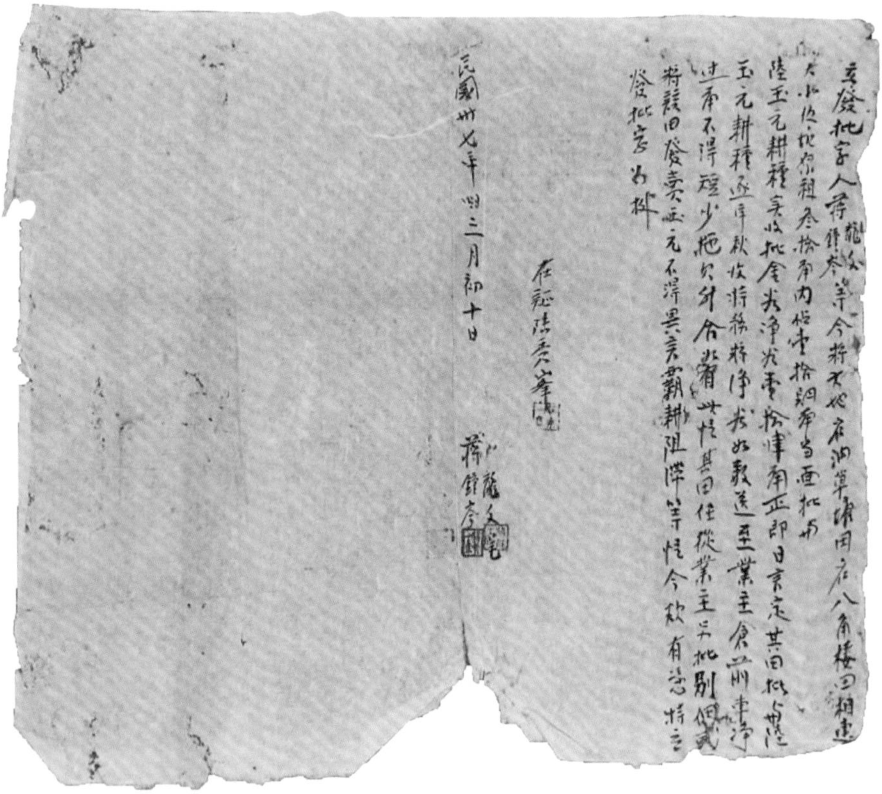

立发批字人蒋龙文蒋钟岑等今将大地名油草塘田名八角楼田相连大小伍丘原租叁拾甬内占壹拾肆甬当面批与陆玉元耕种实收批金谷净谷壹拾肆甬正即日言定其田批与陆玉元耕种逐年秋收时务将净谷如数送至业主仓前车净过甬不得短少拖欠升合如有此情其田任从业主另批别佃或将该田发卖玉元不得异言霸耕阻滞等情今欲有凭特立发批字为据

在证陆秀峰【印】

民国卅七年旧三月初十日蒋龙文笔【印】蒋钟岑【印】

第六部分　桂林西岔河灯草塘契约

乾隆三十四年十一月初六日何维交卖田契约

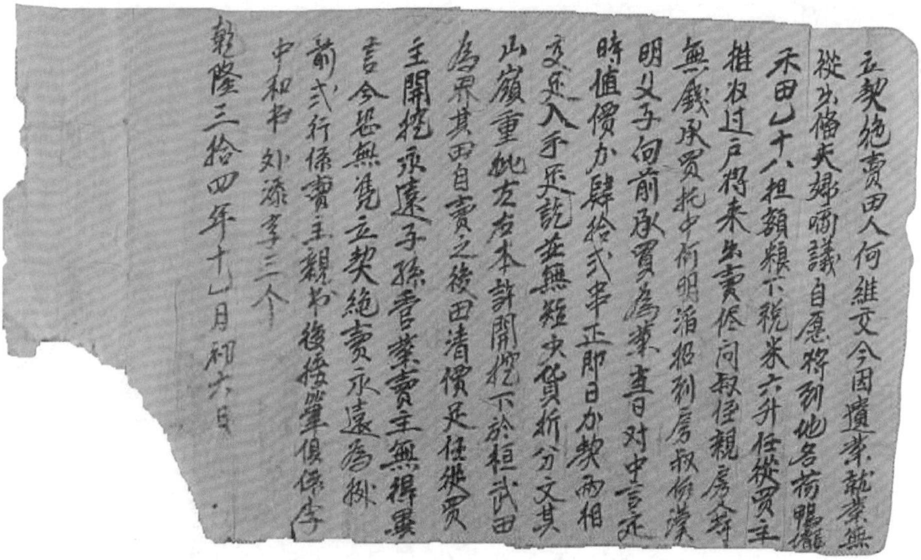

立契绝卖田人何维交今因遗业就业无从出备夫妇嘀（商）议自愿将到地名荷鸭垅禾田一十八担额粮下税米六升任从买主推收过户将来出卖尽问叔侄亲房人等无钱承买托中何明滔招到房叔何汉明父子向前承买为业当日对中言定时值价钱肆拾贰串正即日钱契两相交足入手足讫并无短少货折分文其山岭重批左右本许开挖下于桓武田为界其田自卖之后田清价足任从买主开挖永远子孙管业卖主无得异言今恐无凭立契绝卖永远为据

前贰行系卖主亲书后接笔俱系李

中和书外添字三个

乾隆三拾四年十一月初六日

道光二十二年九月十八日赵山容等卖田契约

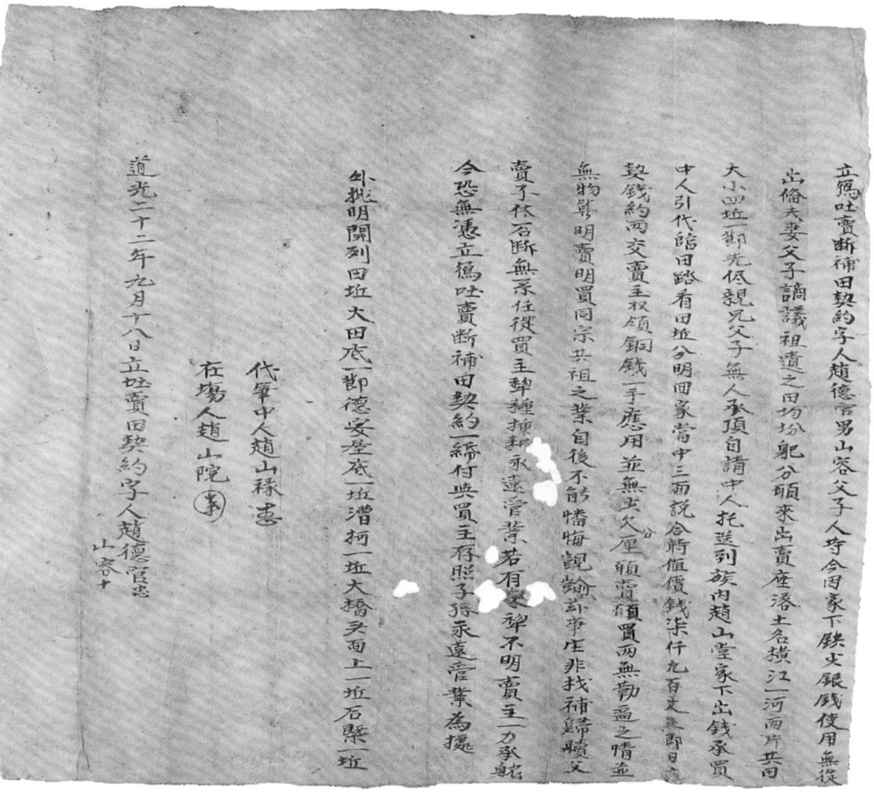

立写吐（杜）卖断补田契约字人赵德官男山容父子人等今因家下缺少银钱使用无从出备夫妻父子謪（商）议祖遗之田均坋己分愿来出卖坐落土名横江一河两片共田大小四丘一节先尽亲兄父子无人承顶自请中人托送到族内赵山堂家下出钱承买中人引代临田踏看田丘分明回家当中三面说合时值价钱柒仟九百文正即日〈立〉契钱约两交卖主收领铜钱一手应用并无少欠分厘愿卖愿买两无勒逼之情并无物算明卖明买同宗共祖之业自后不能憣悔觊觎兹事生非找补归赎父卖子休石断无系任从买主犁种插耕永远管业若有□犁不明卖主一力承躭（担）今恐无凭立写吐（杜）卖断补田契约一纸付与买主存照子孙永远管业为据

外批明开列田丘大田底一节德安屋底一丘漕柯一丘大桥头面上一丘后概一丘

代笔中人赵山禄【押】

在场人赵山院【押】

道光二十二年九月十八日立吐（杜）卖田契约字人赵德官赵山容【押】

道光二十六年九月二十七日赵山德等卖山场契约

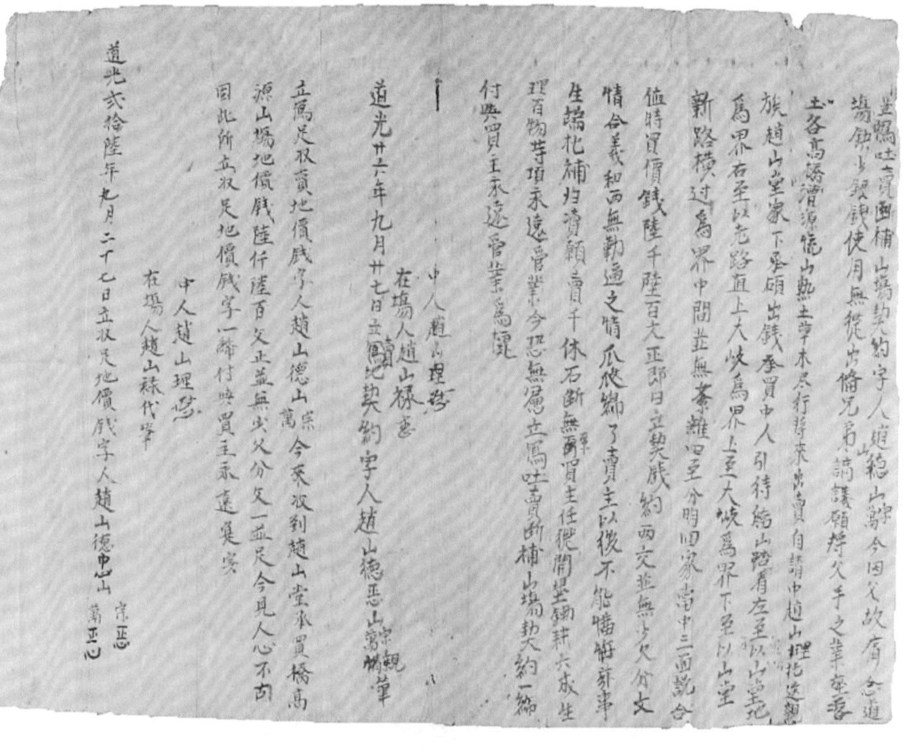

立写吐（杜）卖断补山场契约字人赵山德赵山宗赵山赵山万今因父故痛念道场缺少银钱使用无从出备兄弟谪（商）议愿将父手之业坐落土各（名）高桥漕源慌（荒）山熟土草木尽行将来出卖自请中赵山理托送亲族赵山堂家下承领出钱承买中人引待临山踏看左至以山堂地为界右至以老路直上大岐为界上至大岐为界下至以山堂新路横过为界中间并无紊杂四至分明回家当中三面说合值时买价钱陆千陆百文正即日立契钱约两交并无少欠分文情合义和两无勒逼之情瓜瓞绵绵卖主以后不能憣悔兹事生端找补归漬（赎）愿卖千休石断无系买主任从开垦锄耕六成生理百物等项永远管业今恐无凭立写吐（杜）卖断补山场契约一纸付与买主永远管业为据

中人赵山理【押】

在场人赵山禄【押】

道光廿六年九月廿七日立写卖地契约字人赵山德【押】

赵山宗赵山万☐亲笔

立写足收卖地价钱字人赵山德赵山宗赵山万今来收到赵山堂承买桥高源山场地价钱陆仟陆百文正并无少欠分文一并足今见人心不古固此所立收足地价钱字一纸付与买主永远实（是）实

中人赵山理【押】

在场人赵山禄代笔

道光贰拾陆年九月二十七日立收足地价钱字人赵山德

【押】赵山宗【押】赵山万【押】

道光二十七年二月二十五日赵德官等卖山土契约

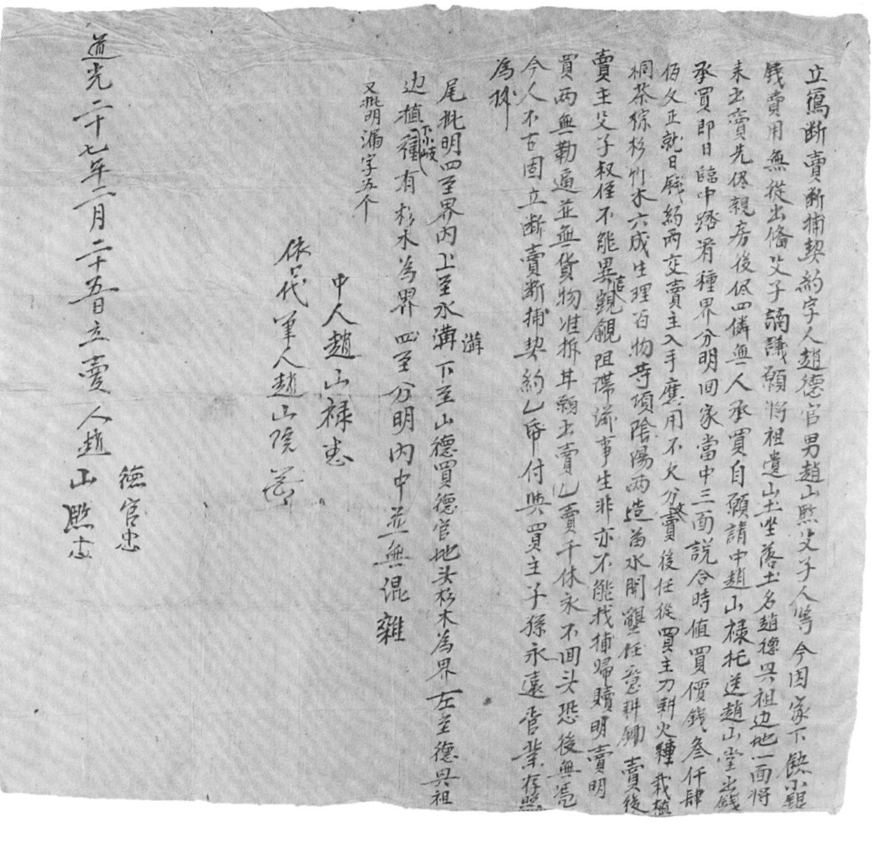

立写断卖断捕（补）契约字人赵德官男赵山熙父子人等今因家下缺小（少）银钱费用无从出备父子謪（商）议愿将祖遗山土坐落土名赵德兴祖边地一面将来出卖先尽亲房后尽四隣（邻）无人承买自愿请中赵山禄托送赵山堂出钱承买即日临中踏看种界分明回家当中三面说合时值买价钱叁仟肆佰文正就日钱约两交卖主入手应用不欠分文卖后任从买主刀耕火种栽植桐茶棕杉竹木六成生理百物等项阴阳两造留水开垦任意耕锄卖后卖主父子叔侄不能异言觊觎阻滞滋事生非亦不能找捕（补）归赎明卖明买两无勒逼并无货物准拆（折）甘愿出卖一卖千休永不回头恐后无凭今人不古固立断卖断捕（补）契约一纸付与买主子孙永远管业存照为据

尾批明四至界内上至水沟下至山德买德官地头杉木为界左至德兴祖边植下小岐种有杉木为界四至分明内中并无混杂

又批明漏字五个

中人赵山禄【押】

依口代笔人赵山院【押】

道光二十七年二月二十五日立卖人赵德官【押】赵山熙【押】

道光三十年二月十九日赵山德等卖田契约

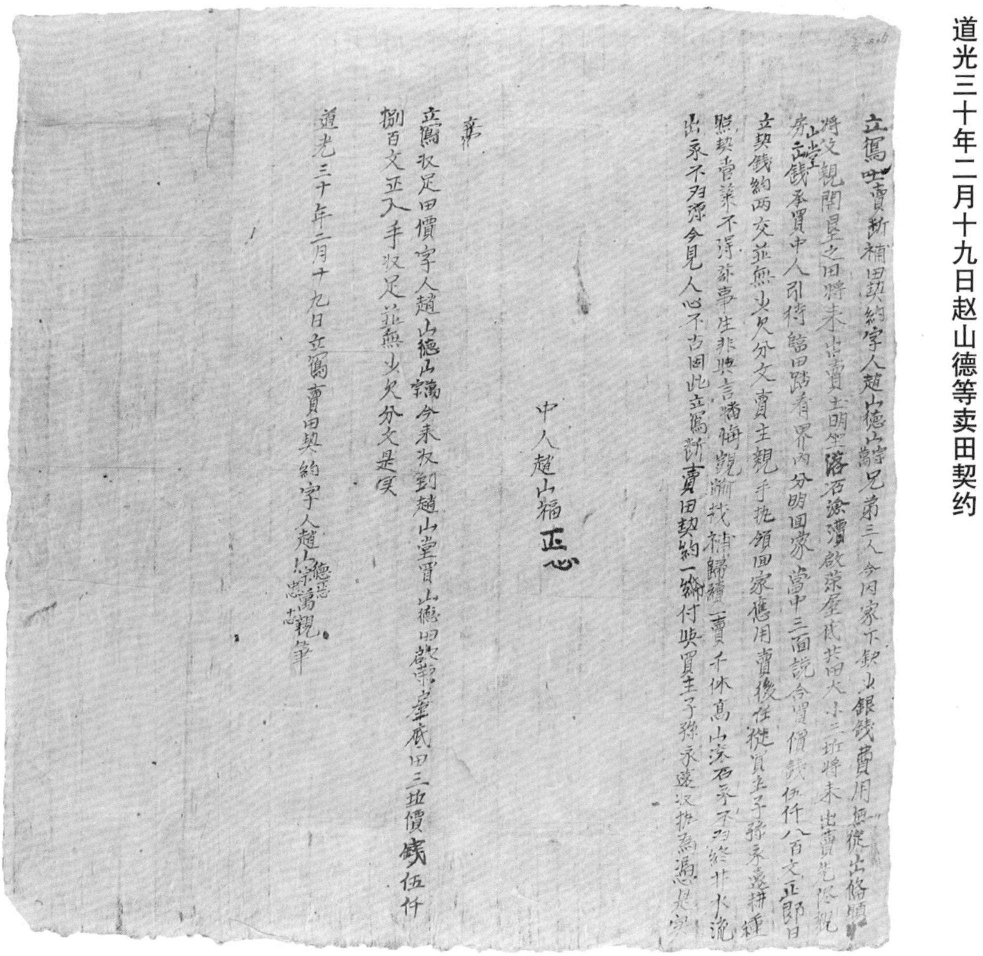

立写吐（杜）卖断补田契约字人赵山德赵山宗赵山万兄弟三人今因家下缺少银钱费用无从出备愿将父亲开垦之田将来出卖土明（名）坐落石涂漕啟荣屋底共田大小三丘将来出卖先尽亲房山堂出钱承买中人引待临田踏看界内分明回家当中三面说合买价钱伍仟八百文正即日立契钱约两交并无少欠分文卖主亲手执领回家应用卖后任从买主子孙永远耕种照契管业不得兹事生非与言憣悔觊覦找补归续（赎）一卖千休高山滚石永不归终井水流出永不归源今见人心不古固此立写断卖田契约一纸付与买主子孙永远收执为凭是实

中人赵山福

立写收足田价字人赵山德赵山万赵山宗今来收到赵山堂买山德田啟荣屋底田三丘价钱伍仟捌百文正入手收足并无少欠分文是实

道光三十年二月十九日立写卖田契约字人赵山德【押】赵山宗【押】赵山万【押】亲笔

咸丰六年三月初八日赵山万等卖山场契约

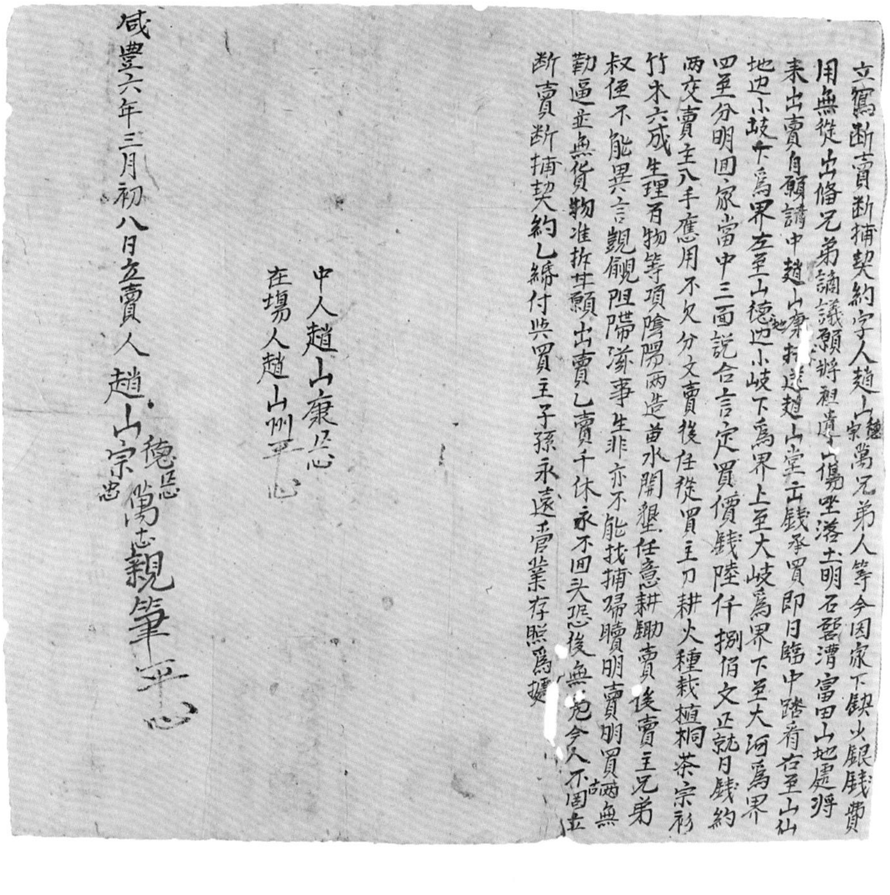

立写断卖断捕（补）契约字人赵山德赵山宗赵山万兄弟人等今因家下缺少银钱费用无从出备兄弟謪（商）议愿将祖遗山伤（场）坐落土明（名）石碧漕富田山地处将来出卖自愿请中赵山康□送赵山堂出钱承买即日临中踏看右至山仙地边小岐下为界左至山德地边小岐下为界上至大岐为界下至大河为界四至分明回家当中三面说合言定买价钱陆仟捌佰文正就日钱约两交卖主入手应用不欠分文卖后任从买主刀耕火种栽植桐茶宗（棕）衫（杉）竹木六成生理百物等项阴阳两造留水开垦任意耕锄卖后卖主兄弟叔侄不能异言觊觎阻隲（滞）滋事生非亦不能找捕（补）归赎明卖明买两无勒逼并无货物准拆（折）甘愿出卖一卖千休永不回头恐后无凭今人不古固立断卖断捕（补）契约一纸付与买主子孙永远管业存照为据

中人赵山康【押】

在场人赵山州【押】

咸丰六年三月初八日立卖人赵山德【押】

赵山宗【押】赵山万【押】亲笔【押】

咸丰六年三月初八日赵山万等收卖地足收字据

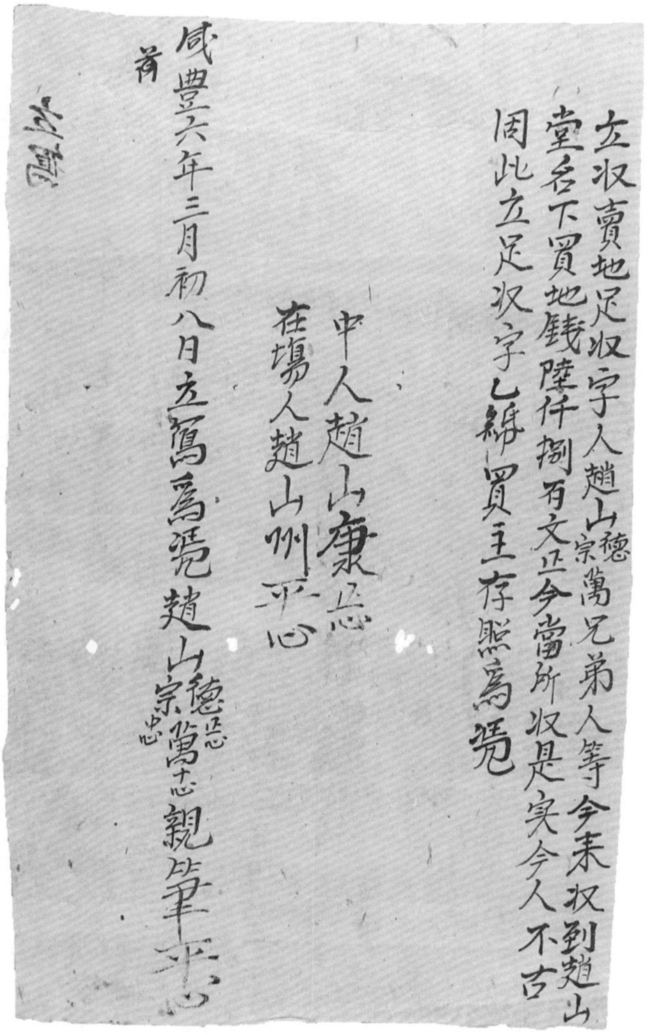

立收卖地足收字人赵山德赵山宗赵山万兄弟人等今来收到赵山堂名下买地钱陆仟捌百文正今当所收是实今人不古固此立足收字一纸买主存照为凭

中人赵山康【押】

在场人赵山州【押】

咸丰六年三月初八日立写为凭赵山德【押】赵山宗【押】赵山万【押】亲笔【押】

同治元年十一月十二日赵山燕等卖地契约

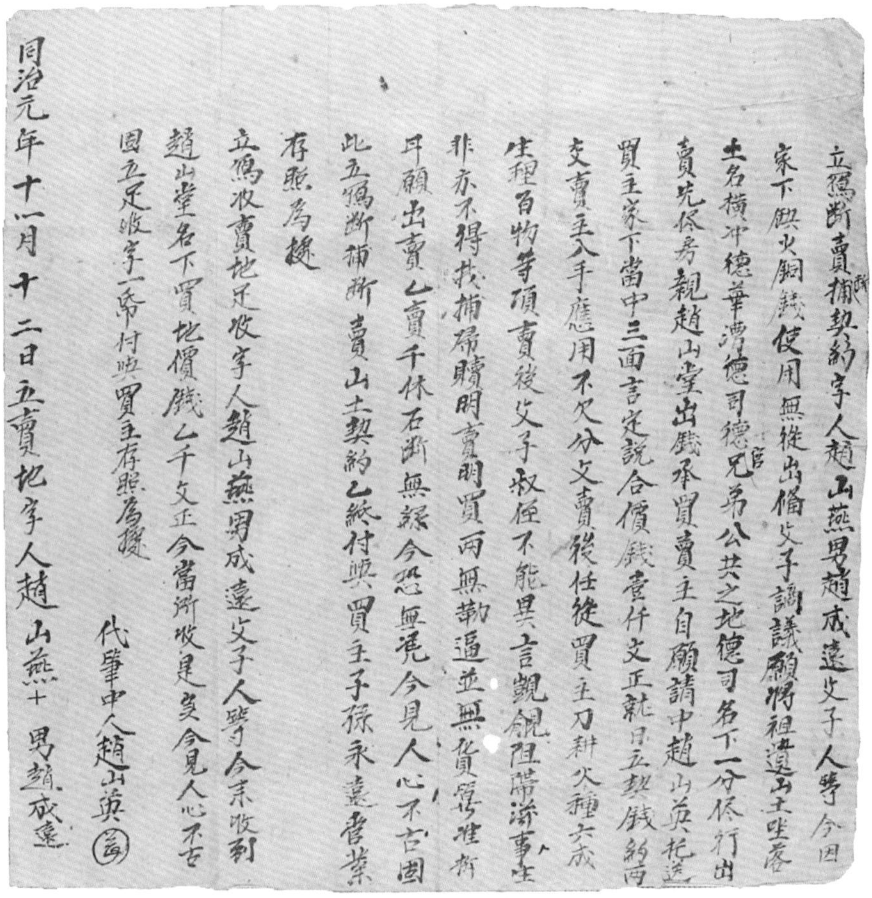

立写断卖断捕（补）契约字人赵山燕男赵成远父子人等今因家下缺少铜钱使用无从出备父子謪（商）议愿将祖遗山土坐落土名横冲德华漕德司德官兄弟公共之地德司名下一分尽行出卖先尽房亲赵山堂出钱承买卖主自愿请中赵山英托送买主家下当中三面言定说合价钱壹仟文正就日立契钱约两交卖主入手应用不欠分文卖后任从买主刀耕火种六成生理百物等项卖后父子叔侄不能异言觊觎阻隔（滞）滋事生非亦不得找捕（补）归赎明卖明买两无勒逼并无货算准拆（折）甘愿出卖一卖千休石断无缘今恐无凭今见人心不古固此立写断捕（补）断卖山土契约一纸付与买主子孙永远管业存照为据

立写收卖地足收字人赵山燕男成远父子人等今来收到赵山堂名下买地价钱一千文正今当所收是实今见人心不古固立足收字一纸付与买主存照为据

代笔中人赵山英【押】

同治元年十一月十二日立卖地字人赵山燕【押】男赵成远

同治二年二月十七日赵山德等卖地契约

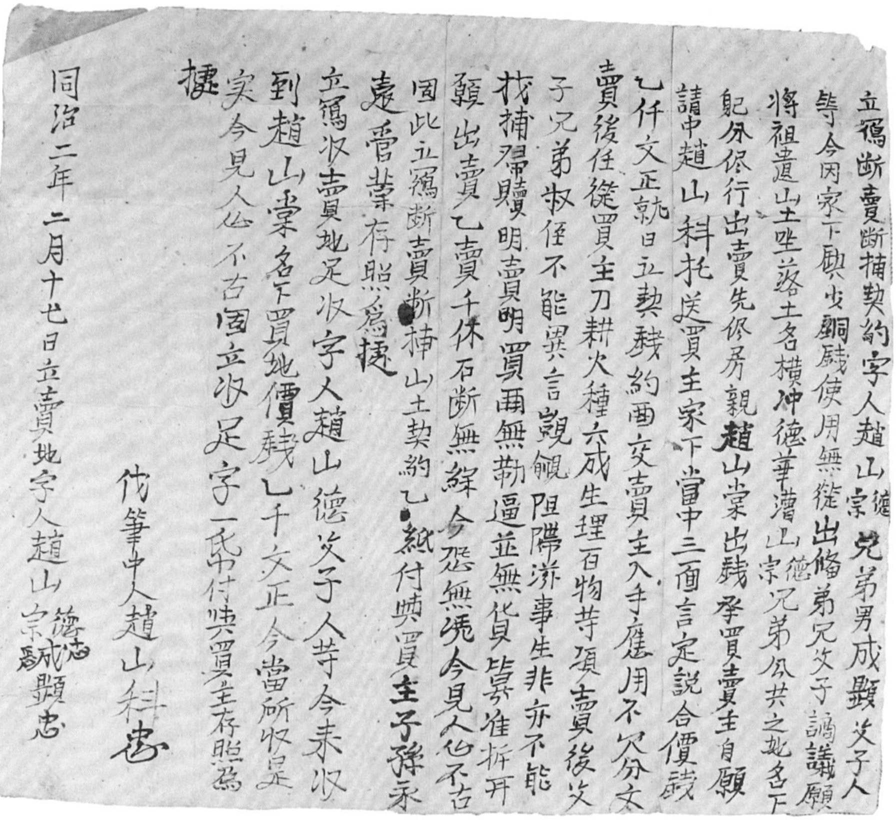

立写断卖断捕（补）契约字人赵山德赵山宗兄弟男成显父子人等今因家下缺少铜钱使用无从出备弟兄父子謪（商）议愿将祖遗山土坐落土名横冲德华漕山德山宗兄弟公共之地名下己分尽行出卖先尽房亲赵山棠出钱承买卖主自愿请中赵山科托送买主家下当中三面言定说合价钱一仟文正就日立契钱约两交卖主入手应用不欠分文卖后任从买主刀耕火种六成生理百物等项卖后父子兄弟叔侄不能异言觊觎阻隔（滞）滋事生非亦不能找捕（补）归赎明卖明买两无勒逼并无货算准拆（折）甘愿出卖一卖千休石断无▢今恐无凭今见人心不古固此立写断卖断捕（补）山土契约一纸付与买主子孙永远管业存照为据

立写收卖地足收字人赵山德父子人等今来收到赵山棠名下买地价钱一千文正今当所收是实今见人心不古固立收足字一纸付与买主存照为据

代笔中人赵山科【押】

同治二年二月十七日立卖地字人赵山德【押】

赵山宗【押】赵成显【押】

同治二年三月二十八日邓容兴卖田契约

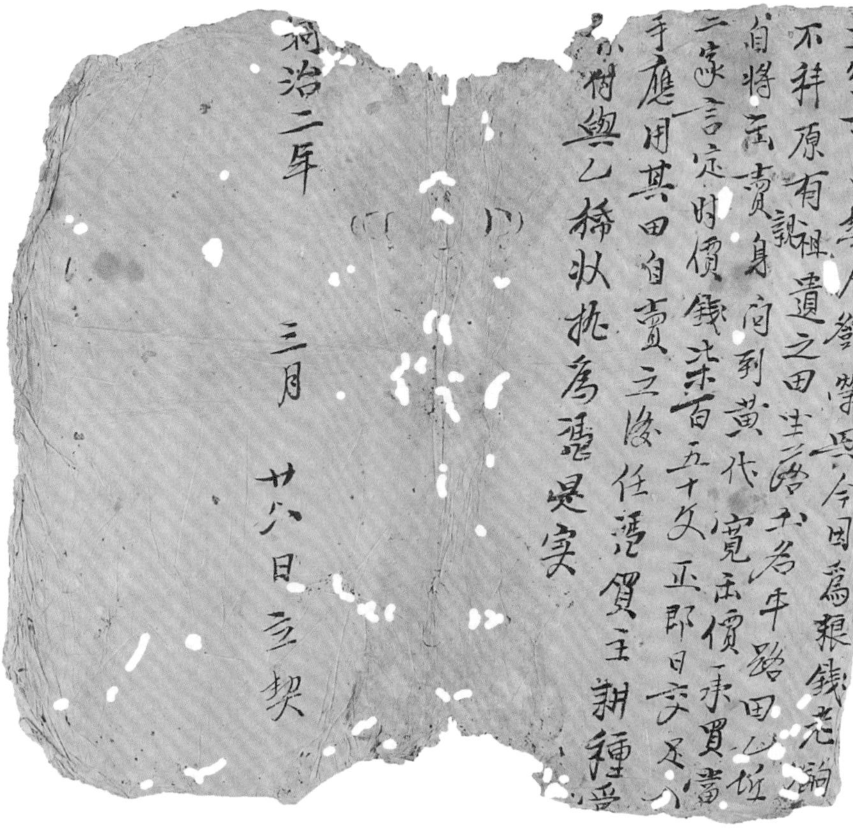

立写卖田契人邓荣兴今因为粮钱老饷不料原有祖遗之田坐落土名牛路田一丘自将出卖亲身问到黄代宽出价承买当二家言定时价柒百五十文正即日交足入手应用其田自卖之后任凭买主耕种管〈业〉付与一纸收执为凭是实

同治二年三月廿八日立契

同治三年二月二十六日李文会等卖屋宅居田土契约

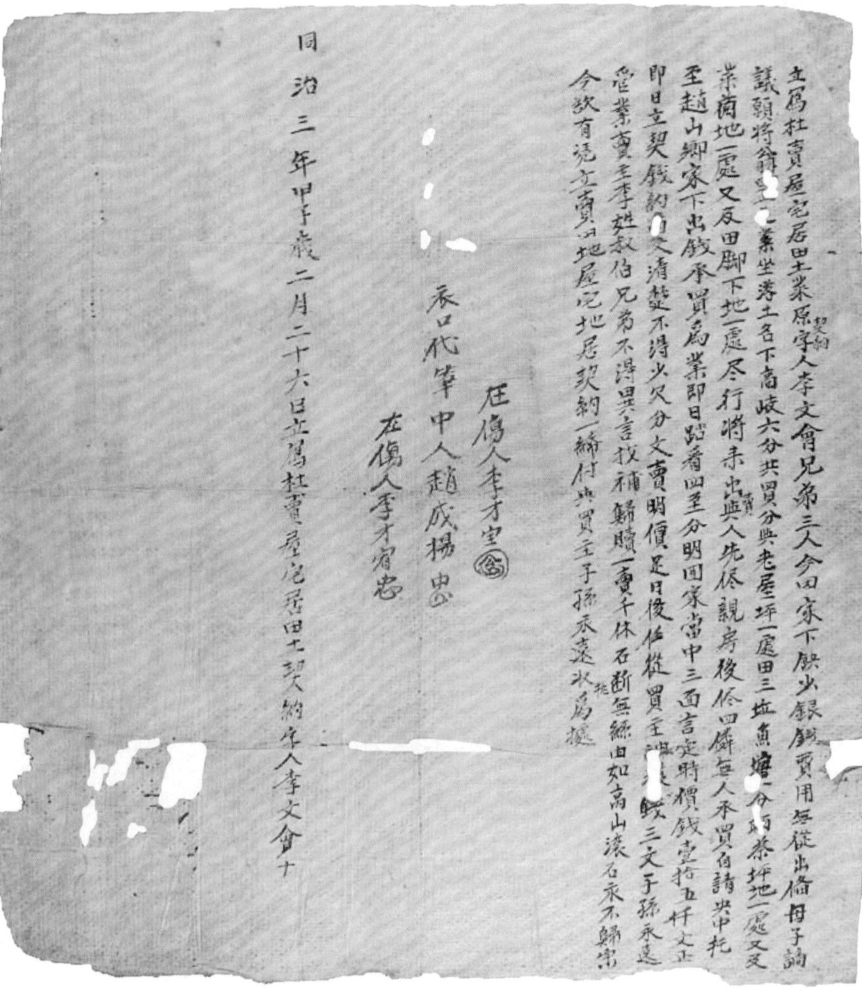

立写杜卖屋宅居田土业原契约字人李文会兄弟三人今因家下缺少银钱费用无从出备母子譎（商）议愿将翁□□业坐落土名下高岐六分共买分与老屋坪一处田三丘鱼塘一分□茶坪地一处又及菜园地一处又及田脚下地一处尽行将来出卖与人先尽亲房后尽四僯（邻）无人承买自请央中托至赵山乡家下出钱承买为业即日踏看四至分明回家当中三面言定时价钱壹拾五仟文正即日立契钱约〈两交〉清楚不得少欠分文卖明价足日后任从买主□□钱三文子孙永远管业卖主李姓叔伯兄弟不得异言找补归赎一卖千休石断无綵（缘）由如高山滚石永不归宗今欲有凭立卖田地屋宅地居契约一纸付与买主子孙永远收执为据

在场人李才宝【押】

衣（依）口代笔中人赵成杨【押】

在场人李才宥【押】

同治三年甲子岁二月二十六日立写杜卖屋宅居田土契约字人李文会【押】

同治四年四月十七日黎啟昌等卖屋契约

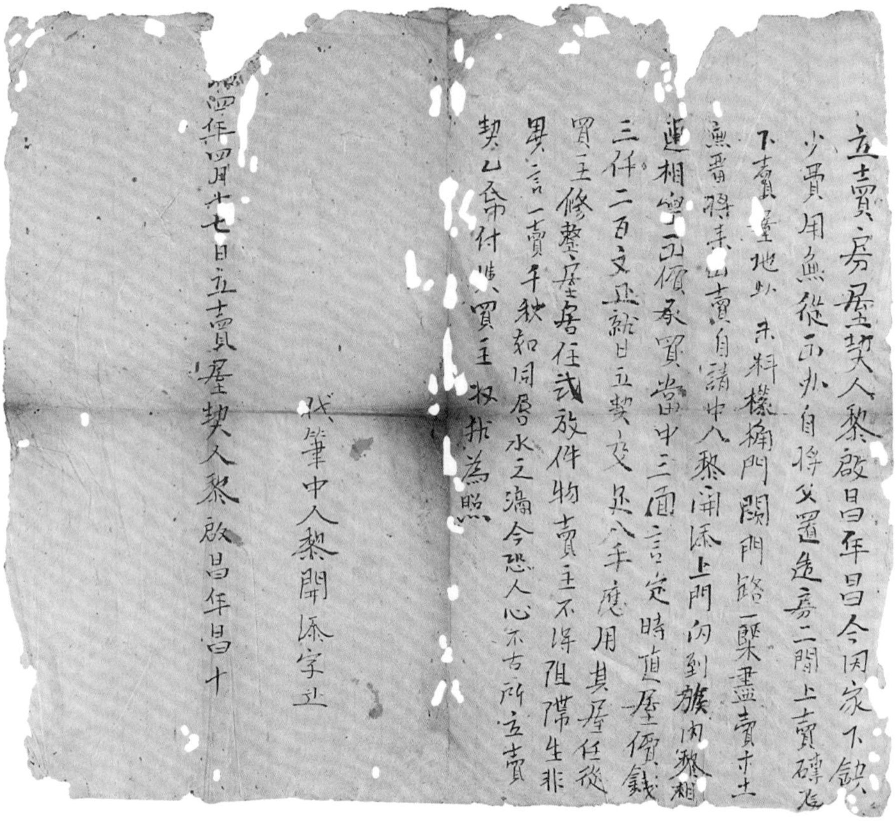

立卖房屋契人黎啟昌年昌今因家下缺少费用无从出办自将父置造房二间上卖砖瓦下卖屋地以未料椽桷门阏门路一概尽卖寸土无留将来出卖自请中人黎开添上门向（问）到族内黎相连相宁出价承买当中三面言定时直屋价钱三仟二百文正就日立契交足入手应用其屋任从买主修整屋居住或放件物卖主不得阻隲（滞）生非异言一卖千秋如同唇水之滴今恐人心不古所立卖契一纸付与买主收执为照

代笔中人黎开添字正

〈同治〉四年四月十七日立卖屋契人黎啟昌年昌【押】

同治九年四月初七日黎氏分关合同

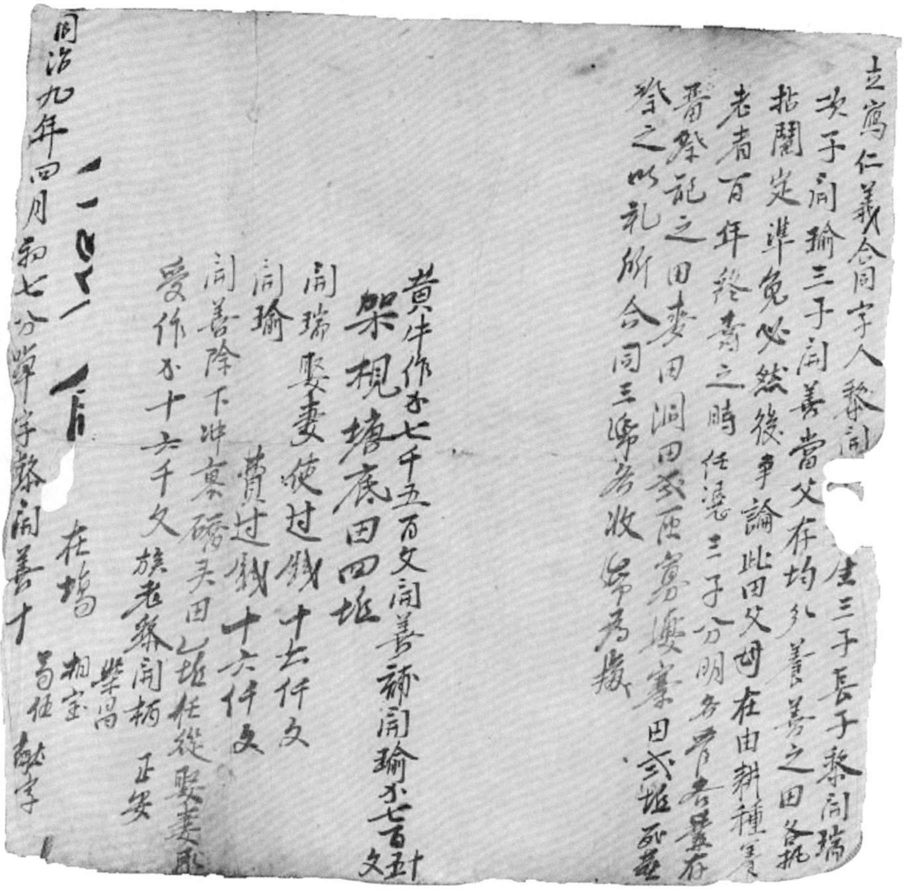

立写仁义合同字人黎开☐☐生三子长子黎开瑞次子开瑜三子开善当父存均分养善之田各执拈阄定准免必然后争论此田父母在由耕种☐老者百年终寿之时任凭三子分明各管各业存留祭祀之田麦田洞田贰匝寡溇寨田贰丘死葬祭之明礼所合同三纸各收纸为据

黄牛作钱七千五百文开善补开瑜钱七百十五文

架枧塘底田四丘

开瑞娶妻使过钱十七仟文

开瑜　　费过钱十六仟文

开善除下冲里磅头田 一丘任从娶妻承受作钱十六千文

族老黎开柄正安

在场黎荣昌黎相宝黎苟伍

☐

同治九年四月初七分单字黎开善【押】献字

同治九年四月十二日黎正福卖田契约

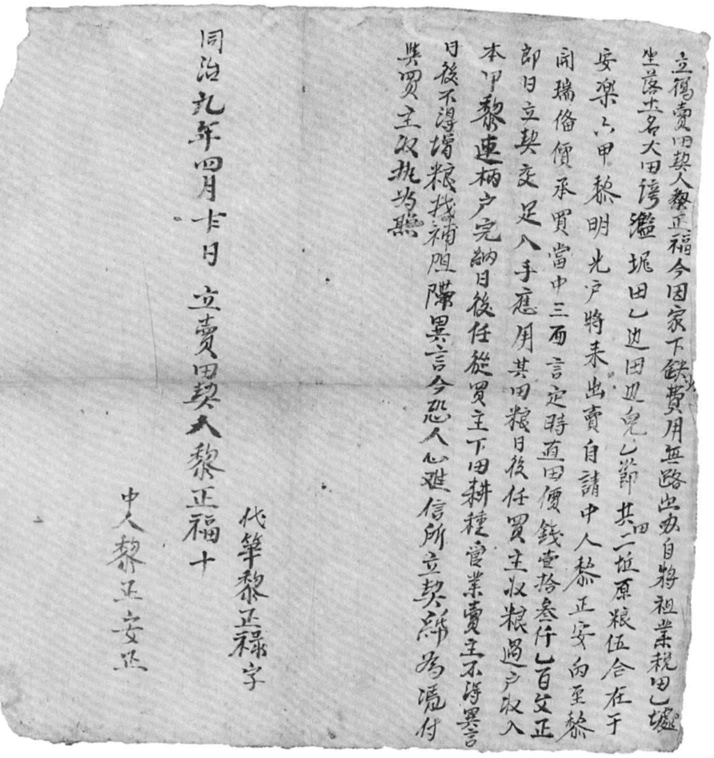

立写卖田契人黎正福今因家下缺少费用无路出办自将祖业税田一处坐落土名大田湾滥坭田一边田边貌一节共田二丘原粮伍合在于安乐六甲黎明光户将来出卖自请中人黎正安向（问）至黎开瑞备价承买当中三面言定时直田价钱壹拾叁仟一百文正即日立契交足入手应用其田粮日后任买主收粮过户收入本甲黎连柄户完纳日后任从买主下田耕种管业卖主不得异言日后不得增粮找补阻隮（滞）异言今恐人心难信所立契纸为凭付与买主收执为照

代笔黎正禄字

同治九年四月十二日立卖田契人黎正福【押】

中人黎正安正

同治十二年二月初七日李开证卖熟地契约

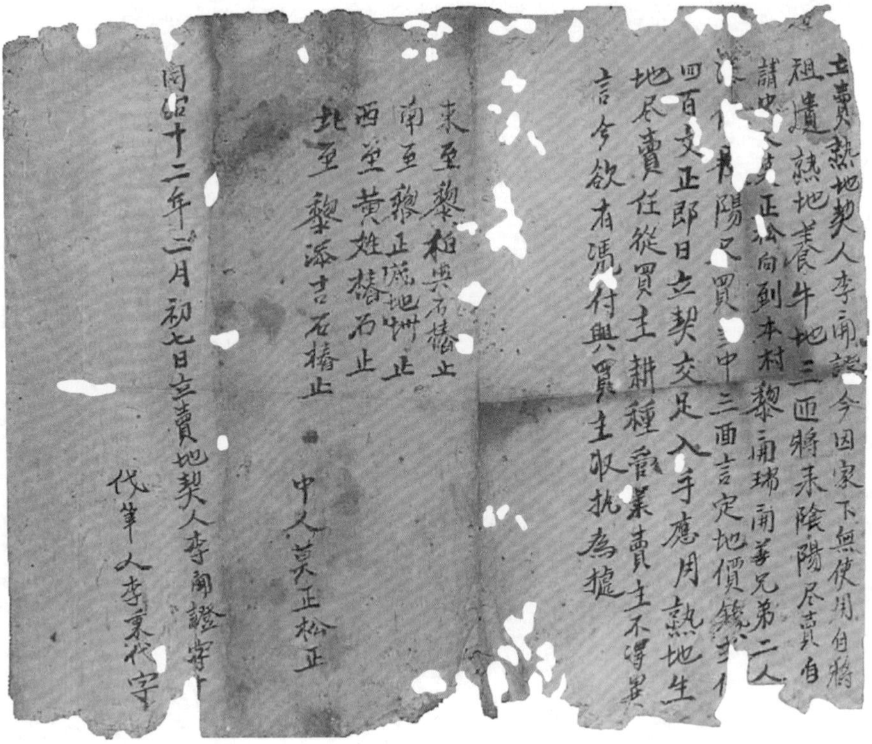

立卖熟地契人李开证今因家下无使用自将祖遗熟地养牛地三匝将来阴阳尽卖自请中〈人〉莫正松向（问）到本村黎开瑞开善兄弟二人□□〈阴〉阳〈承〉买当中三面言定地价钱〈贰〉□四百文正即日立契交足入手应用熟地生地尽卖任从买主耕种管业卖主不得异言今欲有凭付与买主收执为据

东至黎柏典石椿止

南至黎正茂地圳止

西至黄姓椿石止

北至黎添吉石椿止

中人莫正松正

同治十二年二月初七日立卖地契人李开证字□

代笔人李秉代字

光绪二年正月二十五日黎之选卖横屋契约

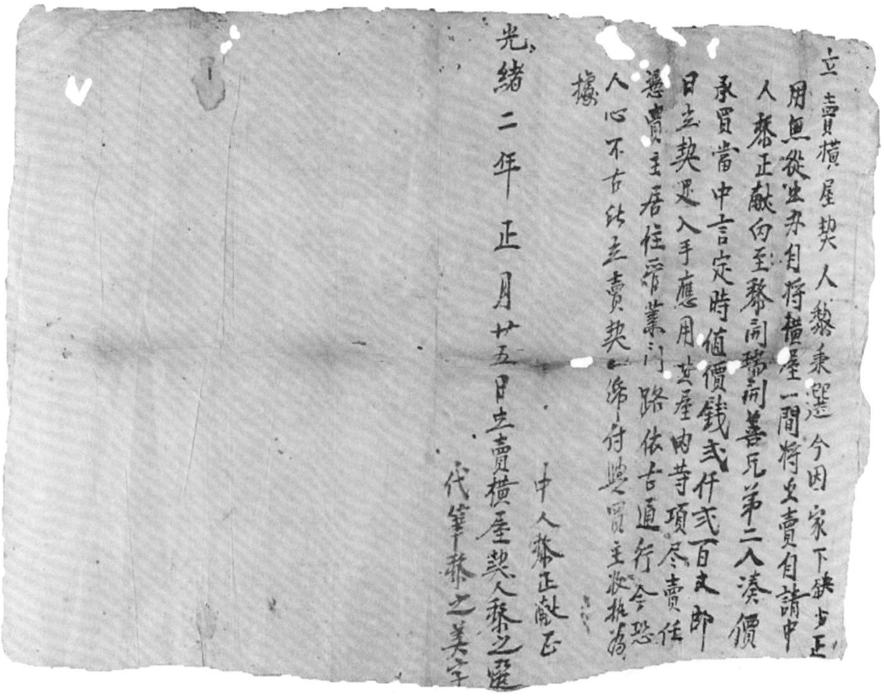

立卖横屋契人黎秉（之）选今因家下缺少正用无从出办自将横屋一间将出卖自请中人黎正献向（问）至黎开瑞开善兄弟二人凑价承买当中言定时值价钱贰仟贰百文即日立契（交）足入手应用其屋内等项尽卖任凭买主居住管业门路依古通行今恐人心不古所立卖契一纸付与买主收执为据

中人黎正献正

光绪二年正月廿五日立卖横屋契人黎之选

代笔黎之美字

光绪三年二月二十五日黎开环当斜间屋契约

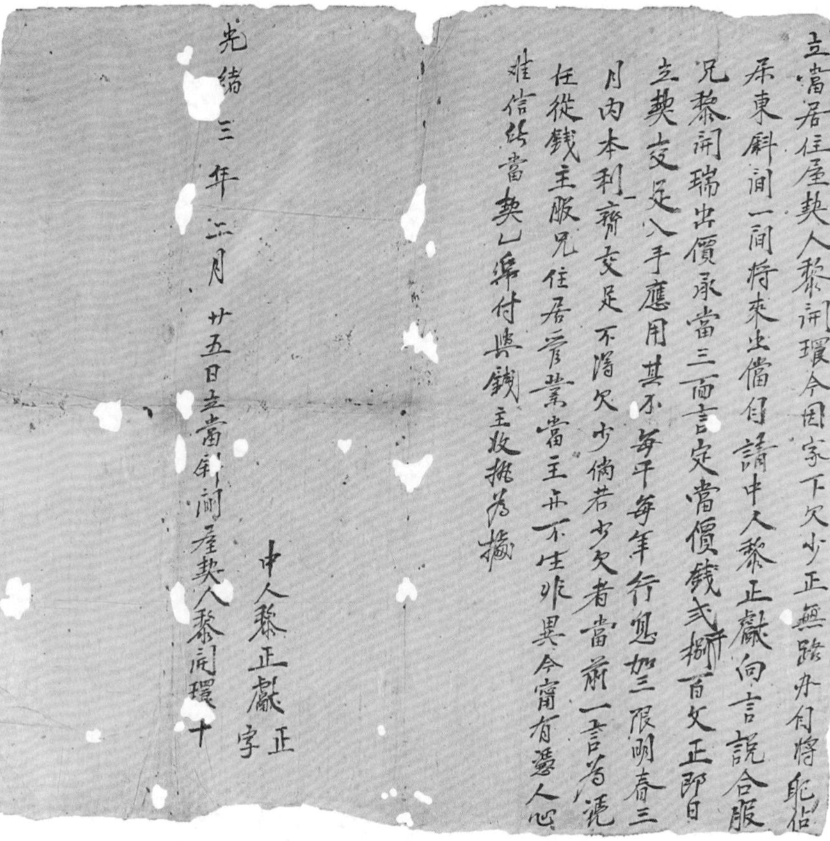

立当居住屋契人黎开环今因家下欠少正无路办自将己占屎东斜间一间将来出俻（当）自请中人黎正献向言说合服兄黎开瑞出价承当三面言定当价钱贰千捌百文正即日立契交足入手应用其钱每千每年行息加三限明春三月内本利一齐交足不得欠少倘若少欠者当前一言为凭任从钱主服兄住居管业当主亦不生非异〈言〉今宁有凭人心难信所当契一纸付与钱主收执为据

中人黎正献正字

光绪三年二月廿五日立当斜间屋契人黎开环【押】

光绪三年十一月二十日黎相宁卖田契约

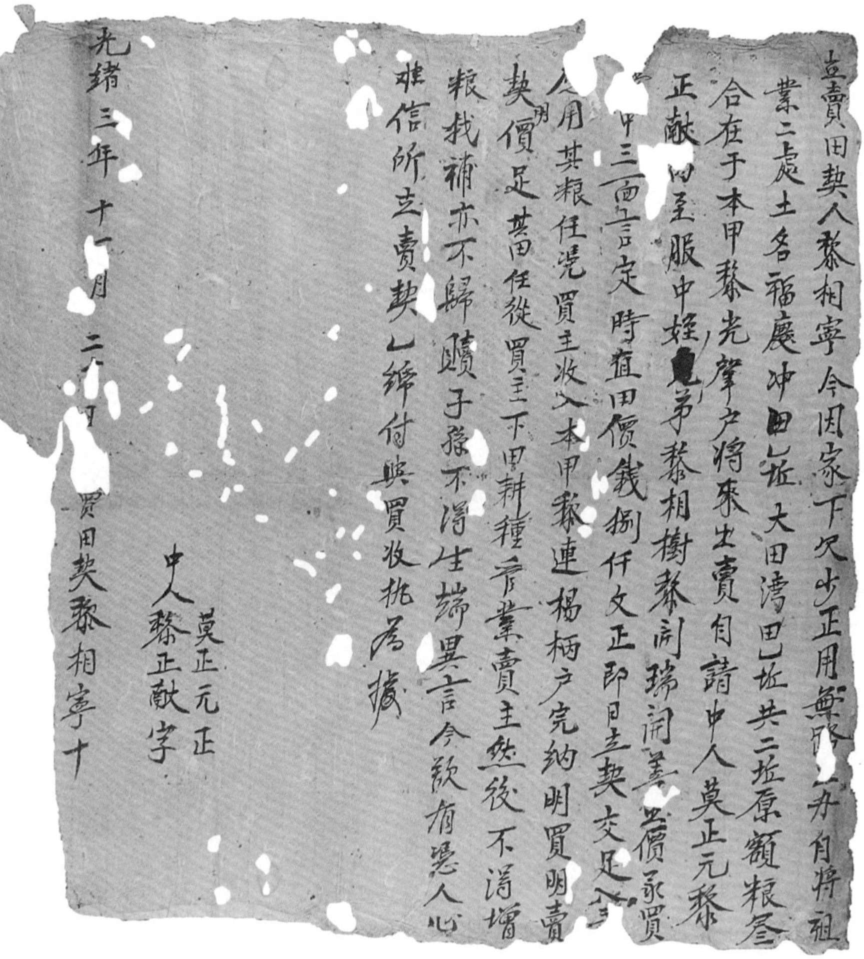

立卖田契人黎相宁今因家下欠少正用无路〈出〉办自将祖业二处土名福庆冲田一丘大田湾田一丘共二丘原额粮叁合在于本甲黎光肇户将来出卖自请中人莫正元黎正献□至服中弟姪黎相树黎开瑞开善出价承买〈当〉中三面言定时直田价钱捌仟文正即日立契交足入〈手应〉用其粮任凭买主收入本甲黎连杨柄户完纳明买明卖契明价足其田任从买主下田耕种管业卖主然后不得增粮找补亦不归赎子孙不得生端异言今欲有凭人心难信所立卖契一纸付与买〈主〉收执为据

中人莫正元正黎正献字

光绪三年十一月二十日□〈卖〉田契黎相宁【押】

光绪四年二月二十二日赵进福卖地土契约

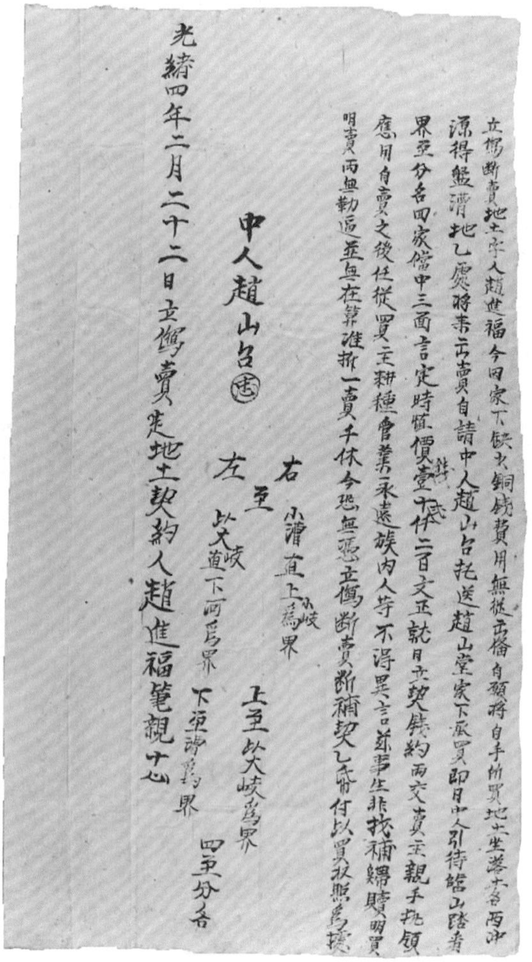

立写断卖地土字人赵进福今因家下缺少铜钱费用无从出备自愿将自手所买地土坐落土名西冲源得盘漕地一处将来出卖自请中人赵山台托送赵山堂家下承买即日中人引待临山踏看界至分名（明）回家凿（当）中三面言定时值价钱壹十贰仟二百文正就日立契钱约两交卖主亲手执领应用自卖之后任从买主耕种管业永远族内人等不得异言兹事生非找补归赎明买明卖两无勒逼并无在算准拆（折）一卖千休今恐无凭立写断卖断补契一纸付以买〈主〉收照为据

中人赵山台【押】

右至小漕直上小岐为界

左至以大岐直下河为界

上至以大岐为界

下至漕为界

四至分名（明）

光绪四年二月二十二日立写卖实地土契约人赵进福笔亲【押】

光绪四年六月初八日黎开还卖居住堂屋契约

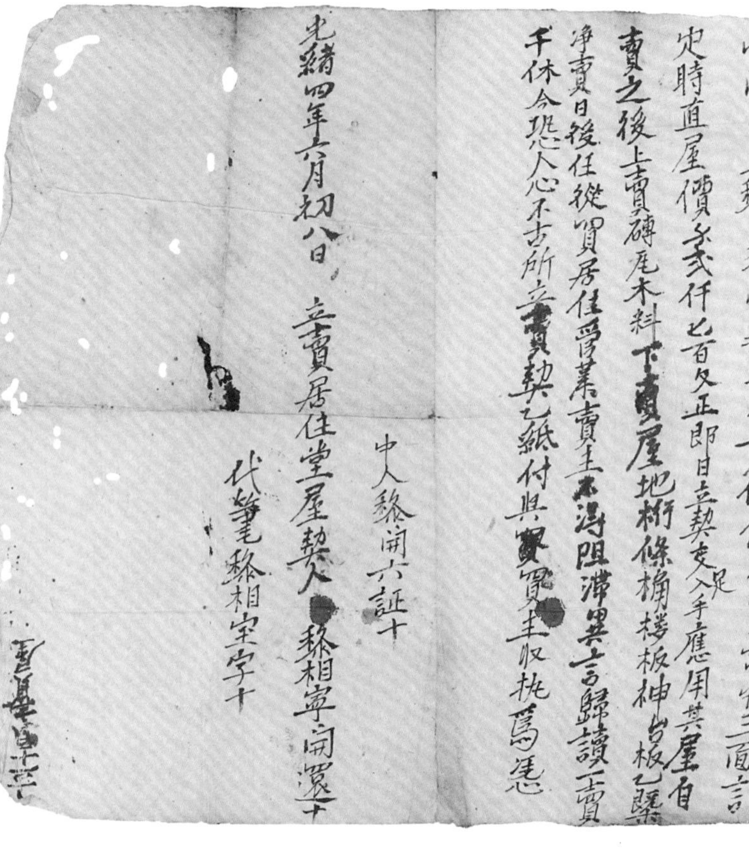

立卖居住堂屋契人黎开还今因家下无钱使用无路出办自将祖公之屋所占上边上间一边将来出卖自请中人黎相宝黎开赐向门问至黎开瑞开善兄弟二人备价承买当中三面言定时直屋价钱贰仟七百文正即日立契交足入手应用其屋自卖之后上卖砖瓦木料下卖屋地桁条桷楼板神台板一概净卖日后任从买〈主〉居住管业卖主不得阻滞异言归读（赎）一卖千休今恐人心不古所立卖契一纸付与买主收执为凭

中人黎开六证【押】

光绪四年六月初八日立卖居住堂屋契人黎相宁

开还【押】

代笔黎相宝字【押】

光绪四年六月初八日黎相宁等绝卖居住房屋契约

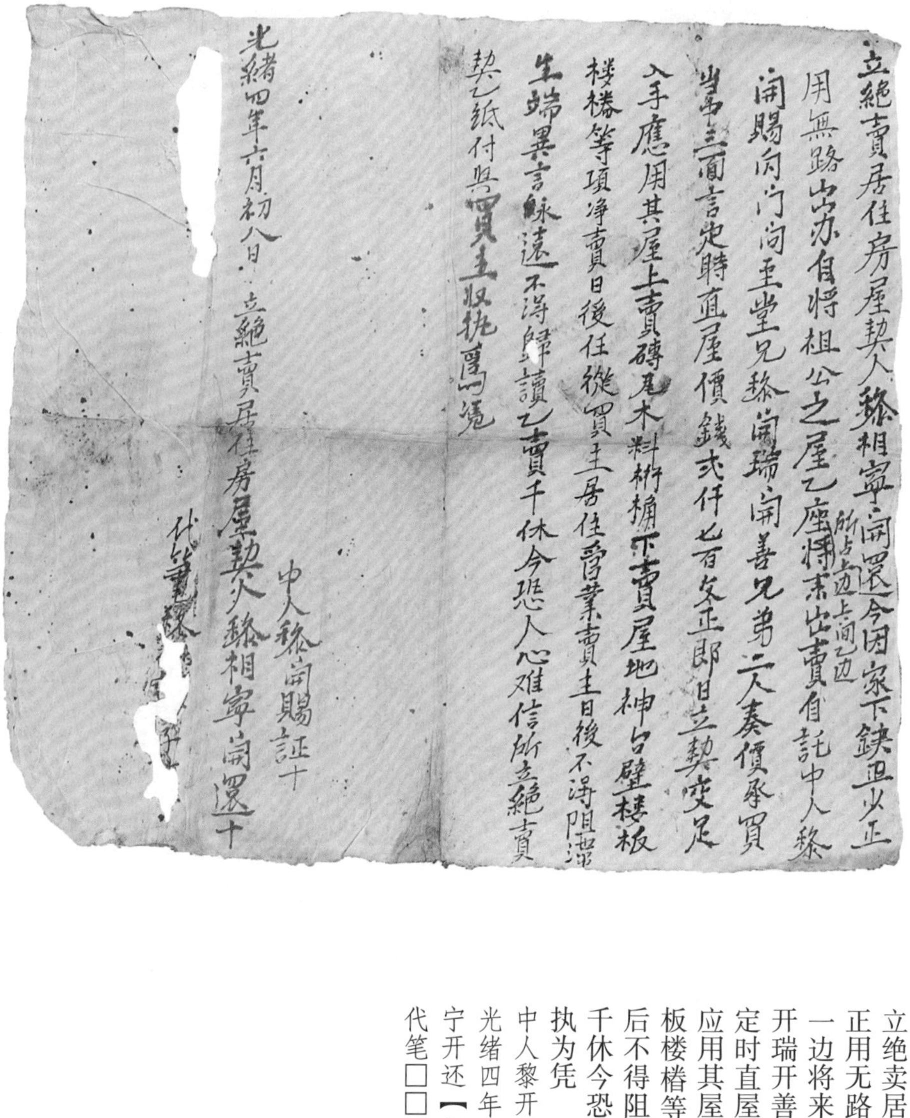

立绝卖居住房屋契人黎相宁开还今因家下缺少正用无路出办自将祖公之屋一座所占上边上间一边将来出卖自托中人黎开赐向门问至堂兄黎开瑞开善兄弟二人奏（凑）价承买当中三面言定时直屋价钱贰仟七百文正即日立契交足入手应用其屋上卖砖瓦木料桁桷下卖屋地神台壁楼板楼楮等项净卖日后任从买主居住管业卖主日后不得阻滞生端异言永远不得归读（赎）一卖千休今恐人心难信所立绝卖契一纸付与买主收执为凭

中人黎开赐证【押】

光绪四年六月初八日立绝卖居住房屋契人黎相宁开还【押】

代笔□□□字□

光绪五年二月二十二日黎开环等卖屋上房契约

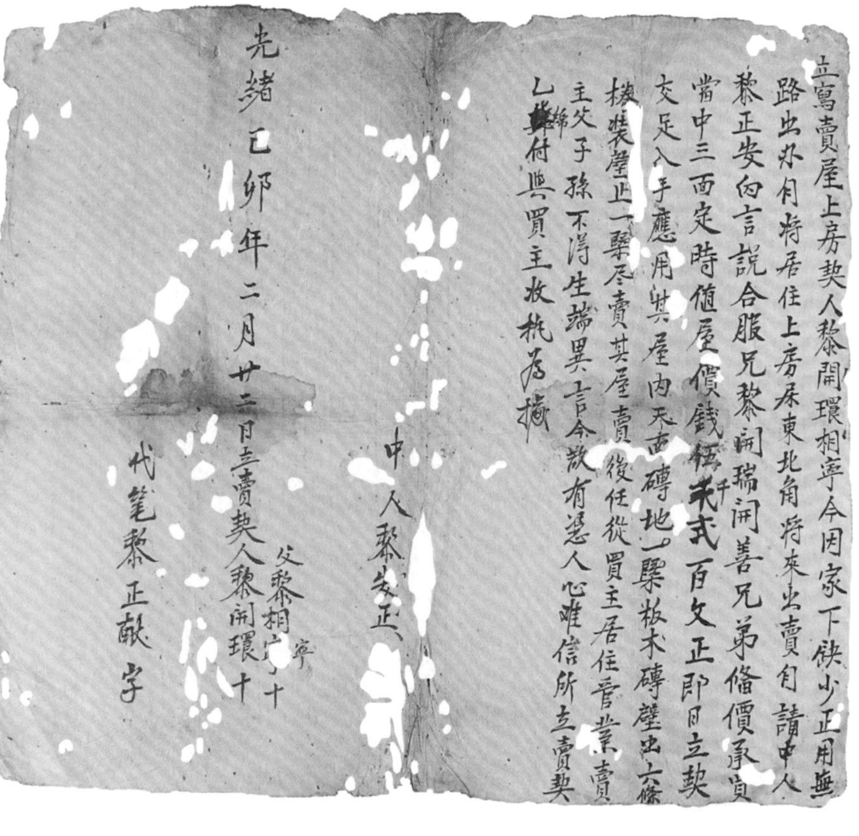

立写卖屋上房契人黎开环相宁今因家下缺少正用无路出办自将居住上房屎东北角将来出卖自请中人黎正安向言说合服兄黎开瑞开善兄弟备价承买当中三面定时值屋价钱伍仟贰百文正即日立契交足入手应用其屋内天□砖地一概板木砖壁出六条棬装壁止一概尽卖其屋卖后任从买主居住管业卖主父子孙不得生端异言今欲有凭人心难信所立卖契一纸付与买主收执为据

中人黎安正

光绪己卯年二月廿二日立卖契人父黎相宁【押】黎开环【押】

代笔黎正献字

光绪十二年五月初二日黎秉选卖横屋地契约

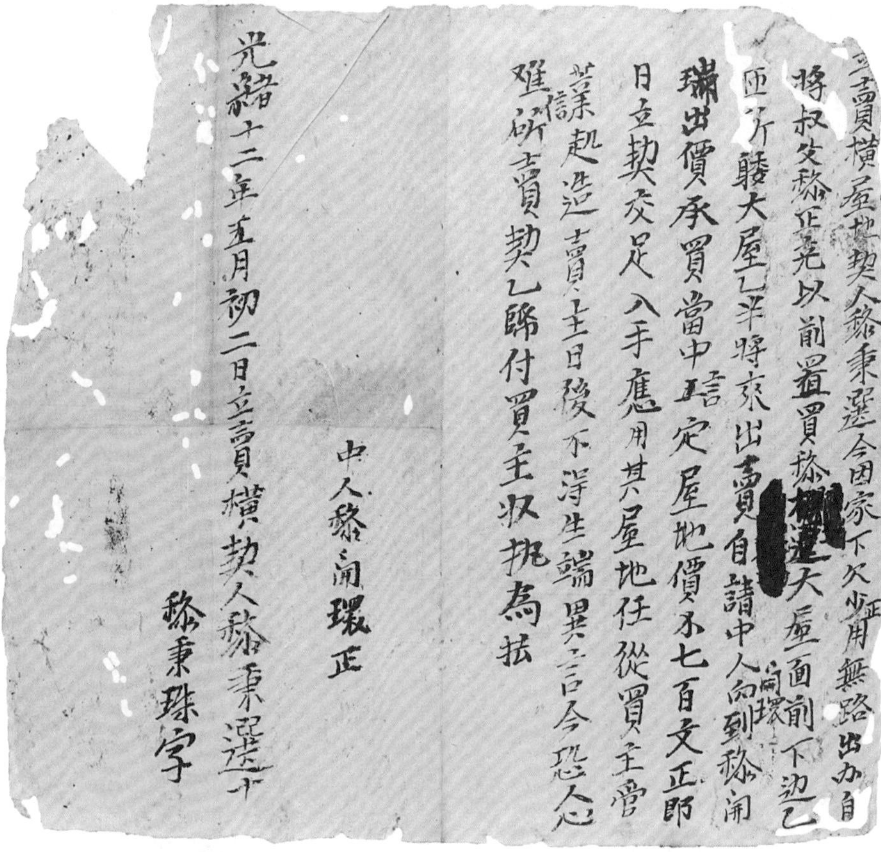

立卖横屋地契人黎秉选今因家下欠少正用无路出办自将叔父黎正亮以前置买黎□□大屋面前下边一匝所矮大屋一半将来出卖自请中人开环向（问）到黎开瑞出价承买当中言定屋地价钱七百文正即日立契交足入手应用其屋地任从买主管业赳（起）造卖主日后不得生端异言今恐人心难信所卖契一纸付买主收执为据

中人黎开环正

光绪十二年五月初二日立卖横契人黎秉选【押】

黎秉珠字

光绪十三年四月二十八日黎开环卖屋契约

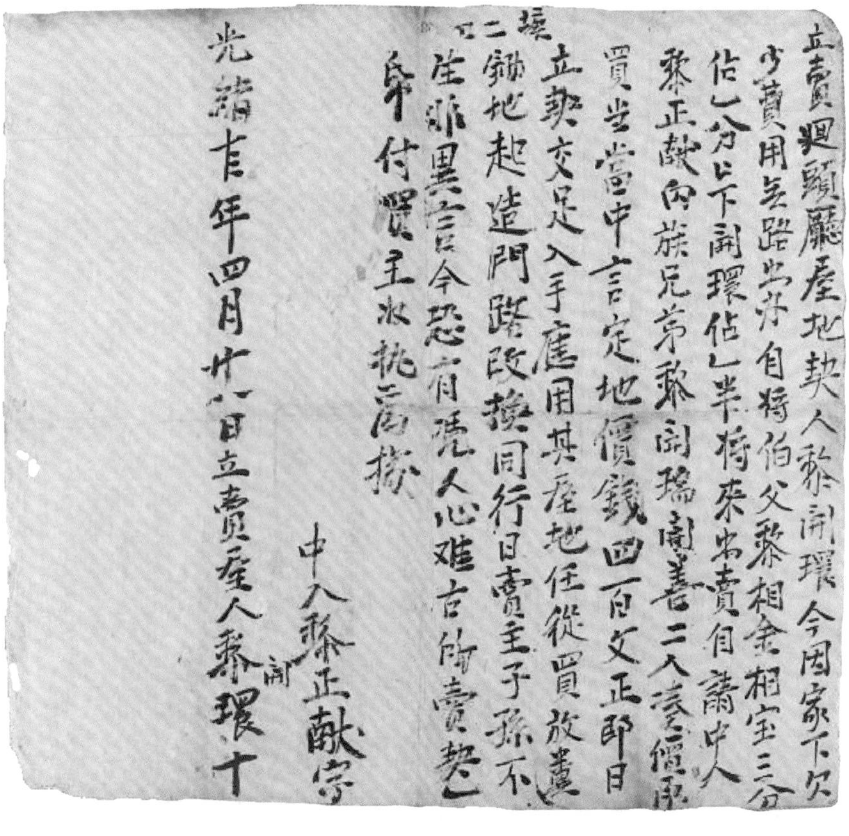

立卖回头厅屋地契人黎开环今因家下欠少费用无路出办自将伯父黎相金相宝三分占一分⍰下开环占一半将来出卖自请中人黎正猷向（问）族兄弟黎开瑞开善二人凑价承买当［当］中言定地价钱四百文正即日立契交足入手应用其屋地任从买〈主〉放粪锄地起造门路改换同行日〈后〉卖主子孙不〈得〉生非异言今恐有凭人心难古所卖契一纸付买主收执为据

中人黎正猷字

光绪十三年四月廿八日立卖屋人黎开环【押】

光绪二十一年四月十八日黎胜秀卖熟地契约

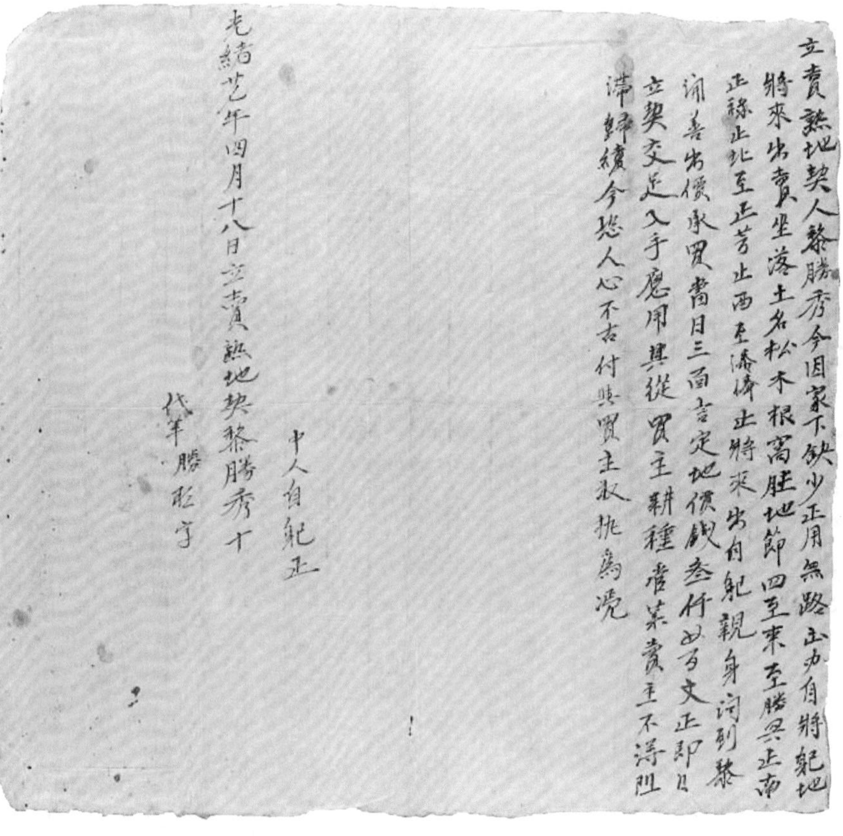

立卖熟地契人黎胜秀今因家下缺少正用无路出办自将己地将来出卖坐落土名松木根窝胜地节四至东至胜兴止南〈至〉正禄止北至正芳止西至添俸止将来出自己亲身问到黎开善出价承买当日三面言定地价钱叁仟四百文正即日立契交足入手应用其（任）从买主耕种管业卖主不得阻滞归续（赎）今恐人心不古付与买主收执为凭

中人自己正

光绪廿一年四月十八日立卖熟地契黎胜秀【押】

代笔胜⍰字

光绪二十八年十月十六日赵成和卖荒山熟土契约

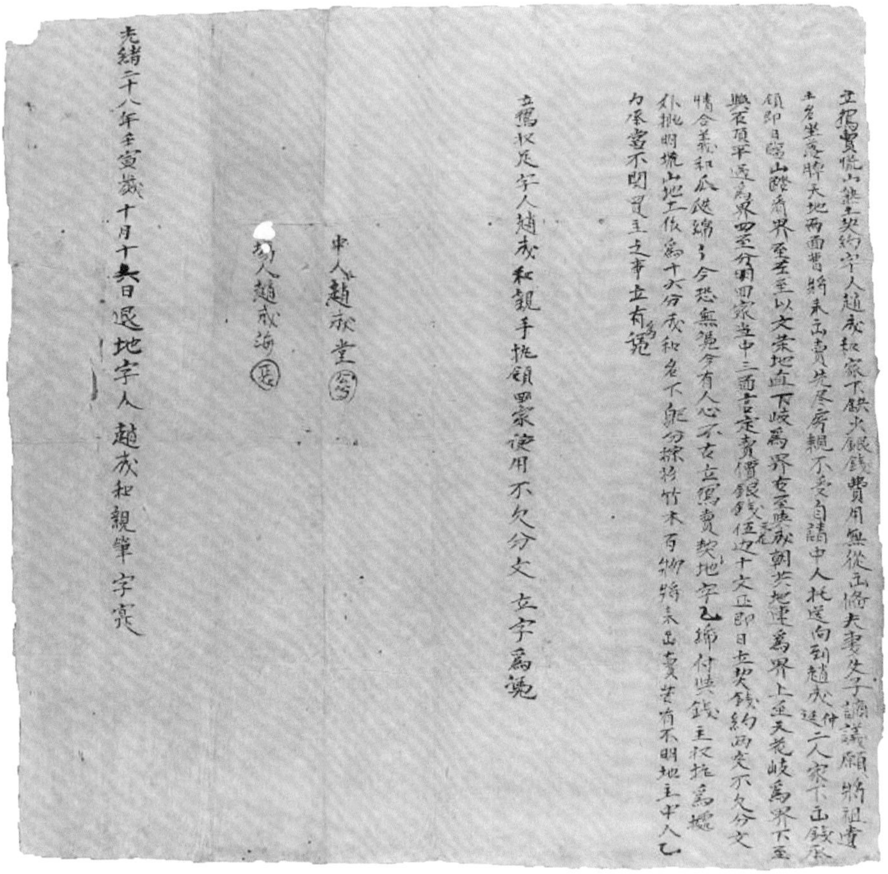

立写卖慌（荒）山熟土契约字人赵成和家下缺少银钱费用无从出备夫妻父子譪（商）议愿将祖遗土名坐落脾天地两面曹将来出卖先尽房亲不受自请中人托送向（问）到赵成仲赵成廷二人家下出钱承领即日临山踏看界至左至以文荣地直下岐为界右至典成朝共地连为界上至天花岐为界下至与石顶平过为界四至分明回家当中三面言定卖价银钱伍元花边十文正即日立契钱约两交不欠分文情合义和瓜瓞绵绵今恐无凭今有人心不古立写卖契地字一纸付与钱主收执为据

外批明慌（荒）山地土依为十六分成和名下已分棕杉竹木百物将来出卖若有不明地主中人一力承当不关买主之事立有为凭

立写收足字人赵成和亲手执领回家使用不欠分文立字为凭

中人赵成堂【押】

〈在〉场人赵成海【押】

光绪二十八年壬寅岁十月十六日退地字人赵成和亲笔字实

光绪三十二年二月初四日罗化茂卖田契约

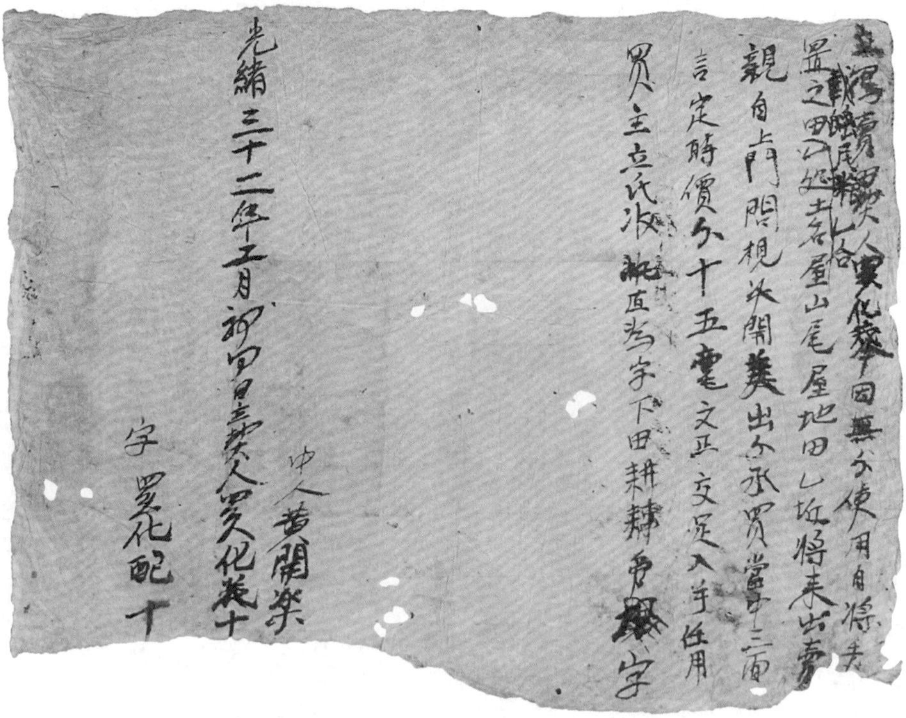

立写卖田契人罗化茂今因无钱使用自将手置之田载瑶民粮一合一处土名屋山尾屋地田一丘将来出卖亲自上门问枧开美出钱承买当中三面言定时价钱十五毫文正交足入手任用买主立氏收执［直］为字下田耕管⍰字

中人黄开乐

光绪三十二年二月初四日立契人罗化茂【押】

字罗化配【押】

光绪三十三年二月三十日赵山泰卖荒山地契约

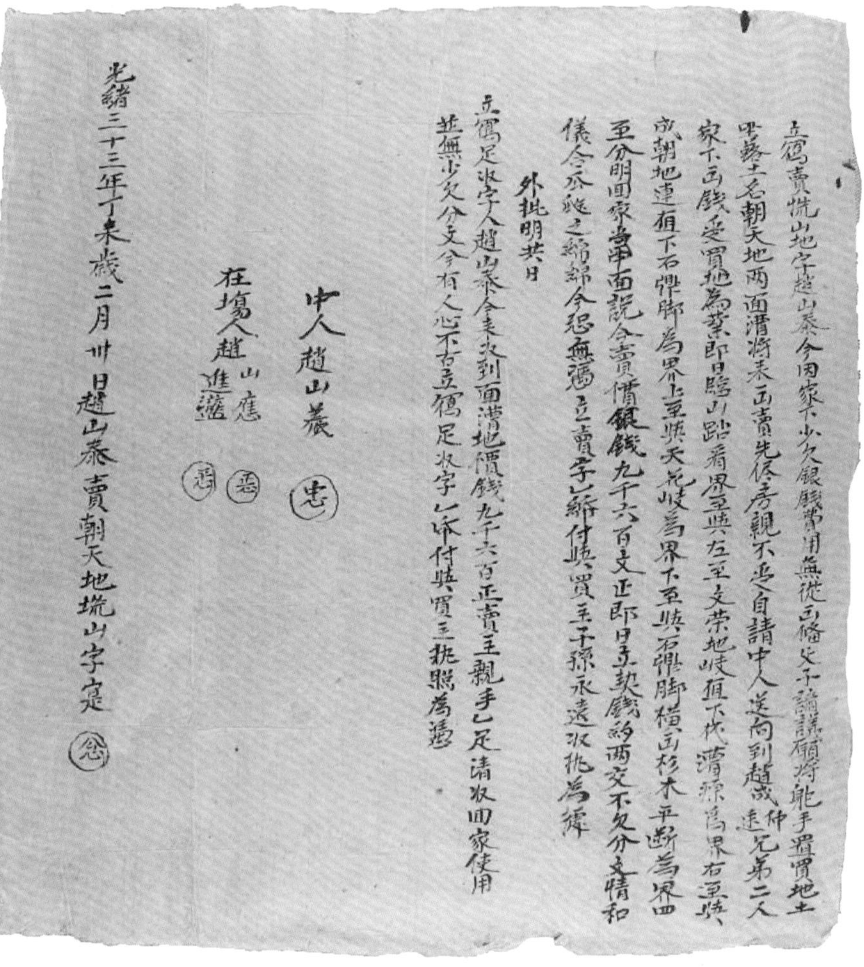
立寫賣荒山地字趙山泰今因家下少欠銀錢需用無從出備父子商議願將兆手置買地土
坐落土名朝天地兩面濆將來出賣先儘房親不受自請中人送向到趙成仲達兄弟二人
家下出錢受買地爲業即日臨山踏看界至與左至文荣地岐頭下抵濆溪爲界右至與
成朝地連頭下石碑腳爲界上至與天花岐爲界下至與石碑腳横出杉木平斷爲界四
至分明同家當中面議合賣價銀錢九千六百文正即日立契錢約兩交不欠分文情和
儀合並非逼之綿綿今恐無憑立賣字一紙付與買主子孫永遠收執爲據

外批明共日

立寫足收字人趙山泰今來收到面濆地價錢九千六百正賣主親手一足清收回家使用
並無少欠分文今有人心不古立寫足收字一紙付與買主執照爲據

中人 趙山養

在場人 趙山應 趙進瀛

光緒三十三年丁未歲二月卅日趙山泰賣朝天地荒山字寔

立写卖慌（荒）山地字赵山泰今因家下少欠银钱费用无从出备父子謪（商）议愿将己手置买地土坐落土名朝天地两面漕将来出卖先尽房亲不受自请中人送向到赵成仲赵成廷兄弟二人家下出钱受买地为业即日临山踏看界至与左至文荣地岐直下伐漕源为界右至与成朝地连直下石鼎脚为界上至与天花岐为界下至与石鼎脚横出杉木平断为界四至分明回家当中〈三〉面说合卖价银钱九千六百文正即日立契钱约两交不欠分文情和仪（义）合瓜瓞之绵绵今恐无凭立卖字一纸付与买主子孙永远收执为据

外批明共日

立写足收字人赵山泰今来收到面漕地价钱九千六百正卖主亲手一足清收回家使用并无少欠分文今有人心不古立写足收字一纸付与买主执照为凭

中人赵山义【押】

在场人赵山应【押】赵进滥【押】

光绪三十三年丁未岁二月卅日赵山泰卖朝天地慌（荒）山字实【押】

民国四年七月十二日黄代宽卖田契约

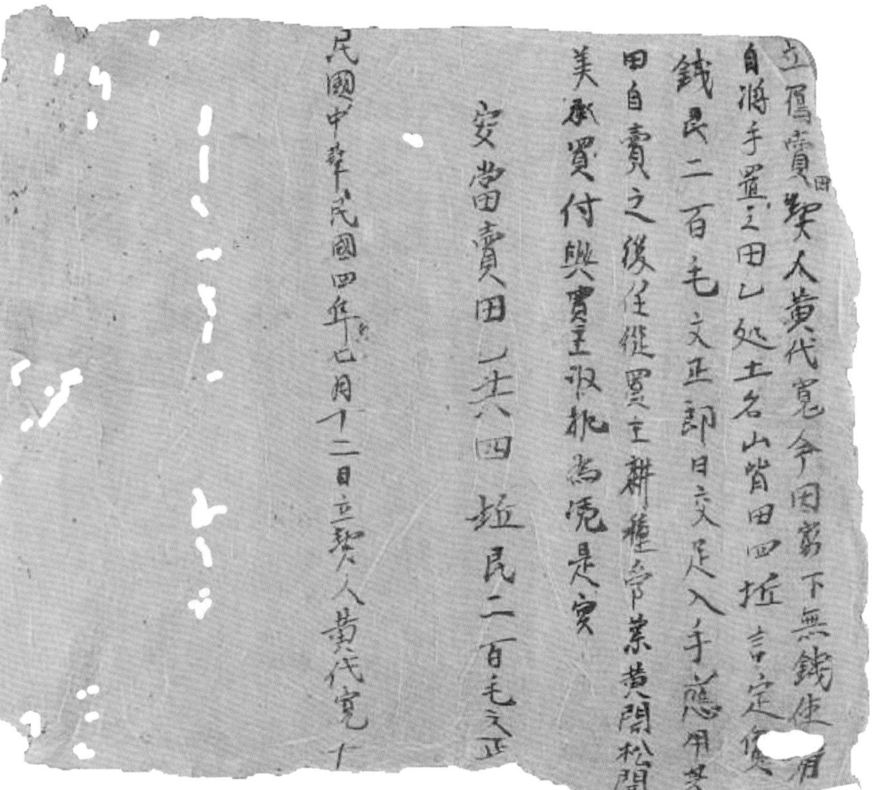

立写卖田契人黄代宽今因家下无钱使用自将手置之田一处土名山背田四丘言定〈价〉钱银二百毛文正即日交足入手应用其田自卖之后任从买主耕种管业黄开松开美承买付与买主收执为凭是实

安当卖田一共四丘银二百毛文正

［民国］中华民国四年七月十二日立契人黄代宽【押】

民国四年八月十四日罗金凤等卖田契约

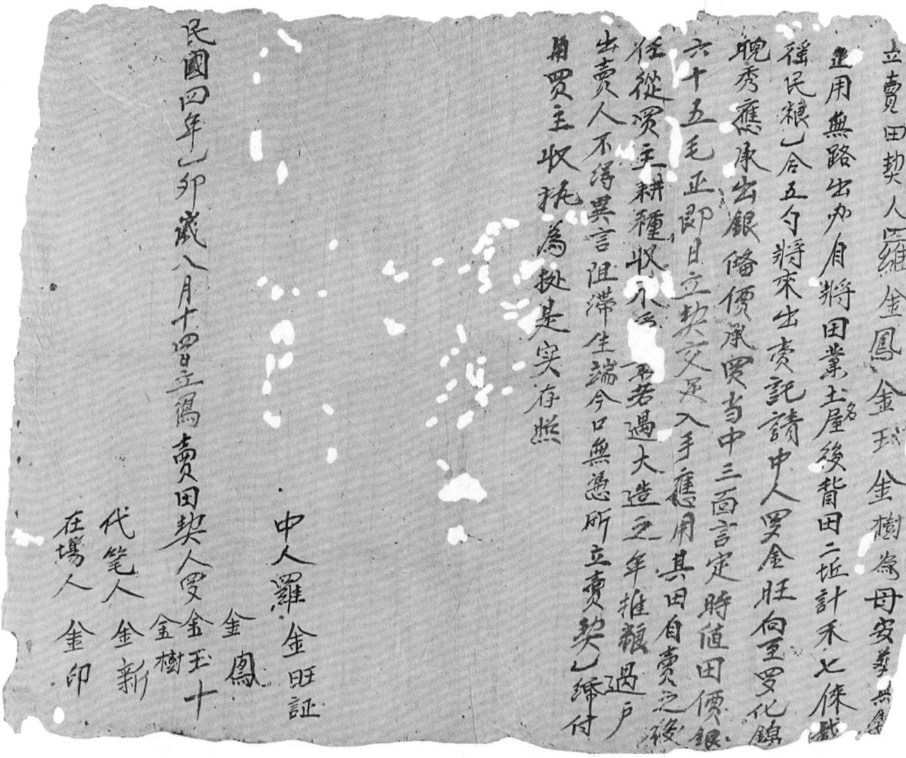

立卖田契人罗金凤金玉金树为母安葬无钱正用无路出办自将田业土名屋后背田二丘计禾七俫〈载〉瑶民粮一合五勺将来出卖托请中人罗金旺向至罗化锦⍰秀应承出银备价承买当中三面言定时值田价银六十五毛正即日立契交足入手应用其田自卖之后任从买主耕种收□□□若遇大造之年推粮过户出卖人不得异言阻滞生端今口无凭所立卖契一纸付与买主收执为据是实存照

中人罗金旺证

民国四年乙卯岁八月十四日立写卖田契人罗金凤罗金玉罗金树【押】

代笔人罗金新

在场人罗金印

民国八年正月二十一日赵进意等分居分关合同

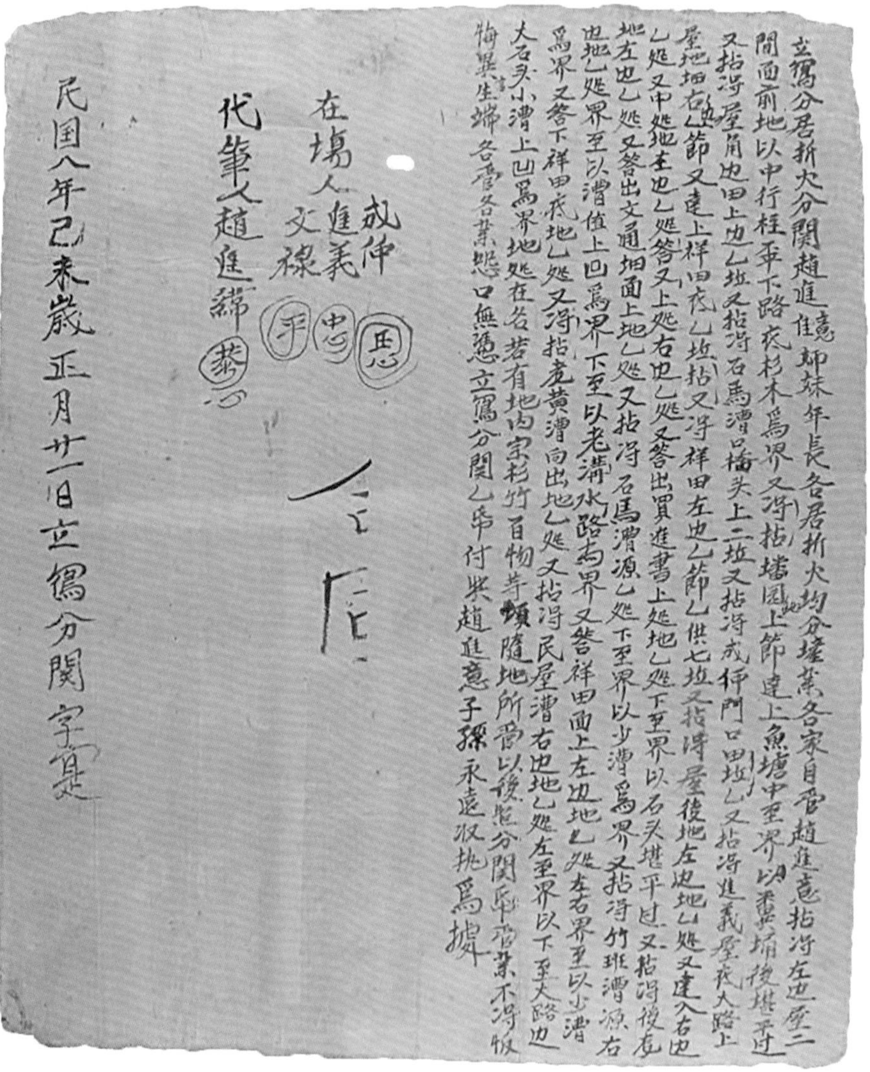
立寫分居析火分關趙進佳意姊妹年長各居析火均分壇業各家自管趙進意拈得左边屋二
間面前地以中行柱至下路底杉木爲界又得拈堵園上節連上魚塘中至界以番薯埇後堪平过
又拈得屋角边田上边乙坵又拈得石馬漕口橋头上二坵又拈得戒仲門口田坵乙又拈得進義屋底大路上
屋地埇右边節又連上祥田底乙坵拈又得祥田左边乙節乙供七坵又拈得屋後地左边地乙処又連入右边
乙処又中处地左边乙処答又上処右边乙処又答出買進書上処地乙処下至界以石头堪平过又拈得後底
地左边乙処又答出文通埇面上地乙処又拈得石馬漕源乙処下至界以少漕爲界又拈得竹班漕源右
边地乙処界至以漕值上凹爲界下至以老溝水路爲界又答祥田面上左边地乙処左右界至以少漕
爲界又答下祥田底地乙処又得拈麦黄漕面出地乙処又拈得民屋漕右边地乙処左至界以下至大路边
大石头小漕上凹爲界地処在名若有地内宗杉竹百物并頭隨地所管以後照分關乙帋管業不得恢
悔異議生端各管各業照口無憑立寫分關乙帋付與趙進意子孫永遠収执爲據

在場人 戒仲 進義 文祿

代筆人 趙進錦

民国八年己未歲正月廿一日立寫分關字是

立写分居折（拆）火分关赵进意赵进佳姊妹年长各居折（拆）火均分护（产）业各家自管赵进意拈得左边屋二间面前地以中行柱垩下路底杉木为界又拈得播园地上节达上鱼塘中至界以粪埇后堪平过又拈得屋角边田上边一丘又拈得石马漕口桥头上二丘又拈得成仲门口田一丘又拈得进义屋底大路上屋地埘右边一节又达上祥田底一丘又拈得祥田左边一节一供（共）七丘又拈得屋后地左边地一处又达入右边一处又中处地左边一处又答上处右边一处又答出买进书上处地一处下至界以石头堪平过又拈得后尾地左边一处又答出文通埘面上地一处又拈得石马漕源一处下至界以少漕为界又拈得竹班漕源右边地一处界至以漕值上⍰为界下至以老水沟路为界又答祥田面上左边地一处左右界至以少漕为界又答下祥田底地一处又拈得老黄漕向出地一处又拈得民屋漕右边地一处左至界以下至大路边大石头小漕上凹为界地处在名若有地内宗（棕）杉竹百物等项随地所管以后照分关纸管业不得饭（反）悔异言生端各管各业恐口无凭立写分关一纸付与赵进意子孙永远收执为据

在场人成仲【押】进义【押】文禄【押】

代笔人赵进纬【押】

□□

民国八年己未岁正月廿一日立写分关字实

民国九年正月二十日李氏罗氏卖田契约

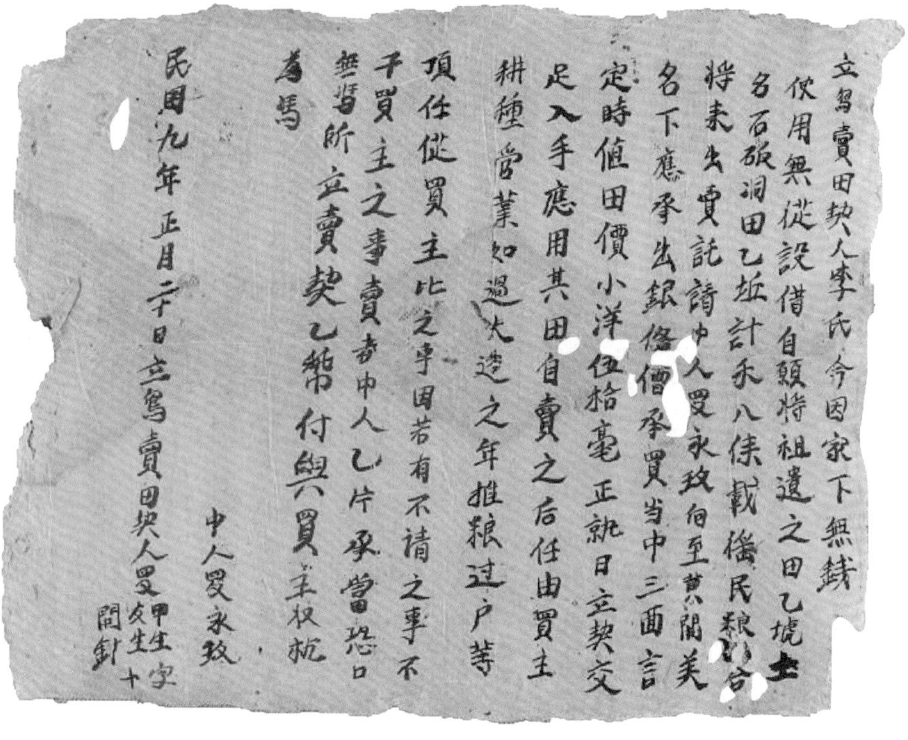

立写卖田契人李氏今因家下无钱使用无从设借自愿将祖遗之田一墟土名石砐洞田一丘计禾八佅载瑶民粮□合将来出卖托请中人罗永玫向至黄开美名下应承出银备价承买当中三面言定时值田价小洋伍拾毫正就日立契交足入手应用其田自卖之后任由买主耕种管业如过大造之年推粮过户等项任从买主比之事固若有不请之事不干买主之事卖者中人一片承当恐口无凭所立卖契一纸付与买主收执为冯

中人罗永玫

民国九年正月二十日立写卖田契人罗甲生字罗友生罗开针【押】

民国十三年七月初十日黄善恩卖地契约

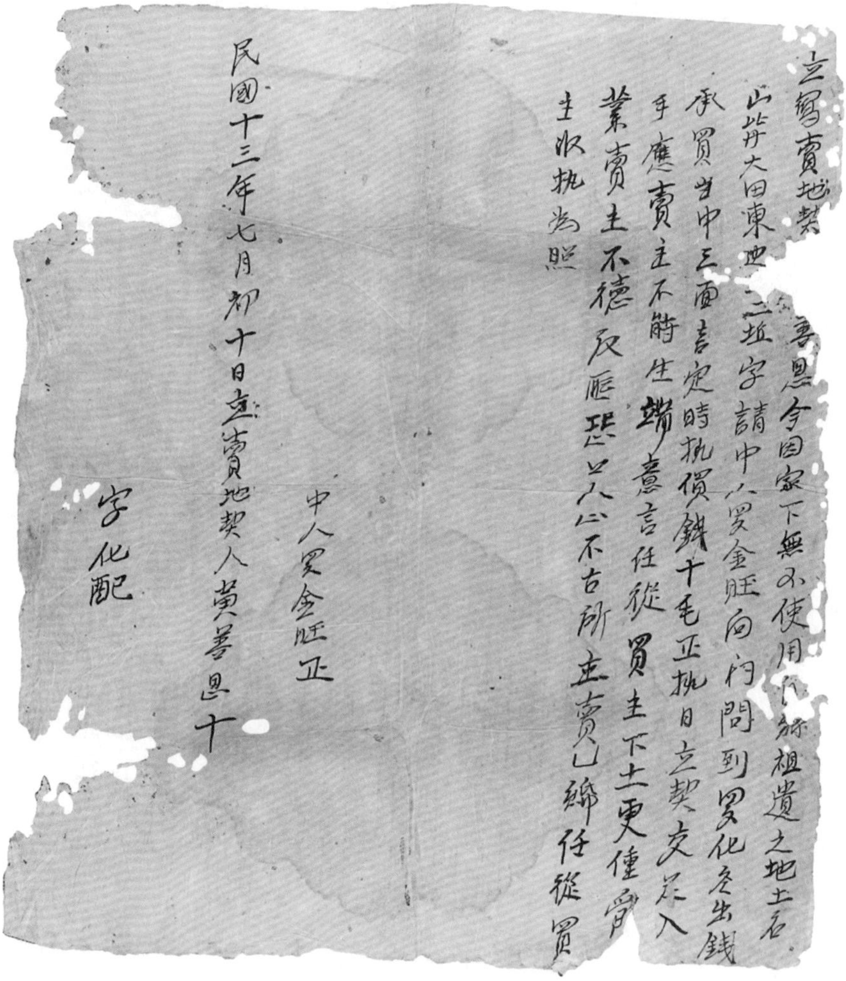

立写卖地契〈人〉〈黄〉善恩今因家下无钱使用〈自〉〈将〉祖遗之地土名山背大田东边□二丘字（自）请中人罗金旺向门问到罗化冬出钱承买当中三面言定时执（值）价钱十毛正执日立契交足入手应〈用〉卖主不能生端意（异）言任从买主下土更（耕）偅（种）管业卖主不德（得）反⍰恐口人心不古所立卖一纸任从买主收执为照

中人罗金旺正

民国十三年七月初十日立卖地契人黄善恩【押】

字化配

民国十六年正月二十四日罗新柏卖田契约

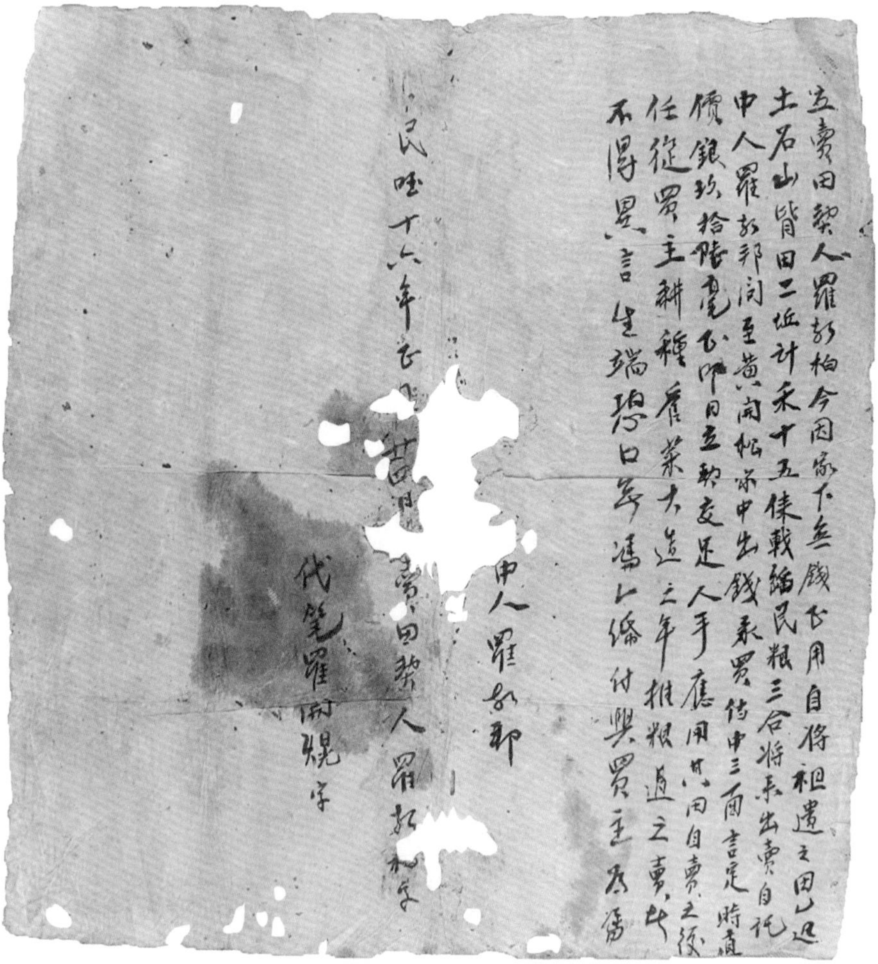

立卖田契人罗新柏今因家下无钱正用
自将祖遗之田一处土名山背田二丘计
禾十五俫载瑶民粮二合将来出卖自
托中人罗新邦问至黄开松家中出钱承
买倘（当）中三面言定时直价银玖拾
陆毫正即日立契交足人（入）手应用
其田自卖之后任从买主耕种管业大造
之年推粮过之卖者不得异言生端恐口
无凭一纸付与买主为凭
中人罗新邦
民国十六年正〈月〉廿四日□卖田契
人罗新柏字
代笔罗开焜字

民国二十年三月二十五日罗门李氏卖田契约

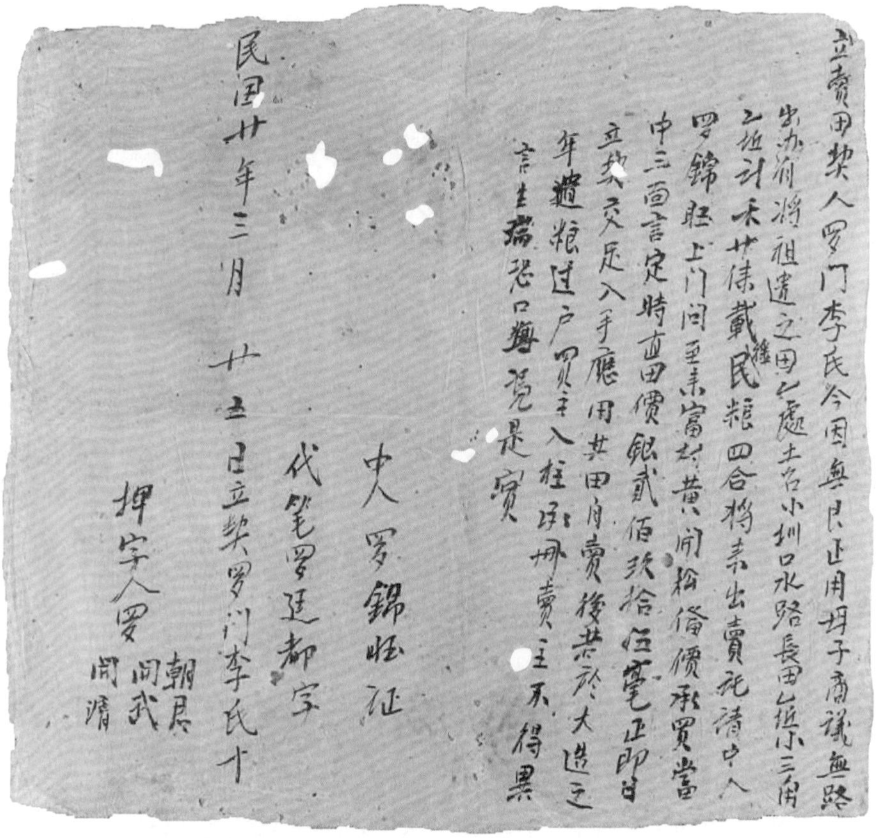

立卖田契人罗门李氏今因无银正用母子商议无路出办自将祖遗之田一处土名小圳口水路长田一丘小三角一丘计禾廿倈载瑶民粮四合将来出卖托请中人罗锦旺上门问至来富村黄开松备价承买当中三面言定时直田价银贰佰玖拾伍毫正即日立契交足入手应用其田自卖后若于大造之年遗粮过户买主入柱（住）承▢卖主不得异言生端恐口无凭是实

中人罗锦旺证

代笔罗廷都字

民国廿年三月廿五日立契罗门李氏【押】

押字人罗朝君罗开武罗开清

民国二十二年五月二十八日罗世文等卖地契约

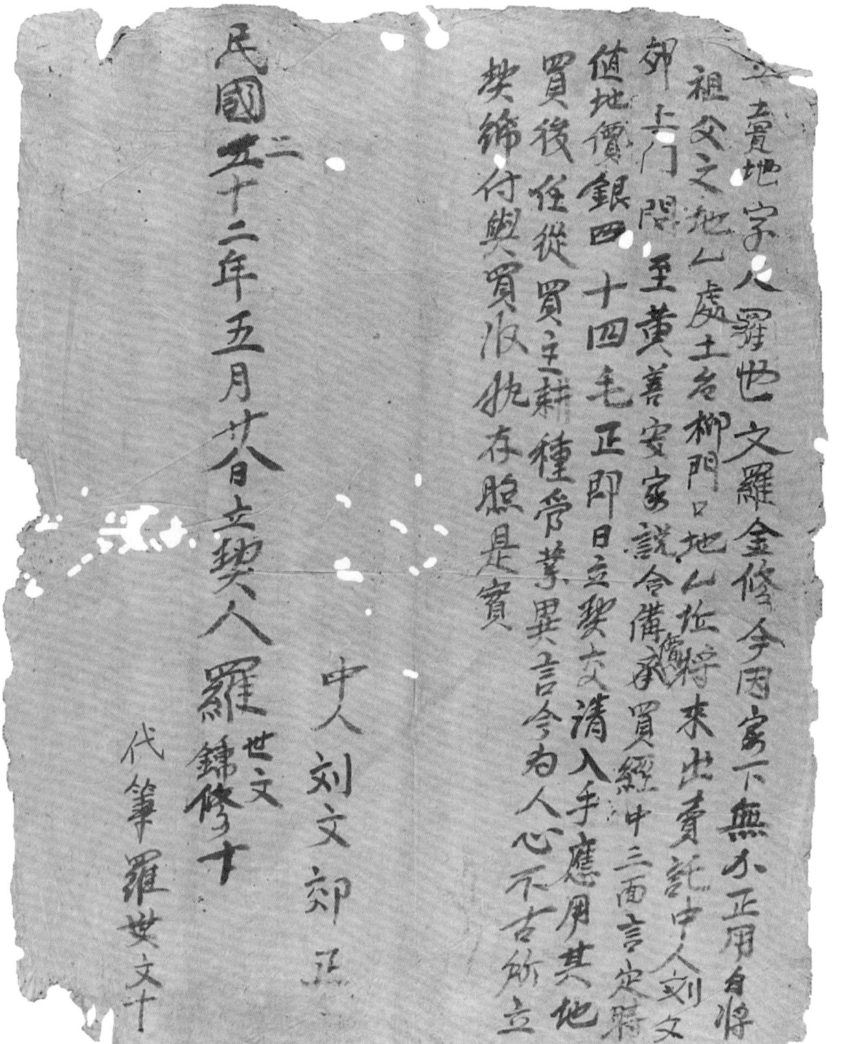

立卖地字人罗世文罗金修今因家下无钱正用自将祖父之地一处土名柳门口地一丘将来出卖托中人刘文郊上门问至黄善安家说合备价承买经中三面言定时值地价银四十四毛正即日立契交清入手应用其地买（卖）后任从买主耕种管业〈不得〉异言今为人心不古所立契纸付与买〈主〉收执存照是实

中人刘文郊正

民国二十二年五月廿八日立契人罗世文罗锦(金)修【押】

代笔罗世文【押】

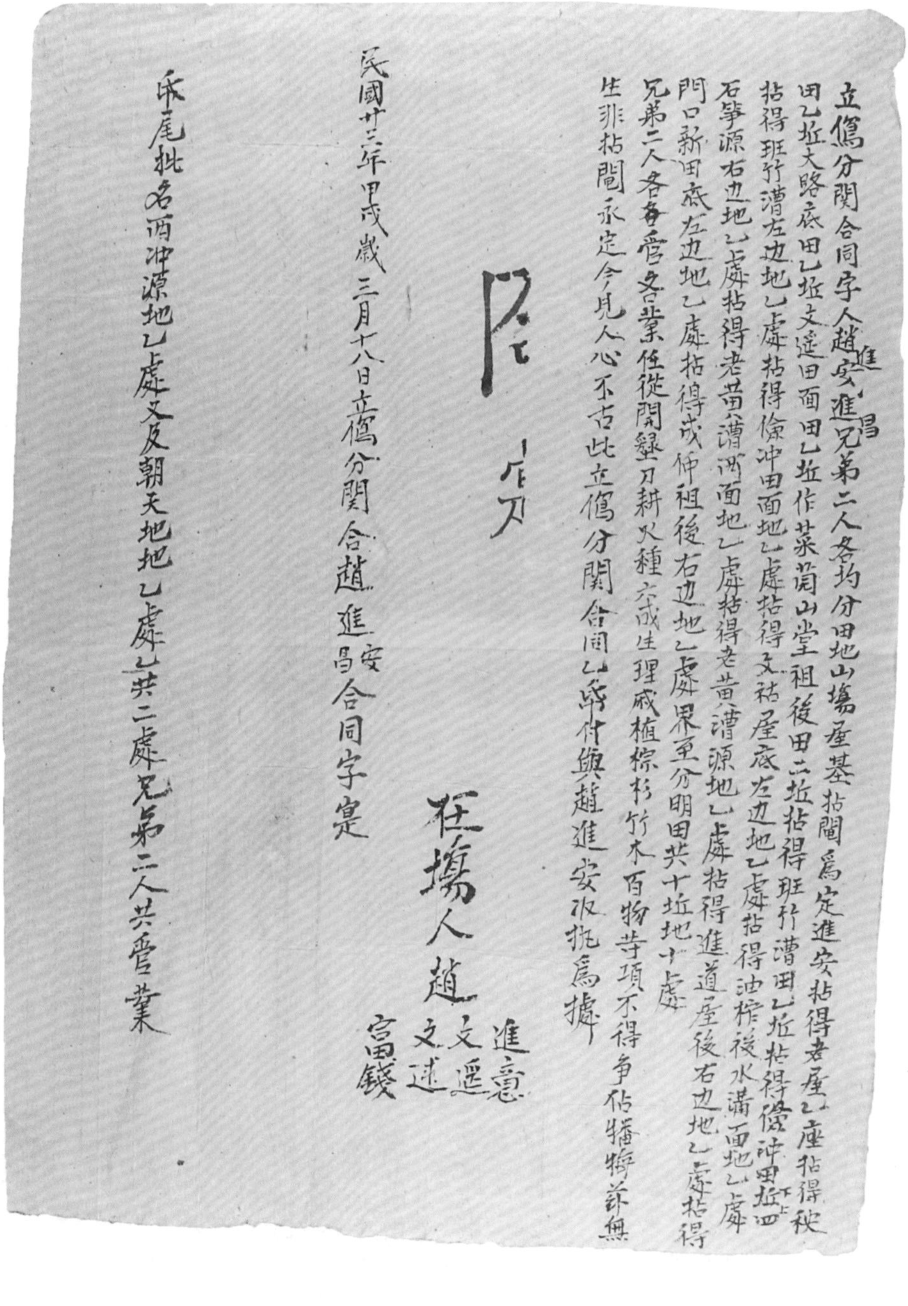
立寫分關合同字人趙安進、進昌兄弟二人各均分田地山塲屋基拈閹爲定進安拈得老屋乙座拈得秧
田乙坵大路底田乙坵文逕田面田乙坵作菜園山堂祖後田二坵拈得班竹漕田乙坵拈得優沖田坵四
拈得班竹漕左边地乙處拈得優沖田面地乙處拈得文祜屋底左边地乙處拈得油榨後水滿面地乙處
石筍源右边地乙處拈得老苗漕兩面地乙處拈得老苗漕源地乙處拈得進道屋後右边地乙處拈得
門口新田底左边地乙處拈得成仲祖後右边地乙處界至分明田共十坵地十處
兄弟二人各管各業任從開墾刀耕火種不成生理成植棕杉竹木百物等項不得爭佔播䕃并無
生非拈閹承定今見人心不古此立寫分關合同乙紙付與趙進安收執爲據
民 合同
在塲人趙進意 文逕 文述 富錢
民國廿三年甲戌歲三月十八日立寫分關合趙進安 進昌合同字寔
承尾批名酉沖源地乙處文及朝天地地乙處共二處兄弟二人共管業

立写分关合同字人赵进安进昌兄弟二人各均分田地山场屋基拈阄（阄）为定进安拈得老屋一座拈得秧田一丘大路
底田一丘文遥田面田一丘作菜园山堂祖后田二丘拈得班竹漕田一丘拈得俭冲田四丘拈得班竹漕左边地一处拈得俭
冲田面地一处拈得文桔屋底左边地一处拈得油榨后水沟面地一处石筝源右边地一处拈得老黄漕两面地一处拈得老
黄漕源地一处拈得进道屋后右边地一处拈得门口新田底左边地一处拈得成仲祖后右边地一处界至分明田共十丘地
十处
兄弟二人各管各业任从开垦刀耕火种六成生理栽植棕杉竹木百物等项不得争占翻（反）梅（悔）兹无生非拈阄（阄）
永定今见人心不古此立写分关合同一纸付与赵进安收执为据
□□
在场人赵进意赵文遥赵文逑赵富钱
民国廿三年甲戌岁三月十八日立写分关合赵进安赵进昌合同字实
纸尾批名（明）西冲源地一处又及朝天地地一处一共二处兄弟二人共管业

民国二十三年四月初九日黎星焕等卖田契约

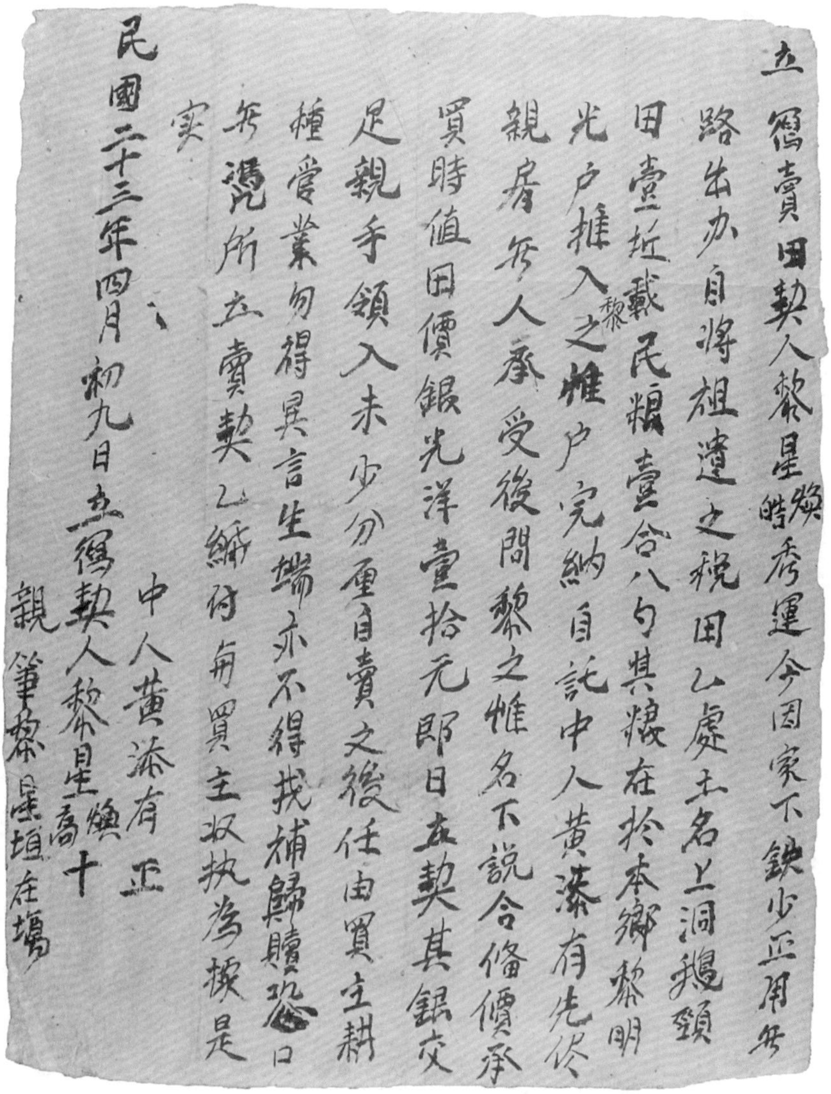

立写卖田契人黎星焕黎星皓黎秀运今因家下缺少正用无路出办自将祖遗之税田一处土名上洞鹅颈田壹丘载民粮壹合八勺其粮在于本乡黎明光户推入黎之惟户完纳自托中人黄添有先尽亲房无人承受后问黎之惟名下说合备价承买时值田价银光洋壹拾元即日立契其银交足亲手领入未少分厘自卖之后任由买主耕种管业勿得异言生端亦不得找补归赎恐口无凭所立卖契一纸付与买主收执为据是实

中人黄添有正

民国二十三年四月初九日立写契人黎星焕【押】黎星高【押】

亲笔黎星垣在场

民国二十六年二月二十三日黎照临卖田契约

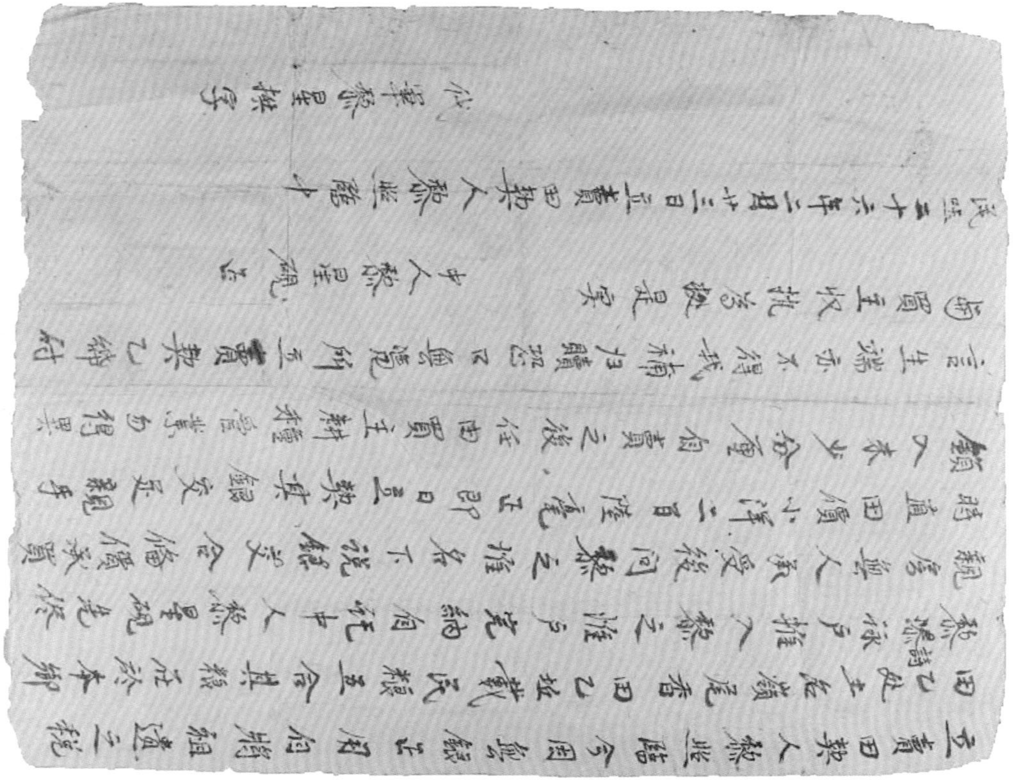

立卖田契人黎照临今因无银正用自将祖遗之税田一处土名岭尾香田一丘载民粮五合其粮在于本乡黎诗咏户推入黎之惟户完纳自托中人黎星砚先尽亲房无人承受后问黎之惟名下说银交合备价承买时直田价小洋一百陆毫正即日立契其银交足亲手领人未少分厘自卖之后任由买主耕种管业勿得异言生端亦不得找补归赎恐口无凭所立卖契一纸付与买主收执为据是实

中人黎星砚正

民国二十六年二月廿三日立卖田契人

黎照临【押】

代笔黎星拱字

民国二十六年三月二十五日黎照经卖田契约

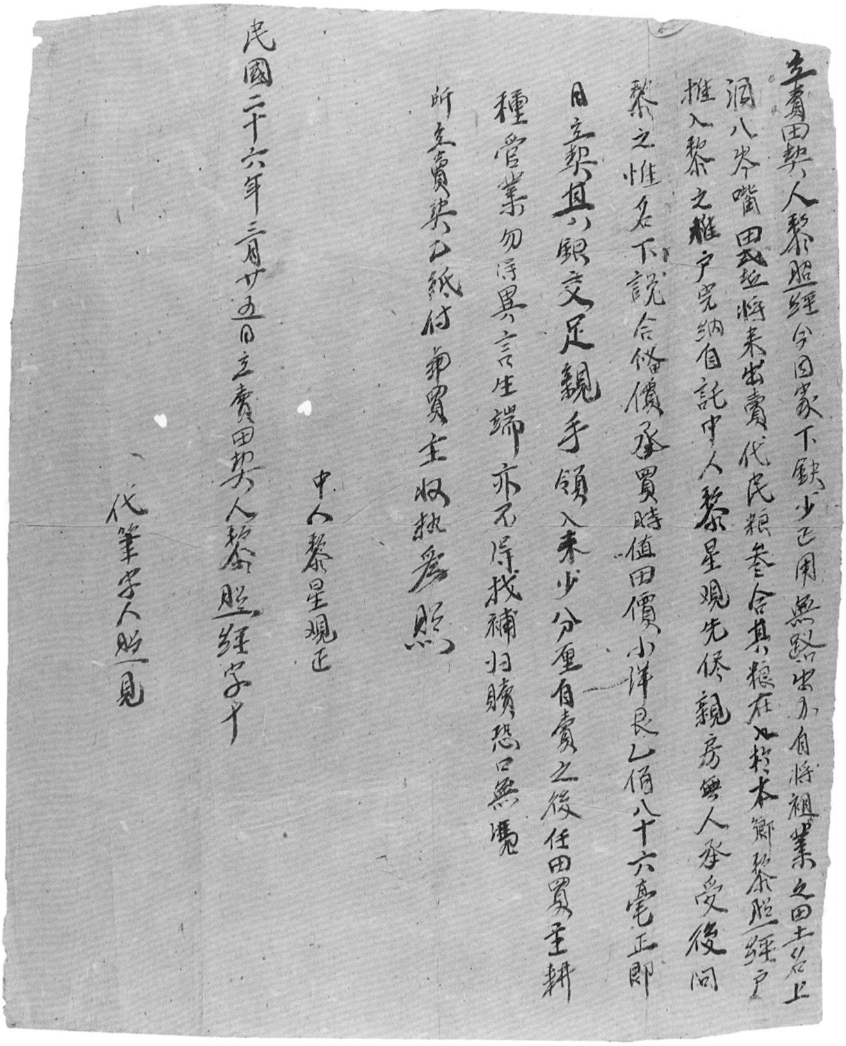

立卖田契人黎照经今因家下缺少正用无路出钱自将祖业之田土名上洞八岑嘴田贰丘将来出卖代民粮叁合其粮在于本乡黎照经户推入黎之惟户完纳自托中人黎星观先尽亲房无人承受后问黎之惟名下说合备价承买时值田价小洋银一佰八十六毫正即日立契其银交足亲手领入未少分厘自卖之后任由买主耕种管业勿得异言生端亦不得找补归赎恐口无凭所立卖契一纸付与买主收执为照

中人黎星观正

民国二十六年三月廿五日立卖田契人黎照经字【押】

代笔字人照见

民国二十七年九月二十二日黎民丰卖税田契约

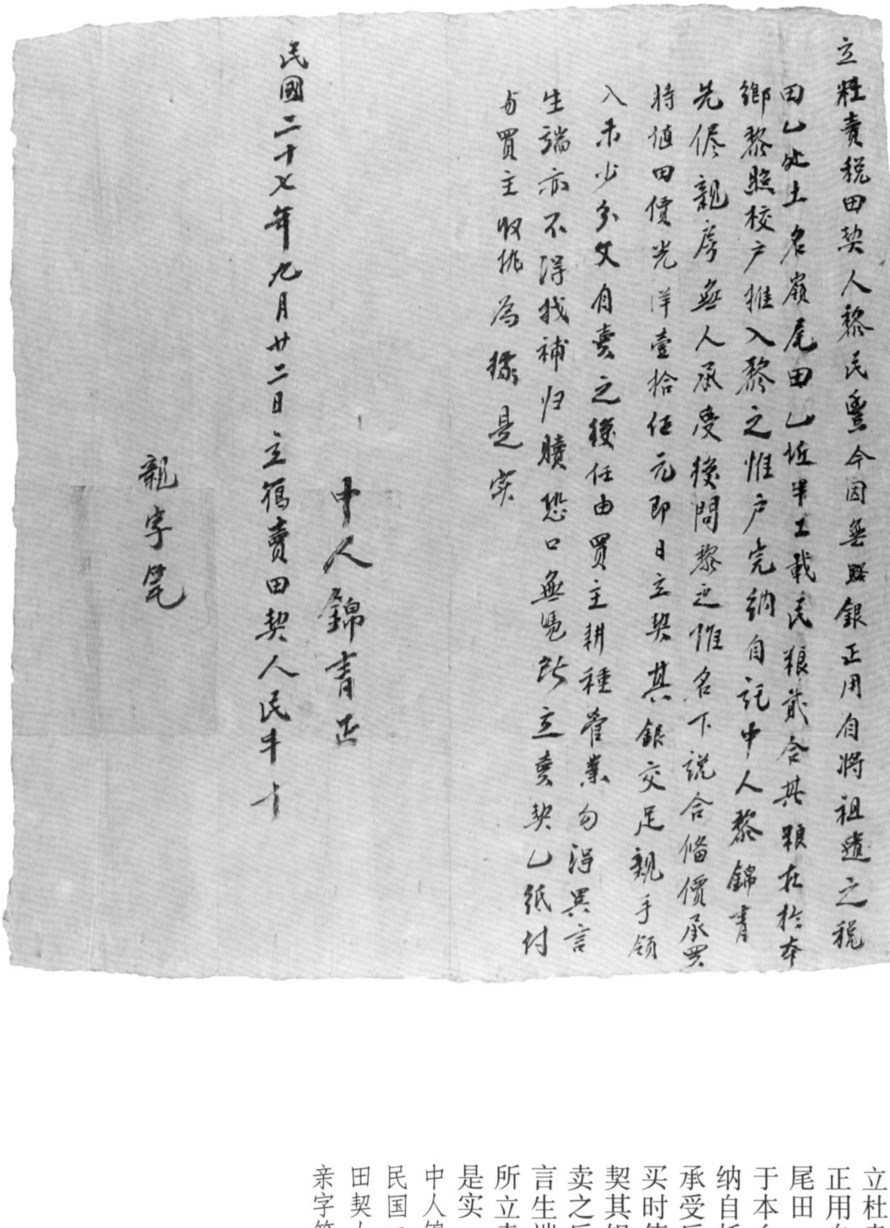

立杜卖税田契人黎民丰今因无银正用自将祖遗之税田一处土名岭尾田一丘半工载民粮贰合其粮在于本乡黎照校户推入黎之惟户完纳自托中人黎锦青先尽亲房无人承受后问黎之惟名下说合备价承买时值田价光洋壹拾伍元即日立契其银交足亲手领入未少分文自卖之后任由买主耕种管业勿得异言生端亦不得找补归赎恐口无凭所立卖契一纸付与买主收执为据是实

中人锦青正

民国二十七年九月廿二日立写卖田契人民丰【押】

亲字笔

民国二十七年十二月十三日黎照临等卖田契约

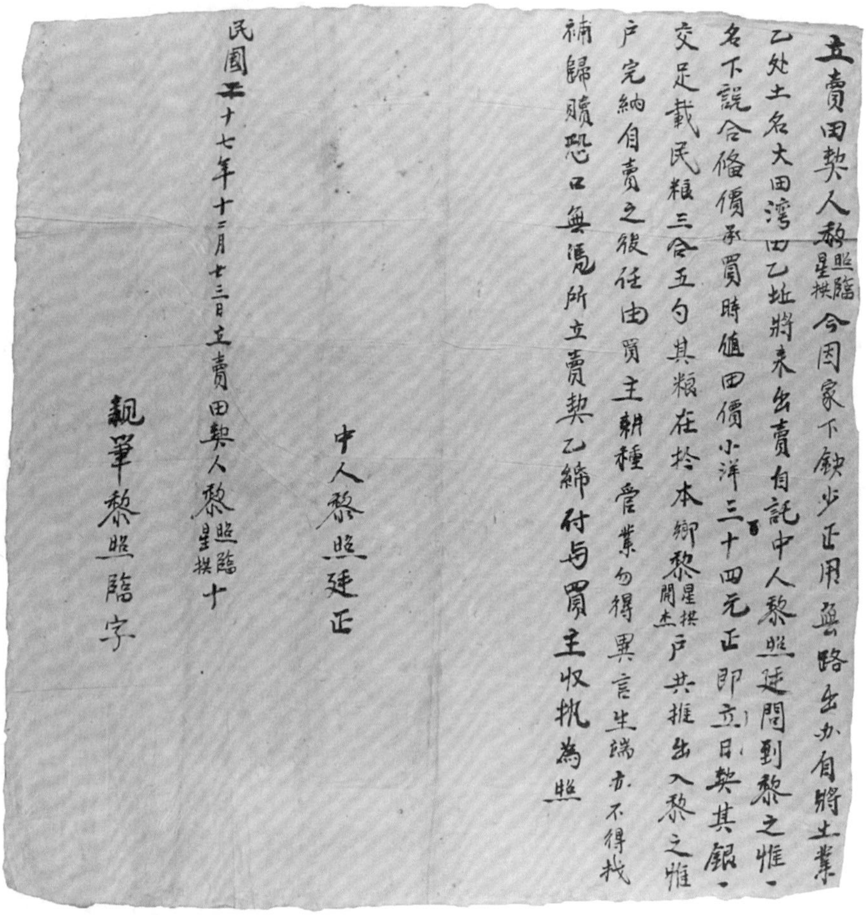

立卖田契人黎照临黎星拱今因家下缺少正用无路出办自将土业一处土名大田湾田一丘将来出卖自托中人黎照廷问到黎之惟名下说合备价承买时值田价小洋三百十四元正即日立契其银交足载民粮三合五勺其粮在于本乡黎星拱黎开杰户共推出入黎之惟户完纳自卖之后任由买主耕种管业勿得异言生端亦不得找补归赎恐口无凭所立卖契一纸付与买主收执为照

中人黎照廷正

民国二十七年十二月十三日立卖田契人黎照临黎星拱【押】

亲笔黎照临字

民国二十八年三月二十八日黎照廷等卖正屋契约

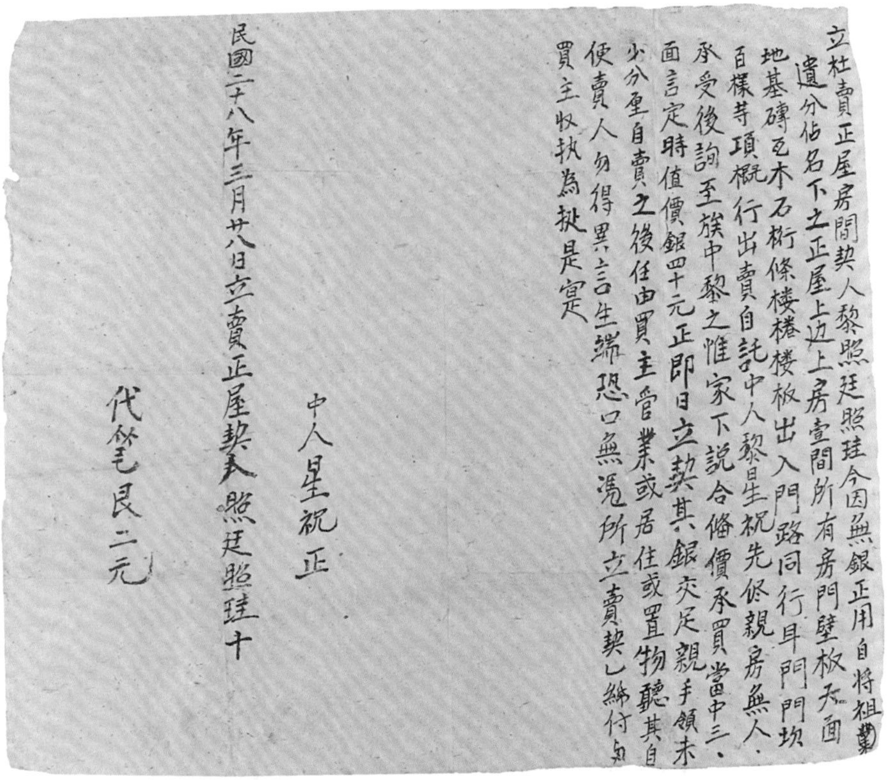

立杜卖正屋房间契人黎照廷照珪今因无银正用自将祖遗分占名下之正屋上边上房壹间所有房门壁板天面地基砖瓦木石桁条楼桊楼板出入门路同行耳门门坎百样等项概行出卖自托中人黎星祝先尽亲房无人承受后询至族中黎之惟家下说合备价承买当中三面言定时值价银四十元正即日立契其银交足亲手领〈足〉未少分厘自卖之后任由买主管业或居住或置物听其自便卖人勿得异言生端恐口无凭所立卖契一纸付与买主收执为据是实

中人星祝正

民国二十八年三月廿八日立卖正屋契人照廷照珪

【押】

代笔银二元

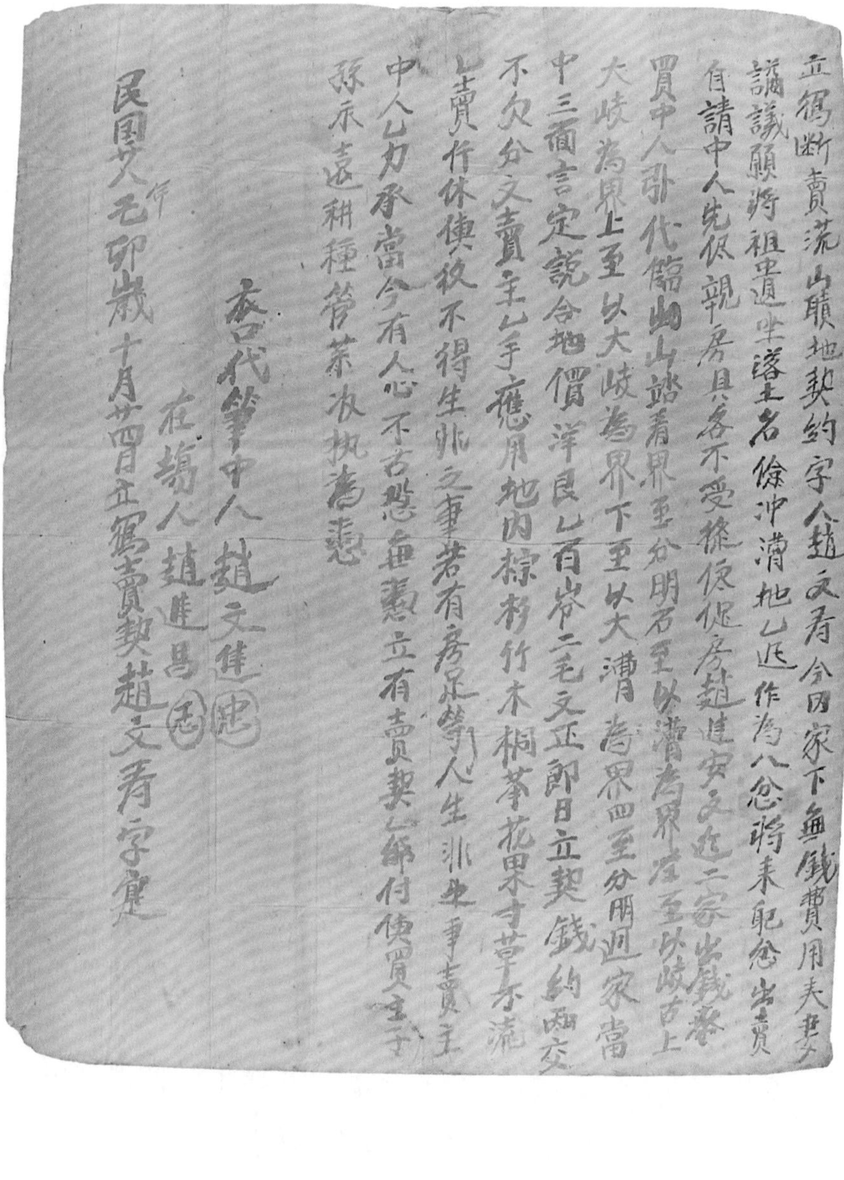

立寫斷賣荒山嶺地契約字人趙文壽今因家下無錢費用夫妻
商議願將祖遺坐落土名徐沖漕地山嶺作為八忿將來配忿出賣
自請中人先問親房具各不受[illegible]便促房趙進安文進二家出錢承
買中人引代[illegible]山踏看界至分明右至以漕為界左至以岐古上
大岐為界上至以大岐為界下至以大漕為界四至分明迴家當
中三面言定說合地價洋艮[illegible]二毛文正即日立契錢約兩交
不欠分文賣主親手應用地內棕杉竹木桐茶花果寸草不流
山賣作休使後不得生非之事若有房足等人生非出事賣主
中人力承當今有人心不古恐無憑立有賣契一紙付使買主子
孫永遠耕種管業永执為憑

奉代筆中人　趙文健（押）
在塲人　趙進昌（押）

民国廿八年己卯歲十月廿四日立寫賣契趙文壽字實

民国二十八年十月二十四日赵文寿卖地契约

立写断卖荒（荒）山瑱地契约字人赵文寿今因家下无钱费用夫妻謪（商）议愿将祖遗坐落土名俭冲漕地一处作为八岔（份）将来己岔（份）出卖自请中人先尽亲房具各不受从尽促房赵进安文进二家出钱承买中人引代临山踏看界至分明右至以漕为界左至以岐右上大岐为界上至以大岐为界下至以大漕为界四至分明回家当中三面言定说合地价洋银一百岔二毛文正即日立契钱约两交不欠分文卖主一手应用地内棕杉竹木桐茶花果寸草不荒（荒）一卖仟休与后不得生非之（滋）事若有房足人等生非之（滋）事卖主中人一力承当今有人心不古恐无凭立有卖契一纸付与买主子孙永远耕种管业收执为凭

衣（依）口代笔中人赵文进【押】

在场人赵进昌【押】

民国廿八年己卯岁十月廿四日立写卖契赵文寿字实

民国二十九年三月初八日黎照见等卖田契约

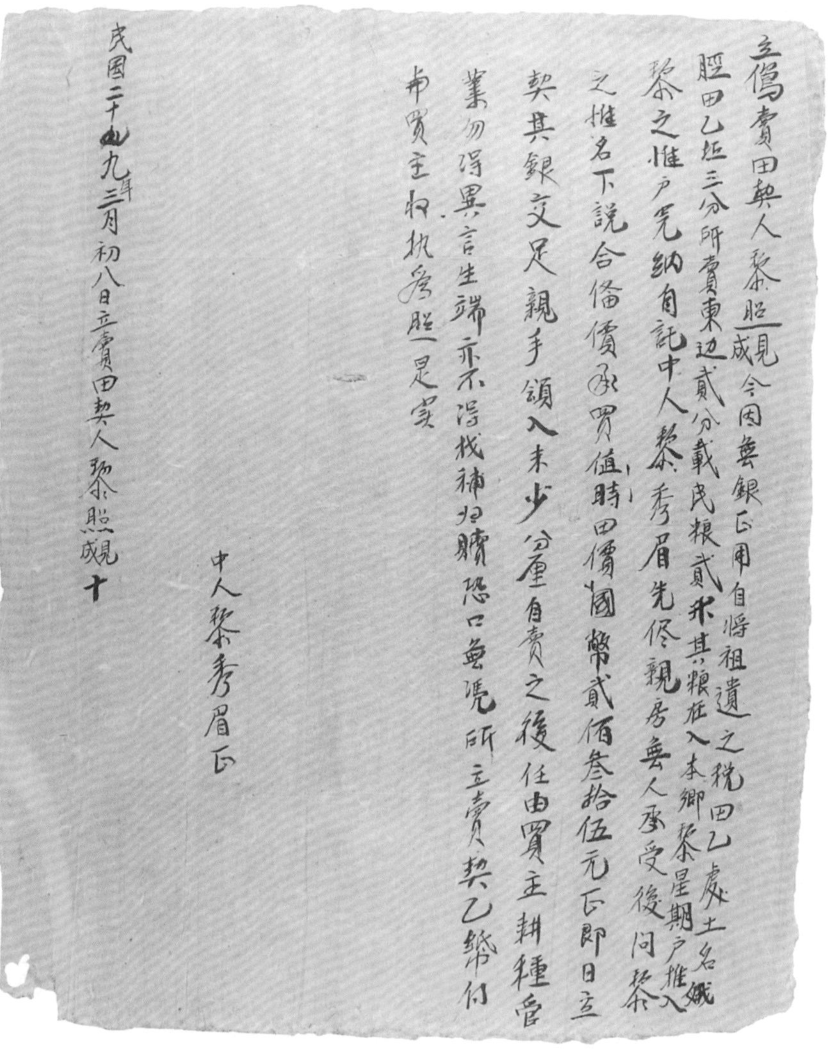

立写卖田契人黎照见黎照成今因无银正用自将祖遗之税田一处土名娥胫田一丘三分所卖东边贰分载民粮贰禾其粮在入本乡黎星期户推入黎之惟户完纳自托中人黎秀眉先尽亲房无人承受后问黎之惟名下说合备价承买时值田价国币贰佰叁拾伍元正即日立契其银交足亲手领入未少分厘自卖之后任由买主耕种管业勿得异言生端亦不得找补归赎恐口无凭所立卖契一纸付与买主收执为照是实

中人黎秀眉正

民国二十九年三月初八日立卖田契人黎照见黎照成【押】

民国三十一年六月十一日邓进逾卖地契约

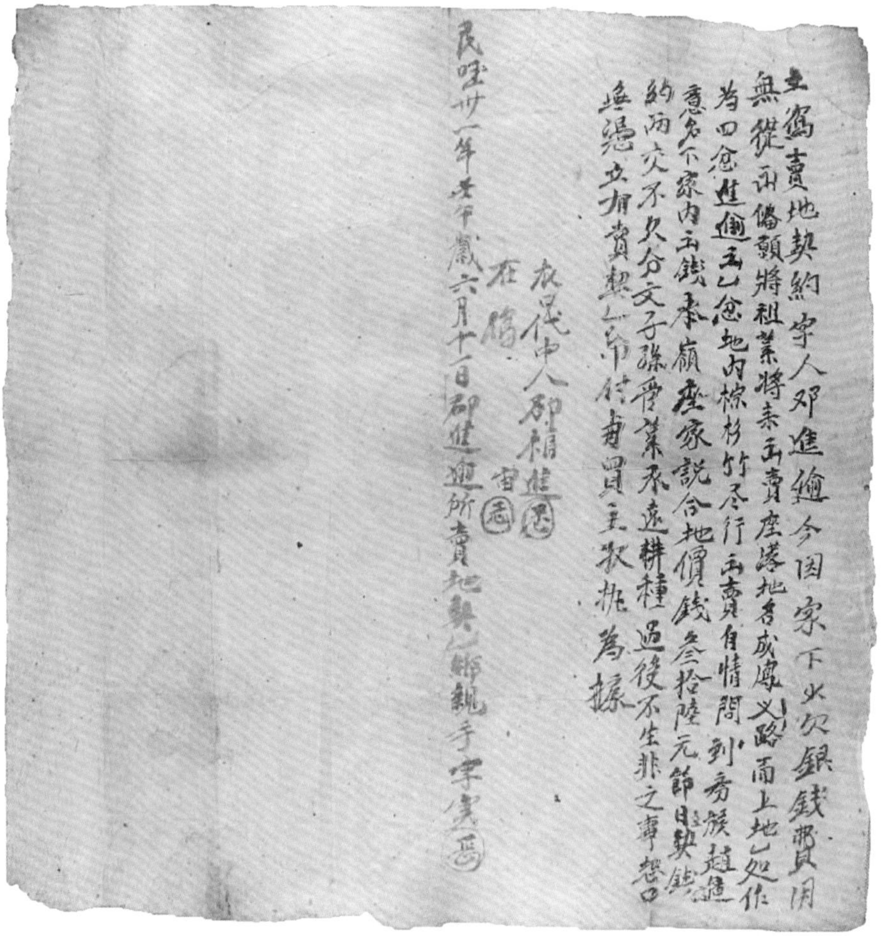

立写卖地契约字人邓进逾今因家下少欠银钱费用无从出备愿将祖业将来出卖座落地名成凤路义面上地一处作为四忿（份）进逾出一忿（份）地内棕杉竹尽行出卖自情问到房族赵进意名下家内出钱承领座家说合地价钱叁拾陆元节（即）日立契钱约两交不欠分文子孙管业永远耕种过后不生非之（滋）事恐口无凭立有卖契一纸付与买主收执为据

衣（依）口代中人邓福进【押】

在场中人邓福宙【押】

民国卅一年壬午岁六月十一日

邓进逾所卖地契一纸亲手字实

【押】

民国三十三年十二月二十八日赵文有等分关合同

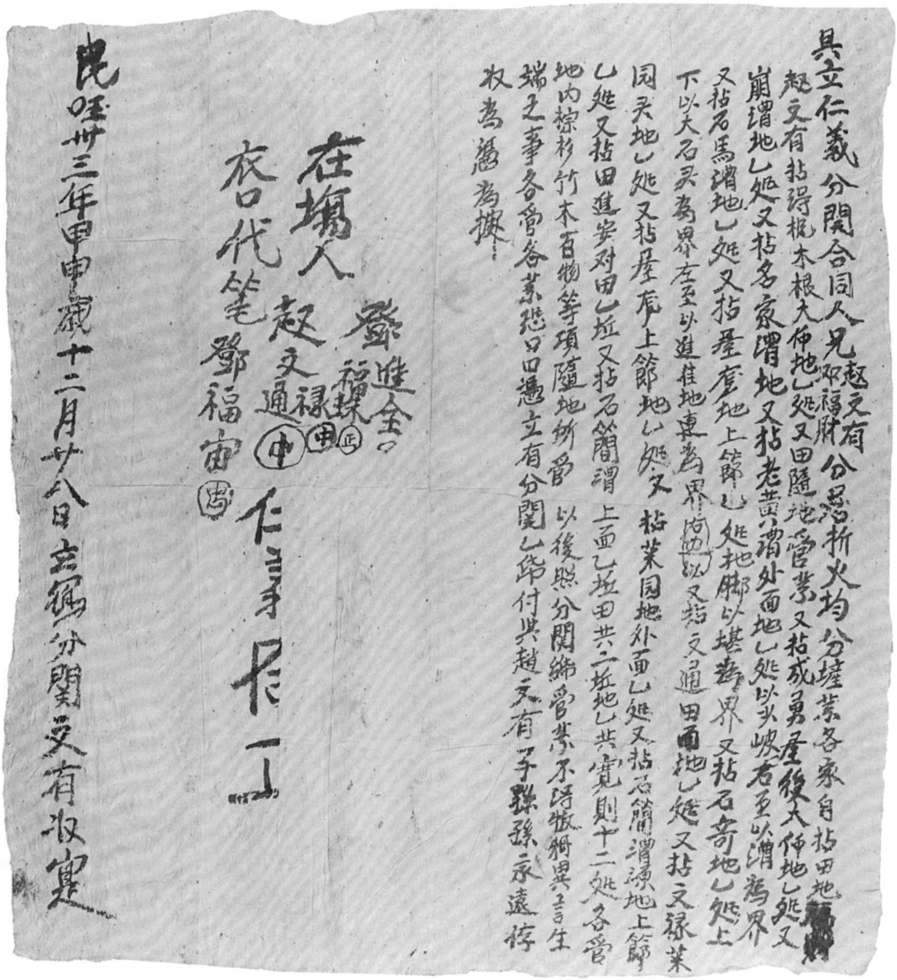
具立仁義分關合同人兄趙文有邓福財分居析火均分塲業各家自拈田地

趙文有拈得梘木根大仲地乙処又田隨地管業又拈成勇屋後大仲地乙処又

崩䃌地乙処又拈名家䃌地又拈老黄䃌外面地乙処以头峽右至以䃌為界

又拈石馬䃌地乙処又拈屋底地上節乙処把脚以堪為界又拈石奇地乙処上

下以大石头為界左至以進佳地連為界以又拈文通田面地乙処又拈文祿菜

园头地乙処又拈屋底上節地乙処又拈菜园地外面乙処又拈石箭䃌頭地上節

乙処又拈田進安对田乙埦又拈石箭䃌上面乙埦田共六埦地乙共寬則十二処各管

地内棕杉竹木百物等項隨地所管 以後照分關綿管業不得異言生

端之事各管各業恐口無憑立有分關乙帋付與趙文有子孫永遠存

收為憑為據

在場人 鄧進金 趙文祿 文通

請代筆 鄧福寅

仁義長行

民國卅三年甲申歲十二月廿八日立寫分關文有收執

具立仁义分关合同人兄赵文有邓福财分居折（拆）火均分𢪏业各家自拈田地赵文有拈得梘木根大仲地一处又田随地管业又拈成勇屋后大仲地一处又崩漕地一处又拈名家漕地又拈老黄漕外面地一处以少岐右至以漕为界又拈石马漕地一处又拈屋?地上节一处地脚以堪为界又拈石奇地一处上下以大石头为界左至以进佳地连为界又拈文通田面地一处又拈文禄菜园头地一处又拈屋?上节地一处又拈菜园地外面一处又拈石简漕源地上节一处又拈田进安对田一丘又拈石简漕上面一丘田共二丘地一共宽则十二处各管地内棕杉竹木百物等项随地所管以后照分关纸管业不得㹀（反）悔（悔）异言生端之（滋）事各管各业恐口凹凭立有分关一纸付与赵文有子孙永远存收为凭为据

在场人邓进全【押】邓福珠【押】赵文禄【押】赵文通【押】

衣（依）口代笔邓福宙【押】

□□□□

民国卅三年甲申岁十二月廿八日立写分关文有收实

民国三十四年四月初四日莫星贵卖田契约

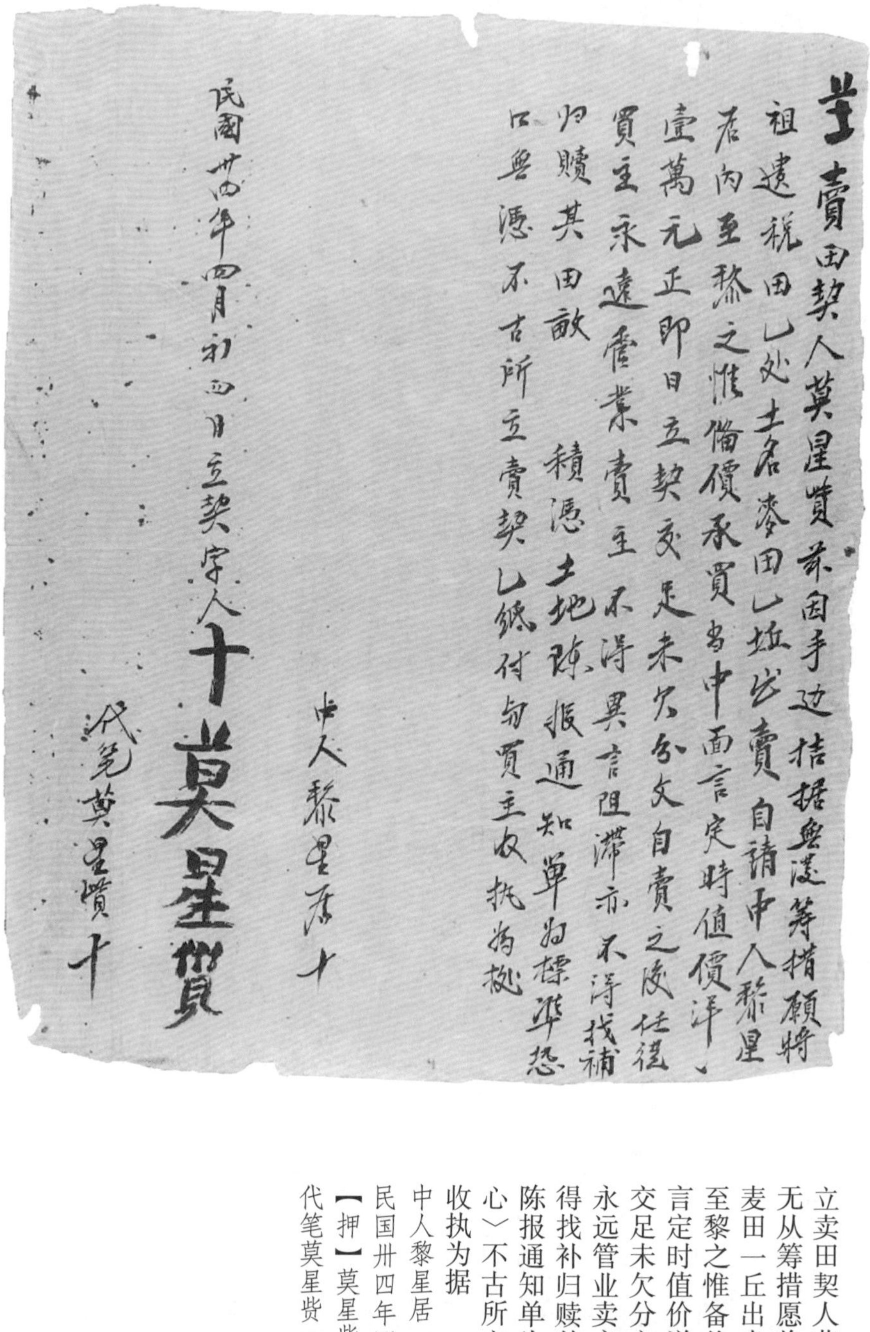

立卖田契人莫星贵兹因手边拮据无从筹措愿将祖遗税田一处土名麦田一丘出卖自请中人黎星居向至黎之惟备价承买当中〈三〉面言定时值价洋壹万元正即日立契交足未欠分文自卖之后任从买主永远管业卖主不得异言阻滞亦不得找补归赎其田亩　积凭土地陈报通知单为标准恐口无凭〈人心〉不古所立卖契一纸付与买主收执为据

中人黎星居【押】

民国卅四年四月初四日立契字人【押】莫星贵

代笔莫星贵【押】

民国三十四年十月二十六日邓福财借钱当田契约

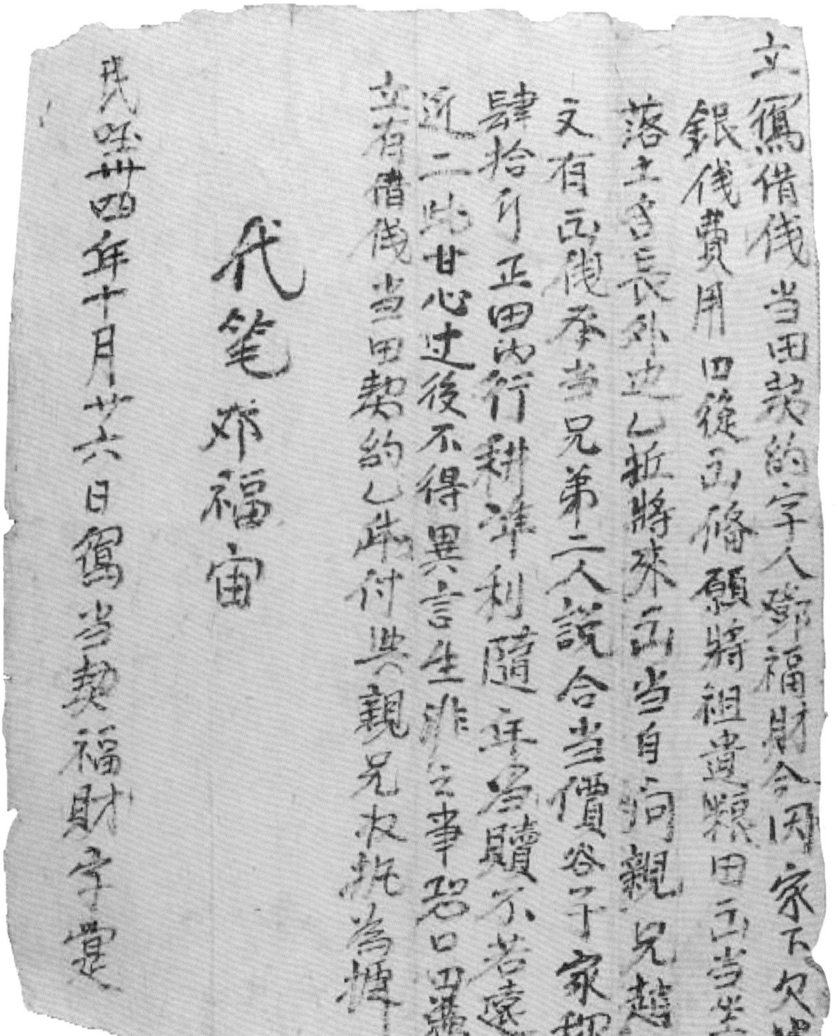

立写借钱当田契约字人邓福财今
因家下欠少银钱费用□从出备愿
将祖遗粮田出当坐落土名长外边
一丘将来出当自问亲兄赵文有
出钱承当兄弟二人说合当价谷子
家称肆拾斤正田内行耕准利随年
当赎不若远近二此甘心过后不得
异言生非之（滋）事恐口□凭立
有借钱当田契约一纸付与亲兄收
执为据
代笔邓福宙
民国卅四年十月廿六日写当契福
财字实

民国三十六年十一月二十二日赵文和卖地土契约

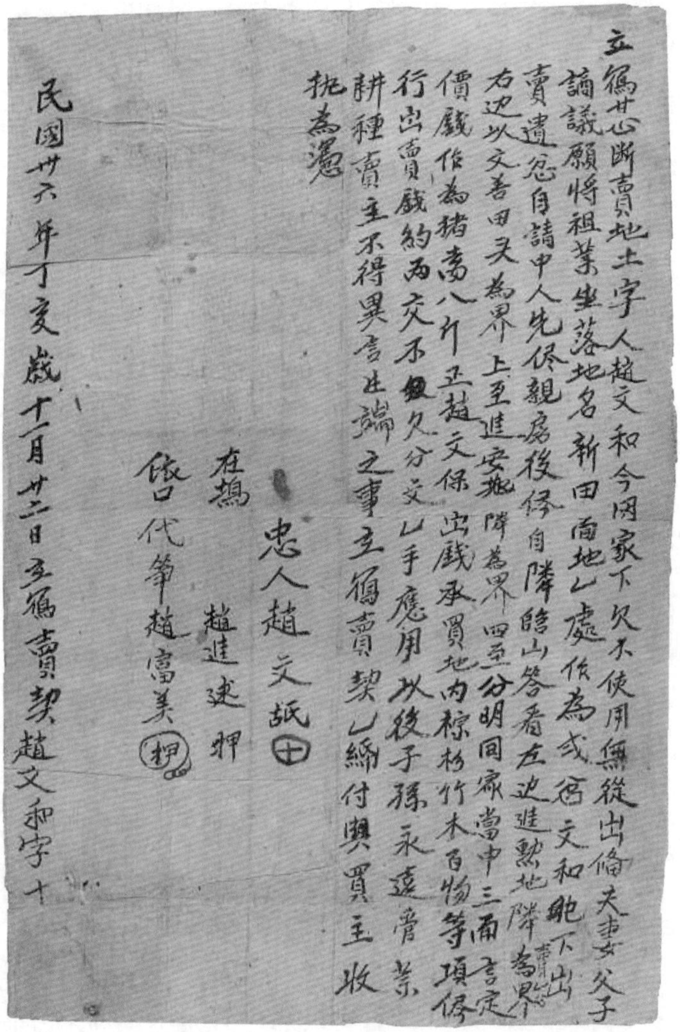

立写甘心断卖地土字人赵文和今
因家下欠钱使用无从出备夫妻父
子謪（商）议愿将祖业坐落地名
新田面地一处作为贰忿（份）文
和己下出卖遗忿（份）自请中人
先尽亲房后尽自邻临山咨（踏）
看左边进勋地邻卖一分为界右边
以文善田头为界上至进安地邻为
界四至分明回家当中三面言定价
钱作为猪⍰八斤正赵文保出钱承
买地内棕杉竹木百物等项尽行出
卖钱约两交不欠分文一手应用以
后子孙永远管业耕种卖主不得异
言生端之（滋）事立写卖契一纸
付与买主收执为凭
忠（中）人赵文舐【押】
在场忠人赵进逑【押】
依口代笔赵富美【押】
民国卅六年丁亥岁十一月廿二日
立写卖契赵文和字【押】

民国三十六年十一月二十五日赵文和断卖地契约

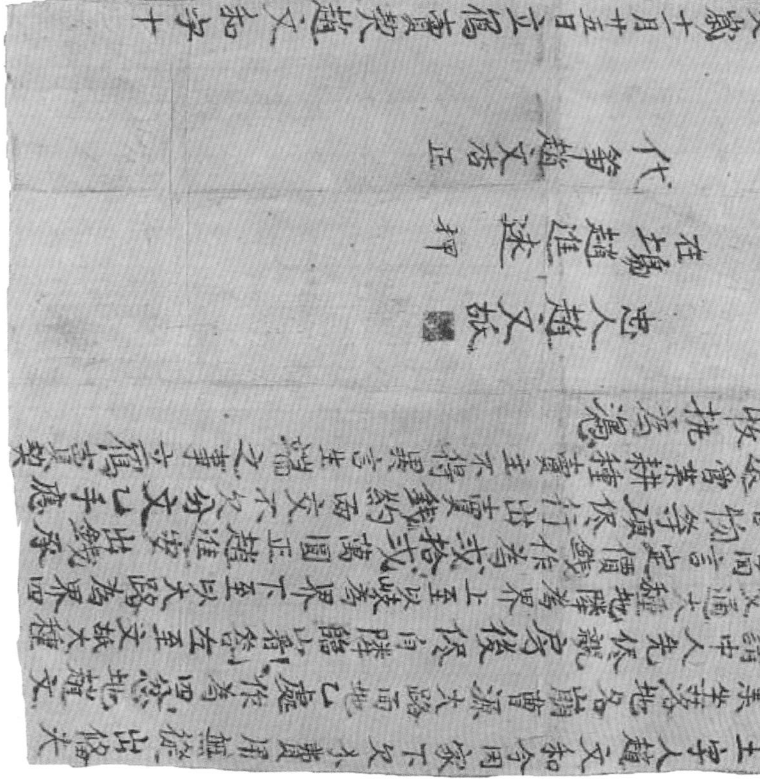

立写甘心断卖地土字人赵文和今
因家下欠钱费用无从出备夫妻謪
（商）议愿将祖业坐落地名崩書
源大路面地一处作为四岔（份）
地赵文和出卖遗岔（份）自请中
人先尽亲房后尽自邻临山岔（踏）
看左至文祇大种地邻为界右至以
文通大种地邻为界上至以岐为界
下至以大路为界四至分明回家当
中三面言定价钱作为贰拾贰万圆
正赵进安出钱承买地内綜（棕）
杉竹木百物等项尽行出卖钱约两
交不欠分文一手应用以后子孙永
远管业耕种卖主不得异言生端之
（滋）事立写卖契一纸付与买主
收执为凭

忠（中）人赵文祇【印】

在场赵进述押

代笔赵文杏【押】

民国卅六年丁亥岁十一月廿五日

立写卖契赵文和字【押】

民国三十七年二月初四日赵文保分关合同

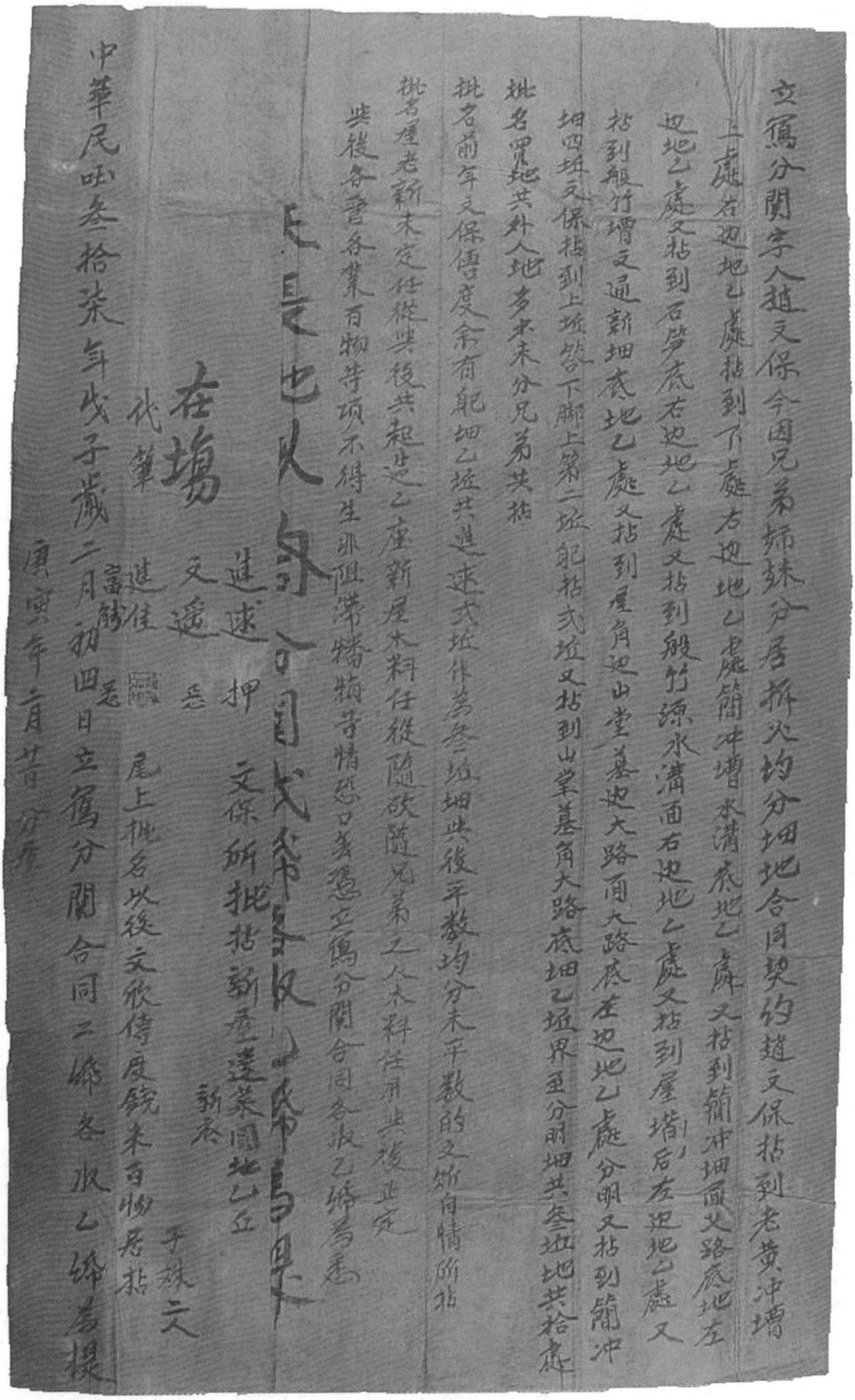
立寫分関字人趙文保今因兄弟姊妹分居拆伙均分田地合同契约趙文保拈到老黄冲塘
上處右边地乙處拈到下處右边地乙處簡冲塘水溝底地乙處又拈到簡冲田面又路底地左
边地乙處又拈到石笋底右边地乙處又拈到般竹源水溝面右边地乙處又拈到屋墙后左边地乙處又
拈到般竹塘又遍新田底地乙處又拈到屋角边山堂墓边大路面大路底左边地乙處分明又拈到簡冲
田四坵又保拈到上坵答下脚上第二坵䏜拈弍坵又拈到山堂墓角大路底田乙坵界至分明田共叁坵地共拾處
批名買地共外人地多米未分兄弟共拈
批名前年文保傳度氽有䏜田乙坵共進速弍坵作為叁坵田共後平数均分未平数的文妳自情所拈
批名屋老新未定往後共後共起造乙座新屋木料任從隨欲隨兄弟之人木料任用共後並定
共後各管各業百物等項不得生非阻滞嫪嫪等情恐口無憑立寫分関合同各収乙綿為憑
民是也人親合同弍帋為據
進速 押 文保所批拈新屋邊菜園地乙丘 新唐
在場 文遥 恶
代筆 進佳 富能 恶
屋上批名以後文欣傳度銭来百物居拈 子妹二人
中華民國叁拾柒年戊子歲二月初四日立寫分関合同二綿各収乙綿為據
庚寅年二月廿日分居

立写分关字人赵文保今因兄弟姊妹分居拆火均分畑地合同契约赵文保拈到老黄冲漕上处右边地一处拈到下处右边地一处简冲漕水沟底地一处又拈到简冲畑面义路底地左边地一处又拈到石笋底右边地一处又拈到般竹源水沟面右边地一处又拈到屋后堦左边地一处又拈到般竹漕文通新畑底地一处又拈到屋角边山堂墓边大路面大路底左边地一处分明又拈到简冲畑四丘文保拈到上丘答（搭）下脚上第二丘已拈贰丘又拈到山堂墓角大路底畑一丘界至分明畑共叁丘地共拾处

批名买地共外人地多少未分兄弟共拈

批名前年文保传度余有己畑一丘共进逑贰丘作为叁丘畑典后平数均分未平数的文⍰自情所拈

批名屋老新未定任从典后共起造一座新屋木料任从随砍随兄弟之人木料任用典后正定

典后各管各业百物等项不得生非阻滞憣（反）悔（悔）等情恐口无凭立写分关合同各收一纸为悉

☐

在场进逑【押】文遥【押】进佳【印】富⍰

文保所批拈新屋达菜园地一丘

新底

子姝二人

尾上批名以后文欣传度钱米百物居拈

中华民国叁拾柒年戊子岁二月初四日立写分关合同二纸各收一纸为提（据）

庚寅年二月廿一日分屋

民国三十七年十月二十五日赵文先卖地契约

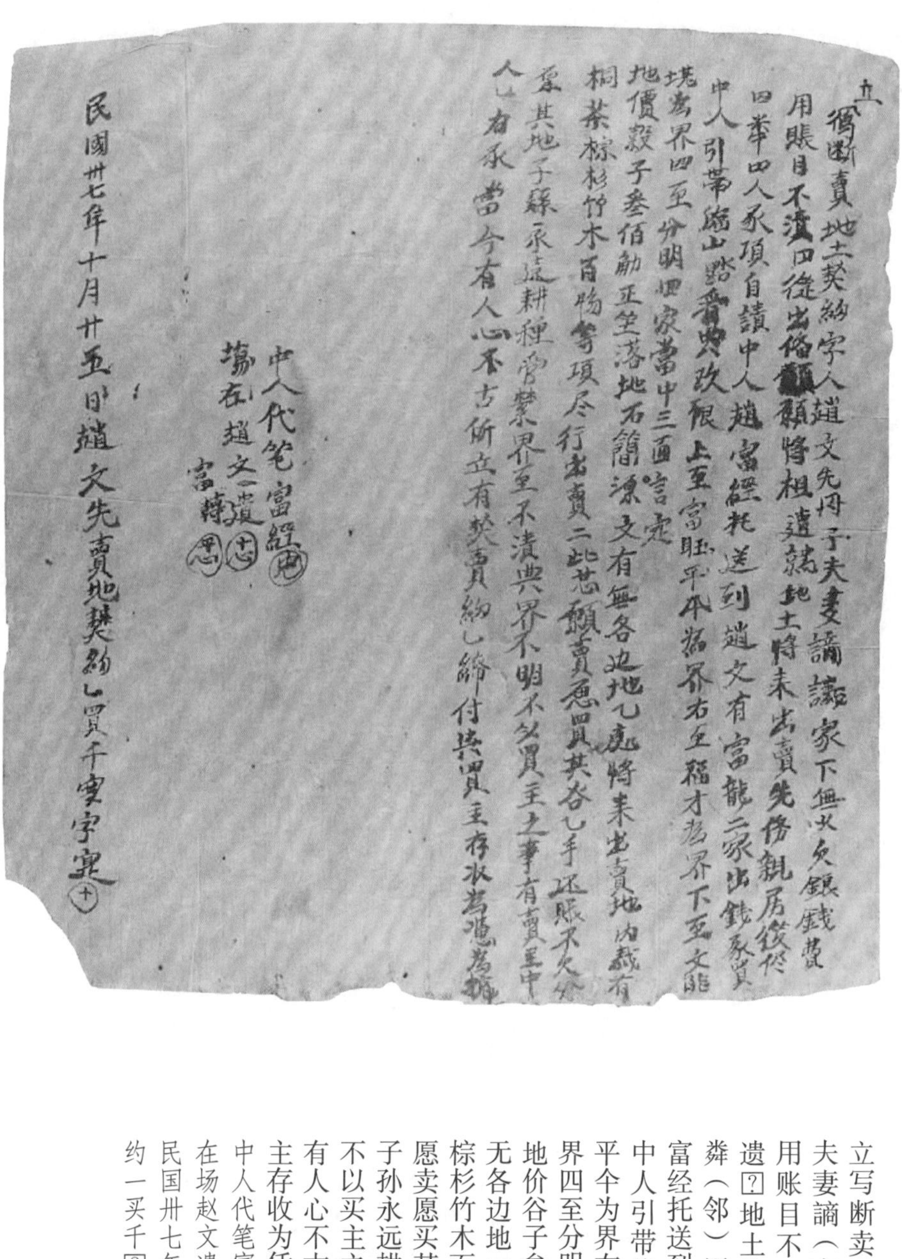

立写断卖地土契约字人赵文先母子夫妻謫（商）议家下无少欠银钱费用账目不清吅从出备愿将祖（祖）遗⍰地土将来出卖先⍰亲房⍰尽四粦（邻）吅人承项（顶）自请中人赵富经托送到赵文有富龙二家出钱承买中人引带临山踏看⍰⍰⍰上至富曜平个为界右至福才为界下至文龙堪为界四至分明回家当中三面言定地价谷子叁佰斤正坐落地石简源文有无各边地一处将来出卖地内栽有桐茶棕杉竹木百物等项尽行出卖二此甘心愿卖愿买其谷一手还账不欠分厘其地子孙永远耕种管业界至不清典界不明不以买主之事有卖主中人一力承当今有人心不古所立有契卖约一纸付与买主存收为凭为据

中人代笔富经【押】

在场赵文遗【押】赵福转【押】

民国卅七年十月廿五日赵文先卖地契约一买千⍰字实【押】

民国三十七年十二月初六日赵文树卖地契约

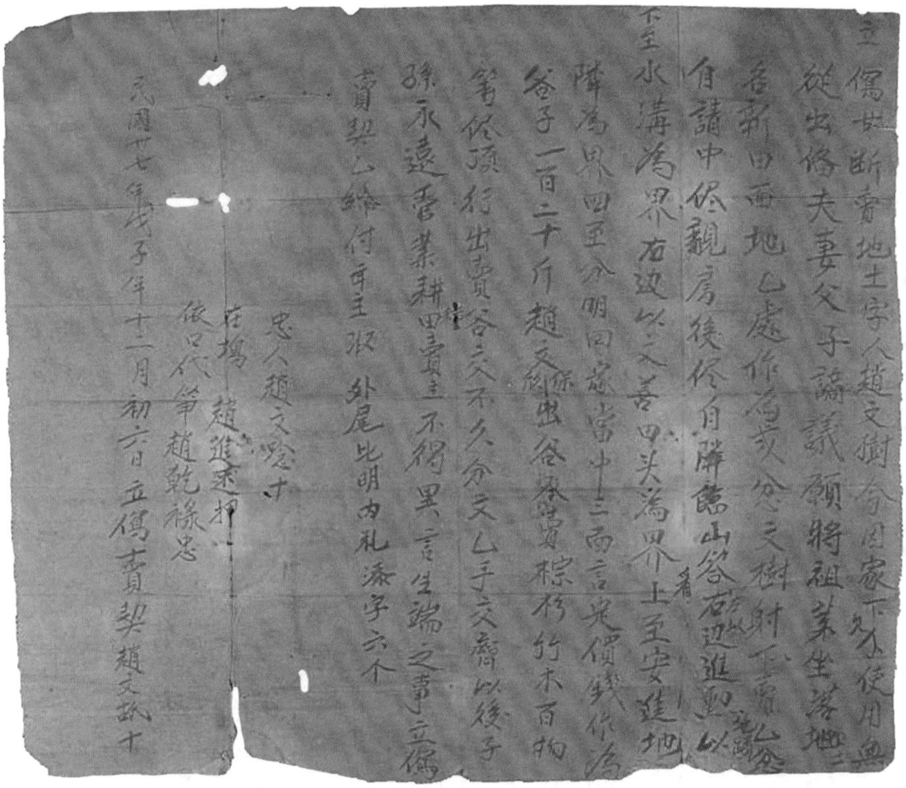

立写甘断卖地土字人赵文树今因家下欠钱使用无从出备夫妻父子謫（商）议愿将祖业坐落地土名新田面地一处作为贰忩(份)文树射(己)下卖一忩(份)自请中尽亲房后尽,自邻临山笞(踏)看左以右边进勛地蹸以下至水沟为界右边以文善田头为界上至安进地邻为界四至分明回家当中三面言定价钱作为谷子一百二十斤赵文保赵文欣出谷承买棕杉竹木百物等尽顶行出卖谷交不欠分文一手交齐以后子孙永远管业耕种田卖主不得异言生端之（滋）事立写卖契一纸付与主收　外尾此（批）明内礼添字六个

忠（中）人赵文唸【押】

在场赵进逑【押】

依口代笔赵乾禄【押】

民国卅七年戊子年十二月初六日立写卖契赵文骶【押】

第七部分　柳州（一）

乾隆四十二年十二月十二日李任炳限字据

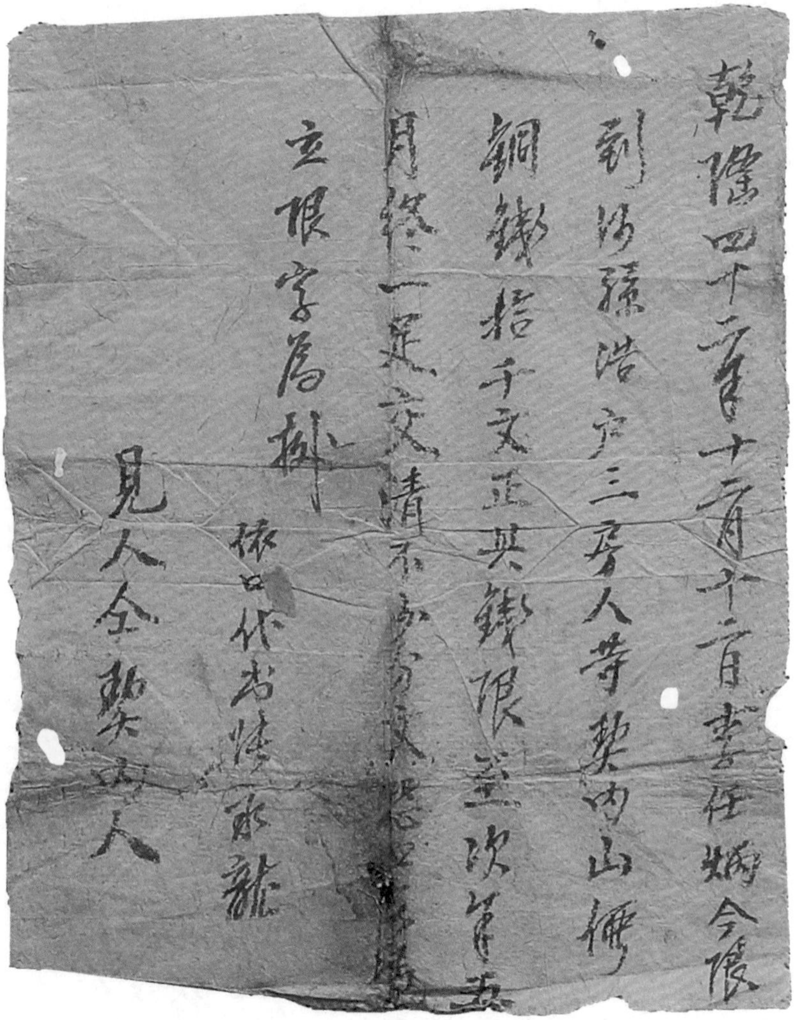

乾隆四十二年十二月十二日李任炳
今限（收）到⍰孙浩户三房人等契
内山价铜钱拾千文正其钱限至次年
五月终一足交清不少分文恐口无凭
立限字为据
依口代书张承龙
见人仝契内人

乾隆五十年十二月初六日熊桓武舒安勋华今收到李任炳名下契钱粮一并收讫所收是实字据
笔体全书

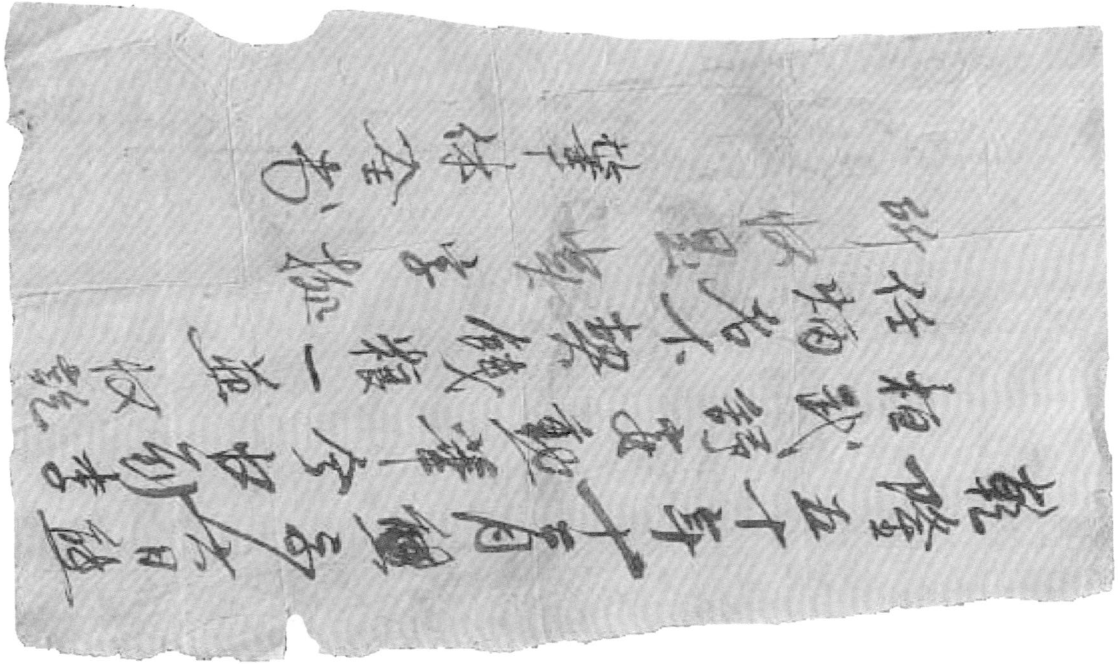

乾隆五十年十二月初六日熊桓武等收钱粮字据

乾隆五十四年三月十六日僧静修领钱字据

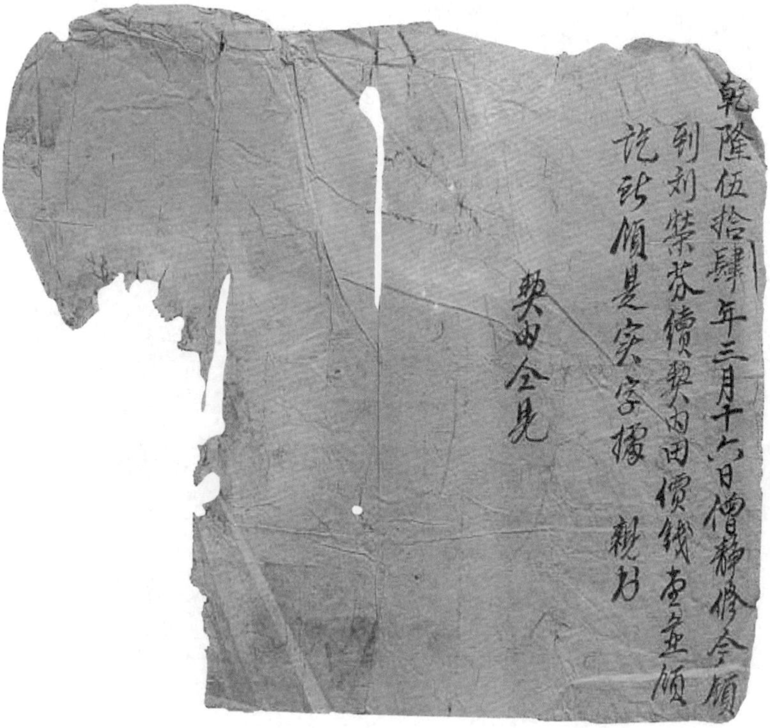

乾隆伍拾肆年三月十六日僧静修今领到刘荣芬续契内田价钱壹并领讫所领是实字据

亲书

契内仝见

嘉庆十年三月二十六日刘荣芬兄弟领钱字据

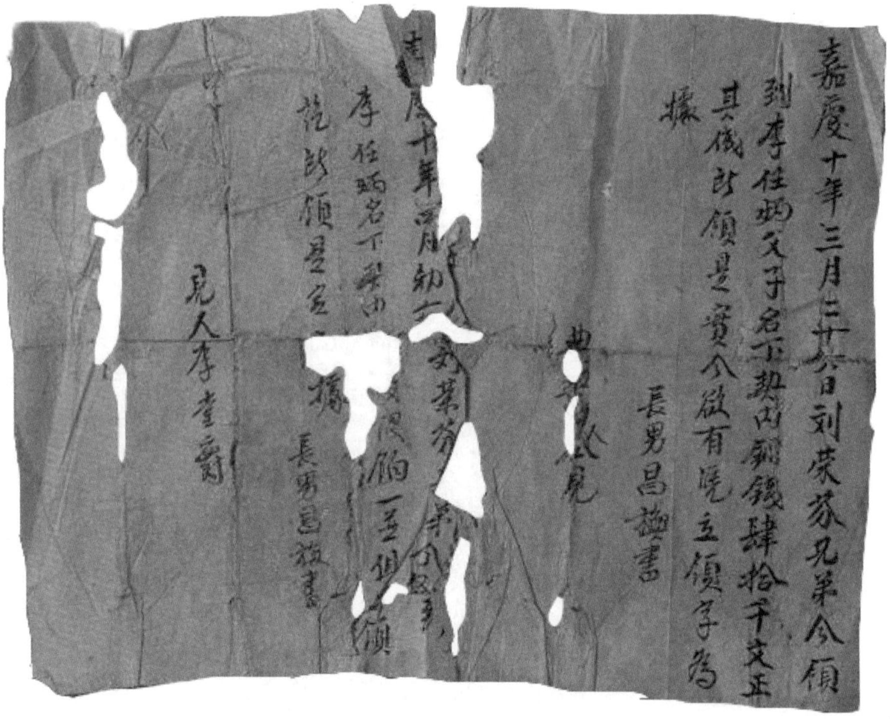

嘉庆十年三月二十六日刘荣芬兄弟今领到李任炳父子名下契内铜钱肆拾千文正其钱所领是实今欲有凭立领字为据

典契人仝见

长男昌梌书

嘉庆十年四月初六日刘荣芬〈兄〉弟今收到李任炳名下契内□□限（银）饷一并俱□领讫所领是实〈为〉据

长男昌梌书

见人李堂爵

嘉庆二十年李堂高卖屋宇地基契约

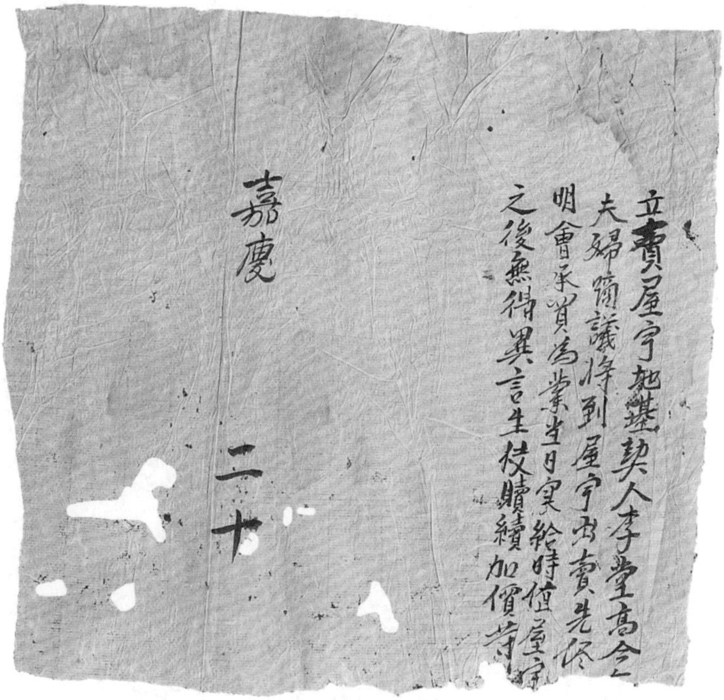

立卖屋宇地基契人李堂高今☐夫妇謪（商）议将到屋宇出卖
先尽☐明会承买为业当日实给时值屋宇☐
之后无得异言生枝赎续加价等☐
嘉庆二十〈年〉

嘉庆二十四年二月二十四日何氏兄弟退耕字据

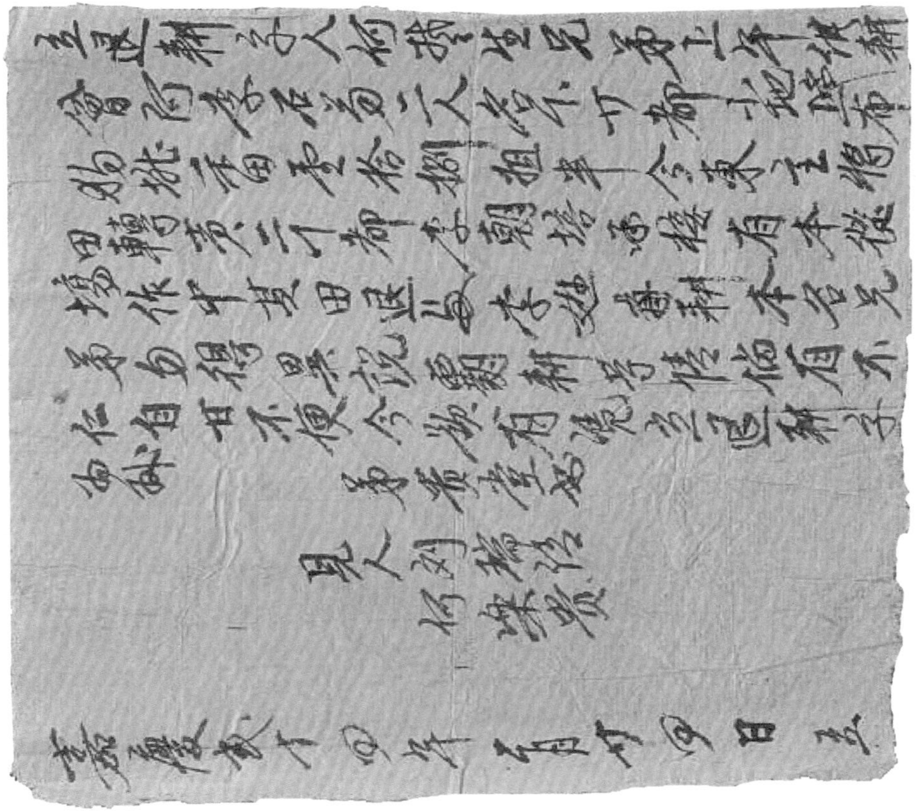

立退耕字人何⑦生兄弟上年借耕会
何李石苟二人名下廿都小地名上布
狗垅禾田壹拾捌担半今东主将田转
卖二十都李朝培承接有本从场作中
其田退与李姓⑦耕本名兄弟勿得异说
霸耕等情倘有不仁自甘不便今欲有
凭立退耕字为据

弟贵堂书

见人刘瑞清何乐贵

嘉庆贰十四年二月廿四日立

道光十年五月初五日何癸开兄弟领上首挂红字据

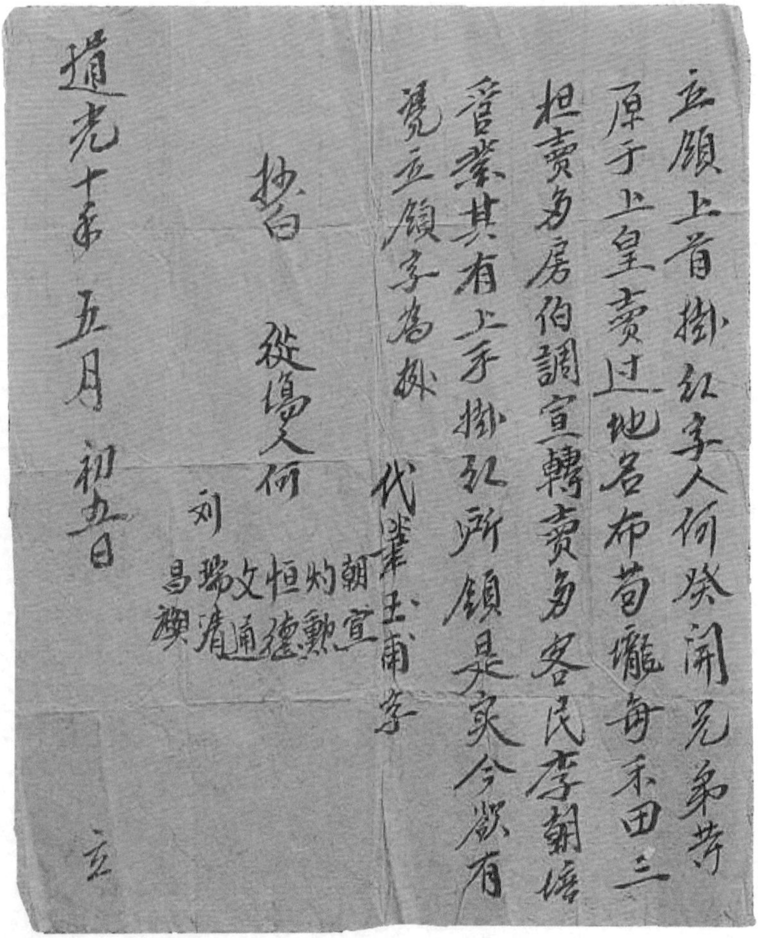

立领上首挂红字人何癸开兄弟等原于上皇卖过地名布苟垅每禾田三担卖与房伯调宣转卖与客民李朝培管业其有上手挂红所领是实今欲有凭立领字为据

代笔玉甫字

抄白

从场人何朝宣何灼勋何恒德何文通刘瑞清刘昌禊

道光十年五月初五日立

道光十五年五月初三日熊克念等领钱字据

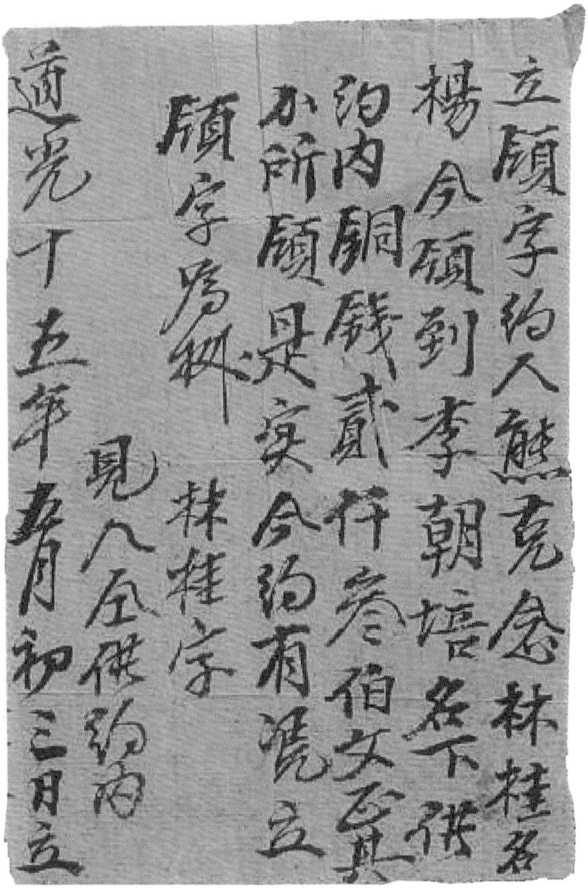

立领字约人熊克念林桂名杨今领到李朝培名下借约内铜钱贰仟叁佰文正其钱所领是实今约有凭立领字为据

林桂字

见人仝借约内

道光十五年五月初三日立

道光十六年四月二十八日何纯芝领钱字据

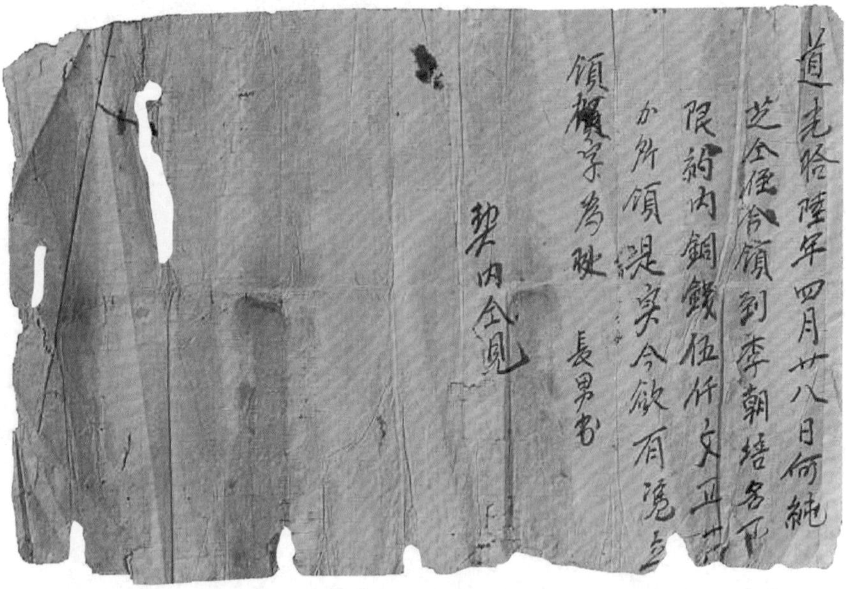

道光拾陆年四月廿八日何纯芝仝侄今领到李朝培名下限约内铜钱伍仟文正其钱所领是实今欲有凭立领字为据
长男书
契内仝见

道光十六年九月初六日何纯芝父子领钱字据

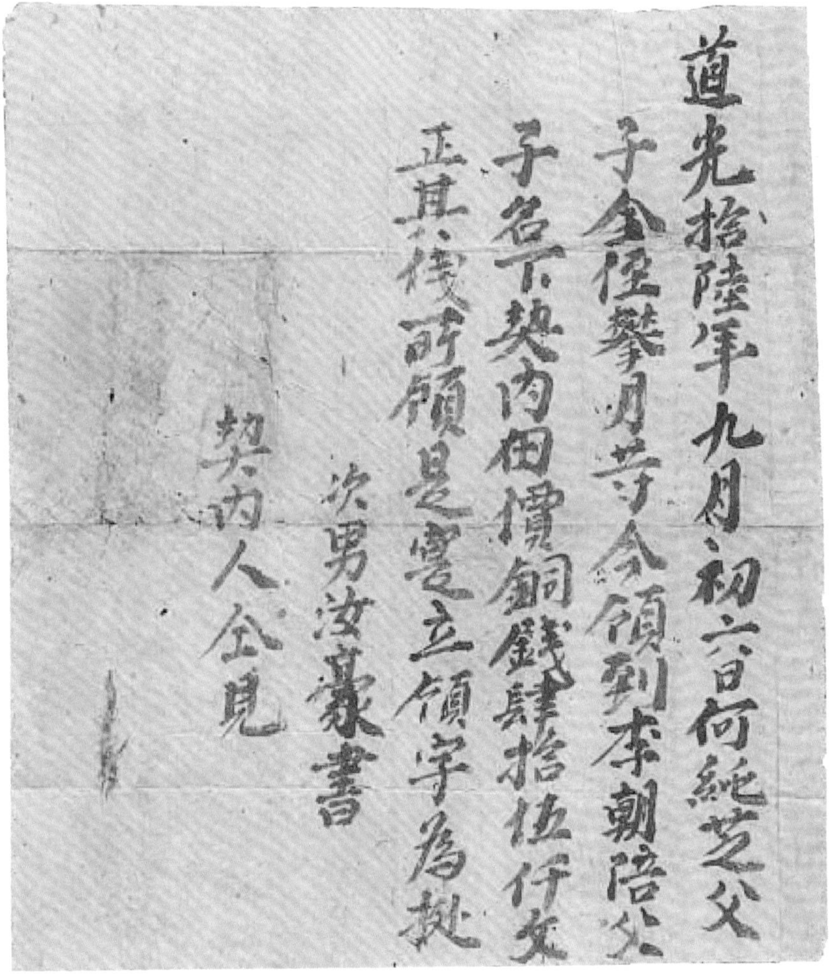

道光拾陆年九月初六日何纯芝父子仝侄攀月等今领到李朝陪父子名下契内田价铜钱肆拾伍仟文正其钱所领是实立领字为据

次男汝豪书

契内人仝见

道光十六年十一月十六日杨门王氏收钱粮字据

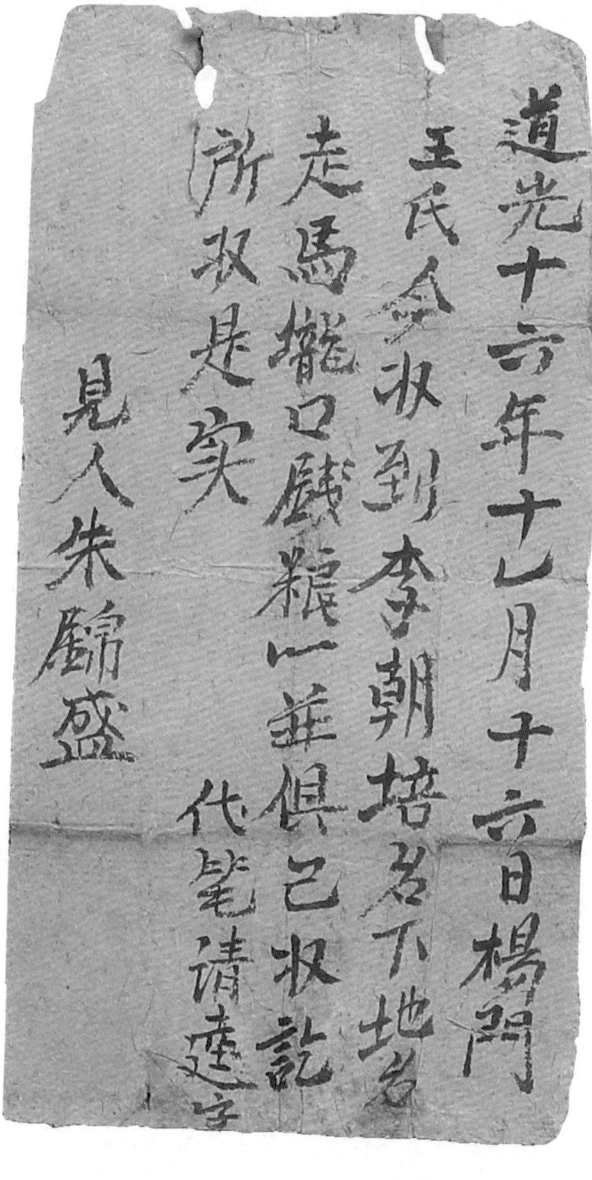

道光十六年十一月十六日杨门王氏今收到李朝培名下地名走马垅口钱粮一并俱已收讫所收是实
代笔清逵字
见人朱锦盛

道光十六年十二月初六日廖定榜兄弟借钱字据

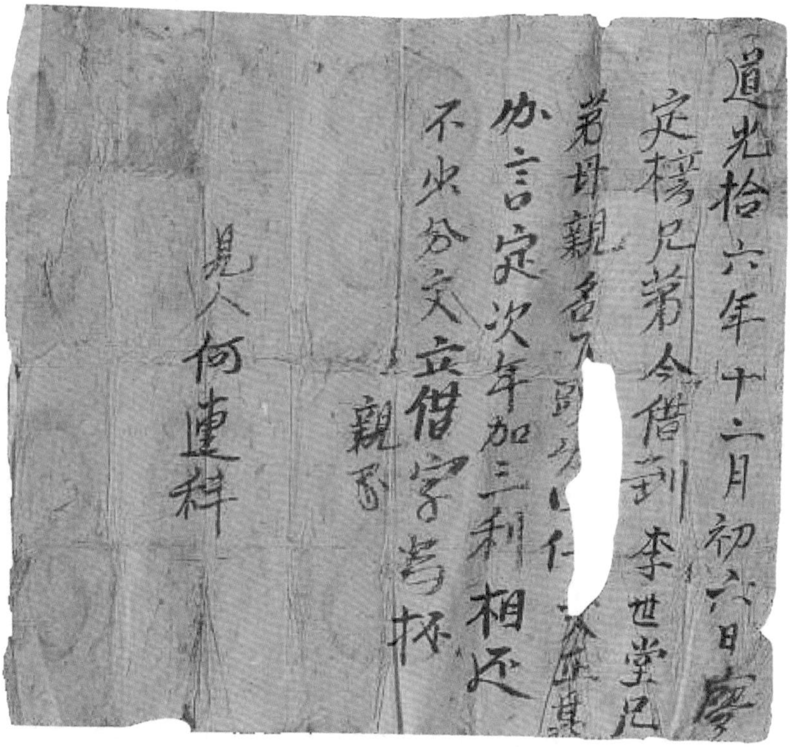

道光拾六年十二月初六日廖定榜
兄弟今借到李世堂兄弟母亲名下
□□□□正其钱言定次年加三
利相还不少分文立借字为据
亲书
见人何连科

道光二十年四月二十九日曹玉清父子领钱字据

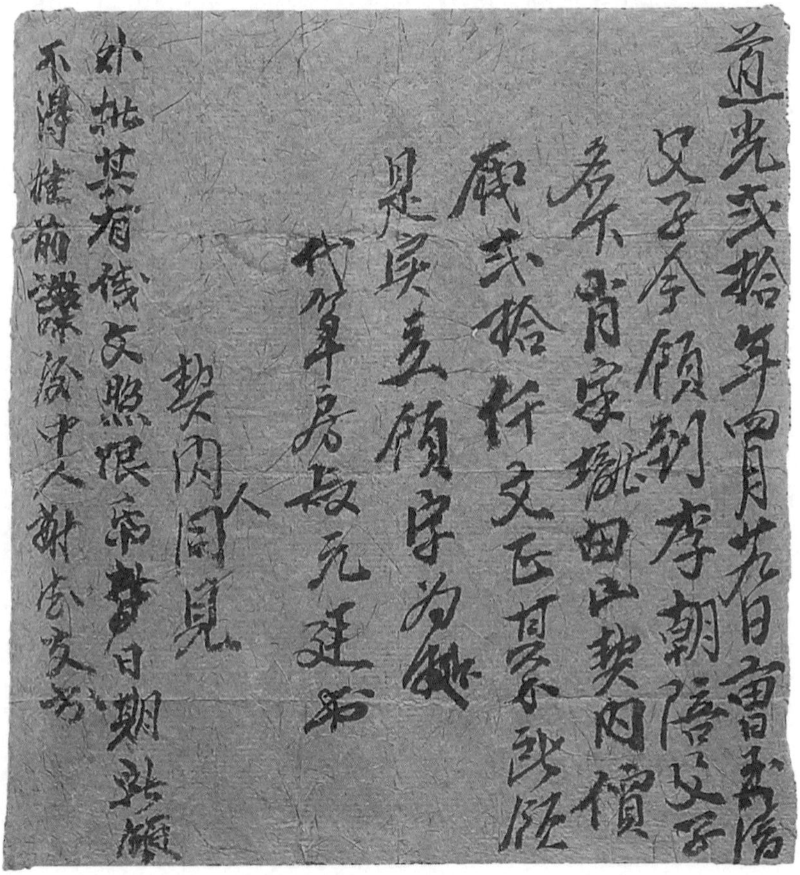

道光贰拾年四月廿九日曹玉清父子今领到李朝陪父子名下肖家垅田山契内价钱贰拾仟文正其钱所领是实立领字为据

代笔房叔元廷书

契内人同见

外批其有钱文照限纸日期所领不得推前?后中人谢德友书

道光二十二年九月十八日赵德官父子收钱字据

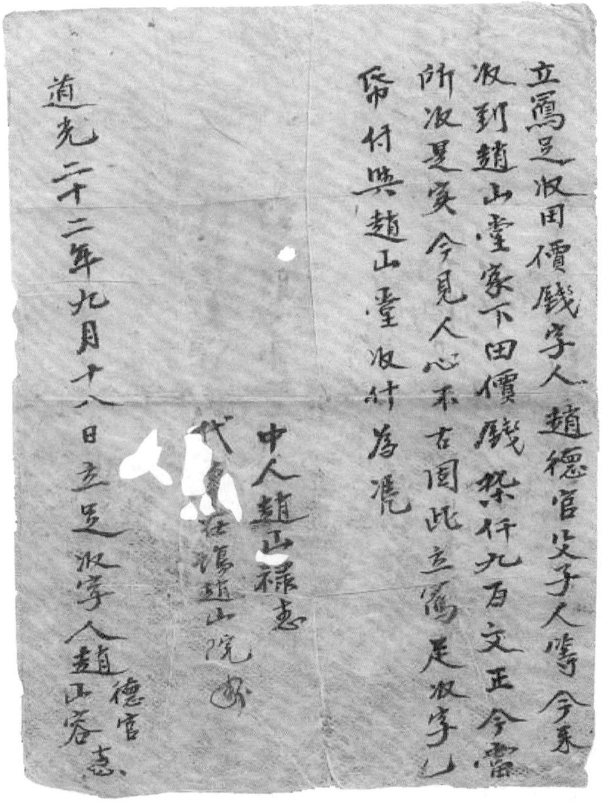

立写足收田价钱字人赵德官父子人等今来收到赵山堂家下田价钱柒仟九百文正今当所收是实今见人心不古固此立写足收字一纸付与赵山堂收付为凭

中人赵山禄【押】

代□在场赵山院【押】

道光二十二年九月十八日立足收字人赵德官

赵山容【押】

道光二十三年正月初二日赵山英等分关合同

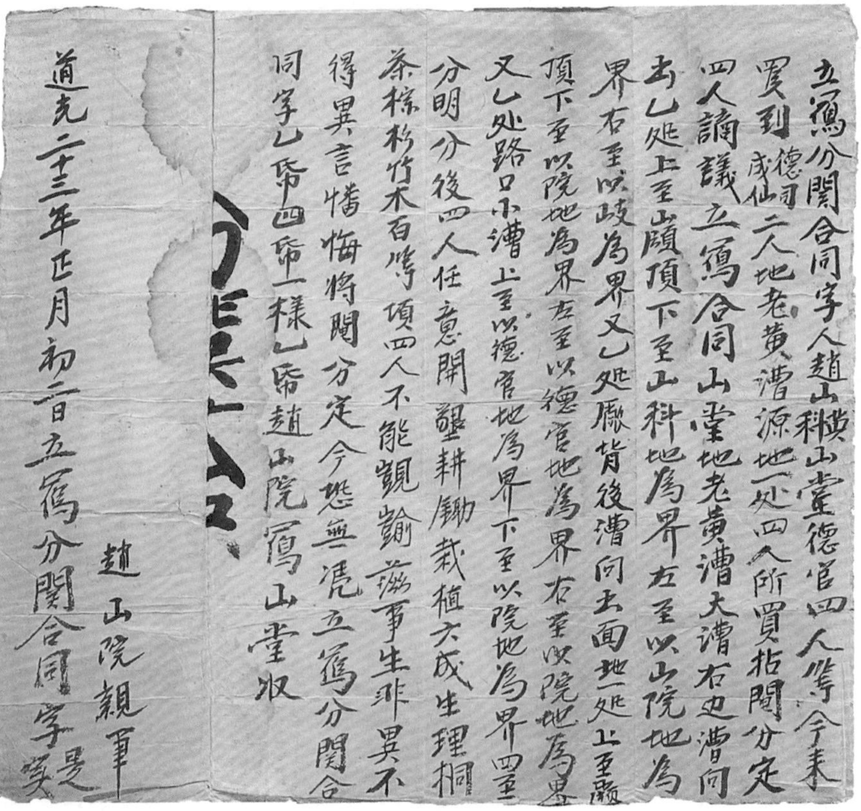

立写分关合同字人赵山英赵山科赵山堂赵德官四人等今来买到德司成仙二人地老黄漕源地一处四人所买拈阄（阄）分定四人謪（商）议立写合同山堂地老黄漕大漕右边漕向出一处上至岭顶下至山科地为界左至以山院地为界右至以岐为界又一处厂背后漕向出面地一处上至岭顶下至以院地为界左至以德官地为界右至以院地为界又一处路口小漕上至以德官地为界下至以院地为界四至分明分后四人任意开垦耕锄栽植六成生理桐茶棕杉竹木百等项四人不能觊觎滋事生非异（亦）不得异言憣悔将阄（阄）分定今恐无凭立写分关合同字一纸四纸一样一纸赵山院写山堂收

☐

赵山院亲笔

道光二十三年正月初二日立写分关合同字是实

道光二十五年十一月初六日张昌盈收钱粮字据

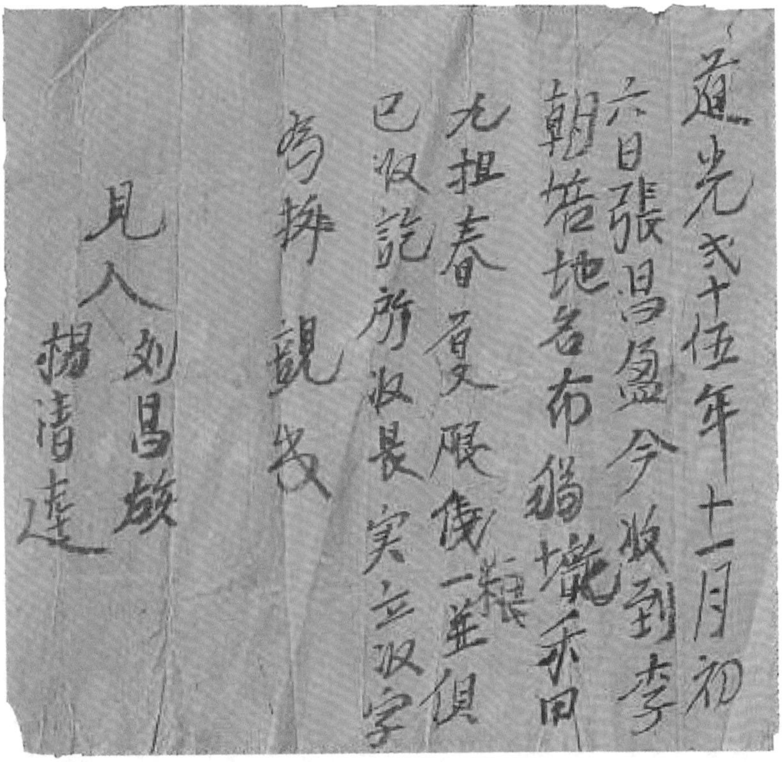

道光贰十伍年十一月初六日张昌盈今收到李朝培地名布狗垅禾田九担春夏限钱粮一并俱已收讫所收是实立收字为据　亲书

见人刘昌族杨清逵

道光二十七年二月初三日赵山院等分关合同

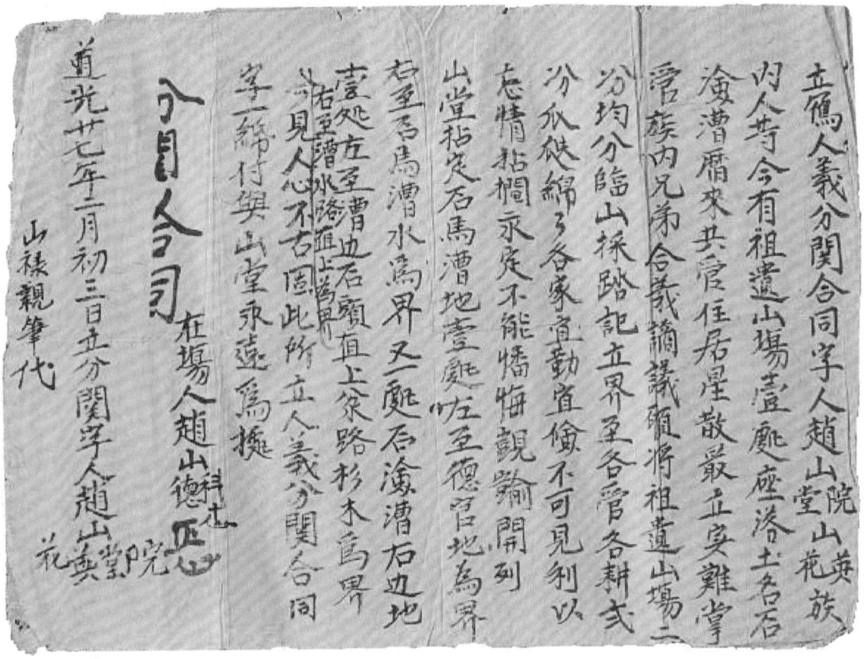

立写人义分关合同字人赵山院赵山堂赵山英赵山花族内人等今有祖遗山场壹处座落土名石凎漕历来共管住居星散最立实难掌管族内兄弟合义謪（商）议愿将祖遗山场二分均分临山采踏记立界至各管各耕贰分瓜瓞绵绵各家宜勤宜俭不可见利以忘情拈掬（阄）永定不能慉悔觊觎开列山堂拈定石马漕地壹处左至德官地为界右至石马漕水为界又一处石凎漕右边地壹处左至漕边石头直上㙟路杉木为界右至漕水路直上为界今见人心不古固此所立人义分关合同字一纸付与山堂永远为据

在场人赵山科【押】赵山德【押】

〈分关合同〉

道光廿七年二月初三日立分关字人赵山院赵山堂赵山英赵山花

山禄亲笔代

道光二十七年三月初三日赵德官等收钱字据

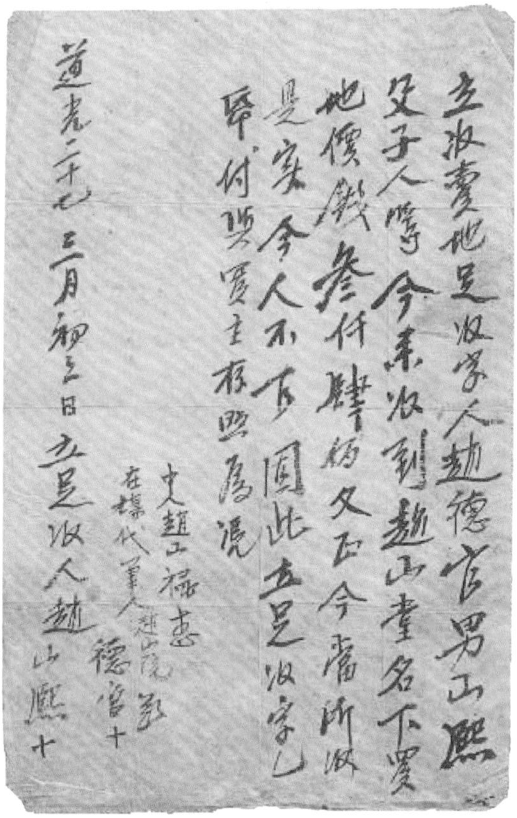

立收卖地足收字人赵德官男山熙父子人等今来收到赵山堂名下买地价钱叁仟肆佰文正今当所收是实今人不古固此立足收字一纸付与买主存照为凭

中人赵山禄【押】

在场代笔人山院书

道光二十七年三月初三日立足收人赵德官【押】赵山熙【押】

道光二十八年十一月十六日赖声章收钱粮字据

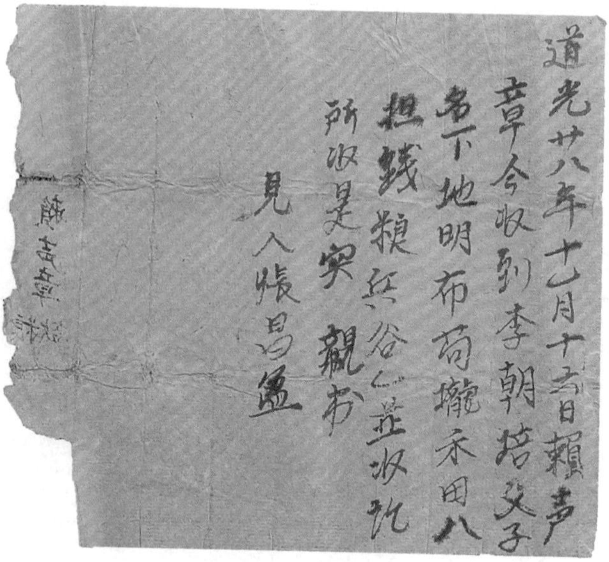

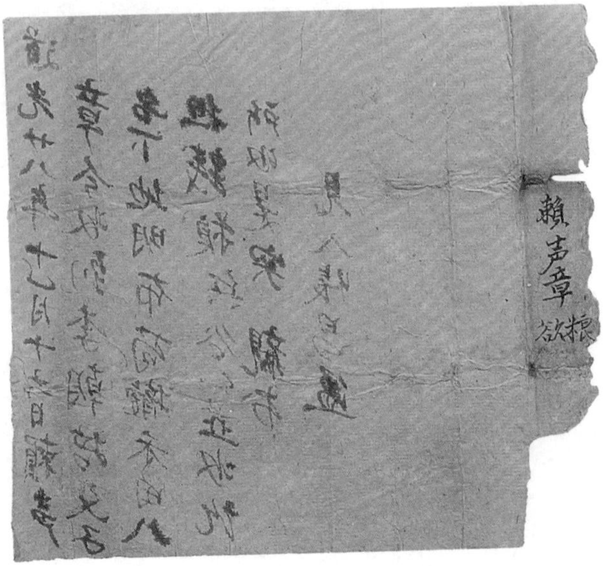

道光廿八年十一月十六日赖声章今收到李朝培父子名下地明（名）布荷垅禾田八担钱粮兵谷一并收讫所收是实

亲书

见人张昌盈

赖声章粮欲

道光二十九年七月十五日赵山德兄弟等收钱字据

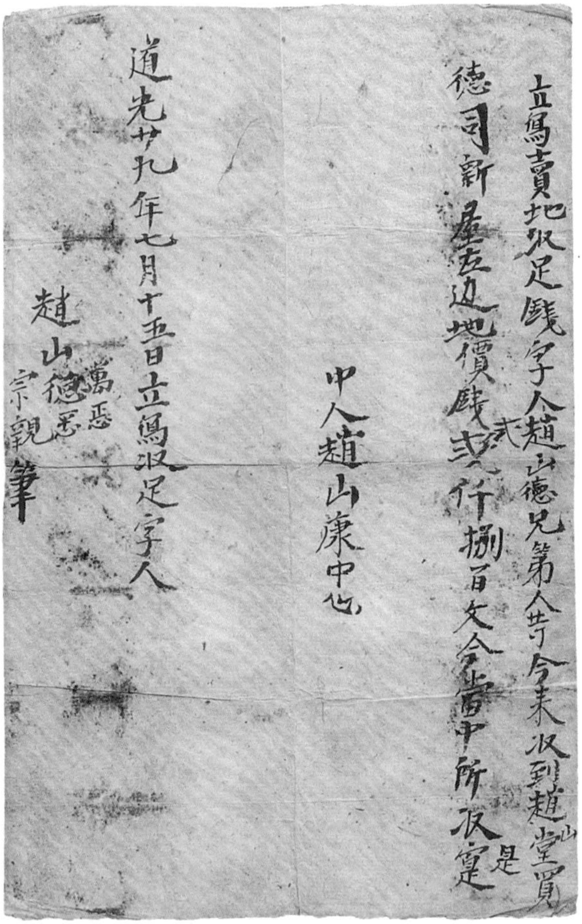

立写卖地收足钱字人赵山德兄第（弟）人等今来收到赵山堂买德司新屋左边地价钱贰仟捌百文今当中所收是实

中人赵山康【押】

道光廿九年七月十五日立写收足字人

赵山万【押】赵山德【押】赵山宗亲笔

道光二十九年十二月初四日张昌盈收钱粮字据

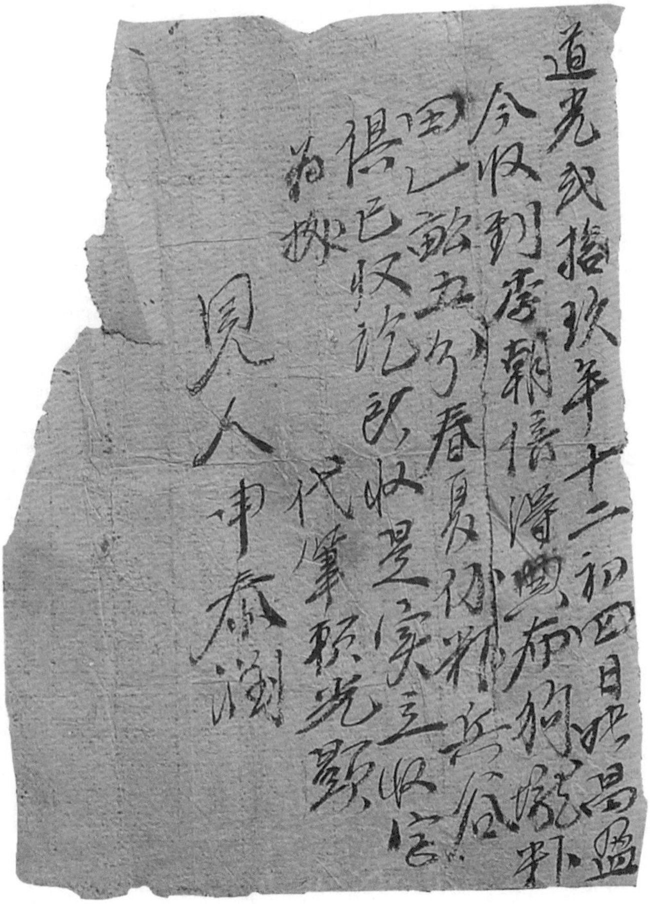

道光贰拾玖年十二〈月〉初四日张昌盈今收到李朝倍得典布狗垅粮田一亩五分春夏钱粮兵谷俱已收讫所收是实立收字为据

代笔赖光显

见人申泰洌

道光二十九年十二月初十日陈观芹承耕契约

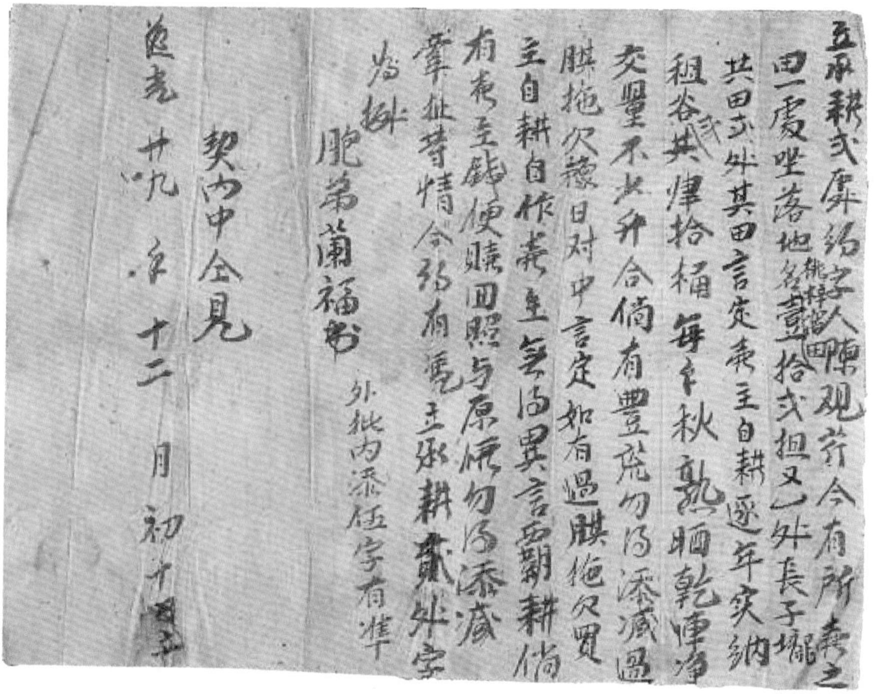

立承耕贰处约字人陈观芹今有所卖之田一处坐落地名桃梓窝田壹拾贰担又一处长子垅共田贰处其田言定卖主自耕逐年实纳租谷贰共肆拾桶每年秋熟晒干车净交量不少升合倘有丰荒勿得添减过期拖欠▢日对中言定如有过期拖欠买主自耕自作卖主无得异言霸耕倘有卖主钱便赎回照与原价勿得添减牵扯等情今约有凭立承耕贰处字为据

外批内添伍字有准

胞弟兰福书

契内中仝见

道光廿九年十二月初十日立

道光三十年十二月初六日刘启伦收钱粮字据

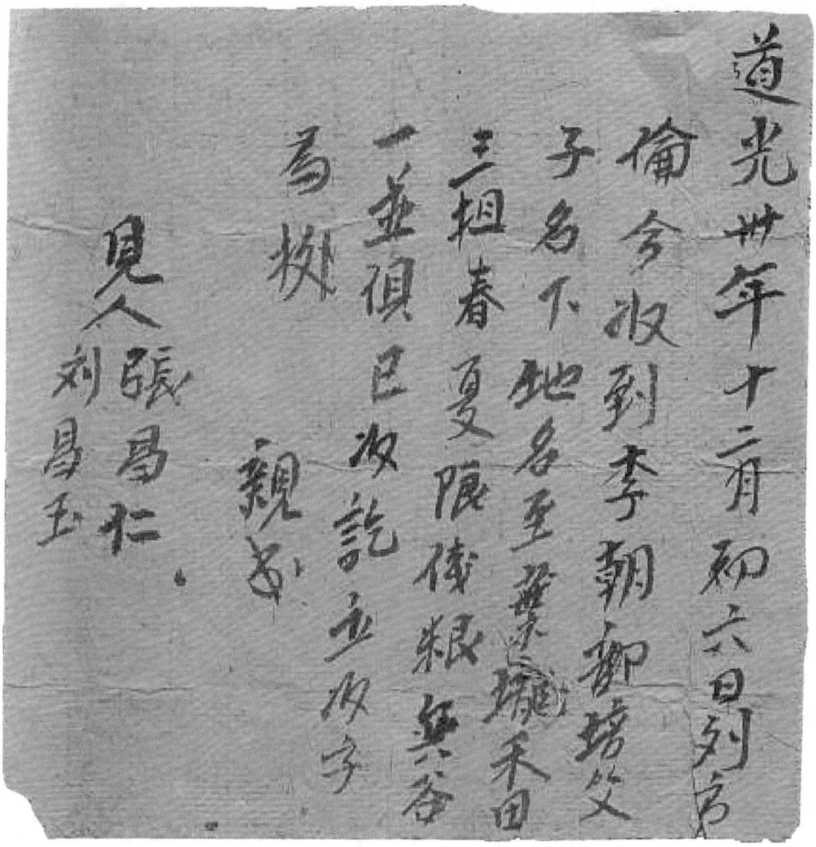

道光卅年十二月初六日刘启伦今收到李朝培父子名下地名至叶垅禾田三担春夏限钱粮兵谷一并俱已收讫立收字为据

亲书

见人张昌仁刘昌玉

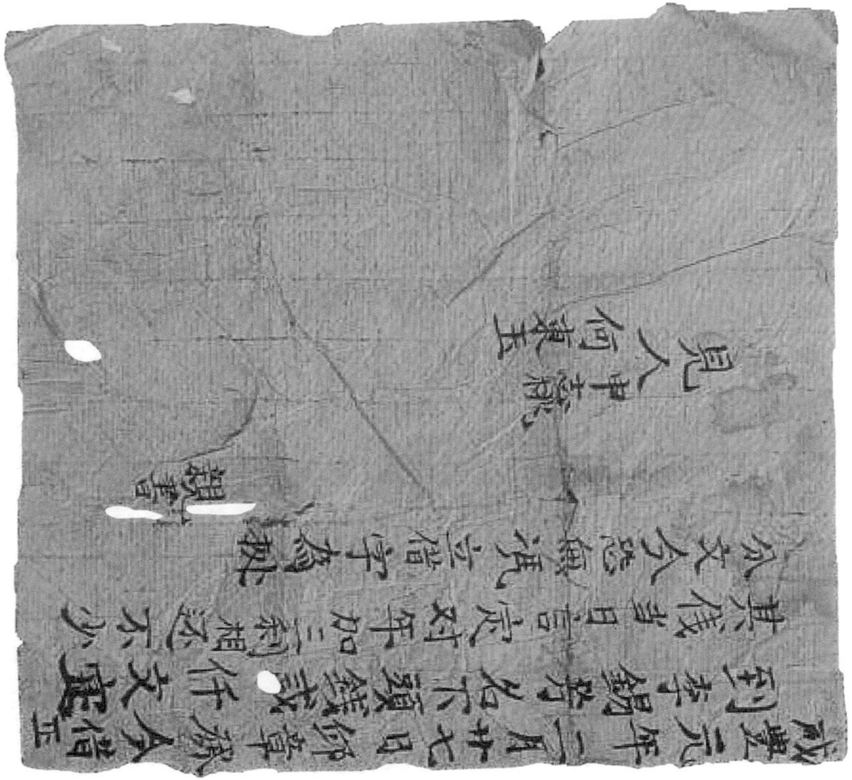

咸丰元年二月二十七日邱章发借钱字据

咸丰元年二月廿七日邱章发今借到李锡芳名下
头钱贰仟文正其钱当日言定对年加三利相还不
少分文今恐无凭立借字为据
亲书
见人 申志桃 何东王

咸丰元年三月初八日何东玉等收钱字据

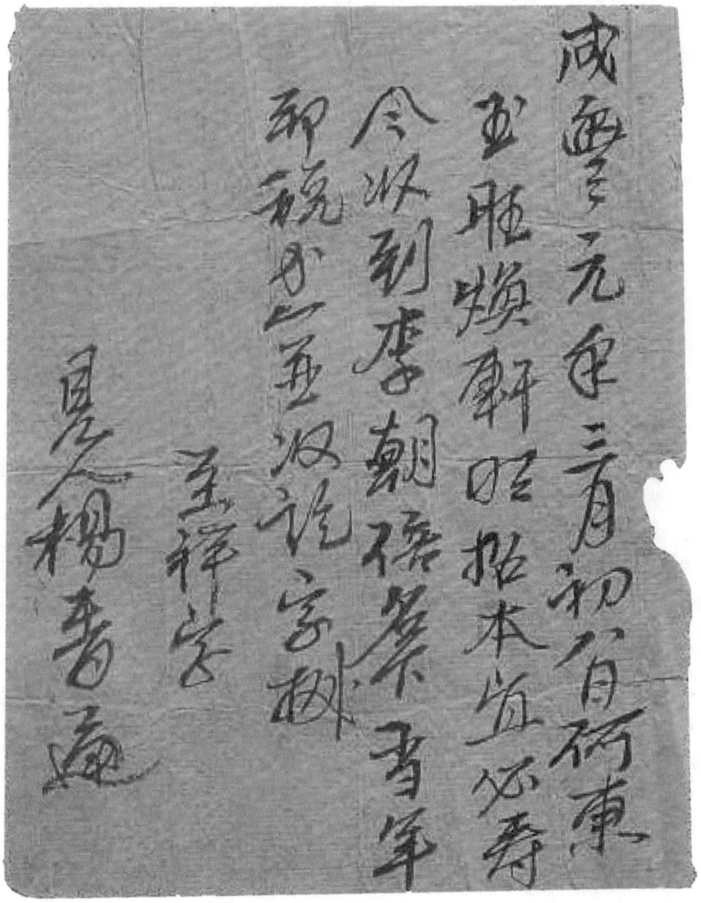

咸丰元年三月初八日何东玉旺焕轩明招本
直必寿今收到李朝倍名下当年即税钱一并
收讫字据
至祥字
见人杨青通

咸丰元年十二月初二日邱章发借钱字据

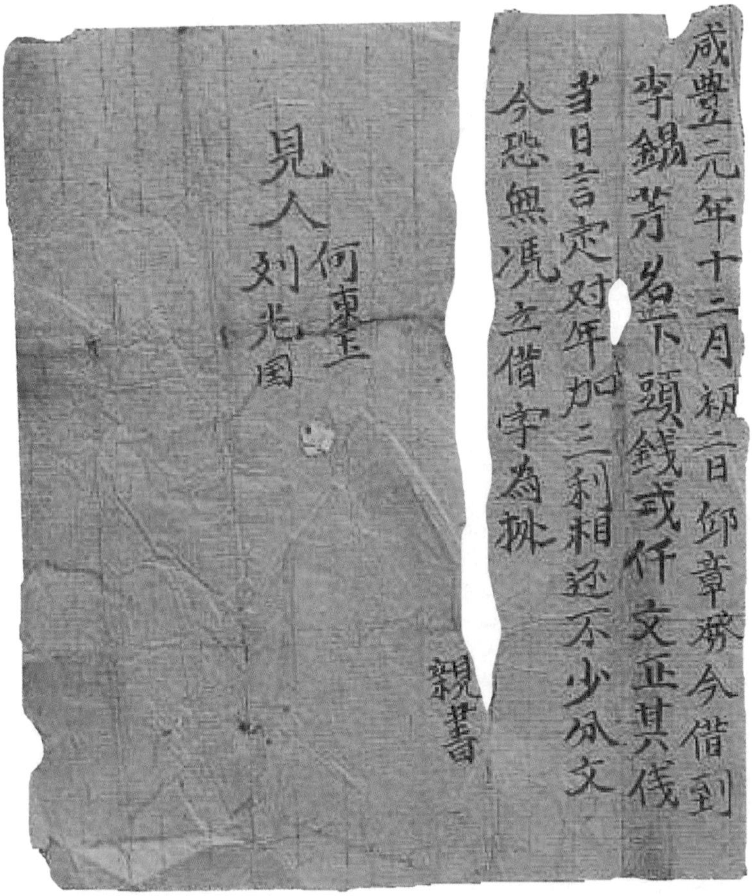

咸丰元年十二月初二日邱章发今借到李锡芳名下头钱贰仟文正其钱当日言定对年加三利相还不少分文今恐无凭立借字为据

亲书

见人何东玉刘光国

咸丰三年四月十七日何望林父子领钱字据

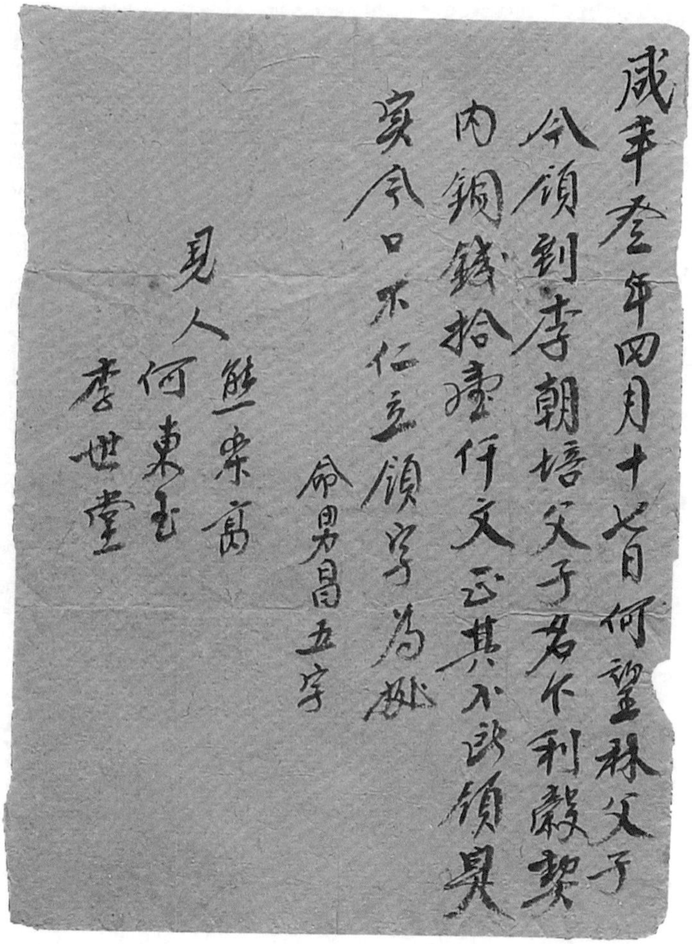

咸丰叁年四月十七日何望林父子今领到
李朝培父子名下利谷契内铜钱拾壹仟文
正其钱所领是实今口不仁立领字为据
命男昌五字
见人熊崇高何东玉李世堂

咸丰五年正月二十五日李泌亮承耕契约

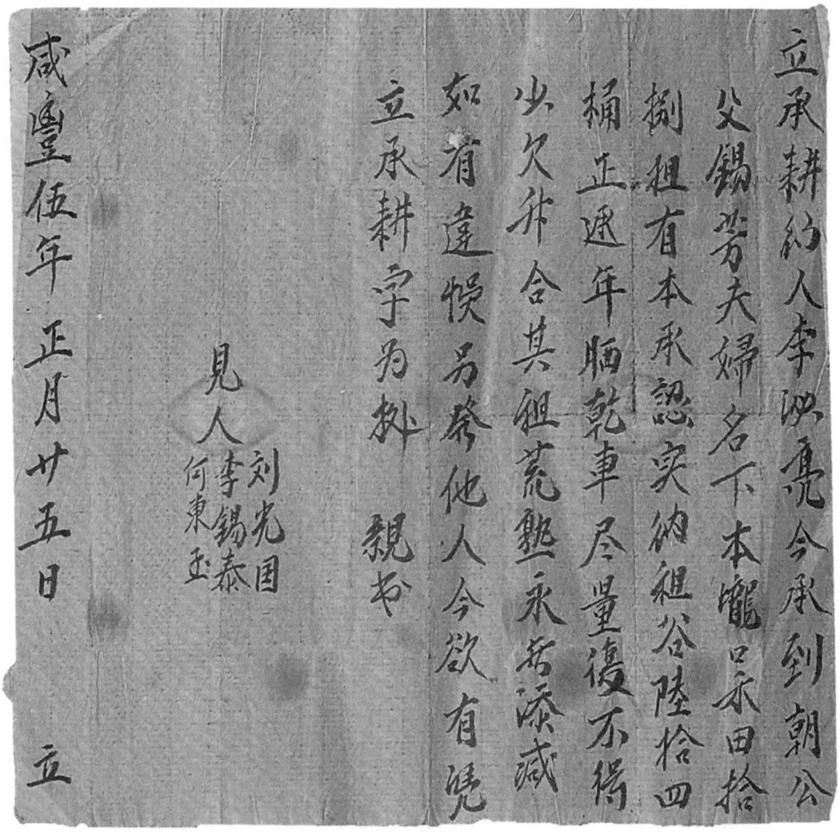

立承耕约人李泌亮今承到朝公父锡芳夫妇名下本垅口禾田拾捌担有本承认实纳租谷陆拾四桶正逐年晒干车尽量复不得少欠升合其租荒熟永无添减如有违误另发他人今欲有凭立承耕字为据

亲书

见人刘光国李锡泰何东玉

咸丰伍年正月廿五日立

咸丰七年五月十八日李锡芳父子领钱字据

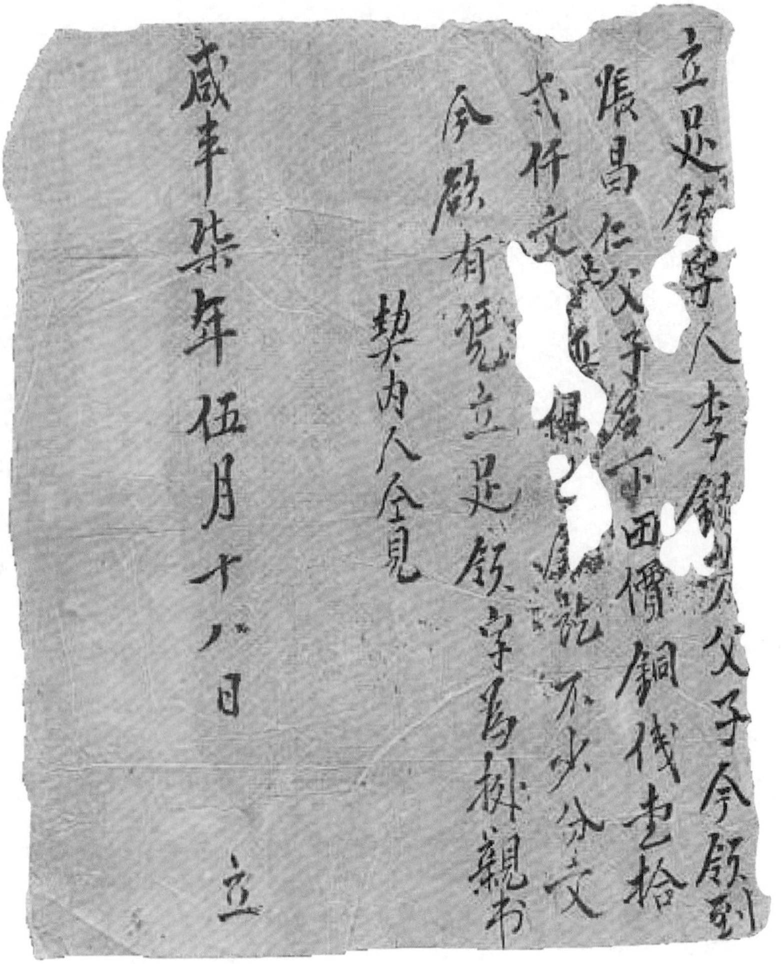

立足领字人李锡芳父子今领到张昌仁父子名下田价铜钱壹拾贰仟文正〈一并〉俱□□讫不少分文今欲有凭立足领字为据亲书

契内人仝见

咸丰柒年伍月十八日立

咸丰七年十二月二十日温仁玫等领钱字据

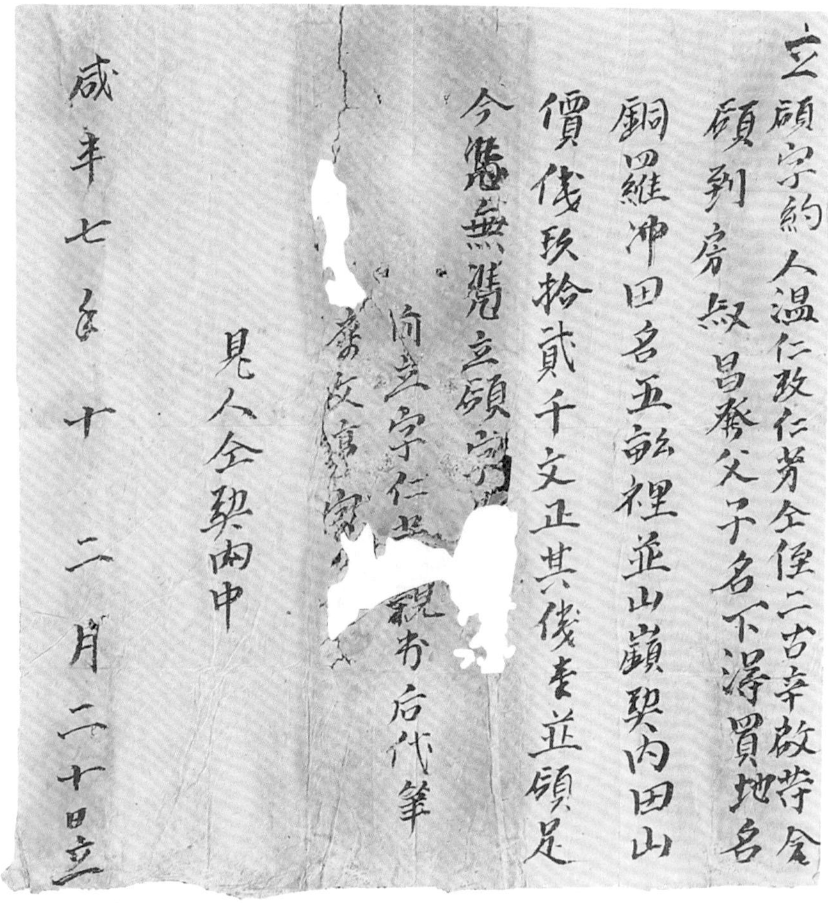

立领字约人温仁玫仁芳仝侄二古辛
啟等今领到房叔昌发父子名下得买
地名铜罗（锣）冲田名五亩里并山
岭契内田山价钱玖拾贰千文正其钱
壹并领足今（恐）无凭立领字□
前立字仁芳亲书后代笔
□文□□
见人仝契内中
咸丰七年十二月二十日立

咸丰十二年十一月初八日卖地契约

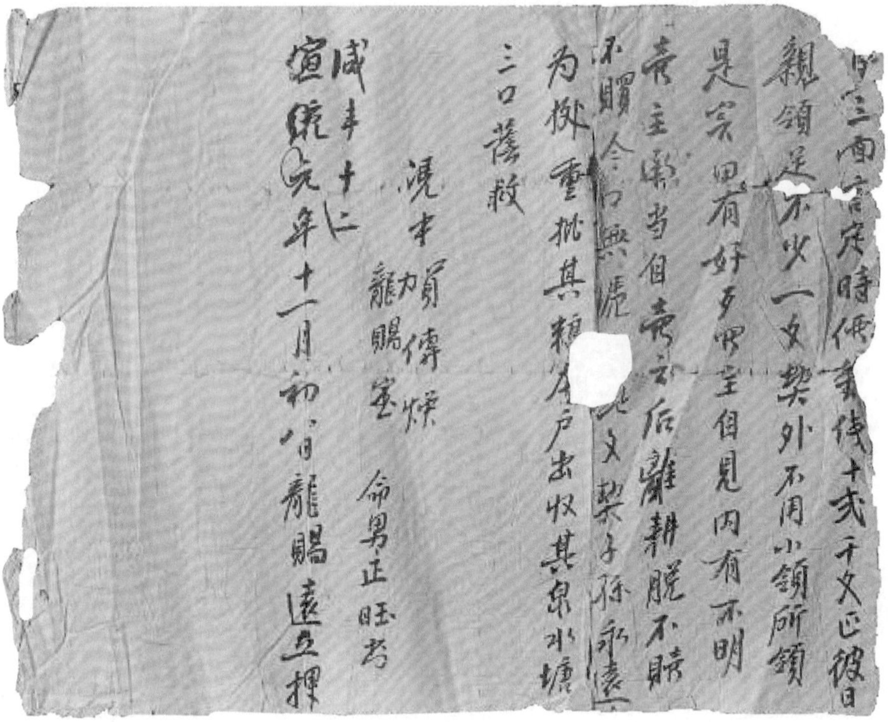

□三面言定时价〈银〉钱十贰千文正彼日亲领足不少一文契外不用小领所领是实田有好歹买主自见内有不明卖主承当自卖之后离耕脱不赎［不赎］今口无凭□□文契子孙永远为据重批其粮□户出收其泉水塘三口荫救

凭中贺传焕龙赐宝

命男正旺书

咸丰十二年十一月初八日龙赐远立【押】

光绪十三年十月二十日李求啟兄弟收钱字据

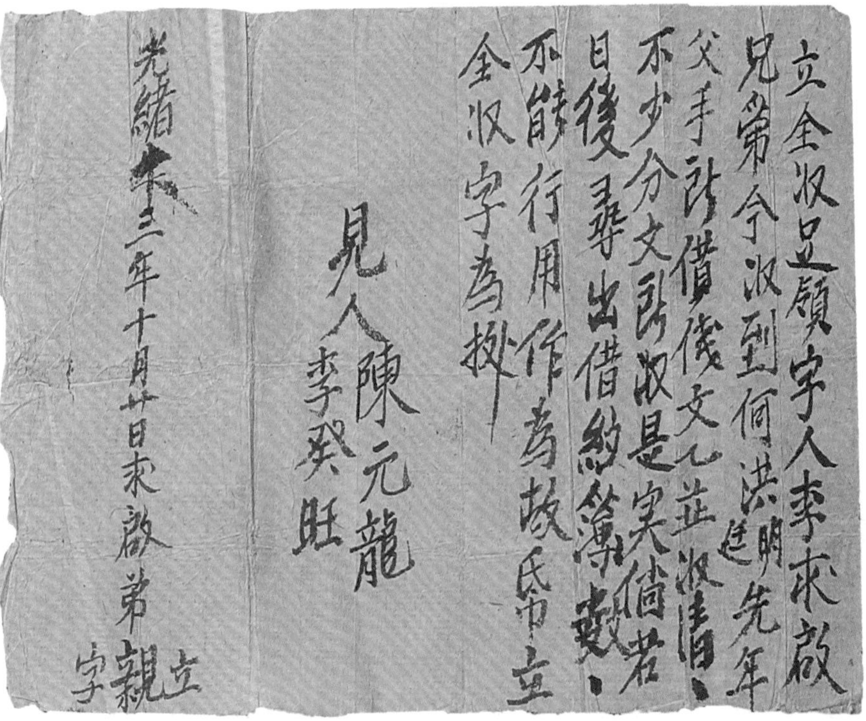

立全收足领字人李求啟兄弟今收到何洪明何洪廷先年父手所借钱文一并收清不少分文所收是实倘若日后寻出借约簿数不能行用作为故纸立全收字为据

见人陈元龙李癸旺

光绪十三年十月廿日求啟〈兄〉弟亲立字

光绪十五年十二月十六日何宗文借花银字据

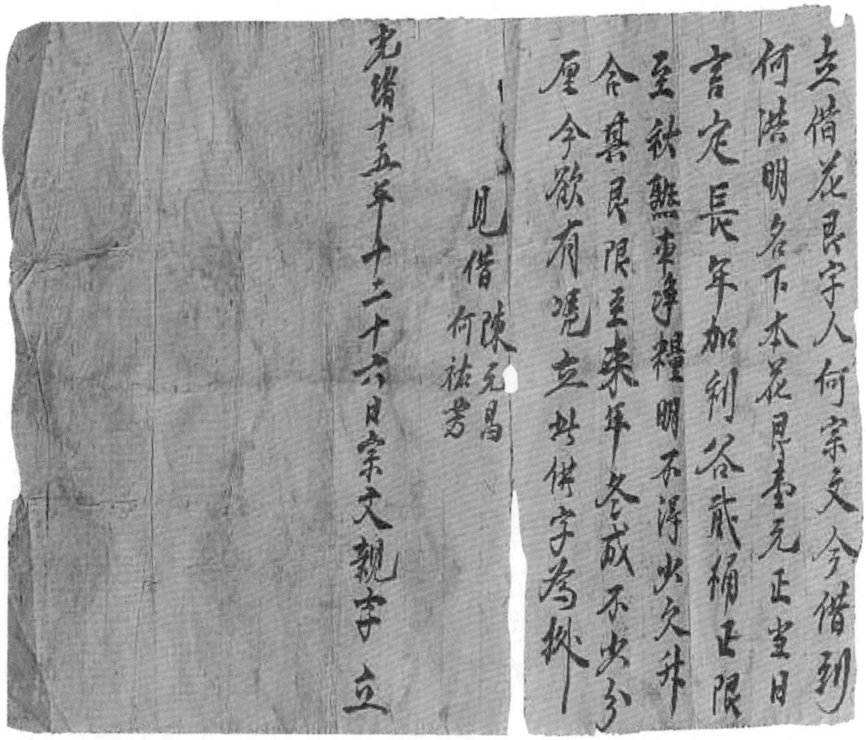

立借花银字人何宗文今借到何洪明名下本花银壹元正当日言定长年加利谷贰桶正限至秋熟车净粮（量）明不得少欠升合其银限至来年冬成不少分厘今欲有凭立所借字为据

见借陈元昌何祐芳

光绪十五年十二〈月〉十六日宗文亲字立

光绪十六年六月十三日何正竖收钱字据

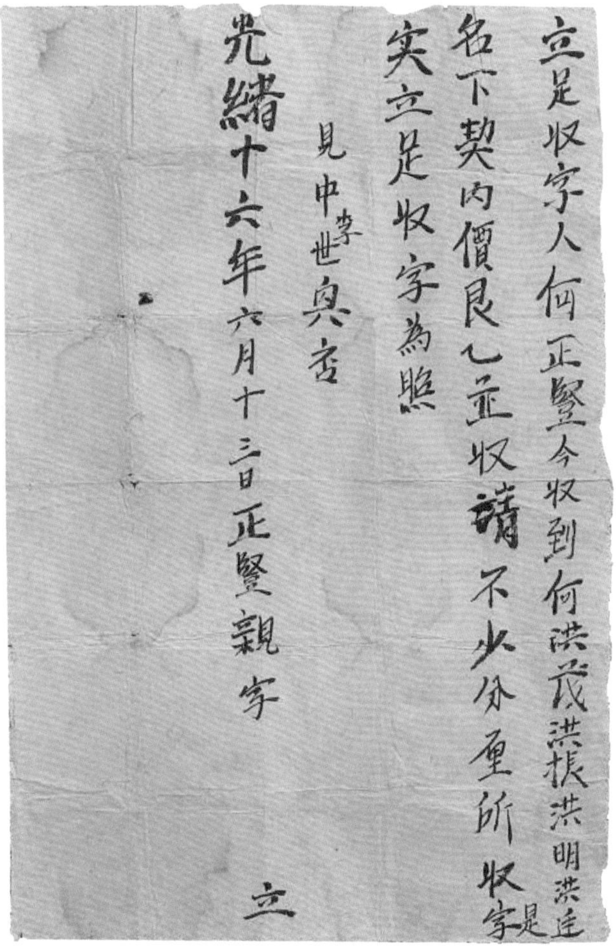

立足收字人何正竖今收到何洪茂洪振洪明洪廷名下契内价银一并收清不少分厘所收字是实立足收字为照

见中李世兴【押】

光绪十六年六月十三日正竖亲字立

光绪十七年四月初七日李仁祥母子收钱字据

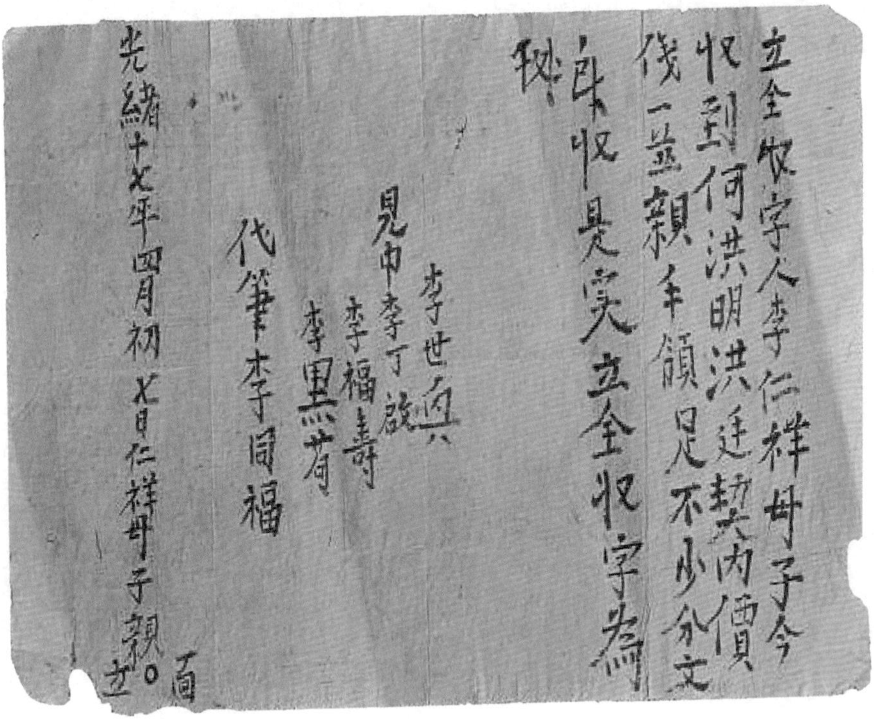

立全收字人李仁祥母子今收到何洪明洪廷契内价钱一并亲手领足不少分文所收是实立全收字为据
见中李世兴李丁啟李福寿李黑苟
代笔李同福
光绪十七年四月初七日仁祥母子亲面【押】立

光绪二十三年十一月二十三日刘秀洋领钱字据

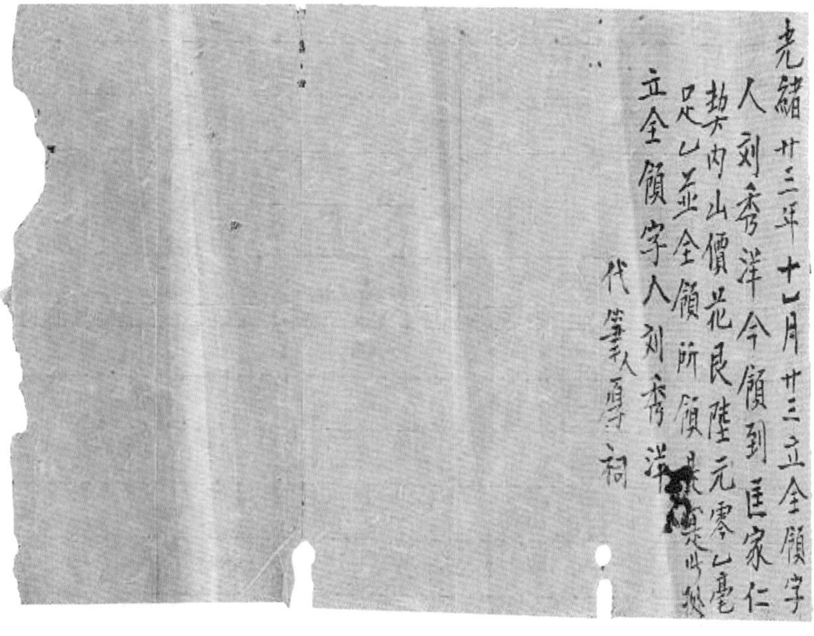

光绪廿三年十一月廿三立全领字人刘秀洋今领到匡家仁契内山价花银陆元零一毫足一并全领所领是实此据

立全领字人刘秀洋

代笔人厚祠

光绪二十四年十一月十四日沈奉廷兄弟收钱字据

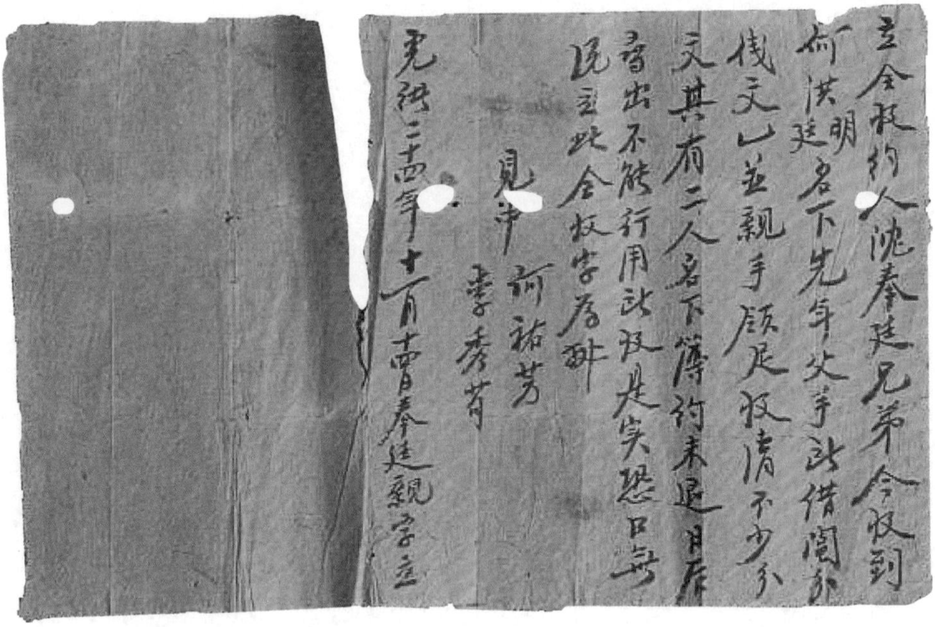

立全收约人沈奉廷兄弟今收到何洪明何洪廷名下先年父手所借阄分钱文一并亲手领足收清不少分文其有二人名下簿约未退日后寻出不能行用所收是实恐口无凭立此全收字为据

见中何祐芳李秀荀

光绪二十四年十一月十四日奉廷亲字立

光绪二十六年七月初四日匡阿黄氏等领钱字据（一）

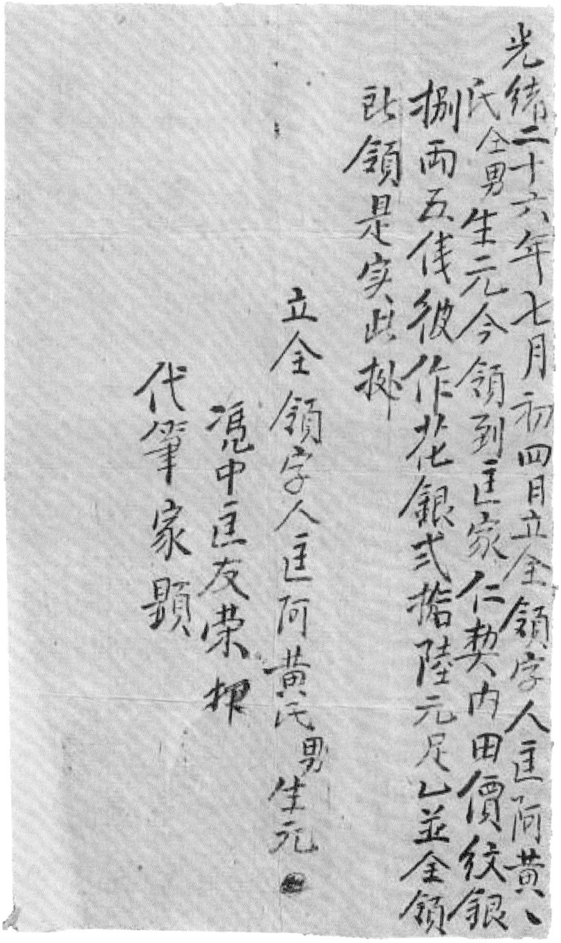

光绪二十六年七月初四日立全领字人匡阿黄氏仝男生元今领到匡家仁契内田价纹银捌两五钱彼作花银贰拾陆元足一并全领所领是实此据

立全领字人匡阿黄氏男生元【押】

凭中匡友荣【押】

代笔家显

光绪二十六年七月初四日匡阿黄氏等领钱字据（二）

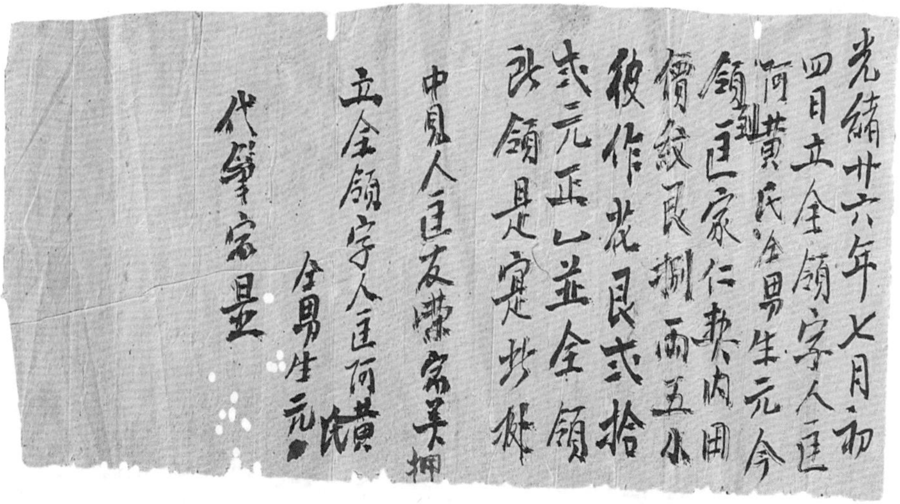

光绪廿六年七月初四日立全领字人匡阿黄氏仝男生元今领到匡家仁契内田价纹银捌两五钱彼作花银贰拾贰元正一并全领所领是实此据

中见人匡友荣家美【押】

立全领字人匡阿黄氏仝男生元【押】

代笔家显

光绪二十八年三月十八日李玉祥借求耕字据

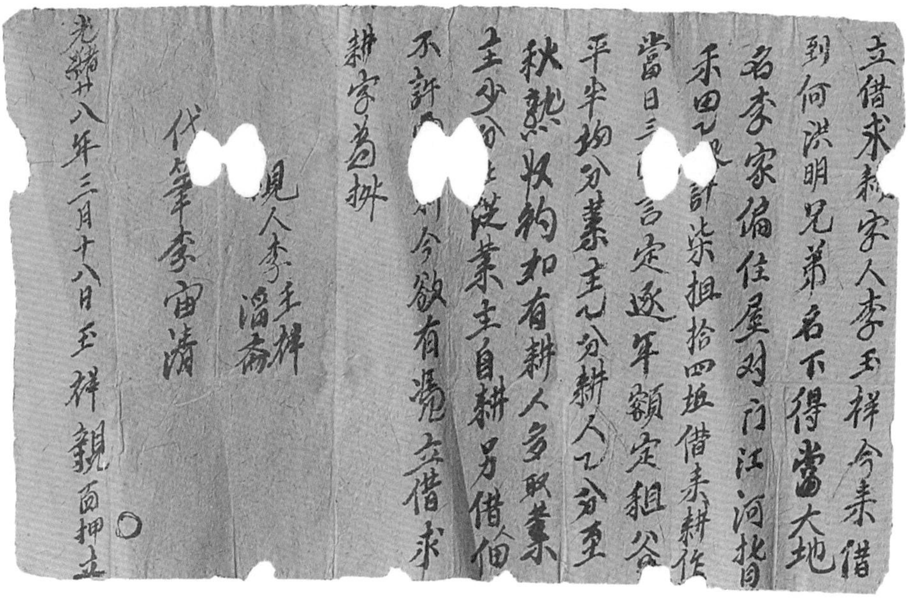

立借求〈耕〉字人李玉祥今来借到何洪明兄弟名下得当大地名李家偏住屋对门江河背禾田一〈处〉计柒担拾四丘借来耕作当日三〈面〉言定逐年额定租谷平半均分业主一分耕人一分至秋熟收约如有耕人多取业主少分任从业主自耕另借人佃不许□□今欲有凭立借求耕字为据

见人李王祥李滔斋

代笔李宙清

光绪廿八年三月十八日玉祥亲面押

【押】立

光绪二十八年十一月二十八日匡家智等卖户纲契约

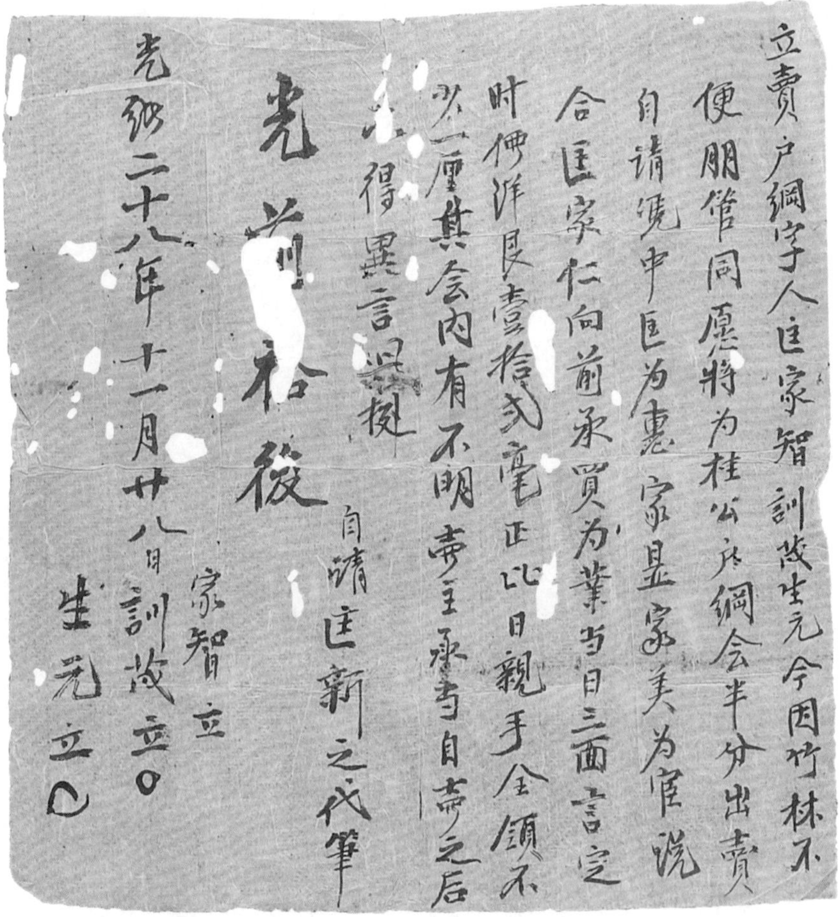

立卖户纲字人匡家智训茂生元今因竹林不便朋管同愿将为柱公户纲会半分出卖自请凭中匡为惠家显家美为宦说合匡家仁向前承买为业当日三面言定时价钱洋银壹拾贰毫正比日亲手全领不少一厘其会内有不明卖主承当自卖之后不得异言此据

自请匡新之代笔

光前裕后

光绪二十八年十一月廿八日家智立训茂立【押】生元立【押】

光绪三十三年三月初三日刘厚权到字据

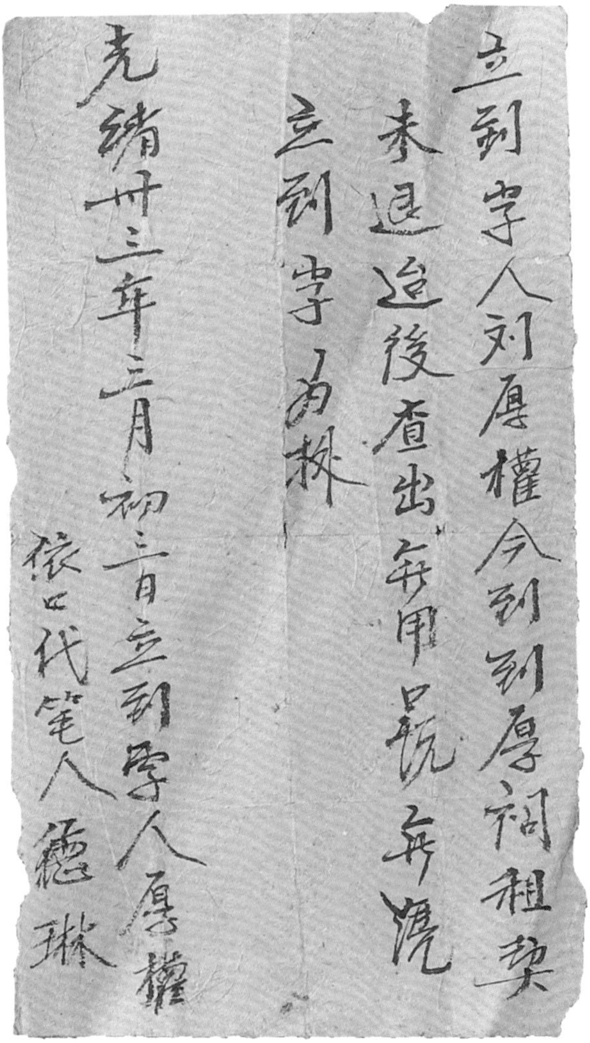

立到字人刘厚权今到到厚祠租契未退迨后查出无用口说无凭立到字为据

光绪卅三年三月初三日立到字人厚权

依口代笔人德琳

民国二年三月初五日夏戊求借屋宇契约

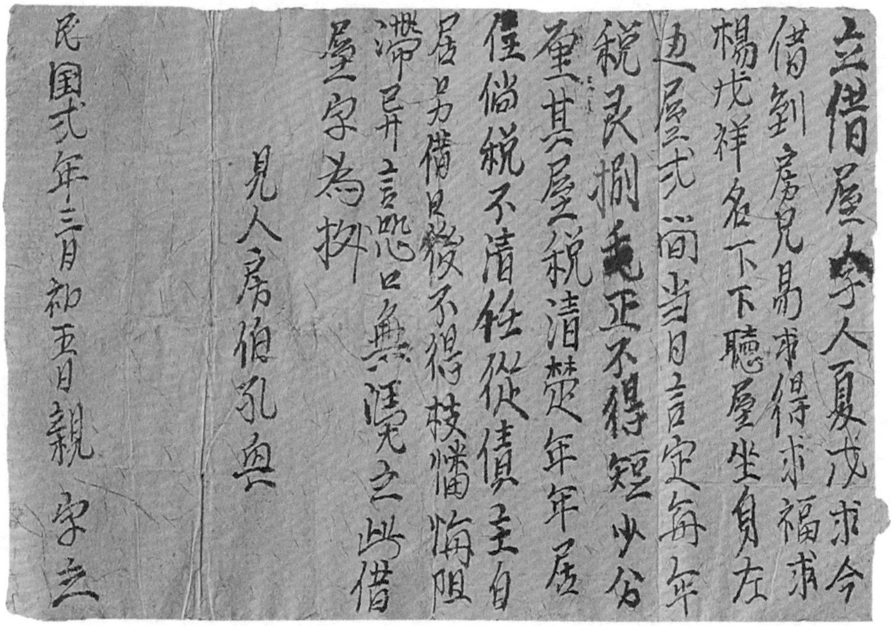
立借屋宇人夏戊求今借到房兄易求得求福求杨戊祥名下下听（厅）屋坐身左边屋贰间当日言定每年税银捌毛正不得短少分厘其屋税清楚年年居住倘税不清任从债主自居另借日后不得〈生〉枝播悔阻滞异言恐口无凭立此借屋宇为据

见人房伯孔兴

民国贰年三月初五日亲字立

立借屋宇人夏戊求今借到房兄易求得求福求杨戊祥名下下听（厅）屋坐身左边屋贰间当日言定每年税银捌毛正不得短少分厘其屋税清楚年年居住倘税不清任从债主自居另借日后不得〈生〉枝播悔阻滞异言恐口无凭立此借屋宇为据

见人房伯孔兴

民国贰年三月初五日亲字立

立全领字人家仁今领到次子训漢契内山价铜钱拾叁仟伍百文正壹并全领所（所）领是实此据

代笔人廖庆云

民国庚申年二月初九日立全领字人家仁受

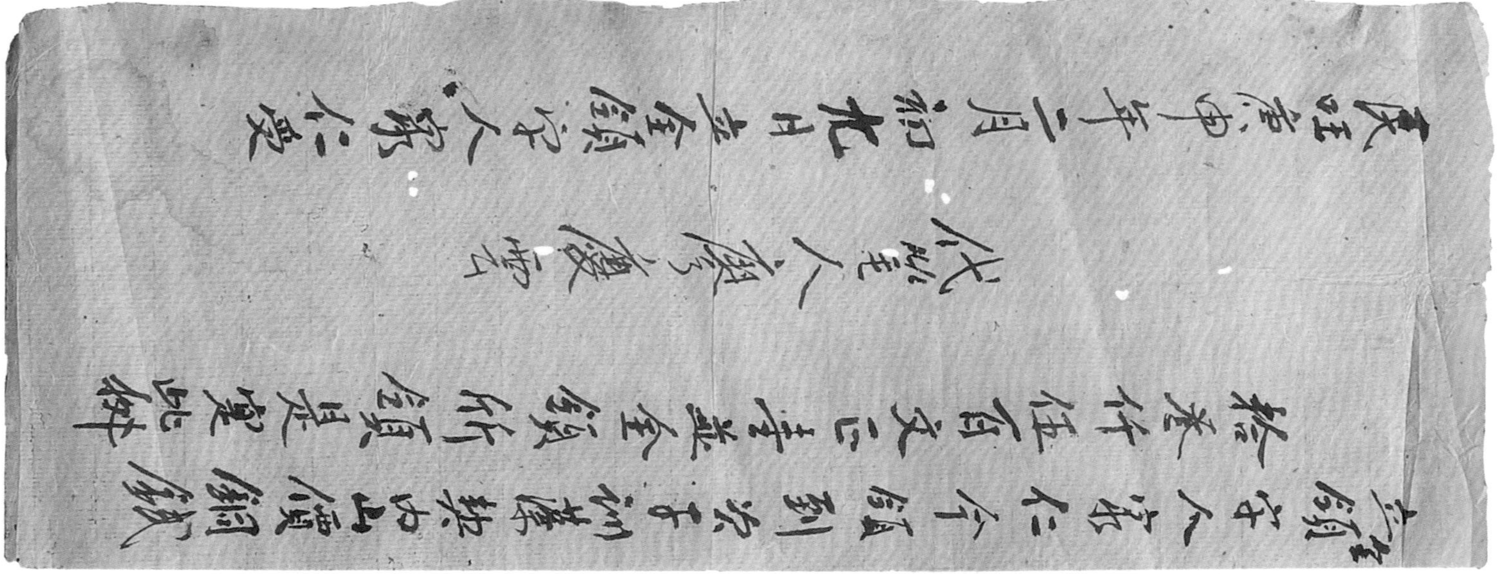

民国九年二月初九日家仁领钱字据

民国十一年三月二十八日夏细求借洋银字据

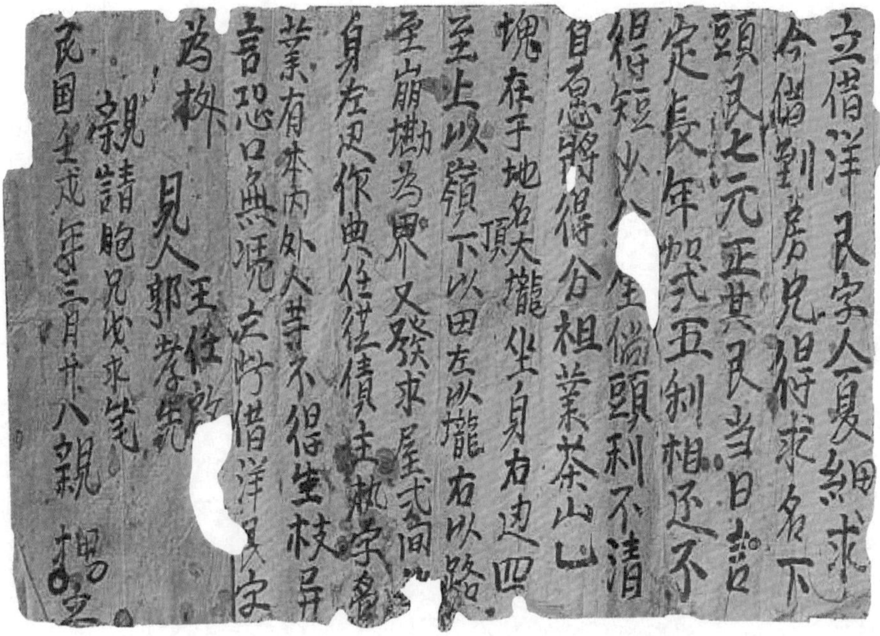

立借洋银字人夏细求今借到房兄得求名下头银七元正其银当日言定长年加贰五利相还不得短少〈分〉〈厘〉倘头利不清自愿将得分祖业茶山一块在于地名大垅坐身右边四至上以岭顶下以田左以垅右以路至崩垇为界又发求屋贰间□身左边作典任从债主执字管业有本内外人等不得生枝异言恐口无凭立此借洋银字为据

见人王任啟郭孝先

亲请胞兄戊求笔

民国壬戌年三月廿八亲押【押】立

民国十五年二月初八日黄以桃借钱字据

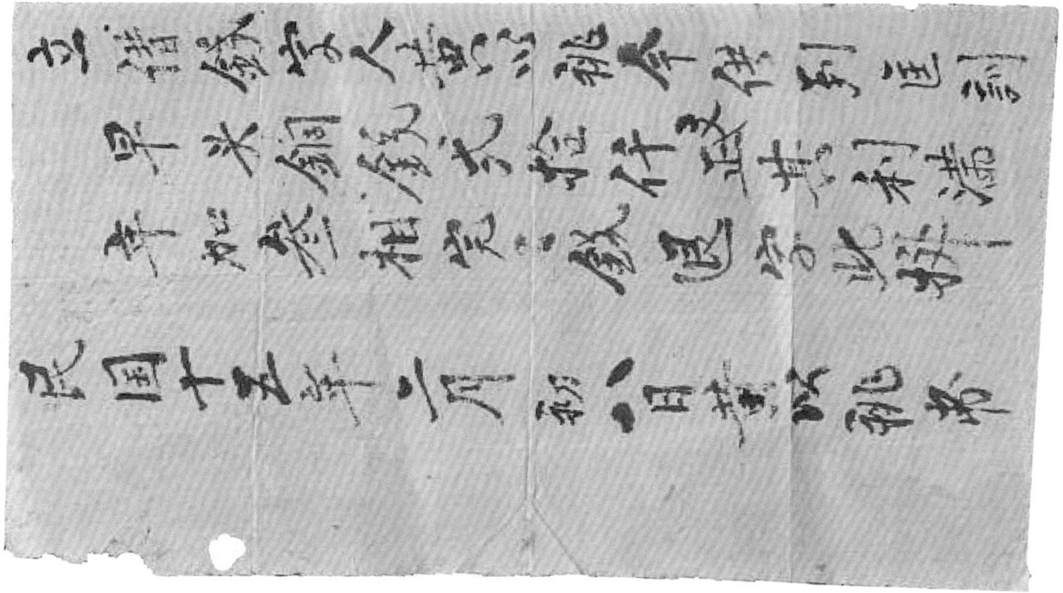

立借钱字人黄以桃今借到匡训早头铜钱贰拾仟文正其利满年加叁相完完钱退字此据
民国十五年二月初八日黄以桃书

民国十八年六月初七日匡广廷借钱字据

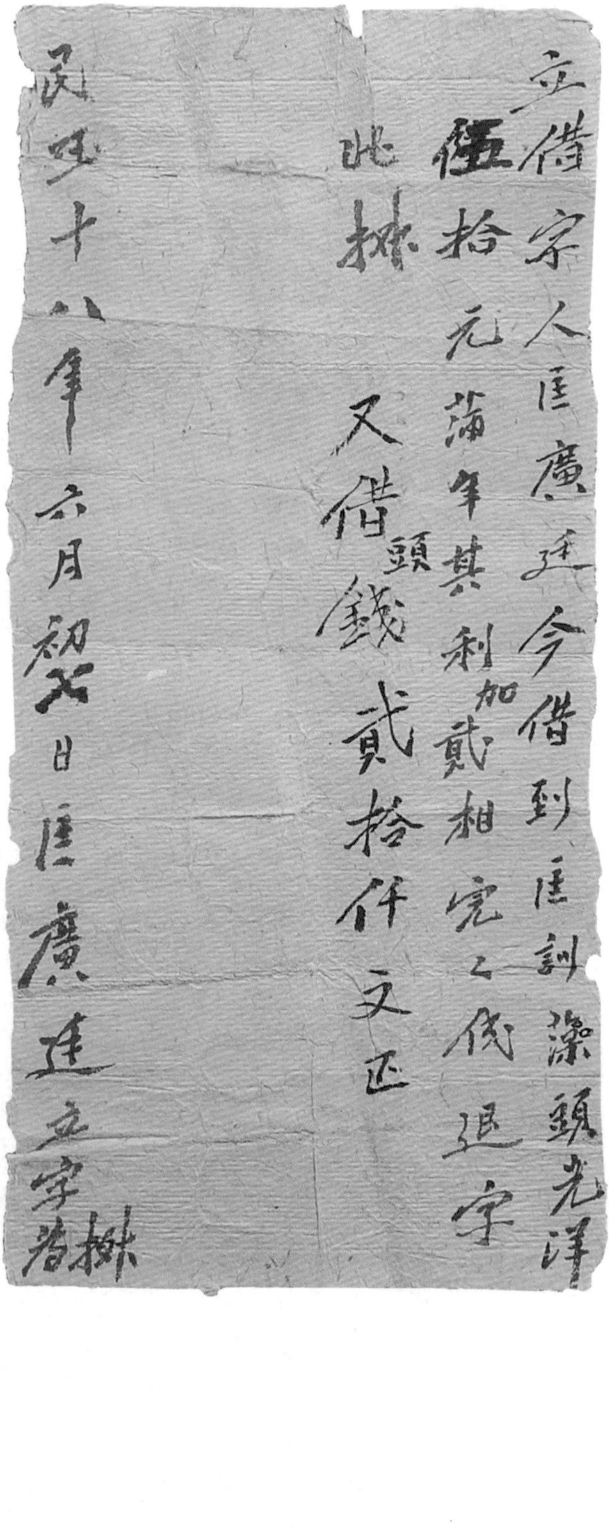

立借字人匡广廷今借到匡训藻头光洋伍拾元满年其利加贰相完完钱退字此据　又借头钱贰拾仟文正

民国十八年六月初七日匡广廷立字为据

民国三十三年十月十六日贤名后裔发批字据

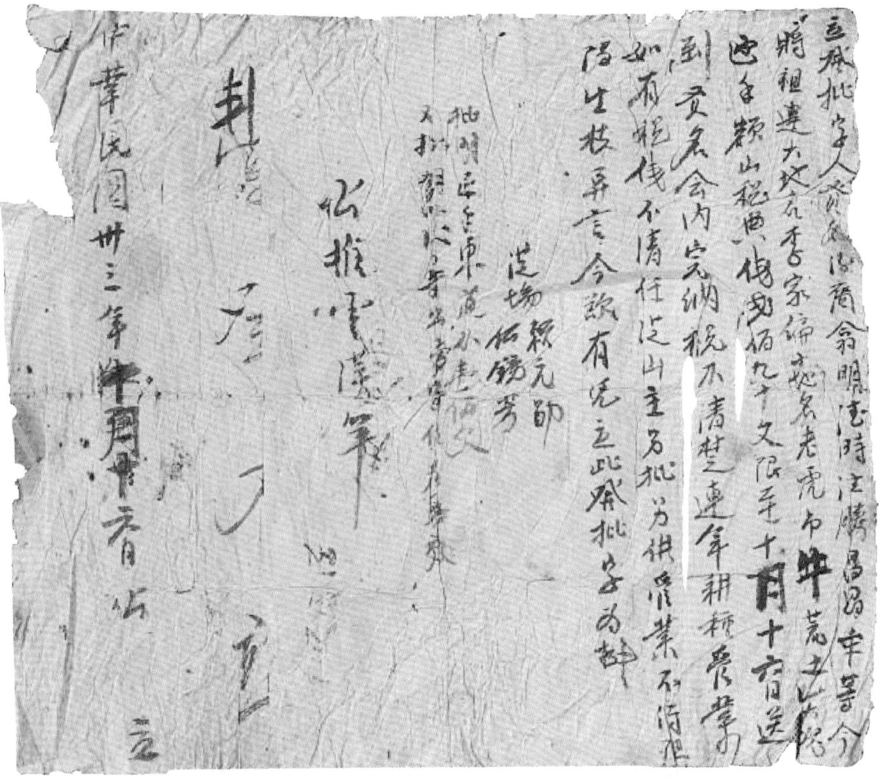

立发批字人贤名后裔翁明德时德腾昌⍰众等今将祖遗大地名李家偏土地名老虎布牛荒土一大块逐年额山税典钱贰佰九十文限至十月十六日送到贤名会内完纳税不清楚连年耕种管业如有税钱不清任从山主另批另借管业不得阻陷（挡）得生枝异言今欲有凭立此发批字为据

从场赖元勋何镜芳

批明正⍰东道小壹佰文

又批明⍰⍰等出管⍰依为无效

公推⍰⍰笔

□□□□

中华民国卅三年十月十六日公立

民国三十四年十二月二十日何成心供茶油字据

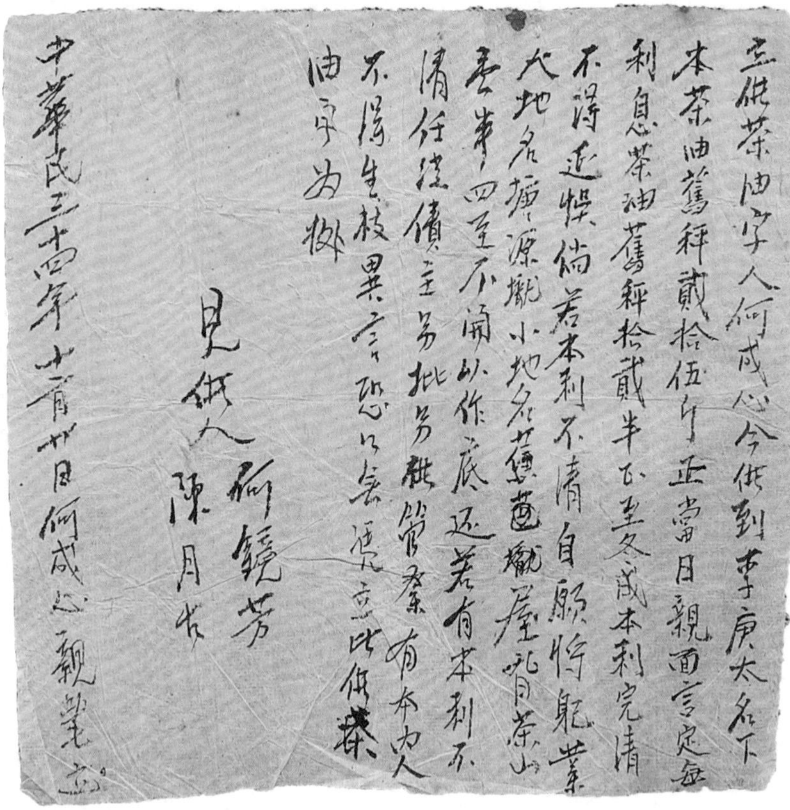

立借茶油字人何成心今借到李庚太名下本茶油旧秤贰拾伍斤正当日亲面言定每利息茶油旧秤拾贰半正至冬成本利完清不得延误倘若本利不清自愿将己业大地名塘源垅小地名苞垅屋背茶山壹半四至不开以作底（抵）还若有本利不清任从债主另批另借管业有本内人不得生枝异言恐口无凭立此借茶油字为据

见借人何镜芳陈月古

中华民〈国〉三十四年十二月廿日何成心亲笔立

民国三十六年三月十二日何寄茂典当屋字字据

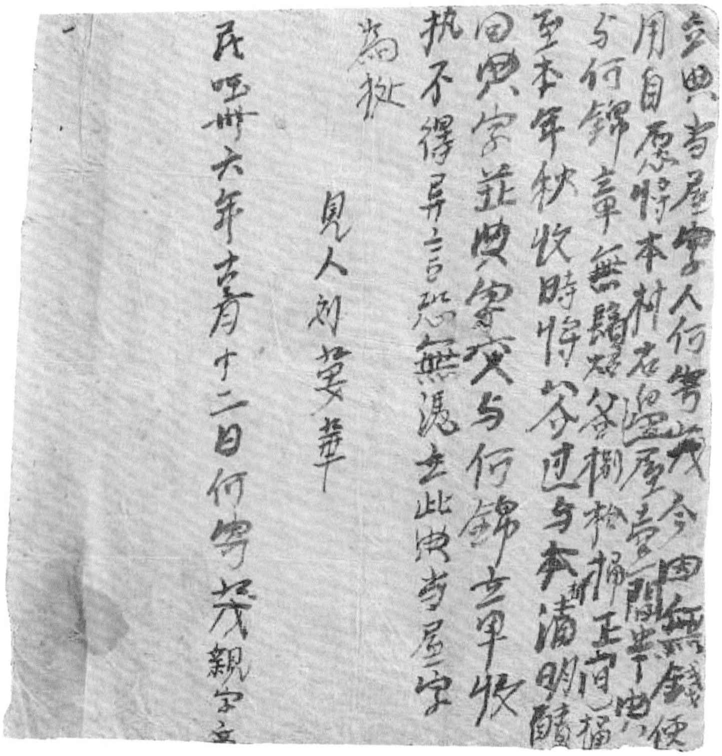

立典当屋字人何寄茂今因无钱使用自愿将本村右边屋壹间半典与何锦章无肆焗谷捌拾桶正⊡一桶至本年秋收时将谷过与本⊡清明⊡回典字并典字交与何锦章收执不得异言恐无凭立此典当屋字为据

见人刘⊡华

民国卅六年古三月十二日何寄茂亲字立

民国三十八年三月十一日李俊槐承批塘字据

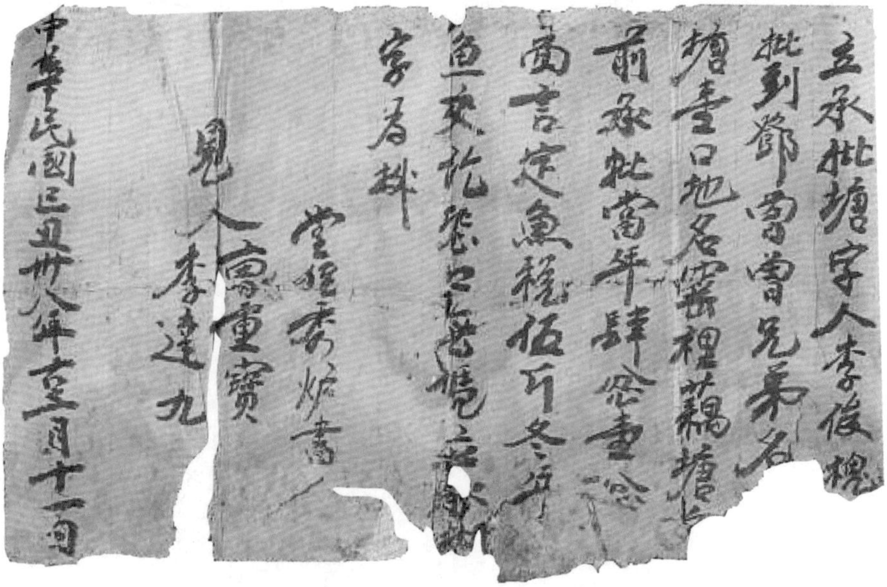

立承批塘字人李俊槐□批到邓曾曾兄弟名□塘壹口地名窑里藕塘□前承批当年肆忿（份）壹忿（份）〈三〉面言定鱼税伍斤冬□鱼交讫恐口无凭立承批字为据

堂侄秀炉书

见人曹重宝李逵九

中华民国己丑卅八年古三月十一日

温仁纲父子卖田契约

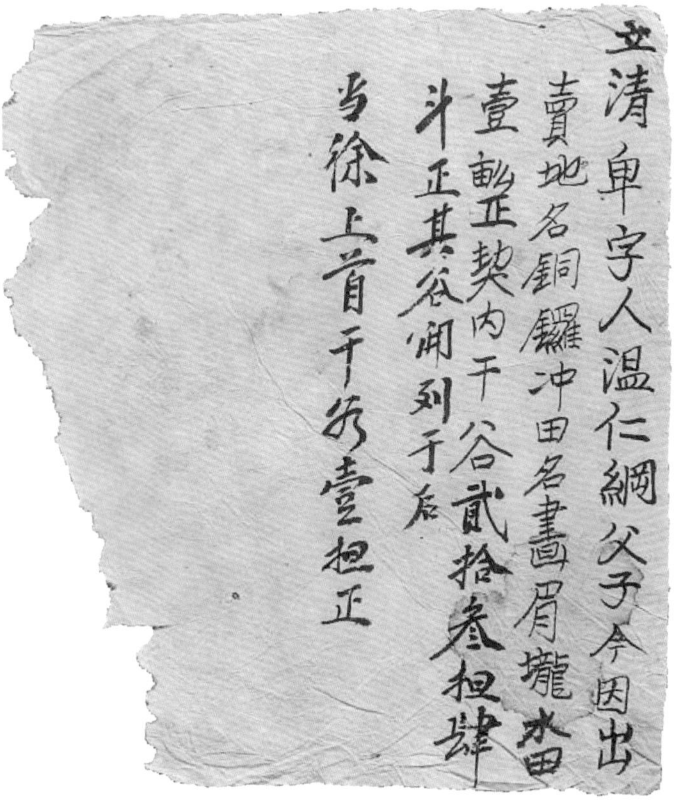

立清卑字人温仁纲父子今因出卖地名铜锣冲田名画眉垅水田壹亩正契内干谷贰拾叁担肆斗正其谷开列于后
当徐上首干谷壹担正

任炳亲立合同

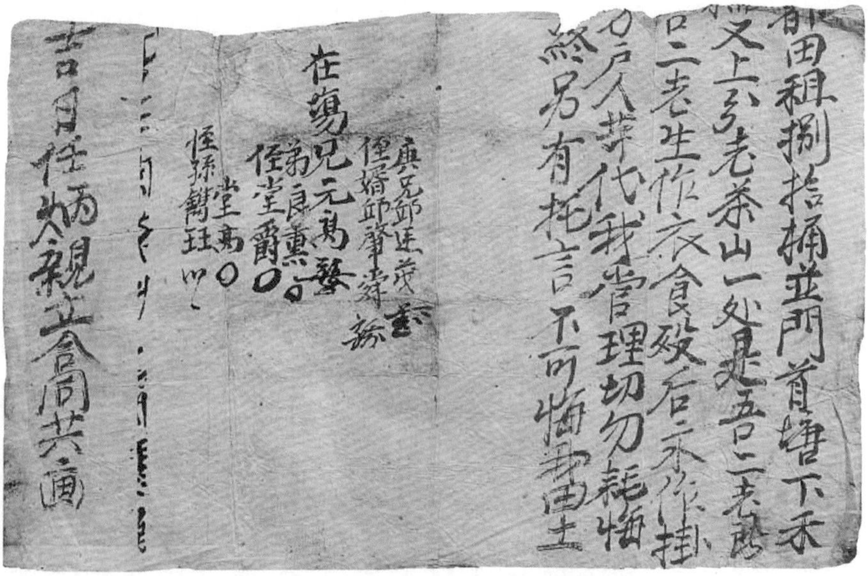

☐田租捌拾桶并门首塘下禾☐又上分老茶山一处是吾二老所☐二老生作衣食殁后永作挂☐户人等代我管理切勿耗（后）悔☐终另有托言不可悔我田土

☐

在场庚兄邱廷茂【押】侄婿邱肇舜【押】兄元⍰⍰弟良熏【押】侄堂爵【押】侄孙堂高【押】镌珏【押】

吉日任炳亲立合同共画

龙自远卖水田塘契约

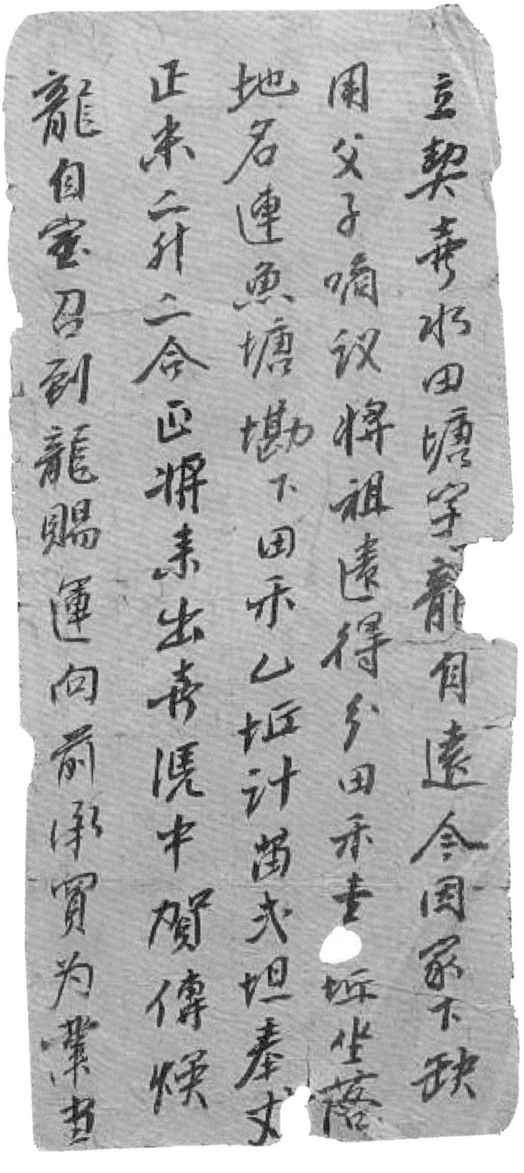

立契卖水田塘字龙自远今因家下缺用父子嘀（商）议将祖遗得分田禾壹丘坐落地名连鱼塘墈下田禾一丘计苗贰担
奉丈正米二升二合正将来出卖凭中贺传焕龙自宝召到龙赐运向前承买为业当

寅壬年十二月三十日契约

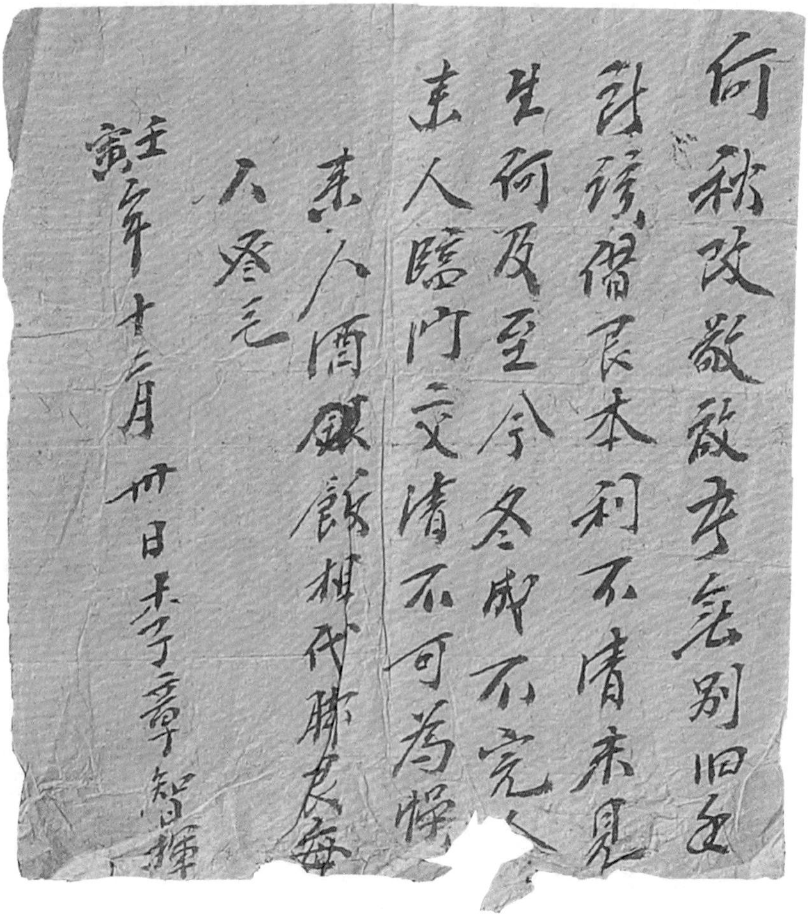

向秋改敬敨吾无别旧年所该借银本利不清未见生何及至今冬成不完□来人临门交清不可为误来人酒饭相代脚银每人叁毛

壬寅年十二月卅日李章智挥

第八部分　柳州（二）

乾隆四十五年十二月十六日熊静安收钱契约

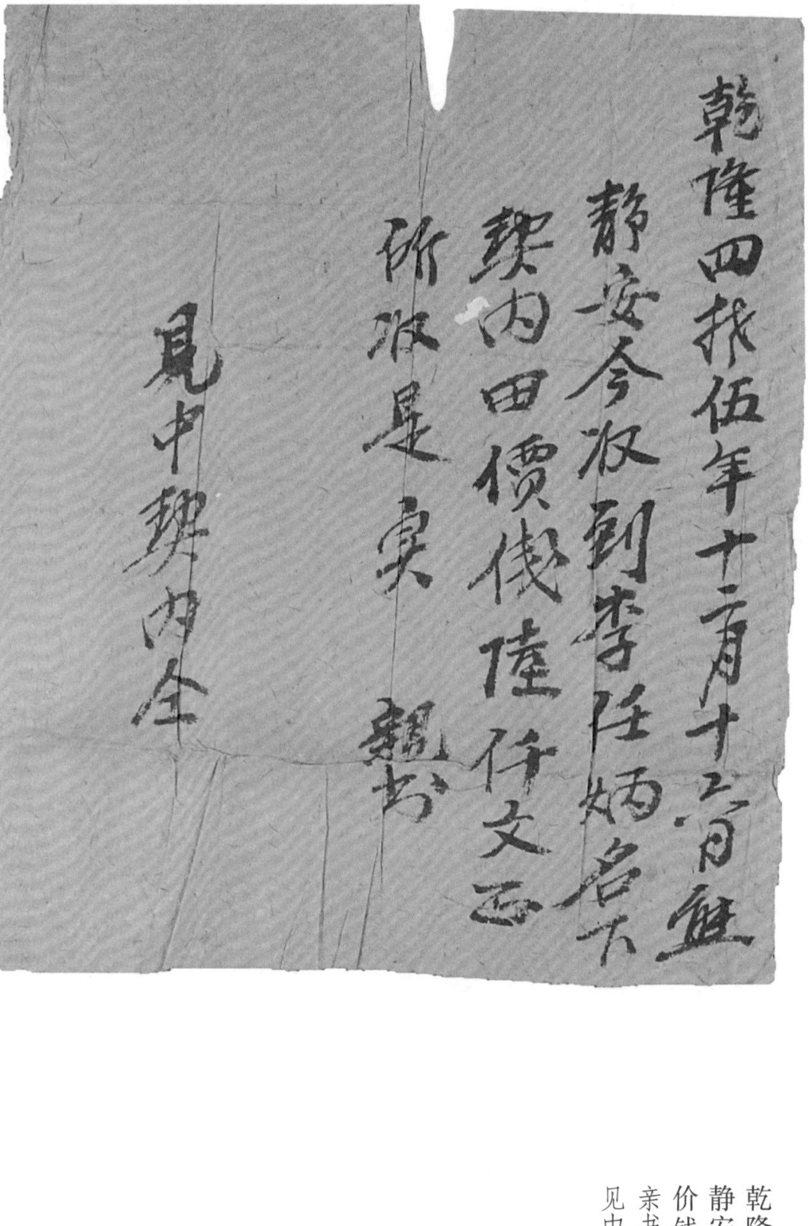

乾隆四拾伍年十二月十六日熊
静安今收到李任炳名下契内田
价钱陆仟文正所收是实
亲书
见中契内仝

乾隆四十九年十一月十六日熊桓武等领钱契约

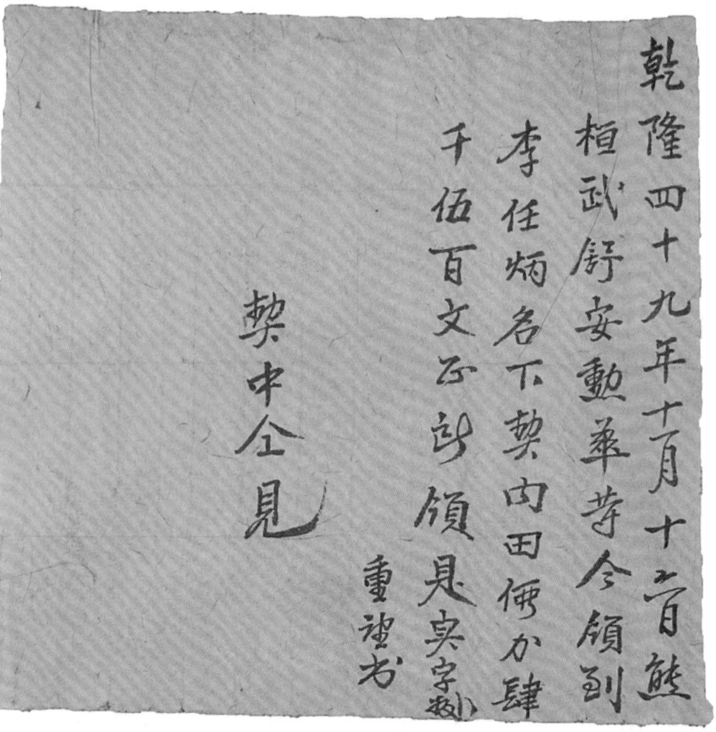

乾隆四十九年十一月十六日熊桓武舒
安勋华等今领到李任炳名下契内田价
钱肆千伍百文正所领是实字据
重望书
契中仝见

乾隆四十九年十一月十六日李任炳领钱契约

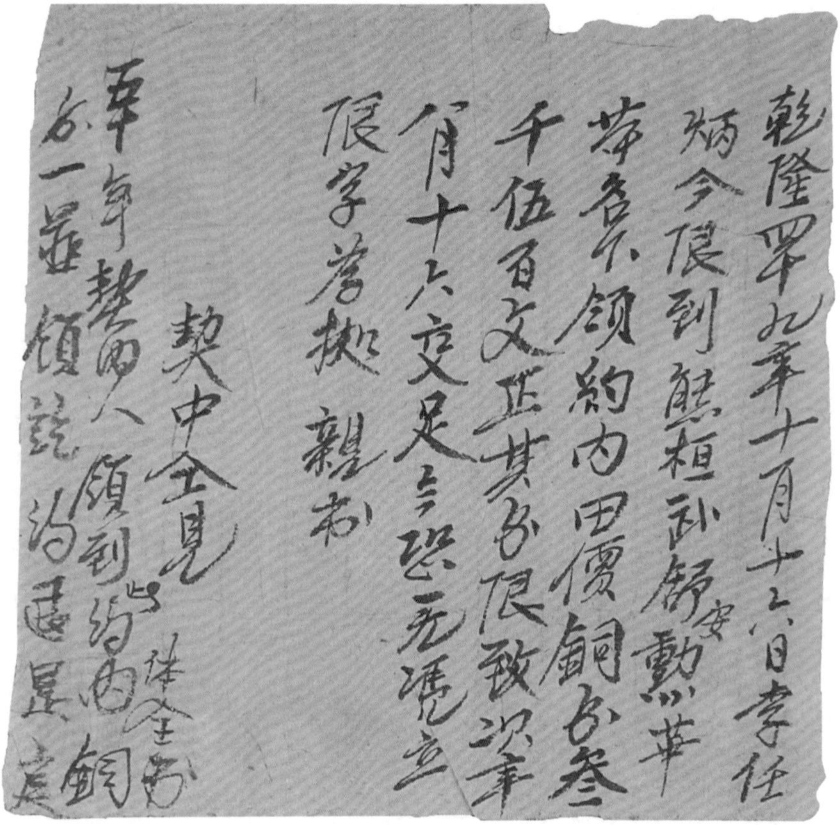

乾隆四十九年十一月十六日李任炳今限到熊桓武舒安勋华等名下领约内田价铜钱叁千伍百文正其钱限致次年八月十六交足今恐无凭立限字为据亲书

契中仝见

体全书

五十年契内人领到此约内铜钱一并领讫约退是实

乾隆五十年十一月二十日何冠南领挂红上首钱契约

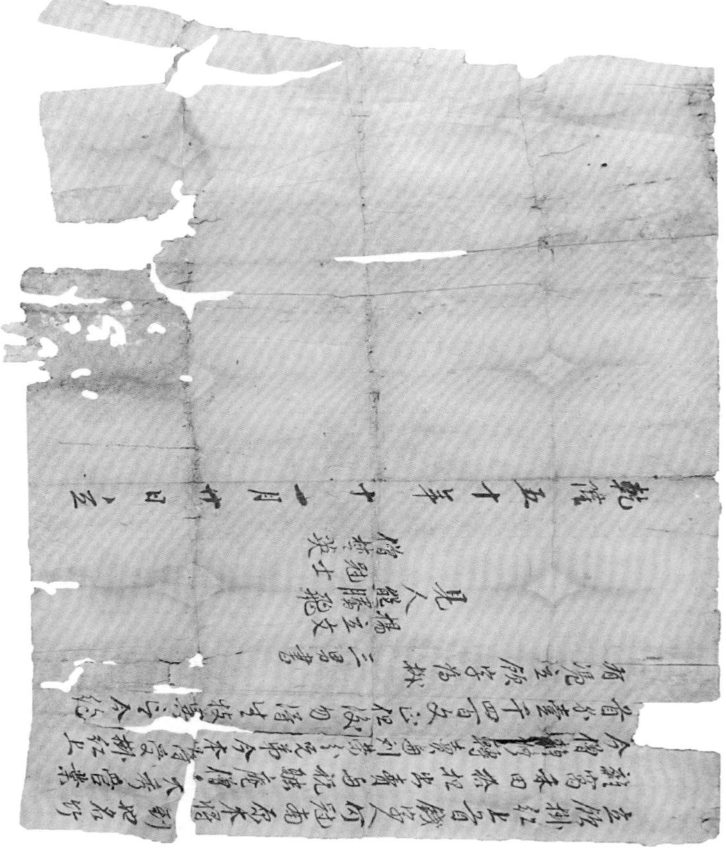

立领挂红上首钱字人何冠南原本将到地名竹杂窝禾田拾担出卖与祝融庵僧大秀管业今僧静修转卖与刘荣分兄弟今本得受挂红上首钱壹千四百文正但后勿得生枝异言今约有凭立领字为据

三男书

见人杨立文熊腾飞熊冠士僧楚英

乾隆五十年十一月廿日立

嘉庆八年三月初六日熊以忠辉等收钱契约

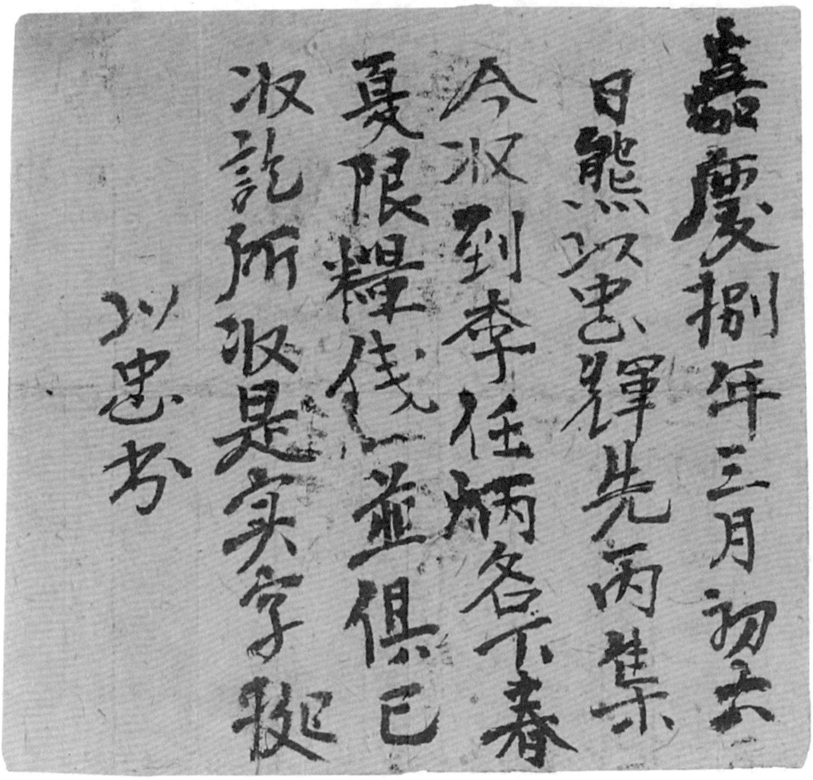

嘉庆捌年三月初六日熊以忠辉先丙集
今收到李任炳名下春夏限粮钱一并俱
已收讫所收是实字据
以忠书

嘉庆十年正月二十六日朱良才兄弟卖屋契约

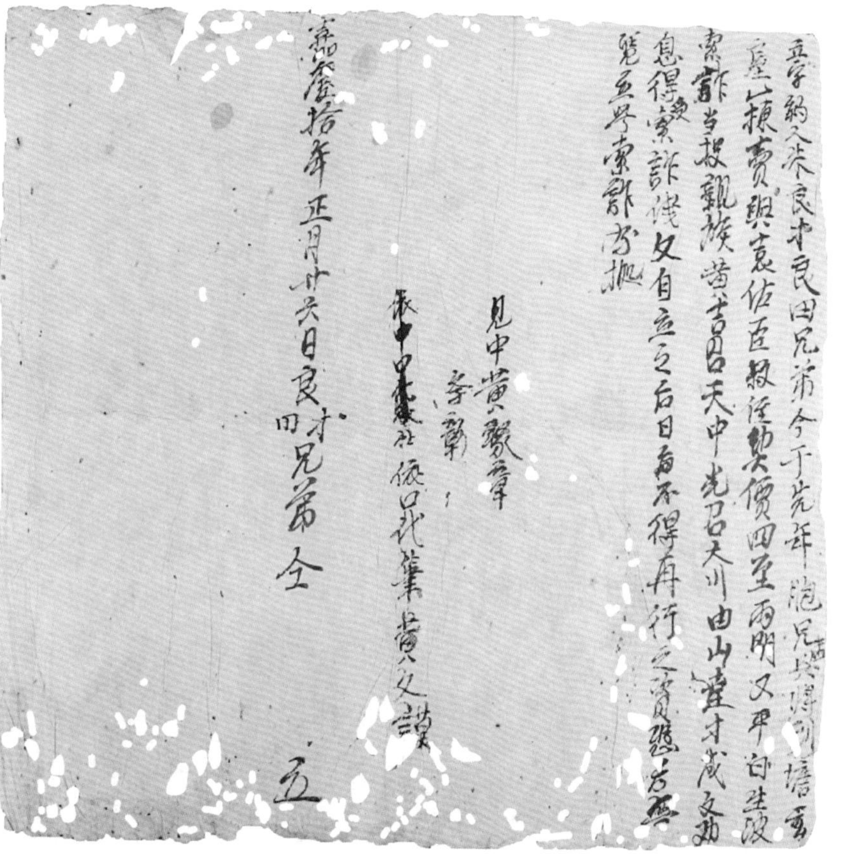

立字约人朱良才良田兄弟今于先年胞兄孟兴将到塘前屋一栋卖与袁佐臣叔侄契价四至两明又平白生波索诈当投亲族黄吉召天中光召大川由山达才成文劝息得受索诈钱文自立之后日后不得再行之资恐后无凭立此索诈为据

见中黄鹭章黄孝斈彰

依口代笔黄文谟

嘉庆拾年正月廿六日良才良田兄弟仝立

嘉庆十一年三月二十六日朱新甫等收钱字据

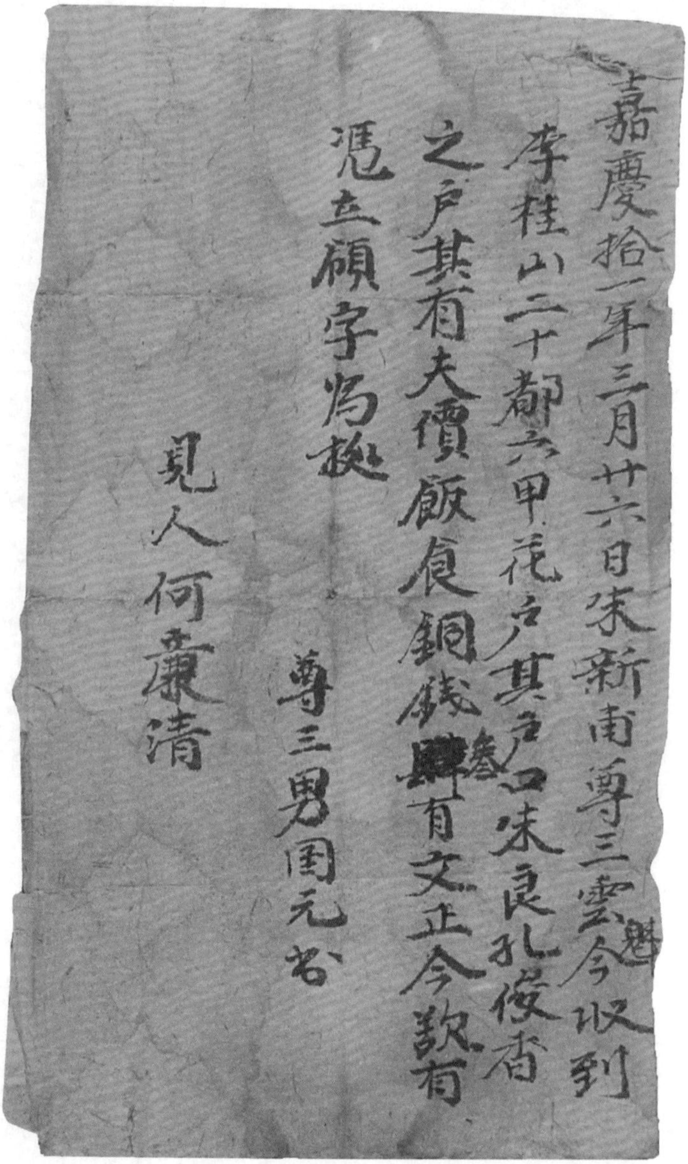

嘉庆拾一年三月廿六日朱新甫尊三云魁今收到李桂山二十都六甲花户其户口朱良孔俊香之户其有夫价饭食铜钱叁百文正今欲有凭立领字为据

尊三男国元书

见人何廉清

嘉庆十五年三月初十日黄宴平收粮字据

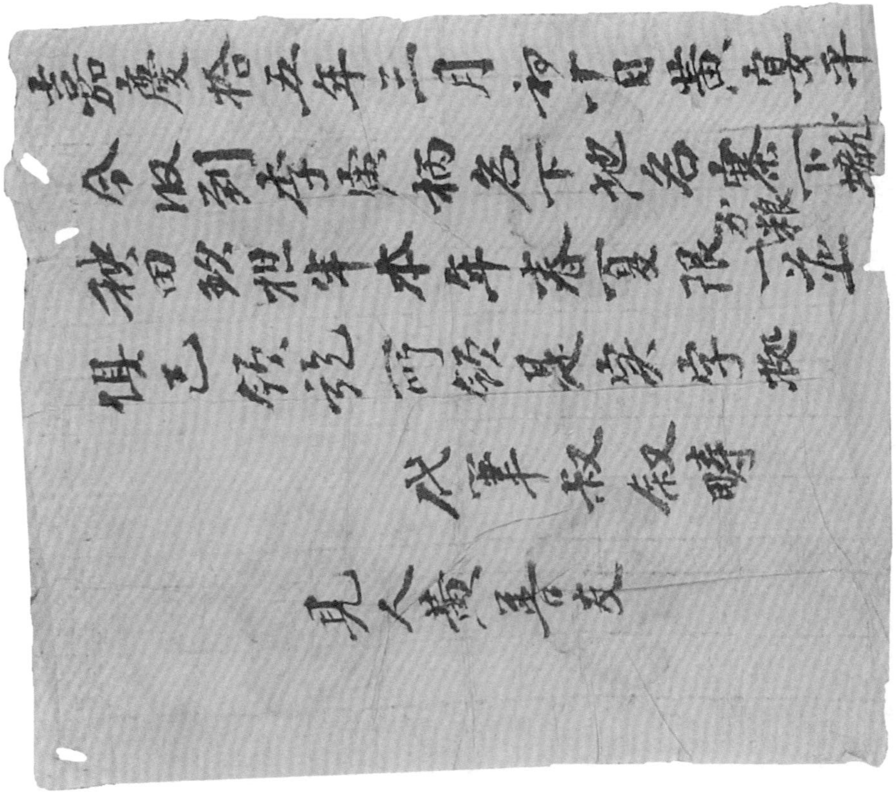

嘉庆拾五年三月初十日黄宴平
今收到李寅柄名下地名寨下垅
秧田玖担米本年春夏限钱粮一
并俱已领讫所领是实字据
代笔叔叙畴
见人黄善友

嘉庆二十四年三月初四日何调宣领钱粮字据

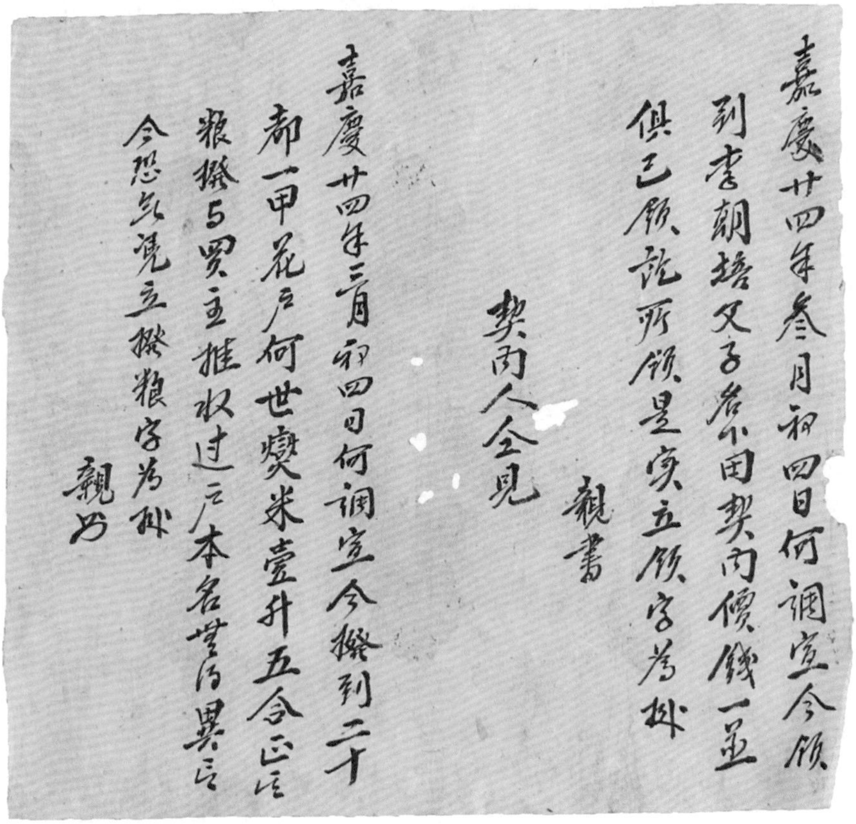

嘉庆廿四年叁月初四日何调宣今领到李朝培父子名下田契内价钱一并俱已领讫所领是实立领字为据

亲书

契内人仝见

嘉庆廿四年三月初四日何调宣今拨到二十都一甲花户何世爕米壹升五合正其粮拨与买主推收过户本名无得异言今恐无凭立拨粮字为据

亲书

道光元年二月十四日黄阿袁卖屋契约

立卖屋契人黄阿袁今因夫故无钱殡葬自
愿将到父分己名受分青草小地名塘坺住
屋壹间东以买主西以买主屋南以厅屋北
以买主屋为界四至分明自愿请中出卖与
胞侄贵古备价承买住居管业当日凭中议
定得受时值屋价铜钱玖千文正即日钱契
两相交明并无短少壹文其屋系己名受分
不与内外叔侄兄弟相干卖后任从买主修
整住居管业有本日后不得生端异言今欲
有凭立卖契永远存照

内涂值字为准

见中何士方袁荣盛袁耀彩

其屋亲卖

其价亲领

其契代书

依口代笔房伯徵久

道光元年二月十四日黄阿袁亲立

道光二年四月二十九日熊运宏等领钱契约

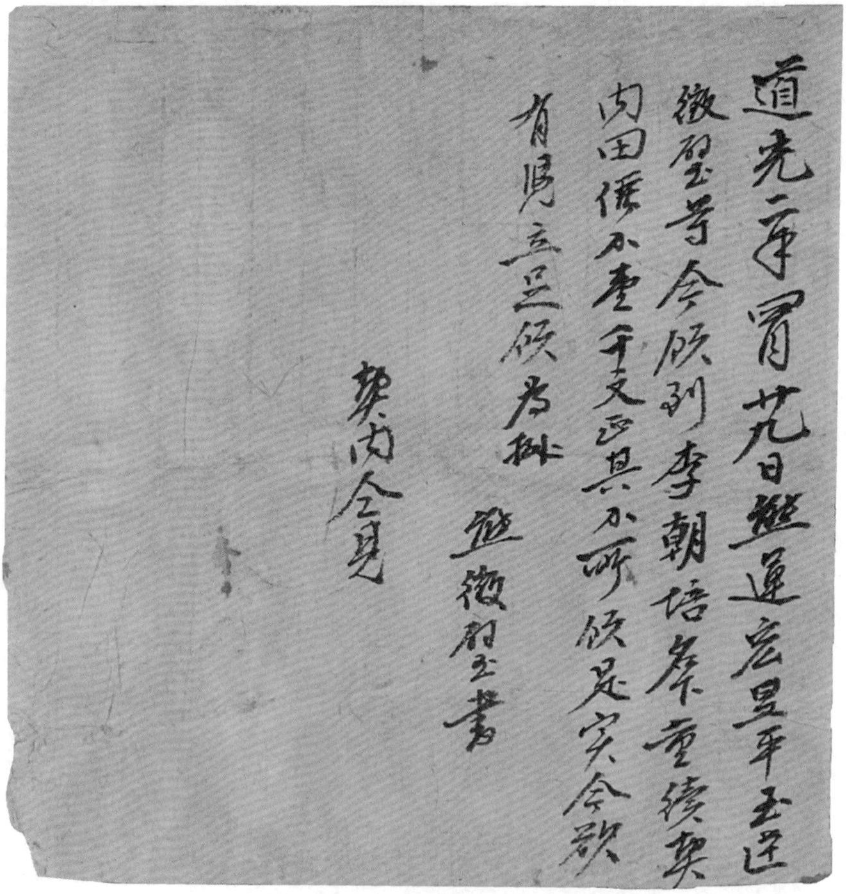

道光二年四月廿九日熊运宏昱平玉⍰徵璧等今领到李朝培名下重续契内田价钱壹千文正其钱所领是实今欲有凭立足领为据

熊徵璧书

契内仝见

道光六年五月初九日朱云魁等收钱字据

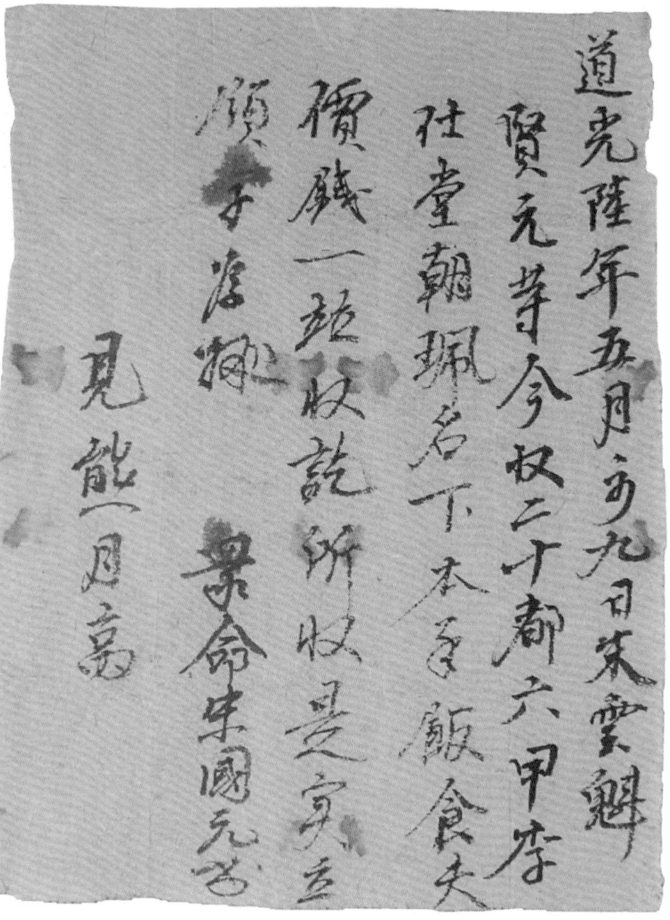

道光陆年五月初九日朱云魁贤元等
今收二十都六甲李仕堂朝珮名下本
年饭食夫价钱一并收讫所收是实立
领字为据　　众命朱国元书
见〈人〉熊月高

道光十年袁明代收粮字据

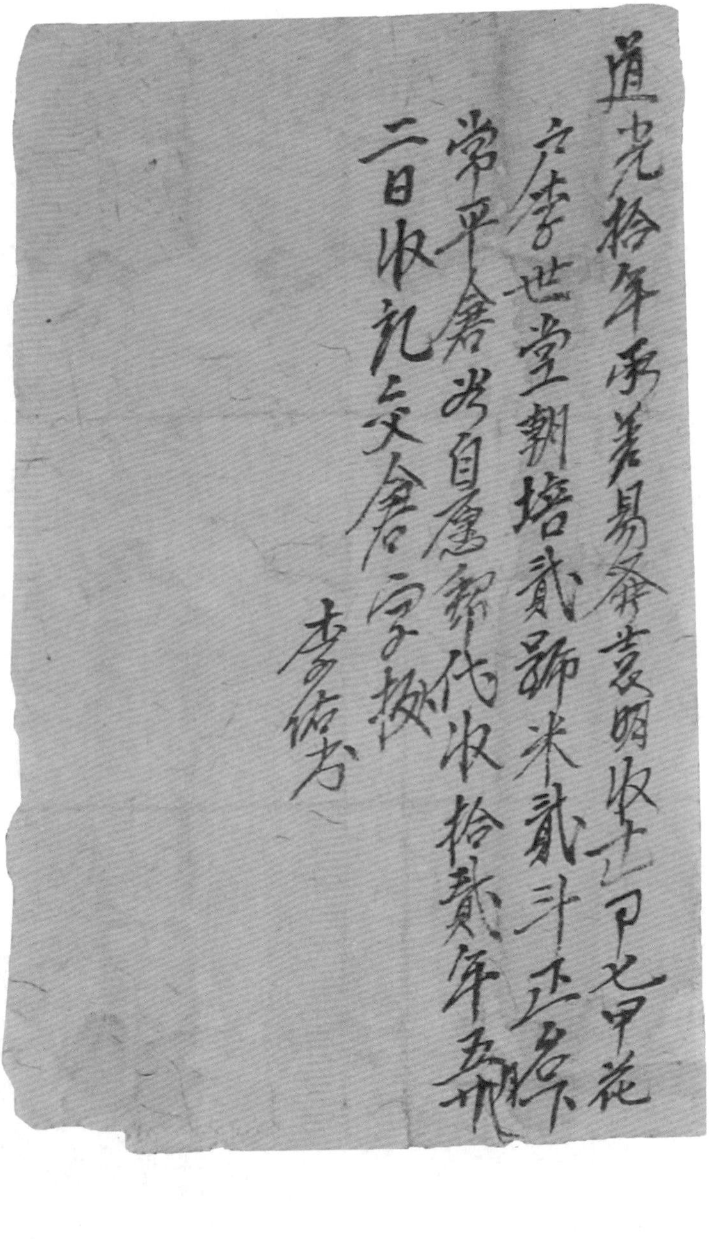

道光拾年承差易发袁明收十一都七甲花户李世堂朝培贰号米贰斗正名下常平仓谷自愿帮代收拾贰年五月廿二日收讫交仓字据

李佑书

道光十五年十一月二十六日曾德配借钱契约

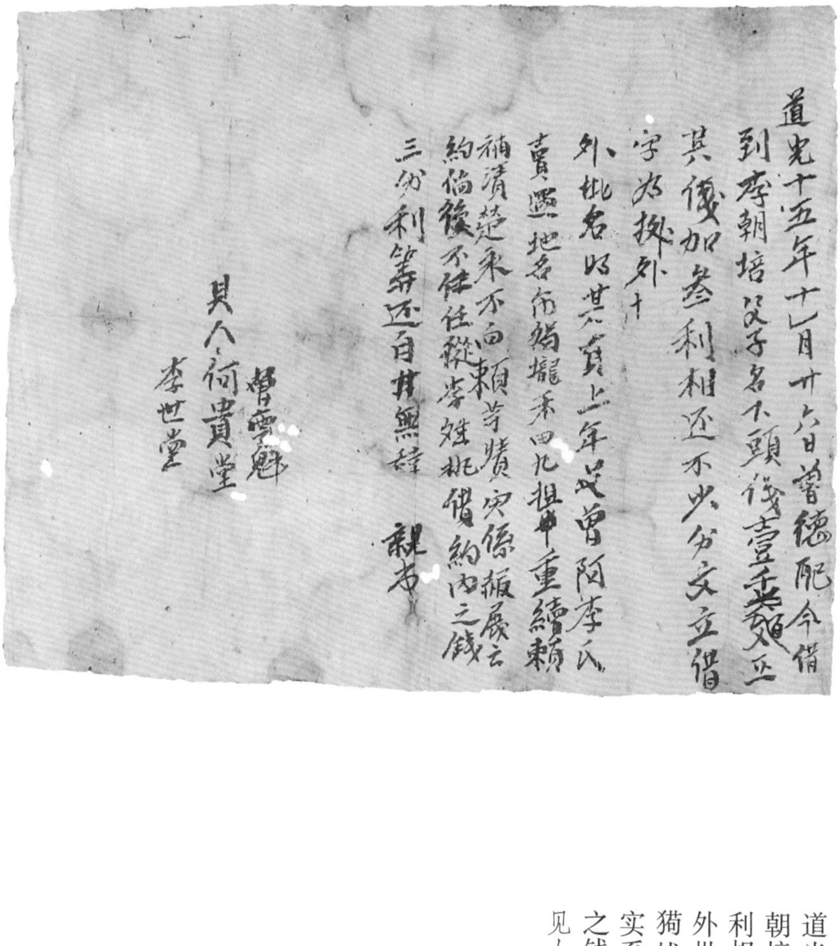

道光十五年十一月廿六日曾德配今借到李朝培父子名下头钱壹千七百文正其钱加叁利相还不少分文立借字为据［外］外批名明其真上年绳曾阿李氏卖过地名布猗垅禾田九担重续赖补清楚永不向赖等情实系赧展云约倘后不任任从李姓执借约内之钱三分利算还自甘无辞　亲书

见人曾云魁何贵堂李世堂

道光十六年六月初四日何惟香领挂红约契约

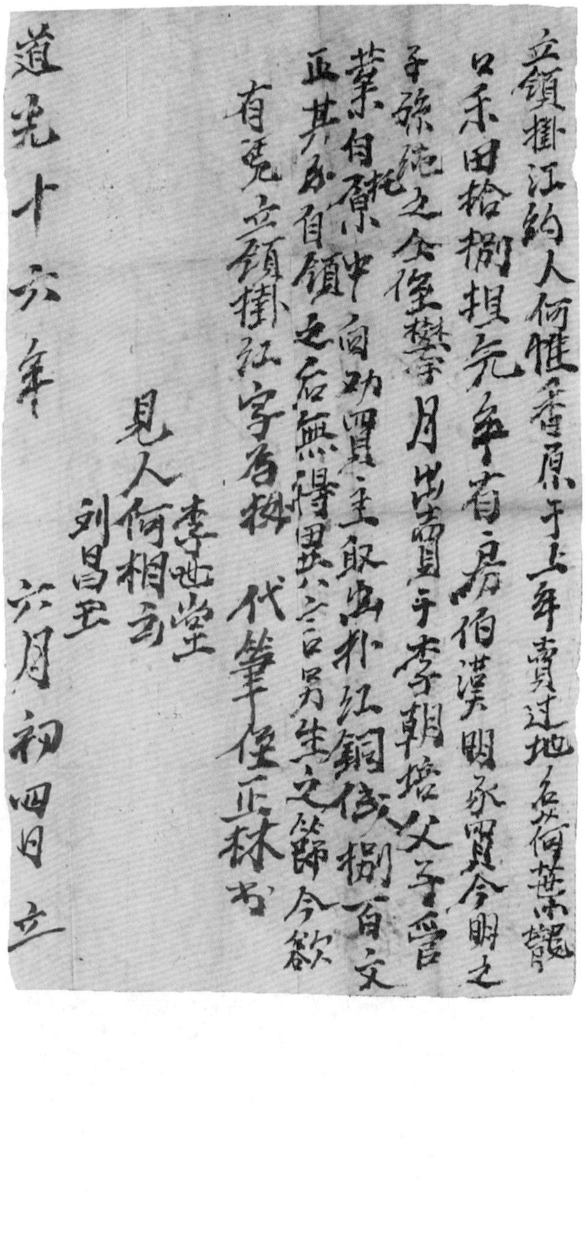

立领挂江（红）约人何惟香原于上年卖过地名荷叶垅口禾田拾捌担元年有房伯汉明承买今明之子孙纯之仝侄攀月出卖于李朝培父子管业自托原中向劝买主取出扑红铜钱捌百文正其钱自领之后无得异言另生之（枝）节今欲有凭立领挂红字为据代笔侄正林书

见人李世堂何相云刘昌玉

道光十六年六月初四日立

道光十八年二月二十日曾化连领钱字据

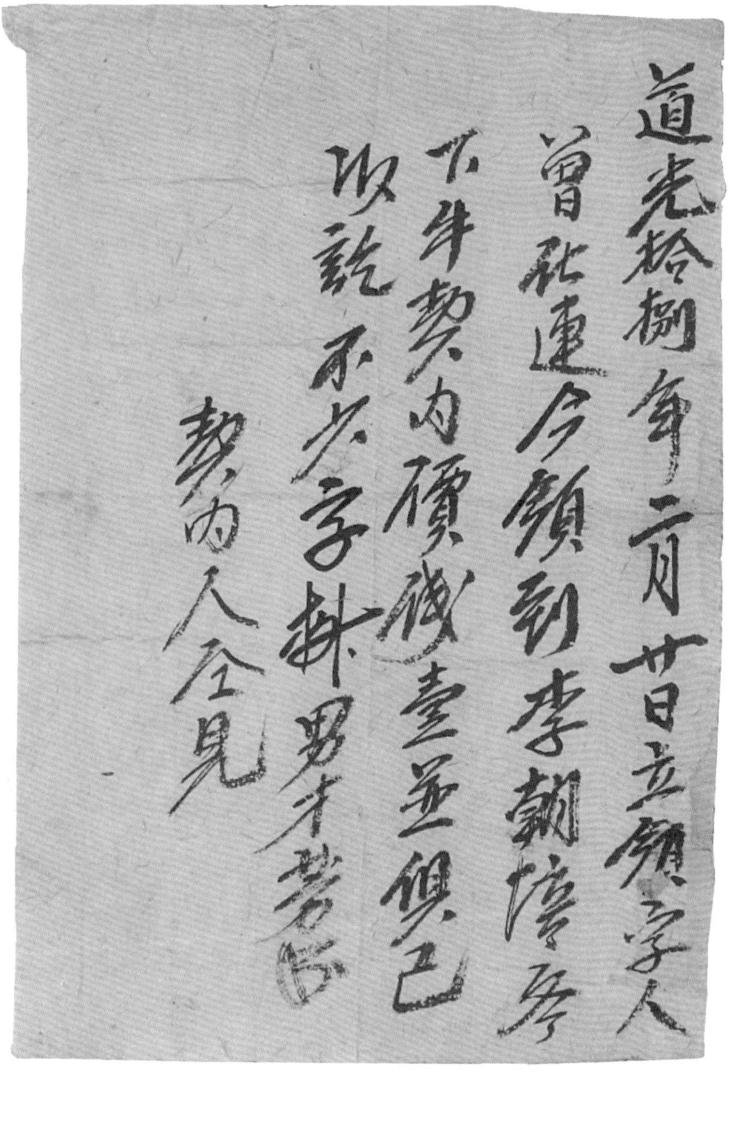

道光拾捌年二月廿日立领字人曾化连今领到李朝培名下牛契内价钱壹并俱已收讫不少字据男才芳书

契内人仝见

道光十八年十一月初八日张昌盈收钱粮字据

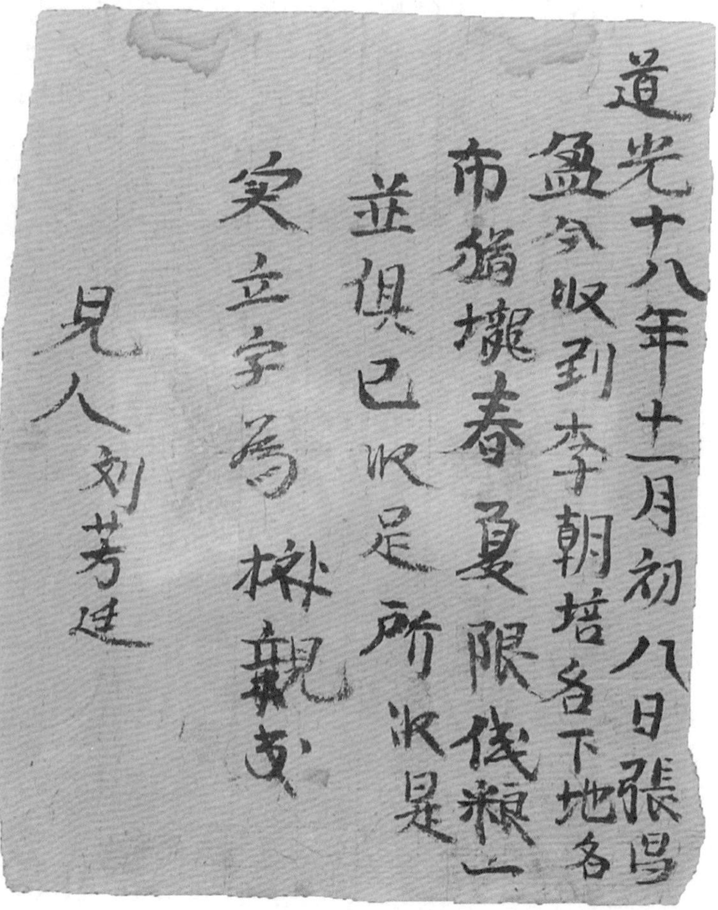

道光十八年十一月初八日张昌盈今收到李朝培名下地名布猶垅春夏限钱粮一并俱已收足所收是实立字为据亲书

见人刘芳廷

道光十九年十一月十六日杨昌判收钱粮契约

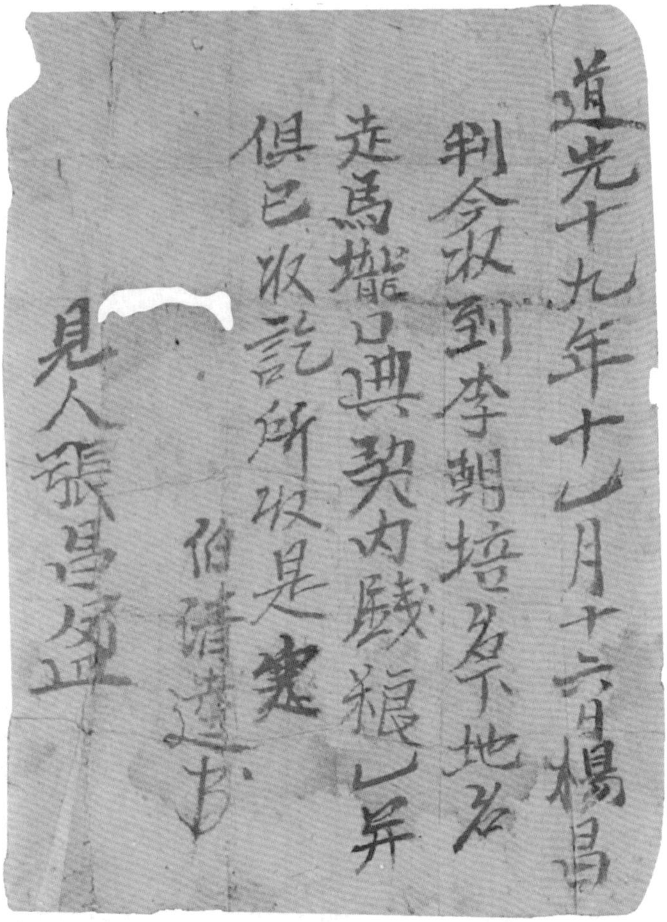

道光十九年十一月十六日杨昌判今收到
李朝培名下地名走马垅口典契内钱粮一
并俱已收讫所收是实
伯清逵书
见人张昌盈

道光二十年二月十六日黄仕庆卖土契约

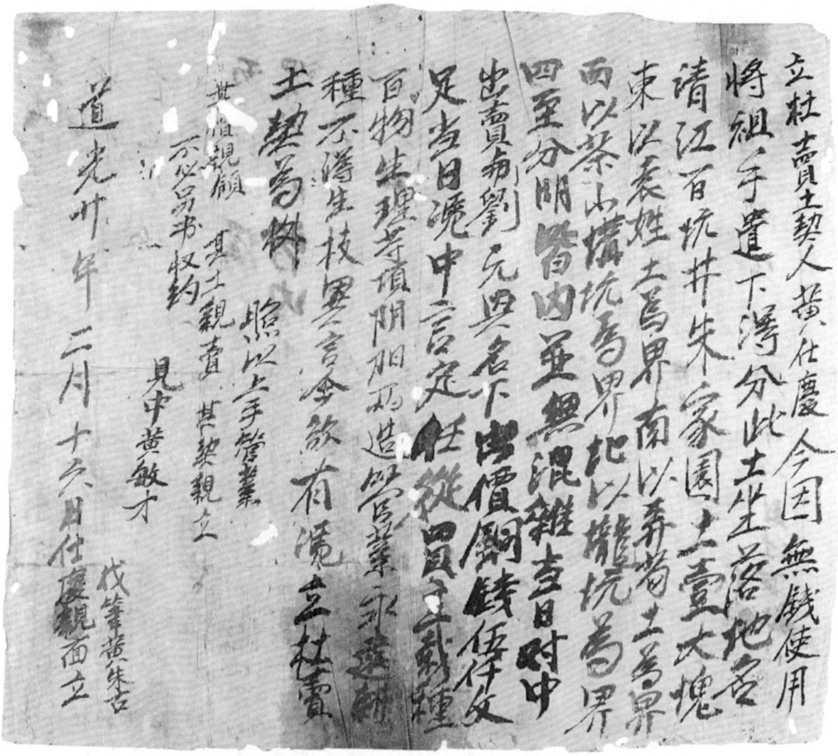

立杜卖土契人黄仕庆今因无钱使用将祖手遗下得分此土坐落地名清江百坑井朱家园土壹大块东以袁姓土为界南以弄苟土为界西以茶山沟坑为界北以垅坑为界四至分明皆内并无混杂当日对中出卖与刘元兴名下出价铜钱伍仟文足当日凭中言定任从买主栽种百物生理等项阴阳两造管业永远耕种不得生枝异言今欲有凭立杜卖土契为据

照以上手管业

其价亲领其土亲卖其契亲立

不必另书收约

见中黄敏才

代笔黄朱古

道光廿年二月十六日仕庆亲面立

道光二十年二月二十六日何毫都领粮约契约

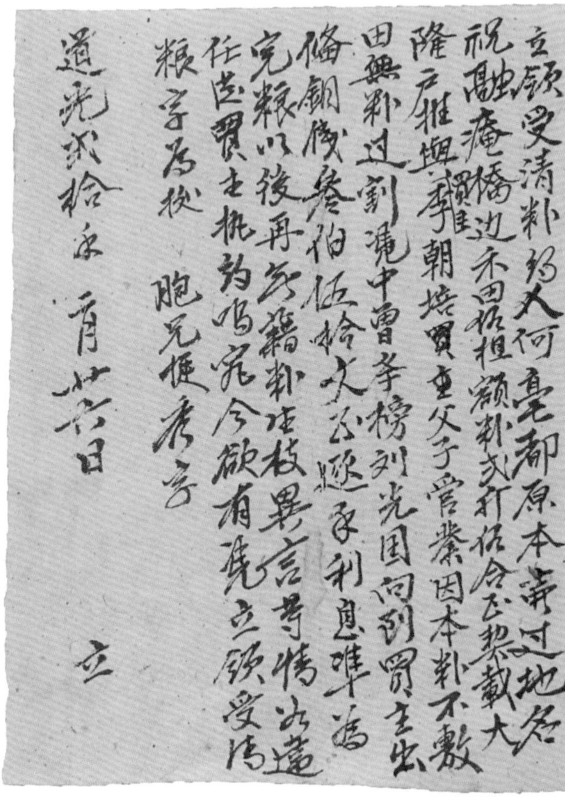

立领受清粮约人何毫都原本卖过地名祝融庵桥边禾田伍担额粮贰升伍合正契载大隆户推与买主李朝培父子管业因本粮不敷田无粮过割凭中曾孝榜刘光国向到买主出备铜钱叁佰伍拾文正逐年利息准为完粮以后再无借粮生枝异言等情如违任从买主执约鸣究今欲有凭立领受清粮字为据　胞兄挺秀字

道光贰拾年二月廿六日立

道光二十年四月十八日曹玉清父子领钱字据

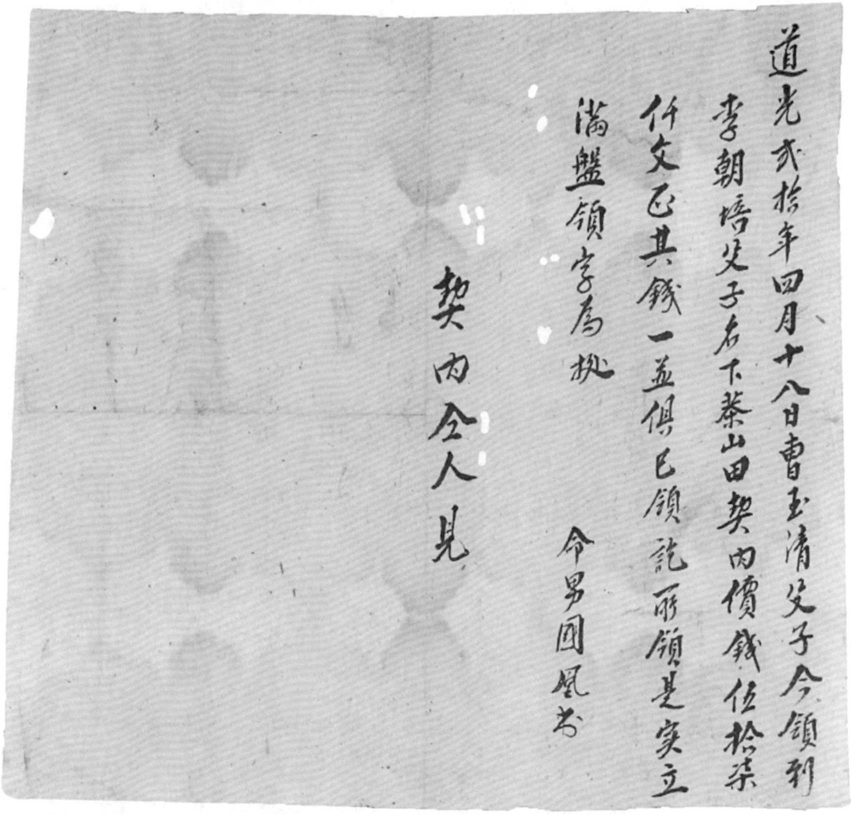

道光贰拾年四月十八日曹玉清父子今领到李朝培父子名下茶山田契内价钱伍拾柒仟文正其钱一并俱已领讫所领是实立满盘领字为据

命男国凰书

契内人仝见

道光二十年六月十八日曹玉清父子领钱字据

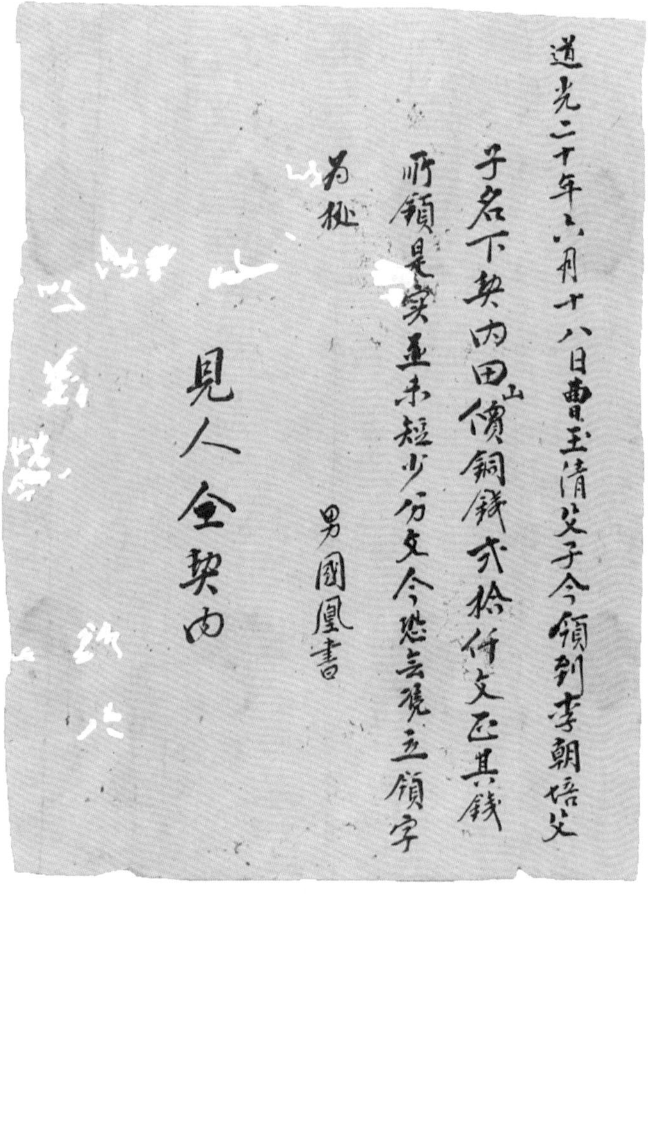

道光二十年六月十八日曹玉清父子今领到李朝培父子名下契内田山价铜钱贰拾仟文正其钱所领是实并未短少分文今恐无凭立领字为据

男国凰书

见人仝契内

道光二十年六月二十三日曹玉清父子领钱字据

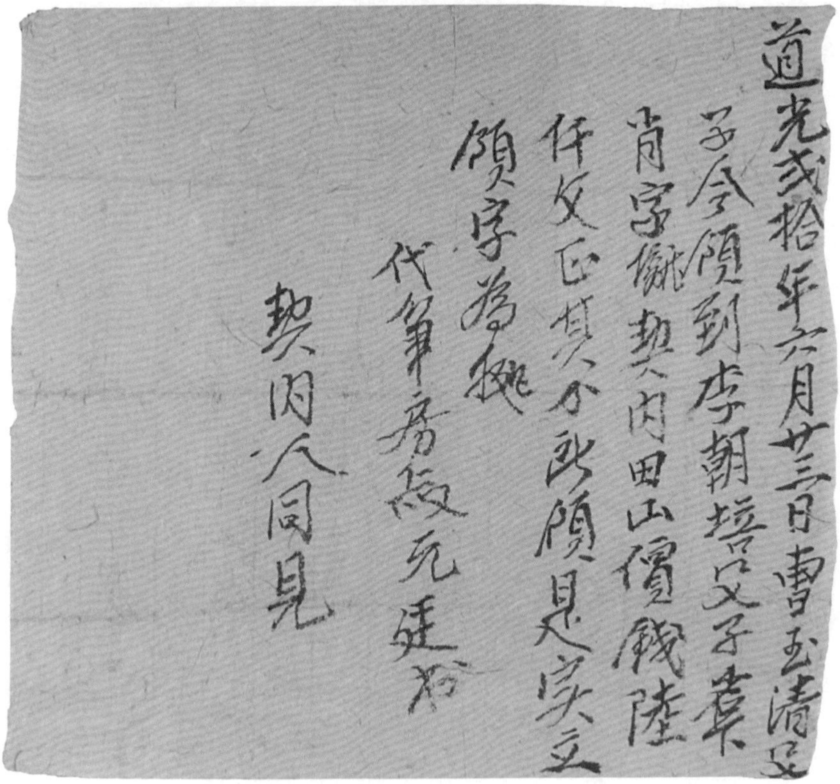

道光贰拾年六月廿三日曹玉清父子今领到李
朝培父子名下肖字垅契内田山价钱陆仟文正
其钱所领是实立领字为据
代笔房叔元廷书
契内人同见

道光二十一年十二月十二日何毫都领钱字据

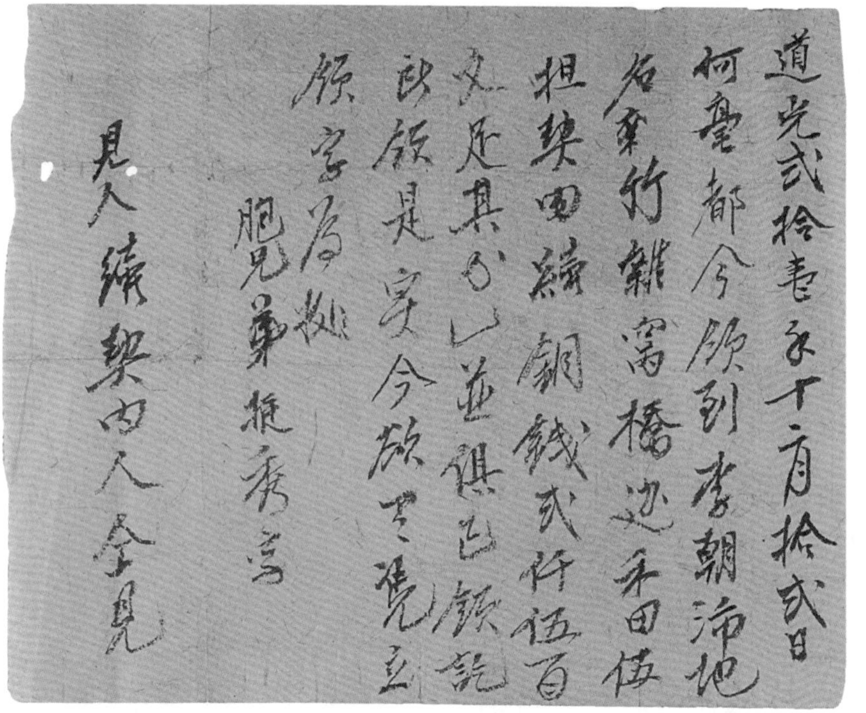

道光贰拾壹年十二月拾贰日何毫都今领到李朝沛地名卒（萃）竹杂窝桥边禾田伍担契内续铜钱贰仟伍百文足其钱一并俱已领讫所领是实今欲有凭立领字为据

胞兄弟梃秀字

见人续契内人仝见

道光二十四年八月初六日黄甲相卖生熟土契约

立卖生熟土契人黄甲相今因无钱用费自愿将到自置地名王业园土贰大遍东以买主垅坑南以卖主美质坟塘西以生改茶山土北以小路为界四至分明先［进］尽亲房兄弟不便自愿请中将来传送与袁拔朝出价承买耕种管业当日对中言定得受时价铜钱叁千伍百文正其钱就日亲手领足并无短少一文其土卖后日无重叠包侵典卖又无货物折算等情有本卖后任从买主自耕管业不得叔侄兄弟阻陷（挡）番悔异言今口无凭立此卖土契永远为照

内涂改六字为准

其土亲卖

其价亲领

其契亲书

见中房弟改斋

弟元□字

道光贰十肆年八月初六日甲相亲立

立足领钱收字人黄甲相今领到袁拔朝地得买地名契内铜钱叁千五百文正二家不得少交所领是实

中仝前笔

道光二十五年十二月初六日赖声章收钱粮契约

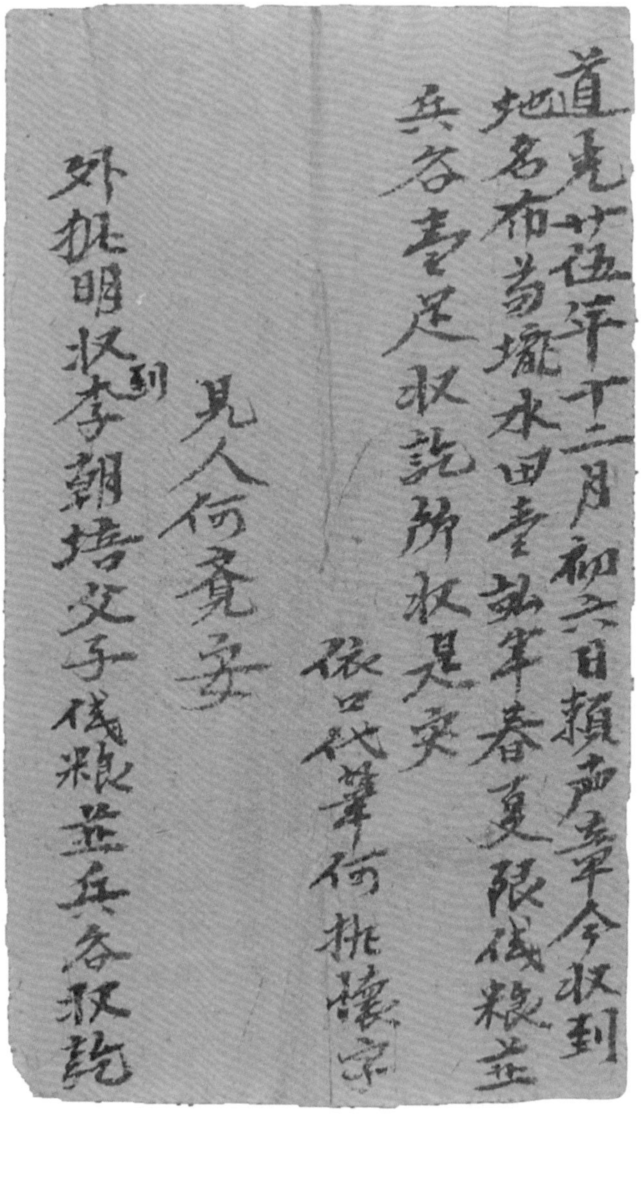

道光廿伍年十二月初六日赖声章今收到地名布荷垅水田壹亩半春夏限钱粮并兵谷壹足收讫所收是实

依口代笔何执怀字

见人何觉安

外批明收到李朝培父子钱粮并兵谷收讫

道光二十七年三月十二日刘南廷退耕田约契约

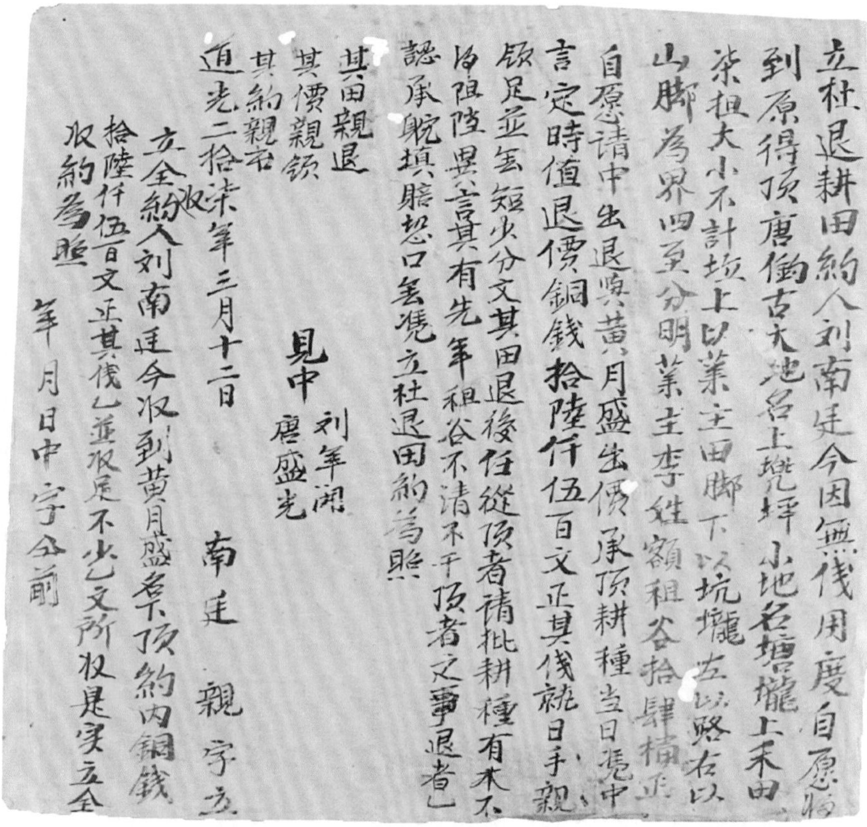

立杜退耕田约人刘南廷今因无钱用度自愿将到原得顶唐钓古大地名上兆坪小地名塘垅上禾田柒担大小不计丘上以业主田脚下以坑垅左以路右以山脚为界四至分明业主李姓额租谷拾肆桶正自愿请中出退与黄月盛出价承顶耕种当日凭中言定时值退价铜钱拾陆仟伍百文正其钱就日亲手领足并无短少分文其田退后任从顶者请批耕种有本不得阻陷（挡）异言其有先年租谷不清不干顶者之事退者一认承航（担）填赔恐口无凭立杜退田约为照

其田亲退

其价亲领

其约亲书

见中刘年开唐盛光

道光二拾柒年三月十二日南廷亲字立

立全收约人刘南廷今收到黄月盛名下顶约内铜钱拾陆仟伍百文正其钱一并收足不少一文所收是实立全收约为照

年月日中字仝前

道光二十七年五月初十日何毫都借钱字据

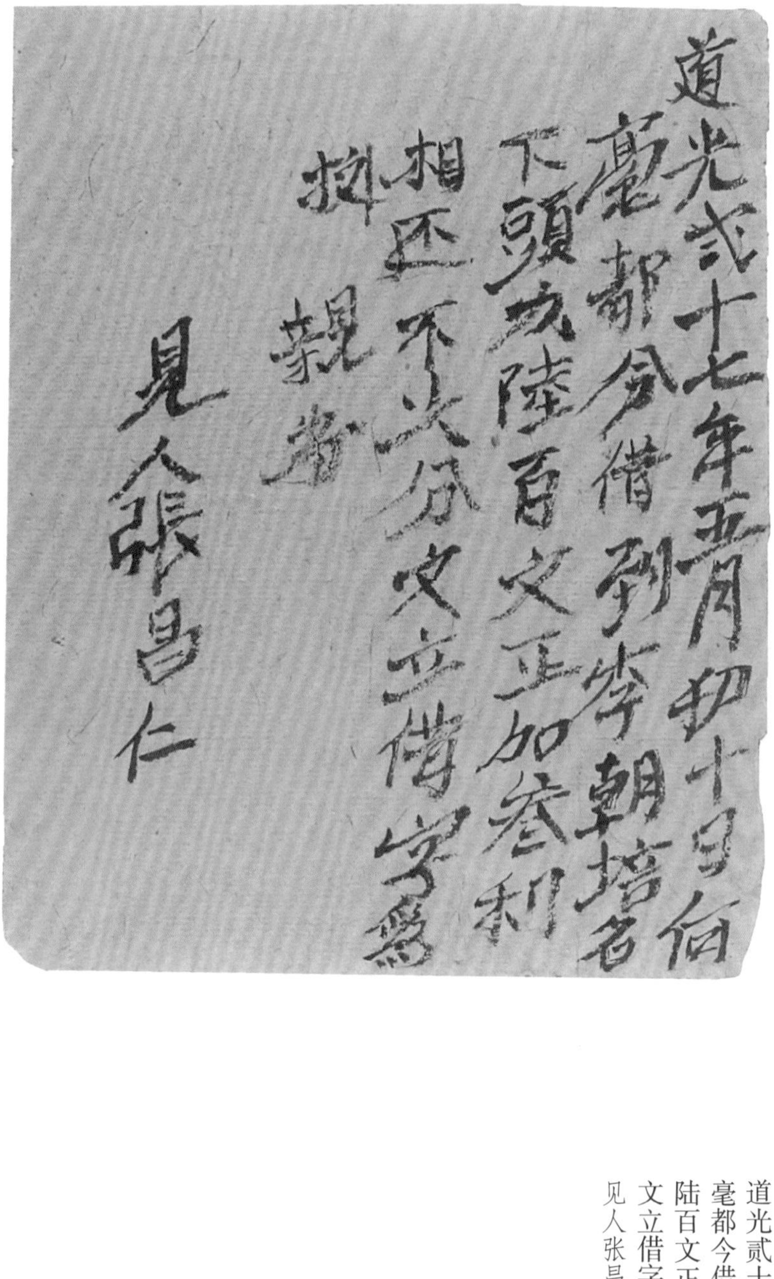

道光贰十七年五月初十日何毫都今借到李朝培名下头钱陆百文正加叁利相还不少分文立借字为据　亲书
见人张昌仁

道光二十七年九月初一日何观生父子退木梓山契约

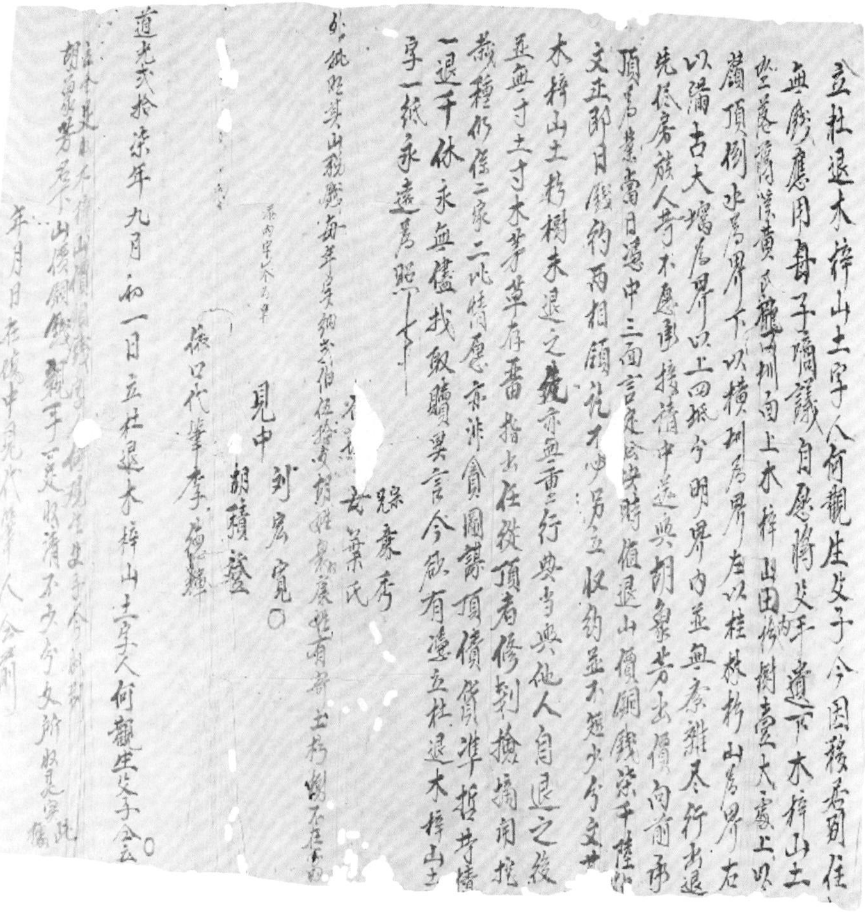

立杜退木梓山土字人何观生父子今因移居别住无钱应用母子嘀（商）议自愿将父手遗下木梓山土坐落蒋溪黄氏龙口圳面上木梓山田内杉树壹大处上以岭顶倒水为界下以横圳为界左以桂林杉山为界右以满古大墘为界以上四抵分明界内并无紊杂尽行出退先尽房族人等不愿承接请中送与胡象芳出价向前承顶为业当日凭中三面言定公决时值退山价铜钱柒千陆佰文正即日钱约两相领讫不必另立收约并不短少分文□木梓山土杉树未退之先亦无重行典当与他人自退之后并无寸土寸木茅草存留指出任从顶者修划捡摘开挖栽种仍系二家二比情愿亦非贪图谋顶债货准哲（折）等情一退千休永无尽找取赎异言今欲有凭立杜退木梓山土字一纸永远为照

宗兄廉秀

□□□叶氏

外批明其山税钱每年实纳贰佰伍拾文胡姓?

收康姓有寄土杉树不在□内

添内字一个为准

见中刘宏宽【押】胡积登

依口代笔李德辉

道光贰拾柒年九月初一日立杜退木梓山土字人何观生父子仝立

立全足收木梓山价铜钱字□何观生父子今收到胡象芳名下山价铜钱亲手一足收清不少分文所收是实此据

年月日在场中见代笔人仝前

道光二十九年十二月初三日赖声章收钱粮契约

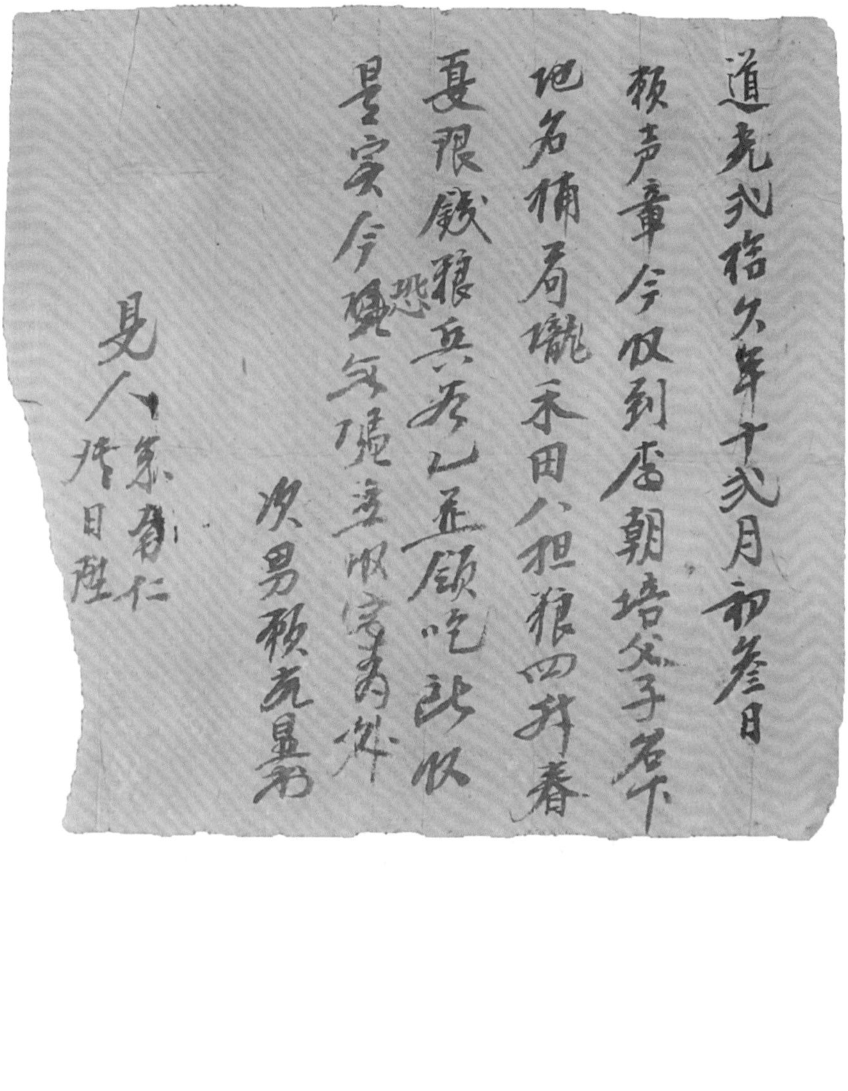

道光贰拾久（玖）年十贰月初叁日赖声章今收到李朝培父子名下地名捕苟垅禾田八担粮四升春夏限钱粮兵谷一并领讫所收是实今恐无凭立收字为处（据）

次男赖光显书

见人朱钱仁张日陞

道光二十九年十二月二十六日陈兰芳父子领钱字据

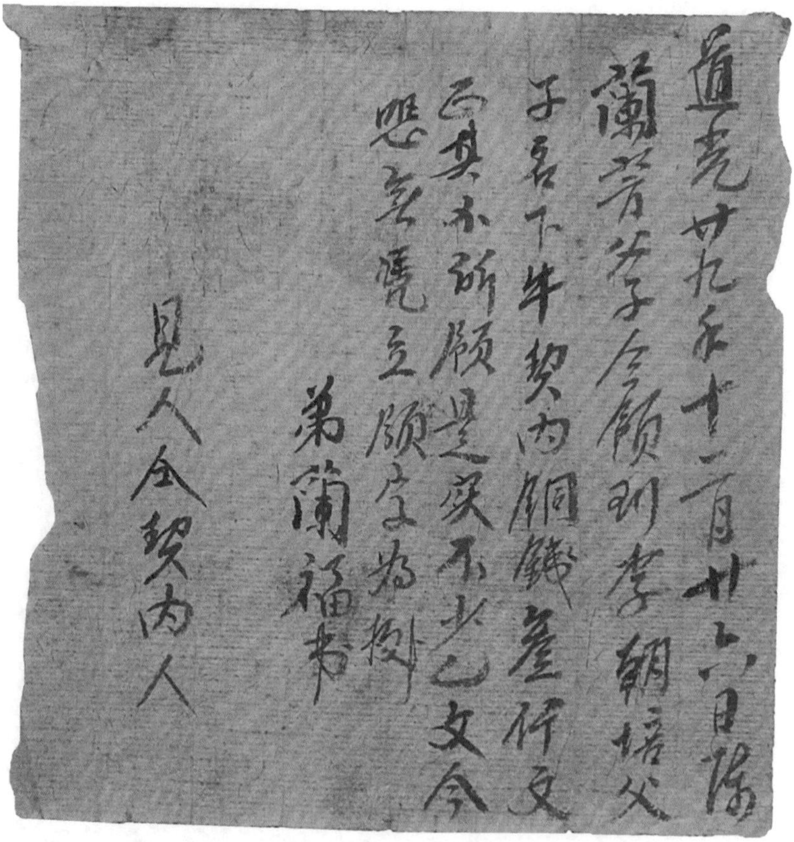

道光廿九年十二月廿六日陈兰芳父子今领到李朝培父子名下牛契内铜钱叁仟文正其钱所领是实不少一文今恐无凭立领字为据

弟兰福书

见人仝契内人

道光三十年四月二十八日何亳都领钱契约

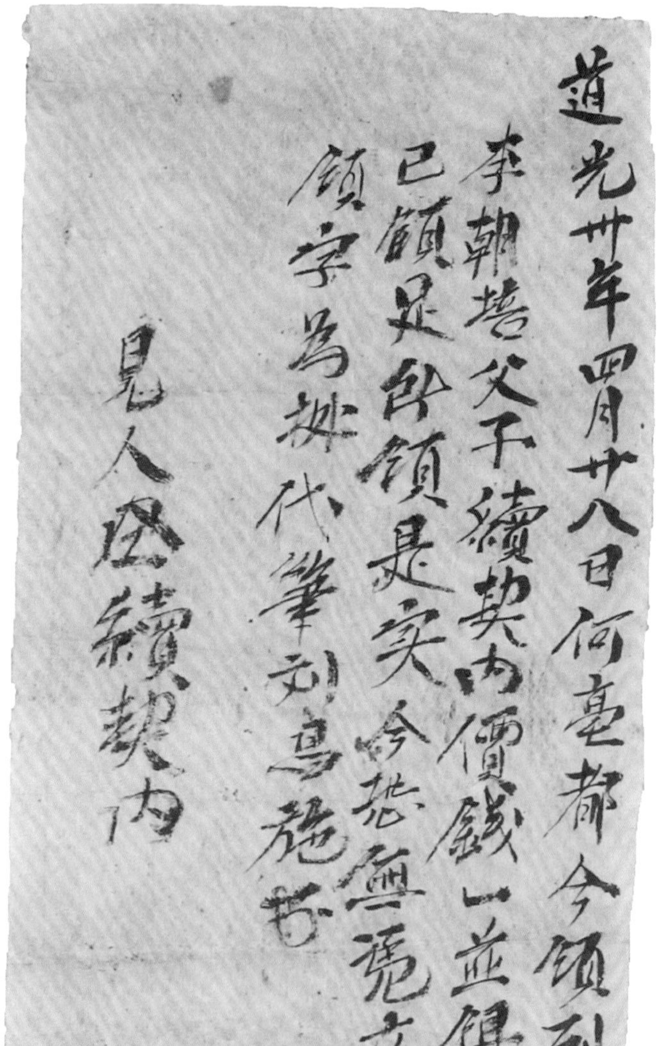

道光卅年四月廿八日何亳都今领到李朝培父子续契内价钱一并俱已领足所领是实今恐无凭立领字为据

代笔刘昌施书

见人仝续契内

咸丰二年七月二十三日做会用数契

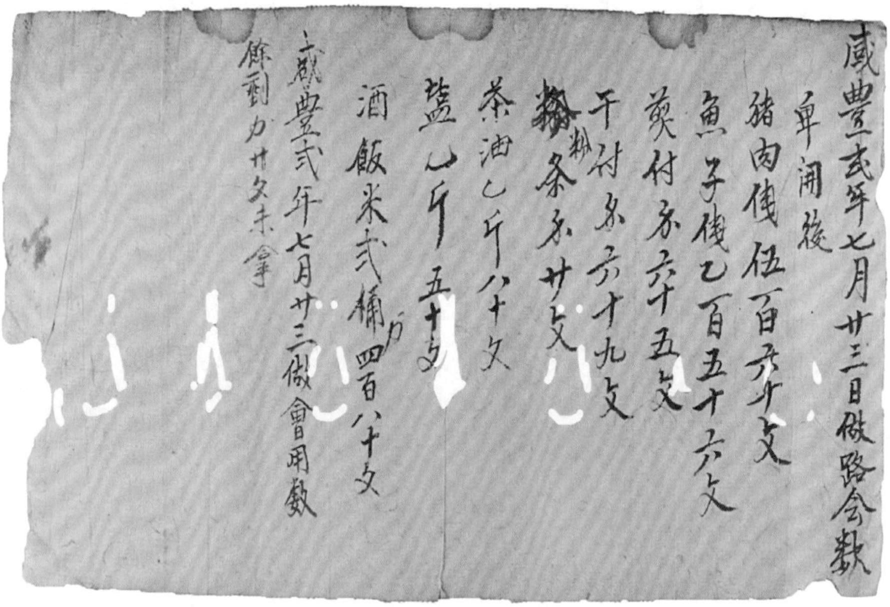

咸丰贰年七月廿三日做路会数
卑开后
猪肉钱伍百六十文
鱼子钱一百五十六文
煎付钱六十五文
干付钱六十九文
粉条钱廿文
茶油一斤八十文
盐一斤五十文
酒饭米贰桶钱四百八十文
咸丰贰年七月廿三做会用数
余剩钱廿文未拿

咸丰六年四月初八日刘沛然退耕田契约

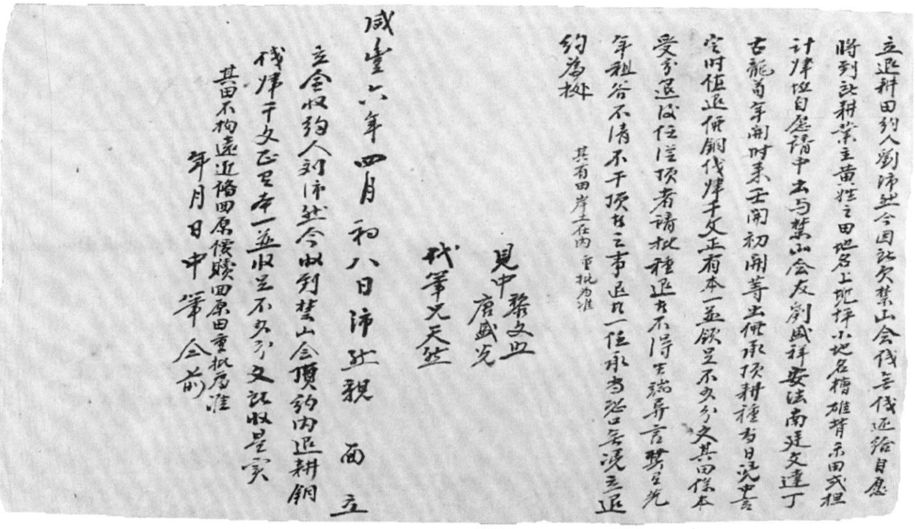

立退耕田约人刘沛然今因所欠禁山会钱无钱还给自愿将到所耕业主黄姓之田地名上兆坪小地名槽碓背禾田贰担计肆丘自愿请中出与禁山会友刘盛祥安法南廷文达丁古龙苟年开时来壬开初开等出价承顶耕种当日凭中言定时值退价铜钱肆千文正有本一并领足不少分文其田系本受分退后任从顶者请批种退者不得生端异言恐口先年租谷不清不干顶者之事退者一任承当恐口无凭立退约为据

其有田岸土在内重批为准

见中黎文兴唐盛光

代笔兄天然

咸丰六年四月初八日沛然亲面立

立全收约人刘沛然今收到禁山会顶约内退耕铜钱肆千文正有本一并收足不少分文所收是实

其田不拘远近备回原价赎回原田重批为准

年月日中笔仝前

咸丰九年二月二十五日何纯芝侄攀领钱契约

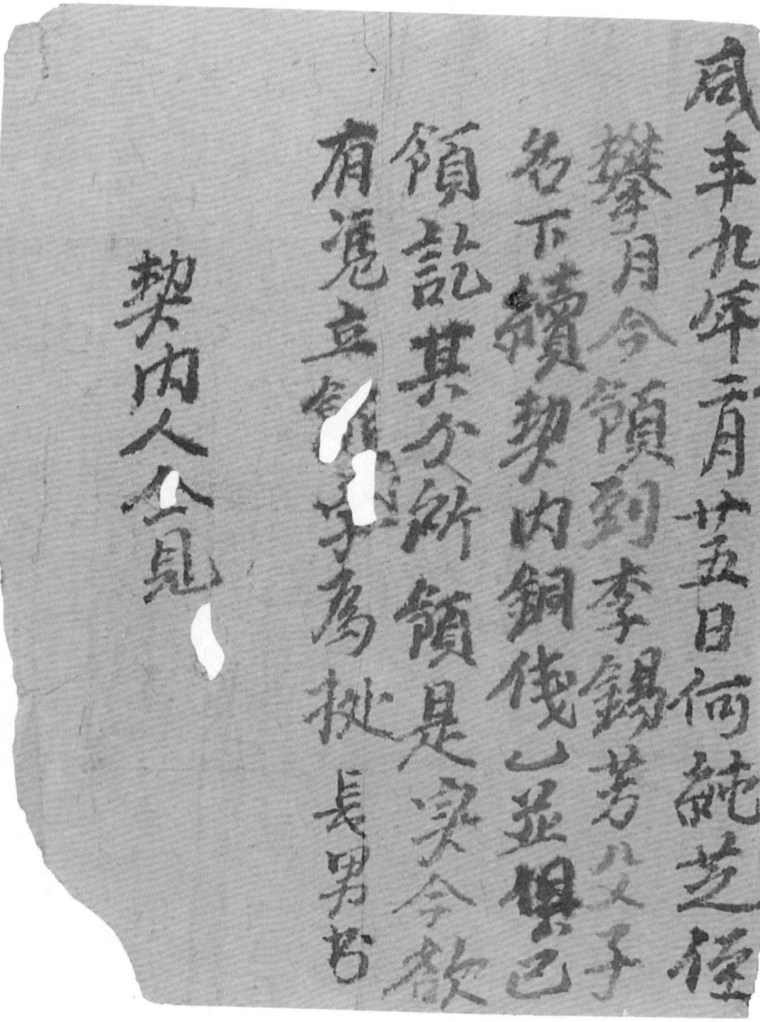

咸丰九年二月廿五日何纯芝侄攀月今领到李锡芳父子名下续契内铜钱一并俱已领讫其钱所领是实今欲有凭立领字为据长男书

契内人仝见

同治二年三月初六日胡超群等转卖祭产并屋宇园土契约

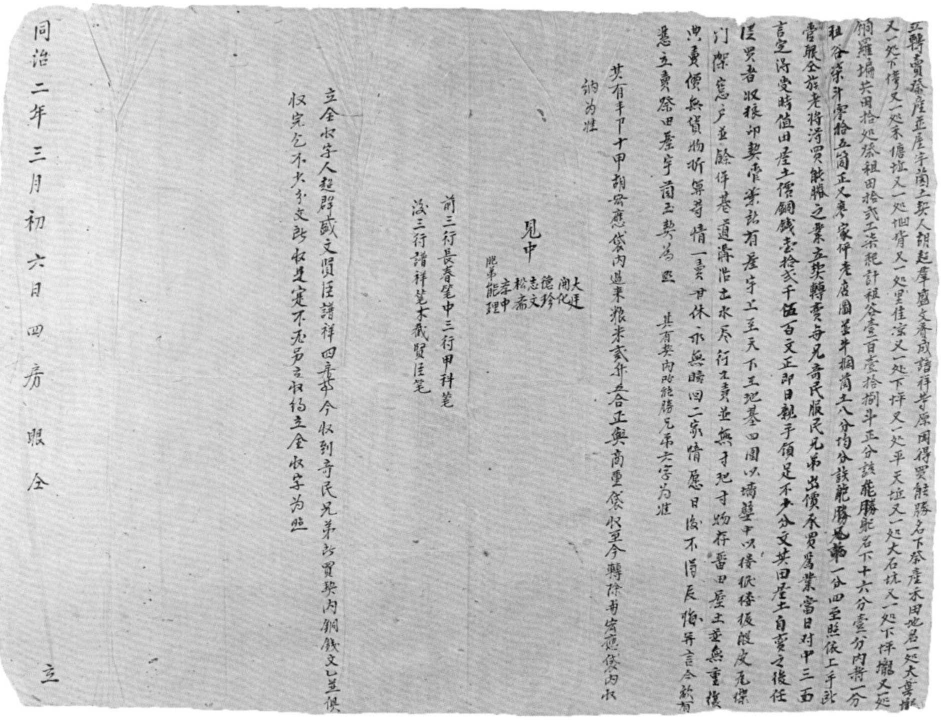

立转卖祭产并屋宇园土契人胡超群盛文贤成谱祥等原因得买能胜名下祭产禾田地名一处大叶垅又一处下塆又一处禾塘丘又一处岡背又一处里佳凉又一处下坪又一处平天丘又一处大石坑又一处下坪垅又一处铜罗塥共田拾处祭租田拾贰工柒耙计租谷壹百壹拾捌斗正分该能胜己名下十六分壹分内将一分租谷柒斗零拾五筒正又廖家坪老店图并牛栏园土八分均分该能胜兄弟一分四至照依上手所管眼仝族老将得买能胜之业立契转卖与兄奇民服民兄弟出价承买为业当日对中三面言定得受时值田屋土价铜钱壹拾贰千伍百文正即日亲手领足不少分文其田屋土自卖之后任从买者收粮印契管业所有屋宇上至天下至地基四围以墙壁中以楼栿楼板☐☐壁般皮瓦架门架窗户并余坪☐道沟沿土水尽行出卖并无寸地寸物存留田屋土并无重复典卖价无货物折算等情一卖甘休永无赎回二家情愿日后不得反悔异言今欲有凭立卖祭田屋宇园土契为照　其有契内改能胜兄弟六字为准

其有丰都十甲胡宏应袋内过来粮米贰升五合正与商重袋收至今转除与宏应袋内收纳为准

见中大廷开化德珍志文松斋学中胞弟能理

前三行长春笔中三行甲科笔

后三行谱祥笔木截贤臣笔

立全收字人超群盛文贤臣谱祥四房等今收到奇民兄弟所买契内铜钱文一并俱收完乞不少分文所收是实不必另立收约立全收字为照

同治二年三月初六日四房眼仝立

同治九年五月初十日黄丁古卖粪坑屋图地基契约

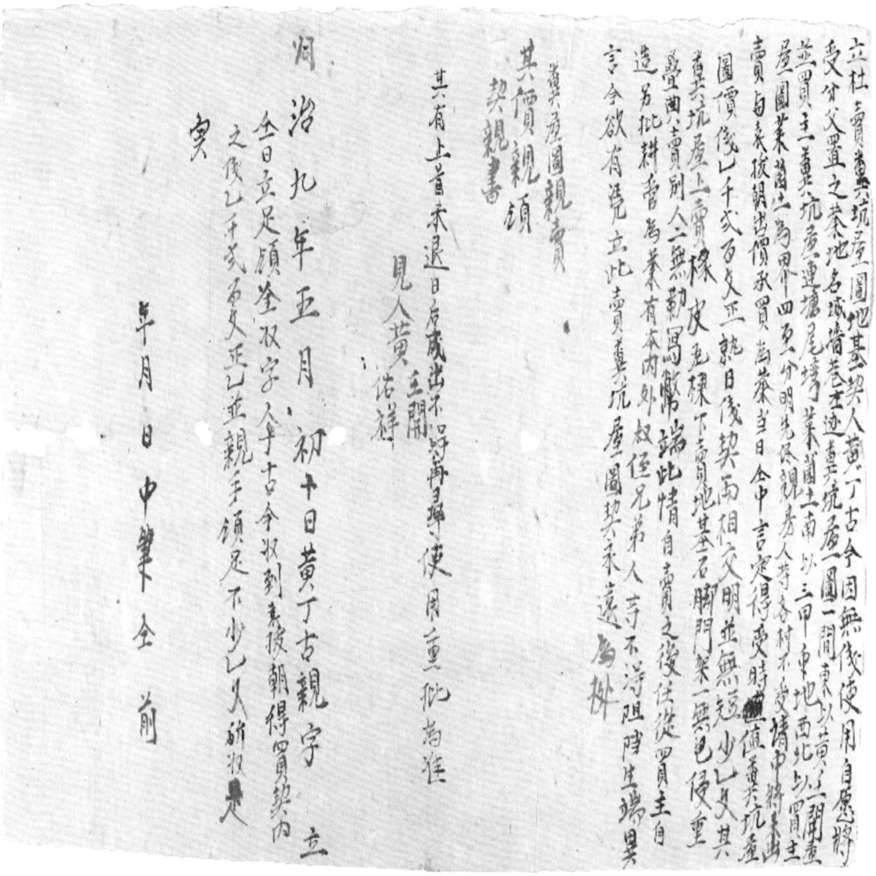
立杜賣糞坑屋圖地基契人黃丁古今因無錢使用自愿將
受分父置之業地名坑背巷左邊糞坑屋一圖一間東以黃姓開屋
並買主糞坑屋連墻尾埂菜園土南以三甲車地西北以買主
屋圖菜園土為界四至分明先盡親房人等各村不受請中將來出
賣與本族韻出價承買為業當日全中言定得受時值糞坑屋
圖價錢[illegible]千文正即日錢契兩相交明並無短少文其
糞坑屋上賣椽皮瓦桷下賣地基石腳門架一無包侵重
疊典賣別人亦無勒寫準折等情此情自賣之後任從買主自
造另批耕管為業有本內外叔侄兄弟人等不得阻攔生端異
言今欲有憑立此賣糞坑屋圖契永遠為據
糞坑屋圖親賣
其價親領
契親書
其有上首未退日后檢出不得再行使用重批為準
見人黃玉開
佑祥
同治九年五月 初十日黃丁古親字 立
全日立足領收字人黃丁古今收到本族韻得買契內
之錢[illegible]千文正並親手領足不少分文所收是
實
年月日中筆全前

立杜卖粪坑屋图地基契人黄丁古今因无钱使用自愿将受分父置之业地名城墙巷左边粪坑屋图一间东以黄壬开屋并买主粪坑屋连塘尾埼菜园土南以三甲众地西北以买主屋图菜园土为界四至分明先尽亲房人等各村不受请中将来出卖与袁拔朝出价承买为业当日仝中言定得受时值粪坑屋图价钱一千贰百文正就日钱契两相交明并无短少一文其粪坑屋上卖椽皮瓦栋下卖地基石脚门架一无包侵重叠典卖别人二无勒写币端此情自卖之后任从买主自造另批耕管为业有本内外叔侄兄弟人等不得阻挡（挡）生端异言今欲有凭立此卖粪坑屋图契永远为据

粪屋图亲卖

其价亲领

其契亲书

其有上首未退日后成出不得再寻使用重批为准

见人黄壬开黄佑祥

同治九年五月初十日黄丁古亲字立

仝日立足领全收字人丁古今收到袁拔朝得买契内之钱一千贰百文正一并亲手领足不少一文所收是实

年月日中笔仝前

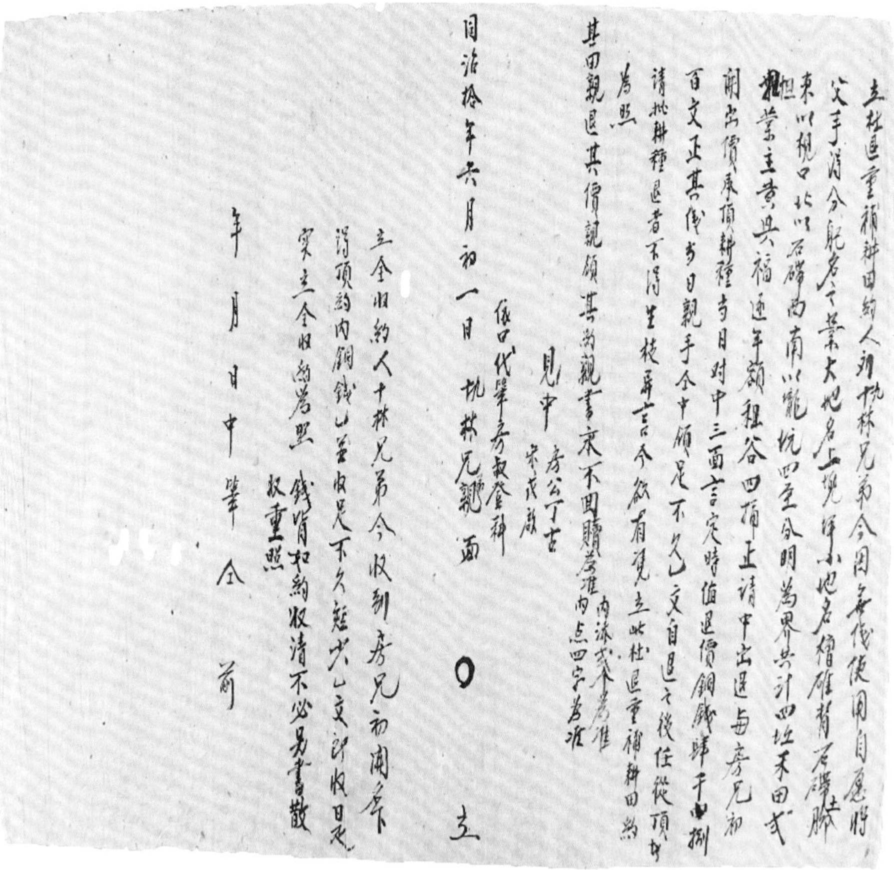

立杜退重補耕田約人劉杬林兄弟今因無錢使用自愿將
父手清分肥名下業大地名上坑洋小地名僧雅背石碑上脚
東以規口北以石碑西南以龍坑四至分明為界共計四坵禾田弍
[illegible]業主黄興福逐年額租谷四桶正請中出退与房兄初
開出價承頂耕種当日对中三面言定時值退價銅錢肆千捌
百文正其錢当日親手仝中領足不欠只文自退之後任從頂者
請批耕種退者不得生枝异言今欲有憑立此杜退重補耕田約
為照 內添弍字為准
其田親退其價親領其字親書亦不回贖為准 內点四字為准
見中 房公丁古
宋茂盛
依口代筆 房叔登科
同治拾年六月初一日 杬林兄親 面 〇 立

立全收約人十林兄弟今收到房兄初開名下
得項約內銅錢[illegible]並收足不欠短文[illegible]收日足
实立全收約為照 錢皆扣約收清不必另書散
收重照
年 月 日中筆 仝 前

同治十年六月初一日刘氏兄弟退重补耕田约契约

立杜退重补耕田约人刘九林刘十林兄弟今因无钱使用自愿将父手得分己名之业大地名上兆坪小地名槽碓背石礫土脚东以枧口北以石礫西南以垅坑四至分明为界共计四丘禾田贰担业主黄兴福逐年额租谷四桶正请中出退与房兄初开出价承顶耕种当日对中三面言定时值退价铜钱肆千捌百文正其钱当日亲手同中领足不欠一文自退之后任从顶者请批耕种退者不得生枝异言今欲有凭立此杜退重补耕田约为照

其田亲退其价亲领其约亲书永不回赎为准

内添贰个为准

内点四字为准

见中房公丁古宋戊啟

依口代笔房叔登种

同治拾年六月初一日九林十林兄弟亲面【押】立

立全收约人十林兄弟今收到房兄初开名下得顶约内铜钱一并收足不欠短少一文所收是实立全收约为照

钱皆如约收清不必另书散收重照

年月日中笔仝前

同治十一年十一月二十五日黄石古兄弟退耕垦田契约

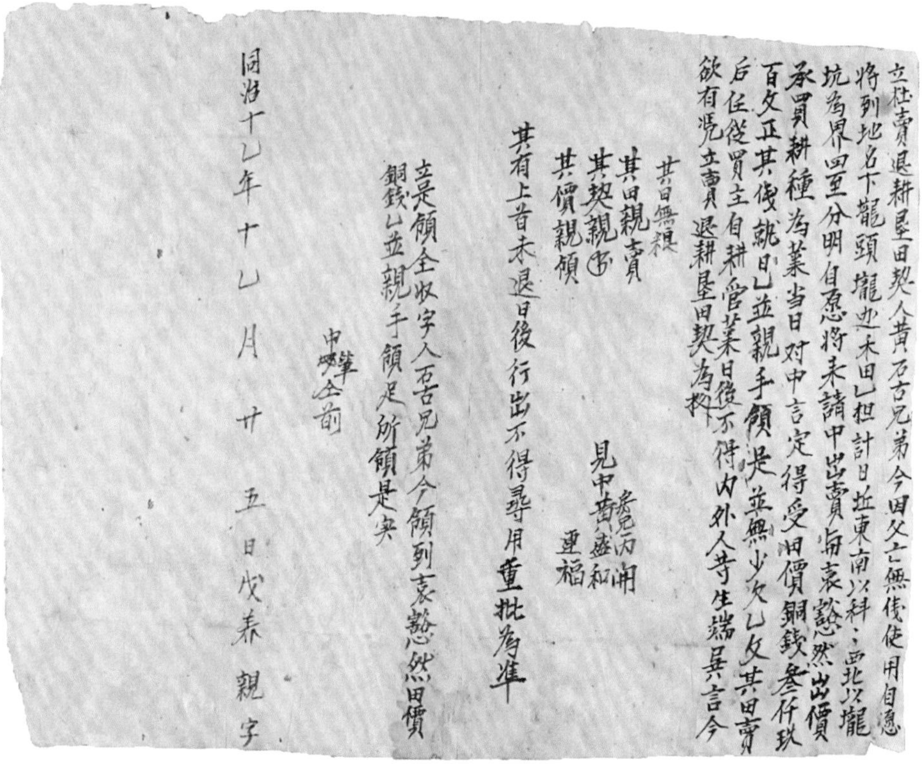
立杜賣退耕墾田契人黄石古兄弟今因父亡無從使用自愿
將列地名下龍頭壠迆禾田乙坵計日並東南以科、西北以壠
坑為界四至分明自愿將來請中出賣與袁懿然出價
承買耕種為業當日対中言定得受田價銅錢叁仟玖
百文正其錢就日乙並親手領足並無少欠乙文其田賣
后任從買主自耕管業日後不得内外人等生端異言今
欲有憑立賣退耕墾田契為據

其田無粮

其田親賣

其契親書

其價親領

見中 袁見丙開 黄盛和 連福

其有上首未退日後行出不得尋用 重批為準

立足領全收字人石古兄弟今領到袁懿然田價
銅錢乙並親手領足所領是實

中筆 仝前

同治十乙年十乙月廿五日戊泰親字

立杜卖退耕垦田契人黄石古兄弟今因父亡无钱使用自愿将到地名下垅头垅边禾田一担计日丘东南以科科西北以垅坑为界四至分明自愿将来请中出卖与袁懿然出价承买耕种为业当日对中言定得受田价铜钱叁仟玖百文正其钱就日一并亲手领是（足）并无少欠一文其田卖后任从买主自耕管业日后不得内外人等生端异言今欲有凭立卖退耕垦田契为据

其田无粮

其田亲卖

其契亲书

其价亲领

见中房兄丙开黄盛和黄连福

其有上首未退日后行出不得寻用重批为准

立是（足）领全收字人石古兄弟今领到袁懿然田价铜钱一并亲手领足所领是实

中笔仝前

同治十一年十一月廿五日戊养亲字

光绪四年三月十六日黄存先退耕田约契约

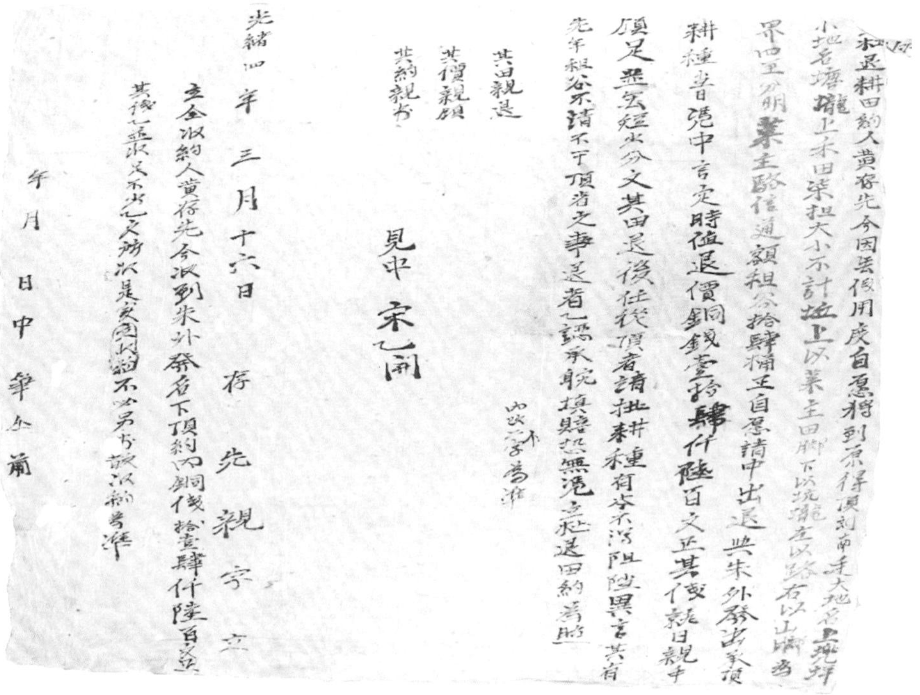

□杜退耕田约人黄存先今因无钱用度自愿将到原得顶刘南廷大地名上兆坪小地名塘垅上禾田柒担大小不计丘上以业主田脚下以坑垅左以路右以山脚为界四至分明业主骆信通额租谷拾肆桶正自愿请中出退与朱外发出承顶耕种当日凭中言定时值退价铜钱壹拾肆仟陆百文正其钱就日亲手领足并无短少分文其田退后任从顶者请批耕种有本不得阻挡（挡）异言其有先年租谷不清不干顶者之事退者一认承舡（担）填赔恐无凭立杜退田约为照

内改二个字为准

其田亲退

其价亲领

其约亲书

见中宋一开

光绪四年三月十六日存先亲字立

立全收约人黄存先今收到朱外发名下顶约内铜钱拾壹肆仟陆百文正其钱一并收足不少一文所收是实不必另书散收约为准

年月日中笔仝前

光绪十二年十一月初八日胡和芳典卖禾田契约

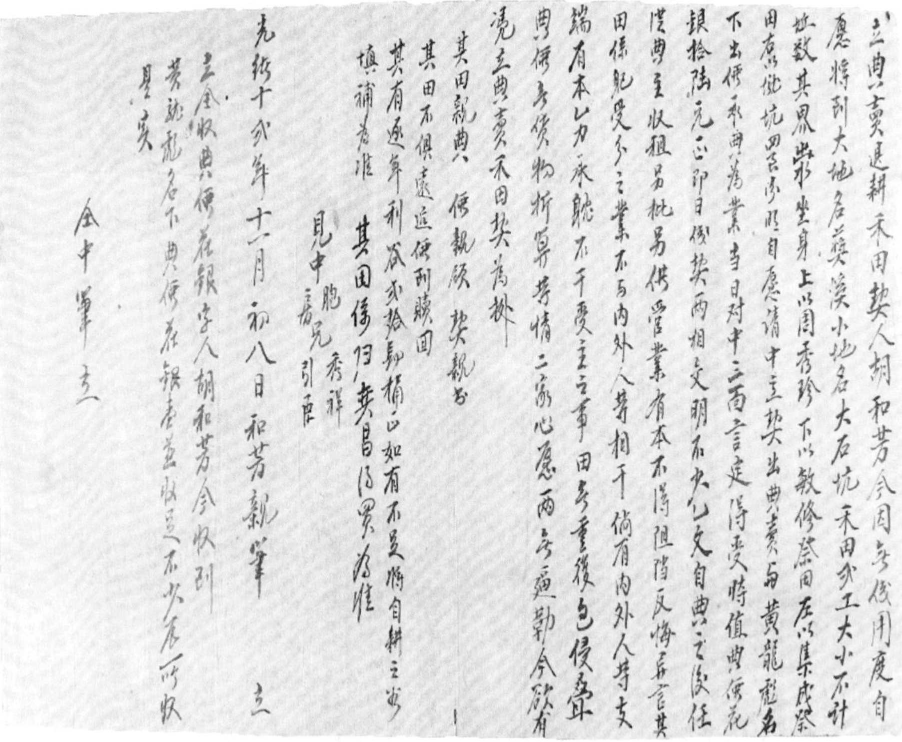

立典卖退耕禾田契人胡和芳今因无钱用度自愿将到大地名蒋溪小地名大石坑禾田贰工大小不计丘数其界出水坐身上以周秀珍下以敏修祭田左以集成祭田右以垅坑四至分明自愿请中立契出典卖与黄龙彪名下出价承典为业当日对中三面言定得受时值典价花银拾陆元正即日钱契两相交明不少一文自典之后任从典主收租另批另借管业有本不得阻凼（挡）反悔异言其田系已受分之业不与内外人等相干倘有内外人等支端有本一力承躭（担）不干受主之事田无重复包侵叠典价无货物折算等情二家心愿两无逼勒今欲有凭立典卖禾田契为据

其田亲典价亲领契亲书

其田不俱远近价到赎回

其有逐年利谷贰拾肆桶正如有不足将自耕之谷填补为准

其田系归奕昌得买为准

见中胞兄秀祥房兄引臣

光绪十贰年十一月初八日和芳亲笔立

立全收典价花银字人胡和芳今收到黄龙彪名下典价花银壹并收足不少一分所收是实

仝中笔立

光绪十五年十二月二十四日黄昌华卖茶山土契约

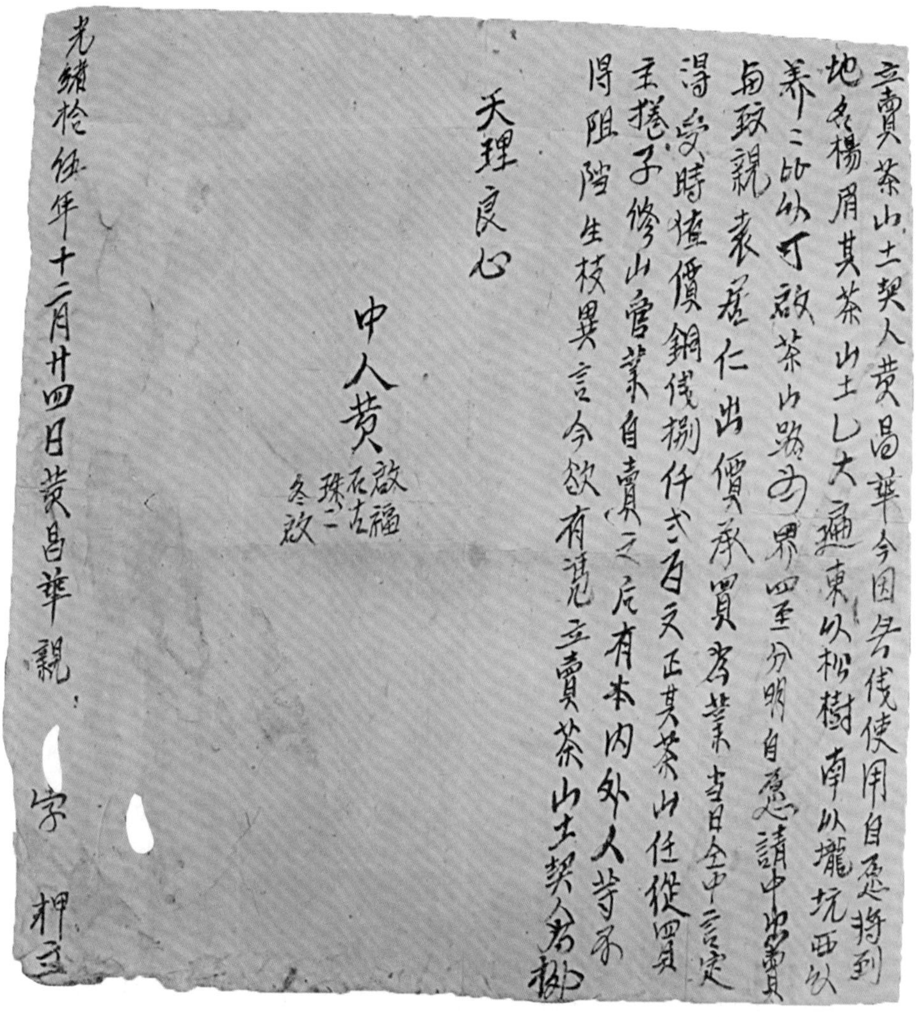

立卖茶山土契人黄昌华今因无钱使用自愿将到地名杨眉其茶山土一大遍东以松树南以垅坑西以养养北以丁啟茶山路为界四至分明自愿请中出卖与致（至）亲袁居仁出价承买为业当日仝中言定得受时值价铜钱捌仟贰百文正其茶山任从买主捲子修山管业自卖之后有本内外人等不得阻陷（挡）生枝异言今欲有凭立卖茶山土契人为据

天理良心

中人黄啟福黄石古黄珠珠黄冬啟

光绪拾伍年十二月廿四日黄昌华亲字押立

光绪十八年十二月初二日黄先茂卖退耕垦田契约

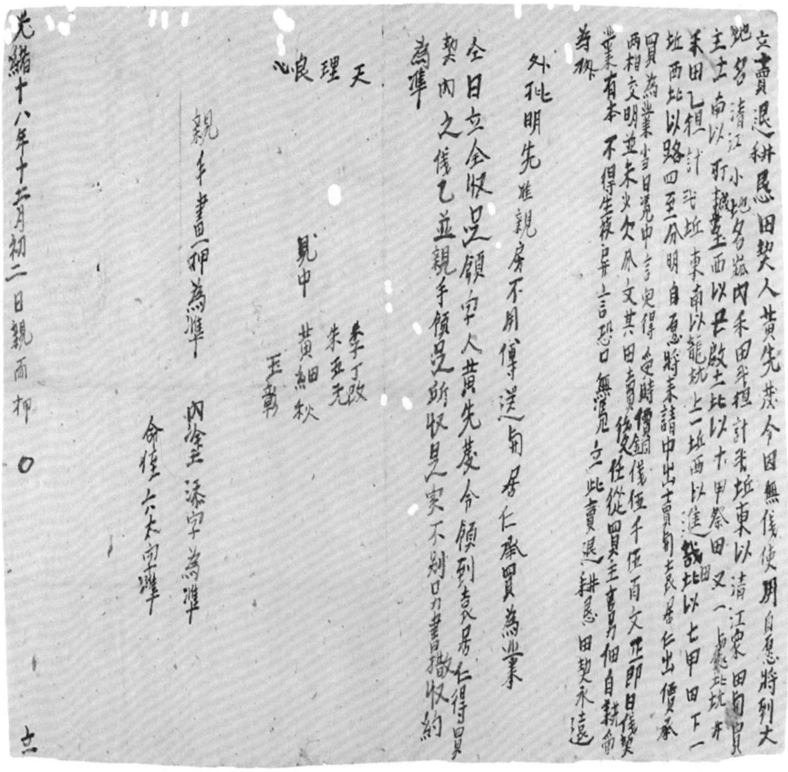

立卖退耕恳（垦）田契人黄先茂今因无钱使用
自愿将到大地名清江小地名崧内禾田贰担计贰丘
东以清江众田与买主土南以耵𦓴土西以?畝土北
以十甲祭田又一处北坑井禾田一担计贰丘东南以
龙坑上一丘西以进哉田北以七甲田下一丘西北以
路四至分明自愿将来请中出卖与袁居仁出价承买
为业当日凭中言定得受时价铜钱伍千伍百文正即
日钱契两相交明并未少欠分文其田卖后任从买主
另佃自耕管业有本不得生枝异言恐口无凭立此卖
退耕恳田契永远为据
外批明先准亲房不用傅（传）送与居仁承买为业
仝日立全收足领字人黄先?今领到袁居仁得买契
内之钱一并亲手领足所收是实不别另书撒（散）
收约为准
天理良心
见中李丁改朱五元黄细秋黄玉彰
亲手书一押为准
内涂添字为准
命侄六太字准
光绪十八年十二月初二日亲面押【押】立

光绪十九年十二月十三日谭摇林出当禾田契约

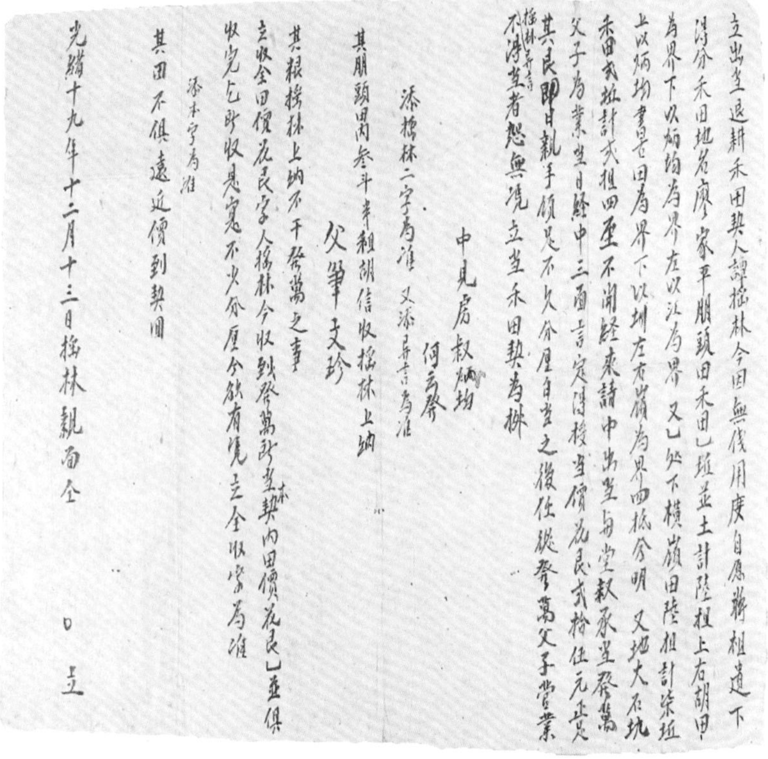

立出当退耕禾田契人谭摇林今因无钱用度自愿将祖遗下得分禾田地名廖家平朋头田禾田一丘并土计陆担上右胡田为界下以炳均为界左以江为界又一处下横岭田陆担计柒丘上以炳均书古田为界下以圳左右岭为界四抵分明又地大石坑禾田贰丘计贰担四至不开经来请中出当与堂叔承当发万父子为业当日经中三面言定得授当价花银贰拾伍元正足其银即日亲手领足不欠分厘自当之后任从发万父子管业摇林异言不得当者恐无凭立当禾田契为据

中见房叔炳均何云发

添摇林二字为准　　又添异言为准

其朋头田内叁斗半租胡信收摇林上纳

父笔文珍

其粮摇林上纳不干发万之事

立收全田价花银字人摇林今收到发万所当本契内田价花银一并俱收完乞（讫）所收是实不少分厘今欲有凭立全收字为准

添本字为准

其田不俱远近价到契回

光绪十九年十二月十三日摇林亲面仝【押】立

光绪二十三年六月十六日何洪明兄弟承批约契

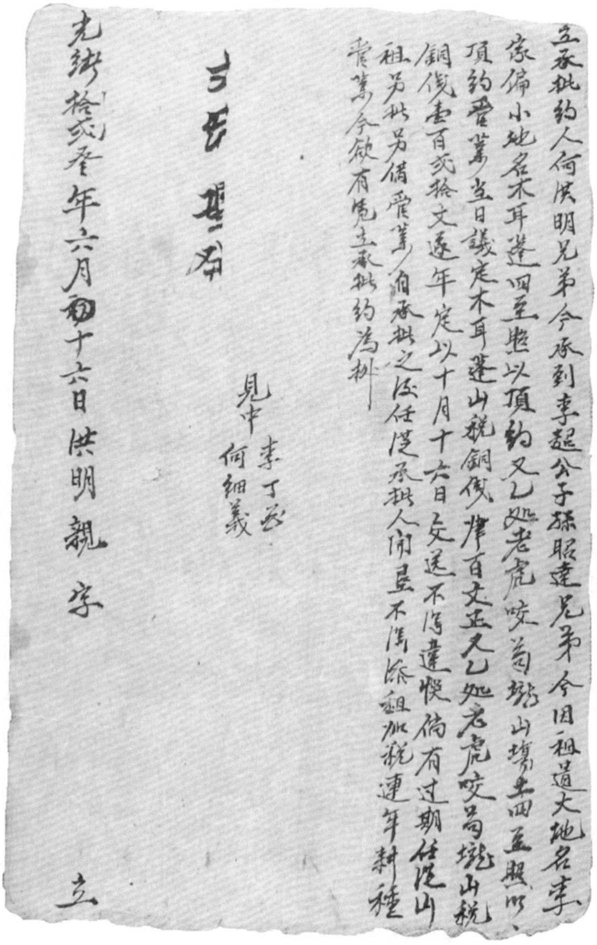

立承批约人何洪明兄弟今承到李超公子孙照达兄弟今因祖遗大地名李家偏小地名木耳蓬四至照以顶约又一处老虎咬苟垅山场土四至照以顶约管业当日议定木耳蓬山税铜钱肆百文正又一处老虎咬苟垅山税铜钱壹百贰拾文逐年定以十月十六日交送不得违误倘有过期任从山祖另批另借管业自承批之后任从承批人开垦不得添租加税连年耕种管业今欲有凭立承批约为据

见中李丁酉何细义

□□□□

光绪贰拾叁年六月十六日洪明亲字立

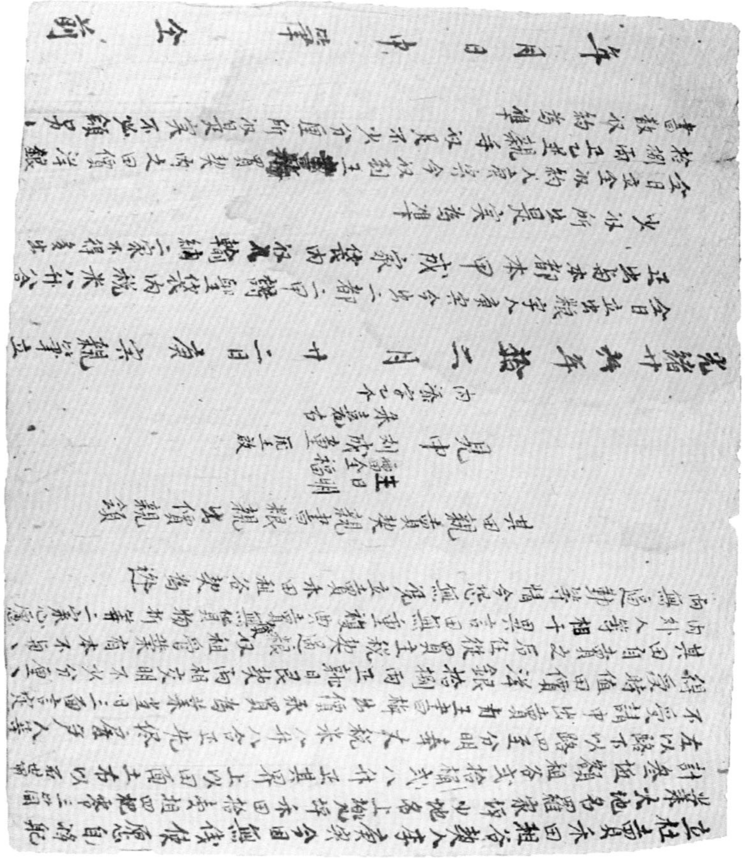

光绪二十六年十二月二十日李庚寅卖禾田租谷契约

立杜卖禾田租谷契人李庚寅今因无钱使愿自将己业大地名罗家坪小地名上兆坪禾田拾壹担四把零三筒计叁丘额租谷贰拾桶贰八升正其界上以田面土右以石带（堞）左以路下以路四至分明奉丈税米八升八合正先尽屋产人等不受请中出卖与王书梅出价承买为业当日三面言定得受时值田价洋银拾捌两正就日银契两相交明不少分厘其田自卖之后任从买主税契过粮收租管业有本不与内外人等相干异言田无重复典卖价无货物折算二家心愿两无逼勒等情今恐无凭立卖禾田租谷契为据

其田亲卖契亲书粮亲出价亲领

见中王日明雷全福刘成童朱嘉右庞壬啟

内添字 一个

光绪廿六年拾二月廿二日庚寅亲笔立

仝日立出粮字人庚寅今出二都二甲得圣袋内税米八升八合正出与本都本甲成家袋内收入输纳二家不得多出少收所出是实为准

仝日立全收约人庚寅今收到王书梅买契内之田价洋银拾捌两正一并亲手收足不少分厘所收是实不必领另书散收约为准

年月日中笔仝前

光绪二十七年二月二十四日谭文珍卖梓苗杉树契约

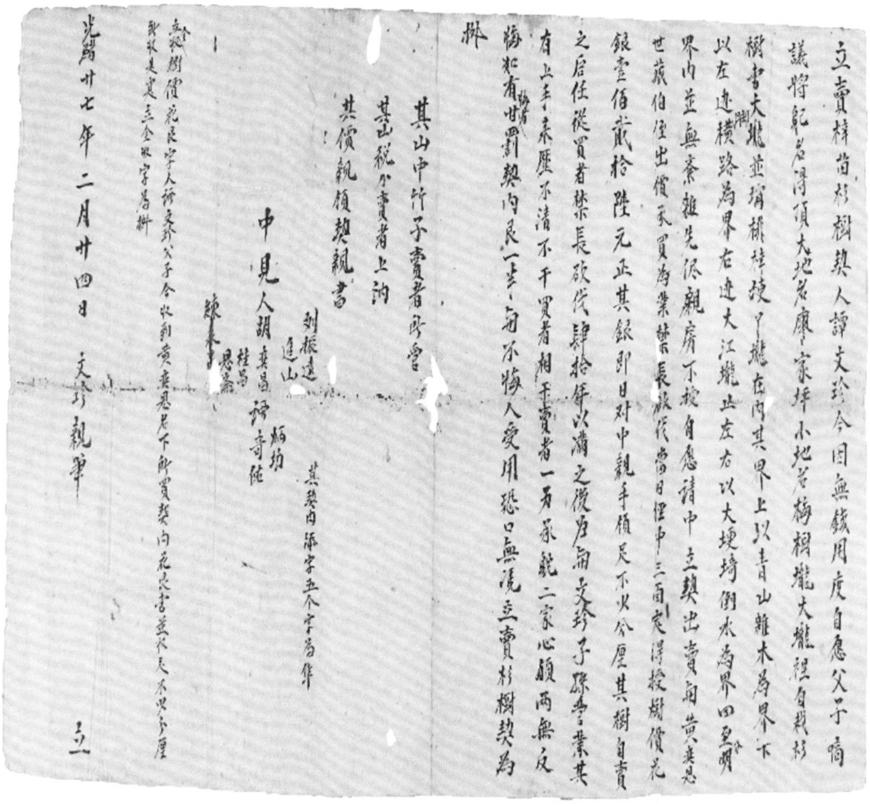
立賣梓苗杉樹契人譚文珍今因無錢用度自愿父子商
議將土名得頂大地名廖家坪小地名梅樹壠大壠裡自栽杉
樹壹大壠並埔排樟陵口壠在内其界上以青山雜木為界下
以左邊横路為界右邊大江壠止左右以大埂埼倒水為界四至明
界内並無紊雜先儘親房不授自愿請中立契出賣與黄典恩
世蕤伯侄出價承買為業當日經中三面言定得授樹價花
銀壹佰貳拾陸元正其銀即日对中親手領足不少分厘其樹自賣
之后任從買者禁長砍伐肆拾年以滿之後原歸文珍子孫管業其
有上手來歷不清不干買者相干賣者一力承就二家心願兩無反
悔如有此罰契内艮一半，[illegible]不悔人受用恐口無憑立賣杉樹契為
據
其山中竹子賣者所管
其山税分賣者上納
其價親領契親書
中見人胡桂昌 恩齋 譚奇德 劉振遠 達山 炳坤
其契内添字五个字為準
立領樹價花艮字人譚文珍父子今收到黄典恩名下所買契内花艮當日收足不少分厘即收是實立全收字為據
光緒廿七年二月廿四日 文珍親筆 立

立卖梓苗杉树契人谭文珍今因无钱用度自愿父子嘀（商）议将己名得顶大地名廖家坪小地名梅树垅大垅里自栽杉树壹大垅并[illegible]梻梓埂丫垅在内其界上以青山杂木为界下以左边脚横路为界右边大江垅止左右以大埂埼倒水为界四至分明界内并无紊杂先尽亲房不授自愿请中立契出卖与黄奕恩世藏伯侄出价承买为业禁长砍伐当日经中三面定得授树价花银壹佰贰拾陆元正其银即日对中亲手领足不少分厘其树自卖之后任从买者禁长砍伐肆拾年以满之后归与文珍子孙管业其有上手来历不清不干买者相干卖者一力承躭（担）二家心愿两无反悔如有悔者甘罚契内银一半与不悔人受用恐口无凭立卖杉树契为据

其山中竹子卖者所管

其山税钱卖者上纳

其价亲领契亲书

其契内添字五个字为准

中见人刘振远刘进山胡奕昌胡桂昌胡思斋练□谭炳均谭奇佑

立全收树价花银字人谭文珍父子今收到黄奕恩名下所买契内花银壹并收足不少分厘所收是实立全收字为据

光绪廿七年二月廿四日文珍亲笔立

光绪三十二年五月十八日胡桂昌典当耕禾田租谷契约

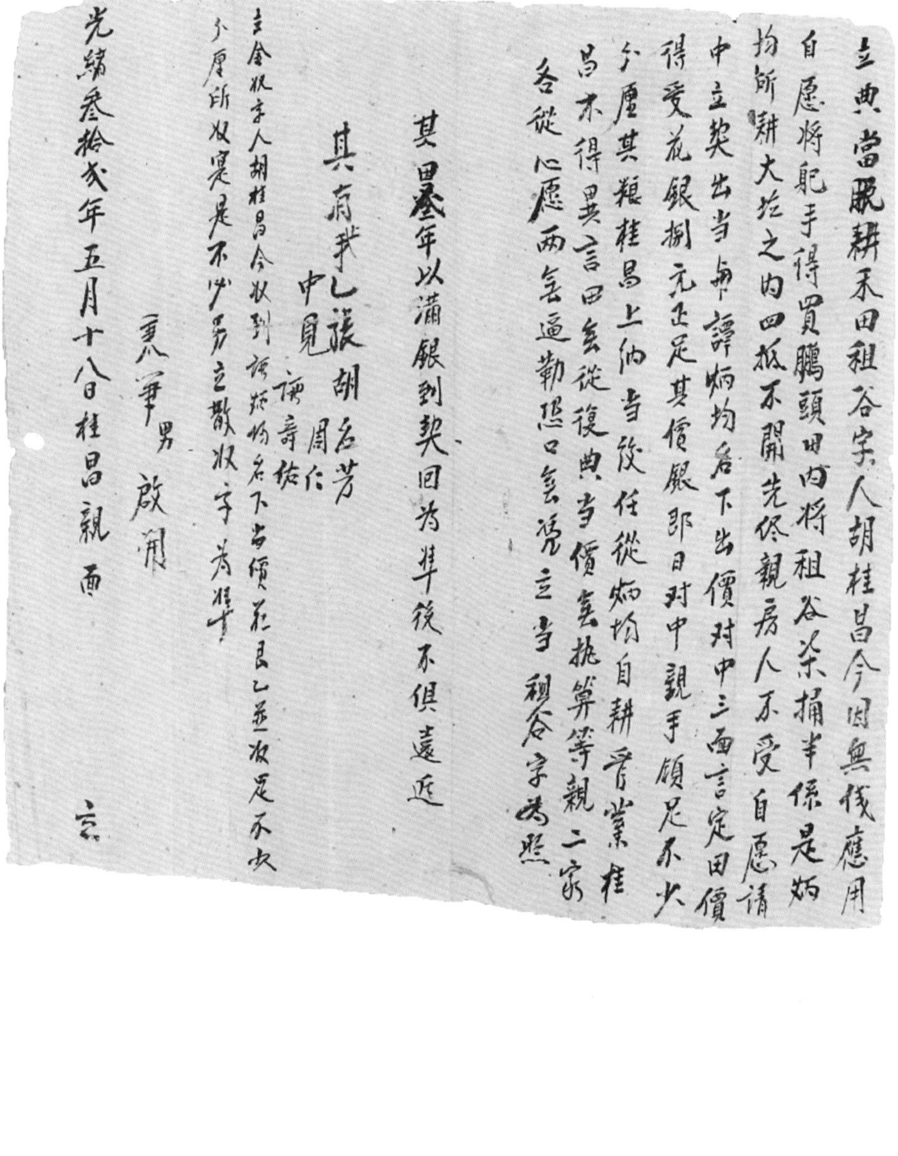

立典當眼耕禾田租谷字人胡桂昌今因無钱應用
自愿将躬手得買鵬頭田内将租谷柒捅半係是炳
均所耕大坵之内四抵不開先尽親房人不受自愿請
中立契出当與譚炳均名下出價对中三面言定田價
得受花銀捌元正足其價銀即日对中親手領足不欠
分厘其粮桂昌上納当發任從炳均自耕管業桂
昌不得異言田無從復典当價無執算等親二家
各從心愿两無逼勒恐口無憑立当租谷字為照
其田叁年以滿銀到契回為準後不俱遠近
其有我己張 胡名芳
中見 周仁
譚奇佑
立領收字人胡桂昌今收到譚炳均名下當價花艮乙並收足不欠
分厘所収實是不少另立領收字為据
親筆男 啟湘
光緒叁拾弍年五月十八日桂昌親 画

立典当脱耕禾田租谷字人胡桂昌今因无钱应用自愿将己手得买鹏头田内将租谷柒桶半系是炳均所耕大垃之内四抵不开先尽亲房人不受自愿请中立契出当与谭炳均名下出价对中三面言定田价得受花银捌元正足其价银即日对中亲手领足不少分厘其粮桂昌上纳当后任从炳均自耕管业桂昌不得异言田无从（重）复典当价无执（折）算等亲（情）二家各从心愿两无逼勒恐口无凭立当租谷字为照

其田叁年以满银到契回为准后不俱远近

其有□一张

中见胡名芳胡周仁谭奇佑

立全收字人胡桂昌今收到谭炳均名下当价花银一并收足不少分厘所收实是不必另立散收字为准

秉笔男啟开

光绪叁拾贰年五月十八日桂昌亲面立

民国四年十一月十二日傅同恩叔侄承耕约契

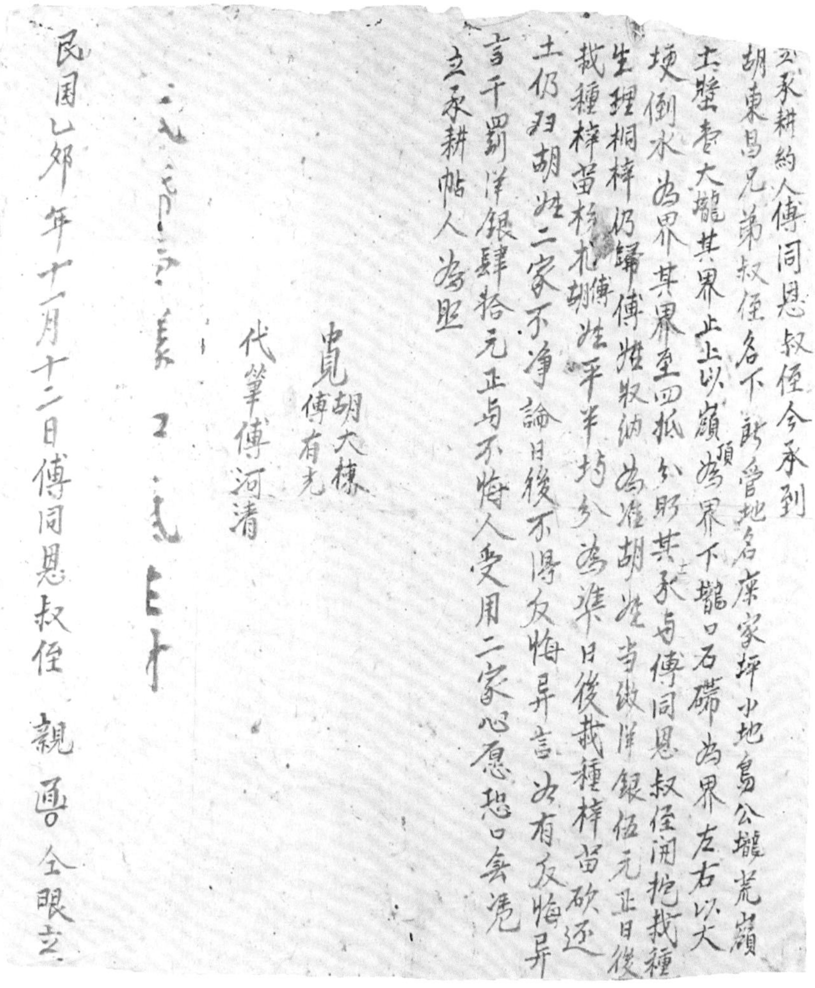

立承耕约人傅同恩叔侄今承到
胡东昌兄弟叔侄名下所管地名庲家坪小
地〈名〉乌公垅荒岭土壁壹大垅其界止
上以岭顶为界下垅口石碟为界左右以大
埂倒水为界其界至四抵分明其土承与傅
同恩叔侄开挖栽种生理桐梓仍归傅姓收
纳为准胡姓当缴洋银伍元正日后栽种梓
苗杉术（树）傅姓胡姓平半均分为准日
后栽种梓苗砍还土仍归胡姓二家不净论
日后不得反悔异言如有反悔异言干罚洋
银肆拾元正与不悔人受用二家心愿恐口
无凭立承耕帖人为照
中见胡大栋傅有光
代笔傅河清
□□□□□□□
民国乙卯年十一月十二日傅同恩叔侄亲
面【押】仝眼（眼）立

民国九年十二月二十八日骆广志卖竹山荒土契约

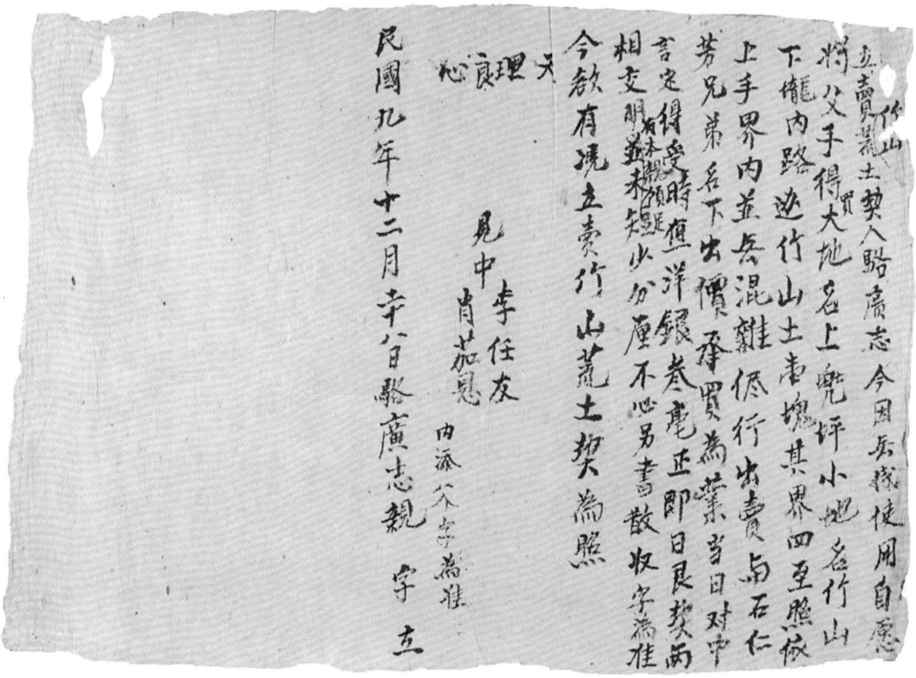

立卖竹山荒土契人骆广志今因无钱使用自愿将父手得买大地名上兆坪小地名竹山下垅内路边竹山土壹块其界四至照依上手界内并无混杂尽行出卖与石仁芳兄弟名下出价承买为业当日对中言定得受时值洋银叁毫正即日银契两相交明有本亲领足并未短少分厘不必另书散收字为准今欲有凭立卖竹山荒土契为照

天理良心

见中李任友肖茄恩

内添八个字为准

民国九年十二月二十八日骆广志亲字立

民国十二年十二月六日何多文兄弟退耕禾田契约

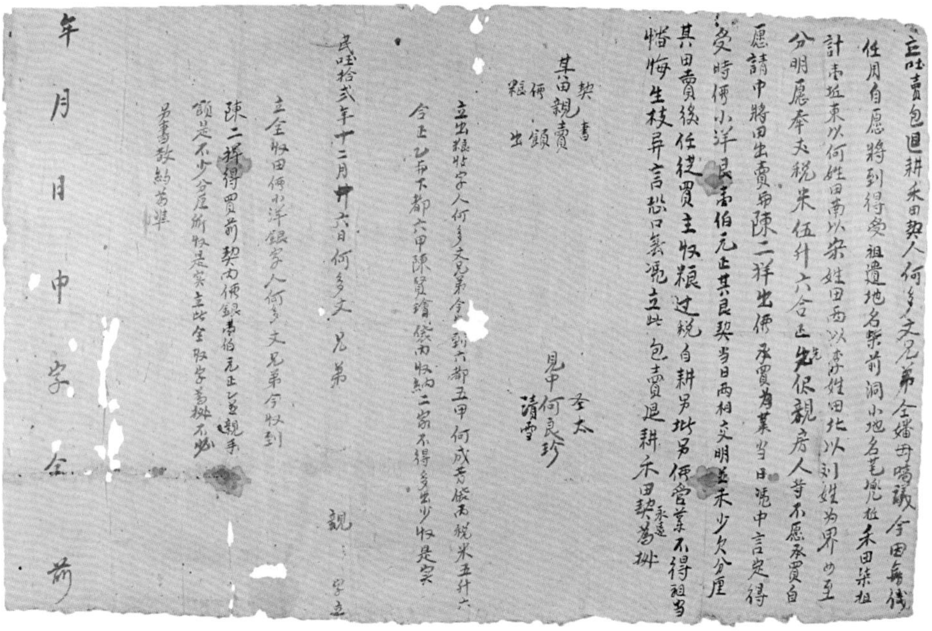
立吐賣包退耕禾田契人何多文兄弟今因無錢
任用自愿將到得受祖遺地名榮前洞小地名芼兜嵌禾田柒租
計東抵東以何姓田南以宗姓田西以李姓田北以劉姓為界四至
分明愿奉夫税米伍升六合正先儘親房人等不愿承買自
愿請中將田出賣與陳二祥出價承買為業當日憑中言定得
受時價小洋艮壹佰元正其艮契當日兩相交明並未少欠分厘
其田賣後任從買主收粮过税自耕另批另佃管業不得祖当
悔生枝异言恐口無憑立此包賣退耕禾田契永遠為據
契書
其田親賣
價銀
粮出
見中何良珍
清雪
圣太
立出粮帖字人何多文兄弟今到六都五甲何成秀戶內税米五升六
合正出與下都六甲陳賢鍹戶內收納二家不得多出少收是实
民國拾弍年十二月廿六日何多文兄弟
親字立
立全收田價小洋銀字人何多文兄弟今收到
陳二祥得買前契內價銀壹佰元正亡並親手
領足不少分厘所收是实立此全收字為據不必
另書敍約為準
年月日中字全前

立吐（杜）卖包退耕禾田契人何多文兄弟仝婶母嘀（商）议今因无钱任用自愿将到得受祖遗地名柴前洞小地名笔兆丘禾田柒担计壹丘东以何姓田南以宋姓田西以李姓田北以刘姓〈田〉为界四至分明愿奉丈税米伍升六合正先尽亲房人等不愿承买自愿请中将田出卖与陈二祥出价承买为业当日凭中言定得受时价小洋银壹佰元正其银契当日两相交明并未少欠分厘其田卖后任从买主收粮过税自耕另批另借管业不得祖（阻）当（挡）慑悔生枝异言恐口无凭立此包卖退耕禾田契永远为据

其契亲书

其田亲卖

其价亲领

其粮亲出

见中何圣太何良珍何清雪

立出粮收字人何多文兄弟今收到六都五甲何成芳袋内税米五升六合正一与下都六甲陈贤𬍛袋内收纳二家不得多出少收是实

民国拾贰年十二月六日何多文兄弟亲字立

立全收田价小洋银字人何多文兄弟今收到陈二祥得买前契内价银壹佰元正一并亲手领是（足）不少分厘所收是实立此全收字为据不必另书散约为准

年月日中字仝前

民国二十年李细红等卖退耕沙土契约

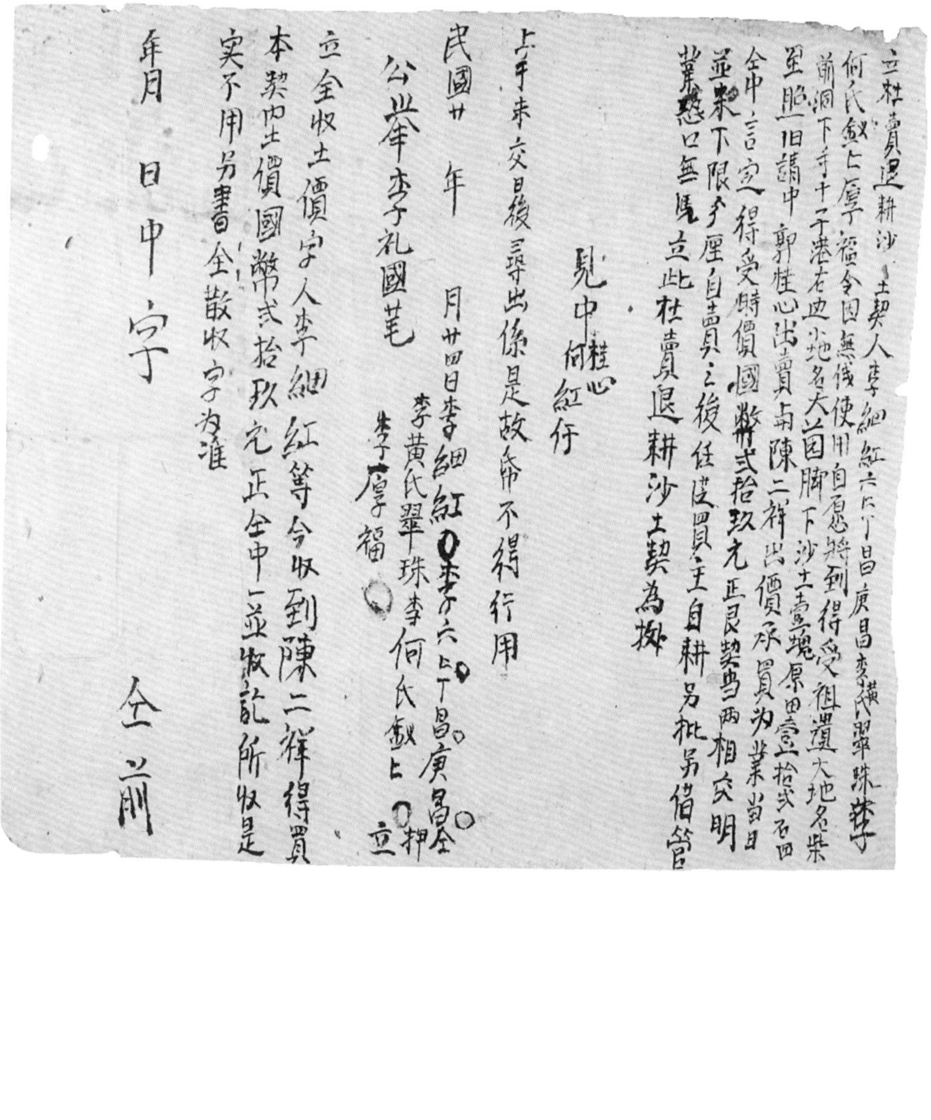
立杜賣退耕沙土契人李細紅、六匕、丁昌、庚昌、李黃氏翠珠、李
何氏觀匕、厚福今因無錢使用，自愿將到得受祖遺大地名柴
前洞下手十一子巷右边小地名大丘脚下沙土壹塊，原田壹拾式石四
至照旧，請中郭桂心出賣与陳二祥出價承買為業，當日
全中言定得受時價國幣式拾玖元正，艮契當两相交明，
並未下限分厘，自賣之後任從買主自耕，另批另借管
業，恐口無憑，立此杜賣退耕沙土契為據。

見中 桂心 何紅仔

上手未交，日後尋出係是故紙，不得行用。

民國廿 年 月廿四日李細紅、李六匕、丁昌、庚昌仝 立
李黃氏翠珠、李何氏觀匕 押
公廿年李子礼國筆 李厚福

立仝收土價字人李細紅等今收到陳二祥得買
本契內土價國幣式拾玖元正，全中一並收訖，所收是
实，不用另書，仝敬收字為準。

年 月 日 中 字 仝前

立杜卖退耕沙土契人李细红六?丁昌庚昌李黄氏翠珠李何氏钗钗厚福今因无钱使用自愿将到得受祖遗大地名柴前洞下手十子港右边小地名大园脚下沙土壹块原田壹拾贰石四至照旧请中郭桂心出卖与陈二祥出价承买为业当日仝中言定得受时价国币贰拾玖元正银契当〈日〉两相交明并未下限分厘自卖之后任从买主自耕另批另借管业恐口无凭立此杜卖退耕沙土契为据

见中何桂心何红仟

上手未交日后寻出系是故纸不得行用

民国廿年月廿四日李细红【押】李六?【押】丁昌【押】庚昌【押】李黄氏翠珠李何氏钗?李厚福【押】仝押立

公举李礼国笔

立全收土价字人李细红等今收到陈二祥得买本契内土价国币贰拾玖元正仝中一并收讫所收是实不用另书散全收字为准

年月日中字仝前

民国二十一年十二月二十日黄永亨母子兄弟卖梓苗杉木契约

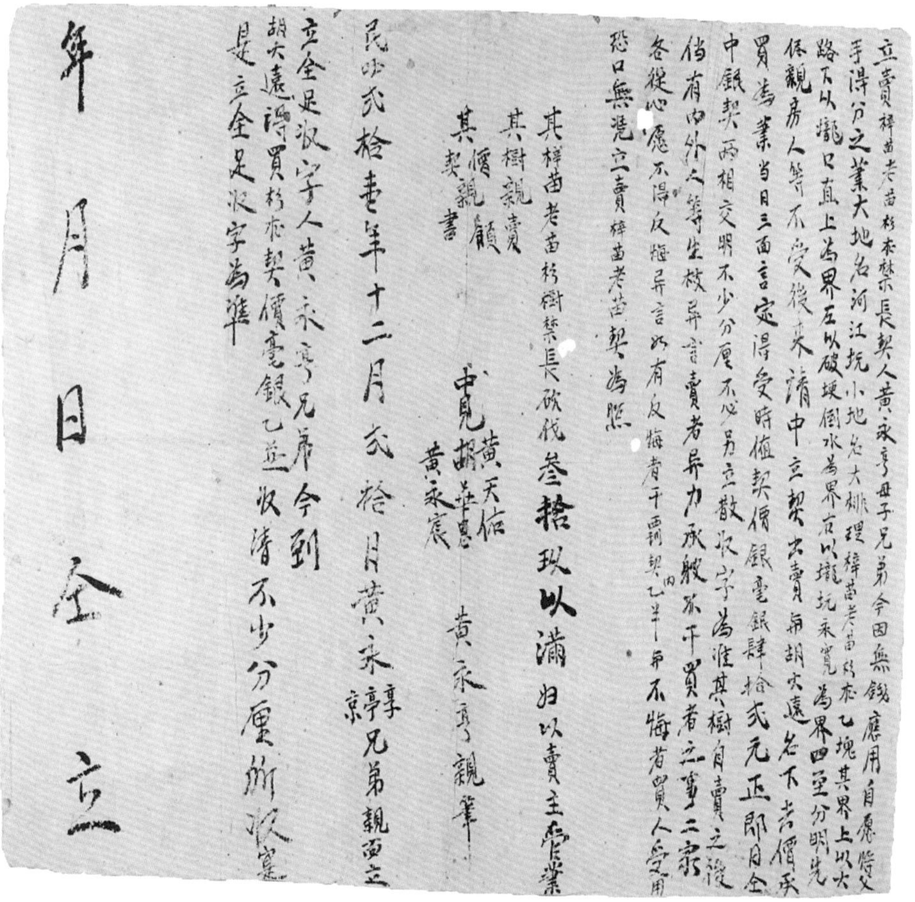
立賣梓苗老苗杉木禁長契人黄永亨母子兄弟今因無錢應用自愿將父
手得分之業大地名河江坑小地名大楖理梓苗老苗杉木乙塊其界上以大
路下以壢口直上為界左以破埂倒水為界右以壢坑永寬為界四至分明先
係親房人等不受後來請中立契出賣與胡大遠名下出價承
買為業当日三面言定得受時値契價銀毫銀肆拾貳元正即日全
中銀契兩相交明不少分厘不必另立散收字為准其樹自賣之後
倘有内外人等生枝異言賣者异力承躭不干買者之事二家
各從心愿不得反悔异言如有反悔者干罰契乙半與不悔者買人受用
恐口無凭立賣梓苗老苗契為照
其梓苗老苗杉樹禁長砍伐叁拾玖以滿归以賣主管業
其樹親賣　中見　黄天佑　黄永亨親筆
其價親領　胡華恩(?)
其契親書　黄永宸
民国廿弍拾壹年十二月弍拾日黄永亨兄弟親面立
立全足收字人黄永亨兄弟今到
胡大遠得買杉木契價毫銀乙並收清不少分厘所收是
是立全足收字為準
年　月　日　全　立

立卖梓苗老苗杉术（树）禁长契人黄永亨母子兄弟今因无钱应用自愿将父手得分之业大地名河江坑小地名大棑理梓苗老苗杉术（树）一块其界上以大路下以垅口直上为界左以破埂倒水为界右以垅坑永宽为界四至分明先尽亲房人等不受后来请中立契出卖与胡大远名下出价承买为业当日三面言定得受时值契价银毫银肆拾贰元正即日仝中银契两相交明不少分厘不必另立散收字为准其树自卖之后倘（倘）有内外人等生枝异言卖者异（一）力承躭（担）不干买者之事二家各从心愿不得反悔异言如有反悔者干罚契内一半与不悔者买人受用恐口无凭立卖梓苗老苗契为照

其梓苗老苗杉树禁长砍伐叁拾玖以满归以卖主管业

其树亲卖

其价亲领

其契亲书

中见黄天佑胡华恩黄永宸

黄永亨亲笔

民国贰栺（拾）壹年十二月贰栺（拾）日黄永亨黄永亭黄永京兄弟亲面立

立全足收字人黄永亨兄弟今〈收〉到胡大远得买杉术（树）契价毫银一并收清不少分厘所收寔是立全足收字为准

年月日仝立

民国二十三年正月二十二日石树仁兄弟出借土字契

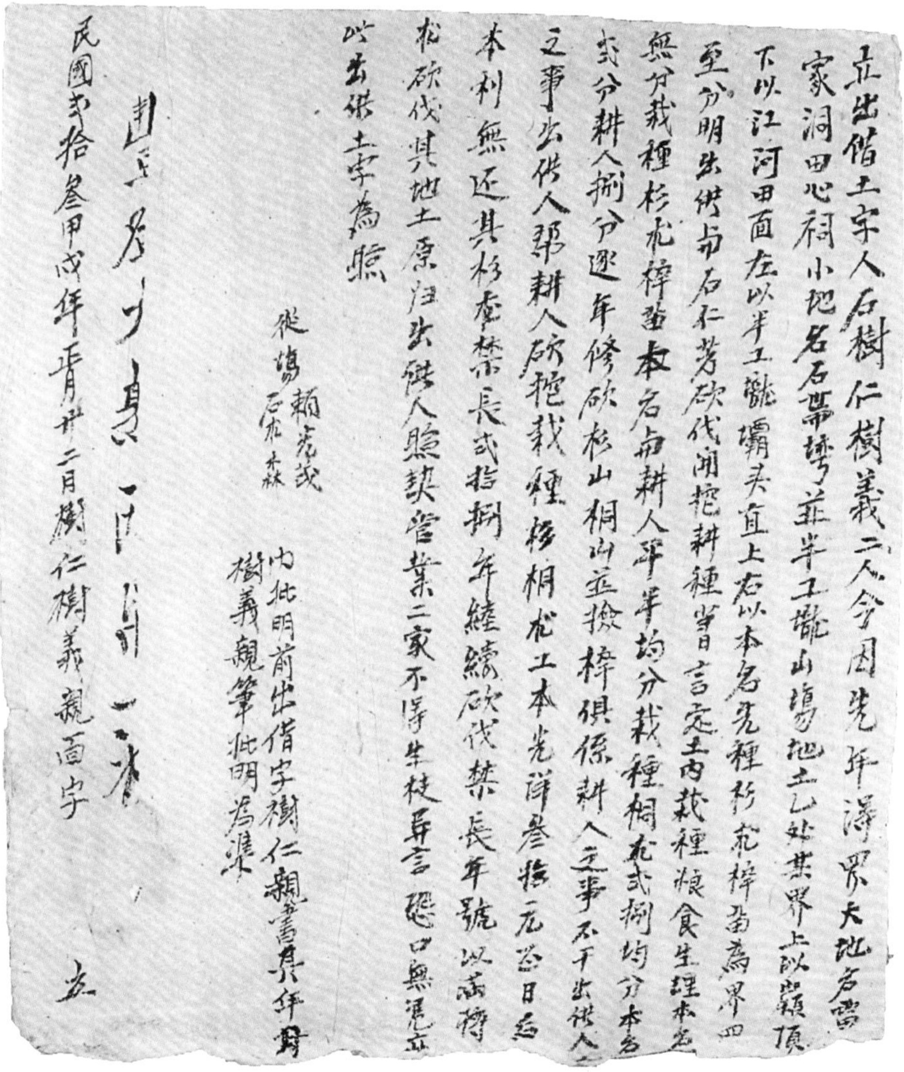
立出借土字人石樹仁樹義二人今因先年得買大地名雷家洞田心祠小地名石門塆并半工坳山場地土一處其界上以嶺頂下以江河田面左以半工坳壩夫直上右以本名先種杉木梓蔸爲界四至分明出借與石仁芳砍伐開挖耕種當日言定土内栽種粮食生理本名無分栽種杉木梓蔸本名與耕人平半均分栽種桐木式捌均分本名式分耕人捌分逐年修砍杉山桐山並撿梓俱係耕人之事不干出借人之事出借人與耕人砍挖栽種杉桐木土本先詳叁股(?)日後本利無延其杉木禁長式指捌年繼續砍伐禁長年號以滿樗(?)松砍伐其地土原歸出借人照契管業二家不得生枝异言恐口無憑立此出借土字爲據

從場 賴光試 石龍森

內批明前出借字樹仁親筆書其年月 樹義親筆批明爲準

[illegible]

民國式拾叁甲戌年正月廿二日樹仁樹義親面字 立

立出借土字人石树仁树义二人今因先年得买大地名雷家洞田心祠小地名石带（堞）埼并半工垅山场地土一处其界上以岭顶下以江河田面左以半工垅坝头直上右以本名先种杉术（树）梓苗为界四至分明出借与石仁孝砍伐开挖耕种当日言定土内栽种粮食生理本名无分栽种杉术（树）梓苗本名与耕人平半均分栽种桐术（树）贰捌均分本名贰分耕人捌分逐年修砍杉山桐山并捡梓俱系耕人之事不干出借人之事出借人帮耕人砍挖栽种杉桐术（树）工本光洋叁拾元正日后本利无还其杉术（树）禁长贰拾捌年繶（陆）续砍伐禁长年号以满将术（树）砍伐其地土原归出借人照契管业二家不得生枝异言恐口无凭立此出借土字为照

从场赖龙茂石术森

内批明前出借字树仁亲书其年月树义亲笔批明为准

☒

民国贰拾叁甲戌（戊）年正月廿二日树仁树义亲面字立

民国二十四年五月十二日谭明福父子卖树契约

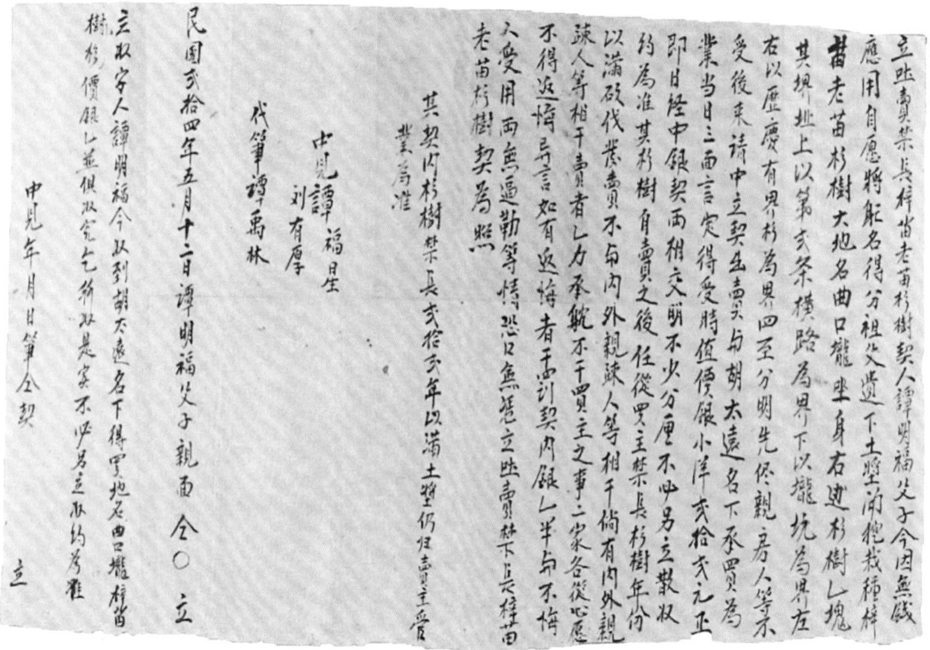

立吐（杜）卖禁长梓苗老苗杉树契人谭明福父子今因无钱应用自愿将己名得分祖父遗下土壑开挖栽种梓苗老苗杉树大地名曲口垅坐身右边杉树一块其界址上以第贰条横路为界下以垅坑为界左右以历庆有界杉为界四至分明先尽亲房人等不受后来请中立契出卖与胡太远名下承买为业当日三面言定得受时值价银小洋贰拾贰元正即日经中银契两相交明不少分厘不必另立散收约为准其杉树自卖之后任从买主禁长杉树年份以满砍伐发卖不与内外亲疏人等相干倘有内外亲疏人等相干卖者一力承耽（担）不干买主之事二家各从心愿不得返悔异言如有返（反）悔者干罚契内银一半与不悔人受用两无逼勒等情恐口无凭立吐（杜）卖禁长梓苗老苗杉树契为照

其契内杉树禁长贰拾贰年以满土壑仍归卖主管业为准

中见谭福星刘有厚

代笔谭禹林

民国贰拾四年五月十二日谭明福父子亲面仝

【押】立

立收字人谭明福今收到胡太远名下得买地名曲口垅梓苗树杉价银一并俱收完乞所收是实不必另立收约为准

中见年月日笔仝契立

民国三十一年九月二十四日袁战改兄弟卖丁份租谷契约

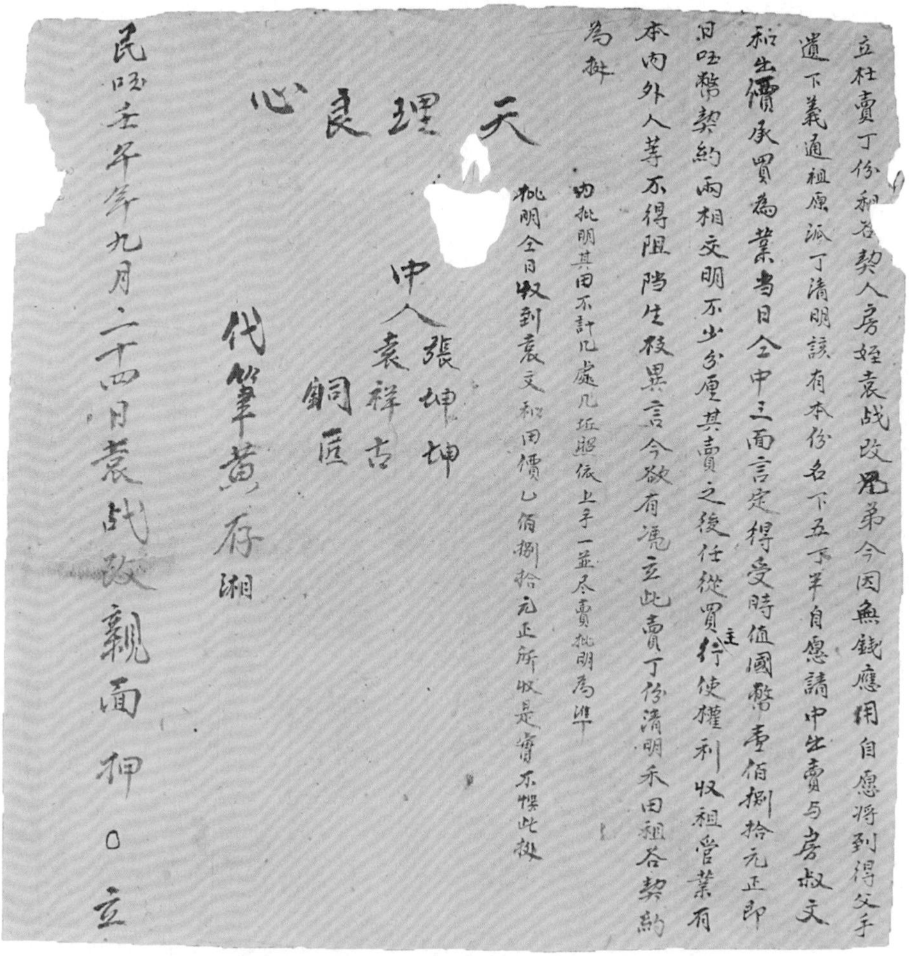

立杜卖丁份租谷契人房侄袁战改兄弟今因无钱应用自愿将到得父手遗下义通祖原泒丁清明该有本份名下五丁半自愿请中出卖与房叔文和出价承买为业当日仝中三面言定得受时值国币壹佰捌拾元正即日国币契约两相交明不少分厘其卖之后任从买主行使权利收租管业有本内外人等不得阻䧟（挡）生枝异言今欲有凭立此卖丁份清明禾田租谷契约为据

内批明其田不计几处几丘照依上手一并尽卖批明为准

批明仝日收到袁文和田价一佰捌拾元正所收是实不误此据

天理良心

中人张坤坤袁祥古袁铜匠

代笔黄存湘

民国壬午年九月二十四日袁战改亲面押

【押】立

民国三十三年三月初一日何德仕卖蓄养梓苗杉树契约

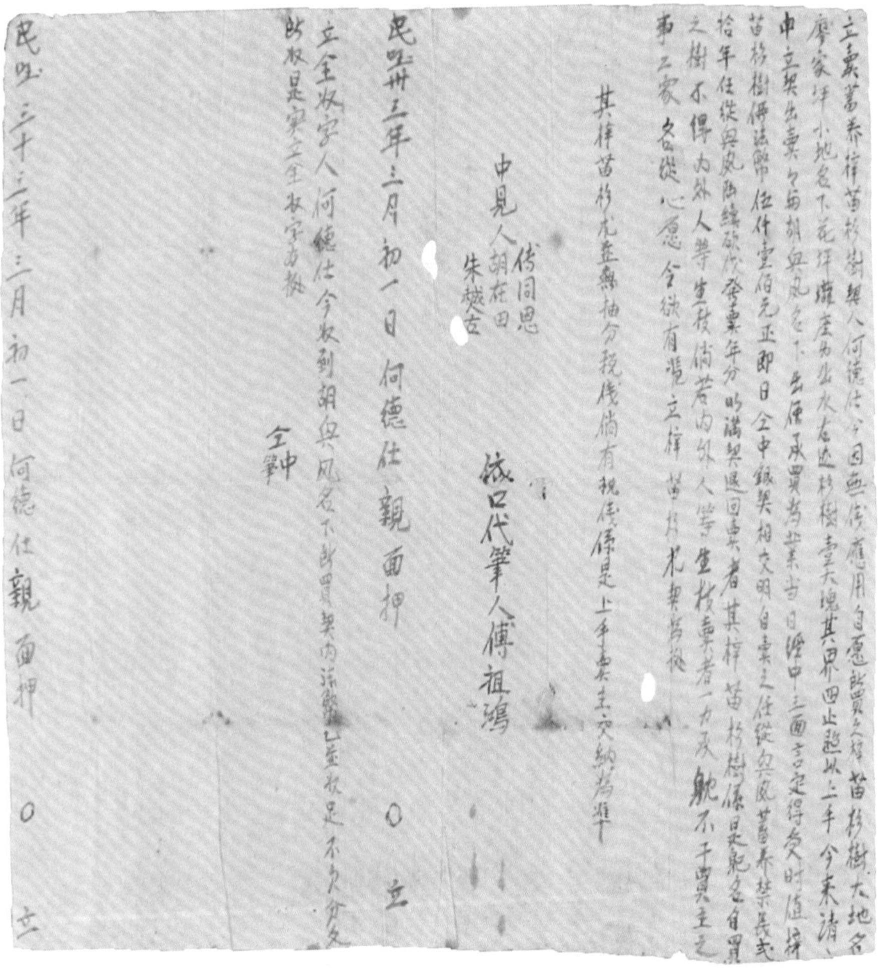

立卖蓄养梓苗杉树契人何德仕，今因無錢應用，自愿將買受梓苗杉樹大地名
廖家坪小地名下花坪壠，座內出水右边杉樹壹大塊，其界四止照從上手，今來請
中立契出賣與胡與鳳名下出價承買為業，當日經中三面言定得受时值梓
苗杉樹價法幣伍仟壹佰元正，即日全中銀契相交明白，賣主任從與鳳蓄養禁長貳
拾年，任從與鳳陸續砍伐發賣，年分滿契退回賣者。其梓苗杉樹係與鳳名自買
之樹，不得內外人等生枝，倘若內外人等生枝賣者一力承躭，不干買主之
事。二家各從心愿，今欲有憑，立梓苗杉木契為據。

其梓苗杉木並無抽分稅錢，倘有稅錢係是上手賣主交納為準。

中見人 傅同恩 胡在田 朱燚古

依口代筆人 傅祖鴻

民国卅三年三月初一日 何德仕 親面押 〇 立

立全收字人何德仕，今收到胡與鳳名下所買契內法幣□□並收足，不欠分文，此收是實，立全收字為據。

全中 筆

民国三十三年三月初一日 何德仕 親面押 〇 立

立卖蓄养梓苗杉树契人何德仕今因无钱应用自愿所买之梓苗杉树大地名廖家坪小地名下花坪垅座?出水右边杉树壹大块其界四止䟆以上手今来请中立契出卖卖与胡兴凤名下出价承买为业当日经中三面言定得受时值梓苗杉树价法币伍仟壹佰元正即日仝中银契相交明自卖之〈后〉任从兴凤蓄养禁长贰拾年任从兴凤陆续砍伐发卖年分以满契退回卖者其梓苗杉树系是己名自买之树不得内外人等生枝倘若内外人等生枝卖者一力承躭（担）不干买主之事二家各从心愿今欲有凭立梓苗杉术（树）契为据

其梓苗杉术（树）并无抽分税钱倘有税钱系是上手卖主交纳为准

中见人傅同恩胡在田朱樾古

依口代笔人傅祖鸿

民国卅三年三月初一日何德仕亲面押【押】立

立全收字人何德仕今收到胡兴凤名下所买契内法币一并收足不欠分文所收是实立全收字为据

仝中笔

民国三十三年三月初一日何德仕亲面押【押】立

民国三十五年十一月二十日陈文正卖地契约

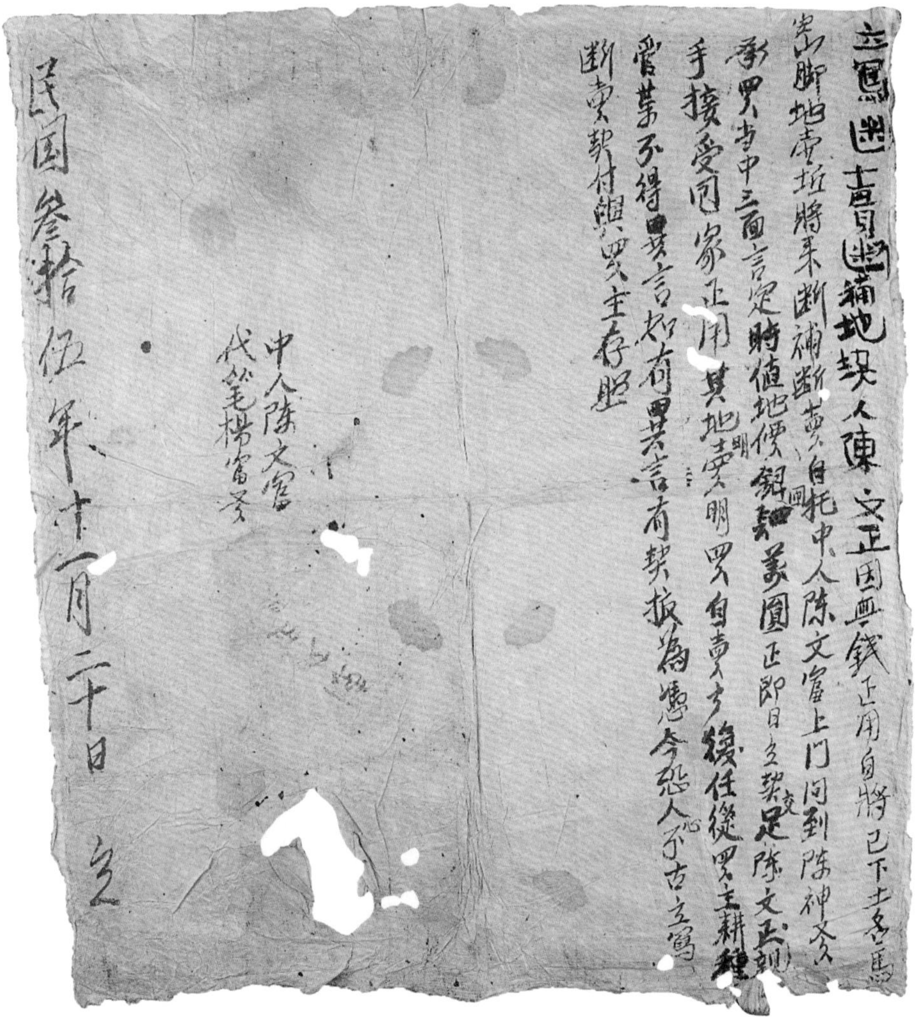

立写断卖断补地契人陈文正因无钱正用自将己下土名马安山脚地壹丘将来断补断卖自托中人陈文富上门问到陈神孝承买当中三面言定时值地价银圆四万圆正即日立契交足陈文正亲手接受回家正用其地明卖明买自卖之后任从买主耕种管业不得异言如有异言有契扳（抵）为凭今恐人心不古立写断卖契付与买主存照

中人陈文富

代笔杨富斈

民国叁拾伍年十一月二十日立

民国三十五年十二月十六日黄存纲兄弟立退耕水禾田契

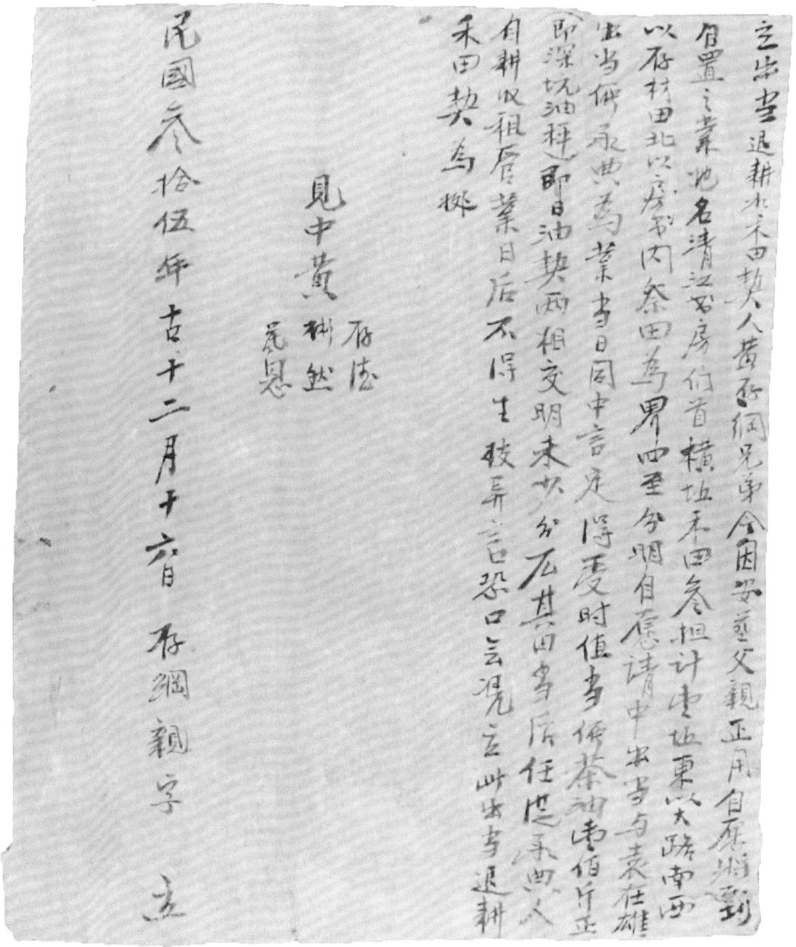

立出当退耕水禾田契人黄存纲兄弟今因安葬父亲正用自愿将到自置之业地名清江书房们（门）首横丘禾田叁担计壹丘东以大路南西以存材田北以房书内祭田为界四至分明自愿请中出当与袁在雄出当价承典为业当日同中言定得受时值当价茶油壹佰斤正即深坑油秤即日油契两相交明未少分厘其田当后任从承典人自耕收租管业日后不得生枝异言恐口无凭立此出当退耕禾田契为据

见中黄存德黄彬然黄花恩

民国叁拾伍年古十二月十六日存纲亲字立

第九部分　来宾金秀瑶族自治县、贵港桥头冲

嘉庆二十二年十二月十五日萧禹清卖地契约

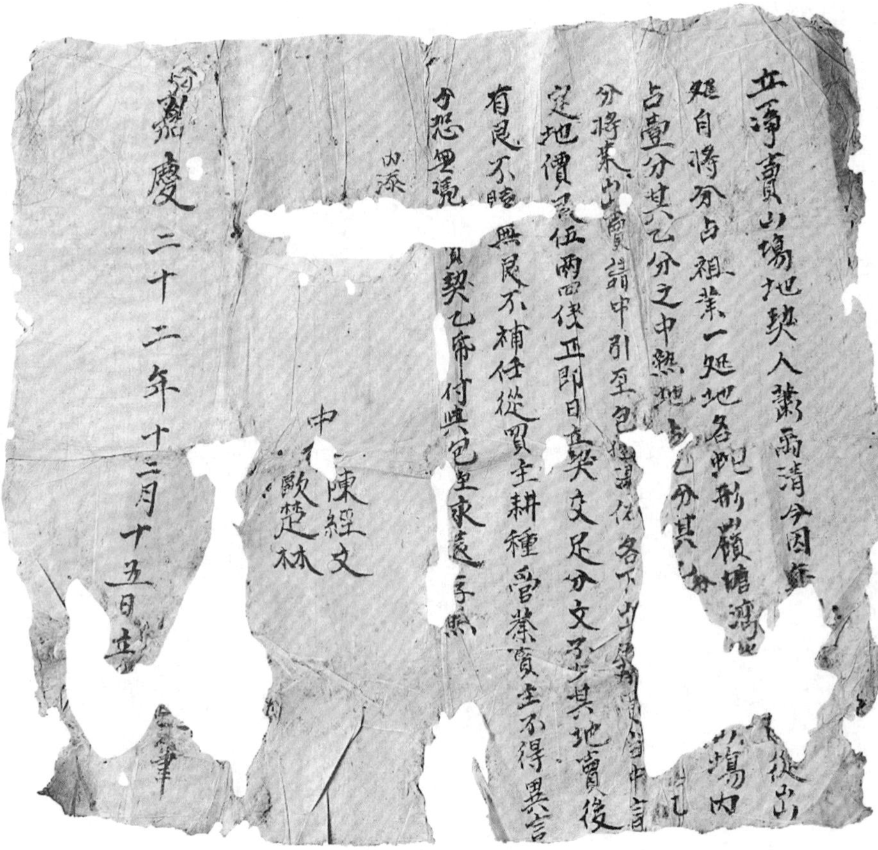

立净卖山场地契人萧禹清今因〼出处自将分占祖业一处地名蛇形岭塘湾□□场内占壹分其一分之中熟地占乙分其〼分将来出卖请中引至包（胞）侄汤佑各（名）下出银承买当中言定地价银伍两四钱正即日立契交足分文不少其地卖后有银不赎无银不补任从买主耕种管业卖主不得异言今恐无凭卖契一纸付与包侄永远存照

内添〼

中〈人〉陈经文欧楚林

□□亲笔

嘉庆二十二年十二月十五日立

嘉庆二十五年十二月初十日萧汤任卖地契约

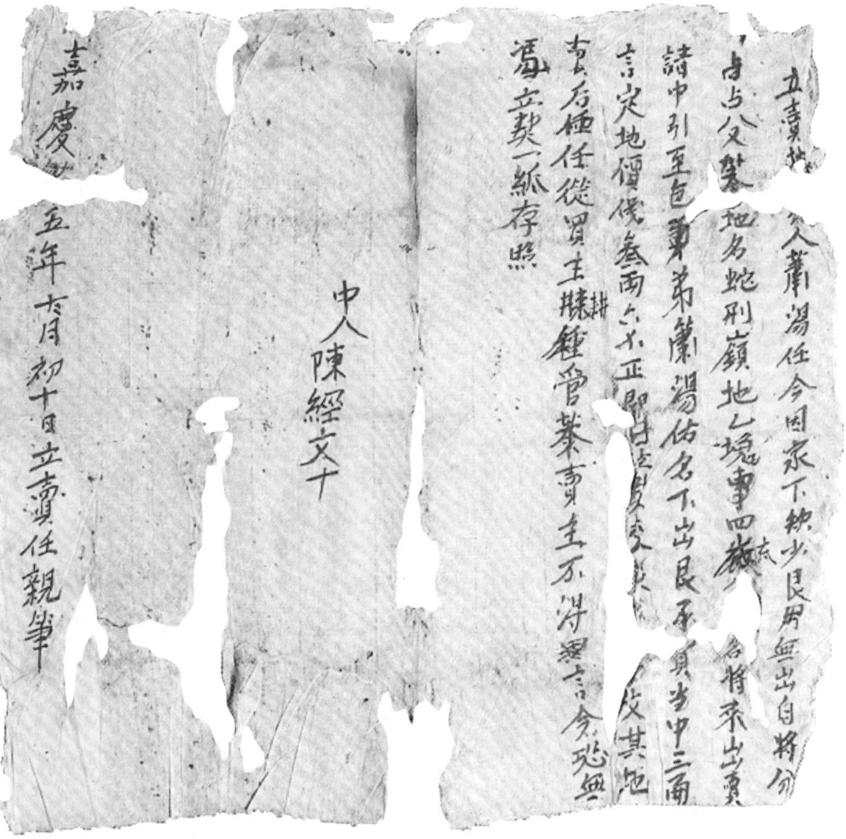

立卖□□人萧汤任今因家下缺少银用无出
自将分占父业地名蛇刑岭地一块事四氏
□名将来出卖请中引至包（胞）弟箫汤佑
名下出银承买当中三面言定地价钱叁两六
钱正即日☒文其地卖后任从买主耕种管业
卖主不得异言今恐无凭立契一纸存照
中人陈经文【押】
嘉庆廿五年十二月初十日立卖任亲笔

道光四年正月初十日肖汤任卖园地契约

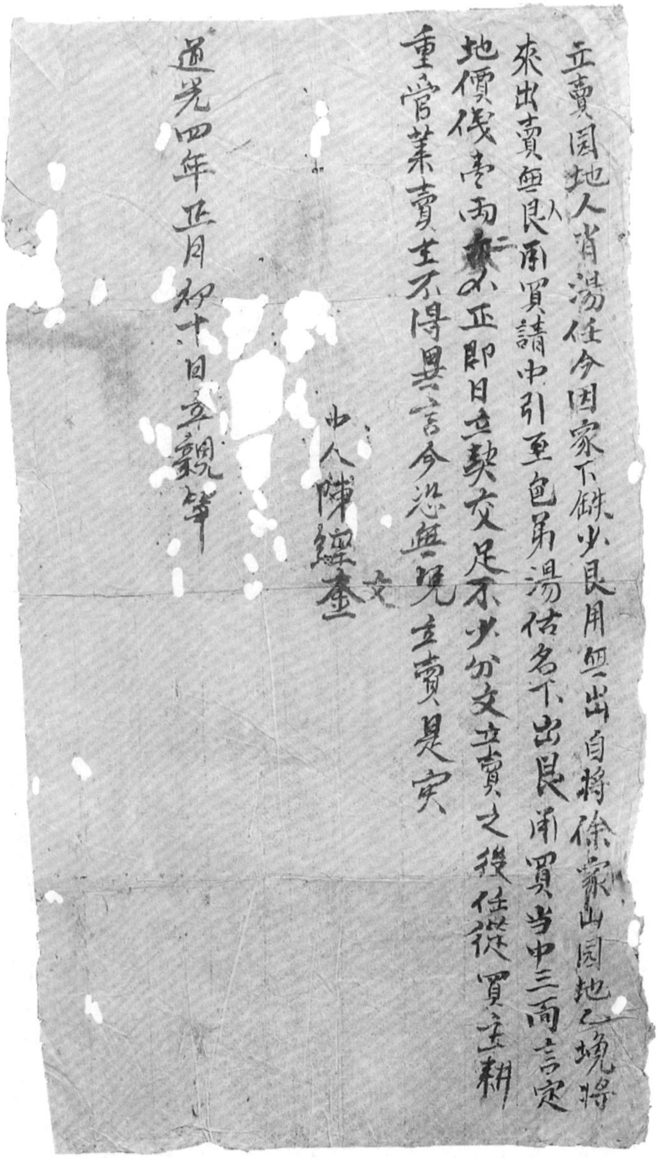

立卖园地人肖汤任今因家下缺少银用无出自将徐家山园地一块将来出卖无人银承买请中引自包（胞）弟汤佑名下出银承买当中三面言定地价钱壹两二钱正即日立契交足不少分文立卖之后任从买主耕重（种）管业卖主不得异言今恐无凭立卖是实

中人陈经文陈经金文

道光四年正月初十日立亲笔

道光五年十月十一日萧禹汉分关合同

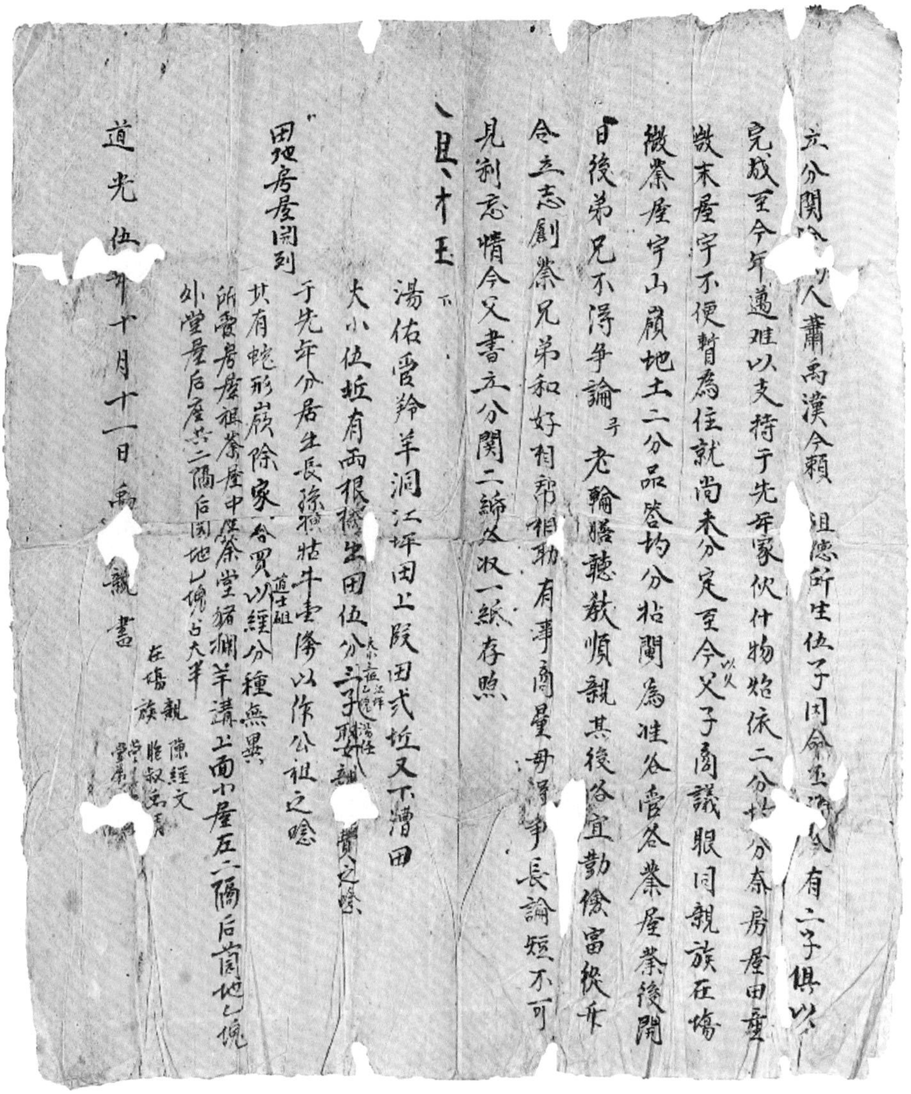
立分関[illegible]人萧禹漢今賴　祖德所生伍子同命[illegible]有二子俱以
完成至今年邁难以支持于先年家伙什物俱依二分均分奈房屋田產
數未屋宇不便暫為住就尚未分定至今父子商議服同親族在場
徵祭屋宇山嶺地土二分品搭均分拈鬮為准各管各業屋業後開
日後弟兄不得争論　老輪膳聽欵順親其後各宜勤儉當役非
令立志創業兄弟和好相帮相助有事商量毋得争長論短不可
見利忘情今又書立分関二紙各執一紙存照
一　且、才王　下
湯佑曾羚羊洞江坪田上段田弍坵又下漕田
大小伍坵有两根樣生田伍分[illegible]費之際
于先年分居生長孫牯牛壹條以作公祖之贍
田地房屋開列
共有蛇形嶺除家分買以經分種無異
所發房屋祖業屋中廳茶堂猪欄羊溝上面小屋左二隔后園地乙塊
外堂屋后屋左二隔后園地乙塊占大半
在場　族親　陳經文
道光伍年十月十一日禹[illegible]親書

立分关合约人萧禹汉今赖祖德所生伍子因命丕□今有二子俱以完成至今年迈难以支持于先年家伙什物照依二分均分奈房屋田产微末屋宇不便暂为住就尚未分定至今以久父子商议眼同亲族在场微业屋宇山岭地土二分品答均分拈阄（阄）为准各管各业屋业后开日后弟兄不得争论子老轮膳听教顺亲其后各宜勤俭富从升合立志创业兄弟和好相帮相助有事商量毋得争长论短不可见利忘情今父书立分关二纸各收一纸存照

□□□

田地房屋开列

汤佑管羚羊洞江坪田上段田贰丘又下漕田

大小伍丘有两根桥出田伍分大小三丘江坪一块三子汤任娶亲□费之念

于先年分居出长孙横牯牛壹涤以作公祖之念

其有蛇形岭除家合买道士砠以经分种无异

所管房屋祖业屋中□茶堂猪栏羊沟上面小屋左二隔后园地一块

外堂屋后座共二隔后园地一块占大半

在场亲族陈经文胞叔禹清堂□□□□堂弟□□□

道光伍年十月十一日禹□亲书

道光十五年七月十六日萧武轩卖屋契约

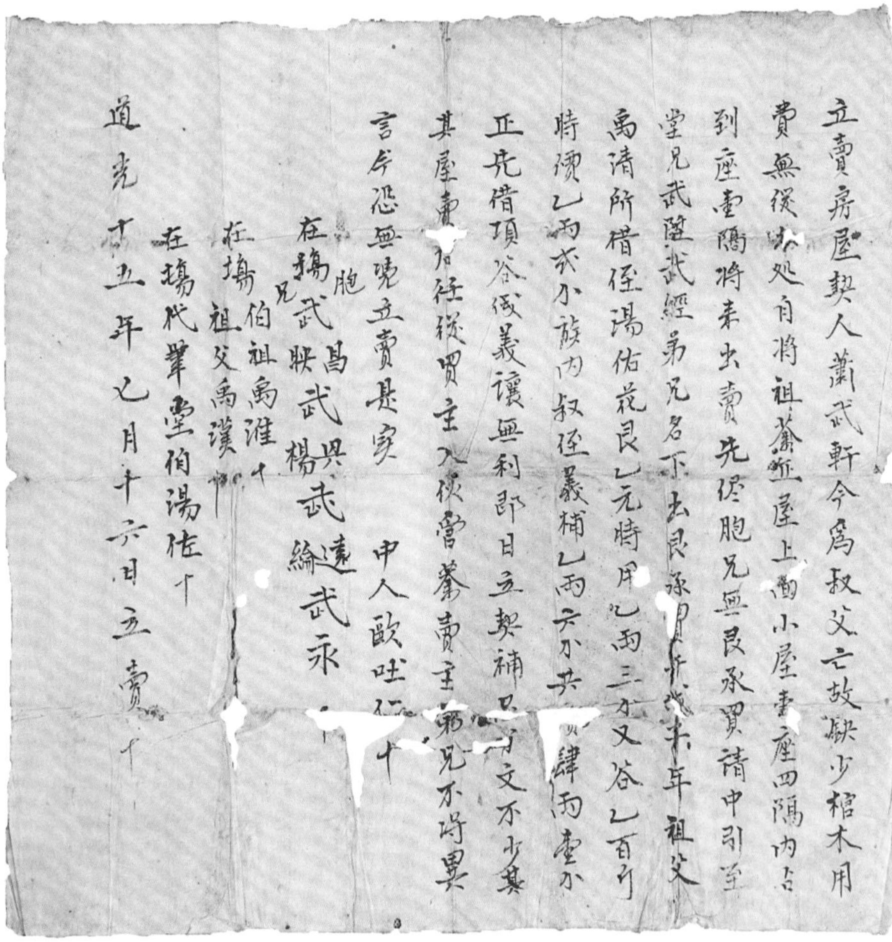

立卖房屋契人萧武轩今为叔父亡故缺少棺木用费无从出处自将祖业正屋上面小屋壹座四隔内占到座壹隔将来出卖先尽胞兄无银承买请中引至堂兄武陞武经弟兄名下出银承买千□千年祖父禹清所借侄汤佑花银一元时用一两三钱又谷一百斤时价一两贰钱族内叔侄义补一两六钱共□四两壹钱正先借项谷钱义让无利即日立契补足分文不少其屋卖后任从买主入伙管业卖主弟兄不得异言今恐无凭立卖是实

中人欧国仁【押】

在场胞兄武昌武映武兴武杨武远武纶武永

在场伯祖禹淮【押】祖父禹汉【押】

在场代笔堂伯汤佐【押】

道光十五年七月十六日立卖【押】

同治元年十一月二十七日杨春盛认租松沙契约

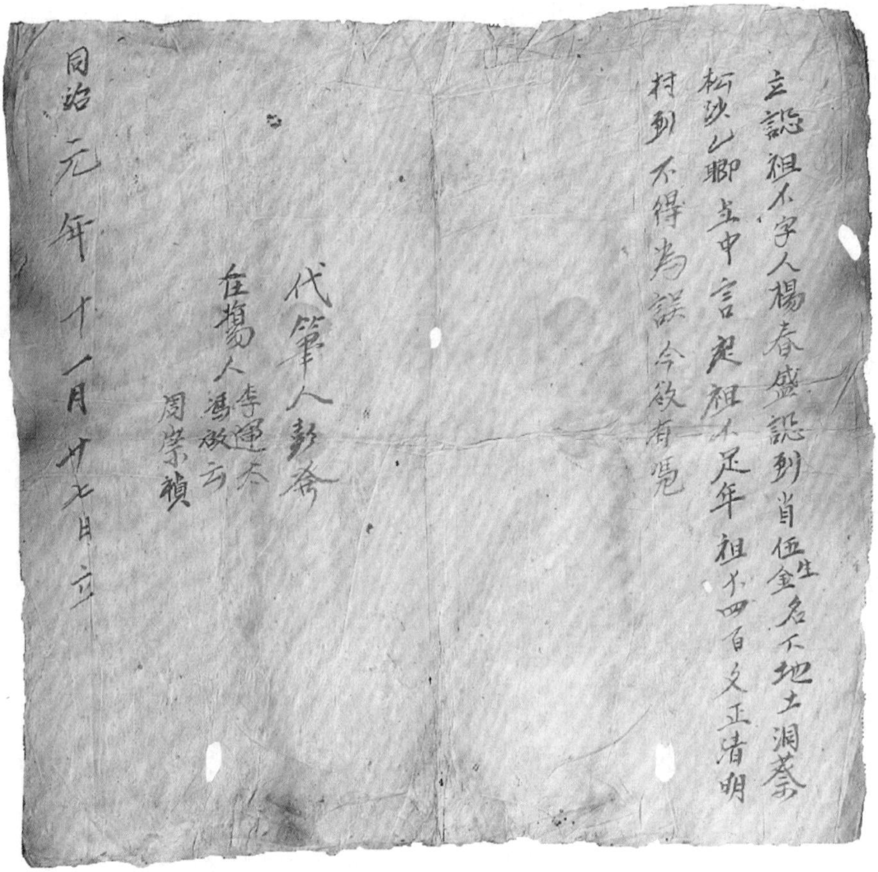

立认祖（租）钱字人杨春盛认到肖伍生肖伍金名下地土洞蔡松沙一⑦立中言定祖（租）钱足年祖（租）钱四百文正清明村到不得为误今欲有凭

代笔人彭发

在场人李运太冯啟云周崇祯

同治元年十一月廿七日立

同治十一年五月十九日萧武陞分关合同

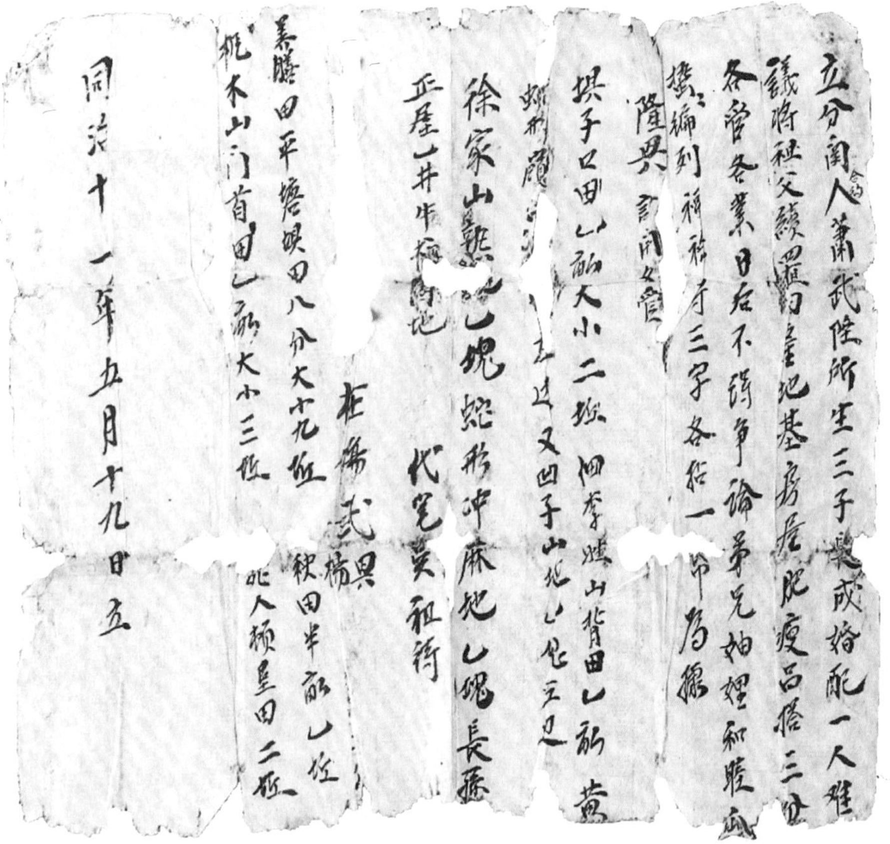

立分关合约人萧武陞所生三子长成婚配一人难议将祖父续置田产地基房屋肥瘦昌搭三分各管各业日后不得争论弟兄妯娌和睦瓜蛰蛰遍列福⿰?⿰?三字各拈一纸为据

隆兴□□□管

坝子口田一亩大小二丘　佃李姓山背田一亩黄蛇形岭□□□左边又凹子山地一块左边徐家山熟地一块蛇形冲麻地一块长孙正屋一井牛□园地

代笔吴祖祷

在场武兴武杨

养膳田平塘坝田八分大小九丘秧田半亩一丘

桃木山门首田一亩大小三丘□人顿垦田二丘

同治十一年五月十九日立

光绪元年十二月十五日蒋熙瑠认租地契约

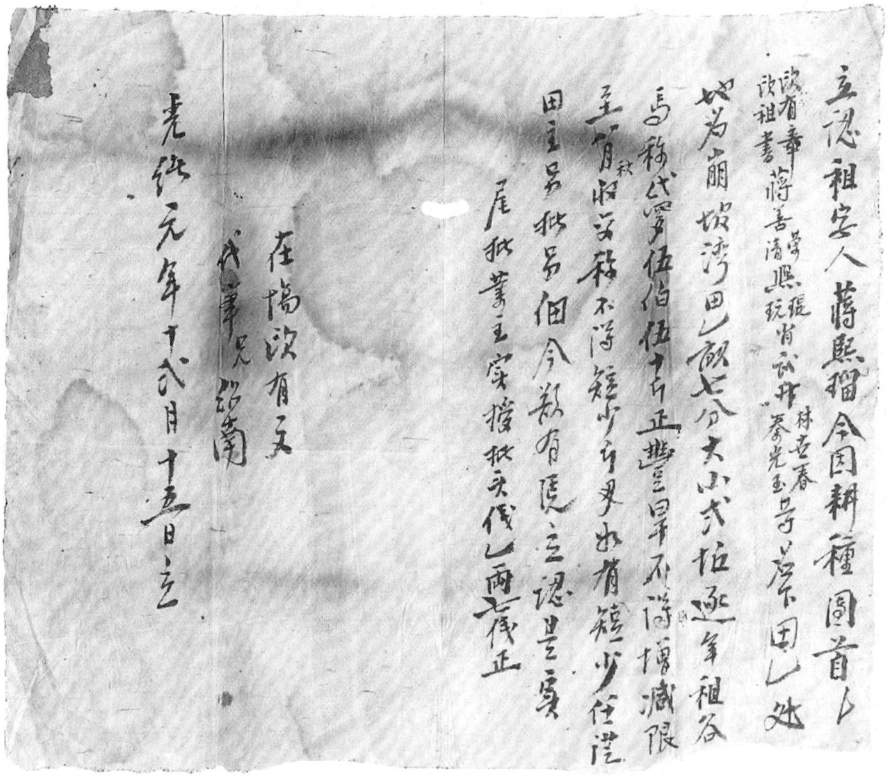

立认租字人蒋熙瑠今因耕种园首一〔人〕要欧有☐欧祖书蒋善荣蒋善清蒋熙琨蒋熙玩肖训升林世春秦光玉等名下田一处地名崩坡湾田一亩七分大小贰丘逐年租谷☐称代罗(买)伍佰伍十斤正丰旱不得增减限至八月秋收交称不得短少斤两如有短少任从田主另批另佃今欲有凭立认是实

尾批业主实授批头钱一两七钱正

在场欧有文

代笔兄绍南

光绪元年十贰月十五日立

光绪三年十二月二十三日萧武陞卖田契约

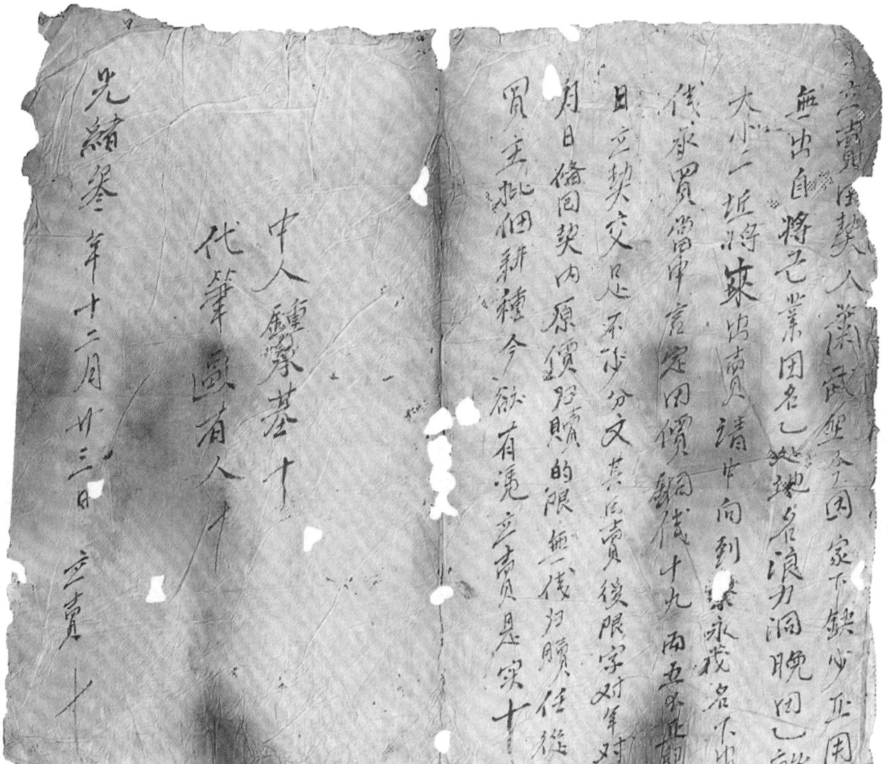

立卖田契人萧武陞今因家下缺少正用无出自将己业田名一处地名浪力洞晚田一亩大小二丘将来出卖请中向到□永茂名下出钱承买当中言定田价铜钱十九两五钱正即日立契交足不少分文其田卖后限字对年对月日备回契内原价归赎的限无钱归赎任从买主批佃耕种今欲有凭立卖是实【押】

中人钟承基【押】

代笔欧有人【押】

光绪叁年十二月廿三日立卖【押】

光绪四年二月十三日肖运贵等租田契约

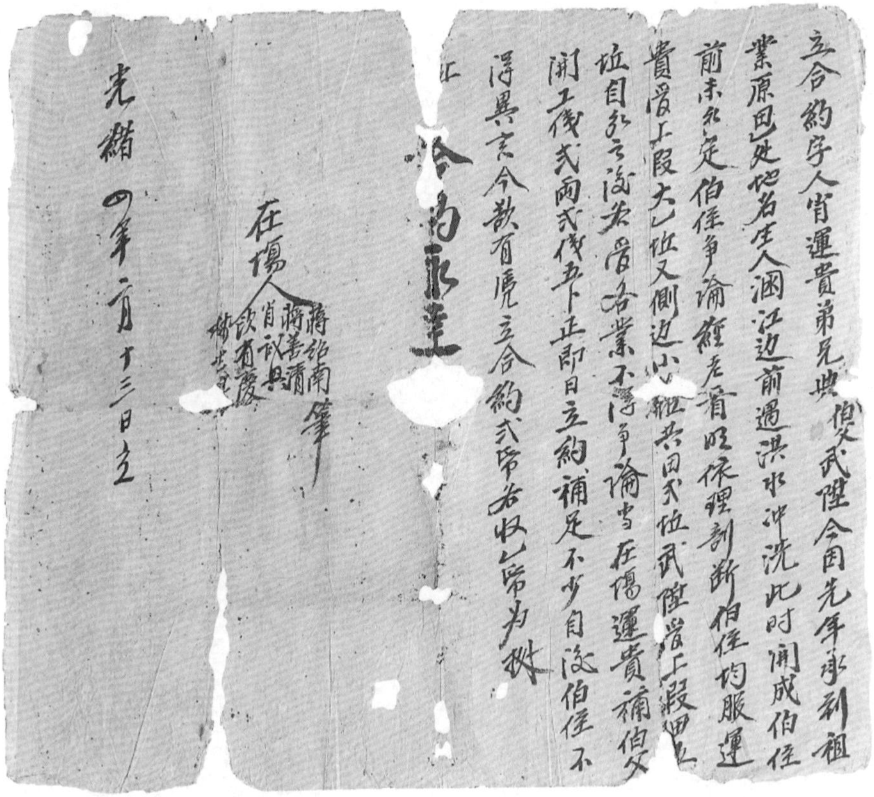

立合约字人肖运贵弟兄与伯父武陞今因先年承到祖业原田一处地名生人涵（渊）江边前遇洪水冲洗此时开成伯侄前未永定伯侄争论经老看明依理剖断伯侄均服运贵管上段大一丘又侧边小丘共田贰丘武陞管上段田□丘自分之后各管各业不得争论当在场运贵补伯父开工钱贰两贰钱五卜正即日立约补足不少自后伯侄不得异言今欲有凭立合约贰纸各收一纸为据

□□□□□

在场人蒋绍南蒋善清肖议兴欧有庆林□□笔

光绪四年二月十三日立

光绪七年十二月二十三日萧武陞借钱契约

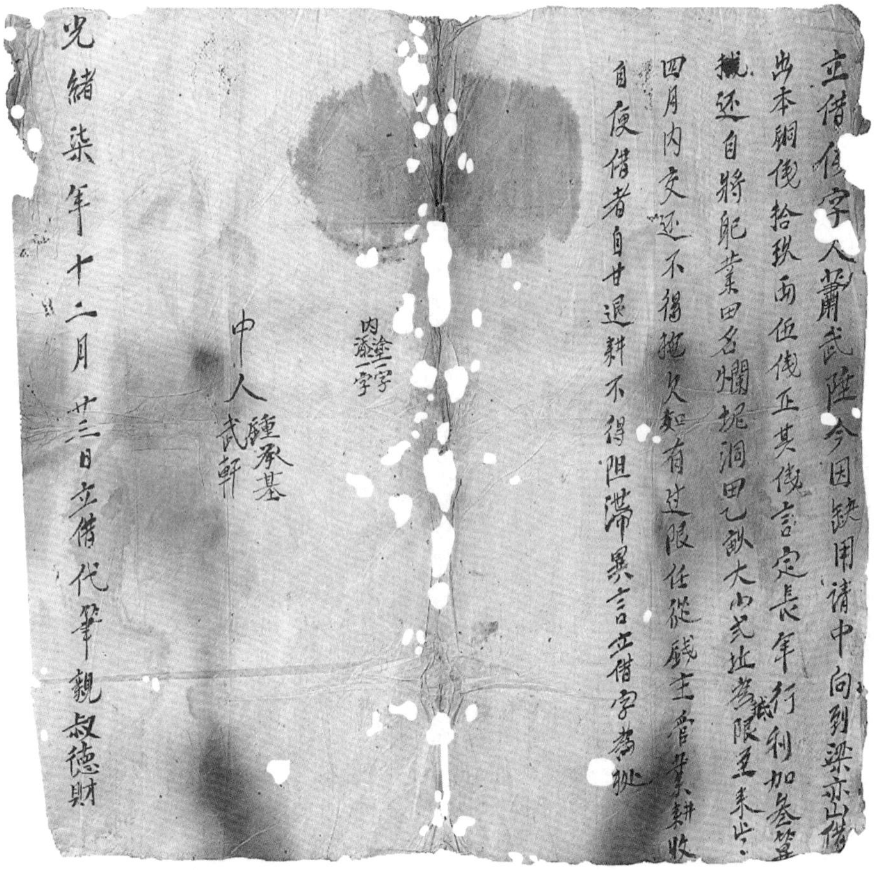

立借钱字人萧武陞今因缺用请中向到梁亦山借出本铜钱拾玖两伍钱正其钱言定长年行利加叁算还自将己业田名烂坭洞田一亩大小贰丘为抵限至来岁四月内交还不得拖欠如有过限任从钱主管业耕收自便借者自甘退耕不得阻滞异言立借字为据

内涂一字

内添一字

中人钟承基武轩

光绪柒年十二月廿三日立借代笔亲叔德财

光绪十一年十一月十九日肖德宏顶熟地契约

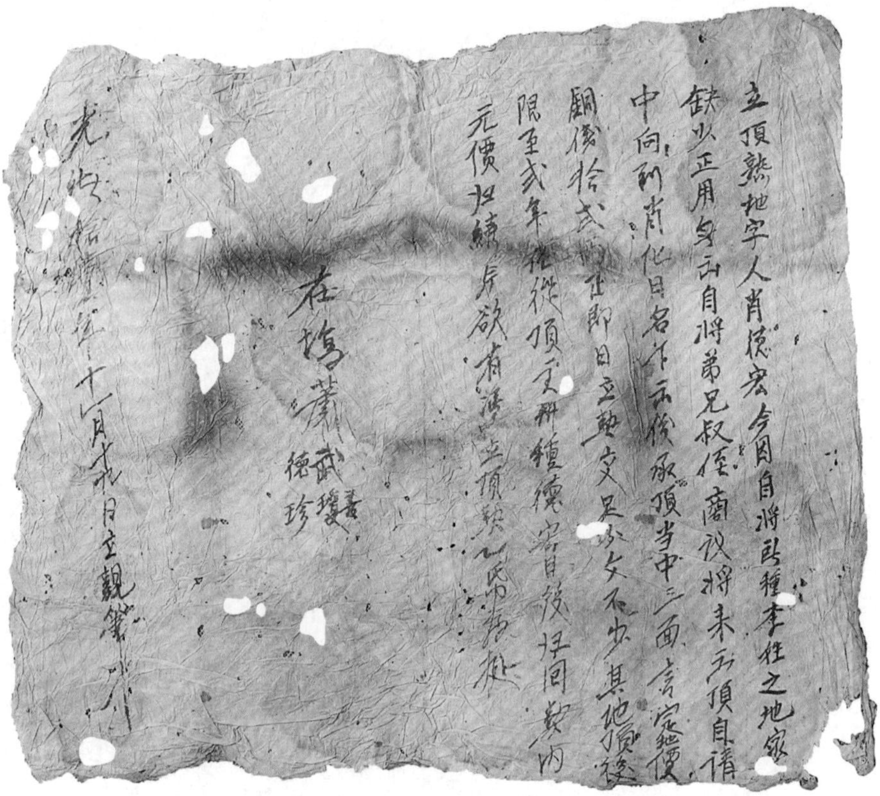

立顶熟地字人肖德宏今因自将所种李姓之地家缺少正用无出自将弟兄叔侄商议将来出顶自请中向到肖化日名下出钱承顶当中三面言定地价铜钱拾贰两正即日立契交足分文不少其地顶后限至贰年任从顶主耕种德宏日后归回契内元价归续（赎）今欲有凭立顶契一纸为据

在场萧武善萧武琼萧德珍

光绪拾壹年十一月十九日立亲笔

光绪十七年七月二十四日李隆标等卖阴地契约

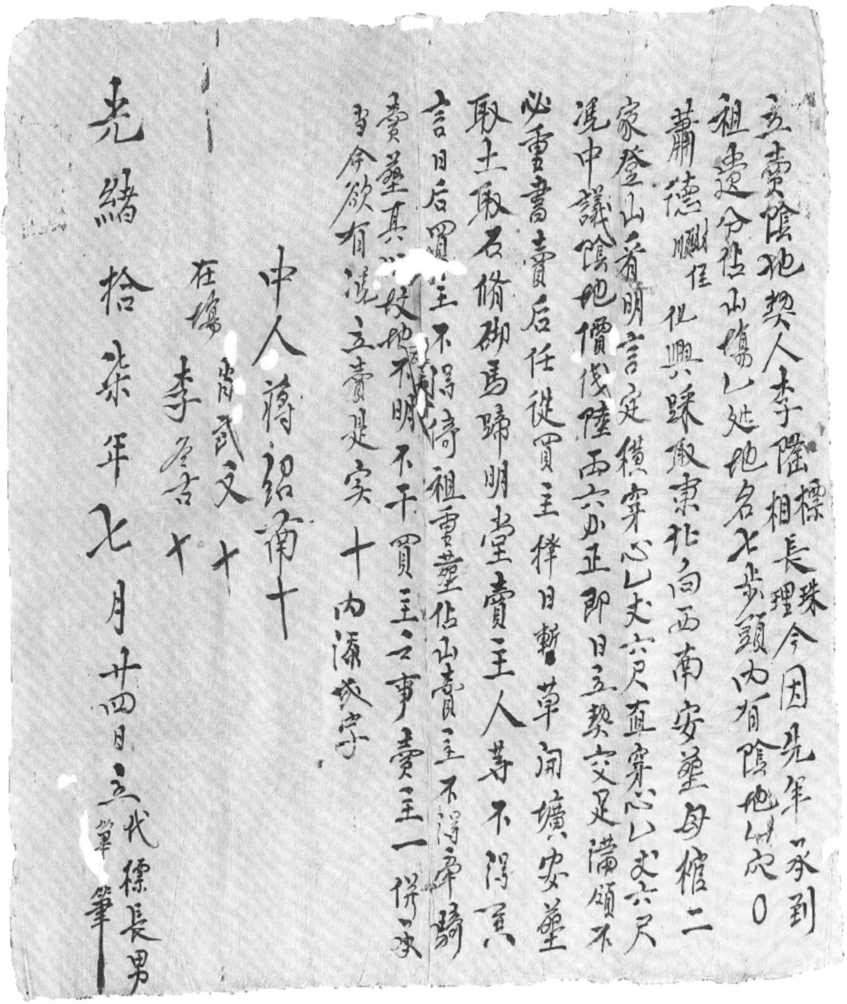

立卖阴地契人李隆标李隆相李长珠李长理今因先年承到祖遗分占山场一处地名七步头内有阴地一穴萧德财萧德顺侄化兴踩取东北向西南安葬母棺二家登山看明言定横穿心一丈六尺直穿心一丈六尺凭中议阴地价钱钱陆两六钱正即日立契交足满领不必重书卖后任从买主择日斩草开圹安葬取土取石修砌马蹄明堂卖主人等不得异言日后买主不得倚祖重葬占山卖主不得牵骑卖葬其□坟地□□不明不干买主之事卖主一并承当今欲有凭立卖是实【押】内添贰字

中人蒋绍南【押】

在场肖武文【押】李冬古【押】

光绪拾柒年七月廿四日立代标长男笔

民国三十三年十二月二十五日萧化高净卖熟地契约

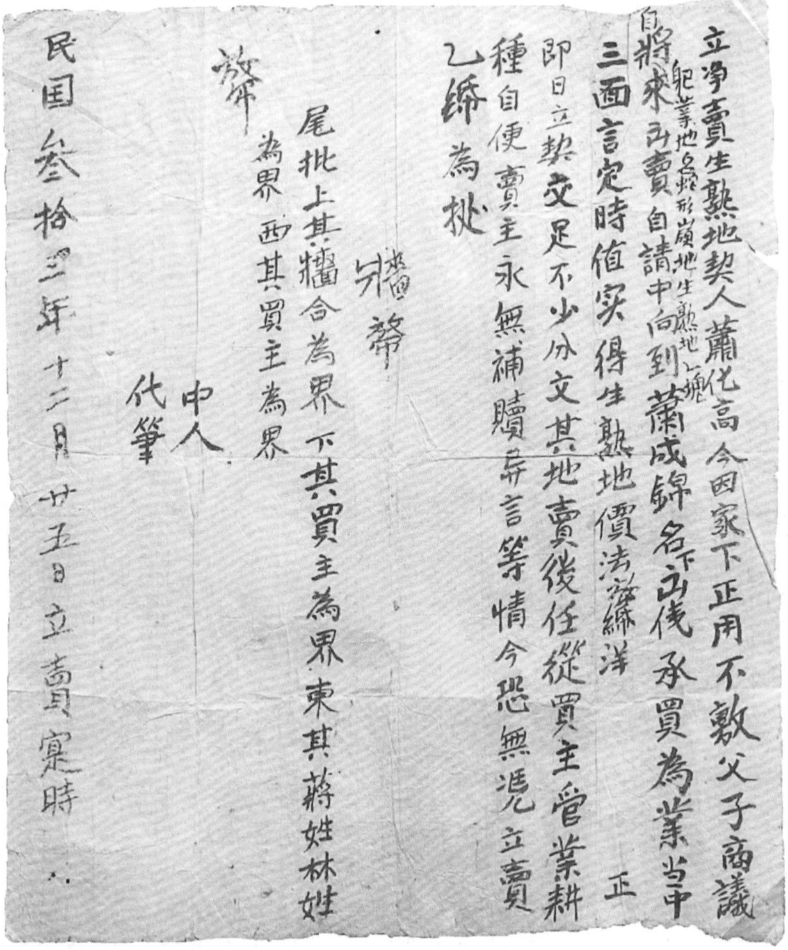

立净卖生熟地契人萧化高今因家下正用不敷父子商议自将己业地名蛇形岭地生熟地一块来出卖自请中向到萧成锦名下出钱承买为业当中三面言定时值实得生熟地价法币纸洋　　正即日立契交足不少分文其地卖后任从买主管业耕种自便卖主永无补赎异言等情今恐无凭立卖一纸为据

墙☐

尾批上其墙合为界下其买主为界东其蒋姓林姓为界西其买主为界

☐

中人代笔

民国叁拾三年十二月廿五日立卖实时

民国三十五年元月二十八日蒋秋生等出批田契约

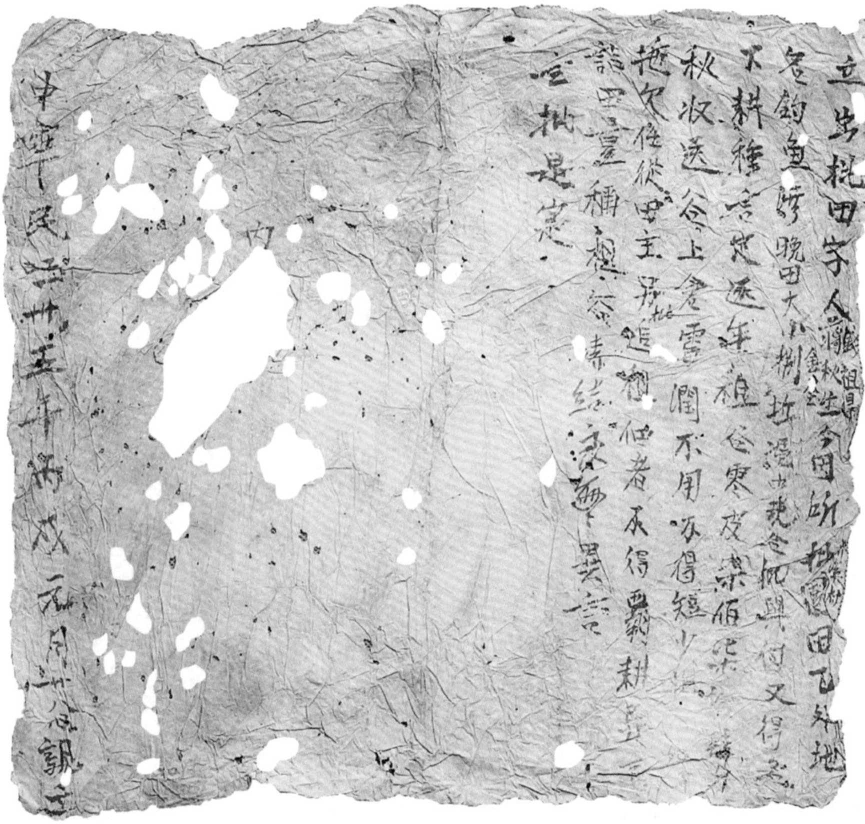

立出批田字人钱祖得蒋秋生蒋金⍰今因所
批⍰村园田一处地名钓鱼湾晚田大小捌丘凭中
说合批与何又得名下耕种言定逐年租谷零皮柒
佰柒拾肆斤秋收送谷上仓霉润不用不得短少⧄
拖欠任从田主另批追租佃者不得霸耕异言⍰田
量称租谷⍰结永无异言
立批是实
中华民国卅五年丙戌（戌）元月廿八日亲立

民国三十五年五月二十六日肖化高净卖小屋契约

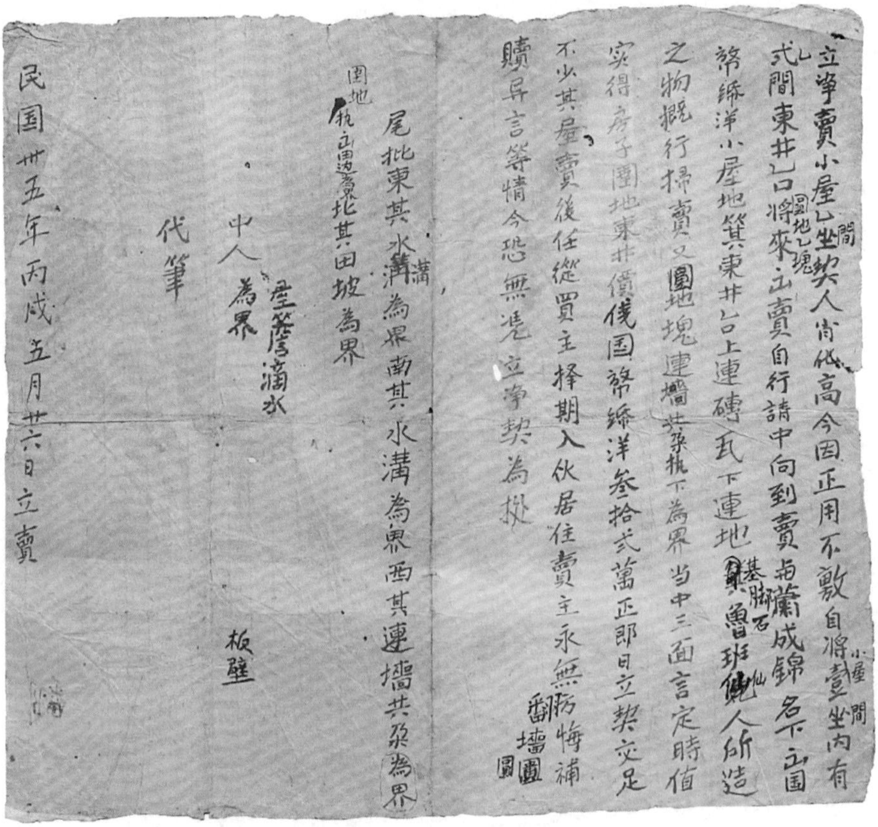

立净卖小屋一间坐契人肖化高今因正用不敷自将小屋壹间坐内有贰一间东井一口园地一块将来出卖自行请中向到卖与萧成锦名下出国币纸洋小屋地箕东井一口上连砖瓦下连地基脚石鲁班仙人所造之物概行扫卖又圆地块连墙共朵执下为界当中三面言定时值实得房子围地东井价钱国币纸洋叁拾贰万正即日立契交足不少其屋卖后任从买主择期入伙居住卖主永无翻反悔补赎异言等情今恐无凭立净契为据

墙圆（园）

尾批东其水沟为界南其水沟为界西其连墙共朵为界

围地执出田边为界北其田坡为界

屋檐滴水为界板壁

中人

代笔

民国卅五丙戌（戌）五月廿六日立卖

萧化星等承当合约

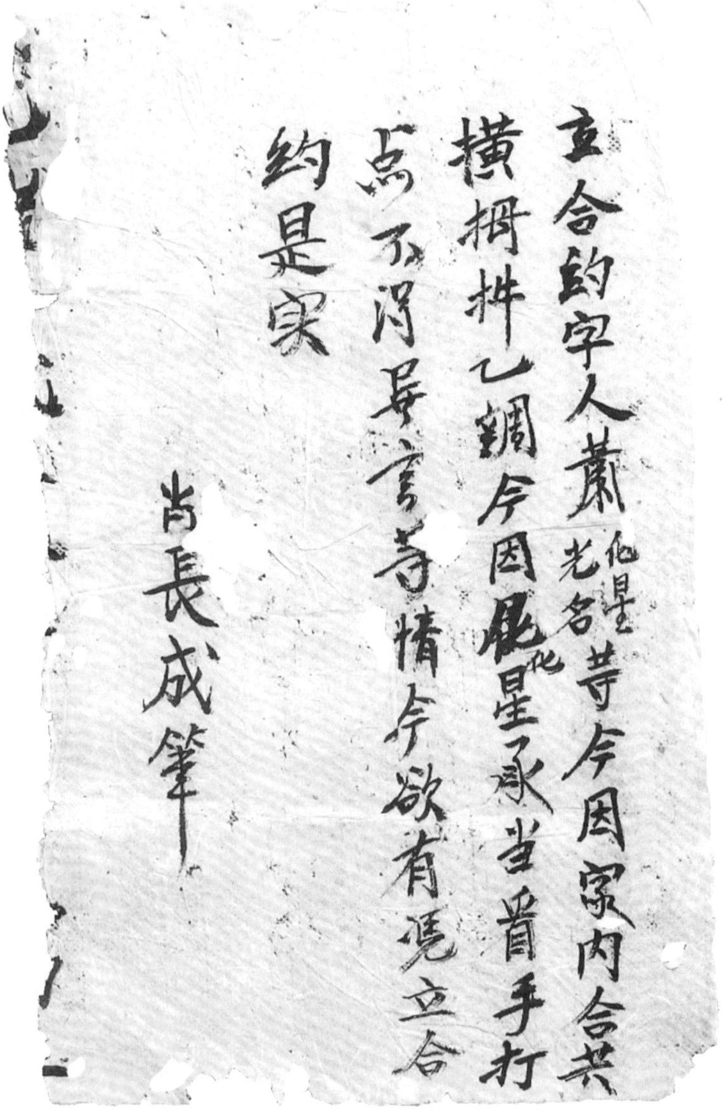

立合约字人萧化星萧光名等今因家内合共横拇拌 一䑳今因化星承当看手打点不得异言等情今欲有凭立合约是实

☑ 肖长成笔

兄弟分关合同

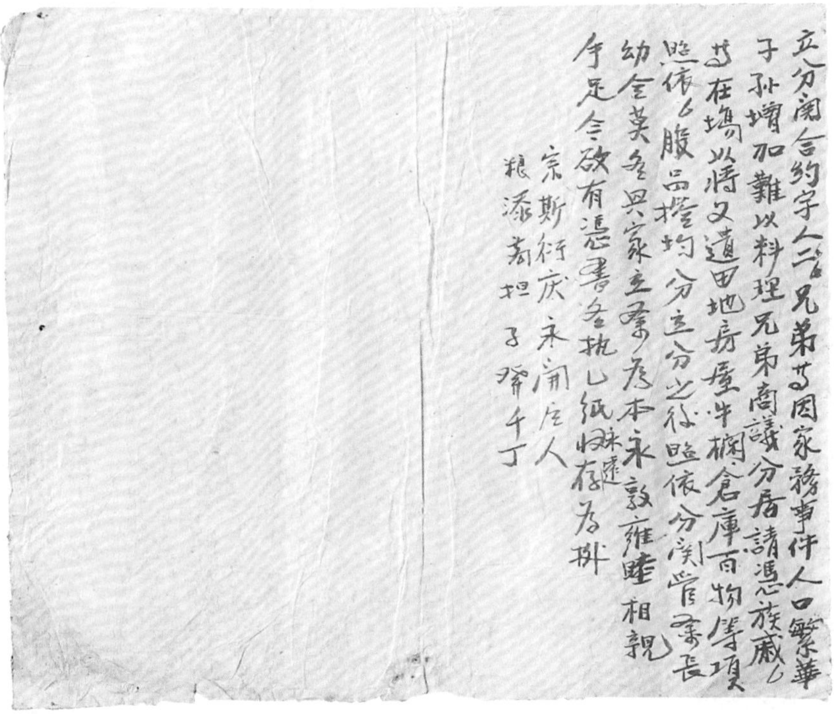

立分关合约字人二兄弟等因家务事件人口繁华子孙增加难以料理兄弟商议分居请凭族戚一〔人〕等在场以将父遗田地房屋牛栏仓库百物等项照依一股品搭均分立分之后照依分关管业长幼全莫冬兴家立业为本永敦雍睦相亲手足今欲有凭书各执一纸永远收存为据

宗斯衍庆永开[?]人

粮添高担子发千丁

林应章等净卖房屋地基契约

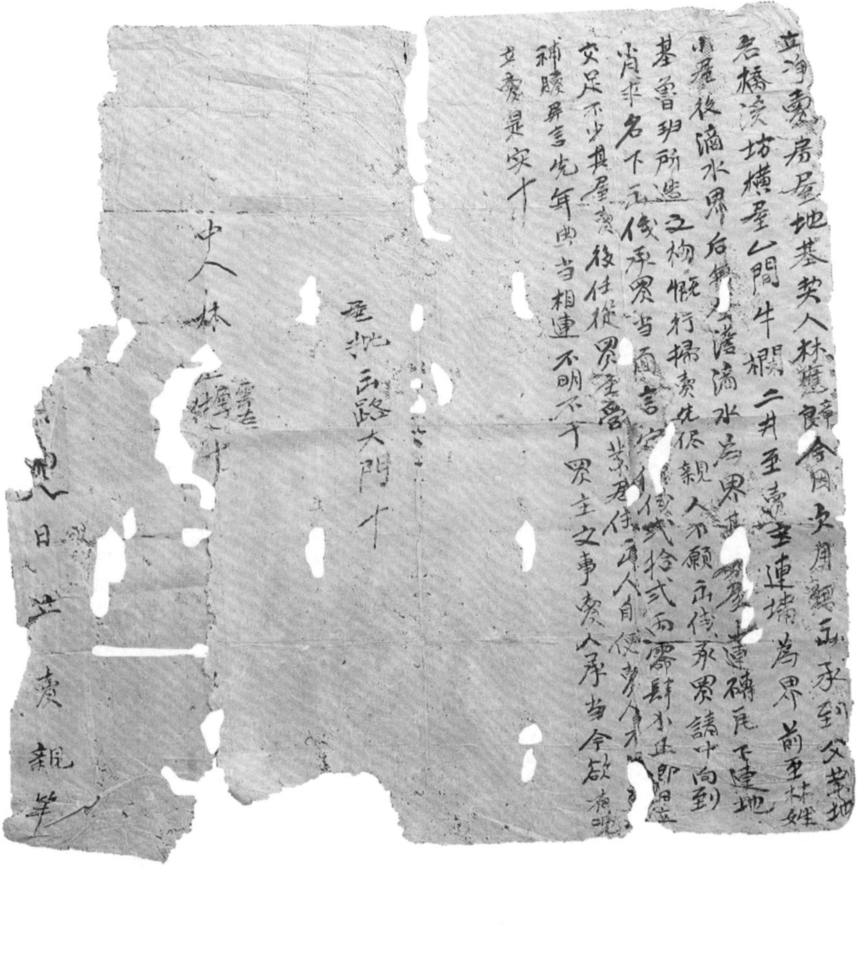

立净卖房屋地基契人林应章林应良今因欠用无出承到父草地名桥溪坊横屋一间牛栏二井至卖主连墙为界前至林姓小屋后滴水界后无房澹（檐）滴水为界其□屋上连砖瓦下连地基鲁班所造之物概行扫卖先尽亲人不愿出钱承买请中向到肖求名下出钱承买当面言定价钱贰拾贰两零肆钱正即日立交足不少其屋卖后任从买主管业居住出人自便卖人不□□补赎异言先年典当相连不明不干买主之事卖人承当今欲有凭立卖是实【押】

屋批出路大门【押】

中人林□云林□厚林□仕【押】

☐八日立卖亲笔

萧化高净卖小屋契约

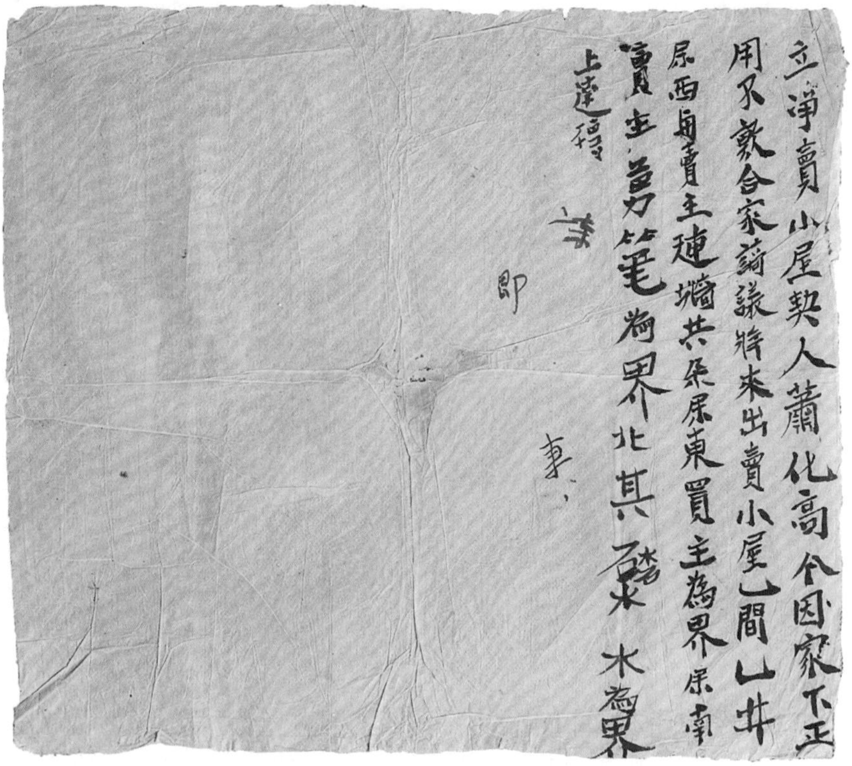

立净卖小屋契人萧化高今因家下正用不敷合家谪（商）议将来出卖小屋一间一井屎西与卖主连墙共朵屎东买主为界屎南卖主勇笔为界北其泵水为界

上达?

第十部分　贵港桂平县

道光十六年六月十二日何尚攻兄弟卖地契约

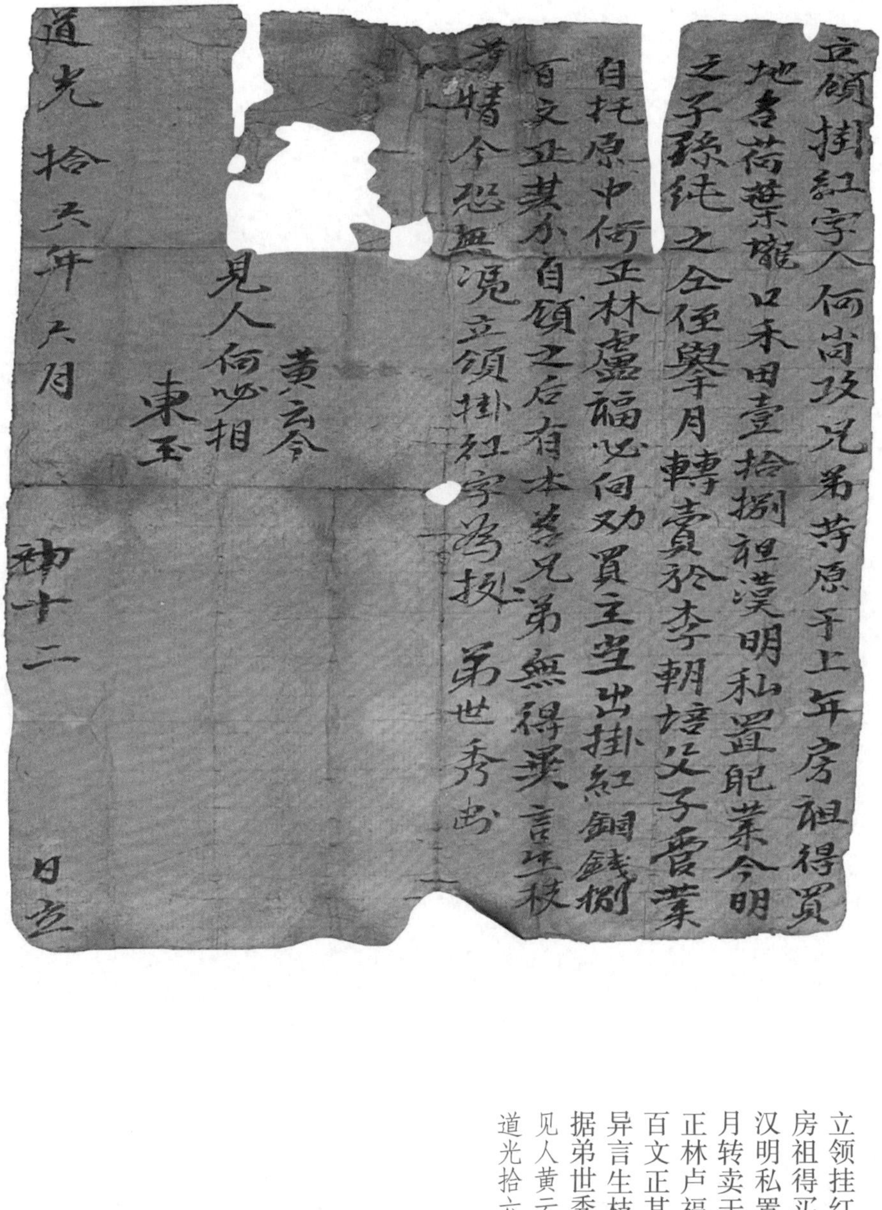

立领挂红字人何尚攻兄弟等原于上年房祖得买地名荷叶垅口禾田壹拾捌担汉明私置已业今明之子孙纯之仝侄举月转卖于李朝培父子管业自托原中何正林卢福必向劝买主当出挂红铜钱捌百文正其钱自领之后有本各兄弟无得异言生枝等情今恐无凭立领挂红字为据弟世秀书

见人黄云今何必相何东玉

道光拾六年六月十二日立

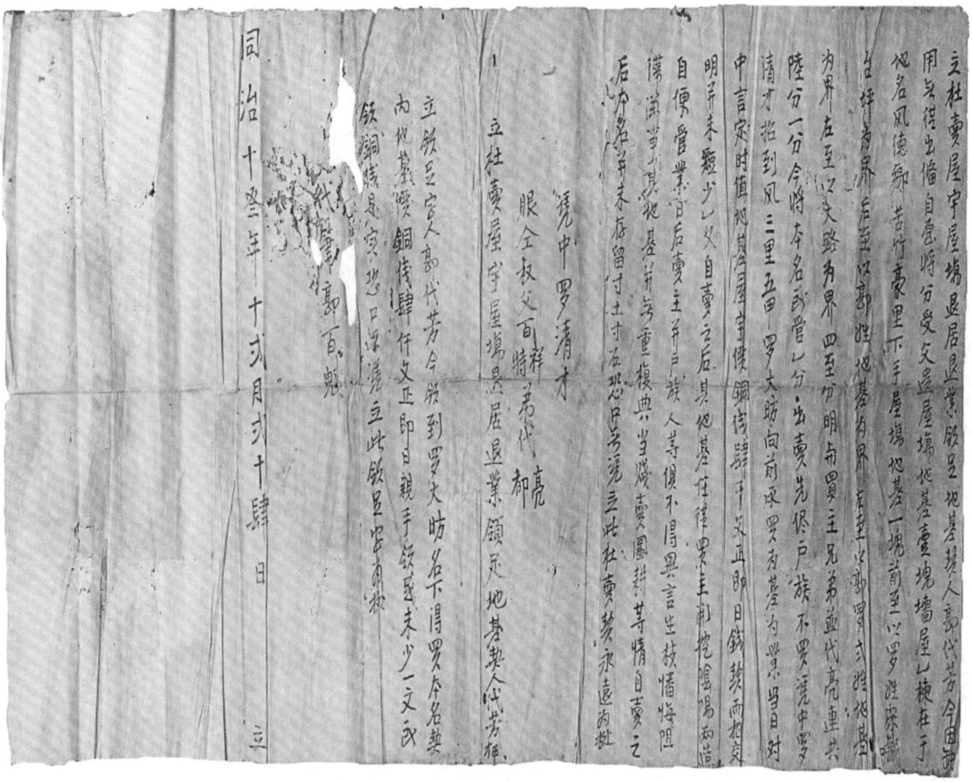

同治十三年十二月二十四日郭代芳卖地契约

立杜卖屋宇屋场退居退业领足地基契人郭代芳今因缺用无从出备自愿将分受父遗屋场地基壹块墙屋一栋在于地名风德乡苦竹豪里下手屋场地基一块前至以罗姓众𪨶台坪为界后至以郭姓地基为界左至以郭罗贰姓地基为界左至以大路为界四至分明与买主兄弟并代亮连共陆分一分今将本名所管一分出卖先尽户族不买凭中罗清才招到风三里五甲罗大昉向前承买为基为业当日对中言定时值地基屋宇价铜钱肆千文正即日钱契两相交明并未短少一文自卖之后其地基任从买主开挖阴阳两造自便管业日后卖主并户族人等俱不得异言生枝憣悔阻滞滋事其地基并无重复典当贱卖图耕等情自卖之后本名并未存留寸土寸石恐口无凭立此杜卖契永远为据

凭中罗清才

眼仝叔父百祥百特弟代亮代都

立杜卖屋宇屋场退居退业领足地基契人代芳【押】

立领足字人郭代芳今领到罗大昉名下得买本名契内地基价铜钱肆仟文正即日亲手领足未少一文所领铜钱是实恐口无凭立此领足字为据

代笔郭百魁

同治十叁年十贰月贰十肆日立

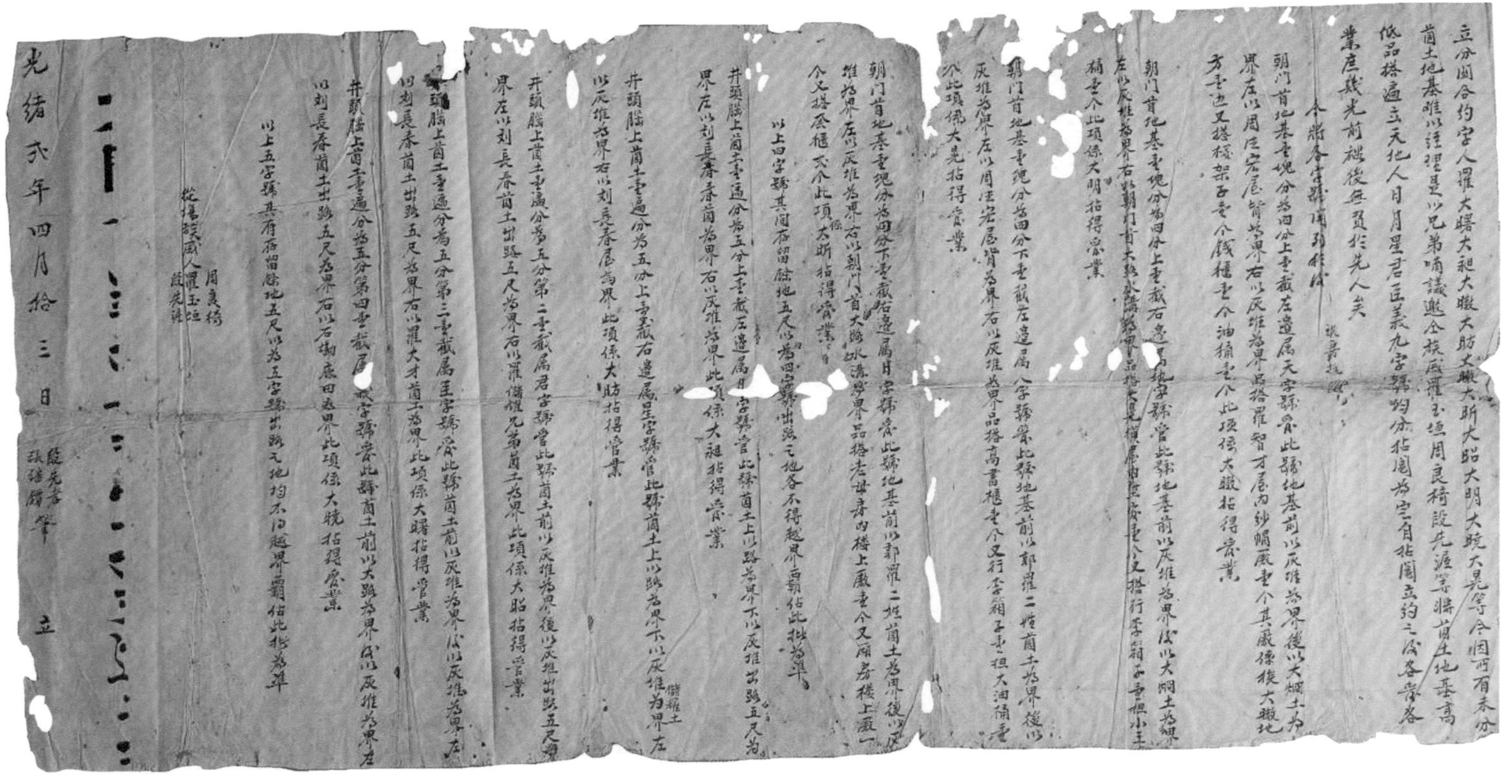

光绪二年四月十三日罗大曙等分关合同

立分关合约字人罗大曙大昶大暾大昉大?大昕大昭大明大晓大晃等今因所有未分园土地基难以经理是以兄弟嘀（商）议邀仝族戚罗玉垣周良椅段先渥等将园土地基高低品搭遍立天地人日月星君臣义九字号均分拈阄为定自拈阄立约之后各管各业庶几光前裕后无负于先人矣

今将各字号开列于后　　　现房执□

朝门首地基壹块分为四分上壹截左边属天字号管此号地基前以灰堆为界后以大炯土为界左以周德宏屋背为界右以灰堆为界品搭罗智才屋内纱帽厰壹个其厰系挨大暾地方壹边又搭栈架子壹个钱柜壹个油桶壹个此项系大暾拈得管业

朝门首地基壹块分为四分上壹截右边属地字号管此号地基前以灰堆为界后以大炯土为界左以灰堆为界右以朝门首大路水沟为界品搭大晃横屋内升实壹个又搭行李箱子壹担小王桶壹个此项系大明拈得管业

朝门首地基壹块分为四分下壹截左边属人字号管此号地基前以郭罗二姓园土为界后以灰堆为界左以周德宏屋背为界右以灰堆为界品搭高书柜壹个又行李箱子壹担大油桶壹个此项系大晃拈得管业

朝门首地基壹块分为四分下壹截右边属日字号管此号地基前以郭罗二姓园土为界后以灰堆为界左以灰堆为界右以朝门首大路水沟为界品搭老母房内楼上厰壹个又厢房楼上厰壹个又搭套柜贰个此项系大昕拈得管业

以上四字号其间存留余地五尺以为四字号出路之地各不得越界霸占此批为准

井头脑上园土壹遍分为五分上壹截左边属日字号管此号园土上以路为界下以灰堆出路五尺为界左以刘长春园为界右以灰堆为界此项系大昶拈得管业

井头脑上园土壹遍分为五分上壹截右边属星字号管此号园土上以路为界下以灰堆储耀土为界左以灰堆为界右以刘长春屋为界此项系大昉拈得管业

井头脑上园土壹遍分为五分第二壹截属君字号管此号园土前以灰堆为界后以灰堆出路五尺为界左以刘长春园土出路五尺为界右以罗储耀兄弟园土为界此项系大昭拈得管业

井头脑上园土壹遍分为五分第三壹截属臣字号管此号园土前以灰堆为界后以灰堆为界左以刘长春园土出路五尺为界右以罗大才园土为界此项系大曙拈得管业

井头脑上园土壹遍分为五分第四壹截义字号管此号园土前以大路为界后以灰堆为界左以刘长春园土出路五尺为界右以石磡底田为界此项系大晓拈得管业

以上五字号其有存留余地五尺以为五字号出路之地均不得越界霸占此批为准

从场族戚人周良椅罗玉垣段先渥

□

光绪贰年四月拾三日段先孝张继铎笔立

光绪九年八月初三日罗储柳卖地契约

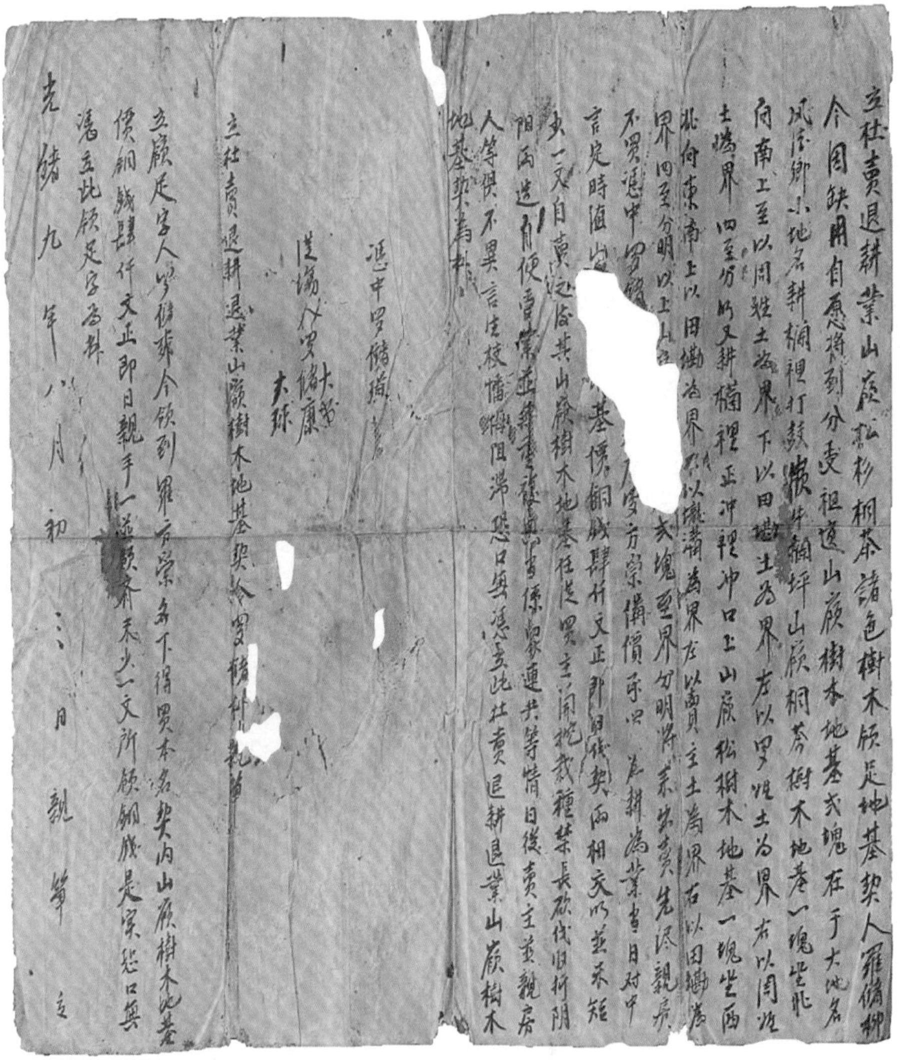
立杜賣退耕業山嶺松杉桐茶諸色樹木頗足地基契人羅儲柳
今因缺用自愿將到分受祖遺山嶺樹木地基弍塊在于大地名
鳳[illegible]鄉小地名耕[illegible]裡打鼓嶺牛欄坪山嶺桐茶樹木地基一塊坐北
向南上至以周姓土為界下以田塘土為界左以羅姓土為界右以周姓
土塘界四至分明又耕[illegible]裡正冲裡冲口上山嶺松樹木地基一塊坐西
北向東南上以田塘為界[illegible]以[illegible]為界左以蕭賣主土為界右以田塘為
界四至分明以上山[illegible]弍塊至界分明將來出賣先盡親房
不買憑中羅[illegible]方宗備價承買當日對中
言定時值山[illegible]基價銅錢肆仟文正即日銀契兩相交明并未短
少一文自賣之後其山嶺樹木地基任從買主開挖栽種禁長砍伐[illegible]折陰
陽兩造自便賣業並[illegible]係自家產業共等情日後賣主並親房
人等俱不異言生枝[illegible]阻滯恐口無憑立此杜賣退耕退業山嶺樹木
地基契為據

憑中羅儲[illegible] 筆
[illegible]場人羅儲康 大[illegible]
大孫
立杜賣退耕退業山嶺樹木地基契人羅儲柳 親筆

立領足字人羅儲柳今領到羅方宗名下得買本名契內山嶺樹木地基
價銅錢肆仟文正即日親手一並領齊未少一文所領銅錢是實恐口無
憑立此領足字為據

光緒九年八月初三日 親筆 立

立杜卖退耕业山岭松杉桐茶诸色树木领足地基契人罗储柳今因缺用自愿将到分受祖遗山岭树木地基贰块在于大地名风德乡小地名耕栏里打鼓岭牛栏坪山岭桐茶树木地基一块坐北向南上至以周姓土为界下以田塍土为界左以罗姓土为界右以周姓土为界四至分明又耕栏里正冲里冲口上山岭松树木地基一块坐西北向东南上以田塍为界下以垅沟为界左以卖主土为界右以田塍为界四至分明以上山☐贰块至界分明将来出卖先尽亲房不买凭中罗储☐罗方崇备价承买为耕为业当日对中言定时值山☐基价铜钱肆仟文正即日钱契两相交明并未短少一文自卖之后其山岭树木地基任从买主开挖栽种禁长砍伐收折阴阳两造自便管业并无重复典当系⍰连共等情日后卖主并亲房人等俱不异言生枝翻悔阻滞恐口无凭立此杜卖退耕退业山岭树木地基契为据

凭中罗储璜

从场人罗大书罗储康罗大球

立杜卖退耕退业山岭树木地基契人罗储柳亲笔

立领足字人罗储柳今领到罗方崇名下得买本名契内山岭树木地基价铜钱肆仟文正即日亲手一并领齐未少一文所领铜钱是实恐口无凭立此领足字为据

光绪九年八月初三日亲笔立

光绪十四年九月初九日罗大环卖油榨屋宇地基契约

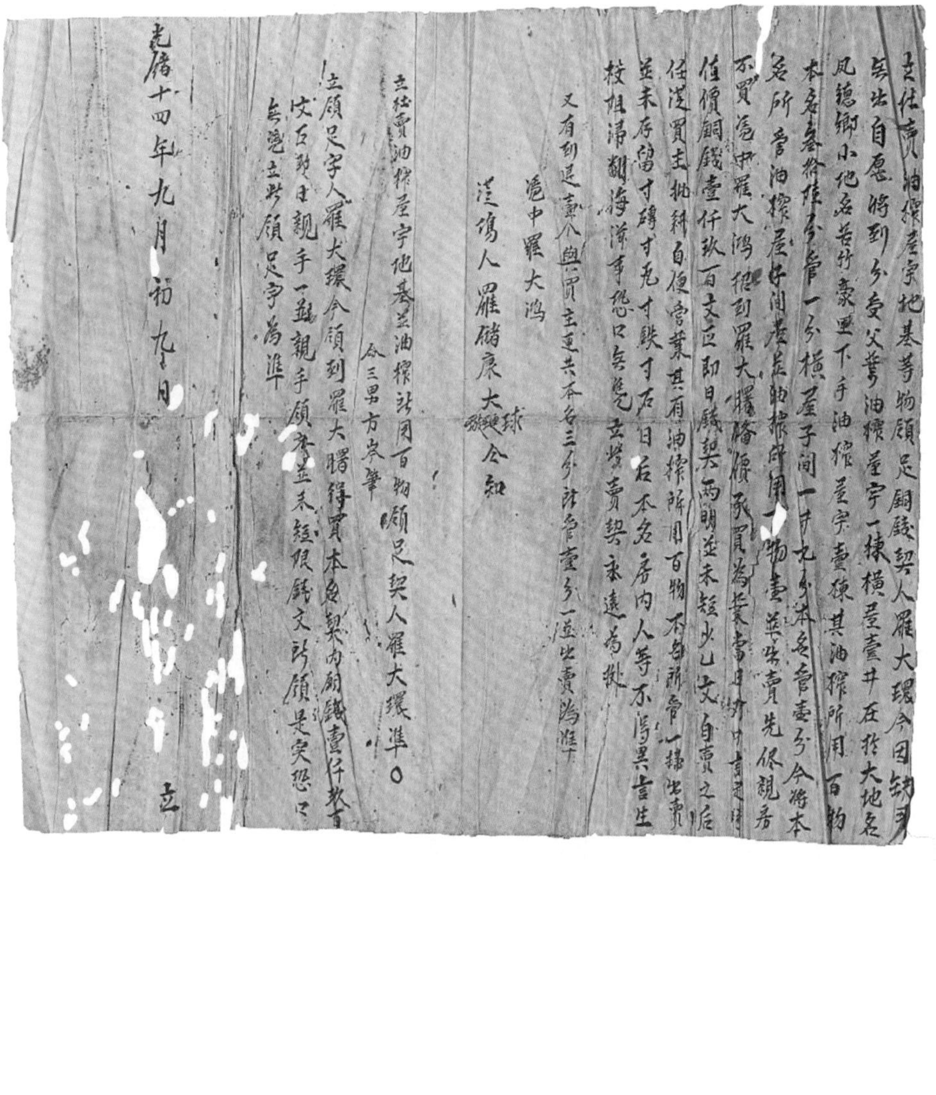
立杜卖油榨屋宇地基等物顾足契人罗大环今因缺少
无出自愿将到分受父业油榨屋宇一栋横屋壹井在于大地名
凤德乡小地名苦竹里下手油榨屋宇壹栋其油榨所用百物
本名叁分作分管一分横屋子间一十九分本名管壹分今将本
名所管油榨屋子间并油榨所用一物壹并出卖先尽亲房
不买凭中罗大鸿说到罗大耀降价承买为业当日三面言定时
值价铜钱壹仟玖百文正即日钱契两明并未短少一文自卖之后
任从买主批斜自便管业其有油榨所用百物不与所管一并出卖
并未存留寸砖寸瓦寸铁寸石日后本名房内人等不得异言生
枝想滞翻悔滋事恐口无凭立杜卖契永远为照
又有到退壹只与买主连共本名三分注管壹分一并出卖为准
凭中罗大鸿
在场人罗储康 大球 公知
立杜卖油榨屋宇地基并油榨所用百物顾足契人罗大环准○
代三男方泉笔
立领足字人罗大环今领到罗大耀得买本名契内铜钱壹仟玖百
文正当日亲手一领亲手领讫并未短少钱文所领是实恐口
无凭立此领足字为准
光绪十四年九月初九日 立

立杜卖油榨屋宇地基等物领足铜钱契人罗大环今因缺用无出自愿将到分受父业油榨屋宇一栋横屋壹井在于大地名凤德乡小地名苦竹豪里下手油榨屋宇壹栋其油榨所用百物本名叁拾陆分管一分横屋子间一井九分本名管壹分今将本名所管油榨屋子间屋并油榨所用□物壹并出卖先尽亲房不买凭中罗大鸿招到罗大曙备价承买为业当日对中言定时值价铜钱壹仟玖百文正即日钱契两明并未短少一文自卖之后任从买主批耕自便管业其有油榨所用百物本名所管一扫出卖并未存留寸砖寸瓦寸铁寸石日后本名房内人等不得异言生枝阻滞翻悔滋事恐口无凭立?卖契永远为据

又有到退壹个与买主连共本名三分所管壹分一并出卖为准

凭中罗大鸿

从场人罗储康罗大球罗大琏罗大璇仝知

立杜卖油榨屋宇地基并油榨所用百物领足契人罗大环准【押】

命三男方岑笔

立领足字人罗大环今领到罗大曙得买本名契内铜钱壹仟玖百文正即日亲手一并亲手领齐并未短限钱文所领是实恐口无凭立此领足字为准

光绪十四年九月初九日立

光绪二十一年十一月十三日陈善宝卖水地契约

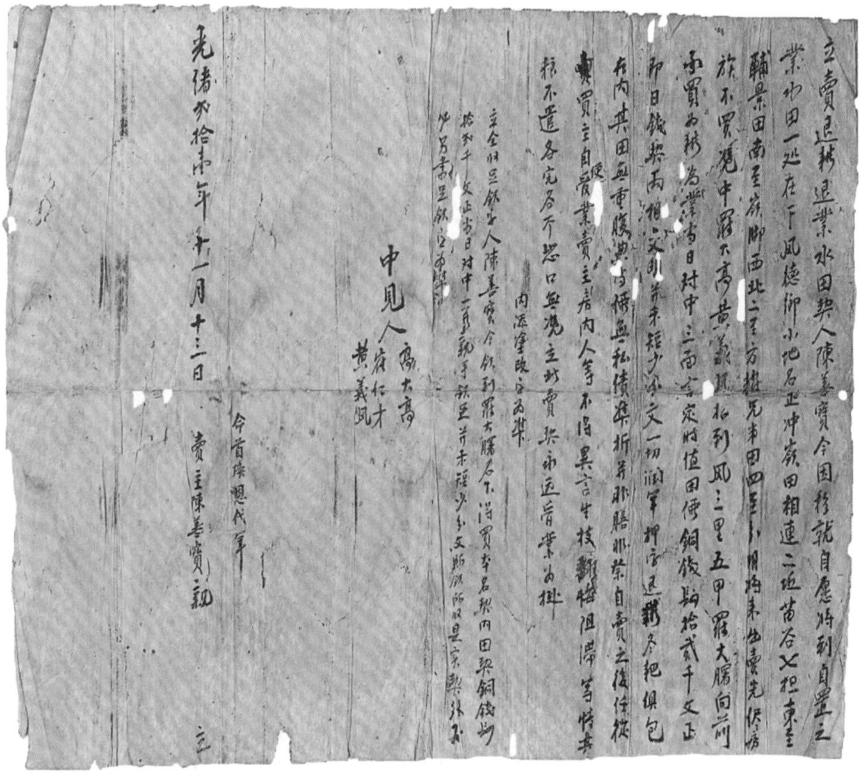

立卖退耕退业水田契人陈善宝今因移就自愿将到自罡之业水田一处在于风德乡小地名正冲岭田相连二丘苗谷七担东至辅景田南至岭脚西北二至方桉兄弟田四至分明将来出卖先尽房族不买凭中罗大亭黄义风招到风三里五甲罗大臞向前承买为耕为业当日对中三面言定时值田价铜钱肆拾贰千文正即日钱契两相交明并未短少分文一切润笔押字退耕冬粑俱包在内其田无重复典当价无私债准折并非膳非祭自卖之后任从买主自便管业卖主房内人等不得异言生枝翻悔阻滞等情其粮不遣各完各不恐口无凭立此卖契永远管业为据

内添涂改字为准

立全收足银字人陈善宝今领到罗大臞名下得买本名契内田契铜钱肆拾贰千文正当日对中一并亲手领足并未短少分文所领所收是实契外不必另书足领字为准

中见人高大高崔仁才黄义风

命首焕恩代笔

光绪贰拾壹年十一月十三日卖主陈善宝亲立

光绪二十四年六月十七日罗方铎卖地契约

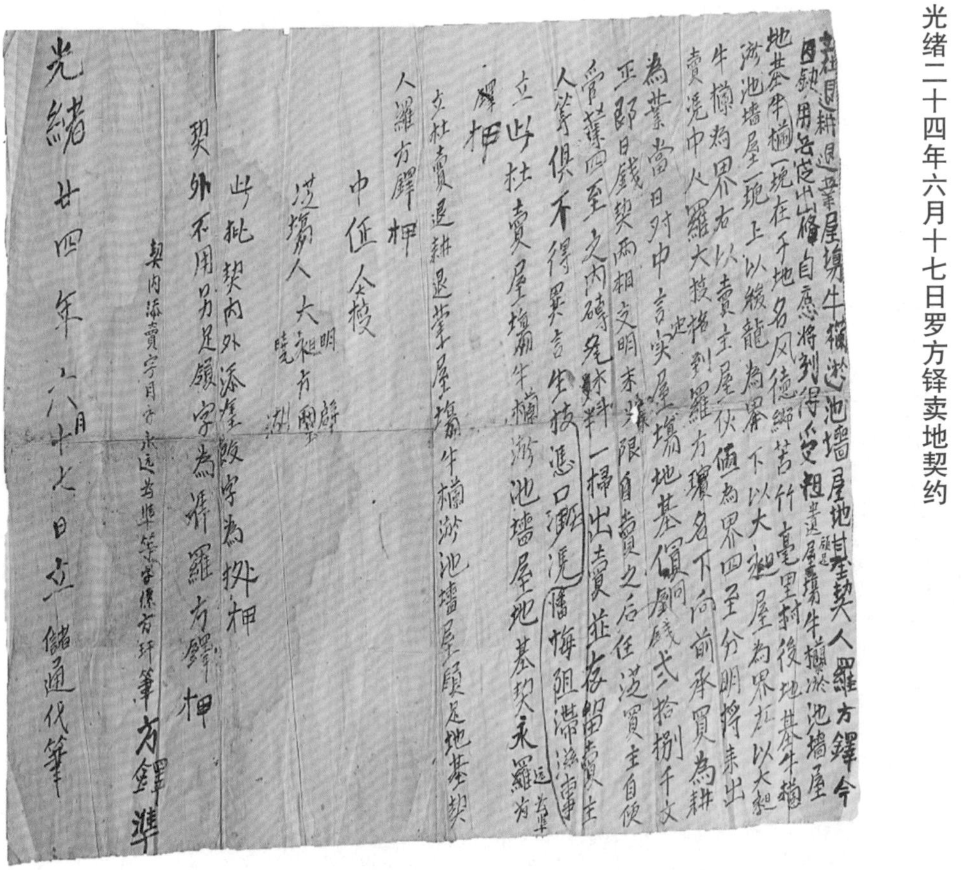

立杜退耕退业屋场牛栏淤池墙屋地基契人罗方铎今因缺用无从出备自愿将到得受祖遗领足屋场牛栏淤池墙屋地基牛栏一块在于地名风德乡苦竹毫里村后地基牛栏淤池墙屋一块上以綏龙为界下以大袓屋为界左以大袓牛栏为界右以卖主屋伙值为界四至分明将来出卖凭中人罗大枝招到罗方瑸名下向前承买为耕为业当日对中言定实屋场地基价铜钱贰拾捌千文正即日钱契两相交明末□限自卖之后任从买主自便管业四至之内砖瓦木料一扫出卖并存留卖主人等俱不得异言生枝憣悔阻滞滋事恐口无凭立此杜卖屋场牛栏淤池墙屋地基契永远为准

【押】

立杜卖退耕退业屋场牛栏淤池墙屋领足地基契人罗方铎【押】

中证人大?

从场人大明大袓大晓方璧方玺方湖

此批契内外添涂改字为据【押】

契外不用另足领字为准罗方铎【押】

契内添卖字月字永远为准等字系方玗笔方铎准

光绪廿四年六月十七日立储通代笔

光绪二十五年十一月二十日罗大琏卖地契约

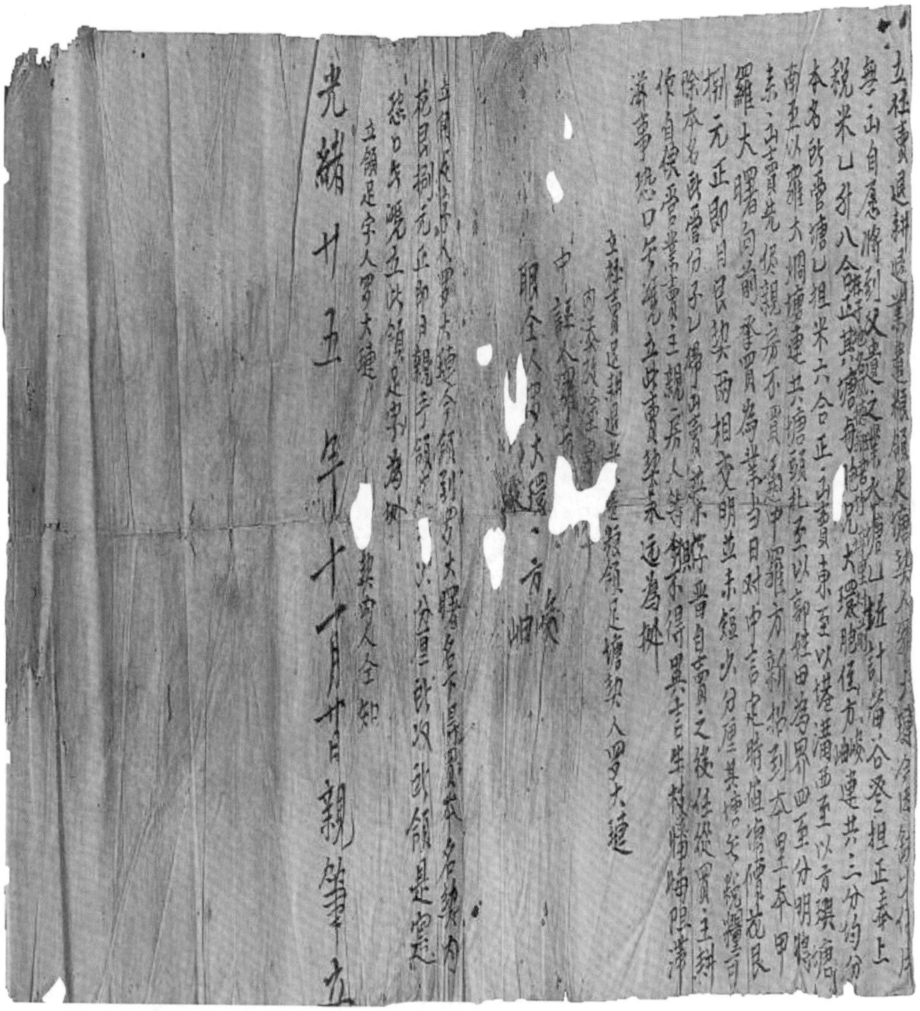

立杜卖退耕退业遣粮领足塘契人罗大琏今因缺少钱用无出自愿将到父遗之业大塘一丘计亩谷叁担正奉上税米一升八合正在于地名风德乡苦竹壕里村前其塘与胞兄大环胞侄方峻方岫连共三分均分本名所管塘一担米六合正出卖东至以埜沟西至以方玙塘南至以罗大炯塘连共塘头北至以郭姓田为界四至分明将来出卖先尽亲房不买凭中罗方新招到本里本甲罗大曙向前承买为业当日对中言定时值塘价花银捌元正即日银契两相交明并未短少分厘其塘无税粮等除本名所管分子一扫出卖并未存留自卖之后任从买主耕作自便管业卖主亲房人等俱不得异言生枝憣悔阻滞滋事恐口无凭立此卖契永远为据

立杜卖退耕退业遣粮领足塘契人罗大琏

内添改涂字为准

中证人罗方□

眼仝人罗大环罗大□方峻方岫

立开（领）足字人罗大琏今领到罗大曙名下得买本名契内花银捌元正即日亲手领足不少分厘所收所领是实恐口无凭立此领足字为据

立领足字人罗大琏　　契内人仝知

光绪廿五年十一月廿日亲笔立

光绪二十九年八月十一日罗储通卖地契约

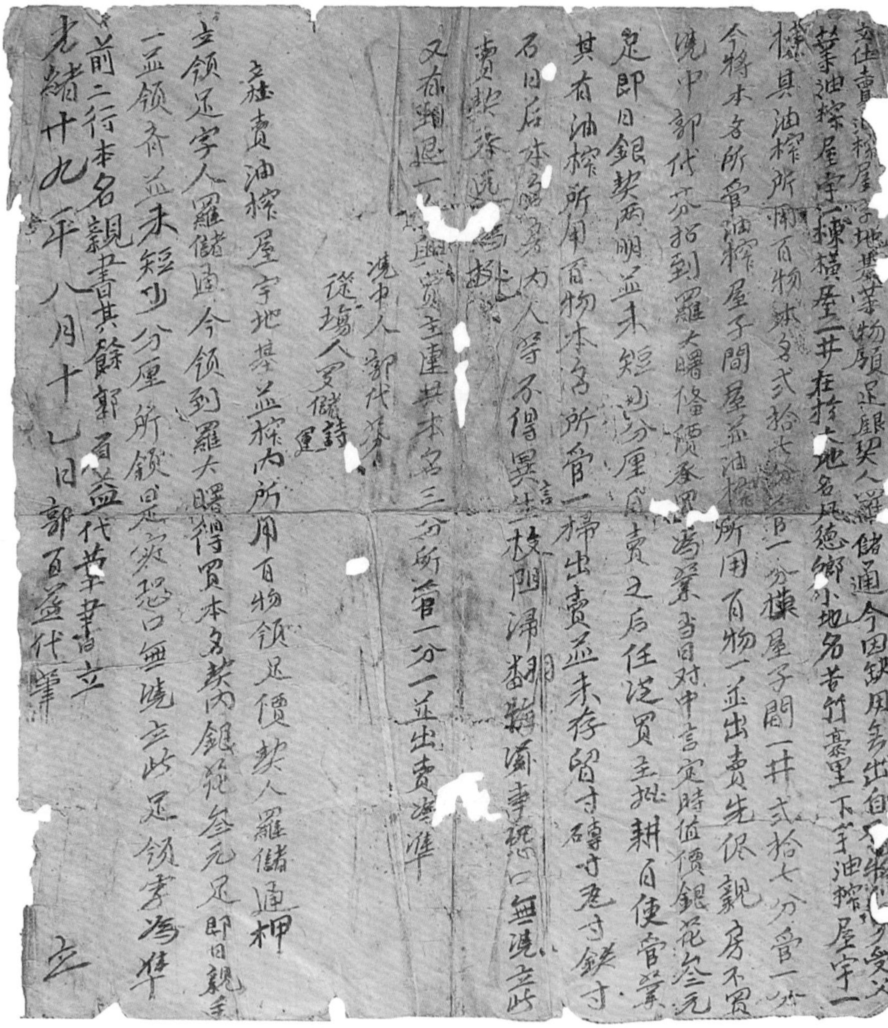

立杜卖油榨屋宇地基业物领足银契人罗储通今因缺用无出自愿将□分受父业油榨屋宇一栋横屋一井在于大地名风德乡小地名苦竹豪里下宇油榨屋宇一栋其油榨所用百物本名贰拾十七分管一分栋屋子间一井贰拾七分管一分今将本名所管油榨屋子间屋并油榨所用百物一并出卖先尽亲房不买凭中郭代芬招到罗大曙备价承买为业当日对中言定时值价银花叁元足即日银契两明并未短少分厘自卖之后任从买主批耕自便管业其有油榨所用百物本名所管一扫出卖并未存留寸砖寸瓦寸铁寸石日后本名房内人等不得异言生枝阻滞翻悔滋事恐口无凭立此卖契永远为据

又有⍰退一□与买主连共本名三分所管一分一并出卖为准

凭中人郭代芬

从场人罗储诗罗储运

立杜卖油榨屋宇地基并榨内所用百物领足价契人罗储通【押】

立领足字人罗储通今领到罗大曙得买本名契内银花叁元足即日亲手一并领齐并未短少分厘所领是实恐口无凭立此足领字为准

前二行本名亲书其余郭百益代笔书立

光绪廿九年八月十一日郭百益代笔立

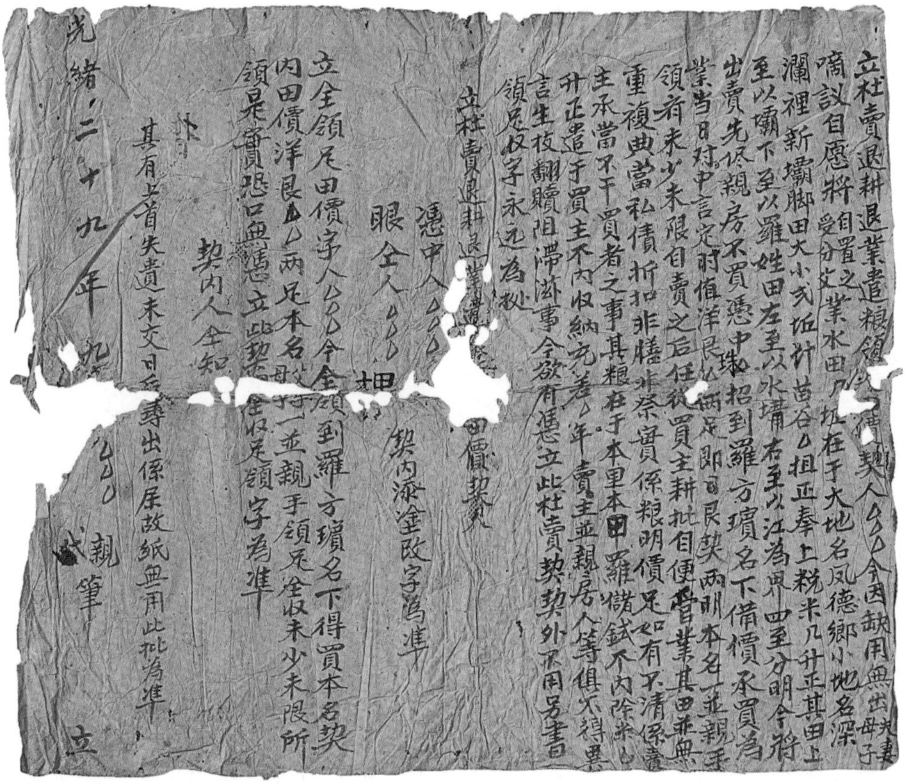
立杜賣退耕退業畫退粮領價契人△△△仝因缺用無出夫妻母子
商議自愿將自置之受分父業水田△坵在于大地名鳳德鄉小地名深
灡裡新壩脚田大小弍坵計苗谷△担正奉上税米△升正其田上
至以壩下至以羅姓田左至以水壩右至以江為界四至分明今將
出賣先侭親房不買憑中招到羅方瓚名下備價承買為
業当日対中言定時值洋艮△兩足即日艮契兩明本名一並親手
領訖未少未限自賣之后任從買主耕批自便管業其田並無
重複典當私債折扣非騰非祭實係粮明價足如有不清係賣
主承當不干買者之事其粮在于本里本甲羅[illegible]鉞不內除米△
升正遺于買主不內收納完差△年賣主並親房人等俱不得異
言生枝翻贖阻滯滋事今欲有憑立此杜賣契契外不用另書
領足收字永远為拠
立杜賣退耕退業[illegible]田價契實
憑中人△△△
眼仝人△△ 押
契內添塗改字為準
立全領足田價字人△△△今全領到羅方瓚名下得買本名契
內田價洋艮△△兩足本名[illegible]一並親手領足仝收未少未限所
領是實恐口無憑立此契[illegible]仝收足領字為準
契內人仝知
批
其有上首失責遺未交日后尋出係屎故紙無用此批為準
光緒二十九年九月△△日 親筆 立

光绪二十九年九月卖田契约

立杜卖退耕退业遣粮领□田价契人△△△今因缺用无出夫妻母子嘀（商）议自愿将自置之受分父业水田四丘在于大地名凤德乡小地名深澜里新壩脚田大小贰丘计苗谷△担正奉上税米几升正其田上至以壩下至以罗姓田左至以水沟右至以江为界四至分明今将出卖先尽亲房不买凭中珠招到罗方瑸名下备价承买为业当日对中言定时值洋银□两足即日银契两明本名一并亲手领齐未少未限自卖之后任从买主耕批自便管业其田并无重复典当私债折扣非膳非祭实系粮明价足如有不清系卖主承当不干买者之事其粮在于本里本甲罗储鈜谷内除米一升正遣于买主谷内收纳充差△年卖主并亲房人等俱不得异言生枝翻赎阻滞滋事今欲有凭立此杜卖契契外不用另书领足收字永远为据

立杜卖退耕退业遣△△△田价契人

凭中人△△

眼仝人△△△【押】

契内添涂改字为准

立全领足田价字人△△△今全领到罗方瑸名下得买本名契内田价洋银△△两足本名父子母子一并亲手领足全收未少未限所领是实恐口无凭立此契□全收足领字为准

契内人仝知

其有上首失遗未交日后寻出系属故纸无用此批为准

光绪二十九年九月△△△亲笔立

光绪三十年五月二十七日郭德聚等卖禾契约

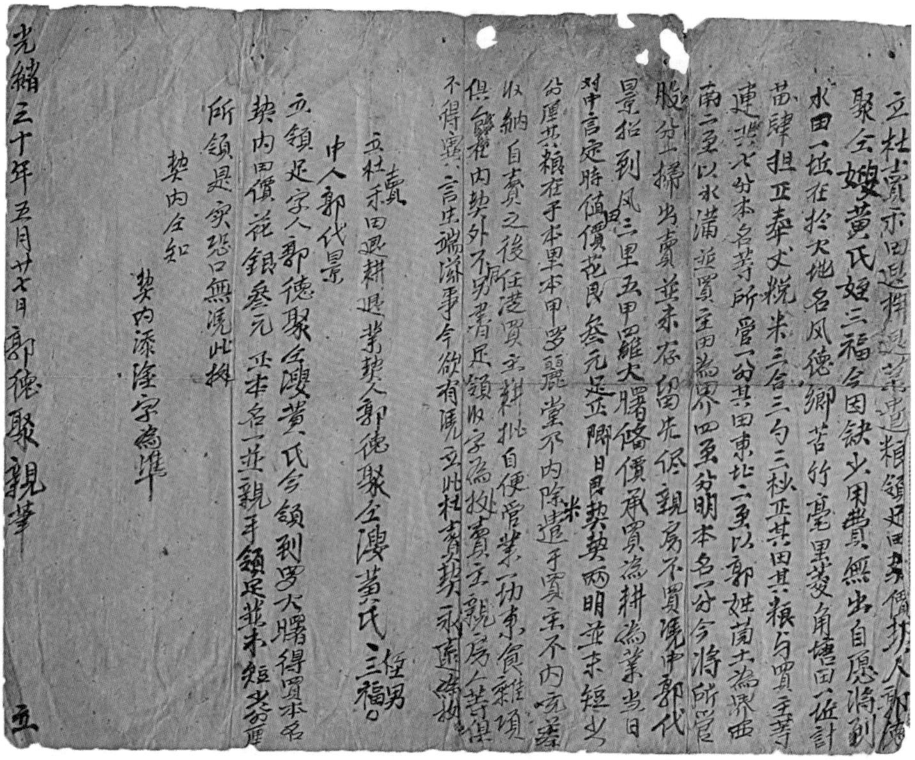

立杜卖禾田退耕退业遣粮领足田价契人郭德聚仝嫂黄氏侄三福今因缺少用费无出自愿将到水田一丘在于大地名风德乡苦竹亳里菱角塘田一丘计苗肆担正奉丈税米三合三勺三杪正其田其粮与买主等连共七分本名等所管一分其田东北二至以郭姓园土为界西南二至以水沟并买主田为界四至分明本名一分今将所管股分一扫出卖并未存留先尽亲房不买凭中郭代景招到风三里五甲罗大曙备价承买为耕为业当日对中言定时值田价花银叁元足正即日银契两明并未短少分厘其粮在于本里本甲罗丽堂谷内除米遣于买主不内充差收纳自卖之后任从买主耕批自便管业一□东食杂项俱包在内契外不用另书足领收字为据卖主亲房人等俱不得异言生端滋事今欲有凭立此杜卖契永远为据

【押】

立杜卖禾田退耕退业契人郭德聚仝嫂黄氏侄男三福

中人郭代景

立领足字人郭德聚同嫂黄氏今领到罗大曙得买本名契内田价花银叁元正本名一并亲手领足并未短少分厘所领是实恐口无凭此据

契内仝知

契内添涂字为准

光绪三十年五月廿七日郭德聚亲笔立

光绪三十年八月二十八日周阿崔氏卖屋宇地基契约

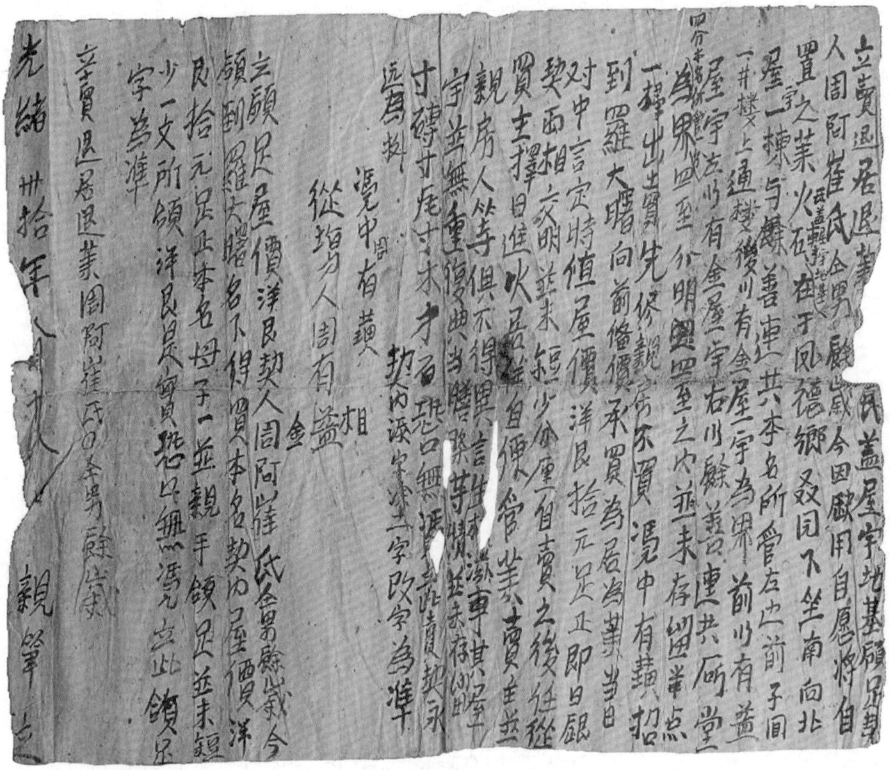

立卖退居退业□□□盖屋宇地基领足契人周阿崔氏仝男余岁今因缺用自愿将自置之业火砖瓦盖屋宇地基在于凤德乡叒园下坐南向北屋宇一栋与余善连共本名所管左边前子⍰一井楼上通楼后以有金屋宇为界前以有盖屋宇左以有金屋宇右以余善连共厅堂四分本名所管一分为界四至分明四至之内并未存留半点一扫出卖先尽亲房不买凭中有璜招到罗大曙向前备价承买为居为业当日对中言定时值屋价洋银拾元足正即日银契两相交明并未短少分厘自卖之后任从买主择日进火居住自便管业卖主并亲房人等俱不得异言生枝滋事其屋宇并无重复典当膳祭等情并未存留寸砖寸瓦寸木寸石恐口无凭立此卖契永远为据

契内添字涂字改字为准

凭中周有璜

从场人周有相周有益周有金

立领足屋价洋银契人周阿崔氏仝男余岁今领到罗大曙名下得买本名契内屋价洋银拾元足正本名母子一并亲手领足并未短少一文所领洋银是实恐口无凭立此领足字为准

立卖退居退业周阿崔氏仝男余岁

光绪卅拾年八月廿八日亲笔立

光绪三十四年三月二十九日崔大盛卖茶山杉树地基契约

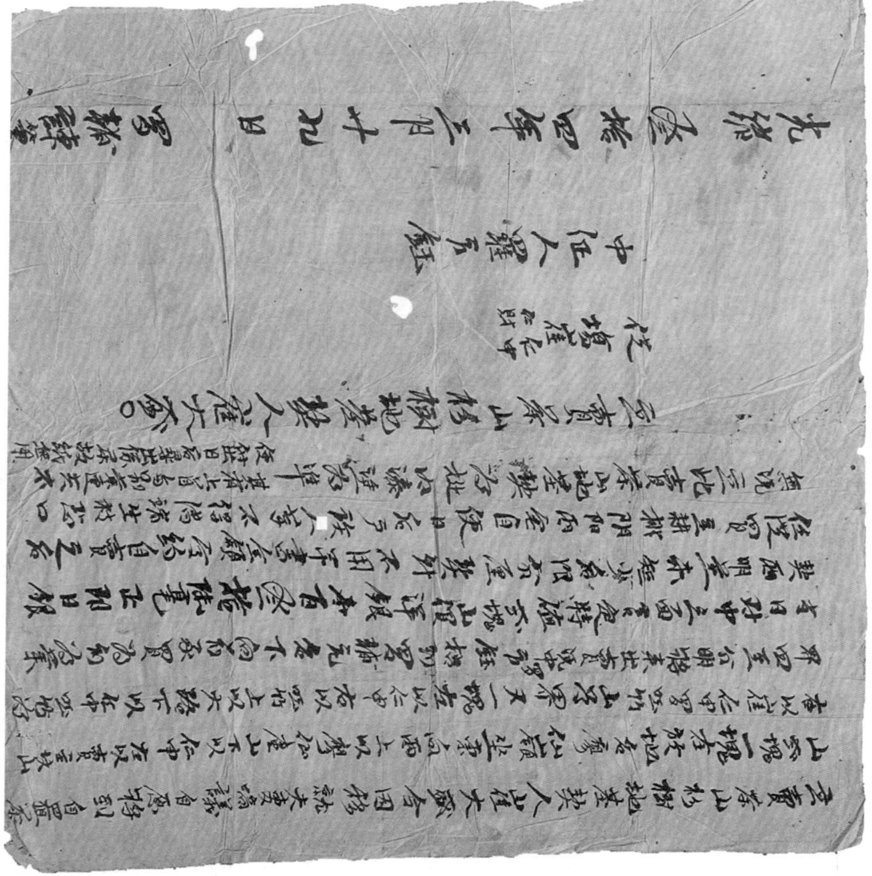

立卖茶山杉树地基契人崔大盛今因移就夫妻嘀（商）议自愿将到自置茶山贰块一块在于地名廖仙岭坐东向西上以廖仙座山下以仁申左以卖主坟山右以崔仁申罗国竹山为界又一块左以仁申右以国竹上以大路下以仁申国竹为界四至分明将来出卖凭中罗方钰招到罗辅元名下向前承买为⍰为业当日对中三面言定时值贰块山价洋银壹百叁拾陆毫正即日银契两明并未短少⍰限分厘契外不用另书全领字约自卖之后任从买主耕挑（批）阴阳两宅自便日后户族人等不得借端生枝恐口无凭立此卖茶山地基契为据内添徐为准

其有上首与别业连共不便付出日后寻出系屎故纸无用

立卖茶山杉树地基契人崔大盛【押】

从场崔仁申崔仁财

中证人罗方钰

光绪叁拾四年三月廿九日罗辅谏笔

光绪三十四年十二月三十日罗大德卖园土契约

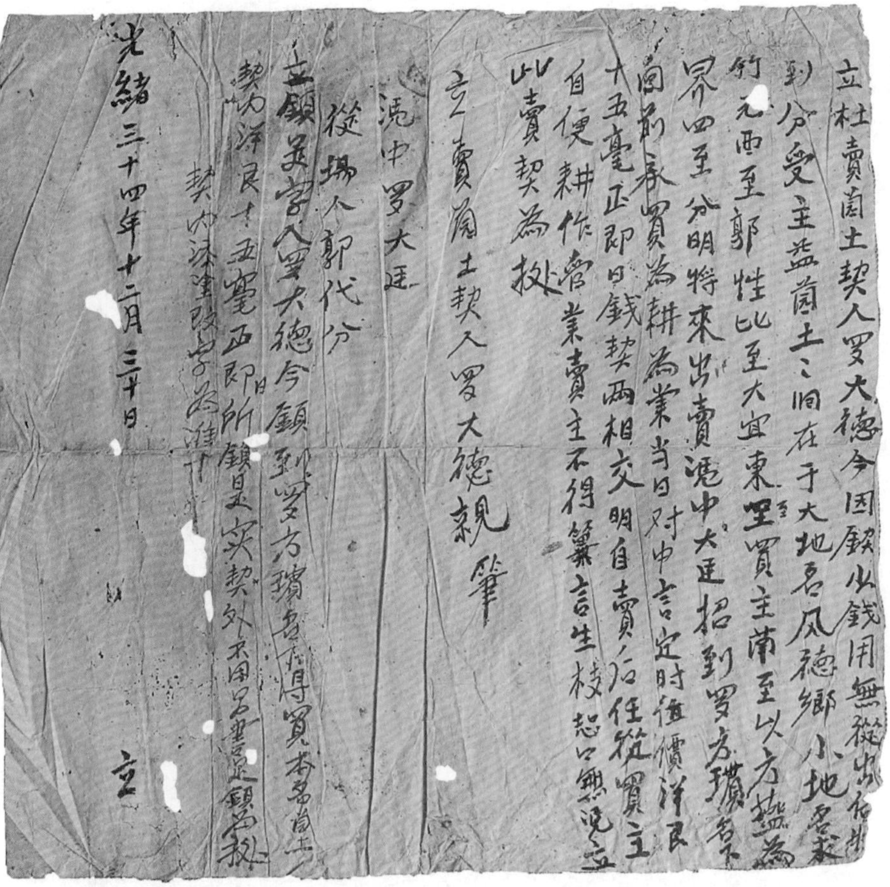

立杜卖园土契人罗大德今因缺少钱用无从出备将到分受主益园土二间在于大地名风德乡小地名求竹□西至郭性（姓）比（北）至大宜东至买主南至以方燕为界四至分明将来出卖凭中大廷招到罗方瑸名下向前承买为耕为业当日对中言定时值价洋银十五毫正即日钱契两相交明自卖后任从买主自便耕作管业卖主不得异言生枝恐口无凭立此卖契为据

立卖园土契人罗大德亲笔

凭中罗大廷

在场人郭代分

立领足字人罗大德今鎮（领）到罗方瑸名下得买本名园土契内洋银十五毫正即日所鎮（领）是实契外不用另书足鎮（领）为据

契内添涂改字为准

光绪三十四年十二月三十日立

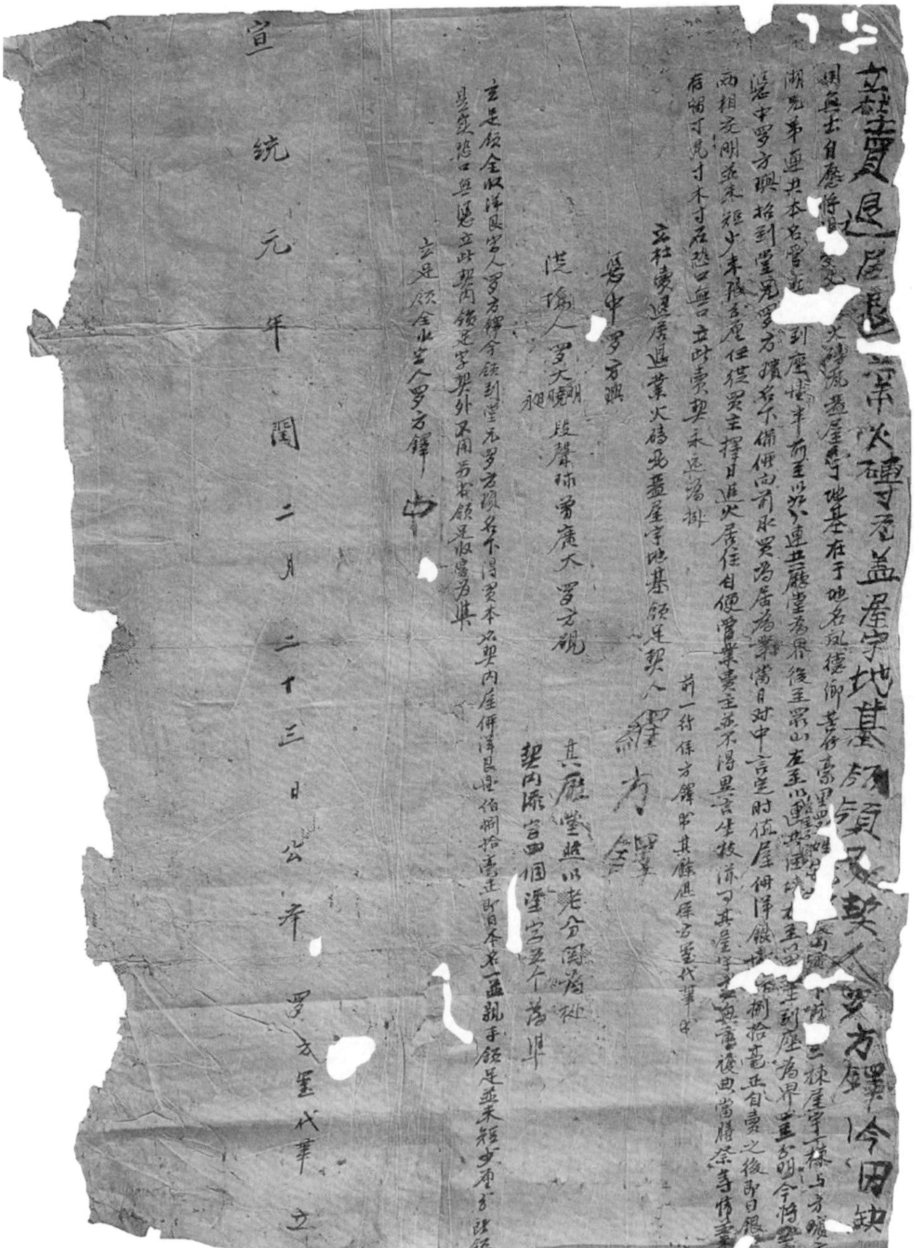

宣统元年闰二月二十三日罗方铎卖屋宇地基契约

立杜卖退居退业火砖瓦盖屋宇地基领足契人罗方铎今因缺用无出自愿将□□父□火砖瓦盖屋宇地基在于地名凤德乡苦竹豪里罗姓宅□□山丘□前□二栋屋宇一栋与方瑸方湖兄弟连共本名管□□到座楼半前至以如⍰连共厅堂为界后至众山左至以卖主子□连共□墙右至以□□到座为界四至分明今将□□凭中罗方玙招到堂兄罗方瑸名下备价向前承买为居为业当日对中言定时值屋价洋银□□捌拾毫正自卖之后即日银契两相交明并未短少未限分厘任从买主择日进火居住自便管业卖主并不得异言生枝滋事其屋宇并无重复典当膳祭等情并未存留存凭寸瓦寸木寸石恐口无凭立此卖契永远为据　　前一行系方铎书其余俱系方墨代笔书

立杜卖退居退业火砖瓦盖屋宇地基领足契人罗方铎

凭中罗方玙

从场人罗大明罗大晓罗大昶段声球曾广大罗方砚

其厅堂照以老分关为据

契内添字四个涂字五个为准

立足领全收洋银字人罗方铎今领到堂兄罗方瑸名下得买本名契内屋价洋银壹佰捌拾毫正即日本名一并亲手领足并未短少厘分所领是实恐口无凭立此契内领足字契外不用另书领足收〈约〉为准

立足领全收字人罗方铎

宣统元年闰二月二十三日公举罗方墨代笔立

宣统元年十一月初十日罗方铎卖屋宇地基契约

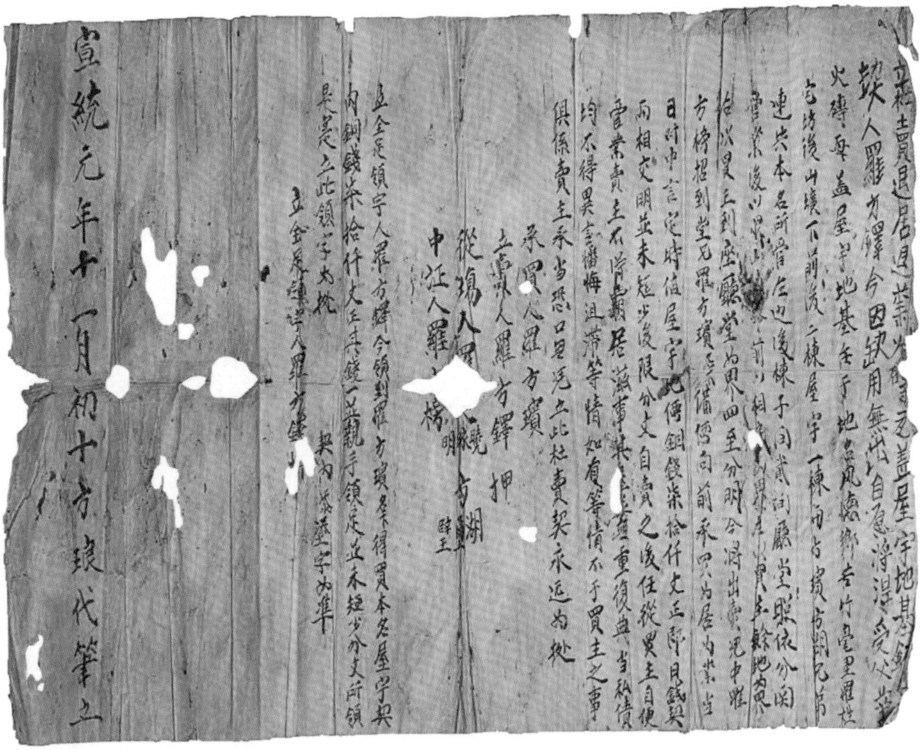

立杜卖退居退业火砖瓦盖屋宇地基领足契人罗方铎今因缺用无出自愿将得受父业火砖瓦盖屋宇地基在于地名风德乡苦竹毫里罗姓宅坊后山圹下前后二栋屋宇 一栋与方瑸方湖兄弟连共本名所管左边后栋子间贰间厅堂照依分关管业后以众山□□前以相□为界左以买主余地为界右以买主到座厅堂为界四至分明今将出卖见中罗方榜招到堂兄罗方瑸名下备价向前承买为居为业当日对中言定时值屋宇地价铜钱柒拾仟文正即日钱契两相交明并未短少后限分文自卖之后任从买主自便管业卖主不得霸居滋事其屋并无重复典当私债均不得异言憣悔阻滞等情如有等情不干买主之事俱系卖主承当恐口无凭立此杜卖契永远为据

承买人罗方瑸

立卖人罗方铎【押】

从场人罗大晓罗大咏罗大明方湖方玺方璧

中证人罗□榜

立全足领字人罗方铎今领到罗方瑸名下得买本名屋宇契内铜钱柒拾仟文正其钱一并亲手领足并未短少分文所领是实立此领字为据契内添涂字为准

立全足领字人罗方铎

宣统元年十一月初十方琅代笔立

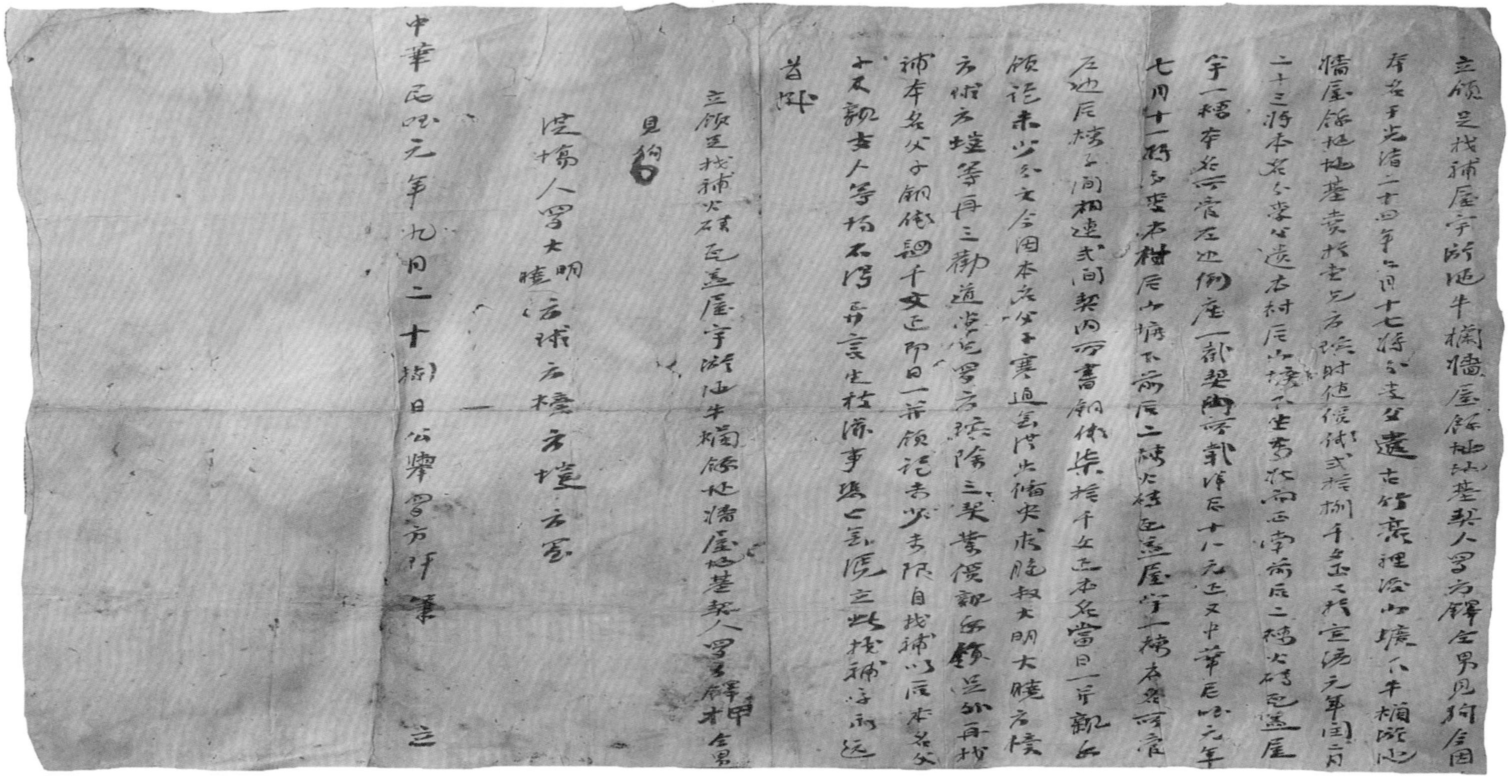

民国元年九月二十八日罗方铎卖屋宇契约

立领足找补屋宇淤池牛栏墙屋余地地基契人罗方铎仝男见狗今因本名于光绪二十四年二月十七将钱受父遗古竹豪里后山圹下牛栏淤池墙屋余地地基卖于堂兄方瑸时值价钱贰拾捌千文正又于宣统元年闰二月二十三将本名分受父遗本村后山圹下坐东北向西南前后二栋火砖瓦盖屋宇一栋本名所管左边例座一截契内所载洋银十八元正又中华民国元年七月十一将☐受本村后山塘下前后二栋火砖瓦盖屋宇一栋本名所管左边后栋子间相连贰间契内所书铜钱柒拾千文正本名当日一并亲手领讫未少分文今因本名父子寒迫无从出备央求胞叔大明大晓方榜方球方垲等再三劝道堂见罗方瑸除三契业价亲手领足外再找补本名父子铜钱肆千文正即日一并领讫未少未限自找补以后本名父子及亲支人等均不得异言生枝滋事恐口无凭立此找补字永远为据

立领足找补火砖瓦盖屋宇淤池牛栏余地墙屋地基契人罗方铎押仝男见狗

从场人罗大明罗大晓罗方球罗方榜罗方垲罗方墨

中华民国元年九月二十捌日公举罗方阡笔立

民国三年五月初八日李敔生等让地契约

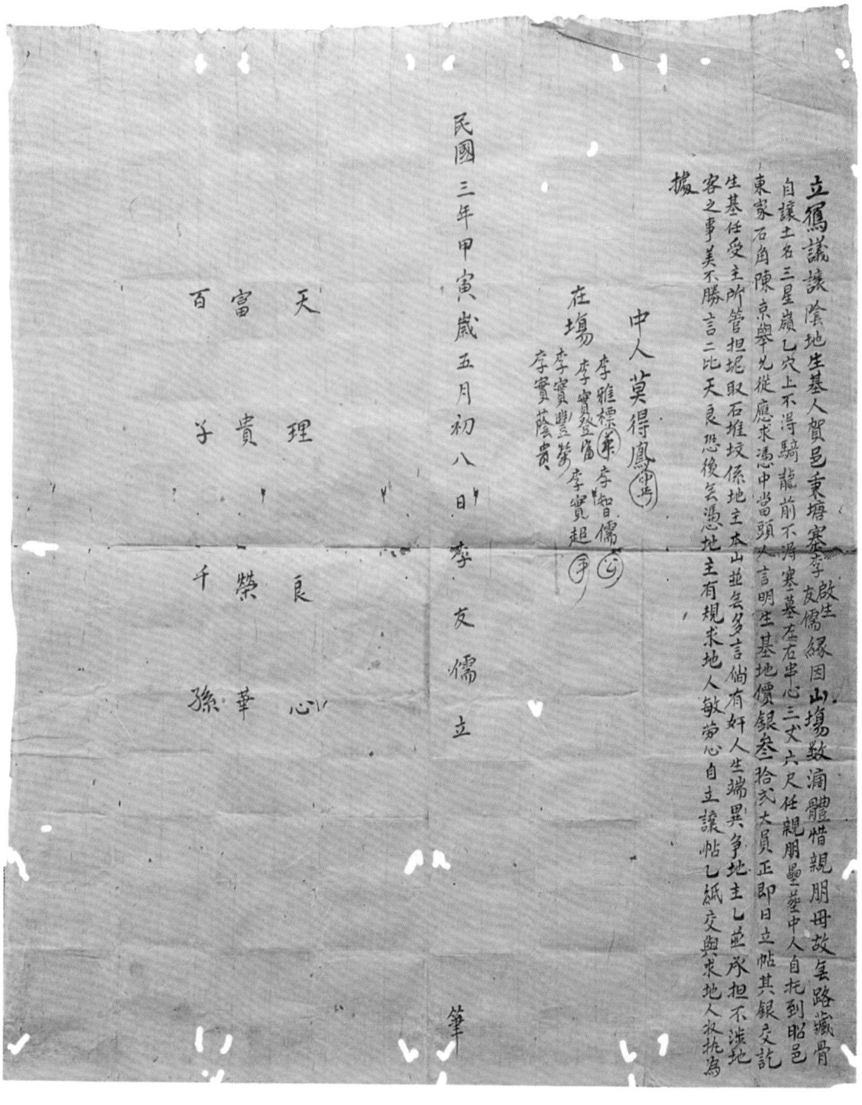

立写议让阴地生基人贺邑秉塘寨李敔生李友儒缘因山场数滴体惜亲朋母故无路藏骨自让土名三星岭一穴上不得骑龙前不得塞墓左右串心三丈六尺任亲朋垒葬中人自托到昭邑东家石角陈京举允从应求凭中当头人言明生基地价银叁拾贰大员正即日立帖其银交讫生基任受主所管担坭取石堆坟系地主本山并无多言倘有奸人生端异争地主一并承担不涉地客之事美不胜言二比天良恐后无凭地主有规求地人敏劳心自立让帖一纸交与求地人收执为据

中人莫得凤【押】

在场李雅标李实登李实丰李实荫李智儒【押】李实超【押】

民国三年甲寅岁五月初八日李友儒立笔

天理良心

富贵荣华

百子千孙

民国三年五月二十九日周余书卖地契约

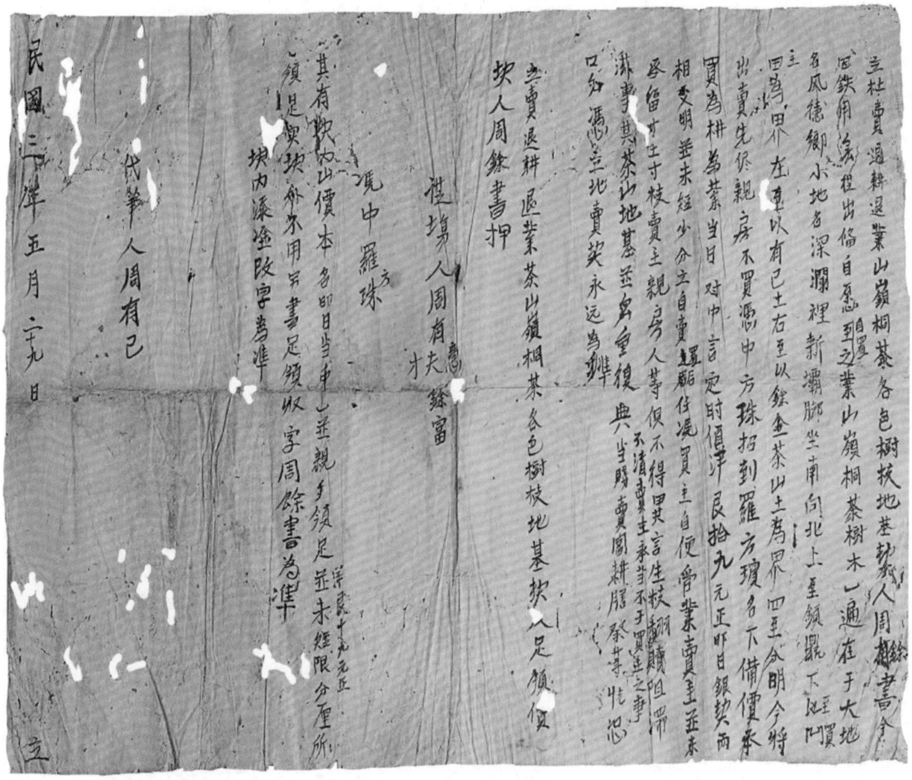

立杜卖退耕退业山岭桐茶各色树枝地基契人周余书今因缺用无从出备自愿自置至之业山岭桐茶树木一遍在于大地名风德乡小地名深澜里新壩脚坐南向北上至领鼎下至买主此凹田为界左至以有己土右至以余金茶山土为界四至分明今将出卖先尽亲房不买凭中方珠招到罗方琼名下备价承买为耕为业当日对中言定时值洋银拾九元正即日银契两相交明并未短少分文自卖置后任凭买主自便管业卖主并未承留寸土寸枝卖主亲房人等俱不得异言生枝翻赎阻滞滋事其茶山地基并无重复典当贱卖富耕膳祭等情不清卖主承当不干买主之事恐口无凭立此卖契永远为准

立卖退耕退业茶山岭桐茶各色树枝地基契人足领价

契人周余书【押】

从场人周有意周有夫周有才周余富

凭中罗方珠

其有契内山价本名即日当中一并亲手领足洋银十九元正并未短限分厘所领是实契外不用另书足领收字周余书为准

契内添涂改字为准

代笔人周有己

民国三年五月二十九日立

民国三年十二月二十九日何献廷卖地契约

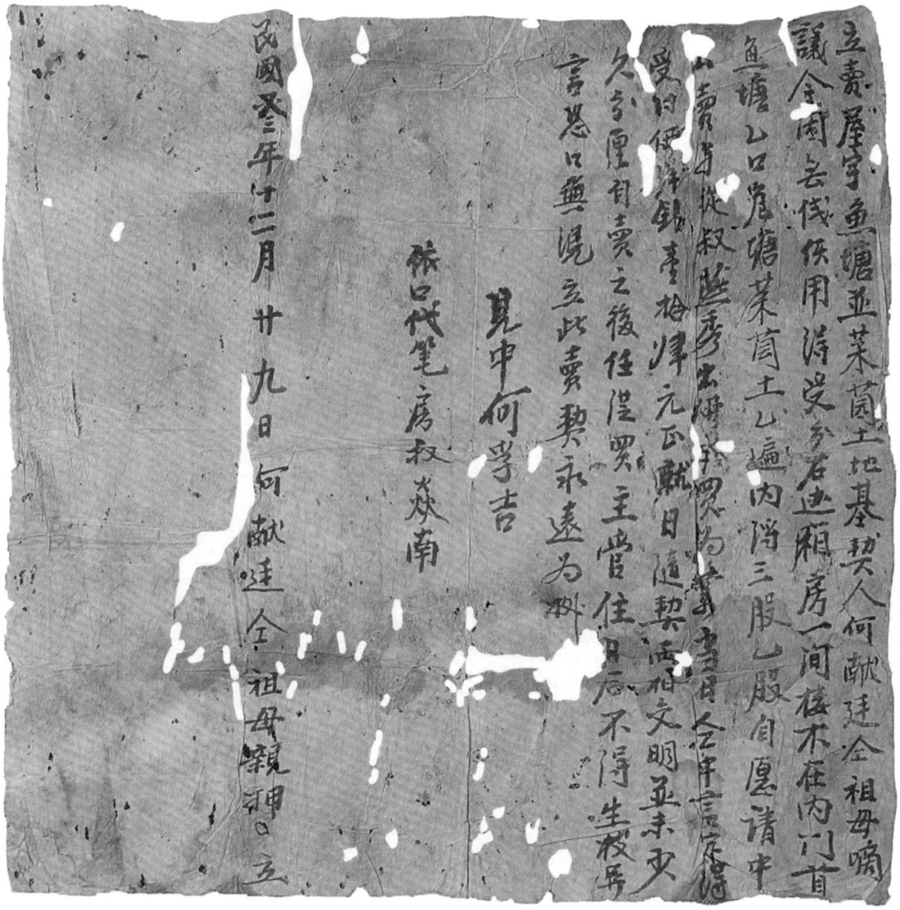

立卖屋宇鱼塘并菜园土地基契人何献廷仝祖母嘀（商）议今因无钱使用得受分右边厢房一间楼木在内门首鱼塘一口⍰塘菜园土一遍内将三股一股自愿请中出卖与从叔燕秀出价承买为业当日仝中言定得受时价洋银壹拾肆元正就日随契两相交明并未少欠分厘自卖之后任从买主管住日后不得生枝异言恐口无凭立此卖契永远为据

见中何孚吉

依口代笔房叔焱南

民国叁年十二月廿九日何献廷仝祖母亲押

【押】立

民国五年十二月二十六日郭代林卖地契

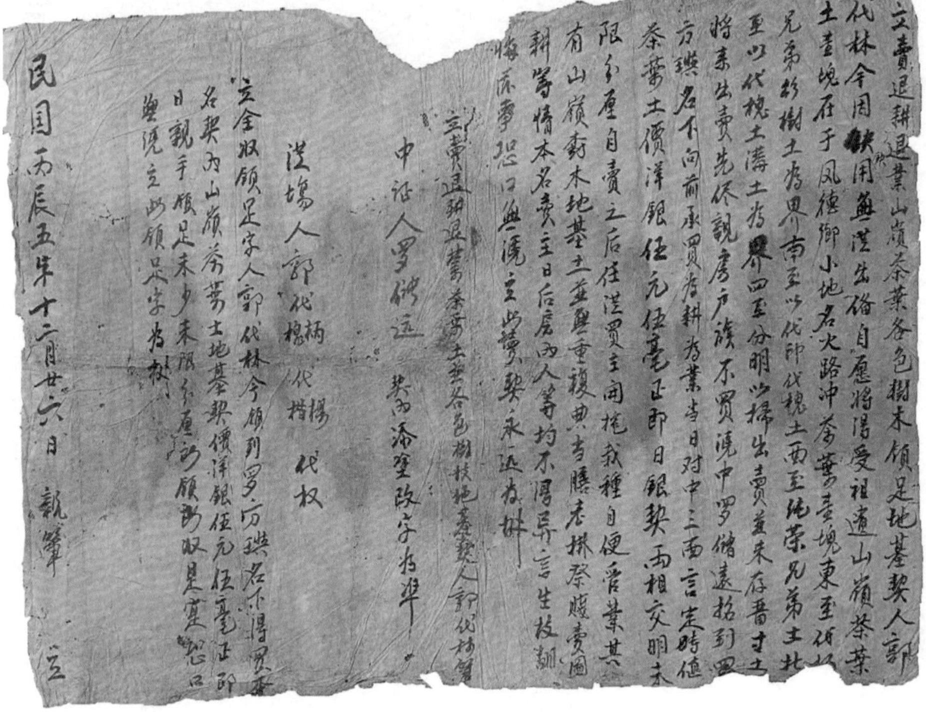

立卖退耕退业山岭茶叶各色树木领足地基契人郭代林今因缺用无从出备自愿将得受祖遗山岭茶叶土壹块在于凤德乡小地名大路冲茶叶壹块东至代杨兄弟杉树土为界南至以代□代槐土西至纯荣兄弟土北至以代槐土沟土为界四至分明以扫出卖并未存留寸土将来出卖先尽亲房户族不买凭中罗储远招到罗方玙名下向前承买为耕为业当日凭中三面言定时值茶叶土价洋银伍元伍毫正即日银契两相交明未限分厘自卖之后任从买主开挖栽种自便管业其有山岭树木地基土并无重复典当膳老挂祭贱卖图（土）耕等情本名卖主日后房内人等均不得异言生枝翻悔滋事恐口无凭立此卖契永远为据

立卖退耕退业茶叶土并各色树枝地基契人郭代林笔

中证人罗储远契内添涂改字为准

从场人郭代柄郭代槐郭代杨郭代楷郭代权

立全收领足字人郭代林今领到罗方玙名下得买本名契内为山岭茶叶土地基契价洋银伍元伍毫正即日亲手领足未少未限分厘所领所收是实恐口无凭立此领足字为据

民国丙辰五年十二月廿六日亲笔立

民国六年十二月十六日郭代明卖地契约

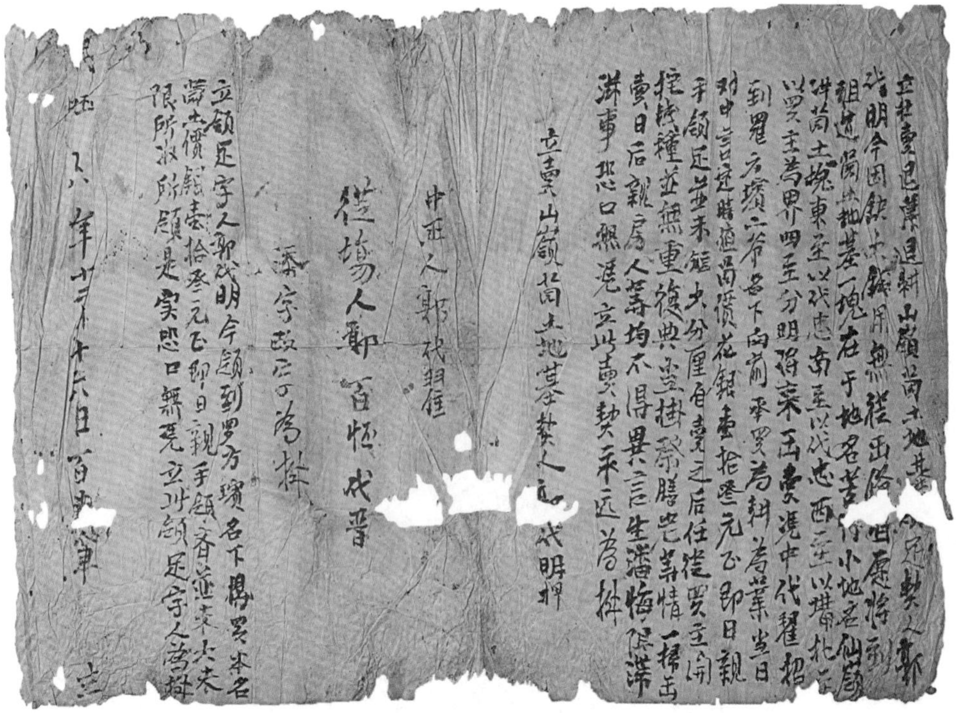

立杜卖退业退耕山岭园土地基领足契人郭代明今因缺少钱用无从出备自愿将到祖遗园土地基一块在于地名苦竹小地名仙岭冲园土一块东至以代忠南至代忠西至以沟北至以买主为界四至分明将来出卖凭中代翟招到罗方瑸二爷名下向前承买为耕为业当日对中言定时值园价花银壹拾叁元正即日亲手领足并未短少分厘自卖之后任从买主开挖栽种并无重复典当挂祭膳老等情一扫出卖日后亲房人等均不得异言生〈枝〉㨖悔阻滞滋事恐口无凭立此卖契永远为据

立卖山岭园土地基契人郭代明【押】

中正人郭代翟

从场人郭百怄郭代晋【押】

添字改字为据

立领足字人郭代明今领到罗方瑸名下得买本名园土价银壹拾叁元正即日亲手领齐并未少未限所收所领是实恐口无凭立此领足字人为据

民国六年十二月十六日百□笔立

民国十年九月初九日郭代晋卖茶山地契约

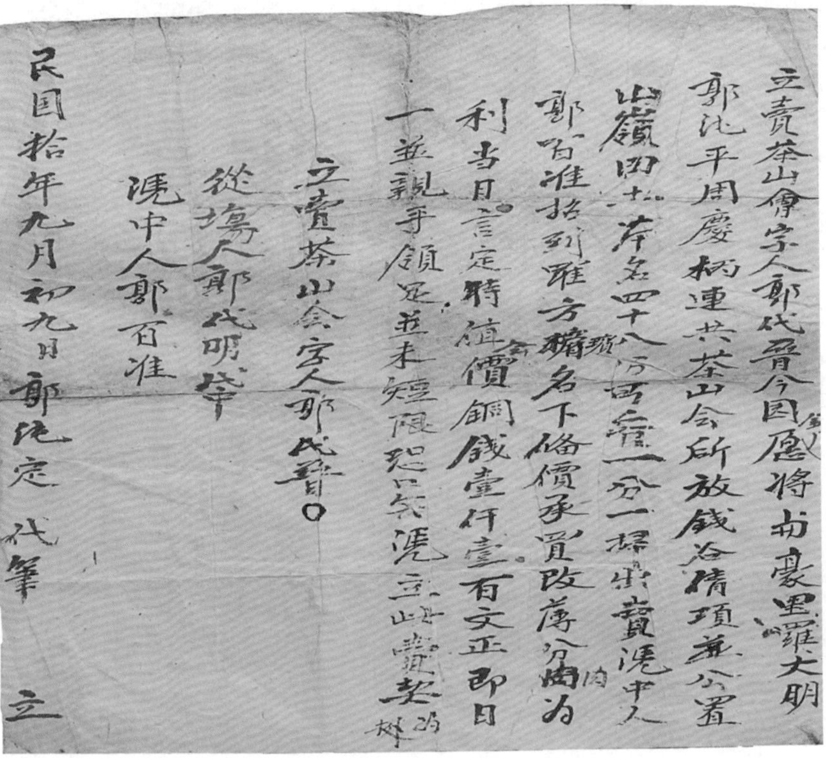

立卖茶山会字人郭代晋今因缺用愿将与毫里罗大明郭纯平周庆柄连共茶山会所放钱谷倩（债）项并公置山岭田土本名四十八分田管一分一扫出卖凭中人郭百准招到罗方琁名下备价承买改薄分内为利当日言定时值会价铜钱壹仟壹百文正即日一并亲手领足并未短限恐口无凭立此卖契为据

立卖茶山会字人郭代晋【押】

从场人郭代明代中

凭中人郭百准

民国拾年九月初九日郭纯定代笔立

民国二十一年八月初九日宋丙啟等卖地契约

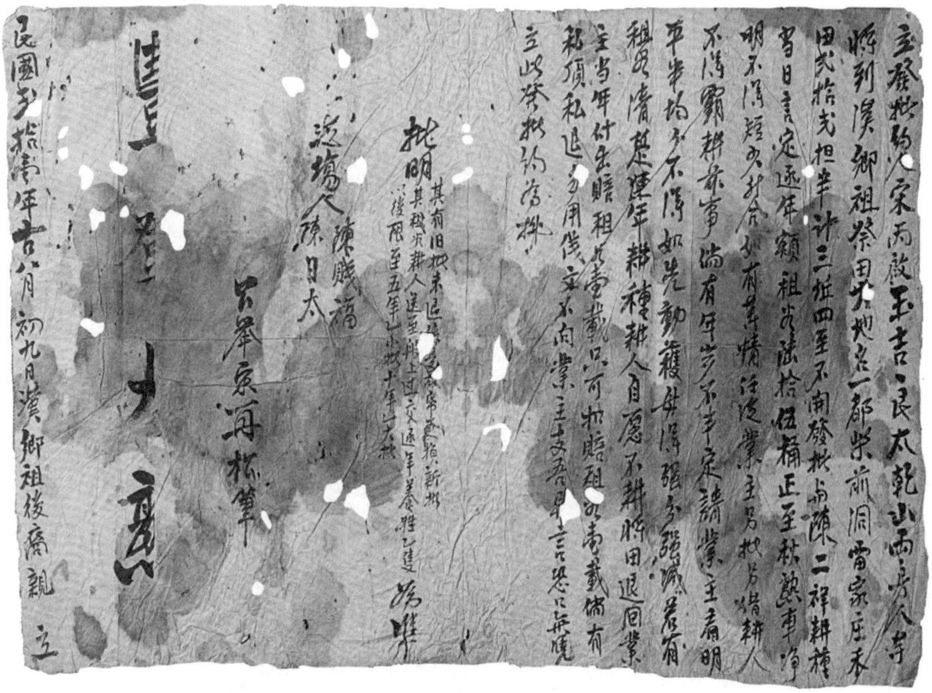

立发批约人宋丙啟玉吉良太乾山两房人等将到汉乡祖祭田大地名一都柴前洞雷家庄禾田贰拾贰担半计三丘四至不开发批与陈二祥耕种当日言定逐年额租谷陆拾伍桶正至秋熟车净明不得短少升合如有等情任从业主另批另借耕人不得霸耕兹事倘有年岁不丰定请业主看明平半均分不得如先动获毋得强分强减若有租谷清楚陈年耕种耕人自愿不耕将田退回业主当年什（计）出赔租谷壹载只可扣赔租谷壹载倘有私顶私退□用钱文不向业主支吾异言恐口无凭立此发批约为据

批明其有旧批未退□□□?更换新批为准

批明其租谷耕人送至般上过交逐年养牲一只为准

批明以后限至五年一小批十年一大批为准

从场人陈贱福陈日太

公举宋再松笔

□□□□

民国贰拾壹年古八月初九日汉乡祖后裔亲立

民国三十三年三月二十六日罗甫日卖水田契约

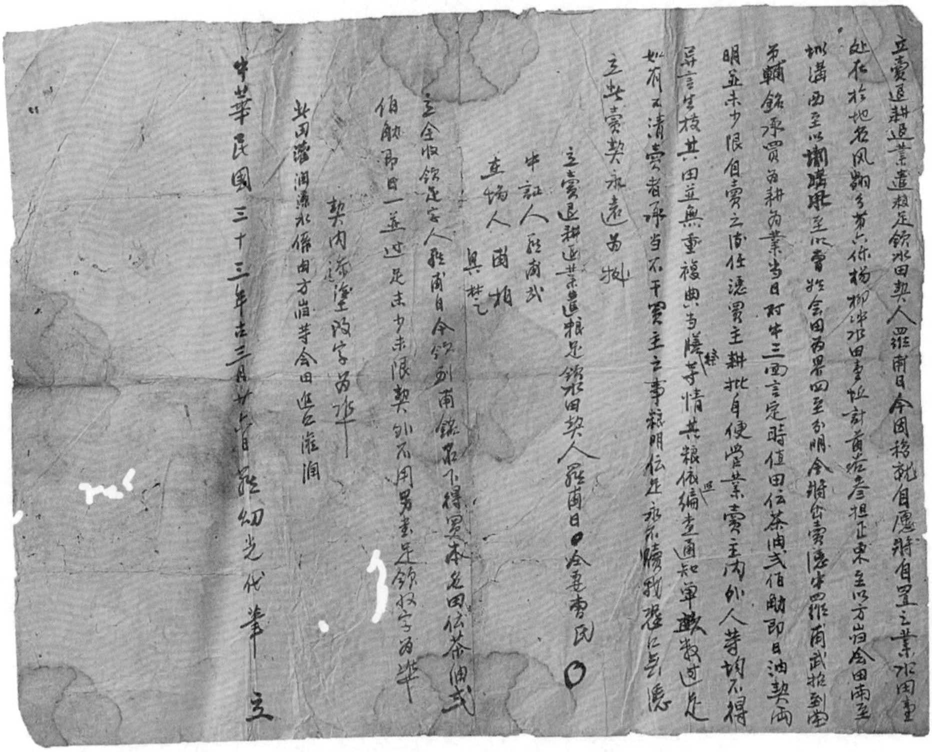

立卖退耕退业遗粮足领水田契人罗甫日今因移就自愿将自置之业水田壹处在于地名风翔分第六伕杨柳冲水田壹丘计首谷叁担正东至以方岿会田南至圳沟西至以圳沟北至以曹姓会田为界四至分明今将出卖凭中罗甫武招到堂弟辅铭承买为耕为业当日对中三面言定时值田伝茶油贰佰斤即日油契两〈相交〉明并未少限自卖之后任凭买主耕批自便管业卖主内外人等均不得异言生枝其田并无重复典当膳祭等情其粮依照编查通知单亩数过足如有不清卖者承当不干买主之事粮明伝足永不赎找恐口无凭立此卖契永远为据

立卖退耕退业遗粮足领水田契人罗甫日　仝妻曹氏

【押】

中证人罗甫武

在场人甫柏具兴楚

立全收领足字人罗甫日今领到甫铭名下得买本名田伝茶油贰佰斤即日一并过足未少未限契外不用另书足领收字为准

契内添涂改字为准

北田灌润添水系由方岿等会田进石灌润

中华民国三十三年古三月廿六日罗幼光代笔立

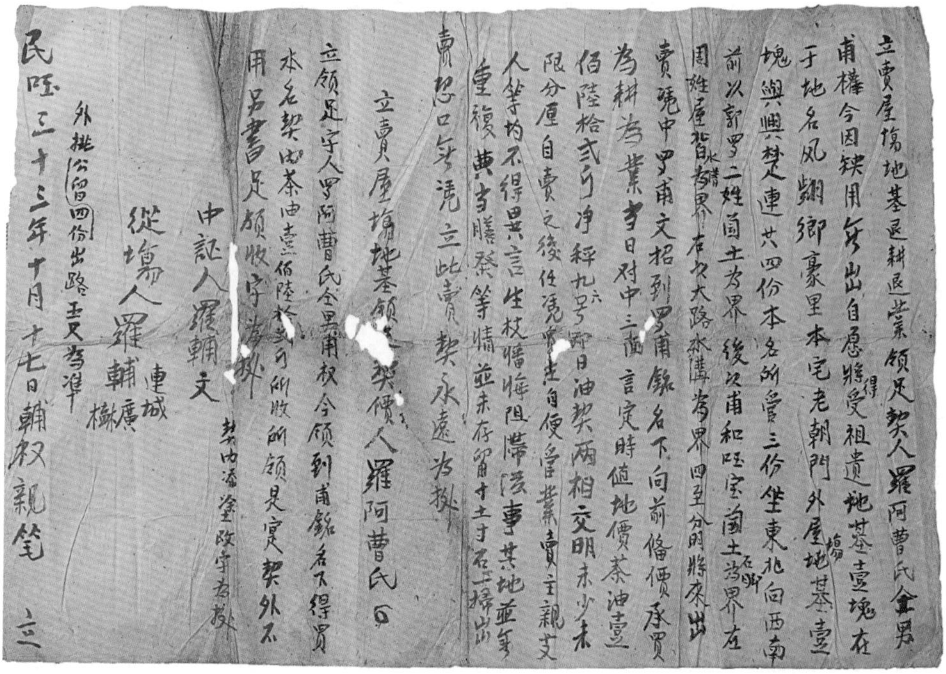
立賣屋塲地基退耕退業領足契人羅阿曹氏仝男
甫權今因缺用無出自愿將得受祖遺地基壹塊在
于地名凤翔鄉豪里本宅老朝門外屋塲地基壹
塊與興梵連共四份本名所管三份坐東北向西南
前以郭罗二姓蔺土为界後以甫和旺宝蔺土为界在脚
围姓屋背水溝为界右以大路水溝为界四至分明將來出
賣憑中罗甫文招到罗甫鎰名下向前備價承買
為耕為業当日对中三面言定時值地價茶油壹
佰陸拾弍斤净秤九六即日油契兩相交明未少未
限分厘自賣之後任憑買主自便管業賣主親支
人等均不得異言生枝犃悔阻滯等事其地並無
重複典当賸祭等情並未存留寸土寸石一掃出
賣恐口無憑立此賣契永遠為據
立賣屋塲地基領足契價人羅阿曹氏
立領足字人罗阿曹氏仝男甫权今領到甫鎰名下得買
本名契内茶油壹佰陸拾弍斤所收所領是实契外不
用另書足領收字為據
中証人羅輔文
契内添塗改字為據
從塲人羅輔廣 連城 櫞
外批公留四份出路王尺為準
民国三十三年十月十七日輔权親筆立

民国三十三年十月十七日罗阿曹氏等卖地契约

立卖屋场地基退耕退业领足契人罗阿曹氏仝男甫权今因缺用无出自愿将得受祖遗地基壹块在于地名风翔乡豪里本宅老朝门外屋场地基壹块与兴楚连共四份本名所管三份坐东北向西南前以郭罗二姓园土为界后以甫和国宝园土石脚为界左〈以〉周姓屋背水沟为界右以大路水沟为界四至分明将来出卖凭中罗甫文招到罗甫铭名下向前备价承买为耕为业当日对中三面言定时值地价茶油壹佰陆拾贰斤净称九六号即日油契两相交明未少未限分厘自卖之后任凭买主自便管业卖主亲支人等均不得异言生枝憣悔阻滞滋事其地并无重复典当膳祭等情并未存留寸土寸石一扫出卖恐口无凭立此卖契永远为据

立卖屋场地基领足契价人罗阿曹氏【押】

立领足字人罗阿曹氏仝男甫权今领到甫铭名下得买本名契内茶油壹佰陆拾贰斤所收所领是实契外不用另书足领收字为据

契内添涂改字为据

中证人罗辅文

从场人罗连城罗辅广罗辅樾

外批四份公留出路五尺为准

民国三十三年十月十七日辅权亲笔立

民国三十三年十一月二十一日何壬壬卖园土契约

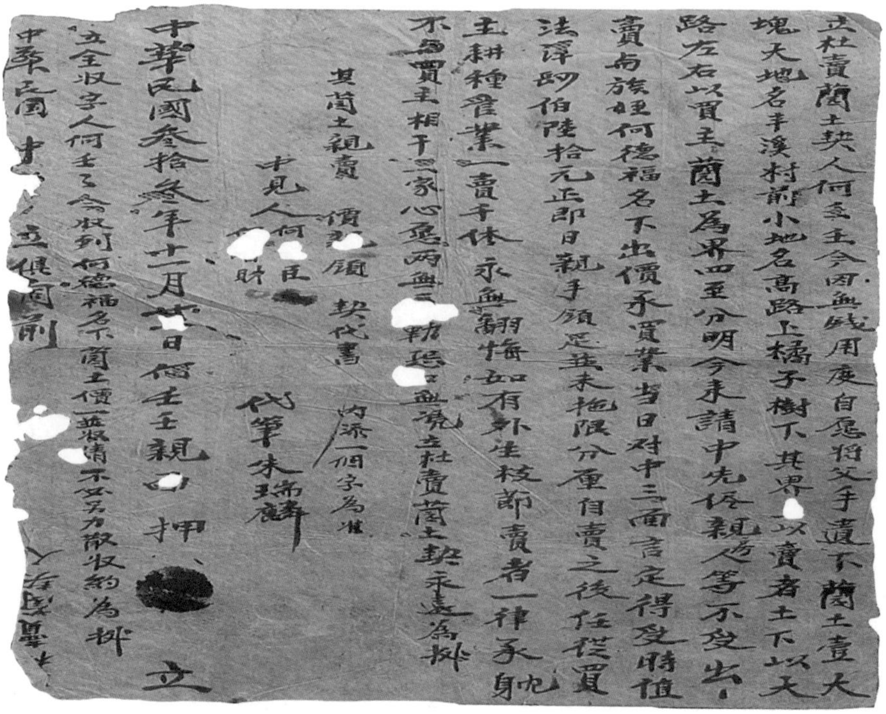

立杜卖园土契人何壬壬今因无钱用度自愿将父手遗下园土壹大块大地名丰溪村前小地名高路上橘子树下其界上以卖者土下以大路左右以买主园土为界四至分明今来请中先尽亲房人等不受出卖与族侄何德福名下出价承买〈为〉业当日对中三面言定得受时值法洋肆佰陆拾元正即日亲手领足并未拖限分厘自卖之后任从买主耕种管业一卖千休永无翻悔如有外生枝节卖者一律承躭（担）不与买主相干二家心愿两无□勒恐口无凭立杜卖园土契永远为据

其园土亲卖价亲领契代书　内添一个字为准

中见人何□臣何□财

代笔朱瑞麟

中华民国叁拾叁年十一月廿一日何壬壬亲面押【押】立

立全收字人何壬壬今收到何德福名下园土价一并收清不必另力（立）散收约为据

立杜卖园契人

中华民国中□立俱同前

民国三十六年八月二十七日陈丹桂收银契约

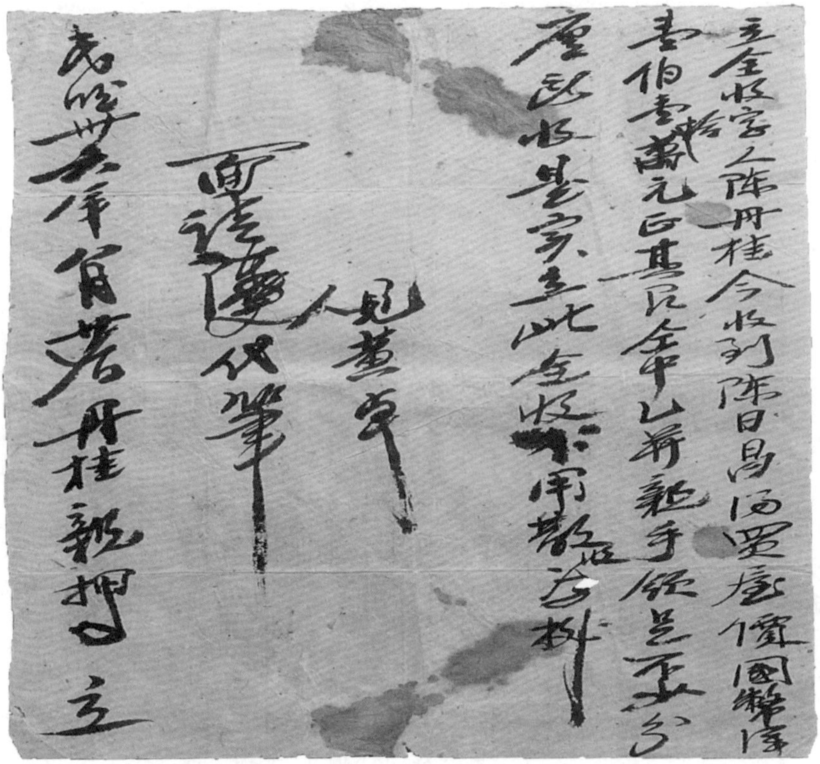

立全收字人陈丹桂今收到陈日昌得买屋价国币洋壹佰壹拾万元正其?仝中一并亲手领足不少分厘所收是实立此全收用散收为据

见人黄卓

面请陈?代笔

民国卅六年八月廿七日丹桂亲押立

民国三十七年四月三十日李月福卖田契约

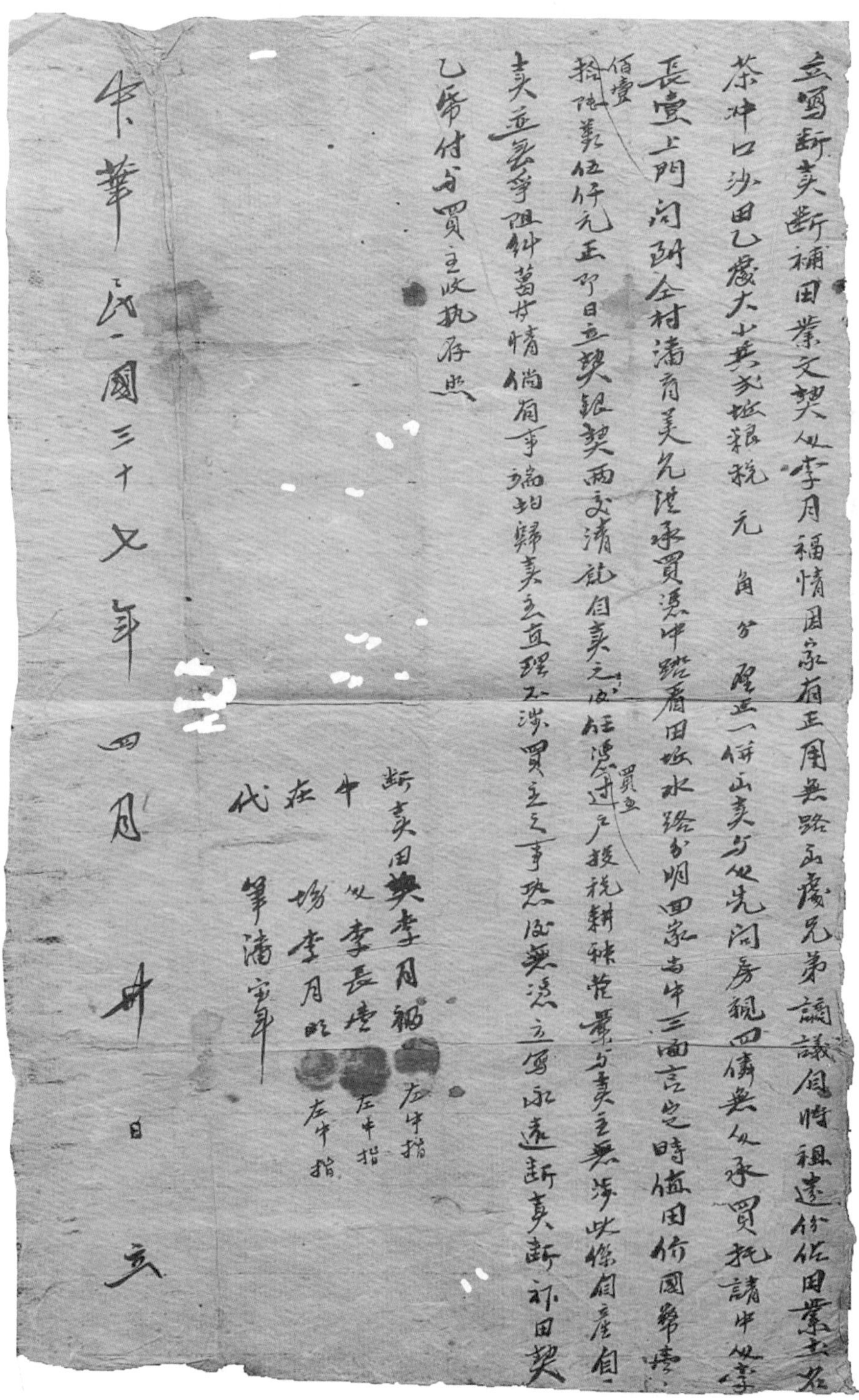

立写断卖断補田業文契人侄李月福情因家有正用無路出處兄弟商議自將祖遺份作田業土名茶冲口沙田乙處大小共弍坵粮税 元 角 分 厘正一併出卖与侄先問房親田傍無人承買托請中侄李長壹上門問到仝村潘宥美允從承買憑中踏看田坵水路分明田家當中三面言定時值田价國幣壹佰壹拾陆萬伍仟元正即日立契银契两交清訖自卖之後任憑買主过户援税耕种管業与卖主無涉此係自產自卖并無爭阻折當等情倘有事端出歸卖主直理不涉買主之事恐後無憑立写永遠断卖断補田契乙帋付与買主收执存照

断卖田契李月福 左中指

中 侄李長壇 左中指

在 場李月旺 左中指

代 筆潘宝年

中華民國三十七年四月卅日立

立写断卖断补田业文契人李月福情因家有正用无路出处兄弟谪（商）议自将祖遗份占田业土名茶冲口沙田一处大小共贰丘粮税　元　角　分　厘正一并出卖与人先问房亲四僯（邻）无人承买托请中人李长壹上门问到仝村潘育美允从承买凭中踏看田丘水路分明回家当中三面言定时值田价国币壹佰壹拾陆万五千元正即日立契银契两交清讫自卖之后任凭买主过户投税耕种管业与卖主无涉此系自产自卖并无争阻纠葛等情倘有事端均归卖主直理不涉买主之事恐后无凭立写永远断卖断补田契一纸付与买主收执存照

断卖田契李月福【押】左中指

中人李长壹【押】左中指

在场李月明【押】左中指

代笔潘??

中华民国三十七年四月卅日立

罗方铎领足找补屋宇地基契约

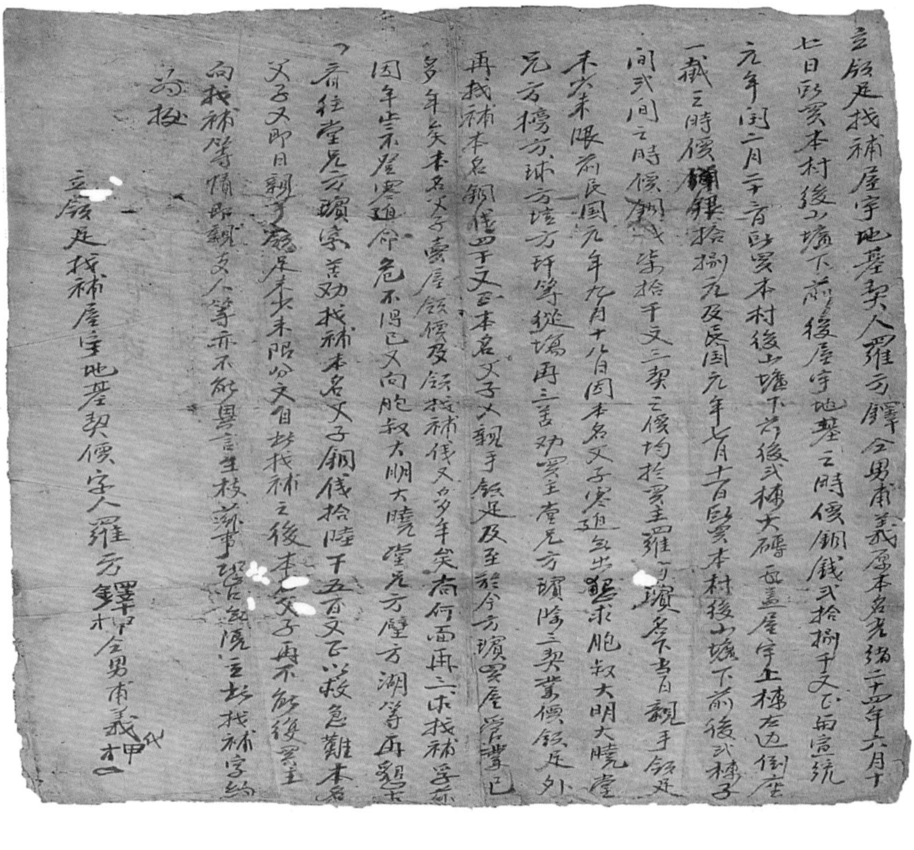

立领足找补屋宇地基契人罗方铎仝男甫义原本名光绪二十四年六月十七日所买本村后山圹下前后屋宇地基之时价铜钱贰拾捌千文正与宣统元年闰二月二十三日所买本村后山圹下前后贰栋大砖瓦盖屋宇上栋左边倒座一截之时价洋银拾捌元及民国元年七月十一日所买本村后山圹下前后贰栋子间贰间之时价铜钱柒拾千文三契之价均于买主罗方琸名下当日亲手领足未少未限前民国元年九月十八日因本名父子寒迫无出恳求胞叔大明大晓堂兄方榜方球方培方玕等从场再三苦劝买主堂兄方琸除三契业价领足外再找补本名铜钱四千文正本名父子又亲手领足及至于今方琸买屋管业已多年矣本名父子卖屋领价及领找补钱又多年矣尚何面再三求找补乎兹因年⍰不登寒迫命危不得已又向胞叔大明大晓堂兄方璧方湖等再恳求齐往堂兄方琸家苦劝找补本名父子铜钱拾陆千五百文正以救急难本名父子又即日亲手领足未少未限分文自此找补之后本名父子再不能复买主向找补等情即亲支人等亦不能异言生枝滋事恐口无凭立此找补字约为据

立领足找补屋宇地基契价字人罗方铎【押】

仝男甫义代【押】